KB253289

칼빈의
디모데전서 강해(上)

엘맨출판사

칼빈의
디모데전서 강해

차 례

역자서문

1. 딤전 1:1-2 ● 9

2. 딤전 1:3-4 ● 25

3. 딤전 1:5-7 ● 41

4. 딤전 1:5-7 ● 59

5. 딤전 1:8-11 ● 75

6. 딤전 1:12-13 ● 95

7. 딤전 1:14-15 ● 113

8. 딤전 1:17-19 ● 129

9. 딤전 1:18-19 ● 147

10. 딤전 1:19-20 ● 163

11. 딤전 2:1-2 ● 181

12. 딤전 2:1-2 ● 197

13. 딤전 2:3-5 ● 213

14. 딤전 2:5-6 ● 229

15. 딤전 2:5-6 ● 241

16. 딤전 2:8 ● 253

17. 딤전 2:9-11 ● 269

18. 딤전 2:12-14 ● 285

19. 딤전 2:13-15 ● 303

20. 딤전 3:1-4 ● 317

21. 딤전 3:1-4 ● 333

22. 딤전 3:1-4 ● 349

23. 딤전 3:3-5 ● 367

24. 딤전 3:6-7 ● 381

25. 딤전 3:8-10 ● 395

26. 딤전 3:14-15 ● 409

27. 딤전 3:16 ● 425

역자서문

칼빈의 디모데전서 전문 강해설교집이 번역되어 한국교회에 유익을 끼칠 수 있게 됨을 먼저 하나님께 감사를 드립니다. 서투른 번역이나마 원서를 접하기 힘든 분들께 영적으로 다소 도움이 된다면 그것으로 감사와 보람과 위로를 갖고자 합니다.

1554~1555년에 칼빈에 의해 제네바에서 설교된 디모데전·후서는 로렌스 톰슨(Laurence Tomson)에 의해 1579년 불어에서 영어로 번역되었으며 한국어 번역은 영역본을 번역한 것입니다.

400여 년이 지난 고어로 된 영어를 번역한다는 것은 결코 쉬운 일이 아니었습니다. 그래서 부분적으로 오역도 있을 것이고, 생략된 것과 역자가 임의로 칼빈 입장에서 드물게 약간의 변경도 가했음을 양해하여 주시기 바랍니다.

칼빈의 소개되지 않은 번역본들이 어느 정도 한국에 소개될 즈음에 후배들에 의해 새롭게, 더욱 정확히 재번역되어 칼빈의 설교가 더욱 분명하고 은혜롭게 소개되기를 바랍니다. 칼빈 설교에 관한 자세한 목록과 기타의 연구는 T.H.L 파커의 책을(솔로몬 출판사에 의해 "칼빈과 설교"라는 제목으로 출판됨) 참고하시면 많은 도움을 얻을 수 있습니다.

칼빈 설교의 중요성이 영어권에서 깊이 인식되어 최근 활발한 번역작업이 이루어지고 있습니다. 저도 20여 년 전부터 이를 깊이 느낀 바가 있어 나름대로 한국교회에 소개하려고 여러 각도로 노력하였습니다. 그리고 번역에 자질이 있는 목회자를 만나면 칼빈의 소개되지 않은 설교집을 번역하도록 힘을 다해 권면하였습니다.

작년에 출판된 임원주 목사님의 "칼빈의 예정론에 관한 설교"(창세기 강해)도 이와 같은 력과 기도와 권면의 열매라 할 수 있습니다. 매우 은혜롭고 유익한 칼빈의 설교입니다.

최근에 총신대학교의 박건택 교수님을 통해 칼빈의 소논문집과 설교들이 번역되어 소개되고 있는데, 이것은 너무도 기쁘고 감사한 일이 아닐 수 없습니다. 여러분들이 큰 관심을 갖고 소개되지 않은 칼빈의 설교들을 속히 번역하여 주시기를 간절히 기도할 뿐입니다.

현재 역자는 칼빈의 신명기 전문설교집(200편)과 욥기 설교집(159편)을 번역 중에 있습니다.

우리는 칼빈을 지나치게 우상화해서는 안될 것입니다. 그에게도 부분적인 약점과 결점과 실수들이 있었습니다. 그러나 칼빈의 전반적인 생애에서 나타난 깊은 신앙심과 겸손함과 성경권위에 대한 탁월한 확신 등은 우리 모두가 배워야 하는 것입니다. 가장 중요한 것은 모방이 아니라 칼빈의 지혜와 깊은 통찰력을 우리 시대에 지혜롭고 적절하게 적용하는 일입니다.

"유명하다는 이들 중에(본래 어떤 이들이든지 내게 상관이 없으며 하나님은 사람의 외모를 취치 아니하시나니) 저 유명한 이들은 내게 더하여 준 것이 없고"(갈 2:6)라는 사도 바울의 말씀이 그 동안 칼빈 설교집을 내면서 제가 겪은 어려움을 넉넉히 이기게 하였습니다.

"완전하게 하려고 아무것도 못하는 것보다 불완전하게나마 시도하는 것이 더욱 값지다"는 서양 격언처럼 불완전하고 미숙한 번역이나마 없는 것보다는 훨씬 유익하다는 강하고 담대한 확신을 갖습니다. 많은 동역자로부터 뜨거운 격려와 감사함과 위로를 받았으며 때로는 시기와 무시함과 까닭없는 험담도 듣습니다. 모든 것이 다 합력하여 선을 이루기에 하나님께 감사할 뿐입니다.

모든 면에 부족한 제가 이만큼이나마 칼빈의 저작들을 소개하였다면 저보다 탁월하신 분들은 더욱 많은 칼빈의 작품을 소개할 수 있을 것입니다.

저는 확신과 기쁨을 가지고 칼빈과 함께 로이드 존스를 반드시 읽어보라고 강력히 추천합니다. 왜냐하면 이 시대를 넉넉히 이길 수 있는 영력과 지혜와 은혜를 얻을 수 있다고 확신하기 때문입니다. 강단에서 성경을 풀어 증거하는 것과 신학교에서 칼빈주의를 가르치는 일이 나에게는 가장 보람있고 행복한 시간입니다.

어려운 여건 속에서 출판에 함께 땀흘리신 이규종 집사님과 여러 직원분들께 감사를 드립니다. 진리를 사랑하는 독자분들께 칼빈의 설교집을 통해 크신 은혜가 함께하시길 기원합니다.

2001년 8월
칼빈신학연구원장
김동현 목사

1

"우리 구주 하나님과 우리 소망이신 그리스도 예수의 명령을 따라 그리스도 예수의 사도된 바울은 믿음 안에서 참아들된 디모데에게 편지하노니 하나님 아버지와 그리스도 예수 우리 주께로부터 은혜와 긍휼과 평강이 네게 있을지어다"(딤전 1:1-2).

우리는 사도 바울이 이 서신서를 한 사람만을 위해서 쓴 것이 아니고 전 교회를 위해서 썼다고 생각해야 합니다. 서신서의 내용을 보면 그것을 알 수 있습니다. 디모데에 대해서는 그렇게 많은 소개를 할 필요가 없는데도 사도 바울이 여기서 그렇게 하는 것을 보아 그것을 알 수 있는 것입니다. 사도 바울은 디모데 뿐만 아니라 다른 사람들도 심중에 두고 말합니다. 그리고 얼핏 보아서 사도 바울이 자신에게 사도라는 칭호를 사용하면서 그들에게로 향한 자신의 직무를 확인시켜 주었다는 사실을 쉽게 알 수 있습니다. 만약 자신이 그러한 사람이라는 것을 알려주지 않았다면 그에게 그러한 권위를 주지 않았을 것입니다.

그가 교회에 편지를 쓰는 일이 자주 있었는데 그렇게 할 때에는 사도라는 말을 조금밖에 쓰지 않거나 자신을 그냥 하나님의 종이라고 불렀습니다. 여기서 그는 머리를 싸매고 우격다짐을 해서 그 호칭을 차지하지 않았다는 것과 하나님으로부터 임명되었으며, 그 책임은 우리 주 예수 그리스도에 의해서 그에게 맡겨졌다는 것을 보여줍니다. 다른 사람을 디모데보다 더 중하게 여기지 않았다면 무슨 목적으로 그렇게 했겠습니까? 그래서 우리는 이 서신이 한 사람에게 보내는 것임과 동시에 모든 사람에게도 보내는 것이 되어 하나님의 자녀 모두에게 전체적으로 유익이 되어야 한다는 것을 알 수 있습니다. 그리고 우리는 바울의 의도가 이 서신을 접하게 되는 모든 사람들을 교육시키려는 것이었다는 것을 더 자세하게 알게 될 것입니다.

참으로 그는 여기서 어떤 것이 교회의 참모습이며 하나님의 말씀은 어떻게 다루어져야 하며 하나님의 말씀이 어떻게 활용돼야 하는가를 알려줍니다. 모든 사람의 의무가 무엇인지도 보여줍니다. 이것을 통해서 우리는 그것이 한 사람만의 일이 아니고 하나님께서 사도 바울의 입을 통해서 당신의 교회에게 이 가르침을 주려고 하시기 때문에 모든 사람은 그것을 열심히 들어야 합니다.

이제 사도 바울이 서문을 어떠한 방법으로 썼는지 살펴봅시다. 그는 **"우리 구주 하나님과 우리 소망이신 그리스도 예수의 명령을 따라 그리스도 예수의 사도된 바울"**이라 했습니다. 데살로니가 2장 13절에서 사도 바울은 하나님의 보내심을 받지 않은 자는 하나님의 교회 안에서 말씀을 전해서는 안된다는 것을 자신의 실례를 들어서 가르쳤습니다. 우리의 믿음을 죽어질 사람이나 피조물에 두어서는 안되기 때문입니다. 하나님 한 분만이 우리의 영혼을 통치하고 다스리시며 우리의 구원에 대한 모든 가르침을 하나님 한 분에게서 받습니다. 그럼에도 불구하고 하나님은 우리에게 말씀하시려고 가시적인 모습을 하시고 하늘에서 내려 오시거나 당신의 천사들을 우리에게 보내지 않으시고 사람을 통해서 우리를 가르치십니다.

그러므로 우리가 하나님께 순종하는 모습을 보여드리려면 하나님으로부터 이러한 직임과 책무를 맡은 사람들이 우리에게 전하는 하나님의 말씀을 받아들여야 합니다. 자신들은 하나님을 충성스럽게 섬길 것이라고 뽐내고 큰소리치는 자들이 한편으로는 안면을 바꾸어서 하나님의 말씀을 무시해 버리는 경우가 많이 있습니다. 그것은 하나님의 말씀이 사람의 입을 통해서 들어왔기 때문에 그들 속에는 위선밖에 없다는 것을 잘 입증해 주는 것입니다. 사실 우리는 하나님께서 이러한 명령을 내리신 것을 알았으니, 다시 말하면 하나님께서 당신의 교회가 복음의 가르침으로 다스려지기를 바라시며 사람들이 복음의 전도자가 되기를 바라신다는 것을 알았으니 사람들은 그것에 대해서 이론을 제기하거나 논쟁을 하도록 해서는 안됩니다. 또한 큰 자나 작은 자나 그들에게 주어져서 이 세상 끝날까지 남아서 그 권능을 발휘하게 될 이 규례에 자신들을 적응시켜야 합니다. 하지만 사도 바울은 자신을 한 사도(an Apostle)라고 불렀는데 그가 그렇게 한 목적은 우선 그들이 하나님의 이름이나 우리 주 예수 그리스도의 이름으로 말하고 있다는 상당한 확증이 없으면 그들이 하는 말에 귀를 기울여서는 안된다는 것을 우리에게 분명하게 알려 주려는 것이었습니다.

더욱이 우리가 만약 하나님께 경배를 드리고 하나님의 권속이 되려고 한다면 하나님의 말씀이 하나님의 보내심을 받은 사람의 입을 통해서 우리에게 전해질 때에 우리는 그 말씀을 받아들여야 한다는 것도 알아야 합니다. 그는 그냥 자신은 한 사도라 말하지 않고 우리 주 예수 그리스도의 사도라고 했습니다. 그는 하나님 아버지의 임명을 받았으니 그가 권위있는 선생이라는 것을 의심할 필요가 없습니다.

그러므로 가르치는 일과 연관이 있는 사람들은 우리 주 예수 그리스도의 이름으로 말해야 합니다. 왜냐하면 그분에 대해서 "그가 하는 말을 들으라"(마 17:6)고 기록되어 있기 때문입니다. 우리에게 예수 그리스도께 귀를 기울이라고 명령하는 음성이 하늘에서 들린 것은 모든 사람의 입을 닫아 어느 누구도 자기가 머릿속으로 생각하고 그리는 것을 하나도 입 밖으로 내보내려는 노력을 하지 못하게 하고 어느 누구도 자신이 대장이며 선생이라는 생각을 하지 못하게 하기 위함입니다. 왜냐하면 그것은 오직 우리 주 예수 그리스도 한 분에게만 속하기 때문입니다.

그러면 우리들이 할 것이 무엇입니까? 가르치는 사람들은 모두 사도 바울이 "너희는 그리스도께서 내 안에서 말씀하시는 증거를 구하느냐?"(고후 13:3)고 물어본 것처럼 예수 그리스도께서 그들의 입을 통해서 말씀하신다는 진리를 증거해야 합니다. 그가 예수 그리스도의 사도라고 강조해서 말한 것은 그는 친히 그분의 보내심을 받았고 전도하라는 사명을 받았으며, 더 나아가서 하나님과 우리 주 예수 그리스도의 지시로 그렇게 되었기 때문입니다. 히브리서에서 "이 존귀는 아무나 스스로 취하지 못하고 오직 아론과 같이 하나님의 부르심을 입은 자라야 할 것이니라"(히 5:4) 고 말한 것처럼 그것은 사람들의 우격 다짐으로 되는 것이 아닙니다. 정말로 집안의 주인이시며 모든 사람의 머리되시는 예수 그리스도 자신은 하나님 앞에서 엄숙히 선서하고 하나님으로부터 임명장을 받으셨습니다. 우리는 하나님의 발 밑 저아래 멀리 떨어져 있으며 하나님이 주신 것 이외에는 아무런 권한도 없는 그들에게 대해서 무슨 말을 하겠습니까?

그런데 사도 바울은 기적적으로 하늘로부터 부르심을 받았기 때문에 자기는 하나님의 명령에 따라 임명받은 사도라고 말해도 좋지만 그렇게 하는 것이 내키지 않았습니다. 그래서 어떻게 되었습니까? 하나님께서는 당신의 교회 안에는 혼란한 일이 일어나지 못하고 모든 것이 질서 정연히 이루어지도록 이러한 방법을 택하셨습니다. 하나님의 말씀을 가지고 갈 도구로서 사용할 사람들에게 책임과 사명을 맡기셨습니다. 다시 말해서 그들이 택함을 받고 승인을 받게 하셨습니다.

바울과 그밖에 다른 사도들이 특별한 방법으로 사명을 받았고 보내심을 받은 것은 예수그리스도께서 당신의 왕국을 소유하게 된 것을 널리 전파하기 위함입니다. 그러나 그 후로 이러한 기초가 일단 다져지면 하나님께서는 당신의 복음을 전파할 자들이 선택되고 승인을 얻는 것으로 만족하기를 바라십니다. 하나님의 말씀을 전하며 목자라는 이름으로 불리우는 그들에게는 우리가 주의해야 할 것이 두 가지 있습니다.

첫째로 그들은 하나님이 인정하시는 방법으로 선택되어야 합니다. 법률이 파괴되거나 바꾸어져서는 안되기 때문입니다. 둘째로 그들이 맡은 의무를 충실히 이행하며 자신들의 생각에 의존하지 말고 우리 주 예수 그리스도의 이름을 영화롭게 하기만을 구하고 그리스도가 하나님 아버지께서 기뻐하시는 그리스도가 되게 하는 것입니다. 다시 말하면 (우리가 앞에서 보여준 대로) 그리스도가 취고의 권위 있고 유일하신 교사가 되게 하는 것입니다.

모든 목자에게 꼭 필요하며 하나님의 말씀을 전하는 사역에 필요하고 중요한 두 가지 요소는 다시 말하지만 그들의 교회의 규례에 의해서 부름을 받아야 하는 것과 예수 그리스도께서 항상 다시리시게 해드리는 것입니다. 또 항상 이와 같은 권위와 영광을 누리게 해드리며 모든 사람들이 그리스도께서 하시는 말씀에 귀를 기울이게 만들며 모든 순종을 바치게 하므로 그들에게 주어진 임무를 완수하기 위해서 힘써 노력하므로 그들의 책임을 완수하는 것입니다. 이러한 까닭으로 교회는 항상 그 신랑에게 순결해야 한다고 기록되었습니다(고후 11:2, 엡 5:27).

예수 그리스도께서 당신의 사역에 쓰시고자 하는 자들 한 사람 한 사람을 부르실 때 그들은 하나남의 권위와 영광에 흠이 가지 않도록 해야 합니다. 그렇게 하는 것은 한 남편이 자기의 아내를 자기 친구에게 위임하는 것과 같아서 자기 아내를 음탕하게 만드는 원흉이 되기 때문입니다. 만약 하나님의 말씀을 전하는 책임을 받은 사람이 아무때나 자기의 생각을 쏟아 붓는다면 그것은 교회로 하여금 신랑되신 그리스도께 한 약속을 어기게 만드는 것 이외에 무엇이 되겠습니까?

사도 바울은 교회가 순수한 복음에서 벗어나지 않을 때에 교회의 순결성이 존속된다는 것을 보여줍니다. 우리가 이상한 가르침에 귀가 솔깃해서 귀를 기울이는 것은 마치 한 여인이 자기의 신세를 망쳐놓기만을 꾀하는 포주의 말을 귀담아 듣는 것과 똑같습니다. 그러므로 예수 그리스도의 위엄과 영광을 가리울 자들에게 하나님의 교회를 치리할 임무를 주어서는 안된다는 사실을 잘 알아둡시다. 또 예수님이 그것으로 인해 아무런 손상을 입어서는 안됩니다. 오히려 목적을 달성하기 위해서 그들은 큰 자와 작은 자 모두에게 유일하신 선생이 되시는 예수 그리스도에게 순종하는 일에 자신들을 적응시켜야 하며, 그리스도께서 아버지 하나님의 이름으로 주신 말씀을 굳게 지켜야 합니다. 한편 우리는 사람들을 통해서 우리에게 전해지는 가르침을 가장 겸허하고 경건한 마음으로 받아들여야 합니다. 만약 우리가 그 가르침을 중하게 여기지 않는다면 그것은 죽어진 피조물에게 잘못하는 것이 아니고 하나님과 하나님의 독생자이신 우리 주 예수 그리스도에 대한 공개적이고 분명한 반항입니다.

우리는 사도 바울이 여기서 하나님과 우리 주 예수 그리스도에 붙여드린 호칭을 주목해야 합니다. 그는 우리 구주 하나님 그리고 우리의 소망이신 그리스도 예수라고 했습니다. 구주라는 말은 종종 성경에서 하나님의 독생자에게 주어지는 호칭인 것이 사실입니다. 우리의 구원에 필요한 조건이 무엇이든지 그 조건을 완전 무결하게 완수하신 분이 바로 예수 그리스도이십니다. 예수님은 우리의 죄와 흠을 씻어내어 우리를 깨끗하게 하기 위해서 피를 흘리셨으며 우리에게 묻어있던 저주를 완전히 지워버리셨습니다. 그리고 우리를 구원해 주셔서 죽음의 노예가 되었던 우리를 해방시켜 주셨으며 죄로 하여금 패주하게 하셨습니다. 그래서 우리는 우리의 구원을 우리 주 예수 그리스도 안에서 구해야 하며 그 분이 우리의 구주라고 불리우는 것이 지극히 당연하다는 것을 알아야 합니다. 한편 사도 바울이 아버지 하나님께 이런 호칭을 붙여드린 데에는 이유가 있습니다. 그 이유가 무엇입니까? 예수님이 어디에서 우리에게 오셨는지 알아봅시다.

하나님이 세상을 이처럼 사랑하사 독생자를 주셨으니(요 3:16)와 저로 말미암아 우리를 살리려 하심이라(요일 4:9)는 성경말씀이 증언하는 대로 예수님은 아버지 하나님의 보내심을 받아 이땅에 오셨습니다. 그러므로 우리가 우리 주 예수 그리스도의 인격 속에서 우리의 구원을 보게 될 때마다 예수님이 우리에게 오신 근본적인 이유를 다시 말하면 이러한 까닭으로 사도 바울은 하나님을 우리의 구주라고 불렀습니다. 우리가 예수 그리스도께서 우리에게 주시는 유익과 그분을 통해서 얻는 은혜에 대해서 생각해볼 때마다 우리의 마음이 더 높은 곳으로 향하게 해야 합니다. 또 하나님께서 실족한 아담의 가족들을 긍휼히 여기시어 그들을 구원해 주시기로 마음을 정하셨다는 것을 알아야 합니다. 우리가 처해있던 죽음의 깊은 함정에서 구출해 주시기 위해서 하나님은 우리의 구주 예수 그리스도를 보내셨다는 것을 알아야 합니다. 예수 그리스도만이 우리가 의지할 수 있고 그 위에 안주할 수 있는 유일한 그루터기라는 것을 우리에게 알려주기 위해서 예수 그리스도는 우리의 희망이라고 불리웁니다. 만약 우리가 우리 예수 그리스도를 통해 하나님과 하나가 되지 않는다면 어떻게 되겠습니까? 우리가 위대하신 하나님을 바라보면 우리는 벌벌 떨고 요동하지 않을 수 없습니다.

천주교인들이 그렇게도 많은 보호자와 대변자를 구하게 하고 많은 방법과 흠 투성이고 거지같은 것들을 구하게 만드는 것은 그들이 구원을 받았다는 확증을 받으려는 것 이외에 다른 목적이 없습니다. 그러나 그런 일은 일어나지 않습니다. 사람이 일단 주 예수 그리스도에게서 벗어나게 되면 선택의 여지가 없이 의심을 하게 되며 사람들은 결국 좋든 싫든 반대를 무릅쓰고 헛된 망상에 이용당했다는 것을 고백하고 인정하게 될 것입니다. 그러나 천주교 신자들은 사도 바울이 우리에게 가르쳐주는 내용을 알지 못합니다. 즉 예수 그리스도가 우리의 구주라는 것을 모르며 비록 그들이 이점에 대해서 교육을 받았지만 하나님이 이 세상의 구주라는 것을 모릅니다. 더욱이 만약 우리가 하나님의 호감을 사려고 하면 그러한 보호자와 그러한 대변자가 필요하다고 합니다.

이 불쌍한 장님들이 어떠한 처지에 놓여있는지 보십시오! 그리고 우리가 만약 우리의 영혼이 화평하고 안락하다는 확신을 어느 정도 갖고자 하면 우리 구원의 시작과 끝을 우리 주 예수 그리스도 안에서 구해야 합니다. 전적으로 거기에 의존하고 그것을 확신해야 하며, 그리스도께서는 영생을 우리에게 주시기 위해서 오셨을 뿐만 아니라 온전한 축복을 우리에게 풍족하게 주신다는 것을 믿어야 합니다. 그렇게 함으로써 우리는 그분 안에서만 만족을 얻고 우리의 허기를 채울 수 있고 우리의 갈증을 가라앉힐 수 있습니다.

그러므로 우리는 하나님의 독생자께서 여기서 우리에게 주시는 지시를 잘 따라 우리의 생각을 좇아 갈팡질팡하지 맙시다. 여기에 우리를 결코 실족케 아니할 길이 훤하게 나 있으니 그 길을 따라갑시다. 간단히 말해 사도 바울은 여기서 우리가 구원을 받게 되는 중요한 요인은 하나님의 선하신 뜻이라고 했습니다. 이것은 우리에게는 아무런 가치가 없음에도 불구하고 하나님께서 우리를 향해서 품으시는 아버지의 사랑입니다. 그러나 바로 그것의 실체와 정수는 우리 주 예수 그리스도 안에 있다는 것을 가르쳐줍니다. 하나님은 우리를 사랑하셨습니다. 다시 말씀드립니다만 그것이 우리 구원의 가장 중요한 기초가 됩니다.

그런데 하나님은 죄인인 우리를 사랑하실 수 있습니까? 그것은 불가능합니다. 하나님은 우리 몸 속에 있는 악을 미워하시며 그것을 참아주지 않으십니다. 그래서 우리는 하나님을 모르는 사람이 되었으며 추방을 당하여 영생에서 차단되었습니다. 더욱이 우리는 사망에 넘겨졌으며 저주를 받았습니다. 우리는 우리 주 예수 그리스도께서 바치신 산 제물을 통해서 하나님 앞에 죄사함 받기 위해서 우리 주 예수 그리스도의 보혈에 의한 죄씻음을 받았습니다. 우리의 죄가 예수님께서 우리에게 사주신 의로움에 의해서 우리의 몸밖으로 빠져나갔습니다. 우리 구원의 실체가 바로 그분 안에 있다는 사실을 확실히 알아두십시오! 우리의 모든 명철을 쌓아두어야 할 곳이 그곳이며, 우리가 안주하고 우리의 모든 평강을 구해야할 곳은 그곳밖에 없습니다.

그것에 대해 사도 바울은 **"우리가 믿음으로 의롭다 하심을 얻었은즉 우리 주 예수 그리스도로 말미암아 하나님으로 더불어 화평을 누리자"**(롬 5:1)라고 말했습니다. 그러므로 사도 바울이 여기서 아버지 하나님과 우리 주 예수 그리스도께 붙여 드린 호칭을 통해서 우리는 어떠한 교훈을 얻게 되는지 알 수 있습니다. 우리는 거기에 하나님 아버지와 그리스도 예수 우리 주께로부터 오는 은혜와 긍휼과 평강을 연결시켜야 합니다. 우리가 다루었던 내용을 보다 분명하게 설명해 주기 위해서입니다. 사도 바울은 하나님을 우리의 구주라고 불렀으며 예수 그리스도를 우리의 소망이라고 불렀는데 그 뜻도 바로 그대로입니다. 완전한 기쁨을 풍성하게 받을 만한 사람에게는 모든 것들이 한꺼번에 주어집니다.

만약 우리가 하나님을 예수 그리스도에게서 떼어놓으면 하나님의 위대하심이 너무 크기 때문에 우리는 하나님에게 접근할 수 없습니다. 말하자면 우리는 죽음의 깊은 함정 속에 빠져있기 때문에 거기에는 예수 그리스도를 통해 우리를 연결시키고 하나로 뭉치게 만드는 방법이 필요합니다. 그렇게 하지 않으면 하나님은 우리에게 긍휼을 베푸실 수 없습니다. 또 우리는 결코 하나님의 이름을 부를 수 없으며 우리 주 예수 그리스도께서 우리에게 오셔서 우리를 하나님 아버지께 데리고 가시려고 힘쓰고 우리에게 다가 오셔서 하나님께서 직접 우리에게 접근해 오실 것이라고 우리에게 확인시켜 주지 않으시면 하나님께서 우리에게 유익을 주실 것으로 기대할 수 없습니다.

　그러나 우리가 더 나아가서 여기에 있는 세 개의 단어, 즉 은혜와 긍휼, 평강을 다루기 전에 이미 그 중 은혜와 평강에 대해서 간단히 언급합시다. **'은혜'** 라는 말은 하나님이 우리를 사랑하신다는 뜻으로 하나님은 우리에게 자비로우시다는 것을 나타냅니다. **'평강'** 이라는 말은 일반적으로 모든 번영을 뜻합니다. 이로 볼 때 하나님이 우리와 하나가 되시기전과 우리를 당신의 사랑 속으로 받아들이시기 전에는 비참한 처지에 있다는 것을 알려줍니다. 뿐만 아니라 비록 우리에게는 소원 못할 것이 없고, 세상 사람들은 우리가 더 말할 수 없이 많은 축복을 받고 있다 인정하고 있으며, 하나님이 우리를 사랑하시어 하나님의 자녀로 여기지 않으시면 우리가 기뻐하고 박수를 칠지라도 언제나 처량한 처지에 놓이게 마련입니다. 왜 그렇습니까? 하나님이 우리를 당신의 사랑으로 받아주지 않으시면 우리가 이세상에서 누리고 있는 모든 유익은 틀림없이 저주로 변할 것이기 때문입니다.

　현재 우리는 하나님의 사랑을 받고 있습니까? 우리는 하나님의 은혜에 우리의 기반을 두고 있으며 그 은혜에 전적으로 의존하고 있습니까? 하나님께서는 우리에게 당신께서 합당하다고 생각하는 것들을 보내실 것입니다. 우리가 보는 바와같이 하나님은 자신이 유기하신 자들을 방치하시며 그들은 항상 고통 중에 있기 때문에 비록 그들이 이세상의 물건들을 즐길 수 있도록 용납하시지만 그들은 그것을 정말로 향유함에도 불구하고 누리지는 못합니다. 그러나 반면에 하나님은 당신의 자녀들에게 그들에게 적합하다고 생각되는 것들을 보내시며 그들에게 부족하고 필요한 것이 있으면 곧 채워 주십니다. 그래서 그들은 그들의 불행중에서도 기뻐할 수 있습니다.

　사도 바울이 말한 것처럼 우리에게 하나님의 사랑에 대한 확신이 있고 우리의 영혼이 하나님에게 의지하고 있다면, 우리는 하나님이 우리에게 주시는 영생에 대한 소망을 가질 수 있을 뿐만 아니라 이 세상에서의 생활을 즐길 수 있습니다. 하니님이 우리를 사랑하신다는 것을 알고 있기 때문에 비록 우리가 환난을 당해도 우리는 즐겁습니다.

　하나님이 우리를 돌보신다는 믿음을 이미 우리에게 주셨기 때문에 하나님은 모든 것을 우리가 구원받는 일에 활용하실 것이라고 우리는 알고 있습니다. 이러한 어려운 일들이 하나님의 자녀들에게 어떠한 방법으로 도움을 주는지 살펴보십시오!

그들은 이러한 방법으로 환난 중에서도 기뻐합니다. 이렇게 해서 하나님의 은혜가 모든 유익과 모든 복의 시작이라는 것을 알게 되었습니다. 사도 바울이 이 둘을 하나로 연결시킨 데에는 이유가 있습니다. 우리는 이것을 통해서 하나님께 우리에게 합당한 것을 달라고 요구할 때에 본말을 전도하지 말라는 가르침도 받습니다. 우리가 지켜야할 순서를 바로 깨달아야 합니다. 우선 우리를 하나님의 사랑을 받아들이는 것이 하나님을 기쁘게 해드려야 하고, 다음에 우리의 유익이 되고 우리가 필요한 것들을 우리에게 주시는 것이 하나님에게 기쁨이 되어야 합니다. 우리의 속성은 항상 반대 방향으로 활동하므로 병자도 자신의 병보다 마음의 고통 때문에 더 많은 괴로움을 당합니다.

우리가 하나님에게 기도할 때에도 그와 같아서 우리는 일용할 양식을 달라고 하거나 우리에게 필요한 것은 무엇이든지 달라고 하며 만약 병에 걸리면 그병을 고쳐달라고 합니다. 우리는 하나님에게 매우 불합리한 기도를 드리고 있다는 것을 알아둡시다. 가장 중요한 것, 즉 하나님의 사랑과 하나님의 은혜를 구하지 않고 속되고 중요하지 않은 것들만 요구합니다. 부자가 되고 싶어하는 사람도 있을 것이며 자기의 욕심이 탐내는 것을 갖고 싶어하는 사람도 있습니다. 간단히 말해서 우리는 우리의 욕심을 버릴 줄 모르기 때문에 어떤 것이 우리에게 유익이 되는지 모릅니다.

이러한 까닭으로 여기에 제시하는 다음 규칙에 따릅시다. 무엇보다도 우리에게 긍휼을 베푸시기를 기뻐하시고 우리의 죄를 용서하여 주시기를 기뻐하시고 우리를 받아들이시기를 기뻐해 달라고 간청합시다. 그렇게 한 다음에는 우리를 다스려 달라고 요청하고 모든 면에서 우리의 인도자가 되어 달라고 기도드립시다!

사도 바울이 우리에게 알려주는 것과 같이 만약 우리가 하나님에게 바르게 기도드리면 하나님의 성령이 틀림없이 우리를 인도해 주시고 다스려주실것입니다. 하지만 우리는 여기에 제시된 순서를 무시해서는 안됩니다. 사도 바울은 긍휼(Mercy)이라는 말을 모든 서신서에서 사용하지는 않았습니다. 그러므로 그가 여기서 그 말을 사용한 것은 분명히 다른 곳에서보다 이 곳에 자기의 마음을 더 많이 쏟아 부었기 때문입니다. 그렇지만 긍휼이라는 이 말은 은혜(Grace)라는 말이 뜻하는 내용을 분명하고 명확하게 설명하는 일 이상의 역할을 하지 않습니다.

하나님이 우리를 사랑하시는 것은 하나님의 긍휼 때문입니다. 하나님이 우리 안에서 불행과 비열함 외에 무엇을 발견하시겠습니까? 만약 하나님께서 우리의 값어치를 보시고 우리를 사랑하신다면 우리는 지금의 우리가 아닌 다른 사람이 되어 있어야 합니다. 그러니 하나님으로 하여금 우리를 사랑으로 받아들이시도록 감동시킨 것은 우리의 비열함과 처참한 처지 외에는 아무것도 없다는 것에 유념합시다. 더욱이 우리를 불쌍히 여기시며 우리를 동정해 주시는 하나님의 긍휼은 우리에게는 불쌍히 여김을 받을 비열함과 불행밖에 없기 때문에 서로서로 보상을 하게 된다는 것을 보여줍니다.

하나님이 우리를 사랑해 주시기를 바라십니까? 그렇다면 우리는 이와 같은 극한적인 상황에서 시작해야 합니다. 즉 우리는 너무도 불쌍한 존재이며 버림을 받고 저주를 받은 자라는 느낌으로 시작합니다. 구원받기를 소망하며 자신의 처참한 처지를 실감해 보지도 못했으며 느껴보지도 못한 사람들은 어떠한 사람이었던 간에 구름 위를 걷고 있는 사람과 같은 것입니다. 고로 하나님의 은혜를 받을 수 있는 방법을 알아둡시다. 그것은 바로 이렇게 하는 것입니다. 즉, 우리는 우리의 비참한 처지에 대비하고 우리 자신을 부끄러워하고 내적으로 낙담하는 것입니다. 비록 우리의 몸 속에는 온갖 나쁜 것과 사악한 것밖에 없기 때문에 우리에게는 아무런 가치가 없을지라도 우리를 사랑하시도록 하나님을 감동시키는 저 한량없는 긍휼과 동정심이 있는 곳까지 날아가 봅시다.

사도 바울이 이 시점에서 긍휼(Mercy)이라는 말을 첨가한 목적을 알아봅시다. 우리가 앞에서 말한 것과 같이 은혜는 긍휼에서 나오는 것이 사실입니다. 그러나 사도 바울이 그 말을 두 번째 자리에 사용했다고 해서 이상하게 여길 일은 아닙니다. 그런데 왜 그렇게 했습니까? 만약 하나님이 우리에게 긍휼을 베풀지 않으시면 우리는 가납될 수 없으며 하나님을 충분히 기쁘게 해 드릴 수 없다는 것을 우리에게 알려주기 위해서입니다. 사도 바울은 고린도후서 마지막절에서 **"주 예수 그리스도의 은혜와 하나님의 사랑과 성령의 교통하심이 너희 무리와 함께 있을지어다"**(고후 13:13)라고 말할 때에도 그렇게 했습니다.

앞에서 말한 대로 하나님의 사랑이 제일 중요하다는 것과 예수 그리스도가 하나님 아버지의 보내심을 받지 않으셨다면 우리는 구원을 받지 못하는 것이 사실입니다. 그러나 바울은 은혜가 우리에게 차별없이 베풀어지며 또 하나님은 은혜 때문에 우리에게 복음을 통해서 예수님의 인격을 매일 닮아가도록 역사하신다고 말한 후 하나님은 하나님의 거저 주시는 선하심 때문에 우리를 사랑하기를 기뻐하신다고 말했습니다.

이제 사도 바울이 디모데를 믿음 안에서 참 아들이라고 부르는 것에 대해 생각해 보겠습니다. 우리 주 예수 그리스도께서 **"땅에 있는 자를 아비라 하지 말라 너희 아버지는 하나이시니 곧 하늘에 계신 자시니라"**(마 23:9)고 말씀하셔서 금하셨는데도 사람이 영적인 아버지가 된다는 것은 얼핏 보아서 이상하게 보일지도 모릅니다. 그러나 하나님은 영적인 아버지와 육적인 아버지로서 사람들에게 이와 같은 영예를 주셔서 그들로 하여금 당신의 이름에 동참하게 하시며 그들이 아버지라고 불리움을 받게 하십니다. 사실 이것은 육체의 아버지와 영의 아버지를 비교해 놓은 히브리서 12장 9절 말씀과 상충되는 것처럼 보일지도 모릅니다. 비록 그들이 서로 상반되어 보이지만 하나님은 어떤 분이시며 사람이 어떤 존재인가를 일단 알게 되면 아 모든 것은 잘 조화가 될 것입니다.

아버지라는 이 이름은 매우 존귀하기 때문에 그 이름은 하나님 한 분만이 사용하실 수 있습니다. 육적인 면에서 더욱 그렇습니다. 그러므로 육신적으로 우리를 낳은 사람들을 우리의 아버지라고 부르는 것은 적절하지 않습니다. 왜냐하면 피조물에게는 이와 같이 귀하고 빛나는 영광을 받을 자격이 없기 때문입니다. 그럼에도 불구하고 하나님께서는 당신의 고유한 선하심으로 인해서 사람을 이와 같이 높은 자리에 승진시키시어 그들이 아버지라고 불리우기를 바라십니다. 그렇게 하시는 목적과 취지는 그들 자신이 하나님에게 더욱 더 많은 신세를 지고 있다는 것을 인식시키기 위해서입니다.

이 세상에서 아이들을 낳은 사람들은 육신의 아버지라고 부르는 데에는 별다른 의문이 없을 것입니다. 그러나 하나님 한 분만이 우리의 영의 아버지신 것처럼 보이기 때문에 그 이름은 다른 사람에게 줄 수 없습니다. 그 이유는 하나님 한 분만이 "생명의 씨(seed of life)"라고 불리우는 당신의 말씀을 통해서 우리를 얻으셨기 때문입니다.

그리고 하나님은 교회를 "우리의 어머니(our mother)"라고 부르셨습니다. 한 어머니가 잉태하여 자녀를 낳아 기르는 것처럼 하나님께서는 항상 당신의 말씀이 자신의 교회 안에 있게 하므로 그 말씀을 통해서 열매를 맺고 말씀으로 영양을 공급받고 자라서 성인이 되기를 바라십니다. 교회가 하늘에 있는 우리의 어머니라고 불리우며 성경에는 그 말이 많이 있습니다. 바울은 선지자들에게 전해졌던 내용처럼 우리가 생명의 씨라고 불리우는 복음에 의해서 하나님의 자녀가 되었음을 보여주었습니다. 이러한 까닭으로 교회는 우리의 어머니라고 불리웁니다(갈라디아서 4장).

　같은 이유로 복음을 전파하라는 책임을 맡은 사람이 예수 그리스도 안에서 썩지 않은 생명의 씨를 통해서 영혼을 얻고 그것으로 그 영혼들이 완전하게 될 때까지 양육한다면 그들은 아버지라고 불리웁니다. 우리는 어떻게 하나님의 자녀가 되었습니까? 확실히 하나님의 말씀을 통해서 그렇게 되었습니다. 그리고 사람이 그 말씀을 우리에게 전하지 않았습니까? 하나님은 부름을 받은 자들을 말하자면 교회 안으로 끌어들여서 그들을 통해 사람들을 구원으로 인도하며 말씀과 함께 그들에게 세례를 주어서 거듭났다는 인을 쳐주십니다. 그것을 통해서 비록 우리가 아담의 후손으로 태어나서 세상과 짝지어 살았기에 하나님의 저주 안에 있지만, 우리가 하나님의 무조건적인 택함을 받으면 이 모든 것들이 우리 안에서 없어지고 제거됩니다. 이렇게 해서 사람들이 하나님의 역할을 대신하게 되었으며 이러한 방법을 통해 영혼들이 영생을 얻도록 초청되었으니 그들이 아버지라 불렸다고 해도 기이하게 여길 일은 아닙니다.

　이러한 이유로 사도 바울은 여기서나 다른 서신, 특히 고린도에 보내는 서신에서 자신을 아버지라고 부르는 것을 대수롭지 않게 여겼습니다. 그의 의도는 자기 자신을 높여서 하나님에게서 무엇인가를 빼앗거나 하나님에게 속한 권한과 또 계속해서 그렇게 유지되어야 할 권한을 손상시키려는 것이 아니고 자기 자신의 노력으로 신자를 얻게 된 하나님의 은혜를 강력하게 부각시키는 데 있었습니다. 간단히 말해서 사도 바울에게는 하나님의 영광을 가리거나 자기에게 속하지 않은 것을 달라고 하나님에게 요구할 의사가 전혀 없었습니다. 그렇게 한다는 것은 가증스러운 신성 모독입니다. 그보다도 그는 하나님을 최고의 아버지로 인정받게 하기 위해서 믿는 자들은 하나님의 방법을 통해서 영생에 이르게 된다는 것을 보여주었습니다.

　그것은 마치 이렇게 말한 것과 같습니다. "친구들이여! 우리 모두는 한 아버지를 모시고 있다. 당신에게나 나에게나 거듭나게 하신 분은 오직 그 분뿐이며 우리의 생명을 유지해 주시는 분도 그 분뿐이다. 생명의 씨, 결코 썩지 않은 생명의 씨가 우리 몸 속에 있다는 것을 명심하자. 많은 사람들이 믿음을·통해서 복음의 가르침을 받았으며 하나님께서는 이것을 위해서 나를 도구로 사용하시를 기뻐하셨다. 그러므로 나는 하나님에게 맞서지 않으며 하나님의 권위에서 아무것도 빼앗지 않고 하나님에게 순종하여 하나님이 나에게 맡기신 하나님의 말씀을 들고가는 너희의 영적인 아버지다."

이제 우리는 사도 바울이 자신을 믿음의 아버지라고 한 이유를 알게 되었습니다. 만약 우리가 하나님께서 우리를 당신의 자녀로 인정해 주시고 택하여 주시기를 바란다면 우리는 또한 교회의 자녀가 되어야 합니다. 환상적인 교리를 갖고 있으며 사악한 생각만을 하고 있는 이와 같은 배교자나 배신자처럼 되어서는 안된다는 교훈을 받습니다. "그러나 나로 말하자면 나는 기독교 신자의 복음을 신봉합니다." 그들이 이런 식으로 말하는 데에는 별다른 절차가 필요치 않습니다. 그럼에도 불구하고 그들은 교회의 모든 질서를 파괴하고 멍에를 메려고 하지 않으며, 하나님의 이름을 전하라는 사명을 맡아 마땅히 아버지로 공경해야 할 그분들을 해치려고 하는 것을 볼 때 마귀의 자식임이 틀림없습니다. 그리고 그들은 경솔하며 염치가 없어서 하나님의 교회를 더럽힐 것입니다.

"돼지들이여! 돼지들이여! 왜 너는 더러운 것이 다른 돼지에게 옮기지 않도록 네 몸을 깨끗하게 하지 못하느냐?" 따라서 우리가 하나님의 자녀로 여김을 받고 싶으면 교회가 우리의 어머니가 되어야 하며 목사는 우리의 아버지가 되어야 합니다. 자신을 그렇게 굴복시키지 않는 자는 지옥에 가서 사단과 같이 살게 내버려 두십시오! 하나님의 교회에는 그들이 있을 공간이나 자리가 없습니다. 더욱이 신자인 척하며 복음으로 거듭난 신자인 척하지만 그들 몸 속에 있는 것은 위선뿐이기 때문에 사도 바울이 디모데를 "믿음 안에서 된 참 아들(his natural son in the faith)"이라고 부른 이유를 깊이 생각해 봅시다.

그는 디모데와 서자인 다른 아이들을 구별하기 위해 이 말을 첨가했습니다. 사도 바울이 여기서 사용한 말은 그 뜻을 충분하게 표현할 수가 없습니다. 거기에는 당연한 아들 혹은 지당한 아들이라는 뜻이 있습니다. 사도 바울에게는 믿음 안에서 된 참되고 합당한 아들이 있었습니까? 있었습니다. 거기에는 아무런 의심도 없습니다. 그 까닭은 사도 바울이 실수를 했기 때문이 아니고 많은 사람들이 마치 그들이 복음을 받아들였다고 입으로 시인한 것처럼 그럴듯하게 가장을 했다가 시간이 흘러서 그들의 몸 속에는 악과 위선밖에 없다는 것이 드러나자 하나님은 그들이 당신의 자녀가 아니라고 부인하시며 그들은 참되고 합법한 자녀가 아니라고 말씀하셨기 때문입니다.

그러므로 우리가 복음을 통해서 교육을 받고 그것을 굳게 지킨다고 공언하고 또 하나님이 우리에게 명령하시는 내용을 사람의 입을 통해서 듣는 것만으로는 충분하지 않습니다. 오히려 우리는 참된 자녀로 남아 있어야 하며 우리가 전혀 벗어남이 없이 올바르게 행하도록 조심해야 한다는 것을 알아둡시다. 사람이 바른 길을 버리고 제멋대로 싸다니기 시작하면 그에게는 완전한 사생아가 되는 길 이외에 무엇이 남아있겠습니까? 바울의 의도는 만약 우리가 복음을 받아들였다면 우리는 그러한 상태를 지속하여야 하며 우리 안에 뿌려진 선한 씨가 악하게 되거나 상하지 않고 그 열매를 맺을 때까지 선한 상태가 지속되어야 한다는 것을 디모데의 인격을 통해서 우리에게 가르쳐주려고 했다는 점을 깊이 생각해 봅시다. 그때가 언제이겠습니까? 하나님이 우리를 이 세상에서 데리고 가셔서 우리로 하여금 그 열매를 만져보게 하시고 우리가 구원받은 것을 하늘 나라에서 기뻐할 때임이 분명합니다.

2

"내가 마게도냐로 갈 때에 너를 권하여 에베소에 머물라 한 것은 어떤 사람들을 명하여 다른 교훈을 가르치지 말며 신화와 끝없는 족보에 착념치 말게 하려 함이라. 이런 것은 믿음 안에 있는 하나님의 경륜을 이룸보다 도리어 변론을 내는 것이라"(딤전 1:3-4).

하나님은 우리에게 그렇게 고마우신 분이시며 우리에게 당신을 섬길 수 있는 귀한 영광을 주셨기 때문에 모든 사람은 그만큼 더 힘을 써야 합니다. 그렇게 하지 않으면 우리는 너무 느려서 뒤로 처지게 될 것입니다. 이러한 이유로 큰 일을 맡아달라는 부름을 받은 사람들은 앞으로 전진하도록 자극을 받아야 하며 그 일에 그들의 지혜와 학문을 쏟아부어야 합니다. 우리는 우리의 연약함을 인정해야 하기 때문에 하나님께서 우리를 인도하시고 우리의 부족한 것을 채워주시도록 하나님을 찾아가는 것을 잊어서는 안됩니다. 그러면 하나님이 우리를 어디로 오라고 하셨는지 또는 우리가 우리의 이웃을 어디에서 도와줄 수 있는지 몰라도 변명을 하지 못하는 사람이 하나도 없을 것입니다.

이러한 맥락에서 사도 바울은 디모데에게 그가 에베소에 머물러 있어야 되는 이유에 대해서 생각해 보라고 했습니다. 바울은 자기의 뜻에 반해서 어쩔 수 없이 디모데를 거기에 남겨두어야만 했습니다. 거기에는 그가 맡아야 할 큰 역할이 었었습니다. 그렇지 않다면 디모데처럼 그에게 훌륭한 동반자며, 동역자며 많은 것에 소용이 되고 큰 도움이 되는 그를 그렇게 거기게 남겨두었겠습니까? 바울은 디모데가 거기에 있어야 할 정도로 중요한 일이 거기에 있는 것을 보았기 때문이 아닙니까? 그리고 그가 지금 그 말을 하는 이유는 디모데에게 그가 맡은 책무에 더 열심히 하라고 격려해 주기 위해서입니다.

바울은 디모데에게 "너는 내가 너를 에베소에 남겨둘 것을 알고 있다"고 말했습니다. 그 말에는 "네가 나와 함께 있으면 나에게 많은 유익이 된다. 그런데 나는 나의 뜻에 반해서 너와 헤어져야 한다. 따라서 네가 없어서 나를 몹시도 부족하게 해주니 너는 그만큼 더 열심을 내야 한다. 만약 네가 맡은 일이 보통사람이 할 수 있고 많은 도움을 주는 일이 아니었다면 나는 또 너를 나와 함께 여기 있게 했을 것이며 너는 하나님을 잘 섬겼을 것이다. 그러니 거기에서 시간을 낭비되지 않도록 조심하라"는 뜻이 담겨 있습니다.

사도 바울이 그에게 어떤 임무를 맡겼는지 잘 살펴봅시다. 그는 "**나는 네가 어떤 사람들을 명하여 다른 교훈을 가르치지 말며 신화와 끝없는 족보에 착념치 말게 하기를 바란다**"고 말했습니다. 사도 바울은 디모데에게 여기서 전도하라거나 그에게 맡겨진 임무를 완수하라는 주문을 하지 않습니다. 그럴 필요가 없었습니다. 그러나 그의 권위를 세워주었으며, 또 쉽게 통제할 수 없는 것들에 대비해서 그를 무장시켰습니다. 바울은 여기서 누구에게 전도를 하라고 지시하지 않고 단지 자기의 책무를 다하라고 했지만 그를 무시하는 자는 누구를 막론하고 하나님에 맞서는 자라는 것을 알려주었습니다. 사도 바울이 그렇게 한 것은 믿는 자는 넋이 빠져서는 안되며 자신의 영달만을 꾀하는 자는 교회의 모든 질서를 혼란케 만든다는 것을 보여주기 위해서였습니다.

이것을 하나의 경고로 받아들이십시오. 그럼에도 불구하고 우리는 마귀가 순수한 교리를 상하게 하고 더럽히기 위해서 항상 꾀를 쓰고 있다는 것을 알았습니다. 이것은 우리가 살고있는 이 시대에 시작된 재앙이 아닙니다. 사실 하나님께서는 당연히 마귀가 그렇게 하도록 내버려 두실 수도 있으셨습니다. 그러나 하나님께서는 이 싸움을 통해서 믿는 자들을 훈련시키기를 기뻐하셨습니다. 오늘날 건전한 가르침을 왜곡하려고 하거나 가라지를 뿌리려고 하는 사람들이 나타나면 하나님은 우리를 시험하려고 하신다는 것을 알아둡시다. 하나님은 우리 안에는 얼마 만큼 확고부동하고 시종여일한 믿음이 있는지, 또 우리가 믿음에 좋은 뿌리를 내렸는지 혹은 그렇지 않은지 아시게 될 것입니다. 비록 생각이 경솔하고 지각이 없어서 어리석고 허황된 생각만을 할지라도 복음 위에 굳게 선 자는 사도 바울이 말한 대로 항상 꿋꿋하게 서 있을 것이며 결코 넋을 잃는 일이 없을 것입니다.

진정으로 하나님을 믿었던 자들은 그들의 믿음을 인정받게 될 것입니다. 다시 말해 시험의 관문을 통과하게 될 것입니다. 이것이야말로 하나님의 참된 자녀를 위선자나 사이비와 구별하는 참된 시험입니다. 우리는 여기서 마귀는 복음이 이땅에 전파되기 시작되었을 때부터 복음을 왜곡하기 위해서 어리석은 계획을 새로 생각해내고 신용을 얻기 위해서 여기저기 돌아다녔으며 복음의 순수성을 가면과 색칠로 가능한 한 많이 위장하려고 애써왔다는 사실을 명심해야 합니다.

그러므로 만약 오늘날에도 이와 같은 일을 보게 되더라도 그것을 이상하게 생각하지 맙시다. 하나님은 하나님의 교회가 이런 불편을 당하는 것을 언제나 기뻐하셨습니다. 그리고 더욱이 하나님은 우리를 도와주시고 우리가 진리에서 벗어나서 거짓을 따르는 것을 용납하지 않으실 것이라는 사실을 알아두십시오. 그러므로 우리는 경솔하지 말고 탈선하지 말고 계속해서 하나님에게 순종합시다. 그리고 자만하지 맙시다. 많은 사람들이 이 두 가지 이유 때문에 구원의 순수한 가르침을 버리는 것을 우리는 보았습니다. 그들은 새로운 것을 찾아보겠다는 자만심으로 들떠 있기 때문에 하나님께서는 당신의 제자들이 겸손하기를 바라십니다. 그렇게 되면 하나님의 학교에서 유익을 얻게 됩니다. 우리는 겸손해져서 너무 많은 것을 아는 척하지 말고 하나님의 호감을 사기 위해서 하나님이 주시는 가르침만을 받아들입시다.

그리고 이 세상을 경박하게 살아가는 사람도 있는데 그들은 복음에 담겨있는 내용을 알려고 하지 않습니다. 그들의 진가를 높이는 데 크게 도움이 될 내용을 그들에게 자주 반복해서 일러주면 그들의 귀가 멍해지는 것 같습니다. 우리가 그들에게 우리 주 예수 그리스도의 덕과 그분의 은혜에 대해서 이야기를 하면 그들은 이미 그것에 대해서 잘 알고 있으며 또 그것에 매우 익숙해있는 것처럼 보입니다. 이러한 호기심은 많은 지식인들을 근질근질하게 만들기 때문에 하나님께서 그들이 바람을 먹고 살도록 허락하십니다. 사실 그들은 좋은 목초를 먹여서 양육할 가치가 없는 사람들입니다.

그러므로 하나님께서 우리를 순수한 하나님 말씀으로 에워싸주시기를 바란다면 우선 우리 모두는 소박하고 겸손해집시다. 그리고 진실합시다. 또 쓸데없는 호기심으로 우리가 알아서는 안될 것이나 우리에게 상관이 없는 일까지도 알려고 하지 맙시다. 더욱이 사도 바울이 여기서 다른 교훈을 가르치는 것에 대해서 그 실체

뿐만 아니라 소위 행태와 취지에 대한 것까지 언급했습니다. 만약 우리가 그것을 보다 상세하게 설명하지 않으면 다소 막연해 보일 수도 있습니다. 그 교훈에는 두 가지 요소가 있습니다. 즉 예를 들자면 우리가 화제로 삼는 주제나 내용이 있는데 우리는 이것을 토론의 제목으로 삼습니다.

유일하신 하나님이 우리의 아버지라는 것을 아는 것과 우리 주 예수 그리스도를 통해서 그분을 아는 것입니다. 하나님은 예수님을 통해서 우리에게 실제의 모습을 그대로 보여주십니다. 이것이 믿는 자들을 교육할 내용입니다. 더욱이 이외에도 이 내용을 다루는 방법도 중요합니다. 비록 중요한 것은 그 내용이기는 하지만 그것이 전부는 아닙니다. 가르치기에 적합한 말씨도 중요하게 여겨야 합니다. 우리가 하나님을 우리의 아버지라고 말할 수 있는 것은 오로지 하나님의 선하심과 거저 주시는 은혜때문이라는 것을 나타내 보여야 합니다. 우리 모두는 하나님이 그러한 분이라고 알고 있으니 하나님의 영광과 위대하심이 얼마나 크신가를 곰곰이 생각해 보아야 합니다. 하나님에게 그분에게 속한 영광을 돌립시다. 그리고 우리 주 예수 그리스도는 우리에게 아버지를 보여주시는 살아계시는 하나님의 형상이십니다. 하나님께서 그 분 안에 지혜와 선하심과 의로우심과 지혜와 무한한 덕을 저장해두셨습니다. 그러므로 우리가 예수 그리스도를 모시고 있다는 것은 하나님께서 우리 근처로 오실 것이라는 예고도 됩니다.

그러므로 그 내용이 제대로 다루어지고 우리가 성경말씀과 친근해지기 위해 늘 노력을 해서 말씀을 하시는 분은 하나님이라는 것을 알 정도가 되면 우리는 그 교훈이 담겨있는 두 가지 내용을 알게 될 것입니다. 사도 바울은 여기서 아무도 자신이 가르치지 않은 것을 가르치는 일이 없기를 바랐으며 디모데는 모든 면에게 그에게 합하고 그를 닮았기 때문에 그렇게 했습니다. 만약 사람들이 교훈의 내용을 바꾸어서(참된 진리에 완전히 반대되는 그릇된 교훈을 펴내기 위해서 노력하고 있는 천주교의 박사들처럼) 하나님의 진리 전체를 추방해 버린다면 진리 대신에 거짓이 판을 칠 것입니다. 거기에는 대수롭게 보이지 않는 다른 피해가 있습니다. 사실 그것은 얼핏 보아서는 그렇게 대단해 보이지 않습니다. 그러나 우리가 그것을 자리지 못하게 억제해도 치명적인 독이 됩니다. 교육 내용이 그런 식으로 위장되면 우리는 그 사람이 말하는 내용을 이해하지 못하게 되고 야심에 들떠있는 자들은 잡담과 듣기 좋은 말로 수다를 떨며 내가 알지도 못할 허황된 환상을 늘어놓습니다. 그래서 사람들은 그것을 통해서 얻는 것이 아무것도 없습니다.

　그러니 우리는 사도 바울이 여기서 하는 말에서 유익을 얻어야 합니다. 사도 바울은 사람들이 순결과 순수성을 지켜나가기를 바랐으며 자신이 그 모범을 보여주었습니다. 사도 바울은 디모데가 설교를 하고 교리를 전하고 사람들을 계속해서 교육시키는 일만으로 달가워 하지 않았습니다. 디모데는 모든 면에서 사도 바울이 디모데에 대해서 가지고 있는 신선한 모습과 모형에 완전히 일치되도록 자기 자신을 다듬어 나가야 한다고 말했습니다. 우리는 바울이 하는 말을 실제생활을 통해서 더 쉽게 이해할 수 있을 것입니다.

　우리는 이교도들이 우리의 믿음의 기반을 완전히 뒤집어놓으려고 몰려오는 것을 볼 때가 더러 있을 것입니다. 만약 하나님 아버지와 똑같은 본질과 속성을 가지고 계시는 예수 그리스도가 영존하시는 하나님이라는 것을 부인하는 것은 우리의 믿음의 원리와 원칙에 공개적으로 도전하는 것이 됩니다. 만약 어느 누구라도 천주교 신자들처럼 우리는 예수 그리스도의 은혜가 아닌 다른 방법으로 구원을 받았으며, 또 우리는 우리의 공로로 천국에 들어가야 하며, 또 우리가 필요한 것을 우리의 노력을 통해서 조달해야 하며, 또 이것이 하나님 앞에서 우리를 구원해주는 방법이라고 우리를 믿게 만들려고 한다면 그것은 하나님께서 우리에게 가르쳐주셨던 내용과 완전히 반대가 되며 복음의 내용을 말살시키려는 것과 같습니다. 그러므로 이러한 경우를 당하게 되면 정신을 바짝 차려야 합니다.

　만약 어느 누구라도 율법이나 복음에 담겨있지 않은 가르침을 우리에게 들고오면 우리의 목숨을 빼앗는 괴한에게 하는 것처럼 철저하게 조사해 봅시다. 왜냐하면 우리에게서 순수한 진리를 약탈해가고 그것을 부패시키며 우리에게서 영혼의 생명을 빼앗아가고 옳지 않은 교훈을 주는 자는 우리를 독살할 때 사용되는 독약이나 독극물과 같기 때문입니다. 그러므로 우리는 우리를 순수한 믿음에서 돌이키기 위해서 달려드는 이교도들에게 끌려다니거나 속지 않도록 감시와 경계를 철저히 해야 합니다. 이것을 중요한 경고로 받아들이십시오.

　그러나 그 교훈을 단 한방에 전복시키지 않고 물밑으로 잠입해 들어와서 우리의 편을 드는 척하는 자들도 있습니다. 그러나 그들의 미묘한 훈련과 부정한 방법에 의해서 우리는 하나님께서 우리를 훈련시키려고 하셨던 그 순수성에서 벗어나게 됩니다. 그들은 우리에게 다가와서 뱀처럼 우리를 휘감을 것이며 우리의 귀를 솔깃하게 하고 유혹하기에 좋은 꾀와 방법을 많이 사용할 것입니다. 그러나 어찌되었거나 그들은 거짓말만 합니다. 만약 우리가 그들이 하는 말에 귀를 기울이고 동의를 한다면 우리가 전에 배웠던 것은 완전히 없어집니다.

천주교도에도 그와 같은 일이 일어났습니다. 천주교 신자들은 모두 그들의 말투를 바꾸었기 때문에 사람들이 경건하게 여겼던 성경말씀이 사실은 외국인의 언어가 되었으며, 또 하나님의 모든 자녀에게 주는 일반적인 교훈이 되지 않고 몇 사람만을 위한 언어로 전락되었습니다. 어떤 것이 진정으로 거룩한 것입니까? 이사야 선지자가 강조하고(사 54:13) 우리의 주 예수 그리스도께서 요한복음 6장에서 확인하신 것처럼 여호와께서 당신의 자녀 모두에게 큰 자나 작은 자나를 막론하고 똑같이 그것을 나누어 주십니다.

믿음있는 자가 되고 교회의 권속이 되려면 우리는 하나님의 가르치심을 받아야 합니다. 그러므로 세상 사람들이 성경에 없는 완전히 생소하고 이상한 말을 하게 되면 모든 것이 혼란스럽게 되고 무질서한 상태가 되지 않겠습니까? 두말할 것도 없이 모든 교훈이 완전히 달라질 것입니다. 사실은 천주교의 성직자가 말하는 가운데도 완전히 거짓말이 아닌 것도 몇 개 있습니다. 나는 몇 개 있다고 했습니다. 왜냐하면 그들이 한 말 가운데는 사람의 머리카락을 쭈뼛하게 할 정도로 부끄럽고 패역한 음담패설도 있기 때문입니다.

그러나 거기에는 전적으로 그들의 잘못이 아닌 대목도 있습니다. 그럼에도 불구하고 바울은 여기서 그들을 책망합니다. 그들은 그들 나름대로의 언어를 가지고 있으며 내가 알아듣지도 못하는 주문을 외워대는 마술사처럼 보이거나 고유한 언어를 가지고 있으며, 고양이나 개처럼 알아듣지도 못하는 말로 떠들어대는 유랑자와 같기 때문에 그들 자신도 그들이 말하는 말을 알아듣지 못합니다. 우리는 이것을 통해서 **"다른 교훈을 가르치지 말라(Teach no other ways)"** 라는 말이 무슨 뜻인지 알게 되었습니다.

만약 어떤 사람이 사람들을 우롱하기 위해서 죄의 씨를 뿌려서 거짓이 자라게 함으로써 하나님이 주시는 가르침을 왜곡하거나 탈선을 하거나, 또는 위장을 하거나 순수한 복음에 칠을 한다면 우리는 그가 하나님의 말씀을 전하는 것인지 또는 그렇지 않는지 알 수도 없고 짐작도 할 수 없으며, 그가 어디에 종사하고 있는지도 모릅니다. 이와 같이 우리는 새롭고 낯설은 방법으로 교육을 받게 될 것입니다. 그러나 사도 바울은 이 가운데에서 어떤 것도 용납하지 아니합니다. 그러므로 그는 모든 신자들에게 그러한 망상을 피하라고 경고하며 과장을 해서 신망을 얻으려고 하는 자들에 경고합니다. 만약 자신들이 복음을 순수하게 전달하면 충분한 칭찬을 받지 못할 것이라고 생각하는 별난 자들은 그러한 방법으로 자극을 받기 때문에 새로운 억측을 만들어 내며 거기에 따라 허무와 허위로 가득찬 어리석고도 환상적인 장난감들을 제작합니다. 그런데 그들은 이 세상에서 가장 환영을 받는 사람들이 됩니다. 그리고 그들의 어리석은 계획이 기분좋게 받아들여지면 그들은 더욱 대담해져서 전보다 더 강력하게 밀고 나아갑니다.

그러므로 사도 바울은 그러한 사람들에게 그런짓을 중단하고 떠나가라고 경고하며 우리는 그들이 하는 말에 귀를 기울이지 말고 그들이 이런식으로 우리의 눈을 가리기 위해서 우리에게로 다가와서 그들의 잡탕을 만들려는 것을 하지 못하게 하기를 바랍니다. 왜냐하면 그렇게 하면 우리는 성령이 하시는 진리의 말씀과 언어를 식별할 수 없기 때문입니다. 이것이 여기서 우리에게 주려는 가르침의 요점입니다. 그리고 야망에 홀려 넋을 잃은 사람들은 쉽게 그들의 마음을 주지 않고 그들의 자존심이 대단하기 때문에 그들은 그들의 입장을 완강하게 주장할 것입니다. 결코 고개를 숙이지 않을 것이기 때문에 사도 바울은 디모데가 "나는 네가 중지하기를 바란다(thou forbid)"라는 말을 권위있게 "나는 네가 경고하기를 바란다(I will that thou warn)"라고 말하기를 바랍니다.

모든 주권과 통치권이 하나님 한 분에게만 맡겨져야 하며 우리는 하나님의 섭리를 유지하는 발언만 해야 합니다. 그러나 그말을 두려움이나 의심을 품고 해서는 안됩니다. 우리에게 이러한 임무를 주신 분은 모든 것 위에 뛰어난 능력을 갖고 계시다는 것을 알고 그분에게 그 책임을 맡김으로써 그분에게 영광을 돌립시다. 왕이 외교사절로 어떤 사람을 파송하게 되면 비록 그가 제멋대로 무모하게 말하지 않겠지만 그에게 주어진 지시대로 말해야 합니다. 또 사람들이 그가 거짓말을 하고 있지 않다고 믿을 정도가 되어야 합니다. 그는 자신이 누구를 대신하고 있는지를 알기 때문에 하나님의 보내심을 받은 하사관일지라도 그는 권위있게 말할 것입니다. 하나님이 우리를 파송하시고 우리의 입 속에 당신의 말씀을 집어넣으셨으니 사람들이 하나님을 멸시하고 우리가 들고가는 말씀을 조롱할지라도 우리는 그대로 밀고 나아가야 합니까? 그래서는 안됩니다. 그러므로 바울은 디모데에게 의기양양하게 외통수를 두려고 하는 자 모두를 대비해서 놋성벽으로 무장을 시켰습니다. 하나님께서는 예레미야서에서 예레미야 선지에게 **그를 열방 만국 위에 세우셨다**(렘 1:10)고 말씀하셨습니다. 뿐만 아니라 **"너는 놋성벽을 가졌은즉 그들이 너를 대적지 못하며 네가 그들을 이길 것이다"** (렘 1:18-19)라고 말씀하셨으며 이어서 산들을 책망하시고 작은 산들을 꾸짖으셨습니다. 사도 바울도 우리는 **"우리 주 예수 그리스도에 대적하기 위해서 스스로 높인 것들을 파하고 사람의 모든 생각을 사로잡아서 복음이 이를테면 굴레가 되게 해야 한다"** (고후 10:4-6)고 말한 것처럼 하나님은 그들 위에 계시다는 것을 그들에게 경고해주고 또 알려주었습니다.

그러므로 고삐 풀린 망아지처럼 되려는 자가 있으면 그들에게 하나님은 항상 응징을 수반하는 칼을 지니고 다니시기 때문에 우리에게 발길질을 하고 우리를 걸어차는 자는 징벌을 면치못할 것이라는 것을 보여주어야 합니다. 이렇게 해서 사도 바울이 여기서 말하려는 내용이 무엇인지 알게 되었습니다. 그러므로 교회안에서 목자의 책임을 맡은 사람은 모두 누가 그들을 그 자리에 임명하셨는지 알고 있어야 합니다. 즉 하나님께서 그렇게 하셨다는 것을 알아야 합니다. 그러므로 그들은 주인으로서 권위를 가지고 말해야 하지만 개인적인 이익을 위해서는 어떤 것도 강탈해서는 안됩니다.

사람들이 아무리 많이 걸어차고 발길질을 해도 그리스도의 참된 사자는 끄떡도 하지 않으며, 그들의 대장은 모든 피조물 중에서 우뚝하시다는 것과, 우리가 앞에서 말한 것과 같이 어느 때고 어느 시절이고 미봉책만을 찾고 있는 높은 자리에 있는 자들은 모두 다 멸망할 것이라는 것을 알려주어야 합니다. 간단히 말해서 교육을 받을 준비를 스스로 하고 있으며 또 우리가 그들에게 하는 말을 기꺼이 받아들이려고 하는 사람들에게는 교육시키는 것만으로 충분하지 않습니다. 하나님에게 맞서서 진리가 퍼져나가는 것을 방해하기 위해서 돌아다니는 자들이 들어오지 못하도록 문을 잠궈야 한다는 것을 알게 되었습니다. 참된 종교를 위장하려고 하거나 교회의 질서를 파괴하려고 하는 자들에 대해서 우리는 단호하게 대적하고 덤벼들어야 합니다. 그리고 우리에게는 물질적인 검이나 이세상의 권력과 능력이 없는 반면에 그들은 그것으로 무장하고 있을지라도 우리는 우리의 책무를 충실하게 이행해야 합니다. (내가 앞에서 말한 대로) 하나님의 말씀은 모든 인간 위에 있을 뿐만 아니라 하늘나라에 있는 천사들도 그것을 존귀하게 여겨야 한다는 것을 보여주어야 합니다.

사도 바울은 자기의 하고 싶은 말을 **"다른 교훈을 가르치지 말며 신화와 끝없는 족보에 착념치 말게 하려 함이라 이런 것은 믿음 안에 있는 하나님의 경륜을 이룸보다 도리어 변론을 내는 것이라"** 고 몇 개의 단어로 표현했습니다. 우리는 여기서 내가 앞에서 말했던 내용을 보다 더 분명하게 알게 되었습니다. 즉 바울은 여기서 완전히 거짓말이고 또 하나님을 모독하는 내용을 담고 있는 가르침 뿐만 아니라 믿는 자들을 우리 주 예수 그리스도의 순수하심에서 돌이키게 하는 역할을 하는 이와 같은 하찮은 것들 모두와 이와 같은 무익한 공론들 모두를 정죄했습니다. 바울은 이것들을 "신화(fable)"라는 말 속에 다 싸잡아 넣었습니다. 즉 신화라는 말에는 누구나 한 번만 보면 꾸미고 위조했다는 것을 알 수 있는 이야기 뿐만 아니라 유익이 되지 않는 모든 것을 함축하고 있습니다.

그리고 그가 사용한 말에는 많은 뜻이 있습니다. 그러면 사도 바울은 그 말을 어떤 뜻으로 사용했습니까? 호기심을 끄는 것들 모두와 아무런 도움도 주지 못하고 우리의 머리를 산란하게 하고 우리에게 불안감만 안겨주는 모든 추측과 그 속에 들은 것이 아무것도 없으며, 그 이야기를 듣는 사람들이 구원을 받는 데 아무런 유익이 되지 못하는 것들을 의미하는 것으로 사용했습니다. 이것은 꽉잡고 있을 가치가 있습니다. 우리는 그렇게 하는 것이 하나님을 기쁘게 해드리기 때문에 사도 바울이 그런 식으로 말했다는 것을 곧 알게 될 것입니다. 즉 하나님의 말씀은 그 말씀 그대로 유익을 주어야 합니다(딤후 3:16).

세상 사람들은 그들의 귀를 즐겁게 해주고, 그들의 마음을 기쁘게 해주고, 그들을 즐겁게 해주는 것만이 있기를 바랍니다. 그러나 하나님께서 우리에게 당신의 말씀을 주신 것은 우리에게 아무런 유익도 주지 않으시고 단순히 먹여 살리기 위한 것만은 아닙니다. 하나님은 여기서 우리와 장난을 하거나 뽐내려고 하지 않으시고 우리가 유익한 가르침을 어느 정도 받아들이기를 바라십니다. 즉 우리가 하나님의 말씀을 통해서 유익을 얻기를 바라십니다. 그러므로 하나님의 말씀을 유용하게 활용하지 않는 사람은 모두 선하고 거룩한 가르침을 깔보고 곡해하는 자들입니다. 간단히 말해서 우리가 하나님의 말씀을 그와 같이 유익하게 활용해서 그것을 통해서 우리가 구원을 받기 위해서 좋은 가르침을 받지 못하면 하나님의 말씀이 모욕을 당하고 비천하게 됩니다.

그러므로 아무런 성과도 거두지 못하는 이야기나 사람들이 구원받는 데 아무런 도움이 되지 못하는 우리의 이야기는 신화로 간주되는데, 신화는 로빈후드의 이야기처럼 우리의 흥을 돋우거나 시간을 보내기 위해서 사람들이 만든 이야기입니다. 하나님께서는 이런 식으로 우리와 농담이나 하시고 어영부영하지 않으시며 우리에게서 노름꾼이나 요술쟁이로 대접받지 않으시지만, 성경에서 헛된 호기심을 만족시키려고 하는 자들 모두가 하나님을 어떻게 예우하는지 보십시오. 유대인들은 그와 같은 이유로 에스겔 선지의 질책을 받았습니다. 그들은 마치 가르침을 받아들이는 척하면서 그에게로 와서 그의 발아래 무릎을 꿇고 **"우리는 하나님의 입을 통해서 가르침을 받기 위해서 여기에 왔습니다"**라고 말했습니다.

그들이 헌신하는 모습을 본다는 것은 놀라운 일이지만 하나님께서는 그들이 그곳에 온 것은 마치 어떤 사람이 하프(harp)나 플루트(flute)를 연주하는 것을 듣고 자기의 귀를 즐겁게 해주려는 것과 같다고 하셨습니다. 사람들이 그러한 모양으로 하나님께로 온다면 그것은 입을 벌려서 하나님을 우롱하고 하나님의 말씀을 모독하는 행위에 불과합니다. 그러므로 우리는 하나님에게는 이땅에 그 안에서 장난치고 소리내어 웃을 성전이 없지만 하나님의 말씀에는 틀림없이 우리가 감명을 받고 자극을 받을 위대한 능력이 있으며 더욱이 구원에 유익이 되는 가르침이 있어 우리는 이와같은 영적인 음식으로 영양을 공급받아서 하나님이 우리에게 말씀하신 것이 헛되지 않았다는 것을 느껴야 합니다.

사도 바울은 아무런 유익도 주지 못하는 교훈 전반에 대해서 말하고 난 후에 그 중에서 하나, 즉 족보(Genealogies)라는 말을 골랐습니다. 족보에 대해서 어떤 말을 해야 할지라도 우리는 그것을 버리거나 제쳐놓아서는 안되고 사도 바울이 말한 대로 그 당시에 크게 유행했던 취약점을 주목해야 합니다. 왜냐하면 유대인들은 (바울이 다른 곳에서 보여주고 더 자세히 설명해준 것과 같이) 부속물에 불과한 것들을 대단히 귀하게 여기고 중요한 부분, 즉 하나님을 경외하는 마음과 하나님께서 선조들에 주셨던 구원의 소망과 그들이 우리 주 예수 그리스도의 은혜와 맺었어야 할 동맹과 그들에게 약속된 축복과 경건한 삶과 하나님께 옳게 기도드리며 하나님께로 달려가는 규칙을 내버렸기 때문입니다.

교훈의 중요한 부분이 들어있는 것들은 모두 잊혀졌습니다. 이러한 까닭으로 사도 바울은 족보를 저주했습니다. 하나님은 아담 이후에 특히 아벨의 죽음 이후에 어떻게 해서 신앙이 완전히 말살되었으며 그후에 다시 재건되어 노아에게까지 이르게 되었으며, 그 신앙이 한 집안에 있지 않았다면 모든 것이 멸절하게 되었을 것이라는 것을 보여주십니다. 더욱이 아브라함의 아버지는 허무하기 짝이 없는 미신에 현혹되었으며 온 세계가 우상으로 꽉차 있었습니다. 이러한 족보가 우리에게 얼마간의 유익을 주었을 것입니다. 후에 아브라함의 시대부터 다윗의 시대까지 열 두 지파의 흥망성쇠를 보게 되고 마침내는 유다지파의 시대가 됩니다.

야곱은 선지자의 영을 통해서 유다족은 무시당해서는 안된다고 말했습니다. 왜 그렇습니까? 하나님께서 전시대를 통해서 당신의 교회를 어떻게 다스리셨는가를 보면 알 것입니다. 비록 그 수는 적지만 하나님에게는 대단히 귀중한 지파였으며 그 얼마되지 않는 사람들을 신비스럽운 방법으로 지켜주셨습니다. 우리는 사람들이 매우 사악했으며 매우 버릇이 없었기 때문에 하나님도 그들을 하나님에게 복종시킬 수 없으셨다는 것을 알고 있습니다. 모든 것이 하나님께서 그들에게 예고하신 대로 되었습니다. 마침내 유다지파에서 왕국이 탄생하는 것을 보았으며 야곱이 오래 전에 하나님의 성령의 명령에 따라 말한 대로 왕국이 세워졌습니다(창 49:9) 다윗이후에 왕국이 멸망하는 것을 보았으며 하나님께서 우리 주 예수 그리스도를 통해서 다시 세우신 것을 보았습니다.

만약 우리가 그것들을 잘 활용하고 유용하게 사용한다면 이것들은 우리에게 많은 유익이 될 것입니다. 그러나 내가 앞에서 말한 것처럼 유대인들은 천주교 신자들이 했던 것처럼 부속물에 정신을 팔고 있는 데 반해서 그것의 본질은 버렸습니다. 하나님의 자녀들은 무엇을 하는 데 그들의 능력을 발휘하고 그들의 전 지식을 활용해야 합니까? 하나님이 우리 주 예수 그리스도를 통해서 직접 보여주셨고 사도 바울이 여기서 **"참된 교훈은 믿음 안에 있다"**고 말한 것처럼 왜 하나님이 우리의 아버지시며 우리의 구세주이신지를 아는 데 사용해야 합니다.

그러나 믿음은 한 가지 일만 하지 않습니다. 믿음은 하나님이 우리의 죄를 용서해 주시고 당신의 순수하신 선하심으로 인하여 우리를 의롭게 해주시고 또 정말로 우리를 당신의 형상에 맞추어 새롭게 만드셨기 때문에 우리는 아무꺼리낌없이 하나님을 찾아가도 된다는 것을 예시해 줍니다. 더욱이 매우 담대하게 확신을 가지고 하나님을 우리의 아버지라고 부를 수 있습니다. 우리 자신을 우리 주 예수 그리스도의 이름을 통해서 하나님의 자녀로 여길 수 있다는 것과 우리는 사명과 모든 우리의 영적인 원수들에게 뽐낼 수 있으며, 하나님이 우리를 인도하시고 다스리신다는 것을 알고 있기 때문에 모든 위험 가운데서도 아무것도 두려워 하지 않고 하나님의 호위를 받으면서 살아갈 수 있다는 것을 예시해 줍니다. 믿는 자들은 그들의 전생애를 그렇게 하는데 사용해야 합니다.

그런데 천주교인들은 어떻습니까? 경건해야 할 그들은 자신들이 결정을 내리지도 못하는 일을 두고 논쟁하는 일에 그들 생애의 대부분을 쏟아붓습니다. 비록 그들이 전에 없이 논쟁을 잘하고 또 그들이 완전히 탈진할 때까지 싸울지라도 그들의 의문을 해결하는 데 도움이 되는 말을 성경에서는 단 한 마디도 찾지 못할 것입니다. 왜 그렇습니까? 그들은 하나님께서 우리가 알게 되기를 원치 않으시는 것들에 대해서 논쟁을 벌이기 때문입니다. 물론 하나님께서는 성경을 통해서 우리가 알면 유익이 되고 괜찮을 것들을 우리에게 알려주셨습니다. 하나님께서 우리에게 당신의 말씀을 가르쳐 주실 때에는 기초만을 가르쳐 주지 않으시고 모세가 이스라엘 백성들에게 가르쳐준 것처럼 직접 말씀을 통해서 하신다는 것을 우리는 확신합니다. 그리고 사도 바울을 **"복음에는 완전한 지혜가 담겨있다"**(고전 2:6)라는 말을 더 자세하게 설명했습니다. 그러나 사람들이 학자라고 부르는 사람들은 성경에서는 그 해답을 찾지 못할 문제를 놓고 논쟁을 벌입니다.

여기서 사도 바울이 우리에게 교훈을 주지 못하는 것들을 모두 정죄한 데에는 이유가 있습니다. 왜냐하면 이것들은 모두 어리석은 호기심이며 우리는 그것을 통해서 우리의 믿음을 받혀주지 못하는 반면에 사람들이 만들어낸 가르침이 우리의 귀에 들리면 그것은 우리가 하늘 높이 날도록 도와주기 때문입니다. 우리에게는 우리 자신을 안주시킬 기반이 없습니다. 요동치고 흔들리고, 전진할 수도 없고 방향을 잡을 수도 없습니다. 우리는 구원과 믿음, 소망이 무엇인지도 모를 것입니다. 즉 하나님은 우리에게 낯선 분이시며 우리가 모르는 분이시기 때문에 배운 자건 배우지 못한 자건 하나님을 알지 못하는 것입니다.

그러므로 우리는 이것을 통해서 사도 바울이 우리가 하나님 안에서 세움을 받게 하기 위해서 다시 말해서 믿음으로 세움을 맏게 하기 위해서 우리를 가르쳤던 것과 같은 하나님이 승인하시는 좋은 교수법을 알고 식별하는 법을 배웁시다. **"교화한다 또는 세운다(To edify or build up)"**라는 말은 성경에 많이 나오지만 그 뜻을 이해하고 있는 사람은 거의 없습니다. 그 뜻을 잘 이해하기 위해서 우리는 그것은 우리에게 주어진 비유라는 것을 알아두어야 합니다. 왜냐하면 우리는 하나님이 거하시는 하나님의 성전이 되어야 하기 때문입니다. 예를 들자면 선한 일에서나 믿음 안에서 하나님을 경외하는 데서나 경건한 생활에서나 그들은 세움을 받았다고 하기 때문입니다. 이를 테면 하나님께서 그들이 하나님의 성전이 되도록 세우셨으며, 하나님이 그들 안에 거하시며, 또 우리 각자는 이를 테면 한 개의 돌이기 때문에 우리 모두가 모여서 하나님의 성전 하나를 이룬다고 합니다. 그러므로 우리 각자가 하나님을 위해서 교육을 잘 받을 때 우리 모두가 진정으로 한 형제로 뭉치게 되고 우리가 어떻게 하나님 안에서 세움을 받았는지 알게 됩니다.

사람들이 때로는 자만심으로 이루어진 것을 보게 되는 것이 사실입니다. 그래서 헛된 공상으로 자신을 만족시키며 그들의 날개를 활짝 펴서 두꺼비처럼 부풀어 오른 자들은 그들이 교육을 잘 받았다고 생각합니다. 그것은 참으로 형편없는 건물이 될 것입니다. 그러나 사도 바울은 여기서 우리는 하나님을 감동시키는 건물이 되어야 한다고 강조했습니다. 우리가 하나님을 섬기고 하나님에게 순수한 제사를 드리고 하나님을 신뢰하라는 가르침을 받을 때에 이것이 우리가 추구해야 할 교육이라고 그는 가르쳐주었습니다. 그리고 그 목표를 지향하고 있으며 또 그 목표에 부합되는 모든 교훈은 선하고 경건해서 우리는 그것을 받아들여야 합니다. 그러나 그것과 반대되는 것은 아무 미련없이 버려야 하며 그 문제에 대해서는 더 이상 논의를 해서는 안됩니다. 그런데 왜 우리는 둘중의 하나를 버려야 합니까? 그것은 하나님 안에서 세움을 받는 데 아무런 도움도 주지 못하기 때문입니다. 하니님께서는 우리가 어린아이들처럼 장난감에만 정신을 쏟지 말고 그보다는 존귀히 여김을 받는 하나님의 말씀을 통해서 유익을 얻어 우리의 구원과 우리의 생명이 말씀안에 서 있다는 것을 알기를 바라십니다.

사도 바울이 **"끝없는 족보(Genealogies which are endless)"** 라는 말을 해서 무한한 말썽을 불러일으키는 이와 같은 교훈에 반대한 데에는 이유가 있습니다. 우리는 이미 족보에 대해서 다시 말하면 혈통에 대한 말 중에서 우리에게 유익되는 내용과 헛되고 아무런 도움도 되지 못하는 내용을 구별해 놓았습니다. 그러므로 사도 바울이 끝없는 족보에 대해서 만약 우리가 거기에 집착하여 그것을 원칙으로 삼는다면 그것은 망령을 찾아 육체를 죽여달라고 하는 것과 같다고 언급했습니다. 그는 더 나아가서 만약 사람들이 일단 그들의 호기심에 붙잡히게 되면 헛되고 경박한 추측만 찾게 된다고 했습니다.

사람이 자신의 통제를 자신의 환상에 맡길 때에 그의 머리 속에는 어떠한 목적이 있겠습니까? 어떤 이야기를 합니까? 사람이 환상에 젖어 공중에 누각을 세우는 꿈을 주고 있을 때에 그의 지혜는 어디를 걷고 있었다고 생각하십니까? 그것은 이쪽저쪽으로 어슬렁거리면서 올라갔다 내려갔다 하지 않았을까요? 사람들은 자신의 공상에 따라 현명하게 되려고 하니 그들은 바라보기도 겁나는 그 바닥이 보이지도 않는 깊은 구덩이에 빠졌다고 하는 것이 타당할 것입니다. 간단히 말해서 사람의 머리는 결코 진정시킬 수 없는 소용돌이와 같아서 우리가 일단 그 안에 빠지게 되면 놀라서 나오는 길을 찾아내지 못합니다. 하나님에게서 가르침을 받으려면 우리 자신을 상상에 맡기지 마십시오. 다시 말하면 우리 자신을 우리의 맑은 정신으로는 찾아낼 수 없는 것에 맡기지 맙시다.

하나님은 우리에게 무엇이 유익하며 적합한지를 너무 잘 아시며 우리에게 명령도 하셨으니 우리는 그 말씀을 철저히 지킵시다. 다시 말씀 드리지만 사도 바울은 그가 여기서 말하는 신화를 헛되고 무익하다고 비난하는 것에 만족하지 않고 나오는 길을 찾을 수 없는 복마전과 같다고 했을 뿐만 아니라 신화는 또 다른 괴로움 즉, 분쟁과 다툼을 가져온다고 했습니다. 반면에 우리가 하나님의 참 자녀가 되려면 화평해야 합니다. 그러므로 사람들 사이에 말썽을 일으키는 것은 무엇이든지 무익한 것으로 여겨 버려야 할 뿐만 아니라 그것을 괴질이나 독극물이나 독약처럼 싫어해야 합니다. 왜 그렇게 해야 합니까? 다툼을 일으키는 것보다 더 나쁘고 믿음에 더 큰 위험을 주는 것이 없기 때문입니다.

"괴로움(Disputations)"이라는 단어가 항상 악한 역할만을 맡는 것은 아닙니다. 사도 바울이 논쟁을 일으켰다는 기록이 있기는 하지만 그가 그렇게 한 것은 합당했다는 결론이 났습니다. 그는 불확실한 문제에 대한 결론을 내리는 일에 어쩔 수 없이 관여했습니다. 하지만 사람들이 분쟁과 논쟁에 관여했을 때 입는 손해를 보십시오. 만약 우리가 하나님의 자녀로 취급되고 여겨지기를 바란다면 우리는 이와 같은 것들을 우리에게서 멀리 떨쳐버려야 합니다.

따라서 우리는 사도 바울이 여기서 신화를 줄이려고 했으며 야망이 복음의 순결성과 순수성을 숨긴다는 것을 어느 정도 알게 되었습니다. 그들이 어리석고 헛된 질문을 했기 때문입니다. 사도 바울은 또 그들이 일단 옳은 길에서 벗어나서 우리가 마땅히 고수해야 할 순수성을 지키지 못할 때 그들은 하나님의 말씀을 변질시키고 그들의 한계를 넘어서 하나님의 자녀들로 하여금 분당을 만들게 한다고 했습니다. 그러나 하나님의 말씀은 평화의 기쁜 소식을 함께 가지고 옵니다. 그러나 거기에는 그것 대신에 건축물을 파괴하는 일 이외는 아무것도 못하는 분쟁과 다툼이 있기 때문에 화합의 띠가 있어야 합니다.

따라서 우리는 사도 바울이 그 당시에 만연되어서 복음의 순수성을 파괴할 것이 틀림없는 잘못들을 교정하기 위해서 하나님께서는 성경을 통해서 완전무결한 지혜를 우리에게 주셨다고 일러준 데에는 이유가 있다는 것을 알게 되었습니다. 그러므로 어떠한 사람도 그 밖에 다른 어떠한 피조물도 복음에서 벗어나려는 시도를 해서는 안되며 복음에 담겨 있는 내용에서 만족을 얻어야 합니다.

3

"경계의 목적은 청결한 마음과 선한 양심과 거짓이 없는 믿음으로 나는 사랑이거늘 사람들이 이에서 벗어나 헛된 말에 빠져 율법의 선생이 되려 하나 자기의 말하는 것이나 자기의 확증하는 것도 깨닫지 못하는도다"(딤전 1:5-7).

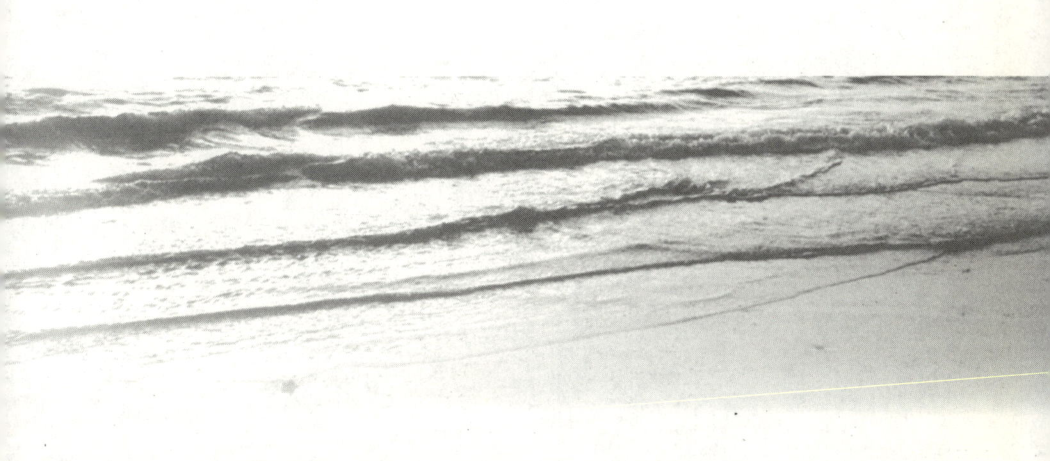

우리가 살고 있는 이 시대에는 성경말씀을 상하게 하고 혹사하는 마귀 사단이 자기 자신의 정체를 감추려고 가면을 쓰지만 소용이 없을 것입니다. 다시 말해 사단이 그릇된 가르침을 들여오는 일이나 어떠한 방법으로도 하나님의 진리를 부정하는 일은 없을 것입니다. 그러므로 우리는 모든 가르침을 정밀하게 검사해 보라는 명령을 받습니다(딤전 5:21). 왜냐하면 마귀는 그가 하는 거짓말과 기만수단을 숨길 수 없기 때문입니다.

우리가 성결이라는 시금석 앞에 이르게 되면 우리는 우리가 받아들일 것이 어떤 것인지 알게 될 것이며, 어떤 것이 가짜 가르침인지 구별할 수 있습니다. 그리고 어떤 것이 사람의 머리로 위조한 모조품인지 식별할 수 있습니다. 그러나 마귀들은 자신의 존재를 가면으로 위장하기 때문에 얼핏 보아서는 잘 모릅니다. 그러므로 사도들은 어쩔 수 없이 마치 복음이 모세가 가르쳤던 가르침과 정반대가 되는 것처럼 여겨서 모세의 율법을 설명하는 자에게 맞서서 싸워야 했습니다. 그들이 공공연하고 솔직하게 말하지 않는 것은 사실입니다. 사도 바울이 여기서 말하는 자들은 예수 그리스도의 이름을 감당할 수 없고 기독교의 믿음을 몹시 싫어하는 완악한 유대인이 아니고 복음을 믿어 왔다고 주장하지만 복음 전체를 심하게 위장해서 상하게 하는 두 마음을 품고 있는 자들입니다. 그럼에도 불구하고 그들은 사도 바울이 여기에서 말한 것처럼 율법학자로 대우받기를 원했던 것처럼 보입니다.

그러므로 만약 우리가 어느 때라도 하나님의 말씀이 그런 식으로 남용되는 것을 보게 되면 우리의 모든 그 걸림들을 제거해야 합니다. 왜냐하면 시도때도 없이 싸우는 자들은 우리에게 고상하고 우아하게 보여서는 안되며 만약 모든 믿는 자들이 그런 식으로 생활해 왔다면, 우리는 그와 같은 것을 체험하기 위한 대비를 해야 하기 때문입니다. 사도 바울 시대에 믿는 자들은 다른 사람들처럼 사단이 그때에 일으켰던 소란을 보고 의의 길을 버리게 되었습니까? 이 가면이 그들로 하여금 복음을 버리게 하였습니까? 아닙니다. 그들은 계속해서 복음을 지켰습니다. 우리도 그렇게 해야 합니다. 왜냐하면 우리의 믿음은 싸움을 하지 않고서는 있을 수도 없으며 있지도 않을 것이기 때문입니다. 더욱이 마귀는 사물을 옳게 식별하기를 마음에 두고 있는 사람들을 타락시킬 수 없다는 것을 명심합시다.

사도 요한은 우리에게 성령을 증거하라고 권유했습니다(요일 4:7). 그러나 만약 하나님께서 확실하고 의심할 여지가 없는 방법을 우리에게 알려주지 않으시면 그것은 불가능합니다. 그러므로 많은 분당이 생기고 여러 의견이 분분한 것을 보고서도 우리가 순결한 진리에 굳게 서지 않는다면 그 책임은 오로지 우리의 태만에 있습니다. 하나님께서는 만약 우리가 성령을 받으면 하나님의 보내심을 받은 사람과 스스로 온 자와 사람의 머리에서 나온 것을 분별할 수 있다고 말씀하셨는데 그것은 거짓말이 아닙니다. 그러니 사도 바울이 말한 내용에 대해서 생각해 봅시다. 그는 율법의 목적이 무엇인지를 알려주었습니다. 그것은 우리에게 일어날지도 모르는 우리의 모든 의심을 풀어주는 교재가 됩니다. 만약 사람들이 자신들의 창안물로 우리를 괴롭히려고 한다면 우리는 하나님께서 지향하시는 목표가 무엇이며 어떻게 하는 것이 하나님의 뜻이며 섭리인지 알아보아야 합니다. 그렇게 한다면 우리는 실수를 할 수가 없습니다.

사도 바울은 여기서 우리가 앞에서 말했던 모든 호기심을 처리하는 방안을 알려줍니다. 바울이 말하는 사람들은 교화에 어떤 면으로도 아무런 도움이 되지 않는 헛된 의문을 많이 가지고 있었습니다. 사람이 그 의문에 대해서 전에 없이 아무리 머리를 짜내도 거기에서는 아무런 유익도 얻지 못하며, 아무런 확실성을 발견할 수도 없습니다. 사람이 그 의문에서 해답을 얻었다면 그것은 교육에 아무런 도움도 주지 못하는 헛된 지식에 불과합니다.

사도 바울은 그러한 잘못을 바로 잡기 위해서 **"경계의 목적을 보라"**고 말했습니다. 그 말은 하나님께서 우리에게 율법을 주신 것은 우리에게 불확실한 교훈을 과하기 위한 것이 아니며 또 모든 사람들을 방황하고 타락하게 만들기 위한 것이 아니라는 것을 알려주는 것과 같습니다. 하나님께서 율법을 공포하셨을 때에 확실한 목표와 확실한 푯대를 안중에 두고 계셨다는 것을 사도 바울은 보여주었습니다. 우리 또한 그 푯대를 우리의 과녁으로 삼아야 합니다. 그리고 우리가 그렇게 할 때에 우리는 참된 율법 생활을 하게 될 것입니다. 바울이 다른 서신에서 말한 것과 같이 그것은 우리에게 효력을 발하지 못하는 죽은 문서가 되지 않을 것입니다. 그뿐만 아니라 거기에 담겨있는 수수한 지식을 알게 됨으로써 우리는 도전을 받게 될 것입니다.

그러므로 사람들이 입신 출세하기를 몹시 바라고 있으며 우리를 그들의 어리석은 호기심 속에 꼼짝못하도록 가두어 놓으려고 하나 우리에게는 성령께서 주신 특별한 구제책이 있다는 것을 잘 알아둡시다. 그 구제책은 바로 우리가 하나님의 섭리를 알고 있는 것입니다. 우리의 눈을 그쪽으로 돌리면 우리는 어느 쪽으로도 빗나갈 수 없습니다. 그러나 우리가 하나님의 뜻을 모르고 하나님의 뜻이 우리에게 알려지지 않았다면 항상 방황하고 있을 것입니다. 그래서 우리가 많은 지식을 가지고 있어도 그 지식은 우리에게 아무런 유익을 주지 못할 것입니다.

우리는 길을 잃지 말아야 합니다. 우리는 오로지 하나님의 의도와 하나님의 뜻을 통해서만 이 길을 알거나 식별할 수 있습니다. 이것이 대단히 중요합니다. 사도 바울이 여기서 다루었던 문제와 관련해서 우리가 율법에서 배워야 할 것이 무엇인지 살펴봅시다. 바울은 그것을 **"청결한 마음과 선한 양심과 거짓이 없는 믿음으로 나는 사랑"**이라고 했습니다. **또 성경은 교훈과 책망과 바르게 함과 하나님의 자녀를 온전하게 하기에 유익하다**(딤후 3:16) 고 기록되어 있습니다. 그는 이 본문 말씀에서도 하나님께서 우리에게 율법을 주신 것은 우리에게 하나님을 경외하는 마음을 굳게 심어주시기 위해서라고 했습니다.

율법은 우리의 귀를 솔깃하게 만들거나 아무 영양가도 없는 시시한 음식을 우리에게 먹이기 위한 것이 아닙니다. 거기에는 우리에게 매우 유익한 교훈이 담겨 있습니다. 그렇다면 그것이 어디에 있습니까? 사도 바울은 여기서 사랑을 선두에

놓은 것이 사실입니다. 그렇게 했지만 그는 사랑은 보다 차원높은 원천 즉 믿음에서 나온다고 했으며 믿음은 선한 양심과 청결한 마음을 동반한다고 했습니다. 그리고 사랑은 믿음의 열매이며 우리는 그것을 통해서 숨겨졌던 것을 알게 됩니다. 그렇다면 하나님께서 믿는 자들에게 이 율법을 주어서 무엇을 가르치시려고 하셨습니까? 하나님은 그들에게 믿음에 삶의 기반을 두게 하려고 하셨습니다. 이것이 우리가 여기서 명심해야 될 가장 중요한 내용입니다.

이렇게 해서 사도 바울은 율법이 주어진 것은 그들에게 그들의 책무를 알려주고 그들의 이웃을 속이지 말고 이웃에게 앙심을 품지 말고 이웃에게 폭력을 쓰지 말고 이웃과 사이좋고 바르게 살게 하기 위함이라고 했습니다. 뿐만 아니라 믿음도 역시 율법에 담겨있다는 것을 알려주기 위해서 였다는 것을 알려주었습니다. 이 점도 잘 알아두어야 합니다. 우리가 알고 있는 대로 거의 모든 사람들은 모세의 율법에 대해서 그것은 우리가 올바르게 살려고 할 때 지켜야 하는 규율이며, 우리 주님께서 우리 모두가 아무 죄도 짓지 않고 경건하게 처신하게 하려는 우리 하나님의 뜻을 나타낸다는 것으로만 알고 있습니다. 그것이 사실이지만 일부분에 불과하고 전부는 아닙니다. 그것은 부속물에 불과하며 본체가 아닙니다.

우리가 여기서 보는 바와 같이 사도 바울은 참된 가르침의 원천은 우리가 믿음 안에서 잘 교육받는 것이라고 했습니다. 이말에는 우리는 우리 하나님이 어떠한 하나님이신지 알고 있다는 것과, 하나님이 우리의 아버지라는 느낌을 가지고 온전히 그분에 의지하고 있다는 것과, 하나님은 우리의 간구를 들어주신다는 것을 의심하지 않고 하나님의 이름을 대담하게 부를 수 있다는 것과, 우리의 필요를 채워주신다는 것과, 우리는 하나님께서 우리에게 약속하신 영원한 구원을 기다리고 있다는 것 이외에 다른 뜻이 있습니까? 이것이 사도 바울이 말하는 믿음입니다. 즉 믿음이란 우리가 우리의 하나님은 어떠한 하나님이신가를 확실히 믿으며, 우리는 그 하나님을 경배하며 우리는 다른 사람들처럼 우상을 만들지 않으며, 우리는 하나님을 함부로 망령되게 하지 않으며, 살아계시는 하나님께서 우리에게 자신의 모든 것을 드러내 보이신다는 것과, 하나님의 거저 베푸시는 선하심으로 인하여 우리를 당신의 자녀로 삼으셨다는 것을 아는 것입니다.

우리가 오로지 하나님께로만 나아갈 수 있으며, 하나님의 자녀된 것을 의심하지 않으며, 또한 하나님 나라의 상속자가 될 수 있는 것은 믿음 때문입니다. 우리가 하나님을 우리의 아버지라고 부를 수 있을 만큼 대담하게 되고 또 우리가 하나님께로 거리낌없이 나가는 것이 당연한 특전을 어떻게 얻습니까? 확실히 우리의 죄는 우리 주 예수 그리스도의 이름으로 사함을 받았으며 우리는 하나님의 독생자의 지체이기 때문에 하나님은 우리를 당신의 자녀로 여기신다는 결론을 내립니다. 그러므로 우리의 믿음을 예수 그리스도에 두어야 하며 우리의 시선이 온전히 예수님에게 고정되어야 합니다. 그렇지 않으면 우리는 하나님 아버지께 접근할 수 없으며 우리가 하나님에게서 멀리 떨어져 있게 되어 은혜를 받을 수 없습니다.

내가 말한 내용이 모두 율법에 기록되어 있습니다. 하나님께서는 모세를 통해서 우리가 바르게 살아야 하며, 도둑질 하지 말아야 하며, 거짓증거하지 말아야 하며, 다른 사람의 물건을 탐내지 말아야 하며, 모든 사람들은 자기에 맡겨진 책임을 충실히 완수해야 한다고 가르쳐 주셨습니다. 뿐만 아니라 더 나아가서 우리가 어떻게 하나님을 섬겨야 하는가를 가르쳐 주셨습니다. 그리고 하나님은 하나님과 언약을 맺은 당신의 백성들의 아버지이시며 구세주이시라는 것과 아브라함의 씨를 당신의 유업으로 삼으셨으며 그 후에 이 언약은 우리에게 나타내신 바 되신 중보자의 형상에 불과한 산제물에 의해서 확정되었다는 것을 보여주셨습니다. 그래서 율법은 우리에게 우리의 이웃과 살아가는 법과 하나님을 섬기는 방법을 가르쳐줄 뿐만 아니라 가장 중요한 역할인 우리의 구원을 확신시켜 주는 일을 합니다.

우리는 어떻게 해서 구원을 받았습니까? 하나님께서는 우리를 가납해주시기를 기뻐하셔서 당신의 독생자를 통해서 우리를 씻어서 우리의 죄를 깨끗이 해주셨습니다. 또한 우리를 영원한 죽음의 위험 속에 가두어 두었던 우리의 빚을 갚아 주셨기 때문에 우리는 구원을 받았습니다. 간단히 말해서 우리가 의롭게 된 것은 우리의 공로 때문이 아니고 하나님의 순수하신 선하심 때문입니다. 이것이야말로 우리가 꼭 알아 두어야 할 사실입니다. 그러나 하나님을 닮은 것이 하나도 없고 하나님 말씀중의 어떤 것도 지니고 있지 않은 사람들이 말로만 하나님을 믿는 신자라고 주장하기 때문에 사도 바울을 여기서 **거짓이 없는 믿음**(a faith unfeigned)이라는 말을 사용했습니다. 만약 사람에게 믿음이 있다면 거짓말을 할 수 없는 것이 사실입니다. 그는 또 선한 양심과 청결한 마음도 가지고 있을 것입니다. 그러나 바울은 여기서 부끄럽게도 거짓말을 하는 사람, 특히 하나님의 이름으로 자신을 위장하는 사람들의 뻔뻔스러움에 대해서 언급했습니다.

이 세상에는 다른 사람의 이름을 빌리기 위해서 그 사람을 방문하는 대단히 담대한 사람도 있습니다. 그러나 우리는 하나님의 이름을 빌려서 나쁜 목적에 사용하는 것을 예사로 여길 것입니다. 그러므로 사도 바울은 믿음은 거짓이 없어야 한다고 말해서 우리는 어떠한 믿음을 가져야 하는지 보여주었습니다. 그는 이 말을 통해서 우리의 믿음은 하나님을 향해야 하며 어떠한 가면도 사용하려고 해서는 안된다는 것을 우리에게 알려주려고 한 것을 의심할 필요가 없습니다. 우리가 사람들을 대할 때에 듣기 좋은 말과 부드러운 표정으로 그들을 흡족하게 해줄 수 있는 것처럼 보입니다. 그런데 바울은 우리가 믿음에 대해서 말할 때에는 이와 같은 계략을 모두 버려야 한다고 했습니다. 하나님께서 우리를 오라고 부르시면 우리는 하나님에게로만 향하기를 바라시며 우리의 지혜를 거기에 단단히 고정시키기를 바라시기 때문입니다.

하나님은 사람의 방식으로 처리하지 않으시기 때문에 우리는 속임수가 받아들여지지 않는다는 것을 알고 있습니다. 간단히 말하면 믿음은 여기저기를 방황하고 있는 생각이 아니며 마음에 뿌리를 둔 싱싱한 지식입니다. 하나님은 여기서 당신의 모습을 우리에게 드러내보이셨으며 우리가 하나님께로 곧장 오기를 바라십니다. 우리가 그러한 부탁을 받았을 때에 우리는 더 이상 가면을 사용해서는 안됩니다. 왜냐하면 그것은 우리에게 아무런 유익이 되지 않기 때문입니다. 사실 그것은 우리가 앞에서 말한 대로 하나님과는 공존할 수 없기 때문입니다. 우리는 사도 바울이 여기서 한 말의 뜻이 무엇이며 이 말에서 우리가 주목해야 할 것이 무엇인지 알게 되었습니다. 즉 모세의 율법을 통해서 많은 유익을 얻으려고 해야 하며 우리는 이 목적 즉 하나님을 믿겠다는 목적으로 시작해야 합니다. 거기에다 율법은 우리에게 매우 유익합니다.

우리는 돼지가 양이나 우리 주 예수 그리스도의 어린양과 섞여 있는 것처럼 어떤 사람이 우리와 섞여 있는 것을 볼 때가 있는데 그것은 대단히 가증스러운 일입니다. 그러나 반면에 사도 바울은 만약 우리가 하나님의 율법을 열심히 읽고 그 속에 담겨있는 성령의 지혜를 구한다면 그것은 우리가 체험을 통해서 아는 바와 같이 유익한 가르침을 우리에게 줄 것이며 우리를 믿음으로 데려다 줄 것이라고 확신있게 말했습니다.

우리 주 예수 그리스도와 그의 제자들이 그들의 가르침을 모세에게서 말고 누구에게서 받았겠습니까? 우리가 곰곰이 생각해 보면, 복음은 모세가 옛날에 가르쳐 주었던 내용을 상세하게 설명한 것에 불과하다는 것을 알게 될 것입니다. 율법의 그림자와 형상에는 모호한 점이 있었으며 하나님은 우리의 선조들에게 지금의 우리에게 하시는 만큼 많은 은혜를 베풀지 않으셨던 것이 사실입니다. 그렇다고 해도 복음의 실체는 율법에서 추출되었으며, 우리 주 예수 그리스도가 이땅에 오시기 전에 살았던 우리의 선조들과 똑같은 믿음을 우리는 가지고 있습니다. 그러므로 우리는 오늘날 하나님의 율법을 통해서 유익을 얻고 이와 같은 악한들이나 부끄러운 자들이 우리를 율법에서 벗어나게 하거나 우리에게서 율법을 강탈해 가는 것을 용납하지 말아야 합니다. 나는 이미 율법을 통해서 우리의 믿음을 키우는 방법을 알려주었습니다. 즉 하나님께서 거저 베푸시는 당신의 긍휼로 인해서 사람들과 맺으신 이 언약을 앎으로써 우리의 믿음을 키울 수 있습니다.

하나님께서 아브라함의 후손들을 제일 먼저 선택하신 것은 사실입니다. 그럼에도 불구하고 하나님께서 그때에 한 민족에게만 베푸셨던 선하심이 온 세계에 퍼지게 되었기 때문에 오늘날 우리도 그 민족과 동일한 은혜를 얻게 되었습니다. 그로 인해서 전에는 아브라함의 자손들에게만 주어졌던 구원 약속의 상속자와 동참자가 되었습니다. 하나님께서 우리를 당신의 자녀로 택하시고 당신의 가족으로 보호해 주실 것을 우리가 알고 있으니 우리는 하나님을 우리의 아버지라고 주장하고 하나님에게로 전속력으로 달려가는 것이 당연할 것입니다. 우리는 더 이상 우리에게 향하신 하나님의 사랑을 의심하면 안됩니다. 하나님이 우리를 사랑하시는지 또 사랑하지 않으시는지를 의심해서도 안됩니다. 그렇게 하는 데 우리의 전 행복이 걸려 있습니다.

우리가 일단 하나님의 은혜를 확인한 이상 우리에게는 부족한 것이 하나도 없습니다. 하나님은 그렇게 많은 제물과 헛된 것들을 드리도록 법으로 정해놓지 않으셨다는 사실을 아는 것이 모세의 가르침을 통해서 믿음을 얻는 방법입니다. 하나님은 당신의 백성들에게 소위 실없는 말을 하지 않으셨습니다. 또 하나님에게 드린 신성한 제물은 어린 아이들이 가지고 노는 장난감도 아니었다는 것은 알아둡시다. 모세가 산에서 본 것은 영적인 모형이었습니다. 우리의 하나님은 당신의 백성들을 우리 주 예수 그리스도를 통해서 자신의 자녀로 삼으신다는 것을 알아둡시다. 그리고 내가 말했던 것처럼 우리의 믿음을 그 사실에 두어야 하며 온전히 그 사실에 의존해야 합니다.

만약 예수 그리스도께서 우리 앞에 임재하지 않으시면 우리는 하나님에 대해서 아무것도 알 수 없습니다. 이러한 까닭에 예수님이 뚜렷한 모습을 하시고 우리에게 나타나신 것입니다. 우리는 영광 중에 계시는 하나님을 그 모습 그대로 볼 수 없기 때문에 예수 그리스도께로 가야 합니다. 하나님은 또한 예수님을 통해서 우리에게 긍휼을 베푸십니다. 우리의 부정과 더러움이 씻음 받는 곳이 그곳이며 우리는 거기에서 우리의 빚이 얼마나 많은가를 알게 됩니다. 또한 거기에서 우리의 모든 죄를 씻어버리고도 남을 넉넉한 의로움을 발견하게 되며, 우리를 사망의 노예에서 해방시켜 주는 삶을 발견하게 되며, 우리의 연약함을 보충해주는 힘을 발견합니다. 따라서 예수 그리스도를 통해서 모든 선한 것들이 우리에게 풍성하게 주어졌으니 예수님을 옛날 백성들의 믿음의 푯대로 삼기 위해서 그들에게 예수 그리스도를 주시는 것이 하나님의 뜻이었다는 것을 우리는 알아야 합니다.

오늘날에는 예수 그리스도께서 자신을 옛조상들에게 보다 우리에게 더 많이 공개하셨고 드러내 보이셨으므로 우리는 예수님을 향해서 더 열심히 달려가야 합니다. 반면에 율법을 통해서는 아무것도 배우려 하지 않으면서 우리에게 잘 살아가는 방법을 보여주려는 자들은 모두 이를 테면 본말을 전도하고 있다는 것을 주목합시다. 왜 그렇습니까? 그들은 주체, 즉 우리가 말하는 믿음을 저버렸기 때문입니다. 그러니 우리는 하나님의 율법을 통해서 많은 유익을 얻어야 하지 않습니까? 그 안에 담겨있는 무조건적인 언약에 대해서 생각해 봅시다. 하나님께서 우리에게 향하신 당신의 사랑을 증명해 보이시고 또 우리를 오라고 부르시는 것은 우리로 하여금 당신을 우리의 아버지라고 대담하게 부르게 하려 하심입니다. 또 당신의 선하심에 온전히 의존하고 당신의 사랑을 조금도 의심하지 않게 하며, 또 우리가 영원한 구원을 유산으로 받았음을 우리에게 증명해 보이시기 위하심입니다. 이것이 우리가 얻은 참된 만족입니다. 그것이 없으면 공중에 누각을 세우는 것이 될 것이며 아무런 기반도 갖지 못할 것입니다. 그렇게 지은 집은 곧 무너져 없어질 것입니다.

우리는 이것을 통해서 왜 천주교에서는 모든 것이 뒤집어졌는지 그 이유를 알았습니다. 비록 하나님이라는 말과 믿음에 대한 이야기가 모든 사람의 입에서 쉴 새없이 터져 나오지만 그것이 무엇인지 설명할 수 있는 사람은 아무도 없습니다. 왜냐하면 하나님의 언약이 불분명하게 되었을 뿐만 아니라 사실은 완전히 묻혀버렸기 때문입니다. 사람들은 은혜에 대해서 말하지만 그것은 오로지 사람들을 쓸데없는 추측 속에 잡아두기 위해서입니다. 더욱이 그들의 공적에 대해서 무서운 추측을 하게 하기 위함입니다. 그래서 확신을 가지고 하나님을 찾아가는 것이 무엇인지를 아는 사람이 그들 가운데서는 아무도 없습니다. 이것을 통해서 천주교 신자들의 환경과 처지가 매우 비참하다는 것을 알았습니다. 그러므로 우리가 지켜야 할 규례를 우리에게 보여준 사도 바울이 모든 것이 우리의 훌륭한 교육에 도움을 주고 우리의 구원에 합당하게 하기 위해서 여기서 한 말을 그만큼 더 잘 인식하고 있어야 합니다.

우리는 또 **"거짓없는 믿음(faith unseigned)"**에 대해서 앞에서 다루었던 내용을 상기해 볼 필요가 있습니다. 우리의 혀끝으로 달콤하고 듣기 좋은 고백을 하는 법만 배우지 말고 싱싱한 뿌리를 내리는 법과 하나님을 진정으로 아는 법을 배워야 합니다. 그리고 입으로 하여금 원기 왕성하게 말하게 하십시오. 그래서 다윗처럼 **"내가 믿는 고로 말하리라"**(시 116:10)고 말해봅시다. 그래서 우리가 말하고자 하는 내용이 우리의 믿음의 분량을 초과하지 않게 합시다. 우리가 하나님의 이름을 망령되게 했을 때에는 하나님의 징벌의 손을 피할 수 없다는 것을 알 수 있으므로 사람들을 즐겁게 해주는 것과 또 그들의 눈에 드는 것을 기뻐해서는 안됩니다. 그리고 믿음이 있는 척 하지만 바울이 여기서 말하는 것과 같은 그러한 믿음이 없는 자는 하나님의 이름을 부당하게 도용했기 때문에 거짓말쟁이들입니다. 그러니 우리는 우리의 믿음은 거짓이 있어서는 안된다고 한 사도 바울의 말을 그 만큼 더 중하게 여겨야 합니다.

그리고 그는 또 그것을 통해서 믿음이 참된 믿음이 되게 하기 위해서는 어떻게 보여야 하는냐에 대해서도 알려주었습니다. 즉 참된 믿음은 청결한 마음과 선하고 올바른 양심과 연결되어 있어야 한다고 했습니다. 그러므로 만약 어떤 사람이 자기의 믿음을 보여주려면 그는 먼저 온전함과 가식이 없는 정직함을 보여주어야 합니다. 사도 바울이 그렇게 말한 데에는 이유가 있습니다.

우리는 또한 베드로가 하나님은 믿음으로 사람의 마음을 깨끗이 하신다(행 15:9)고 말한 이유를 압니다. 만약 믿음이 헛소리를 하는 지식이나 하나님에 대한 상상이나 그렇지 않으면 믿을 만한 가르침에 불과해서 마음속에 자리잡지 못했다면 사도 베드로는 마음은 믿음에 의해서 깨끗해 진다고 말하지 않았을 것입니다. 만약 내가 많은 교육을 받아서 위대한 학자가 되어 하나님의 신비에 대해서 지껄일 수 있다고 해서 나의 마음이 청결하다는 것은 아닙니다. 그렇게 말하는 사람들은 사도 베드로가 말하는 깨끗한 마음을 가지고 있습니까? 그러니 우리는 믿음은 우리의 머리 속을 떠돌아다니지 않으며 단순하고 헛된 지식이 아니며 그것은 우리가 하나님의 선하심에 대해서 갖고 있는 확신이라고 결론을 내립시다.

그래서 사도 바울은 고린도후서 3장 18절 말씀에서 복음을 우리 주 예수 그리스도를 통해서 하나님의 얼굴을 보여주는 거울에 비유했습니다. 우리가 그 얼굴을 바라보매 우리가 영광에서 영광으로 변하게 되고 마침내는 우리 하나님을 닮아가게 된다고 했습니다. 사도 야고보도 하나님의 말씀을 통해서 우리가 유익을 얻는 방법을 일러주면서 우리는 하나님의 말씀을 사람이 가서 자기의 얼굴을 들여다 보고나서 뒤로 돌아서서 더 이상 들여다 보지 않는 거울처럼 여겨서는 안된다고 했습니다(약 1:23-24). 야고보는 곧 사라져 없어지고 지속성이 없고 확실한 기반도 없는 그런 지식을 가지고 있어서는 안된다고 했습니다. 실은 거울에는 영상이 있지만 그것은 아무것도 아니며 그림자에 불과합니다.

사도 바울이 말하는 그런 거울을 소지합시다. 그래서 그 안에 있는 하나님의 얼굴을 바라봄으로써 우리가 변해서 하나님을 닮아갑시다. 그리고 이 일은 하루에 되는 것이 아니기 때문에 우리는 그것을 반복함으로써 발전을 계속해야 합니다. 그래서 그는 "영광에서 영광으로"(from glory to glory)라는 말을 사용했습니다. 비록 우리가 단 한번에 우리 하나님의 형상을 완전히 닮지 못할지라도 적어도 그렇게 되도록 힘쓰며 우리가 살아있는 동안 매일매일 더 많이 닮아가도록 노력합시다. 이렇게 믿음은 선한 양심과 청결하고 정직한 마음과 함께 한다는 것을 알았습니다.

만일 양심이 선하면 마음도 함께 청결할 것입니다. 선한 양심과 청결한 마음은 서로 떨어질 수 없기 때문입니다. 하지만 비록 그들 사이에는 큰 차이점이 없는데도 바울 사도가 이들 두 말을 사용한 데는 이유가 있습니다. 우리가 알고 있는 대로 사람은 강제로 시키지 않으면 정직하고 순진하게 성장하지 못합니다. 그렇게 되는 것이 사람의 속성이 아니기 때문입니다. 그래서 그들의 자유가 박탈당해야 하며 그들의 감정을 억제해야 합니다. 왜냐하면 사람의 마음에 있는 거만함과 사람 안에 있는 자부심이 대단하기 때문입니다. 그러므로 사도 바울은 이 두 말을 똑같은 뜻을 나타내는 것으로 사용했습니다. 이것이 우리에게 보여졌다는 것만으로도 우리를 단단히 에워싸고 있는 온갖 위선에 우리가 대응해 나가기에 충분합니다.

이제 바울이 여기서 믿음이 무엇인지를 가르쳐 주었기 때문에 자신이 하나님을 믿는다고 큰 소리치면서도 하나님을 닮은 것이 하나도 없고 하나님의 진리를 하나도 믿지 않으며 사실은 하나님의 진리를 받아들이지도 않는 모든 자들에게는 이 가르침이 어떠한 저주로 변하게 될 것인지를 알았습니다. 그러면 이 저주는 누구에게로 향하고 있습니까? 안타깝게도 오늘날에는 모든 것이 똑같은 상태입니다. 복음듣기를 즐거워하는 사람의 수가 많은 것이 사실입니다. 우리 그리스도께서는 그것에 만족하지 않으시고 우리가 하나님의 말씀을 받아들였으며 그 말씀이 우리의 혼 속에 거하고 있다는 것을 우리의 생활을 통해서 보여주기를 바라십니다. 그렇게 하지 못하면 그것은 우리가 진리를 고수한다고 한 우리의 주장을 입증하는데 별 효과를 발하지 못할 것이며 우리의 생활은 우리가 거짓말쟁이라는 것을 증명해 줄 것입니다. 그리고 사실 입으로는 하나님을 시인하나 행위로는 부인하는 위선자들에게는 성경말씀에 기록된 벌이 내려져야 합니다(딛 1:6).

오늘날 그들이 기독교인이라고 떠들어대고 자랑하는 자들에게 어떠한 저주가 임하는지 지켜보십시오. 우리는 그들에게 온전함과 정직함이 전혀 없다는 것을 알았습니다. 그래서 어떤 방향으로 돌아서도 온 세상은 배신과 부정한 거래로 가득합니다. 그리고 그들은 하나님과의 서약을 어기고 하나님에게 위증을 했기 때문에 그들의 이웃과 맺은 정당한 약속을 지키지 않습니다. 그러한 불법이 이런 식으로 자행되고 있으니 진리가 이 세상에서 완전히 살아졌다는 말 이외에 무슨 말을 하겠습니까? 그렇기는 하지만 그말은 우리를 정죄하기 위한 것이 아니고 우리를 하나님께로 인도해서 우리로 하여금 우리가 알고 또 지켜야 할 도를 따르게 하기 위함입니다. 그러므로 하나님과 하나님의 위대하심에 대해서 느낀 점이 조금이라도 있는 자들에게는 그들이 이 세상에서 몸을 빼지 않으면 성경을 통해서 많은 유익을 얻지 못한다는 것을 알려주십시오. 오늘날 부정부패가 극히 심하고 극히 무시무시하기 때문에 우리가 한 곳에 모여서 서로 섞이게 되면 우리 자신을 더럽히고 욕하는 짓만 하게 됩니다. 그러므로 하나님이 주시는 규례에 따라 자신을 관리하고자 하는 사람은 누구든지 자신을 다스리고 자신을 죽이는 방법을 배워야 합니다. 그것을 잘 하려면 사도 바울이 여기서 한 말을 명심해야 합니다. 만약 지금 사도 바울의 교훈을 우리가 살고 있는 이시대에 세상 사람들이 유지하고 있는 교육과정과 비교해 보면 우리는 그것이 물과 불같이 서로 상극이라는 것을 알게 될 것입니다.

사도 바울은 믿음에 대해서 언급하지만 우리는 이 세상에는 믿음이 없다고 봅니다. 오늘날 복음을 믿는다고 그럴듯한 신앙고백을 해 놓고서도 가장 쉽고 가장 가벼운 시험을 당하게 되어도 벌벌 떨고 완전히 버림받은 사람처럼 되는 이들도 있습니다. 만약 이들의 믿음이 하나님의 은혜에 단단히 뿌리를 내렸다면 전혀 비틀거리지도 않고 말을 더듬지도 않고 살든지 죽든지 꿋꿋하게 서있지 않겠습니까? 그들이 그렇게 하더라도 그들의 옳고 그름을 따져볼 문제가 아닙니다. 만약 그들이 따져보자고 대든다면 그것은 과장에 불과할 것이며 그들이 즉각 마음을 바꾸는 것을 여러분은 보게 될 것입니다. 그러니 사도 바울이 경고한 대로 사람들이 시험에 대항해서 싸우지 못하면서 하나님이 그들의 구원을 책임져 주실 것이라고 믿고 하나님께로 달려가지도 못한다면 사도 바울이 여기서 말하는 이 믿음이 그들에게 있다고 하겠으며 어디에서 청결한 마음과 선한 양심을 찾아볼 수 있겠습니까?

우리가 알고 있는 바와 같이 오늘날 이 둘은 모두 이 세상에서 사라졌습니다. 정확히 말하자면 이 선한 양심이란 만약 세상 사람들 앞에서 우리를 꾸짖을 증인이 없을지라도 하나님은 우리를 만족시켜 주시고 우리는 하나님의 시선을 피할 수 없습니다. 하나님은 우리의 마음뿐만 아니라 우리의 감정과 생각까지도 꿰뚫어 보고 계시기 때문에 우리는 의롭게 행했다고 주장하지 않는 것입니다.

그것을 찾기 위해서 먼 곳까지 널리 돌아다녀야 하며 오랫동안 그것을 찾고 있다는 공고를 해야 합니다. 그것은 여기서는 찾지 못할 매우 귀한 씨앗입니다. 그러므로 사람들이 가장 엄숙하고 가장 중요한 일을 어떠한 양심을 가지고 수행하는지 알게 됩니다. 그들은 심지어 엄숙한 설교를 할 때에도 하나님을 모독하는 짓을 거침없이 합니다. 그러한 짓들은 가게나 하나님의 이름이 참혹하게 발기발기 찢기며 헛된 맹세를 많이 하는 가게나 시장 바닥에서나 이루어지는 것들입니다. 그렇습니다. 거기에 있는 것은 위증밖에 없습니다. 거기에는 반 페니(half a penny)의 가치도 있을 수 없으며 있는 것은 거짓과 위증뿐입니다. 더욱이 하나님의 이름이 모든 치욕과 악역에 무방비 상태로 노출되어 있기 때문에 모든 사람들이 하나님의 이름을 희롱하고 심지어는 뻔뻔스럽게 희롱하고 비웃기 때문에 보기가 심히 슬프고 딱합니다. 내가 말하는 것은 하나님에게 한 이러한 맹세에 대한 이야기가 아니고 정의와 심판 그 자체에 대한 이야기입니다. 하나님의 이름이 경건하고 더없이 장엄하게 여겨지게 하려는 목적으로 맹세를 하는 그곳에 있는 것은 부패밖에 없습니다.

만약 어떤 사람이 거기에 오게 되면 사람들은 그로 하여금 두손을 하늘을 향해서 쳐들게 해서 마치 그가 위대하신 하나님 앞에서 하나님에게 자기가 할말에 대해서 증언해 달라고 간구하는 것처럼 보이게 합니다. 하지만 하나님은 모든 세상 사람들 앞에서 위증당하는 것을 참지 않으실 것입니다. 특히 그것이 악한과 악한 행실을 판별하는 진리에 관한 문제일 때는 더욱 그렇습니다. 예를 들면 하나님의 이름이 모독을 당하고, 악랄한 사기가 자행되고, 어떤 사람이 심한 욕을 먹고, 다른 사람은 폭행을 당하고, 또 다른 사람은 강도를 당해서 증인들을 소환했지만 그들의 입에서는 단 하나마디의 진실도 나오지 않습니다. 그럼에도 불구하고 거기에 증인으로 소환된 자들은 재판관들 자신이 마치 범행현장에 있었던 것처럼 그 사건의 증인이 된다는 것을 충분히 잘 알고 있습니다. 이틀 후에 다시 그들이 소환되면 그들은 아무런 부끄러움을 느끼지 않고 그 사건을 모른다고 증언할 것입니다. 그리고 이러한 부도덕한 위증자들은 입을 다물고 있는데도 그들은 진실한 기독교인이라고 여겨질 것입니다 그런 사람들이 얼마나 됩니까? 두세 사람에 불과한 것이 아닙니다. 모든 사람들은 위증 죄를 피할 수 없을 정도입니다. 그 수가 많기 때문에 진실을 숨기려고 하는 자들이 참된 증인이라는 속담도 있습니다. 만약 하나님의 이름을 경외해서 사실을 밝히고 진실을 말하려는 사람이 있다면 그는 거짓 증인이 됩니다. 따라서 오늘날에는 사람들이 진실한 증인을 위증한 증인이라고 부릅니다. 하나님을 대단히 진노케 하는 그런 끔찍한 불신앙의 벌을 피할 수 있다고 생각하십니까?

하나님의 이름을 망령되게 하는 자들에게 하나님이 어떠한 저주를 내리시는지 우리는 잘알고 있습니다. 그러나 하나님을 이런식으로 조롱하고 더욱이 하나님을 무섭게 모독하는 자들이 여기서는 선한 증인이 됩니다. 간단히 말해 한 행인이 여기에서 단 삼일만 체류하게 되어도 그는 위증을 잘하게 될 것입니다. 사람에게는 정직도 없고 겸손도 없으니 우리가 도덕적으로 타락했다는 소문은 200마일 밖까지 퍼집니다. 우리가 우리의 악한 관습을 가지고 하나님에게 맞서 싸우려고 할지라도 우리 자신을 숨기고 변명하는 데는 별다른 효과를 내지 못한다는 것을 알아두십시오. 모든 사람들이 그렇게 할지라도 하나님께서는 당신의 말씀으로 제정해 놓으신 기준에 따라 우리를 심판하실 것입니다.

우리 주 예수 그리스도께서 **"너희를 심판할 이는 내가 아니고 오늘 너희가 듣고 있는 내 입에서 나오는 말이다"** (요 12:47,48)라고 말씀하신 대로 우리를 심판할 이는 내가 아니고 하나님의 말씀입니다. 그럼에도 불구하고 아직 거듭나지 않은 사람들에게는 행실을 삼가게 해서 믿음이 있다고 인정을 받아 하나님의 생명록에 하나님의 자녀로 등록되기 위해서는 선하고 청결한 양심을 가지고 있어야 한다는 것을 알려주십시오. 사도 베드로가 우리에게 말한 대로 만약 우리가 예수 그리스도께서 부활하셨다는 것을 믿는다면 우리는 틀림없이 청결한 양심을 가지고 있을 것입니다(벧전 3:21).

베드로가 어디에서 선한 양심을 도출해 냈는지 살펴보십시오. 그가 세례에 대해서 언급할 때에 그 근거를 예수 그리스도의 부활에 두었습니다. 예수 그리스도께서 부활하신 목적을 잘 알아둡시다. 예수님이 부활하신 것은 자신만을 위한 것이 아니고 우리로 하여금 예수님이 우리에게 주신 영생의 동참자가 되게 하시고, 우리로 하여금 예수님의 형제가 되어 하나님 앞에 나아가게 하시고, 우리 안에 있는 인간의 생명 다시 말하면 우리의 속성을 변화시키시기 위해서였습니다. 그러므로 만약 우리가 우리 주 예수 그리스도의 이름과 권능으로 세례를 받고 우리가 하나님께서 우리와 세운 이 언약의 증표를 왜곡하지 않았다면 우리는 하나님 앞에서 선한 양심을 가지고 있다는 해명을 해야 합니다.

더 나아가서 그는 우리가 우리 손에 있는 악을 끊어야 할 뿐만 아니라 올바른 애정을 가지고 하나님을 섬겨야 한다는 것을 알려주기 위해서 청결한 마음을 추가했습니다. 그는 사람들의 칭찬을 받는 겉모양만으로는 흡족해 하지 않았습니다. 우리가 귀하게 여김을 받을지라도 하나님께서 우리 안에 이 청결한 마음이 있다고 인정하시기 전에는 우리의 모든 행위는 거짓이고 더럽기 때문입니다. 만약 샘물이 짜더라도 샘물은 맑을 수도 있으며 맛이 쓸 수도 있습니다. 우리의 행함도 그와 같습니다. 독이 있는 잡초가 모양이 좋아 보이는 것도 있으며 꽃을 피우는 것도 있을 것입니다. 그러나 그 풀은 겉모양을 통해서 자신을 속이고 있으며 그 안에는 독소가 숨겨있습니다.

우리의 마음이 하나님 앞에서 청결하지 않고 깨끗하지 않을 때에는 우리의 행함도 그와 같아서 겉으로는 아름다워 보이나 그 안에는 악이 가득합니다. 우리에게 깨끗한 마음이 있다면 이웃과의 대화가 사랑으로 이루어져야 합니다. 다시 말하면 서로서로의 의사소통이 그런 식으로 되어야 하며 자기 자신의 이익만을 생각해서는 안됩니다. 모든 사람은 친구를 구원해 주고 그들의 생활필수품을 조달해 주고 그들이 유익을 얻도록 힘써야 합니다. 사도 바울도 사랑은 자기의 유익을 구하지 않는 것이라고 했습니다(고전 13:5). 그러므로 만약 사랑이 우리 마음 속에서 살아 움직이고 있다면 자기 자신의 개인적인 욕구를 위해서 몰두하는 사람이 아무도 없을 것이며 자기의 이웃을 도와주기 위해서 힘쓸 것입니다.

다시 강조합니다만 만약 우리에게 그러한 애정이 있다면 우리가 다른 사람의 유익을 강탈해서 우리의 것으로 삼으려는 욕심으로 불타고 있겠습니까? 또 무력이나 폭력을 사용하겠습니까? 또 그들이 가지고 있는 이점을 빼앗기 위해서 발로 그들의 목을 밟고 있겠습니까? 따라서 우리는 개나 돼지처럼 되지 말고 우리 사이에는 그러한 사랑을 유지하여 하나님께서 우리를 짝지어 주신 것이 헛되지 않았다는 것과 하나님의 뜻은 하나님께서 맺어주신 형제간의 관계가 영원히 유지되는 것이라는 것을 보여줍시다.

한편 우리는 하나님을 섬기는 일에 그런 식으로 헌신하도록 노력합시다. 우리의 생명이 다하는 날까지 하나님을 영화롭게 하는 일만 하도록 노력하며 하나님께서는 우리에게 긍휼을 무한히 베풀어 주시기를 즐거워합시다. 또 우리를 당신의 자녀로 삼아주시기를 기뻐하면서 하나님을 우리의 아버지로 모십시다. 우리는 참된 형제관계를 유지하고 서로서로 의사를 소통해서 자신의 이익만을 구하는 사람이 하나도 없게 하고, 서로서로 돕고 구조해 주어서 하나님께서 우리를 하나로 연합해 주신 이 목적을 달성하고 완수합시다.

4

"경계의 목적은 청결한 마음과 선한 양심과 거

짓이 없는 믿음으로 나는 사랑이거늘 사람들이

이에서 벗어나 헛된 말에 빠져 율법의 선생이

되려 하나 자기의 말하는 것이나 자기의 확증

하는 것도 깨닫지 못하는도다"(딤전 1:5-7)

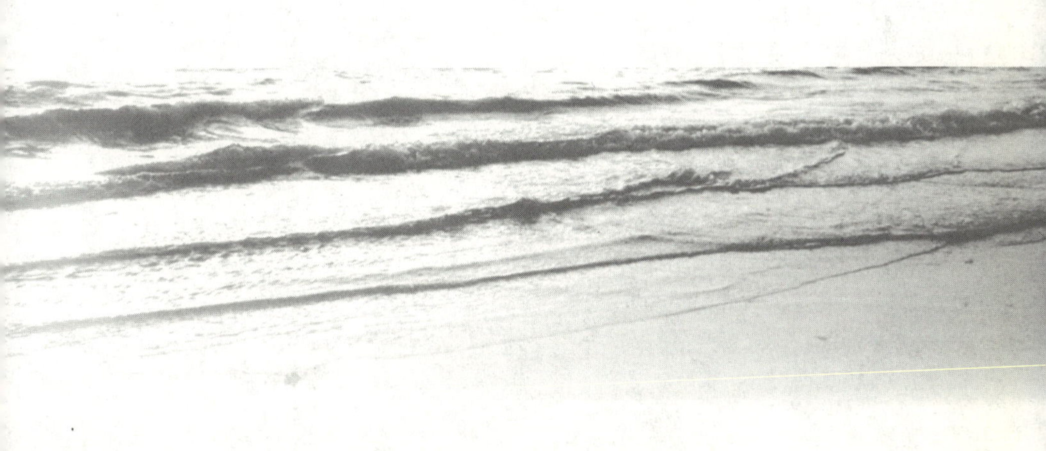

오늘 아침에 우리는 하나님의 율법에서 유익을 얻는 방법과 율법이 우리에게 주어진 이유에 대해서 생각해 보았습니다. 즉 우리가 하나님의 수중에 있는 구원에 대한 소망을 소유하려고 하면 하나님의 은혜에 그 기초를 두어야 하며 하나님 앞에서 온전하고 정직하게 행해서 사람들에게 우리가 참으로 하나님의 학교에서 교육을 받았다는 것을 보여주어야 합니다. 우리는 우리의 이웃을 속이거나 우리 이웃에게 악의를 품거나 우리 이웃에게 성내지 말고 사이좋게 지내야 합니다. 우리 모두는 우리와 함께사는 사람들을 도와주려고 노력해야 합니다. 간단히 요약하면 하나님께서는 우리 사이에 올바른 형제관계를 맺어 주시기 위해서 우리를 당신의 자녀로 인정하셨다는 것을 알았습니다.

사도 바울은 율법을 요약해서 설명하고 나서 **"사람들이 이에서 벗어나 헛된 말에 빠져든다"**(딤전 1:6)는 말을 첨가했습니다. 그는 긴 활을 쏘는 사람과 석궁을 쏘는 사람과 화승총을 쏘는 사람들에게서 유사점을 찾았습니다. 그들은 맞추어야 할 흰 과녁이 있으며 모험을 해서 쏘지도 않으며, 마구잡이로 쏘지 않으며, 그 표적에 대고 조준을 합니다. 그래서 사도 바울은 하나님이 우리가 방랑자나 자기의 갈길을 지키지 못하는 자들처럼 곁길로 벗어나는 위험에 처하지 않게 하기 위하고 우리에게 확실한 길을 주시기 위해서 우리에게 율법을 주셨다고 말했습니다. 정말로 모세가 "길을 보고 가라"고 말한 데는 이유가 있습니다. 그 말에는 하나님께서 사람들에게 당신의 뜻을 일러주시기 전에는 그들이 길도 모르고 어디에 있는지도 모르지만 하나님이 그렇게 하신 후에는 결코 그들을 속이지 않을 규율을 갖게 된다는 뜻이 있습니다. 그러므로 우리가 길에서 벗어나지 않도록 하나님께서 우리를 인도하신다는 것을 명심합시다. 만약 우리가 하나님을 우리의 안내자로 삼고 하나님의 은혜를 저버리지 않는다면 하나님께서는 이 역할을 감당할 준비를 하고 대기하고 계십니다.

사도 바울이 이 비유를 통해서 한 말에는 하나님을 그들의 아버지라고 부르고 하나님의 손으로 그들을 구원해 주시기를 기다리기 위해서 그들의 모든 것을 하나님의 은혜에 맡겼다는 증거를 제시하지 못하고 그들의 이웃을 대할 때에 선한 양심과 청결한 마음을 가지고 행하지 않는 자들은 모두 방랑자고 타락한 자들이 라는 뜻이 담겨있습니다. 그렇게 방랑하고 있으며 그들이 헛된 망상을 하고 있다는 것을 의도적으로 자랑하는 자에게 무슨 일이 일어나겠습니까? 그들에게는 헛된 것만 일어날 것이라고 사도 바울이 말했습니다. 그는 여기서 그들이 하는 말에는 아무런 근거도 없고, 핵심도 없으며, 실체도 없으며, 빈말에 불과하다는 것을 상징하는 말을 사용했습니다. 거기에는 약간의 유사점이 있는 것이 사실이지만 그것은 말하자면 간이 부은 것이나 자만에 불과하니 거기에 무슨 중요한 뜻이 있으며 또 무슨 실체가 있겠습니까? 조금도 없습니다.

핀으로 찌르면 그 속에 들어있던 것들이 다 흘러나와서 피부가 쭈글쭈글하게 되는 것을 보게 될 것입니다. 그래서 사도 바울은 이렇게 그럴싸하게 보이는 모든 억측을 앞으로 중요한 인물이 되어서 신망을 받게 될 것처럼 보이지만 하나님의 교회나 거짓말쟁이들을 전혀 교화시키지 못하는 자들에 비유했습니다. 왜냐하면 그가 말한 대로 그들에게나 그들이 말하는 것에는 헛된 것밖에 없기 때문입니다. 우리는 여기서 두 가지 교훈을 배워야 합니다. 그 중의 하나는 하나님께서 우리를 인도하실 정도로 우리를 선하게 대해 주심에도 불구하고 우리가 여기저기 멋대로 돌아다닐 정도로 사악해지지 말라는 것입니다. 사람들이 실수했을 때에는 몰랐다는 구실로 자신을 정당화 하려고 하는 것이 사실입니다. 그러나 우리가 앞에서 보여준 대로 만약 우리 자신을 율법이 주는 가르침에 겸손하게 굴복하면서 하나님이 주시는 가르침에서 만족을 얻기를 원한다면 우리는 가장 확실한 방법을 찾게 될 것이며 하나님께서는 손을 벌려서 우리를 맞아주실 것이기 때문에 우리는 실수를 할 수 없게 될 것입니다. 하지만 우리는 하나님께서 우리 앞에 세워주신 푯대를 향해서 전심전력을 다해서 달려가야 합니다.

그리고 우리가 배워야 할 두 번째 가르침은 사도 바울이 말한 대로 우리가 우리 자신을 사람들 앞에서 중요한 사람으로 보이게 만든다면 우리는 큰 싸움에서 승리를 거두고 고상한 일을 했다고 온전히 믿는 것입니다. 왜냐하면 만약 우리에게 이러한 표시와 경향이 없다면, 다시 말해 우리의 구원에 대한 믿음과 신뢰를 하나님의 순수하신 선하심에 두고 하나님을 청결한 마음으로 섬기고 이웃을 도와주기 위해서 노력한다는 표시와 그러한 경향이 없으면 우리가 얻을 수 있는 모든 지식은 바람과 연기에 불과할 것이기 때문입니다. 그러나 이것은 인간의 육신적인 생각과는 멀리 떨어져 있습니다. 왜냐하면 우리는 쾌락을 주는 것을 욕심내기 때문입니다. 그리고 사람들이 우리를 믿어준다면 우리에게는 항상 새로운 욕심이 생기게 될 것입니다. 더 나아가서 그 무익하고 헛된 욕심은 우리를 공중으로 끌고 갈 것입니다.

만약 어떤 사람이 우리에게 하나님의 은혜에 대해서 말하거나, 역경 중에서는 참아야 한다고 가르쳐 주고, 또 우리에게 하늘 왕국을 유업으로 받게 되었다는 것을 알려주었는데 그것들은 우리가 전에 많이 들었던 일이라서 화가 난다면 "우리는 꽉 찼다(we are full)"는 말 이외에 다른 말이 필요없습니다. 그러므로 성령께서 사람이 이 푯대에서 돌이키자마자 잘못을 저지르게 되고 그것도 잘못을 저질러서 헛되고 어리석은 짓에 빠지게 된다고 말씀하신 데에는 이유가 있습니다.

그러니 우리가 두 번째로 명심해야 할 일들을 기억해 두십시오. 즉 우리가 믿음과 사랑을 통해서 깨우쳐지기를 구하지 않으면 우리를 높은 곳으로 끌고 올라갈 경박한 추측 이외에는 아무것도 없을 것입니다. 그래서 마침내 거기에는 아무 기초도 아무 실체도 없게 될 것입니다. 이것을 통해서 천주교가 어떠한 종교인지 알게 될 것입니다. 천주교에서는 학자라고 여겨지는 자들이 헛된 문제들만 공부하기 때문에 전혀 가르침을 주지 못합니다. 한 사람이 머리를 짜내어 성직자가 되었더라도 단 한번의 설교를 하라고 시켜도 그는 말을 더듬는 풋내기가 될 뿐만 아니라 바로 벙어리가 될것입니다.

왜냐하면 설교를 하는 것은 그들이 공부했던 것과는 전혀 다른 것이기 때문입니다. 그들에게는 내가 알지도 못하고 유용하게 활용할 수 없는, 말하자면 강제자와 요술의 비밀이 있습니다. 우리는 이렇게 해서 이 불쌍하고 어리석은 인간들이 사단의 꾀임에 빠지게 되었는지 알았습니다. 모든 종교가 타락하게 되었기 때문에 그들은 모든 사람들이 가장 좋다고 생각하는 꿈을 심었습니다. 왜냐하면 하나님의 말씀이 환각에 빠져 있는 이러한 학자들에게는 가장 기초적이고 합당하기 때문입니다.

그럼에도 불구하고 이것은 결코 되돌릴 수 없는 확고부동한 명령으로 서있어야 합니다. 그들 앞에 이러한 푯대를 세우지 못하는 사람은 방랑하고 있으며 타락한 자에 불과합니다. 더욱이 그들이 하고 있는 것은 다 헛된 것에 불과합니다. 여기서 사도 바울은 **그럼에도 불구하고 사람들이 율법의 선생이 되려 하나 자기의 말하는 것이나 자기의 확증하는 것도 깨닫지 못한다**는 말을 덧붙였습니다. 그는 선생이 되려고 하는 자들이 자기들이 무슨 말을 하고 있는지도 모른다고 말했습니다. 그들에게는 두 가지 상반된 것이 있다는 것을 보여준 것입니다. 만약 그들이 하나님의 율법을 통해서 많은 유익을 얻으려고 연구를 했다면 그들은 그들의 제자에게서 의심을 받을 수 없을 정도의 신임을 받게 될 것입니다.

하나님의 가르침을 통해서 많은 유익을 얻은 자는 무엇인가를 새로 만들어내기 위해서 자기의 상상력의 고삐를 늦추어 주지 않을 것이며, 단순히 하나님께서 우리 모두에게 보여주셨던 것을 고수하는 일만 할 것입니다. 그러니 하나님의 율법을 통해서 올바른 훈련을 받은 사람들은 모두 정확한 지식을 갖게 될 것입니다. 그러나 그들이 무슨 말을 하고 있는지를 모르는 자들은 그들 자신에게 헛된 꿈을 날조해 주었으며 자신의 생각과 하나님의 진리를 섞어서 부정을 조장시키고 모든 것을 헛되게 만들었다는 것을 잘 보여줄 것입니다. 왜 그렇습니까? 하나님께서 그렇게 말씀하셨습니까? 성경에서 그러한 증언을 찾을 수 있습니까? 성경에 그러한 증언이 있으면 그것으로 족합니다. 우리가 하는 말이 하나님의 진리에 그 근거를 두고 있다면 모든 문제는 그것으로 풀립니다. 온 세상 사람들이 우리에게 반대할지라도 우리는 포기해서는 안되고 시종 여일하게 꾸준히 지속해 나가야 합니다. 왜냐하면 사도 바울이 그렇게 말한 것을 알고 있기 때문입니다(딤후 1:12).

우리가 하나님의 순결한 말씀을 의심하기 시작하자마자 우리는 어쩔수 없이 흔들리게 되고 하나님의 뜻을 알 수 없게 됩니다. 하나님께서는 우리의 유일하신 주님이 되시는 권한을 자신에게만 예속시키셨는데도 사람이 하나님에게 굴복하지 않고 그의 생각이 선하다는 인정을 받기 위해서 애쓸 정도로 몹시 완악하게 되었으니 그에게는 어떠한 분별력과 지혜가 있을 수 있습니까? 만약 사람들이 그들의 환상과 하나님의 뜻을 혼합하는 일을 급히 서두른다면 거기에는 그들이 의심을 품는 일과 흔들리는 일 이외에 다른 어떤 일이 있을 수 있습니까? 그렇기는 하지만 그러한 사람들은 매우 대담하기 때문에 자신이 알지 못하는 내용을 지껄이고 있다는 말을 사도 바울은 첨가했습니다. "affirm(확인해주다)"이라는 단어는 많은 것을 나타냅니다. 만약 사도 바울이 여기서 간단한 논법으로 말하려고 했다면 그들은 그들이 말하고 있는 것에 대해서 몰랐다고 말하면 충분했을 것입니다. 그런데 사도 바울은 이 말을 첨가했는데 거기에는 이러한 뜻이 담겨있습니다. 보십시오. 이 사람들은 굳은 사람들이어서 그들이 하는 일을 결정하고 결론을 내리고 선고를 내리고 모든 세상사람들로 하여금 그들을 믿게 만드는 일만 합니다. 하나님의 말씀에 서있지 않은 자들에게서는 그러한 무모함이 있기 마련입니다. 주님은 예수 그리스도 한 분이라는 것을 알고 있는 사람들에게는 자신들을 믿음의 분량만큼만 내세우는 겸손함이 있습니다.

　우리는 하나님께서 말씀하신 내용을 잘 알고 있으며, 갈대처럼 흔들리지 않을 것이며 변치 않으며, 모든 시험을 극복할 수 있는 믿음을 갖게 될 것이 확실합니다. 간단히 말해서 믿음과 의견 또는 생각은 빛과 어두움이 화합할 수 없는 것과 같이 어떠한 방법으로도 화합할 수 없습니다. 왜냐하면 믿음은 확실성을 의미하기 때문입니다. 그러나 내가 앞에서 말한 대로 믿는 자들은 항상 그들에게 주어진 것을 주시할 것이며 믿기를 서두르지 않을 것입니다. 그들에게는 정말로 사도 바울이 너희는 들은 날부터 믿었다(골 1:6)고 말해서 칭찬해 주었던 준비성이 있을 것입니다. 그래서 그들은 하나님의 이름으로 그들에게 보여질 것들을 따를 준비를 하고 있겠지만 바울이 말한 대로 깊이 생각해 보지 않고 따르는 일은 없습니다(엡 5:17). 왜 그렇습니까? 왜냐하면 우리는 우리를 인도하시고 우리의 혼을 다스리실 분은 하나님 한 분이라는 것을 알고 있기 때문입니다. 만약 사람들이 우리를 찾아왔을 때에 우리가 그들에 대해서 알아보지 않는다면 우리는 들짐승들처럼 우리 자신이 직감력에 의해서 인도되는 것을 허락하는 것이 됩니다. 이렇게 하는 것은 천국과 이세상을 혼합하는 것이 아닙니까? 모든 피조물들은 평화를 유지해야 하며 하나님 한 분만이 말씀을 하셔야 하고, 우리는 하나님에게서 비롯된 것만을 믿어야 하며, 또한 그것을 단단히 확인해 보아야 합니다.

그리고 믿는 자들에 관해서 말하자면 그들에게는 하나님에게 속하였다는 것을 알고 있는 것만을 확인해 주는 겸손함이 있으며, 그들이 어떠한 조항에서나 적절한 교육을 받지 못했을 때에는 한동안 의심을 하게 될 것입니다. 그후에는 많은 사람들이 하는 것처럼 모험을 해서 말할 것이며, 어떤 것에서나 무식하다는 것을 부끄러워 할 것입니다. 그들은 위대한 학자가 되어서 모든 것을 알게 되기를 바라지만 지금은 아무것도 모릅니다. 그러나 믿는 자들은 무모하게 행하지 않으나 자신을 돋보이게 하고, 건방지게도 그들이 옳다고 생각하는 것을 이야기해서 그들의 꿈과 환상을 하나님의 말씀과 혼합합니다. 그러한 자들은 모든 것을 단정해서 말할 것입니다. "당신은 이것을 유지해야 합니다"라든가 "당신은 이것을 지켜야 합니다"라고 말할 정도로 절대적인 결론을 내리지 않는 것은 아무것도 없습니다. 사도 바울이 한 말에 따르면 이러한 까닭으로 그러한 사람들은 비록 큰 소리치지만 확실히 그들이 결정하는 것은 아무것도 없다는 것입니다.

그러나 그들은 언제나 위로 올라가고 있으며 마귀도 그와 같이 매우 뻔뻔스럽고 대담하게 그들이 넋을 잃게 해서 그들이 말하는 것은 무엇이나 받아들여지게 합니다. 이것은 확고한 판단력의 부족에서 오는 광기와 광란 이외에 아무것도 아닙니다. 그들을 보십시오. 우리는 이것을 "하나님에게서 받은 것입니다"라는 말만 하면 충분합니다. 오늘 우리에게는 사도 바울이 골로새서 2장에서 말한대로 사도 바울의 시대처럼 거기에 관한 확실한 증거가 있습니다. 거기에서 사도 바울은 믿는 자들에게 순수한 복음을 통해서 자기 자신을 순결하게 지켜서 겸손한 척하고 천사의 계시라고 속이며 그 밖에 다른 것을 구실삼아 속이는 사기꾼과 이런 위험한 학자들의 꾀임에 말려들지 말라고 간구했습니다. 거기에는 마귀가 기발한 머리를 써서 만들어낸 미신이 있었습니다. 사도 바울은 믿는 자들에게 이리저리로 끌려다니지 않도록 조심하라고 했습니다. 그리고 나서 그들은 그들 자신의 명철로 부풀어 있으며 자신을 드러내 보이려고 하며 그들이 전혀 알지도 못하는 것을 소유하려고 힘쓴다고 했습니다. 따라서 마귀가 말썽을 부리는 부하들을 선동해서 그들의 호밀풀과 독보리씨를 뿌리게 만들고 나서는 뻔뻔스럽게도 그것은 전혀 모르는 일이라고 대담하게 부인하는 일이 우리가 살고 있는 이 시대에만 있는 일이 아니라는 것을 우리는 알았습니다.

천주교에서 가장 확실한 것이 어떤 항목인지 묻고 싶습니다. 죽은 자의 부활과 영생을 부인한다 해도 그것은 연옥을 부인하는 것만큼 흉악한 이단은 아닙니다.

그들은 연옥에 대해서 어떠한 확신을 가지고 있습니까? 어떤 천사나 어떤 마귀가 연옥이 있다고 그들에게 말했습니까? 그들은 그것을 자기들 자신의 머리로 만들어 놓았습니다. 비록 그들이 성경에는 그것에 대해서 증언한 말씀이 몇 군데 있다고 주장하기에 급급했지만 마침내는 그들의 태도를 바꾸었습니다. 그들이 주장했던 연옥은 오래되었다는 것 이외에 다른 증거를 제시하지 못할 정도가 되었습니다. 그럼에도 불구하고 그들은 연옥이 있다는 그들의 주장을 굽히지 않았습니다. 천주교에서는 이것이 신앙의 기초가 됩니다. 다시 말씀드립니다만 이 세상을 떠났던 성도들이 보호자와 후원자로 부름을 받아야 된다는 것은 전혀 의심할 일이 아닙니다.

우리의 인도자가 되실 분을 구하기 위해서 하나님께로 가고 미가엘 천사장이나 동정녀 마리아나 교황이 기분이 내키는 대로 교회 행사 예정물에 적어 놓은 다른 사람을 찾아가지 마십시오. 그것이야말로 꼴도 보기 싫고 그것에 대해서 듣고 싶지도 않습니다. 왜 그러느냐고 물으셨습니까? 그들에게는 그렇게 해야할 이유가 있습니까? 성경에는 죽은 사람이 우리를 위해서 중재역할을 한다는 것을 알려주는 단 한 개의 낱말이나 단 한 개의 음절이 있습니까? 참으로 이 세상에서는 우리가 서로서로를 위해서 기도해야 하며 그렇게 하라는 명령을 받았습니다. 이렇게 하는 것이 서로에게 도움이 될 것입니다. 그러나 죽은 사람에 대해서 말한다면 성경에는 그들을 위한 말이 단 한 마디도 없습니다. 우리는 어떤 면으로도 그것을 의심해서는 안됩니다. 천주교에서 들어온 이와 같은 어리석은 신앙이나 하찮은 것들에 대해서 말한다면 성경에서는 그와 같은 말을 하나도 찾아볼 수 없습니다.

우리가 보는 바와 같이 사단은 사람들을 단련시켜서 그렇게 뻔뻔스럽고 대담하게 만들려는 생각에 사로잡혀 있었기 때문에 사람들이 전보다도 훨씬 완악하게 되어서 그들이 알지도 못하는 것을 알고 있다고 주장하게 되었으니 만약 그것에 대한 상당한 증거를 하나님이나 하나님의 진리에서 얻었다면 어떻게 되겠습니까? 그러나 우리는 바울 사도가 여기서 한 말에서 뭔가를 배워야 합니다. 사람들이 그런 식으로 쓸데없이 참견하거나 모든 방법을 동원해서 하나님을 해치려는 모험을 하는 것을 보고 역정을 내서는 안됩니다. 그것으로 인해서 우리 자신을 괴롭게 하지 맙시다. 그것은 전혀 새로운 것이 아닙니다. 오늘 시작된 것이 아니고 오래 전에 시작된 일입니다. 그러니 우리는 어떻게 해야 합니까? 우리는 듣기만 하고 말하기는 더디하는 겸양과 겸손을 갖추도록 노력합시다. 그러나 우리가 하나님으로부터 가르침을 받을 때에는 우리의 입을 열어서 우리의 믿음을 고백하되 말 한 마디도 우리의 마음속에서 온전히 결정된 것이 아니면 우리의 입에서 새어나가지 못하도록 조심합시다. 어떻게 하면 그렇게 됩니까? 그것은 우리가 그렇게 생각하거나 사람들이 그렇게 말하는 것을 들어서가 아니라 우리가 그것을 하나님에게서 받았다고 굳게 믿음으로써 이루어집니다.

그리고 우리는 이렇게 해야 합니다. 더욱이 사람들이 우리에게 무엇이 옳다고 단언하던 그것이 하나님의 말씀에서 비롯되었다는 확실한 증거가 없는 한 그것을 헛된 것으로 여깁시다. 우리는 사람들이 수를 놓아서 만들어 내놓은 것을 믿음의 신조로 여기는 것은 잘하는 것으로 생각합니다. 그러나 우리는 그렇게 함으로써 하나님의 권위의 일부를 하나님에게서 빼앗았으며 당연히 하나님에게 속해야 되는 권리를 약탈했습니다.

그러므로 사도 바울은 이러한 위장된 겸손을 비난했습니다. 그러나 천주교 신자들은 사람들이 성모 마리아가 하신 결정에 반대하는 것이 합당하냐고 묻습니다. 그들에게는 고집쟁이 바보들이 모이는 협의회라는 것이 있는데, 그들은 한 마디 말도 할 줄 모르고 일생동안 성경을 단 여섯 쪽도 읽지 않은 자들입니다. 그럼에도 불구하고 이 친구들이 전에 생각해 보았던 적이 없는 것들에 대해서 결정을 내립니다.

오늘날 천주교에서는 이것을 큰 자랑으로 여기고 있습니다. 아무렴 그렇고 말고요. 우리는 우리가 믿는 자라는 것을 가볍게 밝히지 않고 그들을 신용하지 않기 때문에 그들은 우리가 건방지다고 비난합니다. 그러나 우리는 하나님이 받아 마땅하신 순종을 하나님에게 돌려드릴 것입니다. 그렇게 하는 것을 보고 천주교도들은 우리가 거만하다고 우리를 비난하니 그들의 겸손은 음흉하다는 것을 알아둡시다. 왜냐하면 그들은 하나님에게 순종하는 척하면서 우리의 주 예수 그리스도께 감히 반역하고 그 분에게서 떨어져 나가기 때문입니다. 앞에서 말한대로 그 분이 우리를 온전히 다스리셔야 하며 사람이 다스려서는 안됩니다. 그러므로 우리는 여기서 그렇게 하기로 단단히 결심해야 합니다. 사도 바울은 여기서 사람들이 율법을 바르게 활용하게 되면 율법은 선하다는 말을 덧붙였습니다. 왜냐하면 사도 바울이 상대하는 사람들은 유대교와 기독교를 반반씩 믿는 자들이었는데 그들은 율법을 빙자해서 자신들의 행동을 정당화하고 자신에 대한 올바른 평가를 내리고 하나님의 은혜를 받고 명성을 얻으려고 했기 때문입니다.

우리가 알고 있는 것과 같이 사도 바울은 어릴 때부터 율법으로 교육을 받았으므로 율법으로 잘 훈련되어 있었습니다. 그래서 이 무리들이 하나님의 율법을 왜곡하며 훼손하고 있다는 것을 잘 알고 있었습니다. 그들은 율법에서 구원의 원리를 찾으려는 노력을 하지 않으며 율법을 통해서 선하고 거룩한 삶을 살려고 하지도 않고 헛되고 무익한 억측만 찾고 있습니다. 사도 바울은 자신이 원한다면 그들 중의 어느 누구보다도 교활할 수 있었지만 그렇게 한다는 것은 마귀 하나로 두마귀를 만드는 것이 되었을 것입니다. 우리는 누가 가장 힘이 세고 누가 책임을 질 것인가를 알아보려는 논쟁에 휘말려 들어가서는 안됩니다. 하나님의 말씀이 사람에 의해서 말해진 것이라면 모든 것이 악랄하게 왜곡되어서 아무 역할도 하지 못할 것입니다. 바울은 이 사람들이 율법을 방패로 삼고 있다는 것을 알고 있었기 때문에 그와 같은 짓은 하지 않고 그들과는 담을 쌓아서 자신이 율법의 적이 아니라는 것을 보여주었습니다. 그는 모세를 통해서 주어진 율법을 전혀 폐하려 하지 않는다고 말한 후에 그렇게 하기보다는 교육을 통해서 그것을 더욱 확고히 하고 있다고 했습니다. 그가 전하는 모든 내용이 완전히 율법에 일치하고 율법을 더욱 밝히 드러나도록 하였습니다.

사도 바울이 한 말을 요약하면 이렇습니다. 그가 한 말을 우리에게 더 잘 이해시키기 위해서 사람들이 율법을 합당하게 사용하면 율법은 유익을 준다는 말을 맨 먼저 했습니다. 그가 한 말에는 규율이 계속해서 잘 지켜지면 규율은 유익하지만 만약 규율을 지키지 않는 사람이 규율이라는 말을 한다면 그것을 매우 웃기는 일이 될 것입니다. 그러므로 사도 바울은 율법이 얼마나 유용한가를 사람들에게 알려주라고 했습니다. 우리가 율법을 지켜야 하느냐 지키지 않아야 하느냐 하는 것은 따지고 논쟁할 대상이 아니고 그것은 우리에게는 이미 확정된 문제입니다. 그렇다면 어떻게 해야합니까? 율법을 지키면 유익이 되는 것이 무엇인지를 알아야 합니다. 이것이 사도 바울의 생각이었습니다.

그래서 단도직입적으로 율법은 의로운 자에게 주어진 것이 아니라는 말을 첨가했습니다. 그런데 왜 그들은 율법이 그들에게 유익이 되게 하지 않습니까? 율법은 말하자면 우리의 사악한 욕망과 욕심을 억제해 주는 고삐의 역할을 하는데도 말입니다. 한 사람은 하나님을 경멸하는 자요 다른 사람은 참 종교가 어떤 것인지도 전혀 모르는 지독한 이단이며 다른 한 사람은 일생동은 방종하고 방황하는 자요 또 다른 사람은 절도요, 또 다른 사람은 호색가입니다. 만약 이 세상에 남색하는 죄인보다 더 악한 죄를 짓는 자가 있다면(바울 사도가 말한 대로) 그들에게는 하나님의 율법이 유용하게 적용되어야 합니다. 그렇게 규례를 지키지 않는 자들과 마귀는 그들의 사악한 열정으로 불이 붙었기 때문에 그들은 하나님의 율법이 그들을 조정하고 억제하고 구속하는 데 도움이 되게 해서 흉악한 마귀가 감히 더 이상 그들을 지배하지 못하게 해야 합니다.

사도 바울이 말하는 이 사람들은 많은 죄로 얼룩졌으며 매우 타락한 생활을 해왔지만 열심있는 사람인 척하는 자들이라고 생각해도 좋을 것입니다. 오늘날 사람들은 신부나 로마 카톨릭을 지지하는 악독한 자들보다 더 악하고 무서운 짐승 같은 자들을 만나게 될 것입니다. 간단히 말하면 이와 같은 악한들과 오늘날 천주교를 지원해 주는 자들이 있다는 것을 알게 될 것입니다. 그들이 강단에 올라가서 짐승 같은 사람들에게 이야기를 하지만 그들은 청취자들을 무식한 채로 내버려두었기 때문에 청취자들은 흑백을 구별할 줄도 모릅니다. 그들은 알량한 삼사송을 부릅니다.

이런 루터교도들은 이 세상에서 모든 정직한 것들을 말살해 버릴 것이며 그들 가운데서는 훈련에 대한 이야기가 나오지 않을 것이며 우리들로 하여금 금요일마다 육식을 하게 하니 그들에게 있는 것은 육신의 자유뿐입니다. 또한 그들에게서는 질서를 찾아볼 수 없으며 모든 사람들을 결혼시켜서 우리 가운데 천사처럼 완전무결한 상태를 더 이상 보지 않으려고 할 것입니다. 그들은 육신의 쾌락만을 추구하기 때문에 영적인 생활모습은 전혀 없습니다. 다시 말하지만 우리가 하나님의 거저 주시는 은혜로 의롭게 되니 선행과 공로가 무슨 소용있겠습니까?

그런 친구들이 말하는 것을 들은 사람은 거룩한 것은 그들에게만 있다고 생각하게 됩니다. 그러나 만약 그들이 어느 집에 마음대로 접근하려고 한다면 그것은 그들의 병을 전염시키기 위해서입니다. 이러한 자들이 천주교에서는 매우 열성적인 신도들입니다. 그리고 만약 그들 중에서 가장 경건하다고 하는 자들을 골라서 자세히 조사해 보면 그들 중의 몇 사람은 위증을 했으며, 불성실했으며, 절도를 했으며, 음행과 온갖 악행에 완전히 빠져 있으면서도 양심의 가책을 전혀 받지 않으며, 남색하는 매우 부끄러운 일에 빠져 있을 것입니다. 이것은 천주교 신자들에게는 흔히 있는 일입니다.

이렇게 해서 우리는 사도 바울이 그렇게 괴팍한 자들을 어떻게 다루어야 했는지 알게 되었습니다. 이러한 것을 오늘날에도 천주교에서 볼수 있으며 교황들은 그들의 대변자이며 그들은 그들의 악랄한 독재를 유지해 나가기 위해서 하나님의 진리를 향해서 개처럼 짖어댔습니다. 그래서 사도 바울은 복음이 율법과 상치되느냐고 물었습니다. 나는 아니라고 대답할 것입니다. 복음은 무엇을 가르쳐 줍니까? 만약 하나님과 동행하려면 우리는 하나님의 형상을 닮아야 하며 자기 자신을 벗어 버려야 하며 우리의 감정을 모두 포기해야 한다고 나는 외칩니다. 우리의 악한 욕심과 세상에 관해서 우리는 죽은 사람과 같이 되기를 바랍니다. 무엇보다도 우리 딴에는 우리가 지혜롭다고 생각해서 우리에게 좋아보이는 것을 행하지 말고 우리 자신을 하나님께 온전히 바치는 법을 배웁시다.

율법을 그렇게도 열렬히 찬성하는 사람들은 무엇이라고 말할까요? 만약 그들이 율법이 잘 지켜져야 한다고 말하려고 한다면 왜 그들 자신이 그렇게 하기 시작하지 않습니까? 그러나 그대신에 그들은 사람이 아이들을 몇 명이나 남겨놓고 죽었느냐, 또 그러한 사람들의 후손들은 어떠한 입장을 취했으며, 또 아무런 도움도 주지 않는 것들을 위해서 얼마나 애를 썼는지 알아보기 위해서 보잘것없고 시시한 것들을 구하고 상상을 합니다. 아니! 하나님의 율법이 그와 같은 취급을 당하게 되자 변해서 불경하게 사용되는 것이 아닙니까? 그러므로 율법을 통해서 선한 가르침을 받지 않은 사람은 누구를 막론하고 다른 사람을 전혀 도와주지 않으니 하나님의 율법이 그들에게 적용되어야 합니다.

음행하는 자들과 난봉쟁이와 인생의 실패자와 짐승같은 사람과 배반자와 하나님을 경멸하는 자들인 우리는 율법으로 하여금 우리의 죄악된 행위를 때려 붓도록 시키지 못합니다. 그럼에도 불구하고 사람들에게 알지도 못하는 의식을 지키라고 강요합니다. 반면에 마치 율법이 아무런 목적도 없이 주어진 것처럼 사람들은 율법을 한 옆으로 제켜놓습니다. 그리고 사람들은 사소하고 아무런 가치도 없는 것들을 위해서 그들의 머리를 분주하게 사용합니다. 이렇게 해서 우리는 사도 바울의 뜻을 알게 되었습니다.

이제 이 성경말씀이 우리의 유익이 되게 하기 위해서 우리가 낙담하거나 실망해서는 안됩니다. 그들에게 조그마한 어려움이 닥쳐와도 그것을 복음의 진리에서 자신들을 떼어놓는 계기로 삼는 자들이 많이 있습니다. 그들은 어떻게 해야 하느냐고 물어옵니다. 우리가 보는 바와 같이 여러 가지 의견이 있습니다. 그러나 나로서는 모든 것을 내버려 두는 것이 제일 좋습니다. 때로는 작은 볏집 하나가 아마도 우리가 넘어갈 수 없는 장애물이 될 수도 있습니다. 우리는 바울 사도를 통해서 비록 이 세상에 있는 모든 유혹이 우리에게 맞서 싸울 준비를 완료하고, 마귀가 성경 말씀을 이런저런 방법으로 왜곡하고, 자신의 잘못과 사악하고 저주받을 목적을 달성하기 위해서 많은 애를 써서 하나님의 말씀이 매우 혼란스럽게 보이게 되어 사람들이 율법은 오로지 죄와 사람들의 속임수와 무례를 숨기려는 목적으로 주어졌다고 생각할지라도 우리는 그렇다고 해서 분별력을 잃어서는 안됩니다.

하나님의 율법이 바울 사도 시대에는 율법을 무익한 일에 활용했던 사람들에 의해서 모독을 당하지 않았습니까? 사도 바울은 사람들이 율법을 심히 남용하니 그것을 우리에게서 완전히 없애 버리고 즉시 지워버리는 것이 좋을지도 모른다고 말하지 않습니까? 사도 바울은 그런 말을 한 적이 없습니다. 왜냐하면 그는 하나님께서 우리에게 율법을 주신 것은 발로 밟으라고 주신 것이 아니라는 것을 알고 있기 때문입니다. 그는 율법이 유익하기 때문에 사람들이 그것을 유익하게 사용해야 한다는 것 뿐이라고 했습니다. 그러므로 이러한 원칙에 따라 우리가 하나님의 말씀을 훼손하고 발기발기 찢어서 성경을 모독하는 악하고 사악한 기질이 있는 자들을 보게 되더라도 우리는 항상 하나님의 말씀을 통해서 하나님을 영화롭게 해드립시다. 하나님의 말씀을 비방하지 말고 우리는 하나님의 말씀이 항상 유익하고 경건하도록 힘씁시다. 사실 우리는 우리로 하여금 하나님의 율법을 싫어하도록 만드는 방해물을 사람들의 생활에서 쉽게 볼 수 있습니다.

사도 바울이 말한 대로 율법을 유용하게 활용하십시오. 즉 우리는 우리의 속성에 대해서 깊이 생각해보고 율법을 받아들여야 합니다. 율법이 무엇을 하는 데 사용됩니까? 우리를 정죄하는 데 사용됩니다. 사도 바울이 말한 대로 죽음을 알리는 소식은 우리에게 저주와 파멸을 전해주는 것 이외에 다른 일을 하지 못합니다. 그리고 율법은 우리 모두를 정죄하기 때문에 우리에게 구원의 소망을 주지 않습니다. 만약 그것이 사실이라면 특히 우리가 율법을 무례하고 상스럽게 대했다면 이것을 율법을 싫어하는 계기로 삼지 않겠습니까? 그럼에도 불구하고 우리 안에는 허물과 악한 것이 있습니다.

우리는 어떤 것이 선하고 거룩한 것인지 알아야 합니다. 사도 바울이 로마서 7장에서 말한 대로 사람들이 예수 그리스도를 믿기까지 율법은 그들에게 정죄함만을 가져다 줄 것입니다. 그가 말하기를 율법은 선하고 거룩하며 유익하다고 했습니다. 왜냐하면 율법이 주는 정죄는 우리 자신의 잘못에서 비롯되었으며 그것이 율법이 주어진 목적이 아니기 때문입니다. 우리가 알고 있는 것과 같이 사람들이 매우 괴팍해서 성경말씀이 담고 있는 진실된 본래의 뜻을 자기들의 기호에 맞게 왜곡하지만 하나님이나 하나님의 말씀의 권위가 경시되어서는 안됩니다. 그리고 이것이 우리가 제일 먼저 명심해 두어야 할 사실입니다.

그리고 성경말씀을 탈선하고 타락하는 구실로 삼는 자들은 갑절의 정죄를 받아 마땅하다는 것을 잘 알아둡시다. 사람들 앞에서는 그들에게 피난처가 있는 것처럼 보일지 모르나 하나님 앞에서는 아무것도 아닙니다. 나는 잘하고 있다고 생각했었는데 다시 말하면 내가 진리를 찾아낸 것처럼 보였지만 나는 실패했습니다. 많은 사람들이 넋을 잃고 속임을 당하게 되면 그런 말을 합니다. 그러나 하나님께서는 가르침을 받기 위해서 당신에게 오는 자들이 속임을 당하는 것을 용납하지 않으실 것입니다.

성경말씀은 그 자체가 선하고 거룩할 뿐만 아니라 우리에게 유익을 주며 우리의 구원에 유익합니다. 우리는 거기에서 하나님은 우리를 선하고 바르게 대해 주시는 주인이시며 우리 또한 우리의 책임을 다하는 착한 학생이라는 것을 알게 될 것입니다. 우리를 그러한 죄에 빠지게 하는 것은 우리의 사악한 욕심, 아니 우리의 자만심이 아니고 무엇이겠습니까? 어떤 사람들은 그들에게 필요한 것 이상의 것을 알게되면 그들이 아는 것이 없다는 것을 알게 되기도 전에 조급하고 무모한 판단을 내리게 될 것입니다. 다른 사람들은 새로운 장난감만을 구하는 일에 항상 분주합니다. 이러한 까닭으로 많은 사람들이 성경말씀이라는 감언이설에 속아 넘어가게 됩니다. 그러나 만약 우리가 하나님께로 가서 그것을 달라고 간절히 가장 겸손하게 구하면 시편 119편의 말씀과 같이 선을 베풀어 주실 것입니다. 다시 말하면 하나님은 겸손하고 자신을 낮추는 자에게는 선생이 되실 것입니다.

그러니 우리가 하나님을 우리의 주님으로 모시고 있는 한 우리가 속임을 당할 것을 두려워할 이유가 아무것도 없지 않습니까? 그러니 남아 있는 것은 우리가 성경말씀을 올바르게 사용하는 것뿐입니다. 즉 하나님의 말씀을 우리의 환상에 맞추어서 해석하지 말고 거기에 담겨있는 순수한 내용을 잘 지키도록 조심하는 것입니다. 그리고 성경말씀은 사람이 준 것이 아니며, 그렇다고 해서 정원에서 기른 것도 아니라는 것을 알고 하나님에게 성령을 통해서 당신의 뜻을 우리에게 알려달라고 기도드립시다. 그리고 성경에 담겨 있는 내용에 대한 설명은 피조물인 사람이 할 수 없고 성령께서 해주실 것입니다. 만약 우리가 계속해서 그렇게 행한다면 하나님께서는 율법이 바울이 여기서 제시하는 것과 다르게 이해 되는 것을 어느 때고 용납하지 않으실 것이라는 것을 확실히 알아둡시다. 즉 율법은 우리에게 유익이 되기 때문에 율법은 유익하며 그 안에는 거절당할 만한 것이 하나도 없습니다.

한편 하나님께서는 우리를 사나운 동물들처럼 통제하신다는 것을 알고 있으니 우리의 간악한 감정을 억제시키는 방법을 배웁시다. 지금 이것을 더 자세하게 다룰 수 없는 것이 사실입니다. 그래서 오늘 내가 한 말의 마무리를 지으면서 착한 율법 학생이 되려고 하면 우리 모두는 자신을 살펴보고 우리는 우리 하나님을 섬기는 일로 속박을 받을 필요가 있다는 것을 알아야 합니다. 또한 율법이 우리에게 유익을 주게 하기 위해서 우리는 우리의 모든 악한 욕심을 굴복시켜야 하며 우리의 모든 육신적인 감정을 버려야 합니다. 이것이 율법을 우리의 유익이 되게 활용하는 방법입니다. 그리고 우리가 그렇게 하면 사도 바울이 여기서 한 말이 사실이라는 것을 알게 될 것입니다. 즉 율법은 모든 불의와 모든 부정을 정죄하기 위해서 주어졌다는 것이 사실입니다. 위대하신 하나님 앞에서 우리는 수천 가지 죄를 졌다는 것을 알아둡시다. 그러므로 우리 자신을 하나님에게 복종시키고 우리가 일생동안 하나님에게 순종해야 하기 때문에 하나님을 섬기는 일에 우리자신을 온전히 바칩시다.

5

"그러나 사람이 율법을 법있게 쓰면 율법은 선한 것인 줄 우리는 아노라. 알 것은 이것이니 법은 옳은 사람을 위하여 세운 것이 아니요, 오직 불법한 자와 복종치 아니하는 자며 경건치 아니한 자와 죄인이며 거룩하지 아니한 자와 망령된 자며 아비를 치는 자와 어미를 치는 자며 살인하는 자며 음행하는 자며 남색하는 자며 사람을 탈취하는 자며 거짓말하는 자며 거짓맹세하는 자와 기타 바른 교훈을 거스리는 자를 위함이니 이 교훈은 내게 맡기신 바 복되신 하나님의 영광의 복음을 좇음이라"(딤전 1:8-11).

지난 주일에는 사도 바울이 율법은 의로운 자들을 위해서 지어진 것이 아니라고 말했는데 그것은 순진하고 무식한 사람들에게 자신이 하나님의 율법을 폐하고 새롭고 이상한 가르침을 만들어 내는 일을 하는 배신자라고 믿게 만들려고 하는 그의 원수들의 입을 막기 위한 목적으로 그렇게 말했습니다. 사도 바울은 그러한 잘못된 소문에서 벗어나기 위해서 그에게는 율법을 싫어하고 폐할 이유가 없다는 것을 보여주었습니다. 왜냐하면 그가 전하는 가르침은 율법과 조화를 잘 이루고 있었으며 그것은 깨끗한 원천에서 나왔기 때문입니다. 복음은 모세가 하나님의 이름으로 공포한 율법에 거슬리는 가르침이 아닙니다. 따라서 그가 가르치는 내용은 모두 하나님의 율법에 있는 내용을 증거하고 확인시켜 주는 것뿐이라는 것을 보여주었습니다. 한편 그는 하나님의 율법을 위장하고 그들의 허영심을 충족시킬 일만을 구하는 그의 원수들을 비난했습니다. 그들은 다른 사람들의 신임을 얻기 위해서 그럴듯하게 변장을 했습니다. 그럼에도 불구하고 그들이 하는 말을 듣는 사람들이 구원을 받게 하는 데 유익이 될 만한 가르침은 전혀 없었습니다.

　그러므로 사도 바울은 율법은 선하다고 짤막하게 말했으며 더 나아가서 거기에 걸맞게 율법을 선하게 사용해야 한다고 말했습니다. 그는 그렇게 함으로써 비록 악한 자들이 하나님의 율법을 부패시키고 왜곡하려고 해도 율법은 항상 선하고 유익하다는 것을 시인하지 않을 수 없다는 것을 보여줍니다. 이 점이야 말로 우리가 말했던 대로 주목할 만한 가치가 충분히 있습니다. 왜냐하면 하나님의 말씀이 이쪽저쪽으로 방향으로 바꾸는 것을 보면 하나님의 진리에 대해서 더 이상 묻지 않고 모든 종교를 무시할 수 있는 구실이 생긴 것에 만족할 수 있는 사람들처럼 되지 말라는 가르침을 그것을 통해서 우리가 받기 때문입니다. 그들이 하는 변명을 주목하십시오. 그들은 하나님의 말씀은 신비롭기 때문에 사람은 그것을 어디에 유용하게 사용할지 모르며 많은 죄에 휩싸일 위험에 처하게 될 것이라고 생각합니다. 그럼에도 불구하고 그렇게 할 기회를 찾고 있던 자들은 저주받는다는 것을 마다하지 않습니다.

　사도 바울이 여기서 우리에게 보여준 대로 하나님의 진리를 그들의 음탕한 생각에 맞도록 왜곡하면 그보다 더 악하며 가치가 적은 일이나 사람들에게서 따돌림 당하는 일은 생기지 않을 것입니다. 그러나 우리는 율법이 얼마나 쓸모가 많은지 알아두고 하나님께서 율법을 우리에게 주신 목적을 잘 알아 둡시다. 그리고 만약 우리가 거기에서부터 올바른 감정을 가지고 뻗어 나가고 모든 표리있는 행동을 피하면 하나님께서는 우리가 속임을 당하거나 홀리는 것을 결코 용납하지 않으실 것입니다. 우리는 이러한 방법으로 성경말씀 안에서 선하고 거룩한 교훈을 항상 받아야 합니다. 그러면 하나님께서는 지혜를 주셔서 자신이 속임을 당하기 만을 구하는 자들처럼 기꺼이 자신의 눈을 가리려고 하지 않을 것입니다. 그러한 까닭으로 온 세상 사람들이 항상 악하게 인도되어 왔습니다.

　만약 사람들이 하나님에게 그들을 가르쳐주시는 것을 허락하지 못한다면 그들은 마귀에게 홀리는 것이 마땅합니다. 왜냐하면 그들은 자기 자신들을 하나님에게 굴복시키지 않았으며 그들은 마땅히 순수하고 일사 분란한 마음을 가지고 하나님의 학교에 왔어야 했는데도 그렇게 하지 않았기 때문입니다. 그러나 만약 우리가 신실한 교육을 받기 원한다면 하나님께서는 우리에게 손을 내밀으시고 당신의 말씀에 어떤 일이 일어나더라도 그것은 우리에게 유익하다는 것을 가르쳐 주실 것입니다. 하지만 어떤 사람의 말에 의하면 바울은 율법이 오직 불법한 자들을 위해서 세워졌다고 했는데 그 말은 무슨 뜻이냐고 물어올 것입니다. 사도 바울은 더 이상

속박이 필요하지 않을 정도로 의로운 사람을 찾을 수 있는 것이 가능할 것으로 여겨서 몇 사람을 이러한 부류에서 제외시키려고 했던 것처럼 보였습니다. 그러나 우리 가운데에는 가장 높은 자에서부터 가장 낮은 자에 이르기까지 하나님 앞에서는 모두는 죄인이며 우리가 이 세상에 살고 있는 동안에는 우리 가운데서는 많은 허물과 많은 죄를 짓지 않은 사람이 하나도 없다는 것을 우리는 알고 있습니다. 이것이 현실이니 우리는 사람 안에서 온전한 것을 찾을 수 있겠습니까?

왜 사도 바울은 율법이 옳은 사람을 위해서 세운 것이 아니라고 했습니까? 율법이 주는 유익에 대해서 논쟁한다는 것은 아무런 의미도 없다는 것이 이 질문에 대한 대답이 될 것입니다. 율법은 우리 모두를 정죄하며 우리 모두를 저주받은 자로 선포합니다. 왜냐하면 우리는 부정과 죄밖에 없는 아담의 후손에 속하기 때문입니다. 그러므로 율법은 모든 세상 사람들을 하나님 앞으로 나오라고 소환하고 있으며 거기에는 단 한 사람의 예외도 없습니다. 율법은 아담의 후손들을 모두 정죄하며 그들이 하나님에게서 쫓겨나는 것이 당연하다는 것과 그들에게는 지옥불에 삼켜지는 것 이외에 기대할 것과 소망할 것이 아무것도 없다는 것을 보여줍니다. 이것이 율법이 우리에게 주어진 첫 번째 이유입니다.

지금 하나님께서 우리를 향하여 그렇게도 무섭게 호통을 치시니 우리는 우리 주 예수 그리스도를 통해서 우리에게 주시겠다고 하시는 긍휼을 베풀어 달라고 달려가야 합니다. 그 긍휼이 없으면 우리는 버림을 받고 심한 저주를 받게 될 것이기 때문입니다. 그러므로 하나님께서 우리에게 무서운 보복을 내리시는 것이 당연하다는 것이 밝혀지면 하나님의 율법은 우리로 하여금 하나님을 경외하는 마음을 품게 합니다. 이렇게 하는 것은 우리를 겸손해지게 함으로써 우리 주 예수 그리스도를 통해서 우리의 구원을 얻게 하기 위해서입니다. 이것을 중요하게 여깁시다.

그리고 하나님께서는 우리에게 선하신 사랑과 당신의 뜻과 공의에 따라 행할 수 있는 욕망을 주실 정도로 관대하시지만 우리는 율법을 통해서 자극을 받고 격려를 받을 필요가 있습니다. 하나님의 자녀들은 내가 앞에서 말했던 저주를 받지 않는 것이 사실이지만 설령 하나님이 그들의 원수이기 때문에 그들에게 엄한 벌을 내리기 위해서 재판장이 되려고 하시더라도 그들은 더 이상 두려움 속에 있지는 않습니다. 왜냐하면 그들은 우리 주 예수 그리스도의 은혜를 통해서 그들이 자유롭게 되었으며 저주에서 구출되었다는 것을 알고 있기 때문입니다.

그리고 사도 바울이 말한 바와 같이 예수 그리스도께서는 십자가에 달리시어 우리에게 주어진 채무를 산산조각으로 찢어서 그것을 십자가에 못박으셨습니다.
또 우리가 하나님의 심판을 받게 될 때에 우리를 용서받게 해 주기 위해서 그것을
도말하셨습니다(골 2:14). 그러므로 믿는 자들은 하나님께서는 그들을 율법에서
처럼 가혹하게 다루시지 않을 것이지만 하나님께서는 우리에게 많은 미신이 있기
때문에 강제로 하시다시피 그들을 앞으로 떠밀을 것입니다. (사도 바울이 로마서
7장에서 말한 대로) 하나님이 당신의 성령을 통해서 우리를 새롭게 태어나게 하셔
서 우리로 하여금 당신을 섬기고 영화롭게 해드리기를 좋아 하게 만드시기 때문에
율법은 우리를 선한 곳으로 인도해 주지만, 우리의 속성에는 그와 반대되는 경향
즉 반역하는 기질이 있습니다. 그러므로 하나님의 율법은 우리에게는 우리를 선한
곳으로 데려다 주는 자극이 되어야 합니다.

그래서 하나님의 율법은 일반인 모두에게 주어졌습니다. 더욱이 두 가지 목적
으로 주어졌습니다. 먼저 저주와 사망에 처해있는 자들을 위해서 주어졌습니다.
그래서 하나님께서 우리를 저주에서 구해내셨을 때에 틀림없이 율법이 우리를 자
극해서 선에 이르게 했습니다. 우리 한 사람 한 사람은 나름대로 많은 애를 썼어야
했습니다. 하나님께서는 우리가 강퍅하게 되는 것을 막기 위해서 우리의 사악한
행실을 고쳐주시고 우리를 훈계하시기 위해서 최선을 다하십니다.

그리고 사도 바울은 율법이 주어진 또 하나의 목적에 대해서 이렇게 말합니다.
하나님에게 전혀 굴복하지 않고 순종하지 않는 자들에게 변명을 하지 말라고 설득
시키거나 강제로 못하게 하거나 그렇지 않으면 그들을 부끄럽게 만들거나 손가락
으로 그들을 지적해 내거나 그들의 부끄러운 모습이 천사들 앞에나 모든 사람들
앞에 분명하게 드러날 때까지 기다리게 하는 것과 같은 방법으로 이를 테면 강제
로 그들을 억제하려는 목적이 있습니다.

우리가 보기에는 하나님에게 전혀 굴복하지 않는 자들이 더러 있습니다. 사람
들이 그들에게 그들의 잘못을 깨우쳐 주면 그들은 이를 갈고 욕을 퍼붓고 화를 냅
니다. 간단히 말하면 그들은 자신들이 이성있는 사람이 아니고 미친 짐승이라는
것을 보여줍니다. 사도 바울은 이러한 자들을 쇠사슬로 묶어 놓기 위해서 율법이
주어졌다고 말했습니다. 그들은 하나님에게 순순히 순종하려고 하지 않으며 고개
를 숙이려 하지도 않으며 이성에 귀를 귀울이려고 하지도 않습니다. 비록 믿는 자
들에게 많은 부정한 것과 다툼이 있으며 많은 어려움을 겪지 않고서는 선한 일에
헌신할 수 없음에도 불구하고 그들의 가슴속에는 율법이 새겨져 있기 때문에 그들

은 다른 사람의 훈계를 받을 필요가 없습니다. 그러나 만약 성경 말씀이 없고 설교가 주어지지 않는다고 해도 하나님의 성령을 받은 사람은 그가 행할 일을 다할 것이라는 확신이 그들에게 있습니다. 왜냐하면 하늘에 계시는 하나님을 영화롭게 해 드리려는 그의 욕망이 그에게는 행동방침과 스스로 지키는 규율이기 때문입니다. 그러므로 우리에게는 그것을 기록할 종이나 잉크가 필요치 않습니다.

우리는 하나님에게 가까이 가기 위해서 강제로 귀를 기울일 필요가 없습니다. 하나님께서 당신의 성령을 통해서 우리를 이러한 방법으로 훈련시키실 때에는 성령을 통해서 우리를 하나님에게 순종하게 만드십니다. 그것에 대한 기록이 예레미야서와 에스겔서에 있습니다. 거기에서 하나님께서는 당신의 율법을 우리의 몸 속에 새겨놓으시겠다고 하셨으니 우리는 그것을 눈으로 볼 수 있을 뿐만 아니라 속으로 느낄 수도 있기 때문에 우리의 삶이 율법과 조화를 이루게 되고 어느 누구도 우리를 감동시키고 강제하지 못할 것이라고 말씀하셨습니다(겔 36:26).

반면에 사도 바울이 여기서 말하는 자들 즉 자만심과 허풍선이에 불과한 그들은 완악한 증오심으로 가득찼기 때문에 우리가 보기에는 맹수와 같아서 그들을 쇠사슬로 묶어 놓을 필요가 있습니다. 우리가 보는 바와 같이 그들은 제멋대로 뛰어다니며 하나님에게 달려들기도 하는 자들입니다. 그들은 이성에 따르려고 하지도 않고 하나님에게 복종하려고도 하지 않기 때문에 그들은 마땅히 책망을 받아야 하며 하나님께서도 그들에게 호통을 치셔야 합니다. 따라서 그러한 자들에게는(비록 그들에게는 합당한 이유가 되지 못하지만) 율법을 싫어한다는 구실이 생겼습니다. 그들에게는 그것이 그들의 사악함에서 비롯되었다는 야비한 구실이 생겼습니다.

하나님께서는 그들에게 반대하시며 그들의 악하고 부끄러운 죄에 대해서 변명할 기회를 허락하지 않으시기 때문에 그들은 악의를 품게 되고 초조하게 되었습니다. 이런 자들이야말로 바울이 여기서 말하는 율법의 진짜 원수입니다. 우리는 이 것을 잘 명심해 두어야 합니다. 비록 믿는 자들이 하나님의 율법이 그들의 핵심을 찔러서 그들을 아프게 하는 것을 알고 있을지라도 그들은 거기에서 매우 달콤한 맛을 느끼게 되어서 그 아품으로 인해 입맛을 잃지 않고 그보다는 하나님이 그들을 채근하시고 위협하시고 그들의 죄속에 묻혀있는 비참한 모습을 드러내 보여주시기를 바라고 있습니다.

따라서 비록 칭찬받고 싶어하는 것이 믿는 자들의 육신적인 욕망일지라도 믿는 자들은 하나님의 율법을 통해서 고침을 받고 그것에 기꺼이 자신을 헌신하고 그들에게 주어지는 훈계를 매우 겸손하고 인내심을 갖고 받아들이기를 바랍니다. 그런가 하면 악한 자들은 어떻게 합니까? 그들은 율법과 다툼을 버리며 하나님을 모욕하는 말 이외에 다른 말을 할 줄 모릅니다. 하나님의 말씀이 그들에게 압박을 가하는 것이 보이게 되면 그들은 짐승보다도 더 사나워집니다. 우리는 그것을 우리의 눈으로 똑똑히 보았습니다. 따라서 하나님의 말씀이 제대로 전해지는 것을 허락하는 사람은 극히 적습니다. 사실은 사람들이 설교를 듣고 만족해 하고 우리가 복음이라는 말을 사용하도록 허락하는 것은 형식에 불과합니다. 우리는 그러한 사람들에게 만족을 주기 위해서 어떠한 복음을 가져야 합니까? 만약 모든 사람과 경기를 할 수 있는 운동선수가 있다면 그것으로 충분합니다. 우리에게는 이 선수들 이외에 하나님의 말씀이 달리 필요치 않습니다. 왜냐하면 복음이 주는 가르침을 노리개와 웃음 거리로 만들려고 하며 목사님들은 모시려고 하지 아니하고 그들의 선수들을 등장시켜서 모든 것을 더럽히려고 하는 것이 모든 사람의 바람이기 때문입니다. 그리고 여러분은 이러한 교역자를 원합니다. 자, 어서 확인 하십시오! 하나님의 말씀이 그렇게 모욕을 당할 정도밖에 되지 않습니까? 그러나 그것은 종기가 곪지 않았기 때문이 아니고 사도 바울이 여기서 제시하는 것들이 다시 들추어지는 것을 참지 못하기 때문입니다.

그러니 우리는 먼저 자신을 어지럽게 해서 사나운 망아지처럼 만들고 법을 지키지 못하여 속박당하는 것을 감당하지 못하고 멍에를 메는 것을 허락하지 않는 자들에 대해서 깊이 생각해 봅시다. 사도 바울은 그들을 여기서 반역자와 순종치 않는 자라고 부른 데에는 이유가 있습니다. 사람들이 법에 굴복하지 않고 전혀 순종하지 않으며 잘해보겠다는 의지를 모두 버리는 것보다 더 부끄러운 일이 어디에 있습니까? 그리고 그가 한 말이 다소 막연해 보일지도 모르기 때문에 **하나님을 경멸하는 자와 사악한 자**라는 말을 더붙였습니다. 그는 이 두 낱말을 통해서 그들이 두 판에 쓰여진 하나님의 율법을 범했음을 시사했습니다. (그가 말하기를) 그들 중의 몇 사람은 하나님을 심히 경멸했으며 다른 사람들은 그들의 이웃을 알량하게 대했습니다.

그는 후에 그들은 망령된 자며, 거룩하지 아니한 자며 더럽고 음탕한 자라고 먼저와는 다른 말을 사용해서 좀더 다르게 표현했습니다. 망령된 자(profane)라는 말을 통해서 (그 말이 표현하는 대로) 그들은 하나님을 경외하지 않으며 그들에게는 그들을 제지해 주며 그들로 하여금 믿게 해주고 기도하게 해주고 또 믿음있는 자들이 실천하는 경건함이 없으며 더욱이 그들은 일생 동안 방탕하고 불안한 생활을 할 것이라고 했습니다. 사도 바울은 험악한 죄인 중에서 가장 흔한 죄인은 살인자와 난폭한 자와 부모를 치는 자와 절도와 강탈자와 호색가와 음행한 자라고 했으며 특히 매춘행위는 자연에 반하는 흉악한 죄라고 했습니다. 거기에 거짓말하는 자와 위증하는 자를 추가했습니다. 이 죄인들은 하나님의 율법을 어기는 원수들이며 이 자들은 가능한 한 그것에서 멀리 달아나며 그것에 대한 기억을 벗어버리기 위해서 그들의 전심전력을 다하려고 할 것입니다. 그러나 우리 주 예수 그리스도의 복음을 사랑하는 자들은 또한 사람들이 죄에 반대한다는 것을 외치기를 좋아하며 우리 주 예수 그리스도의 복음에 화평하고 겸손한 마음을 가지고 굴복했을 뿐만 아니라 순결하고 진심으로 굴복했습니다. 그들은 그것에서 유익을 얻을 것이며 그것을 하나님에게 감사할 것입니다.

그러나 복음이 놀이개 이외에 다른 역할을 하지 못하게 하려는 자들은 복음이 장난감이나 심심풀이 외에 다른 역할을 하지 않기를 바랍니다. 왜 그들은 사람들이 진실을 말하고 사악하고 뚜렷한 부정에 반대하는 목소리를 내는 것을 감당하지 못합니까? 그들은 그들 자신에게 죄가 많다는 것을 알고 있기 때문에 그 소리는 그들의 귀를 괴롭게 해줄 것입니다.

오늘날 모든 것이 매우 혼란스럽고 매우 무질서하게 진행되고 있다는 것은 보기에 안타까운 일입니다. 악취가 나는 악한 자의 입에서 내뱉고 토해내는 신성모독과 하나님의 명예를 손상하기 위해서 매일매일 저지르는 죄와 참된 가르침을 비난하기 위해서 하는 악한 말들에 어떠한 평가를 내리겠습니까? 더욱이 그런 죄가 공공연하게 자행되고 있습니다. 그래서 정직은 큰 집에서보다 회교도들 가운데서 더 많이 찾아볼 수 있지 않습니까? 그럼에도 불구하고 우리는 이런 일들이 물이 흐르는 것처럼 일어나도록 내버려 둡니다. 하나님의 명예를 더럽히기 위해서 어떤 일이 이루어졌건 그것을 상관하지 않습니다. 우리는 하나님의 명예를 더럽히는 것은 파리 한 마리도 살려두지 않을 것입니다.

우리가 하나님을 영화롭게 해드리기 위해서 바쳐야 할 열성은 어디에 있습니까? 우리는 이사야 선지자가 말하는 그 시대를 살고 있습니다. 지금 악과 불의에 맞서는 사람이 아무도 없습니다. 모든 것이 뒤죽박죽이 되어도 손을 대는 사람이 아무도 없으며 반면에 의로운 자는 탄압을 받고 죄가 없는 사람이 발로 짓밟힘을 받고 모든 부정이 판을 칩니다. 만약 어느 누군가가 죄와 문란한 생활을 꾸짖기 위해서 입을 열 정도로 대담하게 되었거나 보기가 딱할 정도로 비겁한 사람이 저속하고 음탕한 노래를 부를 때에 어떤 사람이 그를 꾸짖는 말을 한 마디만 해도 그들은 그로 하여금 그가 제네바의 명예를 손상시키는 말을 했다고 믿게 만들려고 할 것입니다.

그러므로 오늘날에는 어떤 사람이 죄를 책망하려고 하면 그가 마치 어떤 큰 죄를 지은 것처럼 저주를 받지 않고서 그렇게 하는 것이 불가능합니다. 이것은 매우 놀랍도록 거룩하고 당신이 경건하다고 생각하는 거룩한 성 예루살렘입니다. 그러한 흉악한 죄가 저질러졌어도 아무도 감히 입을 열어 그러한 죄를 비난할 수 없다고 말하는 것보다 이 세상이 땅 속으로 가라앉는 것이 더 좋을 것입니다.

그럼에도 불구하고 우리는 아무 말도 하지 않을지 모릅니다. 그렇지 않으면 우리는 죄없는 사람들에게 손을 대거나 발톱으로 할퀴고 말할 수 없이 그들을 잔인하게 압박할 것입니다. 간단하게 말해서 사태가 참으로 비참하게 된 것을 보게되면 등골이 오싹하게 됩니다. 만약 우리들이 그들에게 그것을 알려주면 그들은 화를 내고 호통치기 시작할 것입니다. 더욱이 우리들 중에 바람난 부인이 있어서 남편이 그의 부인을 타이르게 되면(비록 내가 채찍질이나 허풍떠는 것을 허락하지 않지만) 그일을 감시해야 하며 모든 것이 제대로 되지 않을 때에는 질서를 바로 잡아야 합니다. 그렇지 않으면 가난한 사람들이 파산하게 될 것입니다.

그리고 하나님의 명예를 지켜드리기 위해서 용기를 내는 자들은 누구나 그 성읍의 원수로 여겨질 것입니다. 그래서 사도 바울은 여기서 모든 죄에 대해서 명령문을 내립니다. 만약 전과 달라진 것이 없다면 우리도 하나님을 무시하는 자들이 받아야 할 정죄에서 자유로울 수 있다고 생각해서는 안됩니다. 오늘날 우리가 어떠한 처지에 있는지 잘 살펴보기를 바랍니다. 비록 우리 가운데 설교할 사람이 없고 강단이 없고 또 비록 우리에게 복음이 없을지라도 우리는 하나님이 우리에게 주신 판단력을 따릅시다. 사악한 무질서를 바라보지 말고 우리 자신을 드러내기 위해서 고개를 들기보다는 우리의 입을 여는 것을 부끄러워합시다.

그럼에도 불구하고 누군가가 부끄럽고 중상적인 행위와 우리 가운데서 매일 매일 행해지고 어우러지며 모든 세상 사람들이 소리쳐서 반대하는 타락한 행실을 타이르면 우리는 아무것도 모르는 척하며 모든 사람들은 전혀 모르는 일이라고 입을 닦는 뻔뻔스러운 일을 도처에서 봅니다. 비록 사람들이 죄가 어디에 있는지 잘 알고 있으면서 아무것도 모르고 있는 것처럼 한다면 사태가 매일 매일 점점 악화될 것입니다. 우리는 항상 출발선에 서 있으며 끝은 없습니다. 출발이 좋지 않으면 결과도 좋지 않습니다. 그러므로 그러한 비난을 받게 되면 왜 그렇게 많은 사람들이 미쳐 날뛰는지 그 이유를 알아 보십시오. 더욱이 만약 어떤 사람이 특수한 범죄를 했거나 증오하고 편애하거나 또 사도 바울이 말하는 그런 유형의 죄를 많이 짓게 되면 그에게는 그런 죄를 지적해 줄 사람이 필요하지 않습니까? 그들은 그들의 행실을 나타내는 배지를 잘보이게 달고 다니지 않습니까? 그들은 그것을 영광으로 여길 정도로 그것에 깊이 빠져 있습니다. 우리는 얼마 안가서 그러한 형제를 갖게 될 뿐만 아니라 온 성이 망령된 사람들과 경건하지 않은 자와 하나님을 멸시하는 자로 가득찰 것입니다.

물론 그들이 그런 말을 하지 않을 것입니다. 우리가 무엇 때문에 모입니까? 무엇 때문에 설교를 듣습니까? 무엇 때문에 세례를 받습니까? 그렇게 하는 것은 우리에게는 우리가 믿는 하나님이 계시다는 것을 증거하기 위한 것이 아닙니까? 그럼에도 불구하고 이런 사람들은 교회의 질서를 파괴하고 교회를 폐하는 짓만을 실천하며 더욱이 그것을 거침없이 떠들어댑니다. 그들이 그러한 자라는 것이 잘 알려졌음에도 그들은 하나님을 경멸하는 자가 아니며 하나님을 믿지 않는 자가 아니라고 말할 것입니다. 그들에게 자연에 반항하는 새로운 종교를 만들게 해서 그 종교를 믿게 하십시오.

그리고 다시 말하지만 우리는 그들의 생활 모습을 보고 방종하는 자와 반역하는 자와 사치하는 자와 불정직한 자라고 말할 수 있습니다. 만약 우리가 우리의 눈을 뜨기만 하고, 눈을 완전히 감지 않고 실눈을 조금 뜨기만 하고, 두 눈을 크게 뜨고 보지 않고 희미하게 얼핏 보아도 그들의 죄는 매우 크고 흉악하기 때문에 우리의 시력을 잃게 하기에 충분합니다. 앞에서 했던 것처럼 또 다른 종류의 죄인을 든다면 호식가와 술취한 자와 음란한 생활을 하는 자가 있을 것입니다. 또 격노하는 자와 폭행을 하는 자와 다른 사람을 해하는 자가 있을 것입니다. 만약 오늘날의 사람들의 생활을 하나님의 율법과 대조해 보면 우리는 어떤 죄인이 되겠습니까? 폭력에 대해서 말하자면 폭력이 넘쳐 흐릅니다. 그들이 압박을 받을 때에 누가 선을 증거하겠습니까?

모든 사람은 자기의 유익을 찾고 있습니다. 악한 싸움을 부채질하는 데는 여러 가지 방법이 있는데 거기에는 다음과 같은 말이 있습니다. "그는 나의 형제입니다. 그는 나와 사촌형제입니다." 간단히 말하면 우리는 그것이 농담이라는 구실을 붙여서 하나님을 멸시한다는 것을 숨기지 않습니다. 우리는 하나님께서 우리와 언약을 세우신 표가 되는 세례를 중요하게 여깁니다. 그리고 그것은 예수 그리스도의 피값으로 샀지만 사람들은 그것을 망쳐놓고 그것을 도둑질합니다. 우리는 그것을 우리의 눈으로 대낮에 태양을 밝게 볼 수 있는 것처럼 봅니다. 선한 사람들이 어떻게 도움을 받고 어떻게 은총을 받는지 우리는 알 수 없습니다. 그보다는 그들이 공개적으로 또 모든 세상 사람들이 보는 가운데서 짓밟히고 많은 핍박을 당하고 있다는 것을 확실히 볼 수 있습니다. 그러나 악한 자들이 성장하게 되면 모든 사람은 손을 뻗쳐서 그의 도움을 청하게 되며 악한 자들은 도움을 청하는 사람들을 악한 방향으로 유도합니다. 이것은 너무나도 잘 알려진 사실이며 모든 사람들은 이것을 알고 있습니다.

그리고 어떤 규칙이나 정책을 세우기 위해서 의논을 해야 할 때면 오늘날 사람들은 우리 가운데 있는 모든 정직한 것들을 샅샅이 뒤져서 폐하려 하는 것으로 알려졌습니다. 우리들 가운데서 흔히 들리는 호색가의 사악한 노래에 대해서 말하자면 그것들은 사단의 도구라는 말 이외에 달리 무슨 말을 하겠습니까? 그리고 그 노래는 사람을 악한 곳으로 이끌어주기 위해서 그들의 마음에 불을 붙이는 횃불입니다. 그럼에도 불구하고 우리가 아는 것과 같이 그들이 다스리는 방법으로는 시편 말씀이나 그 밖에 다른 선한 것들을 유용하게 사용할 수 없으니 우리가 할 수 있는 것을 하십시오.

그 외에도 우리는 사람들이 음담패설에 완전히 도통하기 위한 일만을 추구할 정도로 음담패설이 성행하는 것을 보게 됩니다. 그러므로 이후로는 그것에 대한 대책을 세우지 못할 지경입니다. 우리가 보는 바와 같이 악한 짓들은 너무 많이 자행되었습니다. 다시 말하지만 우리가 부정부패에 접하게 되거나 속임수가 많은 미묘한 거래를 하는 것을 보거나 사람을 속이는 것을 보거나 사람들이 자신에게 위증하는 것을 보게 되면 세상에는 그와 같이 거짓된 것이 많다는 것과 세상은 위장된 것으로 가득하다는 것을 알게 되니 그것에 대해서 생각해 보면 사람의 마음을 괴롭게 해줍니다.

오늘날 진리가 어디 있습니까? 우리는 그것을 아주 먼 곳에서 찾아보아야 할 것입니다. 그들은 서로서로에게 거짓말을 하기 때문에 상대방을 믿지 않으며 양다리를 걸치지 않을 보다 순진한 사람만을 끌어들이려고 하며 하나님의 이름도 예외로 하지 않습니다. 의롭다고 공개된 것은 위증뿐이며 오늘날에는 악이 덕으로 여겨집니다. 따라서 하나님의 율법과 성경말씀에 원수가 된 자가 많다고 해도 우리는 놀라지 않습니다. 그래서 그들은 우리에게는 많은 성경책과 많은 주석서가 있는데 왜 우리가 하나님의 율법과 성경말씀의 원수가 되느냐고 물어올 것입니다. 그들은 성경말씀을 이해하는 데 도움을 주고 하나님의 자녀를 더 잘 교육시키는 데 도움이 되는 것들이 공포되는 것을 참지 못합니다. 그들에게는 그들이 알지 못하는 모하메트 코란만 있으면 그것으로 만족합니다. 그러나 그들은 복음이 전파되어야 한다는 말을 쉬지 않고 합니다.

내가 간구하노니 선택을 받은 학자인 여러분은 학교를 계속 공개해서 당신이 어떠한 방법으로 복음을 사람들에게 전하려고 하는지, 또 당신은 이 복음을 어디에서 제조하고 다듬었는지 우리가 알수 있게 해주기를 바랍니다. 왜냐하면 우리는 우리 주 예수 그리스도께서 우리에게 맡기셨던 복음을 전하고 있는데 그것은 마음이 완악한 자와 반항적인 자들에게 전쟁을 선포하는 것이 되기 때문입니다. 우리는 반항심과 잔인한 마음으로 충만한 이 격노한 짐승같은 자들에게 맞서서 이 복음을 들고 싸워야 합니다. 그래서 이 복을 누리기 위해서 하나님의 영적인 병기인 복음이 우리에게 주어졌습니다. 그러나 당신은 하나님과 그분의 천사를 무시했습니다. 특히 하나님을 공개적으로 무시했으며 또 모든 지략과 고행을 버렸으며 도처에 비리를 심기 위해서 노력했기 때문에 당신에게 이 복음이 주어지지 않을 것입니다. 그러면 당신은 매음굴을 짓고 그것을 경영해서 남자들로 하여금 경외하는 마음을 모두 버리게 하며 모든 것을 뒤범벅으로 만들어서 검은 것과 흰 것을 구별하지 못하게 만듭니다. 그리고 어떤 사람이 재판을 받으러 당신의 법정으로 나오면 사건이 증거에 의해서 판결이 나지 않고 당신의 상상에 따라서 결판이 납니다. 당신의 마음이 내키면 당신은 공의라는 이름이 어느 정도의 이름값을 내도록 할 것입니다.

그런데 당신이 이런식으로 공의를 무시하는 것이 합당합니까? 그런데 하나님과 공의가 조롱을 당하는 것을 사람들이 보게 되면 우리에게는 하나님의 말씀이 있다고 우리들이 한 엄숙한 선서에 대해서 사람들은 무엇이라고 말할까요? 우리는 그것을 자랑하기 위해서 입을 벌려도 좋을 것입니다. 당신의 물품을 안전하게 하고 당신의 물품이나 당신이 관리하고 있는 것 중에서 어떤 것에도 손을 대지 못하게 하기 위해서 당신은 공의에 대해서 어떻게 생각하고 있는지 들어본다는 것은 놀라운 일입니다. 그러나 사람들은 이 사람의 물건을 마음놓고 합법적으로 약탈할 수 있으며 다른 사람에게는 폭력을 써서 구타하거나 죽일 수도 있으며 온갖 비행을 감행할 수 있으며 그들이 좋아하는 짓을 다 할 수 있습니다. 우리는 당신에게 앞서서 말한 것 중에서 어느 하나도 허용되어서는 안된다는 것을 보여주었으며 가르쳐주었습니다. 우리가 우리 주예수 그리스도의 복음을 올바른 목적에 적용하며 그런 사람들은 이 문제 때문에 화를 냅니다. 만약 우리가 복음을 믿는다면 그것이 어떻게 되겠습니까? 그것은 막연하면서도 황당한 가르침이 될 것입니다. 아니면 편안하고 안정되게 해주며 마음의 평온을 잃게 해주지 않는 가르침이 될 것입니다. 간단히 말해서 그것은 우리의 죄와 결점을 들추어내지 않는 가르침이 되어야 합니다. 이것이야말로 그러한 사람들이 갖게 될 훌륭하고 환상적인 복음입니다.

이제 사람들로 하여금 천주교에서 지키는 미신에 반대하는 소리를 내게 하십시오. 그리고 나서 그들이 하는 어리석은 짓에 대해서, 하나님을 모독하는 짓에 대해서 반대하는 목소리를 내게 하십시오. 그러나 그들이 우리에 대해서는 언급하지 못하게 하십시오. 하나님으로 하여금 우리가 혼자 있는 것을 허락하시도록 하십시오. 하나님이 멀리 떨어지시도록 하십시오. 하나님의 가르침이 우리를 불안하게 하지 못하게 하십시오. 우리의 귀에 이 소리가 들리지 않게 하십시오. 그러나 반면에 모든 죄는 건전한 가르침을 거스린다는 말이 들리게 하십시오. 하나님의 말씀은 어떻게 우리에게 도움을 줍니까? 그것은 우리의 영의 양식이며 더욱이 양약이 됩니다. 떡과 고기는 우리 육신에 영양분을 공급해 줍니다. 하나님의 말씀은 우리의 영혼에 그와 똑같은 역할을 합니다. 그러나 그 안에는 그보다 더 많은 것이 들어있습니다. 우리가 우리의 죄로 병들어 있을 때와 우리에게 많은 부정과 악한 욕심이 있을 때에는 깨끗이 씻음을 받아야 합니다. 하나님의 말씀은 때로는 우리를 정화시켜주는 역할을 하며 때로는 피가나는 것을 멈추게 하는 역할을 하며, 때로는 음료의 역할을 합니다. 또한 때로는 식이요법이 되기도 합니다. 간단히 말하면 의원들이 우리의 병을 치료하기 위해서 우리의 육체에 바를 수 있는 것이 많이 있지만 그것은 하나님의 말씀이 우리 혼의 영적인 건강을 위해서 사용되는 것의 10분의 1도 안됩니다.

그러므로 사도 바울은 여기서 건전한 가르침에 대해서 이야기합니다. 호기심이 많고 야망이 많은 사람들은 항상 기절을 하는데 그것은 그들이 건강하지 못하고, 가난해서 영양분을 제대로 섭취하지 못했기 때문입니다. 그러나 하나님의 말씀이 올바르게 활용되면 모든 죄와 전투나 전쟁이 있어야 하며 사람들이 내적으로 자극과 상처를 받도록 하나님의 말씀이 모든 비행을 정죄해야 합니다. 올바른 회개를 이끌어내도록 매질을 해서 그들로 하여금 하나님 앞에서 그들의 죄를 슬퍼하고 비통하게 해야 합니다. 그들에게 그밖에 다른 것이 없다면 그들은 최소한 회심을 해야 하고 속으로 이 깊이 있어야 합니다. 하나님께서는 회개할 가능성이 있는 모든 이들에게 본을 보여주시기 위해서 그들을 그러한 방법으로 처리하십니다. 우리 주 예수 그리스도께서는 당신의 말씀이 이와 같이 바르게 이용되기를 바라십니다.

그러므로 사도 바울이 앞에서 말한 것들은 모두 불건전한 교훈에 반대된다는 것을 잘 알아둡시다. 그리고 **하나님의 영광의 복음을 쫓는 것이 건전한 교훈입니다.** 사도 바울은 여기서 모든 사람들로 하여금 그가 가르치는 내용에 경건하고 경외하는 마음으로 귀를 기울이도록 교육하기 위해서 복음을 찬양해야 한다는 것을 강조하고 있습니다. 사람들은 아무때라도 반역할 수 있습니다. 그들은 한번 보고서는 하나님과 원수가 되겠다고 말하거나 생각하지 않습니다. 그러나 그들이 하나님이 하시는 말씀을 듣게 되면 하나님에게 화를 내게 되고 하나님에게 반항하게 됩니다. 그래서 마귀가 그들을 홀렸다는 것과 마귀가 그들의 바른 정신을 빼앗아 갔다는 것을 우리는 알게 될 것입니다. 그들은 그들이 무슨짓을 하고 있는지도 모르고 하나님에게 죄를 짓고 있습니다. 사도 바울은 사람들의 반항심이 강해서 그것을 누르고 억제하는 것이 어렵다는 것을 알고 있기 때문에 여기서 그것은 영광스러운 복음, 즉 하나님의 위대하심이 나타나는 영광스러운 교훈이라고 강력한 표현을 썼습니다. 그래서 그것은 **"하나님의 영광에서 나왔다(of the blessed God)"**고 말했습니다. 그리고 자신에게는 복음을 전하는 충실한 사역자가 될 권한이 주어졌습니다. 그렇게 선택되었으므로 자신의 책임을 다했다고 결론을 내렸습니다.

여기에 많은 가중치를 주어야 할 만한 말들이 있습니다. (앞에서 말한 대로) 그 사람들이 일단 죄에 빠지게 되면 그들은 자신들이 길들여지는 것을 용납하지 않게 되고 다루기 힘든 망아지로 변합니다. 그러한 사나움이 식어져야 하며 그러한 기분이 수그러져야 합니다. 어떠한 방법으로 그렇게 할 수 있습니까? 그들로 하여금 하나님의 말씀 안에 담겨있는 위대하심을 느끼게 함으로써 그렇게 할 수 있습니다. 하나님께서 우리를 하나님의 말씀 아래 끌어모으시지 않는 한 우리는 우리 자신을 그 밑에 가두어 둘 수 없습니다. 하나님께서 직접 당신의 말씀을 찬양하시기 때문에 우리는 더 이상 그것을 멸시할 정도로 완악하고 대담하지 못합니다. 이렇게 해서 우리는 사도 바울이 복음은 평범한 교훈이나 놀이개감이 아니라고 말한 이유를 알게 되었습니다.

복음은 하나님을 기쁘게 해드린다는 것과 하나님의 복음은 연약한 피조물이며 종종 보잘것없는 존재로 평가 받는 인간에 의해서 전파되어야 한다는 것이 사실입니다. 그런데 한 항아리가 동전 한푼어치의 가치도 없다고 해서 그 안에 담겨 있는 보물이 변해서 더 나빠지거나 그 가치가 낮게 평가되는 것은 아니지 않습니까? 황금이 담겨 있는 그릇 때문에 그 황금의 가치가 떨어집니까? 우리가 알기로는 그렇지 않습니다. 그러므로 비록 우리 주님께서 죽어질 인간을 통해서 당신의 말씀을 전파하실지라도 우리 인간은 그것을 하나님의 말씀을 업신여길 구실로 삼아서는 안됩니다. 왜냐하면 하나님의 말씀은 항상 영광을 받아야 하기 때문입니다. 만약 하나님에게 위대하신 것이 있다면 그것은 하나님의 말씀을 통해서 알려져야 하며 이 말씀을 웃음거리나 농담거리로 만드는 자는 누구나 하나님의 얼굴에 침을 뱉거나 하나님의 보좌에 돌을 던지는 자와 일반입니다.

사람들에게는 광기가 있기 때문에 먼 곳까지 갈 수 없다는 것을 우리는 확실히 알고 있지만 그들은 전심전력을 다하고 있습니다. 이러한 까닭으로 사도 바울은 그런 식으로 복음의 교훈을 비난한다는 것은 사소한 일이 아니라고 다른 곳에서 말했습니다. 율법이 모세의 손을 통해서 주어졌을 때 하나님께서는 그것을 승인하셨습니다. 어떻게 승인하였습니까? 공중에서는 나팔소리가 나며 하늘에서는 번개가 치고 폭풍이 불었으며 땅이 요동하고 사람들은 크게 무서워서 떨고 있었으니 이것은 그들에게는 완전한 죽음과도 같았습니다. 하나님께서는 이와 같이 이상하고 겁먹게 하는 방법으로 당신의 율법에 권한을 주셨는데 그렇게 하신 것은 율법이 경건하게 받아들여지게 하기 위해서였습니다.

이제 율법과 복음을 비교해 봅시다. (사도 바울이 말하기를) 율법은 우리에게 갖다주는 것이 죽음과 저주밖에 없지만 복음은 우리에게 생명과 구원을 가져다 줍니다. 그 당시에는 장막이 있어서 하나님께서는 눈에 띄지 않는 곳에서 말씀하셨지만 지금은 당신의 모습을 있는 그대로 우리의 목전에 직접 드러내 보이십니다. 그런데 그렇게 하시는 목적은 우리의 형상이 하나님의 영광으로 변해서 우리가 매일매일 거기에서 유익을 얻게 하기 위해서입니다. 그러니 우리는 하나님께서 당신을 드러내 보이시는 매개로 삼으시고 당신의 영광과 위대하심을 알리는 수단으로 삼으시고 싶어하시는 그 교훈을 저버리거나 위증하는 일에 집착해야 하겠습니까?

더 나아가서 하나님께서 당신의 선지자를 통해서 나는 다시 한번 하늘과 땅을 흔들어 놓겠다고 하신 말씀에 대해서 깊이 생각해 봅시다.

율법이 선포되었을 때에 땅이 흔들렸습니다. 그러나 지금은 복음이 우리에게 주어졌으니 하늘과 땅이 하나가 되어 그들을 움직여야 합니다. 그리고 우리가 맡고 있는 역할에 대해서 말한다면 우리는 흔들릴 수 없을 정도로 기초가 단단합니까? 그런데 우리는 점점 개선되어가고 당연히 그렇게 되었어야 할 사람들이 점점 더 나빠지는 것을 봅니다. 그렇게 한다는 것은 짐승들만이 하는 짓입니다. 우리에게는 하나님의 피조물로 여겨지고 또 그렇게 평가받을 만한 자격이 있습니까? 우리는 이렇게 해서 복음(Gospel)과 결합한 영광(Glory)이라는 이 말이 무엇을 뜻하는지 알게 되었습니다. 즉 우리는 우리 자신을 낮추는 방법을 배워야 하며 만약 육신이 자발적으로 그렇게 하려고 하지 않는다는 느낌이 들면 우리로 하여금 하나님의 복음 속에서 빛나는 하나님의 위대하심을 향해서 가능한 한 많은 경의를 표하게 해야 합니다. 하나님을 숭배하게 하기 위해서 가능한 한 많은 노력을 했다는 것을 우리 자신과 모든 사람에게 확인시켜 주어야 합니다.

그리고 사도 바울이 여기서 율법의 그림자를 다시 불러들이기 위해서 여기저기 뛰어 다니는 자와 전혀 헛되고 가치가 거의 없고 어리석고 하찮고 시시한 것들을 찾아 다니는 자들에게 자극을 주려는 의도에서 이런 말을 했다는 것을 의심할 사람은 아무도 없습니다. 말라기 선지자가 말한 대로 복음을 통해서 의로운 해를 갖게 되었다는 것을 그는 우리에게 보여주었습니다(말 4:2). 하나님께서는 당신의 말씀이 등불처럼 빛나게 하겠다고 말씀하시지 않으시고 당신의 보호를 받고 있는 사람들에게 완전한 건강을 가져다 주는 의로운 해가 나타날 것이라고 말씀하셨습니다. 사도 바울도 고린도후서 3장에서 지금 제시하는 교훈은 숨겨지거나 암울하지 않다고 말했습니다.

하나님께서는 우리의 구원을 완성시키기 위해서 그런 식으로 필요한 조치를 취하시기 때문에 우리는 복음의 교훈을 통해서 우리에게 필요한 것이 무엇이며 우리에게 요구되는 것이 무엇인지를 분명하게 알 수 있습니다. 우리에게는 대낮에 비치는 해가 있기 때문에 더 이상 별빛을 찾아 다닐 필요가 없습니다. 우리가 밤길을 걷고 있을 때에 달빛이 비치거나 우리의 길잡이가 될 별이 있다면 우리는 정말 좋을 것입니다. 하지만 우리에게는 우리의 갈길을 밝혀주는 해가 있으니 무엇 때문에 행성이 어디 있으며 그밖에 다른 별들이 어디에 있느냐고 물어보겠습니까?

만약 어떤 사람이 나에게 밝게 빛나는 태양밖에 없어서 나는 몹시 화가난다고 말하면 우리는 "이 악한 자여, 당신은 속을 태우고 스스로를 내쫓아 버려야 할 자에 불과한 당신에게 하나님께서 내리시는 축복에 만족하지 못합니까?"라고 반박하게 될 것입니다. 하나님께서는 우리의 구원에 적합하다고 생각하시는 길잡이를 우리에게 주셨으니 우리는 복음에서 만족을 얻읍시다. 이러한 까닭으로 사도 바울은 하나님을 **"복되신 하나님(Blessed God)"**이라고 불렀습니다. 사도 바울이 그렇게 한 것은 피조물인 사람들로 하여금 그들의 속성에서 두드러지게 나타나는 사나움이 더 이상 부풀어 있지 않게 하기 위해서입니다. 왜냐하면 그것이 우리가 마땅히 하나님에게 드려야할 순종을 드리지 못하게 막고 우리를 파멸로 끌고 가기 때문입니다. 그의 창조주가 어떤 분이신지 알아보기 위해서 감히 킁킁거리며 냄새 맡는 자는 저주를 받을 것입니다. 왜냐하면 그분은 복되신 하나님이시기 때문입니다.

만약 사람들이 하나님에게 맞서거나 완악한 망아지 노릇을 하거나 하나님을 배신한다면 그들이 얻는 것이 무엇이 있겠습니까? 아무것도 없을 것입니다. 그들은 하나님의 저주 안에 거하게 될지라도 하나님께서는 전혀 개의치 않으실 것이나 하나님의 복음은 그들의 반대에도 불구하고 예정된 코스를 가고 있으며 날로 날로 번창할 것입니다. 그러므로 우리는 이러한 축복에 동참하기 위해서 그 축복의 원조가 되시는 그분의 모습을 완전히 닮는 방법을 배웁시다.

이렇게 해서 여러분은 사도 바울이 한 말, 즉 **"복되신 하나님(Blessed God)"**이라는 말을 사용해서 표현하려고 했던 내용이 무엇인지 간단하게 요약할 수 있게 되었습니다. 우리가 결론을 내리기에 앞서 명심할 것은 복음이 그에게 맡겨졌다고 강조한 사실입니다. 그가 그 말을 첨가한 데에는 이유가 있습니다. 왜냐하면 늘 그랬던 것처럼 하나님이나 하나님의 말씀에 반항하는 자에게는 모두 위선자의 냄새와 맛이 있다는 것을 우리는 알고 있기 때문입니다. 비록 그들의 음탕한 짓이 대낮처럼 분명히 드러났는데도 그들은 하나님을 만나지 않고 만난 것처럼 속이려고 합니다. 이러한 모습을 모세와 아론에게 불만을 품었던 선동적이고 반항적인 이스라엘 백성들에게서 볼 수 있습니다. 그들은 모세와 아론이 그들을 다스리게 할 것이냐고 불평했습니다(민 16:13,14). 하나님께서 그들에게 모세와 아론을 보내신 것은 큰 잘못이라고 그들은 생각했습니다. 모세와 아론에게 맡겨진 책무는 매우 괴롭고 힘든 일이 아니었습니까? 그럼에도 불구하고 이 반항적인 백성들은 모세와 아론으로 하여금 그들이 모세와 아론을 다스리려고 한다는 것을 믿게 만들려고 했습니다. 바울도 그 만큼 많은 비난을 받았습니다. 우리는 하나님이 세우신 것을 파괴하고 훼손하는 일만 하려고 하는 이 지독한 자들이 이렇게 해서 무슨 냄새를 풍기는지 알 수 있습니다.

만약 여러분들이 여러분을 후각으로 어리둥절하게 하고 또 여러분을 인도하도록 허락하신다면 이 사람에게는 여러분을 다스리는 강력한 통치권이 있을 것입니다. 무슨 이유로 그렇습니까? 바울이 여기서 강조해서 말한 것처럼 복음이 그에게 맡겨졌기 때문입니다. 그가 한 말에는 "내가 말하는 복음은 내가 아무렇게나 만든 것이 아니며 내가 내 입을 통해서 말하는 내용을 여러분이 듣게 되는데, 그 내용은 내가 나의 하나님에게서 받은 지시에 따른 것이며 나는 나의 임무를 여러분을 향해서 충실하게 해왔습니다"라는 뜻이 내포되어 있습니다. 만약 오늘날 악한 자들이 자기 자신을 위장하여 이러한 가면을 쓰고 하나님에게 맞서려고 하지 않으며 오로지 사람들을 상대할 생각이라고 말한다면 이것은 사단이 바울시대와 모세시대와 선지자들이 있던 시대에 사용했던 낡아빠진 계략이라는 것을 우리는 잘 알아두어야 합니다. 이것은 초대교회에 흔히 있던 광경입니다.

그러므로 우리는 우리의 입술로 주장할 뿐만 아니라 복음이 전해지게 되면 그것을 가장 겸허하게 받아들여야 합니다. 이렇게 해서 우리는 하나님께서 이 복음을 성실하게 전하라고 이 보물을 맡기신 자와 하나님의 이름을 망령되게 하는 자를 구별할 수 있게 됩니다. 그 거짓말쟁이들은 틀림없이 하나님을 섬긴다고 말할 것입니다. 그런데 그들을 어떻게 가려냅니까? 하나님의 율법은 항상 우리에게 유익을 줄 것입니다. 그것을 자세히 살펴봅시다. 우리가 율법을 잘 지키면 어느 때고 우리가 사기를 당하는 것을 허락하지 않으실 것입니다. 그러므로 이러한 배신자들이 우리를 찾아와서 우리와 관계가 있는 것은 사람들 뿐이기 때문에 우리는 하나님에게 반항하지 않을 것이라고 말한다면 우리는 한편으로는 조심을 해야 합니다. 그것은 사단이 항상 사용해왔던 교활함에 불과합니다.

그러므로 하나님의 자녀로 여겨지고 또 그렇게 인정받고 싶어하는 사람들은 모두 하나님께서 당신의 교회 안에 세워진 이 규율에 자신을 굴복시켜야 합니다. 하나님께서는 복음은 사람에 의해서 전해져야 하고 일들이 복잡하고 무질서하게 뒤죽박죽 얽히지 않게 하기 위해서 일관된 방침과 교리가 있어야 한다는 원칙을 세우셨습니다.

　그러므로 모든 사람들은 자신을 그 규율에 굴복시켜야 합니다. 왜냐하면 하늘
에 있는 천사들이 성경에 담겨있는 모든 내용을 인정한다고 말해도 모든 사람은
그것에 만족할 수 없기 때문입니다. 이렇게 말하는 사람은 누구나 자신이 뻔뻔스
럽다는 것과 그의 몸 속에는 위선밖에 없다는 것을 보여줍니다. 그러므로 하나님
께서는 우리에게 말씀하시기를 즐거워 하시기 때문에 우리 하나님이 말씀하시는
내용에 귀를 기울입시다. 다시 말하자면 하나님의 말씀이 전해질 때는 언제나 그
것을 편안한 마음으로 받아들입시다. 그리고 큰 자나 작은 자나 그것에 굴복해서
하나님이 우리 모두에게서 영광을 받으시게 해드리고 우리가 하나님을 믿는다는
것을 더욱이 우리 하나님을 믿어 온전히 하나님의 자녀와 유업이 되었다는 것을
우리의 생활을 통해서 증거합시다.

6

"나를 능하게 하신 그리스도 예수 우리 주께 내가 감사함은 나를 충성되이 여겨 내게 직분을 맡기심이니 내가 전에는 훼방자요 핍박자요 포행자이었으나 도리어 긍휼을 입은 것은 내가 믿지 아니할 때에 알지 못하고 행하였음이라"

(딤전 1:12-13).

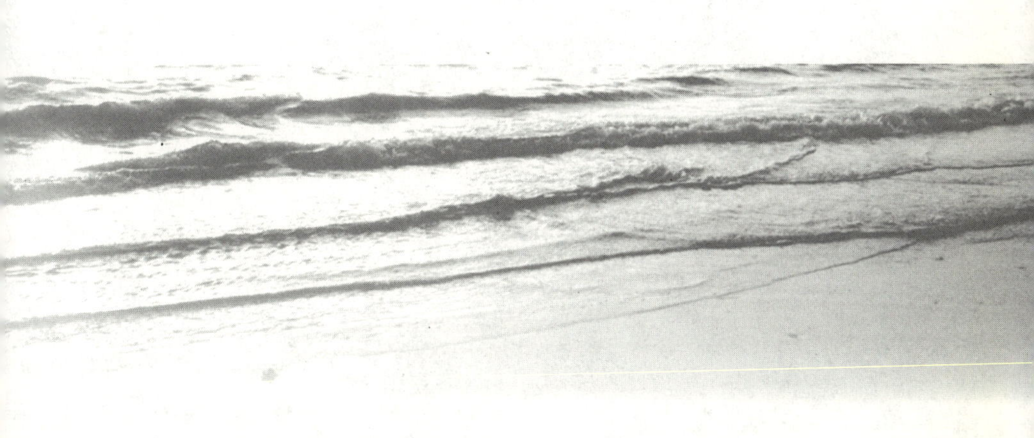

사도 바울은 앞에서 복음이 그에게 맡겨졌다고 자랑했습니다. 그리고 우리가 알고 있는 대로 그러한 책임을 맡는다는 것은 사람이 받을 수 있는 모두 명예를 능가하는 영광입니다. 만약 우리가 복음을 전하는 것이 무슨 뜻이 있는지 깊이 생각해 보면 그것은 구원을 주는 보물이라는 것을 알게 될 것입니다. 이러한 책임을 맡은 사람은 이 세상과 하나님을 하나로 묶어 놓기 위해서 하나님이 임명하신 대사들입니다. 그러니 그것은 인간에게 주어진 가장 큰 영광이라는 것을 알아두십시오. 그래서 사도 바울은 고린도후서에서 "누가 이 직무에 합당할까?"라고 외쳤습니다. 바랄 것은 이것밖에 없기 때문에 하나님께서 사람들을 선택해서 이런 자리에 앉히시면 그들이 필요한 것도 함께 주시고 그 자리에 적응시키시고 하나님의 거저 주시는 선하심으로 그들을 합당하게 만드십니다. 왜냐하면 본래 그들에게는 이런 것이 없기 때문입니다. 이러한 까닭으로 사도 바울은 **그를 능하게 하신 하나님께는 물론 우리 주 예수 그리스도께 감사했습니다.** 그는 그렇게 해서 하나님께서 그에게 이러한 임무를 주시고 복음이 그에게 맡겨졌지만 그것은 자신이 자랑하거나 뽐낼 일이 아니라는 것과 자신의 가치를 높여줄 일이 아니라는 것을 보여주었습니다. 그것은 마치 그에게는 그러한 큰 영광을 받을 만한 자격이 있는 것처럼 그에게 사람들의 명성도 가져다 주지 못하지만 그것은 그로 하여금 모든 것을 우리 주 예수 그리스도께 드리고 양보하게 하는 역할을 합니다.

그래서 사도 바울은 여기서 자기가 사도라는 귀한 직분일 맡게 된 것이나 사도로 선택된 것은 자신에게 그러한 자격이 있었기 때문이 아니고 하나님께서 그렇게 하시기를 기뻐하시는 선하신 뜻 때문이라고 고백하는 것을 보게 됩니다. 그리고 자신에게는 이 영광스러운 임무를 수행하는 데 필요한 것을 공급해 줄 능력이 없지만 예수 그리스도께서 그가 필요한 모든 것을 주셨다는 것도 고백했습니다. 하나님의 놀랍고도 굉장한 선하심을 더 잘 알려주기 위해서 자신이 전에는 복음의 훼방자요 핍박자였다고 고백했습니다. 이 두 죄는 매우 흉악하고 가증스러운 죄이기 때문에 그가 가장 깊은 지옥에 던져져서 거기에 닫혀 있는 것이 당연했습니다. 그러므로 사도 바울은 하나님의 선하심과 긍휼하심을 더 분명하게 드러내기 위해서 예수 그리스도께서 그를 불쌍히 여기시고 지옥에서 끌어내실 때까지 그는 꼼짝도 못했으며 익사상태에 있었다고 그가 처해 있던 가장 비참한 상태를 설명했습니다.

그는 긍휼을 입었다는 말을 더했습니다. 그가 하나님에게 반항한 것은 의도적이 아니었으며 또 그는 완강한 행악자도 아니었고 하나님에 대해서 잘 몰랐으며 눈이 멀었으며 자신이 잘하고 있다고 생각했습니다. 하지만 그는 여기서 자신에게 잘못이 없다고 주장하려는 것이나 완전히 용서받으려고 하는 것이 아니고 사악한 자들과 악행을 하는 자들이 자신은 악한 마음을 먹고 하나님의 진리에 반대했다고 자신을 비난하지 못하게 하기 위해서 그렇게 말했습니다. 그는 그러한 생활을 계속하지 않았다고 했습니다. 그리고 어마어마한 은혜가 그에게 엄청나게 쏟아졌다는 말로 말을 끝냈습니다.

그가 한 말에는 다음과 같은 뜻이 있습니다. "내가 무지했다고 주장한 것은 나에게 베풀어진 선하심을 평가절하하려는 것이 아닙니다. 나를 깨우쳐 주시는 것이 하나님의 즐거움이 되셨을 때에 당신께서는 나에게 신비한 은혜를 내리셨을 뿐만 아니라 나를 사도로 세우셨다는 것도 나는 알고 있습니다." 그러므로 나는 그로 인해서 하나님에게 더 많은 신세를 지게 되었다고 고백해야 합니다. 이제 우리가 이 교훈을 통해서 유익을 얻는 일이 남아 있습니다. 우리는 먼저 하나님의 말씀을 전하는 일이 대수롭지 않은 일이 아니라는 것을 확실히 알아둡시다. 왜냐하면 자신의 능력이나 자신의 공로 때문에 그 자리에 합당하다고 여겨지는 사람은 하나도 없기 때문입니다.

간단히 말해서 하나님께서 복음을 전할 자를 선택할실 때에는 황송하게도 아무 쓸모없는 사람을 그 자리에 임명하심으로써 당신의 놀라운 선하심을 입증하신다고 고백해야 합니다. 왜냐하면 솔직히 말해서 하늘에 있는 천사들도 그 말씀을 듣고 가거나 말씀의 전달자나 영원한 구원을 전하는 사자나 하나님의 신비하고 숨겨진 비밀을 나누어 주고 죄가 사함받았음을 확인시켜 주고 불쌍한 죄인들을 용서해 주어서, 그들로 하여금 하나님이 그들을 사랑하시며 그들을 당신의 자녀로 여기신다는 사실을 의심하지 않게 할 능력이 없기 때문입니다. 내가 강조합니다만 천사들이 복음에 담겨 있는 모든 내용을 알고 있더라도 천사들 자신이 그 직무에 합당하다는 것을 발견하지 못할 것이 확실합니다. 그것은 하나님께서는 그 임무을 감당시키시기 위해서 천하고 연약한 그릇인 인간을 선택하셨기 때문입니다.

하나님께서는 그것을 통해서 놀라운 선하심을 베풀어 주신다는 사실을 알아둡시다. 복음을 전하라는 명령을 받은 우리들은 하나님께서는 우리를 존귀히 여기시기를 기뻐하시기 때문에 그렇게 하셨다는 것을 알고 있어야 합니다. 우리의 입은 전에는 저주를 받고 버림을 받았던 자들에게 구원의 간증을 들고 가야 하며, 우리는 하나님의 진리를 증거하는 증인이 되야 하며, 또 그들에게 구원 받을 것을 권해 주어야 합니다. 우리는 이렇게 함으로써 우선 하나님을 찬양하도록 자극을 받아야 합니다. 왜냐하면 하나님은 우리를 이렇게 존귀히 여기시기를 기뻐하셨기 때문입니다. 그리고 나서 전보다 더 많은 경외하는 마음과 경계하는 마음을 가지고 행하십시오. 이 명예를 얻기 위해서는 이것을 적절하지 않게 사용하는 자들, 특히 눈먼 구렁말처럼 나타한 자들은 비싼 대가를 지불해야 할 것입니다. 하나님께서는 그들을 구원이라는 귀한 보물을 나누어 주는 자리에 앉히셨는데도 불구하고 그들은 그것을 우습게 여긴다면 그것은 얼마나 무례하고 얼마나 배은망덕한 일이 되겠습니까? 그러므로 우리는 스스로를 잘 돌보고 우리에게 맡겨진 책무를 충실하게 이행하기 위해서 특별히 유의합시다.

두 번째로 능력이 부족한 우리의 처지를 보완해 주시기를 기뻐하시는 하나님을 찾아가서 무엇을 도와달라고 간구할 것인가를 곰곰이 생각해 봅시다. 왜냐하면 만약 우리가 충분하지 못거나 합당치 못하면 우리는 다른 방법을 통해서 도움을 받아야 하기 때문입니다. 우리는 '그렇게 어렵고 힘든 책무를 완전하게 수행하기에는 부족한 점이 너무 많으며 무엇을 해야 합니까?' 라고 물어보겠다는 생각도 나지 않을 정도입니다. 사도 바울도 그것에 대해서 언급한 적이 있습니다.

만약 사도 바울이 알고 있는 대로 자신에게 그 임무를 맡을 자격이 있다고 생각하는 사람이 하나도 없다면 우리들 모두는 자신의 무능함과 연약함에 대해서 무슨 생각을 하고 있겠습니까? 하나님을 찾아가는 데 열심을 냅시다. 하나님께서 우리가 당신의 은혜를 통해서 도움을 받고 원조를 받을 필요가 있다는 것을 아시기 때문에 원래 우리가 갖고 있지 않았던 것을 우리에게 주시고 우리가 필요한 것과 우리의 연약한 점을 보완해 주실 것입니다. 그리고 하나님의 말씀을 전하는 사역자들로 하여금 이 교훈을 유용하게 활용하도록 시키십시오.

하지만 그것은 또한 모든 백성들에게 유익합니다. 우리가 설교를 들을 때에는 설교자가 경시당하고 하나님의 말씀이 충분한 권위를 누리지 못하는 방법을 통해서 존귀히 여김을 받지 못할지도 모릅니다. 그러므로 우리는 설교자보다 더 높은 곳을 바라보아야 합니다. 왜냐하면 하나님의 진리에 대해서 성실하게 증언하실 수 있는 분이 하나님 한 분밖에 없다는 것을 알고 있으니 내가 구원받은 것을 확인해 주시고 보장해 주실 분은 하나님이시기 때문입니다. 앞에서 말한 대로 하늘에 있는 천사는 그렇게 귀한 책임을 맡기에 불충분합니다. 그런데 아무것도 아닌 불쌍한 피조물이 귀한 천사들을 어떻게 능가할 수 있습니까? 그러므로 우리에게 사람을 보내신 분은 하나님이시며 사람을 복음에 배치하시고 그들을 합당하게 만드신 분도 하나님이시라는 확신과 그것은 그들 마음대로 되는 것이 아니라는 확신이 우리에게 없고 그것을 마음속으로 굳게 믿고 있지 않으면 우리는 항상 의심을 하고 복음이 주는 교훈이 우리에게 많은 유익을 주지 못합니다.

따라서 사도 바울의 의도는 여기서 복음을 전하는 자는 자신을 낮추어야 하며 그들에게 주어진 은혜를 인정해야 하며 자신을 거만하고 건방지게 추켜올려서는 안된다는 것뿐만 아니라 하나님의 목적은 모든 믿는 자들에게 복음이 전해질 때에 복음은 사람에게서 나온 것이라고 생각하지 말고 복음을 전하는 사람은 굉장히 위대하신 주인이신 하나님의 보내심을 받았다는 것을 알려주려는 것이었습니다. 그들 자신에게는 이러한 능력이 없지만 하나님께서는 그들을 거기에 적합하게 하시며 성령을 통해서 합당하게 하십니다. 거기에 사람이 성령의 인도를 받아 그의 혀를 거기에 맞게 다스리지 않고서는 예수 그리스도께서 받아 마땅하신 영광을 돌려드릴 수 없습니다(고후 12:13). 다시 강조해서 말씀드립니다만 우리가 복음을 통해서 우리에게 전해진 언약을 듣게 되면 우리는 의심을 떨쳐버리고 우리가 구원받은 것을 확신하게 됩니다. 즉 하나님께서 우리에게 사람을 파송하셨다는 사실과 하나님께서 그들을 도구로 사용하신다는 사실과 하나님께서 임명하신 이 직분을 성령께서 다스리신다는 사실과 거기에는 무시 당해야 할 것이 아무것도 없다는 사실을 앎으로써 그렇게 됩니다.

왜 거기에는 우리가 무시할 것이 아무것도 없습니까? 왜냐하면 모든 것이 하나님에게서 나왔으며, 우리는 하나님께 모든 경의를 드려야 하며, 하나님께서 우리에게 보내신 것은 우리의 능력이 미치지 못하는 먼 곳에 있다는 것을 시인해야 하기 때문입니다. 우리는 하나님이 하시는 일을 놓고 논쟁을 벌여서는 안됩니다. 우리가 그들을 받아들여야 할 것이냐 말아야 할 것이라든지 우리는 그들에 대해서 어떤 평가를 내릴 것이냐를 놓고 논쟁을 해서는 안됩니다. 우리는 이렇게 해서 하나님의 영광을 세워드려야 하며 하나님에게서 무엇이 나오든 그것을 찬양하고 찬미해야 합니다. 이것이 사도 바울이 우리 주 예수 그리스도께 고마움을 나타내는 이 본문말씀에서 우리가 명심해야 할 내용입니다.

사도 바울은 "**능하게 하신(strengthened)**"이라는 말을 "**약한 것(weakness)**"와 반대되는 개념으로 사용했습니다. 우리가 알고 있는 바와 같이 사도 바울은 연약함(weakness)을 사람들이 그러한 은혜와 그러한 품위있는 자리로 받아들여지는 것을 저지하는 불완전함과 죄와 얼룩을 의미하는 것으로 사용했습니다. 바울은 그렇게 해서 그의 본래의 신분과 그가 가지고 있던 인간의 속성을 초월하는 방법을 통해서 하나님께서 그에게 주신 신분을 비교했습니다. 사실은 우리가 사람이 무엇인지 곰곰이 생각해 보지 않거나 하나님께서 사람들을 그들 멋대로 하도록 내버려 두지 않으시면 우리는 하나님의 은혜에 대해서 잘 알지 못할 것입니다. 그러나 일단 우리가 사람의 처지를 잘 살펴서 그들이 지금 무엇이며, 전에는 무엇이었는지를 알아보게 되면 그들이 온갖 야비한 것과 온갖 불행으로 가득차 있다는 것을 알게 될 것입니다. 그리고 그들의 몸 속에는 선한 것이 단 한 방울도 없다는 것을 알게 될 것입니다. 만약 그들에게 자랑할 것이 있다 해도 그것은 바로 연기에 불과하며 정말로 그것은 아무것도 아닙니다. 간단히 말해서 우리가 일단 그것을 알게 되면 우리의 부족한 것을 채워 주시고 우리 온갖 나쁜 행실을 고쳐주는 하나님의 은혜를 깨닫는 것은 쉬운 일입니다.

사도 바울은 "능하게 한다(strengthen)"는 말을 사용해서 여기서 그것을 우리에게 보여주려고 했습니다. 그가 말하기를 "나 자신에 대해서 말하자면 나는 연약했으며, 내가 맡았던 역할에 대해서 말하자면 나는 아무 쓸모없는 불쌍한 피조물이었던 것이 사실입니다. 간단히 말해서 나에게는 복음을 전하는 임무를 감당하기에 합당한 것이 아무것도 없었습니다. 그러나 나의 모든 힘과 나의 모든 능력은 나를 그렇게 만드시고 그 임무를 맡기에 합당하게 해주셨던 우리 주 예수 그리스도의 은혜에서 나왔습니다. 여러분이 알고 있는 바와 같이 예수 그리스도께서 나를 전과는 완전히 다른 사람으로 만드셨습니다." 이 말로는 (그 표현이 충분하지 못해서) 그 뜻이 분명하게 전달되지 못했을 것이라고 생각해서 자신이 전에는 폭력을 사용하는 훼방자요 핍박자였다는 고백까지 했습니다. 그래서 그가 말하고자 하는 요지는 그에게는 부족한 부분이 많이 있는데 하나님과 우리 주 예수 그리스도는 그중의 한 부분만을 채워주시는 분이 아니라는 것이었습니다. 그의 몸 속에는 악한 것밖에 없었기 때문에 그가 가지고 있던 모든 속성이 고쳐졌다고 간단하게 고백했습니다.

따라서 하나님께서 그를 완전히 새 사람으로 만드셨다는 것과 그는 완전하지는 않았지만 웬만큼 쓸모가 있었는데 하나님께서 부족한 부분을 채워주셨다고 말하지 않았다고 우리는 결론을 내려야 합니다. 그가 가지고 있는 것 중에서 자신의 능력으로 된 것은 하나도 없으며 그가 가지고 있는 것은 모두 하나님이 주신 것이라고 했습니다. 큰 사람이나 작은 사람이나 우리 모두는 이것을 통해서 우리의 임무가 무엇인지 생각해 보게 됩니다. 우리는 하나님의 은혜를 찬양하는 것이 합당합니다. 우리가 어떤 존재이며, 만약 하나님께서 우리를 도와주지 않으셨다면 우리는 무엇이 되었을 것인가를 고백해야 합니다.

사람들은 무엇보다도 자신이 잘난 것처럼 보이게 하려고 애쓰기 때문에 그것은 수용하기 어려운 문제입니다. 간단히 말하자면 비록 그들이 모든 것을 하나님에게서 받았다고 고백을 하지만 그들은 자신의 고백을 애매하게 만들기를 좋아하며, 그들이 강요를 당하지 않으면 솔직하고 순수한 고백을 하지 않습니다. 특히 그것이 우리의 부끄러운 점을 드러내는 문제라서 우리가 내부적으로 비방을 받게 되고 우리의 죄가 드러나고 주님이 당신의 무한하신 긍휼로 인하여 우리를 그 저주에서 끌어내 주시지 않는 한 우리는 우리의 고개를 숙여야 할 뿐만 아니라 우리가 완전히 버림받은 자로 인정을 받게 합니다. 그러므로 사람들이 그러한 부끄러움을 당할 문제가 생기면 그들은 그것에 다가오지 않고 가능한 거기에서 멀리 물러서려고 할 것입니다.

만약 그들이 그들 자신을 완전히 정당화 시키지 못한다면 그들의 부끄러운 행위와 추한 꼴이 알려지지 않게 하기 위해서 최소한 자신을 숨길 옷을 찾아보게 하고 온갖 종류의 구실을 활용할 것입니다. 우리는 여기서 그만큼 사도 바울을 주목해야 합니다. 그는 위선자들이 하는 것처럼 "나는 사람입니다. 나는 죄인입니다"라고 막연한 고백을 하지 않고 자기의 과거에 대해서 다음과 같이 구체적으로 말했습니다. 그가 말하기를 **"내가 전에는 하나님의 교회를 핍박하는 자였으며 하나님의 진리를 훼방하는 자였다"**고 했습니다. 그는 여기서 인간은 연약한 존재라는 구실을 들어 자신을 감추려고 하지 않았습니다. 이제 우리 한사람 한사람이 자신을 사도 바울과 비교하면 우리에게는 하나님의 선하심을 찬양해야 하고 우리 자신을 완전히 쓰러뜨려야 할 이유가 더 많지 않습니까? 우리에게는 하나님께서 손을 내밀어 우리를 구해주실 때까지 우리가 꼼짝 못하고 그속에 빠져 있던 우리의 죄를 인정해야 할 이유가 더 많지 않습니까?

하지만 우리들 가운데서 하나님의 은혜를 그렇게 중요하게 여기며 자신의 품격을 완전히 떨어뜨리는 사람은 거의 없습니다. 우리들 가운데서는 자만심이 지배하고 있기 때문에 자만심이 우리의 비참한 꼴을 숨기게 하며 우리는 그것들을 숨기는 일에 전심을 다합니다. 한편 그것은 배은망덕한 부끄러운 모습을 동반한다고 우리는 생각합니다. 왜냐하면 하나님의 은혜가 존귀히 여겨져야 할 만큼 존귀히 여겨지지 않으며 하나님에게서 하나님이 갖고 계셔야 할 명예를 강탈하기 때문입니다. 그러므로 사도 바울이 여기서 우리에게 보여주는 이 교훈을 더 잘 실천하는 방법을 배웁시다. 그리고 우리 모두는 솔선해서 하나님의 선하심을 밝히기 위해서 최대의 헌신을 합시다. 그리고 우리 모두는 우리 자신의 죄를 주의합시다. 왜냐하면 우리의 잘못과 죄를 고백하지 않고서는 우리가 하나님에게서 받은 은혜에 대해서 하나님에게 경의를 표할 수 없기 때문입니다. 우리 모두는 이것을 위해서 열중합시다. 그리고 우리의 이러한 부끄러움을 벗어버리고 하나님이 우리에게 주신 것으로 우리가 옷입고 있는 한 비난받을 것을 두려워 하지 맙시다. 사람이 범죄를 해서 스스로를 낙담시키게 되더라도 그것을 부끄러워 해서는 안됩니다. 이 점을 중요하게 여기십시오.

그리고 **우리 주 예수 그리스도께서는 나를 충성되이 여기시어 그에게 직분을 맡기셨다**고 한 바울의 말도 주목합시다. 그는 이것을 통해서 하나님은 자신이 충성을 다할 것을 예견하셨기 때문에 자기를 택하셨다고 말하려고 한 것은 아니었습니다. 왜냐하면 그렇게 했다면 거기에는 명백한 모순이 있었을 것이기 때문입니다. 성경말씀을 통해서 자신이 훈련을 조금밖에 하지 않았거나 전혀 하지 않은 자들은 이 말을 이용할 것이 확실합니다. 무조건적인 선택을 부인하는 자들은 성경말씀을 훼손하고 왜곡해서 하나님이 하신 선택을 하나님의 무조건적인 선하심 때문이 아니고 그 사람들이 어떠한 인간이 될 것이며 그들이 행실이 어떨 것인가를 아셨기 때문에 그들을 차별적으로 선택하셨다고 주장합니다. 그 말은 마치 우리 모두가 한 개의 썩은 덩어리가 되어 있지 않으면 우리 모두가 정죄를 받지 않았으며 우리 모두가 사단에게 전혀 예속되어 있지 않다는 말과 같습니다. 그렇다 하더라도 하나님은 우리 안에서 무엇을 찾을 수 있겠습니까? 하나님께서 우리 속에 어느 정도의 선하심을 집어넣지 않으신다면 하나님이 우리 안에서 보실 수 있는 것은 죄밖에 더 있겠습니까? 그리고 하나님께서 그것을 다른 사람에게 넣지 않으시고 이 사람에게 넣으시는 이유는 오로지 하나님의 자유로우신 선택 때문이 아닙니까? 그러므로 하나님께서 사람들을 선택해서 당신의 자녀로 삼으시는 것은 그들에게 하나님의 버림을 받고 거절을 당한 자들보다 더 좋은 점이 있었기 때문이 아닙니다.

그러나 하나님의 선하신 규율을 무조건 모든 동요를 막아주여야 합니다. 나는 내가 알고 있는 배려라는 말은 사용했습니다. 우리가 알고 있는 대로 바울이 사도로 세움을 받은 것은 이 배려 때문입니다. 만약 하나님께서 그에게서 어떤 가치있는 것을 찾으려고 하셨다면 그는 계속해서 파멸 속에 머물러 있어야 했을 것입니다. 그런데도 그는 왜 **예수 그리스도께서 그를 충성되게 여기셨다**고 말했을까요? 예수 그리스도께서 바울을 충성되게 여기신 것은 선견지명 때문이 아니고 그리스도께서 하신 심사숙고 때문입니다. 여기서 사도 바울은 모든 악한 자와 악한 말을 하는 자들의 입을 다물게 하려고 했습니다.

사실은 성경말씀이 말해주는 목적을 우리가 모른다면 성경이 담고 있는 본래의 의미를 알지 못하기 때문에 우리는 이 상황을 예의 주시해야 합니다. 그리고 많은 사람들이 사도 바울을 비난했다는 사실도 알아두십시오. 우리가 알고 있는 바와 같이 하나님의 종들을 비난하는 일과 그들이 전하는 교훈이 천대를 받게하는 일과 사람들로 하여금 그 가르침을 멸시하게 하는 일만 하는 하나님의 종들을 향해서 짖어대는 개같은 사람들이 항상 있습니다. 사도 바울은 그러한 사람들의 입을 다물게 하기 위해서 예수 그리스도께서 그의 창조자가 되시고 그의 보증인이 되시면 그것으로 족하다고 말했습니다. 그가 한 말에는 사람들이 나를 거절할지라도 모든 권한을 직접 행사하시며 천국의 재판관이신 그분께서 나를 충성되다고 말씀하시고 그러한 선고를 내리신 것만으로 나에게는 충분하다는 뜻이 담겨있습니다.

하나님께서 나에게 이러한 책임을 맡기시고 나를 당신의 종으로 삼으시고 나를 당신의 복음을 전하는 일에 쓰려고 하신다는 것만으로 나에게는 더 바랄 것이 없습니다. 사람들로 하여금 그들이 원하는 대로 머리를 맞대고 의논하게 하십시오. 그들로 하여금 그들이 원하는 한 나쁜 말을 다하고 하나도 남겨두지 않게 하십시오. 그러므로 그리스도께서 나의 편이 되시는 한 사람들이 나에게 가시 돋친 말을 하거나 나를 씹어도 나는 그것으로 인해서 조금도 화를 내지 않을 것입니다. 왜냐하면 우리의 구세주이신 예수 그리스도께서 일단 내리신 선고는 취소할 수 없기 때문입니다.

이렇게 해서 사도 바울이 말하고자 하는 내용이 무엇인지 알게 되었습니다. 즉 예수 그리스도께서는 그에게 그러한 귀한 임무를 맡길 만한 이유를 그에게서 찾지 못하셨다는 말을 그는 하려고 했습니다. 그러나 예수님께서 그에게 그러한 능력을 부어주심으로써 그를 당신의 종으로 쓰시겠다는 것을 온 세상 사람들에게 분명히 보여주시고 또 선포하셨습니다. 사도 바울은 하나님의 부르심을 받았기 때문에 당연히 이렇게 말할 수 있지만 이러한 직분을 맡았으면서도 그렇게 말할 수 없는 사람들이 많이 있습니다. 왜 그렇습니까? 왜냐하면 그들이 선택을 받았을 때에 하나님이 그 선택의 책임자가 아니셨기 때문입니다. 하나님의 부름을 직접받고 목자의 직분을 맡고 있음에도 불구하고 교회를 괴롭히는 일과 모든 것을 훼손하는 일과 전에 잘 정돈되었던 것을 무질서 하게 만드는 일만 하는 자들이 많이 있습니다. 간단히 말해서 그들은 사단에게 완전히 홀렸으며 불충과 악행으로 가득하고 모반으로 꽉찬 자들이 아닙니까? 우리는 이러한 현상을 쉽게 볼 수 있습니다.

하나님께서는 사단에게 완전한 통치권을 주셔서 사람들이 배은망덕하는 행위를 다스리게 하실 때도 자주 있습니다. 목자의 직분에는 중요한 것이 있기는 하지만 그렇다고 해서 하나님께서 그들이 충성되다는 것을 알으셨다고 말할 수는 없습니다. 왜그렇습니까? 왜냐하면 하나님께서 그렇게 만들지 않으셨기 때문입니다. 다른 상황에 대해서도 할말이 많습니다. 더 놀라운 것은 재판관의 직분을 맡아 귀족 취급을 받고 있는 사람들 가운데에서도 하나님의 반대에도 불구하고 마귀의 부름을 받고 그 자리를 유지하고 감당하고 있는 자들도 더러 있습니다.

이러한 경우에 백성들의 정직성에 대해서 말하지 않고 종교나 기독교 신자의 의무에 대해서 말한다는 것은 이익이 되지 않습니다. 모든 것이 몹시 비뚤어져 있고 매우 무질서하기 때문에 바로 야만인이나 이 세상에서 하나님을 모르는 사람들도 이보다 더 좋은 환경에 살고 있으며 진리와 공의가 더 잘 정돈된 상태에서 살고 있습니다. 우리는 그것을 알고 있습니다. 어떻게 알고 있습니까? 우리는 그들이 하나님에게 맡아야 할 공의의 재판관직을 맡고 있는 것을 보았습니다. 그리고 그들은 그 직분을 남용하고 있는 것이 사실입니다. 어떻게 말입니까? 공의는 하나님이 제정하신 것이 아닌가요? 전체적으로 보면 그렇습니다.

그럼에도 불구하고 하나님께서 그러한 무질서한 일이 벌어지는 것을 허락하십니다. 왜냐하면 사람은 사악하고 아무 쓸모가 없기 때문입니다. 그러므로 그러한 자들은 자신들이 충성된 자라고 주장할 수 없습니다.반대로 우리들이 그러한 지경에 처하게 되었을 때에 하나님이 그들을 그러한 곳에 앉히셨다고 말할 수 없으며 하나님의 반대에도 불구하고 그들이 거기에 정착하게 되었습니다. 그리고 그러한 무질서한 상태에 있는 자들은 악귀에 합당한 자들입니다. 그리고 이렇게 하는 것은 확실한 증거가 있으며 정말로 그들을 택하신 분은 하나님이시라는 것을 보여줄 수 있는 사람에게만 속합니다. 왜냐하면 하나님께서 당신의 백성들에게 말씀을 하고 싶으시거나 당신의 교회를 교화시키려 하시거나 우리들로 하여금 당신의 은혜와 임재를 느끼게 하고 싶으시면 사람들을 택하시어 그 자리에 앉히시며 몇 가지 증표와 표시를 보여주시기 때문에 그들이 하나님의 보내심을 받았다는 것을 그러한 방법으로 통해서 알려주실 것입니다. 그러므로 사도 바울이 했던 것처럼 하나님께서는 그러한 증거를 가지고 있는 사람들을 충성되게 여기신다고 말해도 좋을 것입니다.

그러나 그들이 공의를 심판하는 재판관이건 진리를 전하는 목사건 상관없이 그들이 맡고 있는 직무를 남용한다면 그들은 모두 죄를 이중으로 짓고 있는 것이 됩니다. 만약 평민이 하나님에게 반대하여 모반을 하고 소란을 이르키게 되면 그들은 마땅히 정죄를 받아야 하며 이들 자신이야말로 마귀 그 자체입니다. 그들도 유다라는 사람이 되어 예수 그리스도의 부르심을 직접받은 자들입니다. 그러므로 그러한 존귀한 직분에 부름을 받은 사람들은 자신에 대해서 그만큼 더 조심을 많이 해야 합니다. 하나님께서 그들에게 직분을 맡기셨으며 그들의 수완을 통해서 자연의 질서와 모든 진실한 행실이 당신의 백성들 가운데서 유지되고 지켜지기를 바라십니다. 더욱이 앞에서 말한 것처럼 만약 나머지 세상 사람들이 모두 정죄를 받게 되면 그들에게는 가장 무서운 보복이 임할 것을 예상해야 할 것입니다. 왜냐하면 그들은 하나님께서 자신의 명예뿐만 아니라 당신의 백성들의 명예를 위해서 그렇게 귀하게 세우신 질서를 파괴했기 때문입니다. 예수 그리스도께서 자신을 충성되이 여기셨다고 바울이 한 말에 대한 설명은 이것으로 마치겠습니다.

그런데 여기서 한 가지 질문을 하고 싶은 충동이 생깁니다. 유다는 사람들에 의해서 선택을 받지 않고 하나님의 독생자의 선택을 받았음에도 불구하고 그가 충성되거나 직분을 다했다고 말하지 않는 이유를 알고 싶습니다. 그러나 만약 우리가 유다와 사도 바울의 차이점에 대해서 깊이 생각해 보면 그 의문은 쉽게 풀릴 것입니다. 시편에서 말한 내용이 그리스도의 교회에서 성취되어야 했기 때문입니다. 다시 말하면 예수님의 원수는 예수님의 가장 가까운 곳에 있으며 그분의 가족중의 한 사람이었어야 했습니다. 더욱이 높은 직분을 맡고 있어서 그 직분에서 쫓겨나고 그 직분이 다른 사람에게 주어져야 할 사람이어야 했습니다. 그래서 유다는 이러한 조건으로 짧은 기간 동안만 사도의 직분을 감당하고 나서 그 귀한 명예를 벗어버리고 모든 사람들이 자신의 모습을 비쳐 보는 거울이 되도록 선택되었습니다. 그리고 그는 복음의 전달자로 임명를 받은 자들은 그가 했던 것과 같은 부끄러운 짓을 하지 않기 위해서 경건하고 겸손한 마음을 가지고 살아가야 한다는 것을 알려주었습니다. 그러므로 유다는 짧은 시간 동안만 선택받는 것이 필요했으며 바울은 다른 바른 방법으로 선택을 받을 필요가 있었습니다.

예수 그리스도께서는 바울은 선택을 받은 도구이며 당신의 이름이 바울을 통해서 온 세계에 전해질 것이라는 것을 보여주셨습니다. 이것이 바울에게 주어졌다는 것과 그가 이 직분에 임명되었다는 것과 하나님이 그것의 증인이라는 것을 입증하는 증거가 되셨기 때문에 사람들이 더 이상 그것을 의심하지 않았습니다. 내가 앞에서 말한 바와 같이 그가 이렇게 말한 것은 그것이 성령에 의해서 그의 마음속에 잘 새겨져 있기 때문입니다. 사실은 사람이 어떤 직분을 맡으라는 부름을 받았을 때에 그를 택하셔서 하나님을 섬기고 하나님을 영화롭게 해드리게 하고, 또 하나님의 백성을 구원하는 직분을 그에게 맡기는 분이 하나님이라고 굳게 믿지 않으면 자신을 충성된 자라고 부를 수 있는 사람은 아무도 없습니다.

이제 바울이 그 다음에 한 말에 대해서 살펴봅시다. 그가 전에는 훼방자요 복음을 핍박하는 자요 살인자였지만 긍휼을 입었다고 말했습니다. 비록 우리가 사도 바울이라는 사람이 되어 여기서 하나님의 선하심이 어떤 것인지 보여달라고 주장할지라도 우리는 그것을 다음으로 미루게 될 것이며 본문 말씀이 그 이유를 설명해줄 것입니다. 사도 바울이 그가 믿지 아니할 때에 알지 못하고 행하였기 때문에 그가 긍휼을 입었다고 한 말을 통해서 우리에게 무슨 뜻을 전하려 했는지 그것을 아는 것으로 족합니다. 바울이 한 말은 그들이 무슨 짓을 하고 있는지 잘 알고 있는 가운데서 의식적이며 의도적으로 저질러진 죄는 용서받을 수도 없고 용서받지 못할 것이라는 뜻으로 말한 것은 아닙니다. 죄를 짓는 그들의 대부분은 책망을 받으며 그들이 저지른 죄를 잘 알고 있습니다. 그럼에도 불구하고 그들은 사단의 유혹에 넘어가고 있습니다. 두 눈을 뜨고 하나님을 노엽게 해드리는 자들은 모두 그 잘못을 다시 저지르지 않고서도 정죄를 받아 구원의 소망을 잃게 되어 우리는 어떠한 처지에 있어야 합니까?

바울은 여기서 모든 죄 전체가 만약 무지로 인해서 저질러진 것이라면 용서받을 가망이 없게 하려고 하지 않았다는 것을 잘 알아 둡시다. 그러나 그는 자신의 하나님의 진리에 반항하는 행위에 대해서 말하고 있다는 것을 보여주기 위해서 여기서 무지와 불신앙을 결합시켰습니다. 하나님에게 반항한다는 것은 절도를 하거나 음행을 하거난 살인을 하는 것보다 훨씬 중한 죄입니다. 왜 그렇습니까? 우리는 모든 죄를 미워해야 하는 것이 사실입니다. 그럼에도 불구하고 우리는 하나님을 향하여 고개를 빳빳이 세우며 하나님에게서 하나님의 우월성을 빼앗아 갔으며 하나님의 진리를 거짓말로 만들어서 그 진리가 더 이상 알려지지 않게 했습니다. 믿음과 참된 행실이 사람들 사이에서 더 이상 알려지지 않게 하고 하나님이 더 이상 존귀히 여김을 받지 못하고 그들의 섬김을 받지 못하게 하는 죄를 모든 죄보다 미워해야 합니다.

이렇게 한다는 것은 참으로 무서운 방탕입니다. 그것은 엄청난 탈선이며 자연에 역행하는 것입니다. 진리에 반항한다는 것은 온힘을 다해서 하나님을 하나님의 보좌에서 끌어내서 모든 것을 잿더미로 만들고, 하나님이 이 세상을 더 이상 다스리시지 못하게 하기 위해서 하나님의 위대하심에 대한 기억을 완전히 지워버리는 것입니다. 그러므로 사도 바울이 그러한 가증스러운 일에 대해서 이야기 할 때에 그는 무지 때문에 그러한 짓을 했다고 말한 데에는 이유가 있습니다. 그가 한 말에는 다음과 같은 뜻이 있습니다. "나의 친구들이여! 하나님의 이름을 훼방하고 하나님의 말씀을 발로 짓밟아버리고 하나님에게서 온 것들을 거절한다는 것은 모든 죄를 능가하는 큰 죄입니다. 더욱이 그것은 너무나도 큰 죄이기 때문에 그것에 대한 생각만 해도 등골이 오싹하게 해줍니다. 내가 잘못했습니다. 내가 그렇게 한 것은 내 뜻이 아니었습니다. 내가 복음의 원수였으며 완고하고 감정이 없는 짐승이었을 때 나는 하나님을 섬기고 있었다고 생각했습니다."

우리는 사도 바울이 한 이 말의 뜻을 깨닫게 되었습니다. 그러나 우리는 더 많은 것을 우리의 유익으로 만들기 위해서 하나님의 율법이 새겨진 두 개의 돌판을 구별해 봅시다. 하나님은 첫 번째 돌판을 통해서는 하나님이 우리에게 영광과 섬김을 받으시는 방법이 두 번째 돌판을 통해서는 우리가 공동생활을 하는 방법과 우리의 이웃과 사이좋게 지내는 방법이 보여졌습니다. 사람이 그의 형제의 육체나 그의 물건에나 그의 명예를 해할지도 모릅니다. 그리고 자기의 악한 행동을 정당화하려고 할 것입니다. 그는 자신의 행실이 잘못되었다는 것을 알고 있습니다. 그렇지만 하나님에게 직접 싸움을 걸지는 않습니다. 우리가 조금만 탈선해도 하나님의 위대하심에 손상을 끼치게 되는 것이 사실입니다. 왜냐하면 우리는 그렇게 함으로써 하나님의 공의를 위반하며 당연이 있어야 할 유대관계를 가능한 많이 파괴하게 되기 때문입니다.

그럼에도 불구하고 가식으로 "내가 하나님과 단둘이 있게 해 주세요"라든지 "내가 하나님에게 잘 말씀드리겠습니다"라든지 "나는 하나님을 망쳐놓겠다"고 말합니다. 그러나 우리가 종교를 훼방하게 되면 하나님의 진리가 받아들여지는 것을 용납하지 않습니다. 그렇습니다. 우리는 하나님의 진리에 맞서 싸우게 되며 우리는 그것을 망쳐놓으려고 할 것입니다. 이것은 사람에게 잘못하는 것이 아니고 하나님에게 공개적으로 싸움을 거는 것입니다. 그것은 마치 우리가 하나님을 멸시하기 위해서 우리의 모든 능력과 힘을 쏟아붓고 우리는 하나님의 권속이 되려고 하지 않는다는 것을 보여주는 것과 같습니다. 따라서 우리가 이런식으로 하나님의 진리에 반항하게 되면 우리는 모든 재앙이 넘쳐 흐르고 높이 쌓이는 것을 보게 됩니다.

그러므로 만약 사람이 성경말씀에 맞서 싸우게 되면 그것도 의도적으로 또 계획적으로 그렇게 한다면 하나님께서 그 사람을 추방하지 않을 수 없으시며 그는 완전히 버림받은 자가 됩니다. 하나님께서는 정해진 목적에서 벗어나서 하나님에게 맞서 싸우려고 하며, 그 교훈이 참되다는 것을 알고 있지만 그것에 완전히 반대하고 그것을 무효화하기 위해서 할 수 있는 모든 것을 하겠다고 말하는 자들이 깊은 연옥에 빠지는 것을 허용하지 않으실 것입니다. 사람이 그렇게 중한 죄를 짓게 되면 몸이 바싹 마르게 되어 자신이 마귀라는 표시를 달고 다니는 것과 같게 됩니다. 그러면 우리는 그를 저주받은 사람으로 간주해도 좋을 것입니다. 그렇지만 우리는 사람의 의중과 마음을 정확하게 알 수 없기 때문에 서둘러서 성령에게 죄를 범했다고 하거나 그는 용서받지 못할 죄를 범했다고 성급하고 무모하게 말해서는 안됩니다. 하지만 하나님께서 어떤 사람이 그렇게 훼방했다고 알려주시면 예수 그리스도께서 말씀하신 대로 하면 됩니다.

만약 사람이 예수님에게 죄를 지었다면 그것은 용서받지만 성령을 훼방하는 자는 용서받을 수 없는 잘못을 하는 것이 됩니다. 그래서 우리는 그를 대신해서 은혜나 용서를 구할 수 없습니다(마 12:31,32) 그러면 어떻게 해야 합니까? 죄인이 회개를 하게 되면 하나님께서는 항상 당신을 찾아오는 죄인을 맞아들일 준비를 하고 계시다고 하시지 않으셨습니까? 본인이 직접 회개를 하면 하나님은 틀림없이 그렇게 하십니다(겔 33:11) 그런데 이 회개는 어디에서 나옵니까? 우리가 원할 때에는 마음대로 사용할 수 있습니까? 그런 것은 아닙니다. 그것은 하나님의 특별한 선물입니다. 우리가 멋대로 뛰어다니며 사단에 홀린 기미가 있으면 우리는 영원한 죽음에서 헤어나오지 못하게 됩니다. 그런데 자신의 죄를 회개하는 자는 죽음에서 다시 생명을 얻게 되는데 만약 사람이 자기 자신을 죽음에서 일으켜 세울 수 있다면 하나님의 전능하신 능력은 무엇이 되겠습니까? 그러므로 우리를 가까이 하는 것이 하나님을 기쁘게 해드릴 때에 하나님께서는 틀림없이 특별하신 능력으로 역사하신다는 사실을 잘 알아둡시다. 우리가 하나님에게서 완전히 떨어지지 않도록 하나님께서 우리를 받쳐주시고 우리에게 종교에 대한 맛을 좀 보여주신다면 그것이야말로 성령의 신기한 역사입니다. 이런 식으로 훼방하기 위해서 오는 자들을 하나님께서는 긍휼로 받아주시고 그들을 회개시키셔야 한다는 사실을 우리는 상상할 수 있습니까?

우리는 그런 것을 상상할 수 없습니다. 그러나 앞에서 말한 대로 하나님은 그들을 버리지 않으시면 안됩니다. 왜냐하면 그 사람이 버림받은 사람이나 내버려진 아이가 아니라면 하나님께서는 그가 의도적으로 성경말씀이나 참된 종교에 반항하고 공공연하게 훼방할 정도로 타락하는 것을 용납하지 않으시기 때문입니다. 바울이 여기서 한 말에는 그에게 긍휼이 베풀어진 것을 보아서 그는 복음에 반항하지도 않았으며 하나님의 진리에 맞서 싸우지도 않았으며 무엇을 하는지도 모르는 불쌍한 장님이었다는 뜻이 있습니다.

그래서 그는 긍휼을 입었다고 말했습니다. 이 문제를 지금 충분하게 다룰 수는 없지만 우리에게 가르침을 주고 우리를 교화할 결론을 내리기 위해서 우리가 완전히 눈이 멀고 무식할 때에는 우리에게 잘못하는 것이 없지 않을 것이며, 그렇다고 그것이 하나님 앞에서 우리를 사면해 주는 구실의 역할도 할 수 없다는 것을 잘 아둡시다. "나는 그에 대해서 생각해보지 않았습니다" 또는 "나는 그렇게 생각하지 않습니다" 또는 "나는 그것을 모릅니다"라고 말하는 것이 우리의 목적을 달성하는데 많은 도움을 줄 것입니다. 하지만 우리가 무식하다는 것에 대해서 정죄를 받아야 하며 우리가 견책을 받아야 합니다. 왜냐하면 우리의 행위를 정당화하기 위해서 이리저리뛰어 다니는 것은 우리에게 전혀 도움이 되지 않을 것이기 때문입니다. 이것을 중요한 규칙으로 정합시다. 더욱이 무지로 인해서 실족한 자들이 하나님의 정죄를 받는 것이 당연하다는 것을 우리는 반드시 알고 있어야 합니다. 모든 사람은 자기가 한 일에 대해서 정죄를 받아야 합니다. 하나님께서 우리를 밝혀 주시고 우리를 구원의 길로 인도해 주시는 데도 불구하고 우리는 눈을 감고 무슨 생각을 할까요? 우리가 그렇게 큰 은혜를 받았을 때에 우리는 장난을 좋아해서 하나님께서 우리를 이쪽으로 오라고 하셨을 때에 정반대 방향으로 갔으니 우리는 얼마나 무서운 저주를 바라는 것일까요?

하나님께서 우리를 전에 있던 불신앙에서 끌어내시어 복음의 믿음 안에서 우리를 깨우쳐 주신 그 은혜를 잊지 맙시다. 우리를 위하여 천국에 준비되어 있는 영원한 구원에 우리가 이를 때까지 하나님을 경외하는 마음으로 행하고 매일매일 하나님을 경외하는 마음을 가지고 앞으로 나아가는 생각을 합시다. 무엇보다도 하나님으로부터 버림을 받게 될지도 모른다는 두려움을 항상 품고 있어서 하나님이 우리를 사단의 손에 넘기시지 못하게 하고, 복음에 대해서 약간의 느낌을 가지고 있던 자들처럼 하나님을 훼방한 죄로 이 무섭고 깊은 연옥에 빠지지 않도록 합시다. 우리가 조심해서 행하지 아니하면 많은 것이 우리를 막을 것입니다. 앞에서 말한 대로 모든 사람은 자신에 대해서 조심을 해야 하며 하나님에게 우리를 단단히 통제해 달라고 기도드려야 합니다. 그리할 때 우리는 하나님에 의해서 깨우침을 받았으므로 맹수가 되지 않았으며 무지로 인해서 이 가증스러운 배반자들이 하는 것처럼 하나님이나 우리 주 예수 그리스도에게 달려드는 일은 없을 것입니다. 내가 부탁합니다만 그러한 불복을 두려워합시다. 그렇지 않으면 하나님의 독생자께서는 모든 믿는 자의 구원을 위하고 하나님의 왕국을 건설하는 과정에서 장애물이 될 것 같은 자들을 모두 멸망시키고 정죄하는 데 사용하라고 주신 그 막강한 힘을 우리에게 행사하지 아니할 것입니다.

7

"우리 주의 은혜가 그리스도 예수 안에 있는 믿음과 사랑과 함께 넘치도록 풍성하였도다. 미쁘다 모든 사람이 받을 만한 이 말이여 그리스도 예수께서 죄인을 구원하시려고 세상에 임하셨다 하였도다 죄인 중에 내가 괴수니라"(딤전 1:14-15).

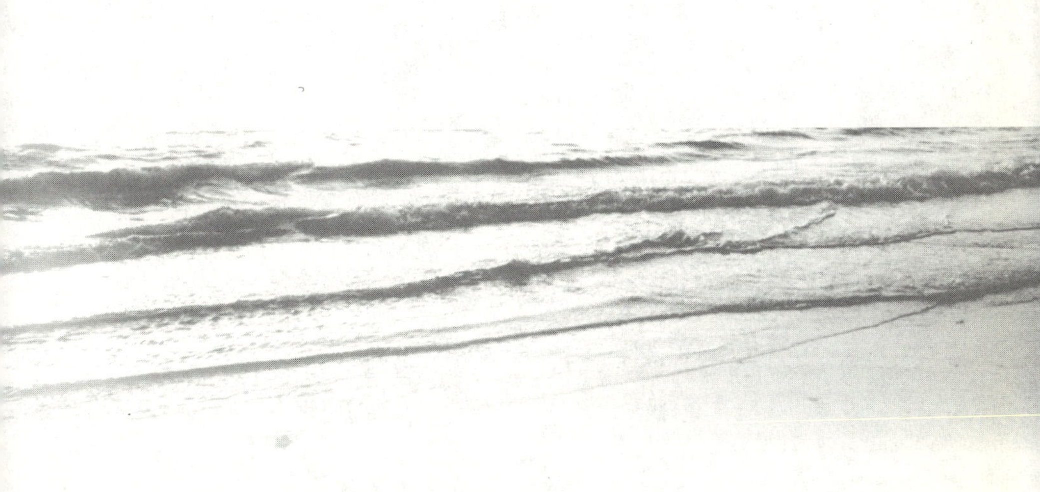

우리는 사도 바울이 여기서 자신이 무지하였음을 강조한 이유에 대해서 생각해 보았습니다. 그가 자신의 죄를 축소하기 위해서 그렇게 말한 것이 아니라고 우리는 말했습니다. 우리는 곧 그것에 대해서 자세하게 다룰 것입니다. 그러나 그렇게 하기 위해서 하나님에 대한 지식과 하나님의 믿음 안에서 깨우침을 받은 자들은 그들이 하는 일을 겸손하게 행해야 하며 그들이 알고 있는 하나님과 하나님의 진리에 맞서지 않도록 조심해야 합니다. 사람이 하나님에게 원한을 품고 하나님에게 반대하기 위해서 하나님의 영광에 맞서 싸우고 그분의 진리를 폐하기 위해서 돌아다니는 죄는 용서받을 수 없는 죄입니다. 그런 사람은 저주를 받지 않을 수 없으며 심하면 추방당할 것입니다. 그러므로 우리 자신을 돌아보고 만약 하나님이 우리의 무지를 용서해 주셨다면 우리가 하나님을 노엽게 해드려서는 안된다는 사실을 알아둡시다. 하나님의 복수를 유발하고 하나님에게 반항하는 행위가 지나치고 그것도 의도적으로 그렇게 했다면 우리는 사람에게 대항하고 있지 않고 하나님에게 대항하고 있다는 것을 알아둡시다. 그러면 믿지 않는 자들이 하나님과 싸우는 것이 나쁜 짓이라는 것을 알면서도 그렇게 하려는 생각을 하겠느냐고 물어볼지도 모릅니다.

사람에게는 불신이 가장 큰 무지라고 성경에 기록되어 있습니다. 우리가 하나님을 모른다는 것은 우리에게는 지각과 이성이 없다는 것입니다. 그렇다면 사도 바울이 그가 믿지 않은 것은 무지 때문이라고 말해서 그 문제를 혼란스럽게 만든 것처럼 보입니다. 그리고는 만약 유대인들이 영광의 주님을 알았었다면 그들은 결코 주님을 십자가에 못박지 않았을 것이라는 말도 했습니다(고전 2:8). 그것은 사람의 지혜는 하나님의 비밀을 알고 있을 만큼 그렇게 뛰어나지 못하다는 것을 증명해 보입니다.

그러나 만약 우리가 사람 안에 있는 두 가지 종류의 무지를 비교해 본다면 이 어려운 문제가 쉽게 풀릴 것입니다. 우리는 그것을 체험을 통해서 알고 있습니다. 어리석은 생각으로 들떠있는 몹시 무식한 사람이 있고 분별력이 부족한 사람들도 있습니다. 오늘날 천주교 신도들 가운데는 믿는 자를 핍박하고 복음을 향해서 몹시 화를 냄으로써 하나님에게 큰 제사를 드리고 있는 것으로 생각하는 자들이 많이 있습니다. 그들이 왜 그렇게 생각합니까? 그것은 그들이 하나님의 진리가 무엇인지 모르기 때문입니다. 그들의 머리 속에는 그들의 어리석은 예배의 모습이 새겨져 있어서 거기에 위배되는 것을 참지 못합니다. 그러므로 짐승과도 같은 그들은 완전히 무지했는데, 바울도 그리스도를 믿기로 회심하기 전에는 그중의 하나였습니다. 비록 그가 어려서부터 율법으로 많은 훈련을 받았으며 율법학자들 가운데 한 사람이었지만 무지하게 되지 않기를 바랐습니다. 그는 그 당시에 유대인들은 그들의 눈을 가리고 율법을 공부했기 때문에 늘 무식한 채로 남아 있었는데 그것은 그들에게는 올바른 푯대, 즉 예수 그리스도가 없었기 때문이라고 말했습니다(고후 3:14,15). 이러한 종류의 무지가 일단 한 사람을 사로잡게 되면 그 사람이 잘하고 있다고 생각하는데도 그를 악한 곳을 향해서 가라고 자극하고 재촉합니다.

이제 원한으로 인해서 죄를 짓는 자들에 대해서 생각해 봅시다. 오늘날 천주교에는 복음에 반대하여 싸우라는 말에 자극을 받지 않는 사람이 많이 있습니다. 그들의 탐심과 야망이 그들을 앞으로 밀어내며 그들에게 불을 붙일 것입니다. 그들은 자신이 하는 짓이 나쁘다는 것을 잘 알고 있으면서도 엉뚱한 생각을 하고 있습니다. 만약 복음이 번성하게 되면 그들의 전제정치가 약화되고 그들의 돈지갑이 전처럼 뿌듯하지는 않을 것이라는 생각을 하고 있습니다. 이것이 그들로 하여금 예수 그리스도에게 맞서게 하는 자극제가 되었습니다. 몹시 화를 내면서 앞으로 밀고 나아가는 자들은 구제불능이기 때문에 그들이 어떤 사람인지 우리는 정확하게 판단할 수 없습니다.

그럼에도 불구하고 그러한 사람들이 많다는 것을 체험을 통해서 알고 있습니다. 하지만 그와 같은 사람들은 장님짓을 중단하지 않습니다. 하나님께서는 그들에게 변명을 하지 못하게 하기 위해서 당신의 환한 빛을 그들에게 비추시지만 그들은 광란에 빠져 탈선합니다. 그럼에도 불구하고 그들은 짐승처럼 되어서 사단에게 이리저리로 끌려다니게 되며 마침내는 그들이 완전히 목석처럼 됩니다. 불신자는 그와 같이 무식합니다. 하지만 그것은 단순한 무지가 아닙니다. 그것은 차라리 저주받은 반역을 동반하는 광란입니다. 왜냐하면 그들은 어떠한 방법으로든지 하나님께서 그들이 그렇게 하는 것을 허락하신다는 확인을 받을 수 없고, 또 그들이 하나님을 섬기거나 영화롭게 해드리기 위해서 돌아다니는 것이 아니기 때문입니다. 이것으로 보아서 우리는 사도 바울이 자기의 죄가 사함받았다고 말한 데에는 이유가 있다고 쉽게 결론 지을 수 있습니다. 특히 그는 무식했으며 그 당시에는 믿는 자가 아니었기 때문입니다. 이제 우리는 이 본문 말씀을 우리의 유익이 되도록 활용할 수 있는 보다 확실한 방법을 알게 되었습니다.

하나님께서 성령의 은혜로 사람들을 계발해 주실 때까지 사람들은 불쌍한 눈먼 장님에 불과합니다. 그래서 그들이 잘하고 있다고 생각했을 때에 그들이 하나님과 하나님의 말씀을 배반하고 있다는 것을 몰랐습니다. 그러니 우리가 무엇인지 곰곰이 생각해 봅시다. 만약 우리가 우리의 지식과 지혜의 인도를 받는다면 우리는 똑바로 걸어갈 수 없기 때문에 총명하신 성령께서 우리를 다스리셔야 합니다. 이것을 우리의 교훈으로 삼으십시오. 하나님께서 우리가 빠져있던 흑암과 같은 천주교에서 구출해 주신 것은 하나님의 큰 은혜며 긍휼이라는 것을 우리는 알아둡시다.

하나님께서 우리에게 당신의 무한한 선하심을 쏟아부으시고 우리가 그러한 혼란한 상태에서 멸망하는 것을 용납하지 않으셨을 때에 우리의 모습은 처량하고 처참했습니다. 하나님께서 우리를 불러내시고 복음에 대한 모든 것을 알려주셨으니 우리는 온전히 그분의 신하가 되고 우리의 모든 악한 감정과 우리의 모든 육체적인 쾌락을 억제해야 한다는 것을 알아둡시다. 왜냐하면 우리 안에 있는 것은 악뿐이기 때문입니다. 그리고 무엇보다도 하나님께서는 당신의 마음을 털어 놓으셨으니 우리는 하나님에게 맞서지 않도록 조심하고 또 우리는 하나님의 뜻을 알고 있으니 하나님의 뜻을 어기지 않도록 조심합시다.

자, 이제 **"하나님의 은혜가 그에게 점점 더 풍성하게 내렸다"**고 바울이 한 말에
대해서 생각해 봅시다. 앞에서 말한 바와 같이 거기에는 자신의 죄를 축소하려는
의도가 전혀 없다는 것을 분명하게 보여주었습니다. 만약 복음의 교훈에 반대하여
그렇게 싸우는 것이 작고 가벼운 잘못이었다면 그것으로 끝내고 아무말도 하지 않
았을 것입니다. 그러나 그렇지 않았기 때문에 그는 하나님께서 그를 긍휼히 여기
셨다고 말했습니다. 그리고 그에게는 놀라운 은혜가 점점 더 풍성하게 내렸다고
말했습니다. 이것이 그가 꾸며서 하는 이야기입니까? 그렇지 않습니다. 그는 그의
죄는 극형을 받아 마땅하며 매우 중하기 때문에 하나님의 은혜가 그렇게도 무섭고
도 중한 죄를 삼켜버리는 밑이 보이지 않은 깊은 함정이 되어야 한다고 주장하고
고백했습니다. 그것은 눈여겨 볼 만한 말입니다.

만약 우리가 하고 있는 것이 옳다는 어리석은 생각만을 가지고 우리가 무엇을
하고 있는지도 모르면서 하나님에게 큰 죄를 짓게 되어 우리가 사악하고 반역하는
계략에 휘말려 하나님과 싸우게 된다면 우리는 무슨 말을 하게 되겠습니까? 만약
성경에서 그러한 죄를 용서받지 못할 죄, 즉 이 세상에서나 앞으로 올 세상에서나
결코 용서받지 못할 죄라고 한다면 우리는 놀라겠습니까? 우리 주 예수 그리스도
께서 말씀하신 것처럼 이것이 하나님의 존엄하심이며 엄격하심이라고 생각해야
합니까? 그렇지 않습니다. 사실은 이것이 우리로 하여금 우리의 고개를 숙이게 하
고 우리 모두를 속박할 필요가 있다는 것을 알게 해야 합니다. 그리고 우리에게는
본래 못된 짓을 하는 경향이 있기 때문에 하나님께서 성령으로 우리를 다스리지
않으시면 우리는 모두 파멸하게 됩니다.

사실 하나님께서 우리의 목전에 세워주신 본보기는 우리로 하여금 그것을 철저
하게 느끼게 해야 합니다. 우리가 알고 있는 바와 같이 하나님의 말씀을 어떠한 방
법으로든지 무시하거나 남용하는 자들은 처음에는 그것을 농담거리로 삼지만 하
나님에게 완전히 반항하려고 하지는 않습니다. 불량한 짓을 하고 부도덕한 생활을
하며 무절제한 생활을 하고 온갖 방탕한 생활을 한다는 것은 그들에게는 소일거리
에 불과합니다. 후에 그들이 곪아서 하나님을 몹시 괴롭히며 특히 하나님께서 그
들을 철저히 고쳐 주려고 하실 때와 어쩔 수 없이 그들에게 박차를 가하실 때에 그
렇게 합니다. 그리고 그들이 매일 매일 더 악하게 되어서 마침내는 성난 마귀로 변
해서 진리와 맞서게 됩니다. 하나님께서는 그들의 모습을 거울을 통해서 우리에게
보여주시니 모든 사람들은 자신을 겸손히 하고 열심과 부지런함을 다하여 좋으신

하나님께 기도를 드립시다.

하나님께서 전에 우리를 기쁘게 맞이해 주셨으니 우리를 모든 유혹에서 건져내실 때까지 우리를 꽉잡아 주실 것입니다. 이것이 **"하나님의 은혜가 그에게 점점 더 풍성하게 내렸다"**고 바울이 한 말을 통해서 우리가 알아두어야 할 점입니다. 그는 **"우리 주 예수 그리스도 안에 있는 믿음과 사랑으로"**(**By faith and love which is in our Lord Jesus Christ**)라는 말을 첨가했습니다. 여기서 사도 바울은 자신이 구원의 갈에 접어들게 된 방법과 수단을 알려주려고 합니다. 즉 하나님께서는 그에게 믿음을 주셨으며 그를 상냥하고 과묵하게 만드셨을 뿐만 아니라 복음을 가장 기쁘고 즐겁게 받아들이게 하셨으며 믿음 안에서만 즐거움과 기쁨과 위안과 안식을 누리게 하셨습니다.

한편 이것을 더 잘 이해하기 위해서 바울이 회심하기 전에는 그에게는 어떤 것들이 있었는지 생각해 봅시다. 그에게는 믿음 대신에 불신밖에 없었으며 그는 불쌍한 눈먼 장님이었으며 성난 짐승과 같았습니다. 하지만 그는 어려서부터 율법의 가르침과 유대교의 종교교육을 받으면서 성장했습니다. 그럼에도 불구하고 그는 율법과 그의 선조들과 조상에서 물려받은 종교에 맞서서 싸웠습니다. 사도 바울은 그가 계속해서 견지해 오던 불신앙 대신에 믿음을 선물로 받아서 완전히 새사람이 되었습니다. 그는 우리가 알고 있는 것과 같이 살기가 등등했으며 잔인하기 이를 데 없었으며 무고한 피를 흘리게 하는 데 혈안이 되어있는 복음의 잔인한 원수였습니다.

그럼에도 불구하고 하나님께서는 그로 하여금 복음의 맛을 보게 하셨을 뿐만 아니라 그에게 사랑의 불을 붙여서 빌립보서에 기록된 대로 자기 자신에 대해서 잊어버리고 자기의 생명을 중요하게 여기지 않았으며 자기의 명예를 더러운 배설물로 여겼습니다. 이렇게 해서 우리는 사도 바울이 무슨 목적으로 우리의 주 예수 그리스도께 속하는 사랑과 믿음에 대해서 이야기하고 있는지 알게 되었습니다. 그는 자신의 덕을 주장할 수 있다거나 그에게 그런 말을 할 만한 자격이 있다는 뜻으로 그런 말을 한 것은 아닙니다. 더욱이 하나님에게 감동을 드리기 위해서 한 것이 아닙니다. 그와 반대로 하나님께서 그에게 긍휼을 베푸시기 전에는 그에게 믿음이 없었으며 잔인하고 사나운 짐승 같았음에도 불구하고 믿음과 사랑을 그에게 주셨다는 것을 보여주려고 했습니다.

그럼에도 불구하고 우리에게는 두 가지가 생각나게 합니다. 그중의 하나는 사도 바울이 직접 주장한 내용입니다. 우리 자신도 그것을 활용해야 합니다. 그것도 예외없이 활용해야 합니다. 왜냐하면 하나님께서는 사람들을 구원으로 부르실 때에 다른 방법으로 부르지 않으시고 이 방법으로 부르시기 때문입니다. 다시 말하면 그들에게 사랑과 믿음을 주심으로써 그들이 구원을 받게 하십니다. 그렇게 되면 우리는 하나님의 나라의 상속자가 됩니까? 우리가 태어나서부터 처해있던 파멸에서 구원받게 됩니까? 사도 바울이 여기서 우리에게 보여주는 그 방법을 꽉 잡읍시다. 즉 우리가 하나님의 독생자께로 나갈 수 있고 또 예수 그리스도가 우리에게 보내지셨다는 것을 알 수 있도록 하나님으로 하여금 우리의 눈을 밝혀주시게 합시다. 그렇게 해서 우리의 구원을 예수 그리스도 안에서 찾고 그러한 선물과 보물, 즉 믿음을 하나님께서 복음을 통해서 우리에게 주시는 대로 받아들입시다.

그렇게 하면 우리는 사랑을 갖게 되고 하나님과 화해를 하게 되고 하나님의 신하가 되며 하나님에게 굴복하게 됩니다. 그리고 우리는 우리의 이웃과 연합하고 참 형제관계를 유지하면서 살아갑니다. 이것이 우리가 하나님께서 복음을 통해서 우리에게 주시려고 하시는 구원을 얻기를 간절히 바랄 때에 우리가 누릴 수 있는 것들입니다. 이것을 규율을 삼아 잘 지킵시다. 그러나 이것은 우리가 잘 실천하지 못하는 교훈입니다.

모든 사람들은 말로만 그들이 소망하는 것은 구원받는 것뿐이라고 합니다. 하나님께서 명령하신 대로 믿음을 통해서 하나님께 그리힌 순정을 바칠 만한 열의가 있는 사람이 몇 명이나 되겠습니까? 모든 사람은 자기 자신에게 빠져 있습니다. 우리는 하나님께서 우리에게 제시해 주시고 가르쳐 주셨던 것에 관심을 갖지 않습니다. 우리들 한 사람 한 사람은 우리를 빗나가게 하는 장애물들을 저지하기 위해서 이 본문말씀을 그 만큼 더 철저하게 잘 알고 있지 않으면 안됩니다. 우리가 일단 길을 출발해서 웬만큼 갔으면 사랑 안에서 뿐만 아니라 믿음 안에서 점점 앞으로 전진하도록 합시다.

우리가 명심해야 할 두 번째 요점은 믿음과 사랑은 하나님의 선물이며 사람들은 자기들의 마음대로 자기들 자신을 밝게 할 수 없다는 사실입니다. 사람들이 하나님을 한번 사랑해서 그들의 악한 마음을 바꾸어서 그들의 이웃을 제대로 사랑할 수는 없습니다. 그러나 우리는 이것을 위로부터 받아야 합니다. 우리를 성령으로 새로 지어주시는 분은 하나님이십니다. 우리가 믿음을 갖기 전에 우리의 눈을 뜨게 해주시고 우리에게 빛을 주시는 분은 하나님이십니다. 사도 바울이 여기서 이 두 가지는 하나님이 그에게 주신 것이라고 고백했을 때에 그는 우리에게 마치 우리가 사랑과 믿음을 우리의 능력으로 얻은 것처럼 가장해서는 안되며, 자신의 덕을 자랑해서도 안된다는 것을 가르쳐 주었습니다. 우리의 덕은 결코 자랑할 만한 것이 못되기 때문입니다. 그러나 우리는 믿음있는 자는 누구나 그 믿음을 하나님에게서 받아야 된다는 가르침을 받습니다. 그리고 사랑에 대해서도 그렇게 생각해야 합니다. 그러나 우리가 한번 실족하게 되면 자신의 믿음이 매우 약하고 자신의 사랑이 매우 연약하고 냉정하다고 느끼지 않는 사람이 하나도 없기 때문에 우리는 하나님에게 믿음과 사랑을 서로서로 보강해 달라고 기도드려야 합니다. 왜냐하면 우리는 믿음과 사랑을 하나님에게서 받아야 한다는 것을 알고 있기 때문입니다.

이제 **"미쁘다 모든 사람이 받을 만한 이 말이여 그리스도 예수께서 죄인을 구원하시려고 세상에 임하셨다 하였도다 죄인 중에 내가 괴수니라"**고 한 사도 바울의 말에 대해서 생각해 보기로 합시다. 여기서 사도 바울은 앞에서 언급했던 내용에 대해서 보다 상세한 고백을 하고 있습니다. 즉 자신이 복음에 반대하여 저지른 죄가 매우 크고 흉악하기 때문에 하나님께서 자신을 변화시키신 것은 하나님의 놀라운 기적의 역사였다고 고백했습니다. 그리고 우리가 우리의 구원과 우리의 죄사함을 더 확실하게 하기 위해서 사도 바울은 이 고백을 하나님의 모든 자녀에게 주는 전체적인 교육으로 활용했습니다. 그러므로 사도 바울은 하나님의 영광을 더 분명하게 드러내기 위해서 여기서 자신을 낮추었다는 사실을 주목합시다. 오늘 아침에 말한 대로 우리가 완전히 좌절되어서 지옥에 던지어져서야 비로소 하나님을 제대로 높여드리게 됩니다.

사람이 아무리 작은 것이라도 자기 자신의 공으로 돌리는 한 하나님은 그것으로 인하여 하나님께서 당연히 가지고 계셔야 할 권리를 약탈당하는 것이 되기 때문입니다. 그리고 사람들이 그들의 부끄러운 것을 감추고 그들의 더러운 것을 덮어두는 한 사도 바울이 로마서 3장에서 말한 대로 하나님은 당신에게 속한 것을 누리지 못하십니다. 그러한 곳에 그가 말하는 하나님의 영광이 있겠습니까? 확실히 모든 입이 다물어졌을 때에 우리가 하나님에게 얼마나 많은 빚을 졌는지 알게 될 것입니다. 그러므로 사람들이 벌을 받게 되고 자신을 완전히 정죄하고 그들이 가지고 있는 것은 저주와 비참한 것밖에 없으며, 그들은 버림받은 존재며, 그들은 아무것도 아니라고 고백할 때 즉 사람들이 이 정도로 낮아질 때에 비로소 하나님의 영광이 제대로 나타날 것입니다.

간단히 말하면 사람들이 자신의 약하고 부끄러운 죄를 감추기 위해서 입고 있는 모든 겉옷은 하나님의 영광을 가리우는 구름이 되기 때문에 하나님의 영광이 분명하게 드러나지 않으며 우리에게 그 영광을 발할 수 없습니다. 비록 구름과 안개가 끼어 있더라도 낮이 되면 우리는 조금 더 분명하게 볼 수 있는 것이 사실입니다. 그러나 하늘이 맑지 않으면 공기가 맑고 깨끗할 때처럼 그것이 분명하게 보이지 않습니다. 우리들 자신과 다른 사람들에게 우리가 하나님에게 얼마나 많은 신세와 빚을 지고 있으며 하나님의 선하심이 얼마나 크신가를 알려주기 위해서 우리는 우리 자신을 벗어버리고 우리의 죄를 드러내 보여주어야 합니다.

하나님은 우리 모두가 빠져있던 영원한 죽음에서 우리를 구원해 주시기를 기뻐하셨기 때문에 밑이 보이지 않는 가장 깊은 곳에서 우리를 건져 주셨습니다. 그러므로 사도 바울이 여기서 그러한 고백을 했을 때에 한 말을 잘 음미해 봅시다. 왜냐하면 그는 배은망덕한 행위로 인해서 그가 받았던 측량할 수 없는 유익을 줄이려고 하지 않는다는 것을 여기서 우리에게 보여주었기 때문입니다. 우리들 가운데서 사도 바울이 하나님에게 빚을 진 것보다 덜 진 자가 있습니까? 우리 모두가 복음을 핍박할 만큼 잔인하지 않았던 것이 사실입니다. 그런데 무엇이 그렇게 되는 것을 막았습니까? 우리의 몸 속에는 그와 같은 악이 있지 않았습니까? 만약 있지 않았다면 우리가 하나님의 은혜를 내팽개치고 당신의 거룩하신 진리를 발로 밟아버리는 짐승과 같은 인간이 되었겠습니까? 그로 인해서 우리가 하나님으로부터 완전히 버림을 받는 것이 마땅하게 되었습니다.

더욱이 우리가 얼마나 많고 얼마나 여러 가지 잡다한 죄를 지었는지 생각해 봅시다. 간단히 말해서 만약 사도 바울이 하나님의 긍휼하심을 찬양했다면 경험으로 보아서 우리도 최소한도 그렇게 해야 한다는 결론을 내려야 합니다. 그리고 그는 죄인 중에 괴수라고 한 말에 주목합시다. 그 말에는 그가 가장 크고 가장 흉악한 죄인이라는 뜻이 있습니다. 왜 그렇습니까? 바울이 앞에서 말한 것을 보면 율법에 따르면 그에게는 나무랄 데가 없으며 자신은 매우 공정하다고 믿고 있었습니다. 그것을 보면 그는 호색가나 술 주정뱅이나 대식가나 절도나 악하고 타락한 생활을 하는 자가 아니었던 것을 알 수 있습니다. 그런데 왜 그는 자신을 죄인 중에 괴수라고 불렀습니까? 하나님의 말씀을 거역하는 것은 비록 모르고 했거나 잘못하는 것이라고 생각하지 않고 했더라도 대단한 죄라는 것을 알게 되었기 때문입니다. 사도 바울은 모르고서 그렇게 했다고 했으며 또 하나님께서 우리를 굴복시키실 때까지 우리들 대부분이 가지고 있었던 만큼의 열의가 그에게 있었다고 했습니다. 그럼에도 불구하고 그는 이세상에서 가장 큰 죄인이라고 했습니다. 그가 여기서 이러한 고백을 한 것은 위선입니까? 말로는 내가 가장 큰 죄인이라고 하면서 자만심으로 꽉찼으며 많은 경건함이 있는 것으로 생각하는 자들이 많이 있습니다.

그렇지만 사도 바울은 내가 앞에서 언급했던 것처럼 그러한 사람은 아니었습니다. 그는 비록 사람들이 알지 못했다 하더라도 하나님 앞에서는 변명을 할 수 없으며 그들의 죄와 잘못이 매우 크기 때문에 하나님께서 그들에게 벼락을 치시는 것도 당연하다고 고백해야 한다고 했습니다. 이것은 앞에서 설명한 교훈과 일치합니다. 사실이지 만약 우리가 하나님이 요구하시고 가납하시는 가장 귀한 제사가 어떤 것이냐고 묻는다면 우리는 순종이 하나님이 기뻐하시는 가장 귀한 산 제물이라고 곧바로 말할 수 있습니다(삼상 15:22). 그러므로 믿음에서 나오는 순종을 모든 덕의 어머니라고도 합니다. 그것이 모든 덕의 원천이며 뿌리입니다. 그것이 없으면 사람들이 귀하고 중하게 여기는 덕도 연기에 불과하며 심지어 하나님이 저주하는 많은 죄와 같습니다. 우리가 어떤 사람을 야단 법석을 떨면서 칭찬하고 그를 마치 천사처럼 높이 떠받들더라도 만약 그에게 믿음에 의한 순종이 없다면 그에게 아무리 좋아보이는 것이 있더라도 하나님께서는 그를 버리실 것입니다.

그러므로 사람들이 "나는 그것에 대해서 생각해 보지 않았습니다. 나에게는 그렇게 보였습니다"라고 말하는 것은 크게 유익이 될 것입니다. 왜냐하면 그들은 하나님 앞에서는 그들의 생각과 또 그들의 명성과 함께 정죄를 받게 될 것이기 때문입니다. 이것은 얼핏 보아서는 우리가 이해하기 힘듭니다. 우리가 알고 있는 바와 같이 사람들이 하나님의 손에서 벗어나서 많은 샛길과 부정직한 방법을 구한다면 매일매일 많은 고통을 겪게 될 것입니다. 그들은 "내가 잘했다고 생각했는데 하나님은 나의 선한 뜻을 받아주려고 하시지 않습니다"라고 말할지도 모릅니다. 우리에게는 그러한 주장을 할 수 있는 것으로 족합니다. 왜냐하면 하나님 앞에서는 모든 가면이 아무 소용이 없기 때문입니다. 하나님은 유능한 재판관이라고 선포하셨기 때문에 사람들은 하나님을 순종하는 마음으로 섬기지 않을 때에 그들 안에 있는 것은 하나님 앞에서는 모두 배설물과 가증스러운 것에 불과합니다.

우리에게 결코 취소할 수 없는 이 한 가지 계율밖에 없더라도 그것으로 우리에게는 충분합니다. 그렇지만 우리는 조금 전에 다루었던 내용을 회상해 보아야 합니다. 즉 사람들에게 그렇게 무식한 면이 있다면 바울의 경우와 마찬가지로 얼마간의 감추어 놓은 위선과 완악한 원한과 반항심과 하나님을 경멸하는 마음도 있기 마련입니다. 비록 그는 하나님을 섬기려는 열성과 생각으로 불타고 있었지만 그는 자만심으로 가득찼으며, 제멋대로 행동했으며, 자신을 높이 평가했으며, 자신은 이 세상에 있는 가장 진실한 기독교 신자보다도 더 훌륭하다고 생각했습니다. 왜 냐하면 실로 그는 기독교 신자들을 아무도 용납하지 않았기 때문입니다. 그와 같 은 그의 자만심은 오로지 자신을 하나님에게 굴복시키 못했기 때문에 생긴 것이 아닙니까? 바울이 자기 자신을 그런 식으로 높이 평가했을 때에 그에게는 사단이 그를 홀리는 일 이외에 다른 일이 일어날 수 있었겠습니까? 왜냐하면 하나님께서 이러한 자만심보다 더 무섭게 책망하신 것은 없기 때문입니다.

만약 우리가 우리의 이웃을 도와주는 것을 자랑한다면 하나님께서는 그렇게 하 는 것을 용납하지 못하실 것입니다. 그럼에도 불구하고 우리가 하나님에게 다가와 서 코를 갖다대고 하나님을 멸시하는 짓을 하나님께서 어떻게 참아주시겠습니까? 사람들이 그렇게 건방지게 되어서 하나님에게 덤벼들 때 그들의 죄는 용서받을 수 있습니까? 이렇게 해서 우리는 사도 바울이 우리 주 예수 그리스도의 은혜에 굴복 될 때까지 어디에 빠져 있었는지 알게 되었습니다. 그는 자기 자신의 지식에 만족 하고 있어서 그를 복음으로 인도할 수 있는 사람은 아무도 없었습니다. 게다가 그 는 위선자였습니다. 한 사람들이 자기 자신을 정밀하게 조사해 보고 또 그들의 생 활을 자세히 검사해 보면 그들은 틀림없이 부끄럼뿐만 아니라 절망으로 압도당할 것입니다. 거기에서 만족을 얻는 사도 바울이 하나님 앞에서 깨끗한 양심을 가질 수 있었습니까? 없었습니다. 그는 가식으로 꽉 차있었습니다. 그가 몰랐기 때문에 진리에 온전히 반항한 것은 아닙니다.

우리가 사도 바울에 대해서 말한 내용이 다른 모든 사람들에게 적용되어야 합 니다. 그러므로 불신으로 인하여 배반하는 자들을 정죄하는 것을 더 이상 이상하 다고 생각하지 맙시다. 비록 그들이 나쁜 목적이나 원한 때문에 일어난 것이 아닌 척하고 또 그들이 할 수 있는 모든 피난처를 찾아 다닐지라도 바울이 보여준 대로 그러한 자들은 죄인 중에 괴수이기 때문에 하나님께서는 그들을 정죄하신다는 것 을 우리는 알고 있습니다. 이것에는 긴 설명이 필요합니다. 복음을 알고 있는 사람 들 가운데에서도 무식하기 때문에 죄를 범한다고 생각하는 사람들이 오늘날 많이 있는데, 그들은 모두 선한 사람들이며 그들에게는 원한이나 독, 또 그와 유사한 것 이 없습니다. 그러나 하나님께서 당신의 성령으로 우리를 다시 새롭게 해주지 않으시면 우리는 의롭게 되지 못하는 것이 확실합니다. 그러니 헛된 미신 속에 휩싸여 있는 자들에게는 위선밖에 없다고 결론을 내려야 합니다. 그렇지 않으면 성경 말씀이 거짓말이 될 것입니다. 이제 우리가 다른 사람들을 열심으로 정죄하는 것처럼 우리는 우리 자신을 의롭게 할 준비를 열심으로 하고 있습니다. 우리도 그들처럼 몹시 타락했다는 것을 눈으로 보면서도 그것을 알지 못합니다. 복음의 교훈을 이해하는 사람들은 그들이 과거에 믿었던 미신에 대해서 조롱하는 것밖에 달리 어떻게 말하겠습니까? 그렇게 말하는 것은 절대로 슬퍼하거나 유감으로 여길 일이 아닙니다. 그들은 중한 죄인이며 그러한 자들은 하나님 앞에서 용서 받을 수 없다는 것을 사도 바울은 직접 우리에게 가르쳐 주었습니다. 만약 호색가와 술주정뱅이와 살인자와 절도가 정죄를 받아야 한다면 하나님께서 우리를 크게 불쌍히 여기시고 당신의 무한하신 선하심과 긍휼을 우리에게 쏟아붓지 않으시면 우리가 용서받았다고 생각할 수 없습니다. 따라서 하나님을 섬기기 위해서 사람들이 많은 수고를 하고 노력을 하더라도 그들이 믿음으로 순종하지 않으면 그것은 전혀 아무 쓸모가 없게 된다는 것을 우리는 이 본문 말씀을 통해서 배웠습니다.

그러므로 선한 뜻을 가지고 있는 사람들은 모두 그들의 시간을 낭비하고 그들을 선하게 대해 주고 있다고 생각하는 모든 사람들에게 사기를 당할 뿐만 아니라 그들은 하나님을 노엽게 해드려서 무서운 죄를 더해갈 뿐입니다. 그들이 그들의 근황에 따라 미사에 참석하고 말광량이 짓을 하고 천주교에서 하나님을 섬기는 짓이라고 부르는 온갖 짓으로 스스로를 괴롭히지만 그들은 많은 죄인과 같으며 그로 인해서 그들은 지옥에 빠져 죽습니다. 그 문제에 대해서 마음껏 토론해 봅시다. 그리고 하나님께서 결코 취소할 수 없는 판결을 어떻게 내리시는지 지켜보십시오. 우리가 지향해야 할 중요한 푯대는 우리 자신을 믿음으로 드리는 순종에 맞추어 바치는 것이라는 것을 우리는 알아둡시다. 다시 말하면 우리의 삶이 온전히 하나님의 뜻에 따라 다스려 지도록 합시다. 그렇게 해서 하나님께서 우리가 빠져 있던 흑암과도 같았던 천주교에서 우리를 끌어내셨을 때까지 우리가 얼마나 처참했으며 어떠한 상태에 있었는지 알아둡시다. 우리는 우리가 하나님에게 지은 죄에 대해서 흐느끼고 탄식하면서 우리 하나님의 은혜를 찬양해야 합니다. 하나님은 파멸하는 지경에 처해 있는 많은 불쌍한 피조물들을 불쌍히 여기시기 때문에 그들이 하나님에게서 떨어져 나가는 것을 용납하지 않으실 것이며 그들이 하나님과 동행하고 끝까지 그들의 선한 싸움을 싸우도록 허락하실 것입니다. 우리는 이와 같이 이 본문 말씀 내용을 실천해야 합니다.

우리는 오늘 아침에 다루었던 내용을 더욱더 명심해 두어야 합니다. 모든 사람들이 자신이 죄인이라고 평범하게 인정하는 것만으로는 충분하지 않으니 우리는 모든 가식을 벗어버리고 우리의 죄를 고백해야 합니다. 우리는 하나님의 심판으로 자극을 받아 하나님의 긍휼을 받게 되기를 그만큼 더 갈망해야 합니다. 사람들이 나는 불쌍한 죄인이라는 단순한 생각을 갖고 있는 동안에는 그들은 하나님에게 매우 냉담합니다. 그래서 하나님께서 그들의 죄를 용서해 주셨을 때에 그들 자신이 하나님에게 많은 신세를 지고 있다고 생각하지 않습니다. 그러면 우리는 어떻게 해야 합니까? 사도 바울이 보여준 본을 따릅시다. 다시 말하면 우리는 죄인이라는 막연한 생각을 갖고 있을 뿐만 아니라 아니라 우리의 죄가 무엇이며 우리의 죄가 얼마나 흉악한지 자세히 알아보고 만약 하나님께서 우리에게 긍휼을 베풀어 주지 않으시면 우리가 어떠한 보복을 받아 마땅한지 자세하게 알아봅시다.

우리 모두로 하여금 우리의 마음속까지 더듬어 들어가서 우리들이 어떠한 생활을 해왔었는지 잘 알아보게 하십시오. 그렇게 해서 우리로 하여금 우리의 죄를 인정하게 하며 바울이 여기서 한 것과 같은 고백을 하게 하되 말로만이 아니라 자신을 온전히 준비시키고 우리가 죄중에 있는 것을 분하게 여기게 하십시다. 그렇게 해서 모든 사람들로 하여금 각자가 받은 분량에 따라 우리를 향하신 하나님의 측량할 수 없는 긍휼을 찬양하게 합시다. 그러므로 "나는 죄입니다. 나는 내가 인간이라는 것을 알고 있습니다"라는 하찮은 말을 집어치웁시다. 왜냐하면 우리가 그런 말을 하게 되면 하나님을 조롱하는 것처럼 보이기 때문입니다. 그러니 그런 말을 하기 전에 신중히 생각해 봅시다.

"나는 나 자신이 다른 사람들과 함께 정죄당할 죄인일 뿐만 아니라 하나님 앞에서 큰 죄를 지었습니다. 그래서 만약 하나님께서 나를 보호해 주지 않으셨다면 나는 훨씬 더 많은 구속을 받았을 것이다"라고 말하십시오. 이 사람은 어떻습니까? 이 사람이 정죄 받는 것이 내가 정죄받는 것보다 당연하지 않습니까? 우리의 이웃에 관한 일을 못본 체 하지 맙시다. 우리의 생활은 내버려 두고 그들의 생활만을 조사하지 맙시다. 모든 사람들로 하여금 자신의 죄를 고백하게 하되 우리 이웃의 잘못을 고하지 맙시다. 안타깝게도 나는 다른 사람들처럼 평범한 죄인이 아닙니다. 나에게는 너무 많은 잘못이 있기 때문에 나는 두렵습니다. 하나님께서는 내가 하나님에게 지은 많은 죄를 용서해 주시기 위해서는 나에게 크고도 특별한 은혜를 베풀어 주셔야 합니다. 그러나 이것이 말로만 하는 것이 되어서는 안되고 마음속으로부터 나와야 합니다. 우리는 사람들이 그렇게 말하는 것을 보게 되는데 그들은 이 세상에서 가장 지독한 위선자들입니다.

그들이 나는 이 세상에서 가장 흉악한 죄인이라고 말한다면 당신은 그들이 그들의 죄를 인정하는 것이라고 생각합니까? 만약 어떤 사람이 그들에게 다가와서 그 이야기를 해주면 그들은 사람들이 흔히 말하는 것처럼 그런 말을 한 사람이 누구냐고 물어볼 것입니다. 만약 어떤 사람이 그들을 비난하여 말하기를 안타깝게도 당신의 죄가 다른 어떤 사람의 죄보다 크다고 누가 감히 그렇게 말할 수 있습니까? 누가 나에게서 잘못을 찾아낼 수 있습니까? 자신들이 죄인 중에 괴수라고 고백해서 하나님을 우롱하는 짓만 하는 자들도 더러 있는 것을 우리는 보게 됩니다.

사도 바울은 그러한 가식을 사용하지 않았습니다. 그는 여기서 자신을 가장 흉악하고 가장 큰 죄인이라고 했으며 또 악과 파괴를 주관하는 대장으로 정죄했습니다. 그리고 그는 정말로 그렇다는 것을 알고 있었습니다. 어떻게 알았습니까? 왜냐하면 그가 하나님의 진리에 맞섰기 때문입니다. 그가 그렇게 생각했다면 신성으로 충만하신 예수 그리스도의 위대하심에 맞서는 것은 어떻습니까? 그리고 나는 예수님에게 맞서 싸웠으며 또 하나님의 형상을 따라 지음을 받은 내가 하나님의 지혜에 맞서 싸웠습니다. 나는 나의 구세주와 맞서 싸웠으며 나의 구원을 맡겨야 할 그분에게 맞서 싸웠습니다. 그분은 이 세상의 재판장이신데 나는 그분을 향해서 고개를 빳빳이 세우지 않았습니까? 모든 의로움과 모든 선의 완성이 담겨 있는 것은 복음말고 또 무엇이 있습니까? 그럼에도 불구하고 나는 그것을 모두 발로 밟아버렸습니다.

그러므로 사도 바울이 이 모든 것을 생각해 보고 **자신이 죄인 중에 괴수**라고 한 것은 당연합니다. 따라서 사람이 하나님 앞에서 자신을 정죄하기 위해서 자신의 생활을 조사해 보게 될 때에 이웃을 비난해서는 안됩니다. 만약 사람이 이 사람이나 저 사람에 대해서 철저히 조사해 보려고 하면 그는 자기 자신이 그들보다 더 흉악하다는 것을 알게 될 것입니다. 우리는 어느 누구에게도 저항해서는 안되고 하나님 앞에 출두해서 우리가 어떠한 삶을 살았으며, 하나님과 우리의 이웃을 향하여 어떻게 처신했는지 자세하게 진술해야 합니다. 우리가 이러한 과정을 거칠 때 우리는 확실히 사도 바울처럼 아무런 가식이 없이 "아! 내가 무엇이란 말이냐?"고 말할 수 있습니다.

　우리가 우리의 죄를 고백해서 우리 하나님을 영화롭게 해드리는 데에는 "주님! 만약 주님께서 나를 파멸에서 건져주시려고 주님의 손을 나에게 내밀지 않으셨다면 나는 어떻게 되었겠습니까?"라는 말만 하면 됩니다. 사도 바울이 여기서 말하는 것처럼 말입니다. 바울은 자신의 죄에 대해서 그러한 고백을 한 후에 이렇게 말했습니다. 존귀와 영광을 영원하시며 변함이 없으시며 우리의 영원하신 왕이신 하나님에게만 돌려드립시다.

　사도 바울은 이 말을 통해서 하나님께서 그에게 베풀어 주신 은혜를 온 세상 사람들에게 자세하게 설명해 주고 알려주기에 부족하다고 말했습니다. 그 말에는 그는 깊고 깊은 죽음의 나락에 빠졌었는데 하나님이 거기에서 그를 건져내셨다는 뜻이 담겨 있습니다. 그러므로 우리가 하나님의 선하심과 긍휼과 하나님께서 우리에게 당신의 은혜를 베푸시기 전의 우리의 비참한 상태에 대해서 생각해 보면 우리는 우리의 죄를 고백하게 될 것입니다. 그것도 참되고 진정으로 고백하게 될 것입니다. 왜냐하면 우리가 그것을 하나님 앞에서 하나님의 천사들 앞에서 모든 피조물 앞에서 선언하기를 두려워하지 않도록 하나님께서 증언하시기 때문입니다.

8

"만세의 왕 곧 썩지 아니하고 보이지 아니하고 홀로 하나이신 하나님께 존귀와 영광이 세세토록 있어지이다 아멘. 아들 디모데야 내가 네게 이 경계로써 명하노니 전에 너를 지도한 예언을 따라 그것으로 선한 싸움을 싸우며 믿음과 착한 양심을 가지라. 어떤 이들이 이 양심을 버렸고 그 믿음에 관하여는 파산하였느니라"(딤전 1:17-19).

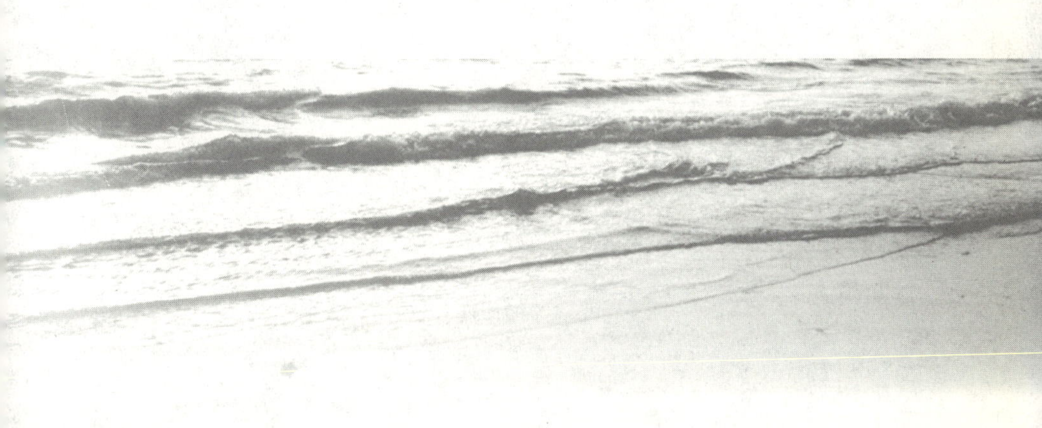

우리 는 앞에서 설명했던 내용을 기억하고 명심해 두어야 합니다. 사도 바울은 우리 자신이 죄인이라는 것을 알게 되면 하나님의 독생자께서 우리를 긍휼히 받아들이기 위해서 바로 우리 곁에 대기하고 계시다는 것을 의심하지 말라고 자신의 본을 통해서 우리에게 가르쳐 줍니다. 독생자가 이 세상으로 파송되신 것은 버림받은 세상을 구하는 것 이외에 다른 목적이 있었었겠습니까? 비록 우리가 우리의 속성상 남을 믿지 못하는 경향이 있지만 하나님의 독생자께서는 우리를 버리지 않으실 것이라는 점만은 굳게 믿어야 합니다. 그래서 우리는 그분께로 다가가서 그분이 모든 죄인들에게 다 주시겠다고 하시는 구원의 동참자가 되어야 합니다. 그러나 우리는 믿음을 통하지 않고서는 예수 그리스도 안에 있는 구원에 이르지 못한다는 것을 항상 잊지 말아야 합니다. 거기에는 우리가 진정으로 예수 그리스도께로 끌려 가려면 특히 올바른 감정을 가지고 끌려 가려면 우리 자신이 죄진 것을 안타깝게 여겨야 한다는 뜻이 있습니다. 왜냐하며 죄악 가운데에 있는 자신을 소중히 여기는 자는 하나님의 독생자께서 우리에게 주시는 구원을 받을 자격이 없기 때문입니다. 그리고 우리는 의심을 잘 하기 때문에 특히 문제가 우리가 하나님을 신뢰하는 것과 연관이 되어 있을 때에 사도 바울은 이 교훈을 받아들일 만한 가치가 있는 확실한 말이라고 확인시켜 줍니다.

하나님께서는 당신의 선하심을 의심하는 우리의 마음을 풀어주시려는 의도로 맹세까지 하셨습니다. 하나님께서는 당신이 약속하신 대로 우리를 친절하게 대해 주시겠다고 말로 하시는 것에 만족하지 못하시고 서약을 하셨습니다. 그러니 만약 하나님이 우리의 믿음 없음과 연약함을 도와주셨음에도 불구하고 우리가 그 약속 위에 안주하지 못한다면 그것을 믿지 못한 데 대한 책망을 그만큼 더 많이 받아야 합니다. 여기서 사도 바울은 감사의 말씀을 첨가했는데 그것은 보통 감사말이 아니고 절규였습니다. **"만세의 왕 곧 썩지 않고 보이지 아니하고 홀로 하나이신 하나님께 존귀와 영광이 세세토록 있어지이다."** 그는 그가 받은 은혜에 감격한 나머지 하나님의 이름을 영화롭게 해드리는 일에 기뻐 날뛰게 되었다고 이 말을 통해서 그것을 보여주었습니다. 바울이 처했던 환경에 대해서 깊이 생각해 보면 정말로 바울이 변한 방법은 가장 신기한 기적이었습니다. 이리가 변해서 양이 되게 하고 몹시 화가 나서 미친 듯이 날뛰는 사람으로 하여금 순교의 피를 흘리게 해서 곧바로 목자로 바꾸어 놓아서 얌전하고 온화한 마음을 갖게 하며 자만심으로 꽉 차있는 사람을 겸손한 사람으로 바꾸어 놓고 전에 술주정뱅이였던 사람을 온 세상 사람들의 존경을 받는 사람으로 바꾸어서 모든 비난과 비방을 달게 받게 만드는 것은 기적입니다. 하나님에게 반항했던 바울로 하여금 멍에를 메게 했으며 전에 그가 맞서 싸웠던 예수 그리스도의 종이 되기만을 소원하게 했습니다. 그러한 놀라운 변화가 일어났으니 사도 바울이 **"하나님께 존귀와 영광이 있어지어다"** 라고 외친 것이 무리가 아니라는 것을 알아두십시오.

비록 하나님께서 우리 모두를 다 그렇게 똑같이 다루지 않으실지라도 작은 자나 큰 자나 우리 모두는 하나님께서 우리에게 베풀어주신 놀라운 선하심을 찬양해야 할 상당한 이유가 있습니다. 만약 하나님께서 우리를 죽음과 지옥의 밑바닥에서 건져내시고 당신 곁으로 데리고 가지 않으셨다면 우리는 어떻게 되었겠습니까? 우리가 하나님에게 얼마나 많은 신세를 지고 있는가를 고백하려고 하나 우리가 하나님에게 얼마나 많은 빚을 지고 있는가를 표현하기가 불가능하다는 것을 알고 있기 때문에 우리가 하나님 찬양에 넋을 잃는 것으로 충분하지 않을까요? 그러므로 우리가 아무리 자주 우리의 구원에 대해서 생각해 보고 또 아무리 우리 모두가 복음을 많이 알게 되었더라도 우리는 이 감정과 사도 바울 안에 있었던 불타는 열정으로 감동되는 법을 배워야 합니다. 그렇게 해서 우리는 하나님 찬양을 우리가 마땅히 해야 할 만큼 다할 수 없다는 것만이라도 보여줍시다.

그리고 우리가 우리의 임무를 제대로 완수하지 못하게 되어 우리의 연약함을 고백하게 되면 하나님이 직접 우리의 부족한 점을 보상해 주십니다. 하나님은 겸손한 자의 제사는 가납하신다는 사실을 우리가 알게 된 것은 놀라운 일입니다. 우리는 그냥 이렇게 말하면 됩니다. "오 주님 나는 당신의 긍휼에 많은 빚을 지고 있어서 그것에 대한 생각만 하면 나는 그것에 빨려 들어갑니다." 이 몇 마디 말을 진실한 마음으로 한다면 하나님을 흡족하게 해드릴 것이며 하나님께서는 그 말을 가장 비싼 대가로 여기실 것입니다. 하나님께서는 우리를 그렇게 받아주시니 우리에게는 할 말이 더 많고 사도 바울이 여기에서 우리에게 보여주는 것들을 하기 위해서 우리 자신을 드러낼 훨씬 좋은 계기가 되지 않았습니까? 만약 우리가 매우 태만하고 몹쓸 악한이라서 우리가 하나님에게 신세진 분량을 제대로 고백하지 않는다면 우리가 어떻게 용서받을 수 있겠습니까? 하나님께서는 우리에게 향하신 당신의 긍휼을 늘리시고 구원을 받으러 나오라고 부르십니다.

우리는 사도 바울이 여기서 하나님에게 붙인 호칭을 눈여겨 보아야 합니다. 그는 하나님을 만세의 왕이라고 불렀으며 그 다음에는 "썩지 않는(Immortall)"이라고 했습니다. 그는 하나님을 보이지 않고 홀로 하나이신 분이라고 했습니다. 이러한 호칭은 항상 하나님에게 속하는 것이 사실입니다. 그러나 사도 바울은 하나님과 우리 사이에는 어떠한 차이가 있는가를 보여주기 위해서 그가 언급한 내용에만 그 호칭을 사용했습니다. 만약 하나님의 영광에 비견할 만한 귀한 것이 우리에게 있을지라도 우리에게는 선택의 여지가 없으며 우리는 하나님에게 예속되어 있어야만 합니다. 그러나 우리가 버러지에 불과하며 우리의 속성에는 처참함과 참옥함밖에 없으며, 거기에는 생명과 힘이 없으며 그 밖에 아무것도 없다는 것을 알고 있지만 우리가 무한히 높으신 분, 즉 하나님에게 이르게 되면 이것이 우리로 하여금 하나님을 더 힘껏 찬양하도록 그만큼 더 많은 자극을 주어야 합니다. 이렇게 해서 사도 바울이 하나님께 이러한 호칭을 붙여 드려서 무엇을 얻으려고 했는지 알게 되었습니다. 즉 하나님에게 썩지 않는 영광과 영원한 통치와 지혜로 입혀드린 것은 사람들로 하여금 자신을 낮추게 하고 하나님의 위대하심을 높여드리기 위해서입니다.

더욱이 사도 바울은 우리의 구원을 고려하여 우리가 준수하고 지켜야 할 전체적인 규율을 여기서 우리에게 주려고 했습니다. 만약 어떤 사람이 왜 하나님께서는 우리를 택하셔서 우리의 갈길을 밝혀주셨지만 많은 처참하고 불쌍한 자들은 흑암에 내버려 두셨으며, 왜 하나님은 우리를 변화시키셔서 성령을 통해서 우리를 하나님에게 향하게 하셨으나 다른 사람들은 어려움 가운데 남겨두셨느냐고 묻는다면 우리가 그들보다 더 훌륭하기 때문에 하나님이 그렇게 하셨다고 말할 수는 없습니다. 그러니 하나님께서는 당신이 내버려 두신 자들보다는 우리들을 더 좋아하셨기 때문이라고 말할 수밖에 없습니다. 우리가 그들보다 귀하지도 않습니다. 우리에게는 그런 것이 없습니다. 그렇다면 무엇이 있습니까? 그것에 대한 대답은 로마서 11장에서 찾을 수 있을 것입니다. 사람에게 선한 것은 아무것도 없습니다. 그들에게 있는 것은 혼란과 부끄러움뿐입니다. 하지만 하나님께서는 당신이 좋아하시는 사람을 받아들이시고 오라고 부르십니다. 하나님은 선한 것이 없는 사람들을 불러서 그들을 바꾸어 놓으시며 당신의 성령의 은혜를 통해서 새롭게 만드십니다. 그래서 죽음의 후계자가 될 수밖에 없고 저주밖에 없는 그들을 당신의 형상대로 만드시고 그들 안에 생명과 썩지 않는 씨를 심으십니다. 우리가 이러한 사실들을 알게 되면 우리는 놀라게 되고 사도 바울이 거기에서 했던 것처럼 외치는 것 이외에 아무 말도 하지 못합니다.

하나님의 은혜는 한이 없으시며 하나님의 방법은 이해할 수 없습니다. 그러므로 우리가 사도 바울이 겪었으며 모든 믿는 자에게 있어야 할 그 놀라움을 체험하지 못하면 우리는 결코 구원을 완전히 알지 못한다는 것을 명심합시다. 이것이 우리가 여기서 알아두어야 할 내용을 요약한 것입니다. 그러나 바울은 우리가 간단하게 다루었던 내용을 더 잘 더 완전하게 이해시키기 위해서 하나님을 세계의 왕이라고 불렀는데 거기에는 사람들이 하나님을 그들의 상식과 이성에 따라서 판단하는 건방진 짓을 해서는 안된다는 뜻이 담겨 있습니다. 왜 그렇게 해서는 안됩니까? 우리는 갑자기 생겼다가 조금씩 조금씩 사라지는 그림자에 불과하기 때문입니다. 그러면 하나님과 우리 사이의 거리가 얼마나 떨어져 있으며 하나님과 우리가 다른 점이 무엇입니까? 놀랍고도 변치 않는 섭리 안에 높이 계시는 하나님에게 올라갈 수 있는 사람은 아무도 없습니다. 그러므로 만약 우리가 하나님이 하시는 일을 올바르게 판단하려면 우리의 감각을 통제하는 방법을 배우고 고삐 풀린 망아지짓을 하지 맙시다. 우리는 그 영원한 왕국이 있는 곳까지 높이 올라갈 수 없습니다. 왜냐하면 우리는 즉시 사라지고 손바닥을 뒤집듯이 쉽게 변하는 피조물이며 우리 안에는 확실한 것이 아무것도 없기 때문입니다. 이것이 현실입니다. 우리는 하나님의 신비를 우리의 이성으로 도저히 이해할 수 없으니 하나님의 위대하신 신비를 숭상해야 한다는 것을 알아둡시다.

사도 바울은 그것을 더 확실하게 하기 위해서 **하나님은 썩지 않으신다**는 말을 첨부했습니다. 천사나 우리 혼과는 달리 **하나님 한 분에게만 죽지 아니함이 있다**고 성경에 기록되어 있습니다(딤전 6:16). 하나님께서는 천사를 썩지 않고 영원히 살린다는 조건으로 창조하신 것이 사실입니다. 사람의 혼도 그와 같아서 죽음을 통해서 사라지지 않습니다. 혼은 쫓겨나지 않습니다. 그러나 우리의 혼이 썩지 않는 이유는 그들 자신의 속성때문이 아닙니다. 그 생명은 그 내부에 간직되어 있는 것이 아니고 밖에서 빌려온 것입니다. 그런데 우리의 혼을 당신의 선하심으로 유지시켜 주시는 것이 하나님의 기쁨이 되었습니다. 이렇게 해서 그들이 존재하게 되고 살아남게 되고 그렇게 해서 죽지 않게 되었습니다. 천사들에 대해서도 그렇게 말할 수 있습니다. 만약 하나님께서 천사들을 그러한 상태로 보호해 주지 않으셨다면 그들은 멸절되었을 것입니다. 그러므로 사도 바울이 여기서 하나님을 죽지 않는 분이라고 부른 데에는 이유가 있습니다. 그는 그렇게 해서 우리에게는 생명이 없다는 것을 보여줍니다.

그리고 만약 우리가 사는 것은 우리 자신의 덕택이라고 믿을 정도로 어리석다면 우리는 우리 자신을 지나치게 속이는 것이 됩니다. 그러니 우리는 우리의 목숨을 하나님의 손에 맡기고 하나님은 당신의 은혜를 거저 주시는 것처럼 나머지도 모두 주시는 분이라고 고백합시다. 그리고 그는 하나님을 보이지 않는 분이라고 물음으로써 그는 우리가 하나님을 밑바닥까지 조사할 수 없으며 하나님의 신비와 하나님의 불가사이한 것들의 깊이를 잴 수 없다는 것을 보여주었습니다. 사람들이 하나님의 신비에 대해서 그들에게 허영된 한도를 넘어서 점점 더 많은 것을 조사해 보려고 몰두하면 할수록 그들은 점점 더 빛을 잃게 되고 마침내는 바보가 될 것입니다. 그러므로 우리는 사도 바울이 하나님을 보이지 않는 분이라고 부른 것은 온전과 경외를 가르쳐주기 위함이라는 것을 알아둡시다.

우리 안에는 자만심이 많습니다. 그래서 하나님의 이야기에 대한 질문이 나오면 모든 사람들은 함부로 입을 벌려서 지껄입니다. 우리들 가운데에는 하나님에게 우리의 기도를 들어달라고 기도하기는커녕 우리의 머리에 떠올리는 것은 무엇이나 곰곰이 생각해 보지 않고 말할 정도로 무모하지 않은 사람이 하나도 없습니다.

사람에게는 그러한 무모함이 있기 때문에 사도 바울이 사람들에게 하나님은 보이지 않는 분이라는 것을 가르쳐 주어서 그들을 구속하려고 했다 해도 이상하지 않습니다. 그렇게 해서 그들이 지나치게 호기심을 갖거나 하나님에 대해서 분에 넘치게 많은 것을 물어보지 못하게 하려고 했습니다. 하나님은 그런 방법으로는 보이지 않는 분이라는 것이 지극히 옳습니다.

그래서 하나님은 자신을 우리주 예수 그리스도를 통해서 우리에게 드러내 보이십니다. 하나님께서는 우리에게 알려지지 않은 많은 비밀을 유보하시기 때문에 우리는 거기에 접근할 수 없습니다. 그리고 비록 우리의 명철은 아주 단순하고 미완성이고 작고 조잡하기 때문에 우리를 알아보는 것은 놀라운 일이라는 것이 우리의 눈 앞에서 분명하게 입증되었습니다. 우리는 그것을 부끄럽게 여길지라도 예민하고 민감하게 될 것이며, 목뼈가 부려져 죽게 될 때까지 우리 모두는 높이 되려고 할 것입니다. 그러니 하나님이 스스로를 우리에게 완전히 드러내 보이신다면 사람들은 자신을 어떻게 표현하게 되겠습니까? 그러므로 우리 주님께서 성경에 기록된 분량대로 뜻을 말씀하시고 하나님에 대한 지식이 모든 사람에게 주어졌다는 것은 우리에게 좋은 일입니다. 그렇게 하는 것이 우리 주 예수 그리스도를 기쁘게 해 드리고 또 우리 주님은 그렇게 하는 것이 우리에게 유익이 된다는 것을 아시고 계셨습니다. 그럼에도 불구하고 하나님께서는 자신을 완전히 숨기지 않으시고 우리가 감당할 수 있고 합당한 만큼만 우리에게 알려주시려고 자신을 우리에게 보여주십니다.

하나님은 우리를 시기하지 않으십니다. 하나님의 신비는 우리에게 유익이 되기 때문에 우리는 그것에 대해서 많은 것을 알고 싶어합니다. 그러나 우리는 먼저 하나님이 자신의 일을 처리하실 때에는 보이지 않는 분이라는 것을 명심해야 합니다. 우리는 우리 주 예수 그리스도를 통하지 않고서는 하나님을 알 수 없다는 것을 그것으로 알게 됩니다. 이러한 이유로 예수님께서는 성경에서 자신을 보이지 않는 하나님의 형상이라고 불렀습니다. 그것은 마치 성령께서 우리가 전에 하곤 했던 어리석은 망상을 정죄하는 것과 같습니다. 그리고 하나님에 대해서 의심스럽게 생각하는 것이 있으면 모든 사람들은 자기의 마음이 내키는 대로 상상합니다. 사람들이 하나님을 이런 분일 것이라고 생각할 때에 그들은 수천 가지 잘못에 휘말리게 됩니다. 그러므로 우리는 예수 그리스도를 만나게 된 것만으로도 만족합시다.

예수님은 하나님의 형상이기 때문에 하나님을 보기 위해서는 우리 자신을 온전히 예수님에게 의지하면 됩니다. 이것을 우리가 기억해 두어야 합니다. 더욱이 우리는 우리 주 예수 그리스도의 학교에서 배운 내용을 알고 있다는 것에 만족합시다. 그분은 하나님의 형상이시되 흠이 전혀 없는 완전하신 형상이십니다. 그 형상은 반만 그려진 도안이 아닙니다. 왜냐하면 예수 그리스도 안에 신성이 가득히 들어 있기 때문입니다. 더욱이 그분 안에 모든 지혜와 명철이 숨겨져 있습니다. 그럼에도 불구하고 우리 주 예수 그리스도께서는 하나님 아버지를 우리가 감당할 수 있을 만큼 다시 말하면 우리가 이해할 수 있고 또 우리에게 유익이 되고 필요한 만큼만 우리에게 보여주십니다. 우리는 그만한 분량에 만족합시다. 왜냐하면 지나치게 많은 호기심을 갖고 우리 주 예수 그리스도의 학교의 수준을 뛰어넘으려는 사람은 완전히 자살하는 것과 같을 것입니다. 그리고 그것은 예수 그리스도께서 하시는 말씀을 듣기를 무시하고 예수 그리스도께서 당신의 복음을 통해서 우리에게 보여주시는 선명한 것을 바라보기를 무시하는 것과 같습니다.

사도 바울이 앞에서 말한 바와 같이 우리는 그것에 대해서 일부분밖에 알지 못하는 것이 사실입니다. 우리는 우리 하나님의 지식을 맛만 본 것에 불과하며 매일매일 그것에서 유익을 얻고 있습니다. 그래서 우리 삶의 전과정이 한 개의 도정에 불과하며 우리가 우리의 육신을 벗어버리지 않으면 지식의 완성을 이룰 수 없습니다. 다시 말하면 우리가 온전히 하나님의 형상을 닮지 않으면 우리는 영광 중에 계시는 하나님을 볼 수 없습니다. 그렇기는 하지만 사도 바울의 말과 같이 하나님은 또한 우리 안에서 성취되실 것입니다. 즉 불완전하고 조잡한 가운데서도 우리는 계속해서 하나님을 직접 대면할 수 있으며 하나님에 대한 비밀한 지식을 알 수 있기 때문에 하나님은 그것을 통해서 자신이 진정으로 우리의 아버지라는 것을 보여주십니다.

우리 주 예수 그리스도께서도 당신의 제자들을 종으로 여기지 않으시고 친구로 여긴다고 하셨는데 그것은 **"종은 주인의 하는 것을 알지 못하나 나는 자신을 알려주었으며 나는 너희에게 다정하게 말을 했으며 나의 하나님 아버지의 비밀을 다 너희에게 알려 주었기 때문이라고 하셨습니다"** (요 15:15). 이것은 우리 주 예수 그리스도께서 우리에게 향해서 사용하시는 놀라운 규율입니다. 즉 우리가 지금과 같이 죽어질 삶을 사고 있는 동안에는 우리 주 예수 그리스도께서는 우리에게 완전한 지식을 알려주지 않으시고 우리의 능력에 따라 알려주십니다. 그렇지만 우리에게 유익이 되는 것을 계속해서 계시하시기 때문에 우리는 하나님에게 마음 놓고 접근할 수 있으며 우리에게 편리하고 이로운 대로 하나님의 비밀을 이해하게 됩니다.

우리는 사도 바울이 하나님은 보이지 않는다고 한 말을 두고 많은 생각을 했습니다. 그러나 이 교훈을 흡족할 만큼 잘 이해하고 있다고 생각하는 사람은 확실히 아무도 없을 것입니다. 우리가 보는 바와 같이 불쌍한 세상 사람들이 자신의 어리석은 무모함 때문에 방황하고 탈선하며 하나님에게서 멀어지며 도를 지키지 않습니다. 이 한 마디 말만이라고 잘 알고 있으면 우선 무모한 대담성이 모두 우리 안에서 사라질 것입니다. 왜냐하면 그렇게 되면 모든 사람들은 가야할지 가지 말아야 할지를 알게 될 것이기 때문입니다. 하나님이 어떤 분이신가를 알아보려고 할 때에 우리는 이해할 수 없는 깊은 함정에 빠지게 됩니다. 우리는 우리 자신을 거기에 밀어넣고 아무렇지도 않게 생각합니다. 사실은 이러한 방법을 통해서 사람들은 많은 죄에 홀리게 되고 악하게 되고 마귀처럼 악랄한 많은 공상에 사로잡히게 됩니다. 그러한 일은 하나님은 보이지 않는 분이라는 것을 모르기 때문에 일어나기도 합니다. 사람들은 하나님의 형상을 통해서 하나님을 만나야겠다고 생각했을 것입니다. 그러나 우리 주 예수 그리스도를 통하는 방법 외에는 다른 방법으로는 하나님을 알 수 없습니다. 우리가 알고 있는 바와 같이 사람들에게는 그들을 흥분시키며 그들로 하여금 그들에게 주어진 것 이상의 것을 알려고 하는 광란이 있기 때문에 사람들에게 이 도를 깨우치게 하기가 불가능합니다. 한편 그들은 벌판을 올라갔다 내려갔다 헤매고 있습니다.

요한복음 15장 말씀과 같이 우리를 하나님으로 인도해주는 길은 하나밖에 없습니다. 나는 길이요. 진리요 생명이라고 하신 예수 그리스도를 통하는 방법밖에 없습니다. 그러므로 우리는 이 가르침을 그만큼 더 많이 실천해야 하며 그것을 통해서 우리 자신을 훈련시켜서 우리가 예수 그리스도께 이르게 되고 또 예수 그리스도께 이르게 됨으로써 우리 자신이 예수 그리스도의 학교에서 겸손하게 교육을 받도록 합시다. 그리고 우리가 예수님을 알게 됨으로써 하나님의 영광 중에 우리가 온전히 새롭게 될 때까지 우리에게 유익이 되고 우리의 속성이 감당할 수 있을 만큼 하나님을 알고 있다고 말하도록 합시다. 우리는 이것을 통해서 하나님은 이상한 방법으로 역사하신다는 것과 우리를 복음의 지식으로 깨우쳐 주시기를 얼마나 기뻐하시는가를 알게 되었습니다.

하나님 자신에 대해서 말씀하자면 하나님은 보이지 않으십니다. 그것이 사실입니다. 그렇지만 하나님이 우리에게 보이게 하기 위해서 자신을 보여주시는 방법으로 찾고 계십니다. 그런 방법이 있습니까? 우리 주 예수 그리스도를 통하는 방법이 그것입니다. 이렇게 해서 우리는 믿음은 하나님의 기적이라는 말에 대해서 곰곰이 생각해 보아야 합니다. 비록 하나님은 우리에게 보이지 않으시고 또 우리가 어떠한 방법으로도 하나님에게 접근할 수 없지만 하나님께서는 믿음을 통해서 자신을 우리에게 보이십니다. 이렇게 해서 믿음에는 두 가지 요소가 들어있다는 것을 알게 됩니다. 하나는 겸손이고 다른 하나는 영광입니다. 왜냐하면 믿음 있는 자는 자신을 철저히 낮추어야 하기 때문입니다. 만약 우리가 불쌍한 장님이라면 우리는 어떠한 방법으로도 하나님의 위대하심을 이해할 수 없고 또 거기에 접근할 수도 없다고 생각할 것입니다. 따라서 믿음은 우리 안에 있는 모든 자만심과 외람됨을 모두 파괴해야 합니다. 한편 우리가 하나님의 선하심을 통해서 우리 자신을 자랑하고 뽐내는 것은 당연합니다. 왜냐하면 하나님은 우리를 우리의 분수 이상으로 높이기를 기뻐하시기 때문입니다. 이렇게 해서 본래 불가능했었지만 이제 우리는 하나님을 알게 되었습니다.

사도 바울이 이러한 호칭을 하나님에 붙여드려 하나님을 보이지 않는 분이라고 부른 후에 하나님은 존귀하신 분이라고 했습니다. 그는 이것을 통해서 사람들이 하나님과 하나님의 의로우심에 대해서 말을 하게 되면 사람의 모든 이성과 지혜는 부끄럽게 되고 경탄해야 된다는 것을 알려주었습니다. 그러므로 사람들로 하여금 하나님이 하시는 일에 자기들 마음대로 참견하거나 하나님과 말다툼을 하지 못하게 하십시오. 만약 우리가 우리의 몸 속에 불과 한 방울의 지식이라도 소유하려고 애쓴다고 해서 우리가 미친 사람이 됩니까? 그렇다면 인간의 지식은 무엇입니까? 두 배로 어리석은 것에 불과합니다. 왜 그렇습니까? 그늘은 하나님에게서 하나님에 속한 것을 강탈해갔으며 하나님을 해치려고 했기 때문입니다. 그들이 그렇게 함으로써 자신을 망쳐버렸을 뿐입니다.

그러므로 사도 바울은 하나님의 지혜에 대해서 말하면서 하나님과 피조물을 비교했다는 것을 잘 기억해 둡시다. 그래서 우리의 구원에 대해서 의문이 생기면 우리 자신은 아무것도 아니라는 것과, 우리는 아무것도 할 수 없다는 것과, 우리 안에는 귀한 것이 아무것도 없으며 가치있는 것도 없다는 것을 알아둡시다. 더 한 것은 우리에게는 생명도 없으며 힘도 없다는 사실입니다. 그러나 하나님 안에는 이 모든 것들이 있기 때문에 우리는 하나님에게로 달려가서 우리를 당신의 뜻으로 지도해 달라고 기도드려야 합니다. 그리고 우리의 모든 명철은 하나님에게 복종하고 우리를 사망의 골짜기에서 끌어내서 우리를 하나님이 그 원천이시며 원조이신 그러한 삶의 동참자로 만들어 달라고 하나님에게 간청하는 데 있다는 것을 알아둡시다. 그리고 우리가 쫓겨났던 하나님의 왕국으로 우리를 불러달라고 하나님에게 요구합시다. 비록 우리가 급히 지나가고 사라지는 그림자에 불과하지만 하나님은 스스로를 통해서 우리에게 꿋꿋함을 주시려고 하십니다.

사도 바울이 **"하나님께 영광이 세세토록 있어지이다"** 라고 말했으니 이것을 통해서 사람들이 스스로 몰락되고 아무것도 아닌 것보다 못하다는 것을 알아둡시다. 그가 한 말에는 우리가 구원과 관련이 있는 문제를 사람에게서 찾으려고 해서는 안된다는 의미가 있습니다. 또한 하나님께 우리에게 유익을 주겠다는 마음이 생기게 하는 동기를 사람에게서 발견하셨냐고 물어서도 안됩니다. 왜냐하면 하나님은 그것을 전혀 보지 못하실 것이기 때문입니다. 우리는 모든 영광의 주인이신 하나님에게 영광을 돌려드립시다. 그렇지만 일과성에 그치지 말고 살아서나 죽어서나 계속해서 하나님의 말씀을 전하고 하나님을 찬양합시다. 그러나 그것은 우리가 하나님 안에서 스스로를 즐기지 말라는 뜻은 아닙니다. 그러나 사람들이 하나님에게서 떨어지게 되면 그들은 어쩔 수 없이 그들의 부끄러운 것과 불명예스러운 것을 드러내게 되며, 모든 선한 것을 벗어버리게 됩니다. 우리가 전에 말했던 것처럼 그들에게는 저주밖에 없다는 것을 알게 될 것입니다.

만약 우리가 하나님을 바라보면 우리는 얼마간의 생명을 갖게 될지도 모르고 얼마간의 지혜를 갖게 될지도 모릅니다. 그런데 그것을 어떻게 갖게 되었습니까? 우리 안에 있는 생명은 하나님의 거저 주시는 선하심으로 인하여 우리에게 주어졌으니 그것은 하나님의 것이며 모든 찬양이 그분에게 드려져야 합니다. 그러므로 우리에게는 우리 자신에게 속하는 생명이 없으며 우리는 그것을 자랑해도 좋습니다. 그러나 하나님은 우리를 하나님 안에 있는 생명의 동참자로 만드신다는 사실을 알아둡시다. 그리고 하나님이 받아 마땅하신 찬양을 항상 드립시다.

이제 지혜에 대해서 이야기해 봅시다. 우리는 불쌍한 장님이지만 하나님께서 당신의 진리로 우리를 지도해 주시니 우리는 현명하게 되었습니다. 왜냐하면 복음은 사도 바울이 말한 것처럼(골 2:7) 지혜의 완성이기 때문입니다. 하나님은 지혜를 우리에게 그렇게 주시기 때문에 하나님은 항상 그것을 당신의 것으로 간주하십니다. 하나님이 사람들에게 지혜를 주신 것은 그것으로 하나님 자신을 해치게 하거나 그가 가지고 있는 아주 작은 것을 더 줄이거나 축소하려는 것이 아니고 하나님의 영광이 더 많이 나타나고 그것이 하나님의 모든 피조물에 쏟아질 때에 사람들로 하여금 그것을 알아볼 수 있게 하기 위함입니다. 하나님의 영광도 그렇습니다. 우리 주님은 당신의 영광을 자신의 몸 속에 가두어두지 않으시고 우리에게 나누어 주십니다. 하나님이 우리의 치부를 드러내서 우리를 완전히 엉망으로 만들고 대단히 혼란스럽고 부끄럽게 만들어서 우리가 우리 자신을 부끄럽게 여기게 되면 하나님은 당신의 영광으로 우리를 입혀주십니다.

그러나 하나님이 그렇게 하시는 것은 우리로 하여금 그 영광이 우리 자신의 것이라고 주장하게 하기 위한 것은 아닙니다. 왜냐하면 그것은 너무나 부끄러운 신성모독이며 예레미야 선지를 통해서 말씀하신 대로 우리는 하나님을 통해서 즐거워 해야 하기 때문입니다(렘 9:23). 사도 바울도 고린도전서 1장에서 그것을 주장했습니다. 이것이 우리가 본문말씀을 통해서 알아두어야 할 내용을 요약한 것입니다.

그 말을 한 다음에 사도 바울은 다시 디모데에게 이야기하기 시작했습니다. 하나님이 디모데에게 그렇게 귀하고 어려운 책임을 맡기셨으므로, 바울은 그에게 그의 직임을 잘 수행하고 충실히 이행하도록 간구했습니다. 디모데에게는 그가 주는 교훈이 경건하게 받아들여지게 하기 위해서 권한이 주어져야 하기 때문에(그는 젊은 사람이었기 때문에 쉽게 무시당할 수도 있었습니다.) 사도 바울은 그가 교회를 가르치는데 필요한 권한을 그에게 주었습니다. 그럼에도 불구하고 경솔하거나 자만심으로 꽉찬 자들이 많이 있어서 사도 바울의 명예를 훼손했기 때문에 그는 자기 자신의 이름으로 말한 것이 아니라는 것과, 자기 자신의 뜻으로 가지고 온 것은 아무것도 없다는 것과, 그는 하나님의 보내심을 받았다는 것과, 우리 주 예수 그리스도께서 그를 그렇게 탁월하게 만들어주셨다는 것과, 사실 그는 예수님의 이름으로 예수님을 대신해서 말했다는 것을 보여줄 필요가 있었습니다. 이러한 이유로 사도 바울은 그가 저지른 잘못과 그의 개종에 대해서 언급했으며 하나님의 선하심을 찬양했습니다. 그는 얼마 전까지만 해도 기독교 신자들의 원수였기 때문에 그도 거의 완전히 버림을 받은 거나 마찬가지였습니다. 그리고 이것은 그의 가르침을 더 공고히 하는 데 도움이 되었으며, 우리는 바울을 변화시키기 위해서 하나님이 행하였던 기적을 곧 보게 됩니다.

그러므로 바울은 자신의 권위는 물론 디모데의 권위도 세워준 후에 "아들 디모데야! **내가 너로 선한 싸움을 싸워 믿음과 착한 양심을 갖게 하기 위해서 전에 너를**

지도한 예언을 따라 명하노라"고 말했습니다. 사도 바울이 디모데에게 간청한 데에는 이유가 있었습니다. 왜냐하면(그가 다른 곳에서 말한 것처럼) 하나님의 집을 다스린다는 것은 책임이 가벼운 일이 아니기 때문입니다. 하나님께서는 당신의 진리가 교회 안에서 유지되게 하실 것인데, 그것은 말하자면 그것을 떠받쳐 주는 기둥이며 그것의 수호신입니다. 하나님은 천국의 신비한 모든 보물을 거기에 쏟아부으셨습니다. 그러므로 하나님께서 한 인간을 목자로 세우실 때에 그 책임이 매우 중요하고 존귀하기 때문에 우리가 많은 노력을 하지 않으면 그것을 통과할 수 없으며 우리의 능력으로 되는 것이 아니며 하나님께서 성령을 통해서 우리 안에서 역사하실 때에 가능합니다. 그렇기 때문에 사도 바울은 디모데에게 간구했습니다. 그러므로 사도 바울은 디모데 한 사람만에게만 이야기하는 것이 아니고 모든 백성들을 향하여 말했다는 사실을 잘 알아둡시다. 디모데는 도움을 받을 필요가 있었습니다. 왜냐하면 이세상에는 변덕스러운 심령이 없었을 때가 없었고 시기심이나 야망으로 가득찬 거만한 자가 없었을 때가 없었기 때문입니다.

이제 시간이 허락하는 대로 여기서 거론된 점들을 하나씩 검토해 봅시다. 바울은 디모데가 이 임무와 직임에 부름을 받기 전에 그를 지도했던 예언을 상기해 보라고 했습니다. 하나님께서는 이 사람을 큰 일에 쓰려고 하시기 때문에 그에게는 다른 사람들에게 보다 더 많은 것들이 허용되었습니다. 목자가 된 사람들이 다 예언에 의해서 그 자리에 부름을 받았다는 이야기를 우리는 읽어보지 못했습니다. 하나님께서는 디모데에게는 이것이 필요하다고 생각하심에 따라 그에게는 다른 모든 사람들과는 달리 특별히 이렇게 했습니다. 사실 하나님께서는 디모데를 유대인들에게 보내려고 하셨으며 그의 아버지는 이교도였기 때문에 그는 그 직분에 그렇게 적합한 편은 아니었으며 그렇게 잘 받아들여지지도 않았습니다. 그 이외에도 그는 젊었는 데 그것이 또한 그가 받아들여지는데 걸림돌이 되었으며 사람들로 하여금 그를 경건하게 보지 않게 하는 원인이 되었는데 그들은 마땅히 그를 경건하게 여겼어야 했습니다. 그러므로 이 사람을 강하게 세우려는 것이 하나님의 뜻이었기 때문에 하나님이 그를 지원해 주셨으며 하나님이 그에게 그 책임을 맡기셨다는 사실을 사람들에게 알리셨습니다.

사도 바울은 이 때에 이것을 디모데에게 상기시켜 주어서 디모데로 하여금 많은 자극을 받게 해서 **그가 맡은** 임무를 충실하게 수행하고 하나님의 놀라운 은혜가 지속되게 하고 그의 태만으로 인하여 그의 직무가 섞어지거나 아무 효과도 발휘하지 못하는 것을 막으려고 했습니다. 사도 바울이 디모데에게 전에 그를 지도한 예언에 따라 싸움을 하기를 바란다는 것을 사람들이 이상하게 여길지도 모릅니다. 하나님이 전에 세상 사람들에게 말씀하셨으므로 하나님의 목적을 좌절시킨 책임이 디모데에게 있지 않습니다. 하나님께서 우리에 대해서 무엇인가를 보여주신다면 그것을 완성할 책임이 하나님에게 있습니다. 왜냐하면 하나님 말씀의 효과는 사람의 뜻에 달려 있지 않기 때문입니다. 만약 하나님께서 우리에게 언질을 주셨다면 우리 자신을 과장하지 않고 우리 자신에게 의지하지 않는 것이 우리의 의무입니다. 그러나 하나님께서 우리에게 선언하신 내용이 우리로 하여금 더 많은 노력을 하게 만드는 자극이 되어서 우리가 할 수 있는 모든 능력을 다해서 하나님께서 우리에게 맡기신 임무를 완수해야 합니다.

하나님께서는 창세 전에 우리를 택하셨으니 변함없는 하나님의 섭리와 뜻을 뒤집어 놓는다는 것은 우리의 책임이 아닙니다. 하나님께서 그렇게 선택하셨으니 하나님께서 그들을 그렇게 통제하실 것이 확실합니다. 그리고 하나님은 요한복음 10장에서 말씀하신 대로 하나님이 당신의 독생자에게 주신 것은 없어지지 않을 것이라는 것을 널리 알리려고 하십니다. 하나님의 보호를 받고 있으며 하나님의 택함을 받은 충성스러운 우리는 잠을 청해서는 안되고 부주의해서는 안되며 확실하고 결코 실망시키는 일이 없는 하나님의 약속을 받아들이기 위해서 힘써야 합니다. 하나님은 그 약속을 통해서 아버지의 사랑을 우리에게 증거하시며 우리를 당신의 자녀와 후사로 택하십니다. 그러므로 하나님은 틀림없이 당신께서 전에 직접 말씀하셨던 것을 성취하실 것이라는 점을 우리는 확실히 믿고 있어야 합니다. 하지만 우리 자신이 부족한 것을 알고 하나님을 찾아가거나 하나님께로 달려가는 것을 그만두어서는 안됩니다.

하나님께서는 우리의 필요에 따라 우리를 도와주신다는 것을 알고 있지만 우리는 하나님을 찾아 가기를 지체해서는 안됩니다. 간단히 말해서 우리는 사도 바울이 빌립보서 2장에서 말한 내용을 실천해야 합니다. 우리는 모든 것을 하나님에게서 받았으며 하나님은 우리에게 뜻과 능력과 행함 자체와 하나님의 거저 주시는 선하심에서 나오는 모든 것을 주셨습니다. 그러므로 우리는 우리 자신을 살펴보고 두려워하고 떨면서 우리 자신에게 필요하고 부족한 것이 무엇인지 알아보면서 살아가야 합니다. 우리 자신은 부족하기 때문에 하나님에게로 나올 때에는 거지처럼 되어야 합니다. 우리는 술 마시며 떠드는 사람이 되어서는 안되며 우리의 날개를 활짝 펴서는 안됩니다. 그보다는 우리 자신을 우리 하나님의 날개 밑에 숨기고 하나님의 보호를 받도록 해야 합니다. 또 하나님에게 우리를 받쳐주시고 우리의 기둥이 되어 달라고 기도드립시다. 하나님은 우리의 필요한 것을 아시고 계시니 우리의 필요한 것을 다 채워달라고 기도드려야 합니다. 이러한 까닭으로 사도 바울은 지금 디모데에게 전에 그를 지도했던 예언을 따라 싸움을 하라고 했습니다. 왜냐하면 하나님이 비록 방해를 받을 수가 없을지라도 하나님의 섭리가 실천되어야 하기 때문입니다.

그리고 우리는 항상 우리의 직임과 직무에 유의해야 하며 하나님을 거역해서는 안됩니다. 그리고(앞에서 말한 것과 같이) 하나님은 우리가 결코 멸망하지 않도록 우리에게 관대하시며 우리를 보호해 주시고 우리를 택하셨다는 것을 보여주시니 그것으로 인해서 우리가 덕이 있다고 우쭐대서는 안됩니다. 하나님의 은혜를 만끽하기 위해서 우리는 고개를 담대하게 들어도 좋을 것입니다. 그러나 우리는 항상 우리의 연약함을 기억하고 있어야 하며 무엇보다도 우리가 하나님의 도움을 받지 못하면 사단의 먹이가 된다는 사실을 잘 알아둡시다. 왜냐하면 만약 하나님이 우리의 방패가 되어 주지 않으시면 우리는 완전히 벌거숭이가 되고 아무런 보호도 받지 못하기 때문입니다. 우리는 항상 하나님께로 달려가고 하나님의 이름을 부르도록 유념해야 하는 것처럼 조심해야 합니다. 이러한 까닭으로 바울은 디모데에게 더 있어야 할 것은 조심이라고 했으며 하나님도 그렇게 말씀하셨습니다. 간단히 말하면(우리가 지금은 더 구체적으로 다룰 수 없기 때문에) 우리 주님은 우리 앞에 당신의 언약을 제시해 놓으십니다. 또 하나님께서 우리에게 베풀어 주셨던 유익과 또 앞으로 베풀어 주실 유익을 보여주시는 것은 하나님이 우리를 잠재우려고 하지 않으신다는 뜻입니다. 우리는 이것을 알아야 합니다.

하나님이 우리를 선택하셨다는 것을 왜 우리에게 보여주십니까? 왜냐하면 우리는 아담 안에서 버림을 받았기 때문입니다. 하나님이 당신의 순수한 은혜로 우리를 부르셨다는 것을 왜 우리에게 보여주십니까? 왜냐하면 우리가 하나님에게 접근할 수 없기 때문입니다. 왜 하나님은 우리를 끝까지 지속시켜 주시겠다고 약속하셨으며 왜 우리에게 꺾이지 않을 절개를 주시겠다고 약속하셨습니까? 왜냐하면 우리가 갈대처럼 흔들릴 뿐만 아니라 우리 안에는 파리처럼 아무 힘도 없기 때문입니다. 만약 우리가 꺾이지 않는 하나님의 강력한 힘으로 떠받쳐지지 않고 보호받지 않으면 마귀가 금방 우리를 손 안에 넣고 우리를 넘어뜨릴 것입니다. 그러므로 우리 안에는 연약함과 나약함밖에 없다는 것을 우리가 알고 있지만 그럼에도 불구하고 하나님은 우리를 보호해 주실 수 있을 만큼 강력하시며 하나님의 힘은 우리의 연약함을 도와주실 수 있을 만큼 강하시다는 것을 알고 있으니 우리를 우리 하나님의 사랑에 맡깁시다.

우리가 하나님께로 날아가려면 우리에게 무엇이 필요한지 알고 있기 때문에 우리는 주님께로 와서 "주님이시여! 우리를 당신의 손으로 꽉 붙잡고 있는 것이 당신에게 기쁨이 되기를 바랍니다. 우리가 항상 당신의 날개 밑에 숨어 있게 해주시고 마귀가 우리에게 접근하거나 들어오지도 못하게 해주시고, 당신께서 약속하신 대로 우리의 산성이 되어 주십시오. 하나님은 그렇게 우리의 구원을 확인해 주셔서 우리는 의심하지 않게 됩니다"라고 하면 됩니다. 그리고 하나님은 우리가 잠드는 것을 원치 않으십니다. 우리는 나태해질 구실을 찾지도 맙시다. 그러나 하나님이 우리에게 느끼게 만드신 그 은혜에 의해서 우리가 완전하고 온전한 승리를 쟁취할 때까지는 하나님을 찾아 다니고, 이 세상에서 항상 싸울 준비를 하고 있게 하기 위해서 하나님은 우리를 겸손하고 조심하라고 교육하십니다.

9

"아들 디모데야 내가 네게 이 경계로써 명하노니 전에 너를 지도한 예언을 따라 그것으로 선한 싸움을 싸우며 믿음과 착한 양심을 가지라 어떤 이들이 이 양심을 버렸고 그 믿음에 관하여는 파선하였느니라"(딤전 1:18-19).

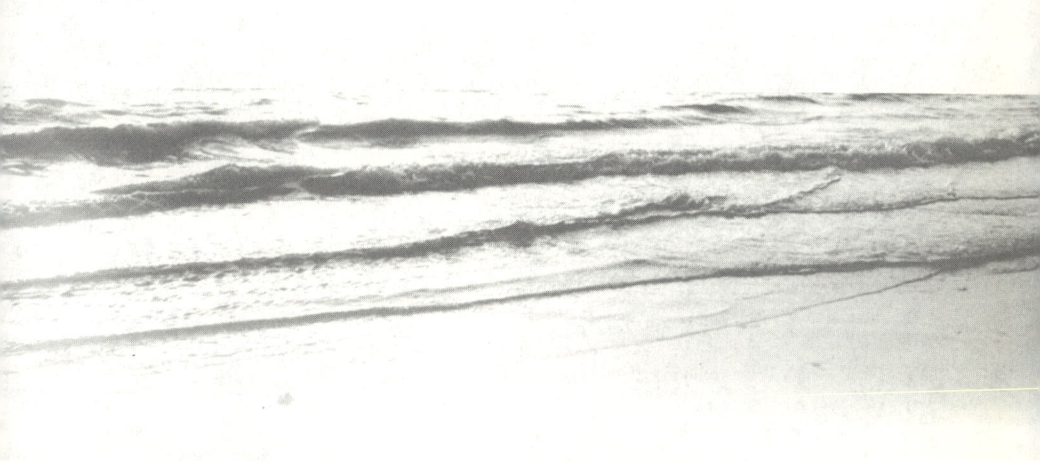

만약 하나님께서 우리에게 은혜를 베풀어 주시고 우리의 행위를 끝까지 지켜주시겠다는 귀한 약속을 우리에게 하셨을지라도 우리는 태만하고 무관심해서는 안됩니다. 그만큼 하나님을 찾아가고 그만큼 더 대담하게 찾아가고 또 우리는 가능한 모든 방법을 사용해서 하나님께서 우리에게 심어놓으신 덕이 무엇인가를 세워가도록 노력해야 합니다. 그리고 우리는 우리의 일을 추진해 나가기 위해서 이것을 명심해야 합니다. 여기서 사도 바울은 디모데에게 전에 그를 지도한 예언에 따라 선한 싸움 싸울 것을 간구했습니다. 하나님께서는 당신의 교회를 그만큼 더 신뢰할 수 있게 하기 위해서 이 사람에게 당신의 직분을 주려고 하시며 그에게 그러한 직분을 주는 것은 무모하지 않으며 또 사람의 생각에 따른 것이 아니고 하나님께서 그의 직분을 허락하셨다고 말씀하셨습니다. 나머지는 그에게 달려 있습니다. 그래서 사도 바울은 디모데에게 예언에 따라 싸움을 싸우라고 했습니다. 그말은 예언에는 성령의 증거가 많이 있으며 하나님께서 너에게 그것을 허락하시니 이것이 무엇인가를 이룰 수 있도록 하고 하나님의 목적이 실패하지 않도록 조심하라는 뜻이었습니다. 어떠한 사람이라도 하나님께서 하늘에서 이룩하셨던 것을 폐할 수 있다는 뜻이 아니고, 만약 우리가 조심하지 않으면 우리는 하나님의 섭리를 뒤집어 놓거나 망쳐버리려고 가능한 한 모든 짓을 다할지도 모른다는 뜻입니다.이것이 바울이 말하고자 하는 요지였으며 아무도 소득도 없는 것을 놓고 날카로운 논쟁을 버리지 말라고 했습니다.

그러나 만약 하나님의 은혜가 완전히 기대에 어긋났다고 해서 사람들에게 고마워할 일은 아닙니다. 왜냐하면 그들은 하나님께서 그들에게 맡기신 그 직무에 기꺼이 승복하지 않았기 때문입니다. 간단히 말해서 하나님께서 우리를 들어 쓰시고 우리를 다른 사람들보다 더 풍성하게 대해 주시는 것을 더 잘 인식하게 되니 우리가 온전히 우리 하나님에게 이르게 될 때까지 그만큼 용기를 내어야 합니다. 왜냐하면 만약 우리가 의심이 많아서 결단을 내리지 못한다면 우리는 한 발자국도 앞으로 나가지 못하고 선한 것에서 물러서게 되고 더욱이 완전히 쓸모없는 사람이 되기 때문입니다.

하나님께서 당신의 손을 우리에게 내미시고 우리를 인도하시고 그렇게 하시는 것을 좋게 생각하실 때에 우리는 용기를 내어 사단이 우리의 길에 설치해 놓을 수 있는 모든 방해물과 장애를 뛰어넘어야 합니다. 사도 바울은 디모데에게 전에 그를 지도한 예언에 합당한 자가 되기 위해서 그의 직무만 충실하게 완수하라고 명령하지 않고 싸움을 싸울 준비를 하라고 했는데 그렇게 하는 것이 마땅했습니다. 사도 바울은 디모데로 하여금 싸움을 싸우지 않고서는 그에게 맡겨진 직무를 완수할 수 없겠다는 생각을 하게 했습니다. 이것은 복음을 전할 책임을 맡은 사람들 모두에게는 흔히 있는 일입니다. 이것을 모든 믿는 자들에게도 해당되는 것이 사실입니다. 우리가 하나님을 섬기게 되면 반드시 사단이 우리에게 달려들 것이며 우리는 사단이 우리에게 가하는 강습에 대항해서 싸워야 합니다. 모든 사람들은 자신이 사방에서 공격을 받고 있다고 생각하지만 우리는 우리를 괴롭히고 아프게 해 주는 전쟁과 원수가 무엇을 의미하는지 알아보기 위해서 스스로 밖으로 나갈 필요는 없습니다. 우리는 많은 생각과 감정을 가지고 있으며 또한 많은 원수가 있는데 이것들은 우리가 하나님과 하나님의 말씀을 따르는 것을 방해합니다.

그리고 우리가 가는 길에는 사단이 뿌려놓은 유혹이 무한이 많습니다. 간단히 말하면 믿는 자들이 하나님을 섬기려고 할 때면 그들은 틀림없이 사단이 항상 손에 달고 다니는 많은 유혹에 맞서 싸워야 했던 것처럼 본성과 맞서서 싸워야 합니다. 특히 하나님의 말씀을 전하는 사역을 맡은 자들이 그들의 책임을 다하려면 싸워야 합니다. 복음을 통해서 우리에게 전해지는 구원의 교훈은 말하자면 교회와 주 예수 그리스도의 왕국과 사람의 행복의 핵심이기 때문에 마귀는 가능한 모든 수단을 다하여 크게 반항합니다. 그러므로 사단을 완전한 파괴할 필요가 있습니다. 그러한 까닭으로 복음이 전해질 때마다 마귀가 노해서 복음이 전해지는 경로를 차단하기 위해서 돌아다니며 가능한 한 많은 것에 불을 놓는데 그렇게 하는 것을 보면 미친 것 같습니다. 마귀에게는 많은 지지자가 있으며 우리가 알고 있는 바와 같이 그는 항상 이세상에서 새로운 도구를 발견하게 될 것입니다. 하나님이 우리를 변화시키실 때까지 그렇게 할 것이며 우리는 악한 짓에 빠져서 아무것도 아닌 것에 우리 몸을 굽힐 것입니다. 그러므로 사도 바울이 디모데에게 싸우라고 격려할 때 사용한 이 비유는 많은 것을 시사합니다. 그가 한 말에는 다음과 같은 뜻이 있습니다. 복음을 전할 책임을 맡은 사람들이 그들의 사역을 조용하게 아무런 반박도 하지 않고 완수하고 있다고 생각한다면 그들은 스스로를 속이는 것이 되며 그들은 성경말씀을 설명하는 것 이외에 아무것도 하지 않는 것이 됩니다.

마귀는 그들이 하나님의 말씀을 순수하게 전하는 것을 참지 못하고 그것에 반항할 것이며, 그것에 대항해서 일천 가지의 계략을 세워서 실천할 것이며 그가 할 수 있는 것을 모두 도모할 것입니다. 그러므로 우리도 싸움을 싸울 준비를 해야 합니다. 성경에서 싸움에 대해서 말씀하는 곳이 이곳뿐이 아닙니다. 예레미야에게는 **"그들이 너를 치나 이기지 못하리니 이는 내가 너와 함께하여 너를 구원할 것임이니라"**(렘 1:19)는 말씀이 주어졌는데 그것은 모든 사람을 향해서 주어졌습니다. 그러므로 우리의 주 하나님께서는 당신의 선지자에게 하나님께서 그들의 목에 메어놓은 멍에를 메라고 단순히 요구만 하지 않으시고 그들에게는 많은 반박자들이 생길 것이므로 그것에 대비해야 한다는 것도 알려주십니다. 사람들은 하나님의 빛을 싫어하며 가능한 한 그 빛을 피하려고 합니다. 왜냐하면 이것은 그들의 부끄러운 것과 흉한 것을 드러내보이며, 또 사람들은 암흑 속에서 악한 짓을 할 수 있는 자유만을 찾고 있기 때문입니다. 그러므로 하나님의 말씀이 전해지는 곳곳마다 점점 충돌이 많아지고 소란이 점점 많아지지 않을 수 없습니다.

우리는 천둥소리를 들을 때가 있는데 그것은 거기에 있는 물이 그곳까지 불어올라오지 못하게 할 때에 생기는 현상입니다. 서로 원수지간인 두 개의 물체가 하나로 결합될 때에는 둘은 어쩔 수 없이 서로서로를 치게 됩니다. 그렇게 해서 엄청난 폭력이 발생하게 됩니다. 하나님의 말씀은 그보다 더 합니다. 사람에게는 자만심과 오만함이 많기 때문에 하늘 스스로 그것을 알려줍니다. 만약 풋 나무를 태우는데 많은 고생을 해야 한다면 하나님의 의로우심에 몹시 반대되는 우리의 속성을 하나님의 의로우심에 맞추려면 어떻게 되겠습니까? 사도 바울은 그것이 복음에 나타난다고 했습니다(롬 1:17). 그러므로 복음을 전하는 것으로 하나님을 섬기려는 사람들은 모두 제일먼저 만사를 제쳐놓고 자신을 무장해야 하며 싸울 준비를 하고 있어야 하며 이것을 확실히 해야 합니다. 그들이 하나님의 말씀을 어떤 방법으로든지 전하게 되면 틀림없이 사단이 한쪽에서 온갖 방법으로 그들을 방해할 것이며 그러면 세계가 크게 소란해지고 요동칠 것입니다. 그러나 우리는 시종 일관하게 우리의 임무를 계속하며 우리의 목표를 성취해야 합니다.

사도 바울은 싸움에 대한 이야기를 한 다음에 이 세상에서 일어날지도 모르는 소요를 진정시키기 위해서 이 싸움은 선하다는 위로의 말을 첨가했습니다. 그가 한 말에는 예레미야서에 기록된 대로 우리에게는 승리가 약속되었으며 우리는 속임을 당할 수가 없기 때문에 그 싸움의 결과는 만족스러울 것이라는 뜻이 담겨 있습니다. **"그들이 너를 치나 이기지 못하리라"**(렘 1:19)고 기록되어 있습니다. 우리 주님께서는 이 세상 사람들이 비뚤어지게 될 것이며 항상 하나님의 말씀에 반항하고 하나님의 말씀을 들으러 오는 자들을 괴롭힐 것이나 마침내 악한 자들은 당황하게 될 것이라고 말씀하십니다. 그들이 더할 수 없을 만큼 많은 노력을 하게 되면 하나님께서는 끊임없이 그들의 사기를 진작시켜 주십니다. 사도 바울은 여기서 하나님의 말씀을 전하는 사역자들에 그들은 승리자이기 때문에 불안해하거나 실망하지 말라고 간구했습니다. 비록 싸움이 매우 힘들고 격렬할지라도 하나님께서는 당신의 손으로 그들을 단단히 붙잡고 계실 것이기 때문에 그들의 적이 결코 그들을 무찌르는 일은 일어나지 않을 것이라고 굳게 믿어야 합니다. 결국 그들에 대항하여 일어섰던 자들은 틀림없이 모두 멸절되어 없어질 것입니다.

우리가 여기서 주목해야 할 내용을 간단하게 요약해 보겠습니다. 하나님의 말씀을 가르치라는 부름을 받은 자들은 모두 미리 준비를 하고 있어야 하며, 준비를 하지 않고 와서는 안되며, 사단과 그의 지지자들에 대항하여 싸우기 위해서 하나님이 주시는 능력으로 무장해야 합니다. 이 목적을 달성하기 위해서 그들은 하나님의 뜻을 알고 있어야 합니다. 예수 그리스도께서 당신의 원수들 가운데서 다스리시고 세상 사람들은 그들에게 전해지는 진리에 반항하고 사람들은 그로 인해서 더욱더 변명할 수 없게 되는 것이 하나님의 뜻입니다. 사람들은 자신들의 불친절과 감사할 줄 모르는 속성 때문에 그들에게 주시겠다고 하시는 구원을 발로 밟아 버렸습니다. 하나님께서 그 문제를 그렇게 처리하셨으니 남아 있는 것은 우리를 필요로 할 때에 우리가 연약하게 되어 실족하지 않기 위해서 우리 한 사람 한 사람은 만반의 준비를 하는 것뿐입니다. 우리가 아무런 반박도 없이 복음을 잘 전할 수 있다고 생각하는 것은 우리를 속이는 것이 아닙니까? 그러한 일에 통해서 우리는 하나님을 거짓말쟁이로 만들게 됩니다. 스스로 그렇게 믿고 있는 자들은 하나님 말씀의 속성이 바뀌었다고 하나님을 설득시키려고 하며 또 하나님의 목적도 바꾸도록 종용하고 있습니다.

그러므로 우아해지고 싶고 그들의 직임을 충실하게 이행하는 데에는 많은 노력을 하지 않아도 된다고 믿고 있는 자들은 그들의 기대를 저버리게 되고 하나님의 조롱을 받게 된다고 해서 놀랄 일이 아닙니다. 더욱이 우리에게는 (내가 앞에서 다루었던 대로) 이 싸움은 선한 싸움이라고 우리를 위안해 줄 수 있는 좋은 이유가 있습니다(딤후 4:7). 우리가 다른 곳에서 본 바와 같이 나는 선한 싸움을 싸웠으며 나는 그 싸움을 승리로 끝냈습니다. 그는 하나님의 종들은 용기와 싸울 기분이 충분한 그들과는 같지 않다는 것을 여기서 보여줍니다. 그리고 위기가 닥치면 우리 주님은 당신의 손을 우리에게 뻗고 계시니 이 싸움의 승리가 이미 예고되었음을 우리에게 확신시켜 주십니다. 하나님의 약속이 우리에게 용기를 주어서 우리로 하여금 끝까지 싸움을 싸울 수 있게 합니다. 우리가 전쟁 중에도 하나님을 섬기는 것이 하나님의 뜻이라는 것을 알았으니 그것은 특별한 책임을 맡은 우리에게만 해당되는 것이 아닙니다.

하나님의 말씀에 반대하고 모든 것을 망쳐놓으려고 만 하거나 가라지를 심거나 모든 것을 황폐시키려고 하는 선동적인 백성들이 있을 때에는 모든 믿는 자들에게 하나님께서 그렇게 되도록 예정하셨기 때문에 그것이 그렇게 되어야만 했다는 것을 알려주십시오. 하나님께서 그렇게 되도록 예정하셨기 때문에 더욱이 그들로 하여금 사도 바울이 여기서 "의심하지 말아라. 하나님이 마침내 당신의 원수들을 혼란스럽게 만들어서 완전히 부끄럽게 하실 것이라"고 하신 약속에 소망을 갖게 하십시오. 우리 한 사람 한 사람은 자기 자신을 책임진 자로서 우리 주 예수 그리스도가 우리의 머리이시며 우리의 대장이시니, 우리의 삶은 말하자면 싸움의 연속이 되지 않을 수 없다는 것을 알아둡시다. 왜냐하면 하나님의 독생자의 불구대천의 원수인 사단은 결코 그리스도의 지체들을 편안히 있게 내버려 두지 않고 그들을 괴롭히고 귀찮게 하기 때문입니다. 그래서 우리가 이 세상을 사는 동안 불안만을 겪게 됩니다. 그러나 우리는 세상을 이기신 그리스도를 통해서 많은 용기를 얻고 예수 그리스도에 대한 우리의 믿음이 그 분이 쟁취하신 승리가 우리의 것이라는 것을 의심하지 않는 그런 믿음이 되게 합시다.

"이제 믿음과 착한 양심을 가지라. 어떤 이들이 이 양심을 버렸고 그 믿음에 관하여는 파선하였느니라"고 한 사도 바울의 말에 대해서 생각해 봅시다. 여기서 사도 바울은 믿는자들과 하나님의 종들은 우리 예수 그리스도의 깃발을 들고 싸움을 싸울 때 무엇을 공급받아야 하는지를 보여주었습니다. 즉 믿음과 착한 양심을 공급받아야 합니다. 우리는 하나님을 이렇게 섬겨야 하며 이것이 우리에게 필요합니다. 우리에게는 이것이 부족해서는 안되고 부족할 수도 없습니다. 사도 바울은 교회를 교육시키는 데 도움이 되는 선하고 순수한 교훈을 믿음이라고 했습니다.

그것에 대해서는 3장을 다룰 때 자세히 설명드리겠습니다. 하나님의 말씀을 전하라고 하나님의 보내심을 받은 자들이 처음으로 해야할 일이 이것이었습니다. 즉 그들은 순수한 교훈을 지속했으며 그들은 그릇된 망상을 발견하지 못했으며 그들은 참된 신앙에서 벗어나지도 않았습니다. 그러나 그들에게는 정정 당당한 정의가 있어야 합니다. 만약 우리에게 모든 사람들을 교화시키려는 열정이 없으며 모든 사람의 구원에 관심이 없으며 그 일로 하나님에게 영광을 돌리고 우리의 교훈으로 인도를 받는 사람들에게 길을 안내해 주고 또 본이 되겠다는 뜨거운 열정이 없는 한 우리가 다른 사람들을 성실하게 가르치는 것만으로는 부족합니다. 그래서 우리는 사도 바울이 이 두 말을 하나로 연합시켜 놓은 이유를 알게 되었습니다. 만약 어떤 사람이 힘이 세고 강력한 원수에 맞서 싸우라고 다른 한 사람을 보냈는데 그가 무기를 공급받지 못하고 병력의 지원도 받지 못하여 준비가 전혀 되어 있지 않다면 그는 어떻게 해야겠습니까? 그는 곧 정복당할 것입니다. 그러므로 사단과 같은 막강한 원수가 하나님을 섬기는 사람들에게 대적시키기 위해서 사단이 항상 대기시켜 놓은 무리들을 무찌르려면 우리는 규율을 잘 지키지 않으면 안됩니다. 다시 말하면 이 세상에는 악하고 반항하는 백성들이 많이 있으며 많은 유혹들이 사방에서 우리를 공격해 온다는 것을 알아야 합니다.

믿음과 착한 양심을 갖는 것이(내가 말했던 것처럼) 이것의 알맹이입니다. 즉 좋은 교훈으로 방패를 삼으며 또 하나님을 섬기겠다는 열성 뿐만 아니라 정직함과 솔직함이 있어야 합니다. 그러면 우리는 욕심이나 야망이나 그 밖에 다른 어떤 것에도 끌려다니지 않을 것입니다. 하지만 하나님을 존귀하게 해드리고 또 우리가 마땅히 해야 하는 대로 다른 사람에게 옳은 길을 보여주기 위해서 노력하는 것이 우리의 좌우명이 되어야 합니다. 모든 믿는 사람들은 이렇게 해야 하는 것이 사실입니다. 우리 모두는 돈독한 믿음과 착한 양심을 갖도록 주의해야 할 것입니다. 만약 어떤 사람에게 동전과 붙박이장이 있다면 그는 그 동전을 붙박이장에 넣고 단단히 잠글 것이며, 그의 눈을 거기에서 잠시도 떼지 않고 감시하고 있어서 아무도 그것을 훔쳐가지 못하게 할 것입니다. 그러나 금이나 은은 썩는 쇠붙이기 때문에 머지 않아 없어질 것입니다. 믿음은 사도 바울이 말한 것처럼 그보다 훨씬 더 귀합니다. 그렇기 때문에 그만큼 더 열심히 지키는 것이 당연합니다. 그것을 보관해 둘 장은 어떤 것입니까? 사도 바울이 말하기를 그것은 착한 양심이라고 했습니다.

복음에 대해서 이미 알고 있으면서 하나님을 놀리고 복음을 노리개로 삼는 자는 항상 복음에 대해서 이야기하면서도 그들은 온갖 헛된 것에 매혹되었으며 하나님을 모독하며 마침내는 물에 빠져 죽게 될 것입니다. 그들은 왜 물에 빠져 죽어야 합니까? 왜냐하면 그들은 신묘하고 출중한 선물이며 또 단단히 보관하고 안전하게 유지할 가치가 충분한 믿음을 지키지 못했기 때문입니다. 그들은 이것을 중하게 여기지 않았으니 하나님께서 그들을 믿음에서 벗어나게 하시고 물에 빠져 죽게 하신 것은 당연합니다. 만약 우리가 썩어질 삶을 살고 있는 동안에 사람들의 처지에 대해서 깊이 생각해 보면 우리는 이것을 더 잘 이해하게 될 것입니다.

우리가 있는 이곳은 이를 테면 바다와 같습니다. "사람의 삶은 무엇과 같습니까?"라는 격언이 있습니다. 성경에 기록된 대로 우리는 나그네일뿐 우리에게는 일관성도 없습니다. 육지를 걷거나 또는 말을 타고 여행하는 자들에게는 확실성과 고정된 길이 있기 때문에 형편이 좋은 편입니다. 우리는 이 세상을 걷거나 말을 탄 것처럼 행진해 나아가야 할 뿐만 아니라 확실하고 고정된 길이 없는 바다 속에 있기도 해야 합니다. 우리는 보트를 타고 있는 것과도 같아서 죽음이 항상 우리에게서 반 발자욱 밖에 떨어져 있지 않으며 보트는 사람들에게 무덤과 같습니다. 왜냐하면 그들 주변에는 그들을 삼켜버릴 준비를 하고 있는 바닷물이 있기 때문입니다. 우리가 이 세상을 살아가는 동안은 상황이 이렇습니다. 한쪽 옆에는 물보다 더 잘 유동하는 우리의 연약함이 있고 우리는 그 물결을 타고 달아나야 합니다. 그리고 우리 주변에 있는 것들은 모두 이쪽 저쪽으로 밀려오는 물과 같은 것뿐입니다. 그러나 반면에 바람과 폭풍과 태풍이 어느 순간에도 일어나서 밀려올 수 있습니다. 그러니 우리의 삶은 우리가 물을 이용해서 하는 항해와 항해술에 불과하다는 것을 알아둡시다. 그래서 우리가 항해하는 동안에는 많은 폭풍과 태풍의 영향을 받게 됩니다. 이것이 현실이니 우리에게 좋은 배가 없고 안내를 제대로 받지 못한다면 우리는 어떻게 되겠습니까? 우리는 물 속으로 가라앉을 수밖에 없으며 어느 순간에도 태풍이 몰려와서 우리를 삼켜버릴 것입니다.

사도 바울은 하나님과 장난을 하겠다고 생각했던 자들 모두는 그 가치를 측량할 수조차 없는 귀한 보배인 믿음을 간직하지 못했기 때문에 하나님께서 그들을 깨우쳐 주시고 스스로를 그들에게 드러내 보이십니다. 또 그들에게 구원의 소망을 주셨을 때에 그들은 이 보물을 착한 양심 속에 숨기고 스스로 후퇴하고 이 세상의 공허한 일들에 넋을 빼앗기지 말았어야 함에도 불구하고 그것을 가지고 계산기를 가지고 장난하는 것처럼 장난을 해서 바람이 불 때마다 이리 흔들리고 저리 흔들리고 했습니다. 그처럼 그들은 자신을 제대로 가두어 놓지 못했기 때문에 하나님께서는 그들을 벌하셨습니다. 어떠한 벌이 내렸습니까? 그들은 스스로 물에 빠져 죽었습니다. 말하자면 바다 한가운데에 있으며 하나님께서는 태풍을 일으켜서 그들을 돌연히 삼켜버리게 만드셨습니다. 그들은 정말로 그러한 처벌을 받아 마땅합니다. 이렇게 해서 우리는 사도 바울이 말하려고 했던 뜻이 무엇이며 우리가 이 본문 말씀을 통해서 유익을 얻는 방법을 알게 되었습니다. 남은 일은 우리 한 사람 한 사람이 이 교훈을 각자의 마음판에 새겨놓고 자주 회상해 보는 것입니다. 말하자면 하나님께서는 복음 안에서 스스로를 우리에게 드러내 보이셨는데 믿음은 복음에 대한 지식이며 이것은 그 가치를 표현할 수 없을 정도로 귀중합니다.

그러므로 하나님께서 우리에게 주신 그것을 잃어버리지 않고 잘 보관하도록 조심합시다. 어떻게 하면 그렇게 할 수 있습니까? 우리 자신에 대해서 말하자면 우리는 매우 연약하기 때문에 오늘 우리가 가지고 있는 것은 다 내일 없어질 수 있으며, 또 그렇게 하는 데는 시간이 오래 걸리지 않습니다. 하나님께서 우리에게 풍성하게 내려주신 모든 선물을 우리에게서 빼앗는 데는 한 시간 가운데서 일 분이면 충분합니다. 이것이 우리의 처지입니다. 그렇기는 하지만 하나님께서는 우리로 하여금 잠시 동안만 그것을 누리게 했다가 얼마 후에 그것을 빼앗아 가시기 위해서 우리에게 그것을 주시는 것은 아닙니다. 하나님께서는 우리가 그것을 영원히 소유하기를 바라십니다. 어떻게 하면 그렇게 할 수 있습니까? 하나님은 여기서 우리에게 그 방법을 알려주십니다.

그 방법은 다음과 같습니다. 즉 하나님께서 일단 구원의 방법을 우리에게 보여주실 때에 우리는 매우 경건한 마음으로 앞으로 계속 전진해 나아가서 우리 안에는 아무런 위선이 없게 하고 우리가 경솔하게 되어 우리의 난폭한 욕망에 넋을 빼앗기는 일이 없도록 하고 하나님과 하나님의 은혜를 조롱하는 두 마음을 품지 않도록 하는 것입니다. 그러나 우리가 알고 있는 바와 같이 오늘날에는 복음을 그들의 사악한 죄를 덮어주는 덮개로 여기는 자와 하나님의 이름을 그들의 입으로 부르게 되면 그들의 죄가 용서받고 그들이 완전히 죄사함 받는 것으로 생각하는 사람들이 많이 있습니다. 그러나 우리는 그러한 방법으로 하나님의 말씀을 모독하지 않고 하나님의 말씀을 착한 양심 속에 보관해둘 수 있도록 특별히 조심합시다.

우리가 그렇게 할 때에 하나님께서는 우리에게 결코 꺾이지 않을 끈기를 주실 것이라는 것을 의심하지 맙시다. 비록 이세상에 있는 모든 바람이 불어닥치고 모든 큰 파도와 바닷물이 우리에게 밀려와서 우리가 하루에 일백 번씩 물에 빠져 죽을 위험에 처해 있는 것처럼 보일지라도 하나님은 우리를 안전하게 지켜주실 것입니다. 왜냐하면 우리의 구원은 하나님의 손 안에 있으며 하나님은 우리의 보호자와 충성스러운 경비원이 되어 주시겠다고 약속하셨기 때문입니다. 그러므로 우리는 악한 마음을 품지 말고 믿음의 이 보물을 경홀히 여기지 말고 하나님을 존귀하게 해드리는 것이 당연하니 그렇게 해드립시다. 이 세상의 모든 헛된 것과 유혹에서 몸을 빼서 늘 일컬어진 대로 하나님의 손 아래에 우리의 안식처를 정합시다.

우리가 여기서 알아둘 것은 복음에 부름을 받은 많은 사람들 가운데서 그 직분을 계속해서 굳게 지키고 있는 사람의 수가 매우 적고 믿음에서 도망쳐 떨어져 나가서 믿음에서 완전히 돌이키는 많은 배신자들이 매일 매일 생긴다고 해서 이상하게 여겨서는 안됩니다. 왜냐하면 항상 그랬었기 때문입니다. 그러므로 그러한 혼란이 일어난다고 해도 오늘날에는 놀랄 일이 아닙니다. 왜 그렇습니까? 세상 사람들이 믿음의 이 보물과 복음의 교훈을 결코 마땅한 분량만큼 귀하게 여기지 않기 때문입니다. 이렇게 해서 그들의 대부분이 어리석은 호기심에 사로잡히게 되고 하나님은 사단에게 정권을 넘겨주시게 되니 그들은 무시무시하고 가공할 죄에 빠지게 됩니다. 즉 그들 스스로가 이상하고 흉악한 종교를 만들어 냅니다. 이것이 지금까지 이어온 모든 이단의 시작이며 뿌리입니다.

복음을 이해하는 자들도 자신들이 야망과 자만심으로 충만된 사람이라는 것을 보여주며 하나님에게 헌신하는 대신에 이것을 자신들을 자랑하는 계기로 삼습니다. 이로 인해서 하나님께서는 그들을 심한 부조리에 빠지게 하십니다. 그래서 지금까지 흉악한 범죄가 극성을 부려 왔다는 사실을 듣게 되면 우리의 머리카락이 쭈뼛하게 일어설 것입니다. 그러나 우리가 살고 있는 이즈음에는 이 세상이 죄로 꽉찼기 때문에 배신자가 많고 우리 주 예수 그리스도에 철저히 순종하고 하나님의 복음의 순결성을 지켜주는 사람의 수가 극히 적더라도 우리는 괴로워하거나 화를 내서는 안됩니다. 왜냐하면 만약 그렇게 하면 복음이 주는 교훈은 순결하다고 지금까지 믿고 있는 사람들이 그것에 그들의 유익을 얻지 못하기 때문이 아닙니까? 그들은 천박한 호기심에만 관심이 있다는 것을 우리는 알고 있습니다. 그들은 말로만 야단법석을 떱니다. 그들은 복음을 혀 끝에 오르내리기만 합니다.

뿐만 아니라 오늘날에는 복음을 그들의 탐욕을 채우는 일과 사기를 치거나 그밖에 나쁜짓을 하는 데 이용하는 대담한 사람도 있습니다. 더욱이 그들이 하는 말에 사탕 발림을 해서 귀를 즐겁게 해줍니다. 그것들은 그들의 이웃들을 기만하고 속이기 위해서 쳐놓은 계략에 불과하며 그들의 간교하고 해로운 짓을 행하기 위해서 우리 주 예수 그리스도의 이름을 우아하게 만들지는 않을 것입니다. 더욱이 그들은 우리가 아는 대로 복음을 이용합니다. 그러나 그들은 그들의 사악함과 죄를 위장하고 숨기기 위해서 그들의 몸을 복음이라는 덮개로 가립니다. 하나님에게는 이것이 알려지지 않기를 바랍니다. 하지만 온 세상 사람들은 그들의 실례를 보고 있습니다. 하나님이 심히 모욕을 당하셨을 때에 그것에 반대했던 사람이 거의 없었다고 해서 놀랄 일입니까? 하나님에게는 하나님의 말씀을 경멸하고 조롱하고 멸시하는 것이 하나님의 위대하심을 발로 밟는 것보다 더 모욕적인 짓입니다.

사람들이 하나님이 주시는 그러한 유익과 보물을 의도적으로 거절할 때에 하나님은 사람들의 그러한 배은망덕하는 행위를 채근하시기 위해서 당신의 팔을 쭉 뻗으셔야 합니다. 따라서 오늘날 처음 배반자가 많이 있을 때에는 우리는 우리 자신을 확신해 보아야 합니다. 그리고 초기에 기세를 올려서 열의가 많은 자의 표본처럼 보였던 자가 뒤로 후퇴해서 냉담하게 되었을 뿐만 아니라 우리 주 예수 그리스도께 발길질을 하게 되고 믿는 자들의 불구대천의 원수가 되고 마침내는 깊은 바다 속에 빠져 완전히 죽어버립니다. 우리에게 이러한 것이 보이더라도 그것으로 인해서 괴로워하지 맙시다. 그보다는 우리 자신을 더 확실하게 하는 계기로 삼읍시다.

우리 주 하나님께서는 하나님의 말씀을 우롱하고 조롱하는 자들을 우리들이 보는 앞에서 이런식으로 벌주심으로 당신의 말씀을 찬양합시다. 하나님께서 그들을 심히 미개한 땅으로 쫓아내셨는데 하나님은 그것을 통해서 "네가 진 그 죄는 나에게 진 것이다"라고 말씀하시는 것과 같습니다. 우리는 복음을 알고서 반역하는 배반자들을 자주 보게 되기 때문에 그것을 보고 놀라서는 안된다는 것을 알고 있습니다. 그들이 왜 그렇게 되었습니까? 그들은 믿음이라는 보물을 지키지 못했기 때문입니다. 그리고 하나님께서는 그들에게 그들이 감사할 줄 모르는 태도를 보여주셨습니다. 그들이 그처럼 나쁜 짓에 골몰하고 있으며 불량한 관념에 사로잡혀서 그들의 방탕한 생활이 들어나는 것을 부끄러워 하지도 않습니다. 그들 중의 몇은 주정뱅이며 온갖 방종으로 뒤섞여서 그들 자신을 영적으로 또 육적으로 죽이기까지 합니다. 다른 자들은 매음 굴에서 방탕한 생활을 해서 더 이상 그들에게 정직성이 있는 것으로 인정받지 못합니다. 사람들이 그들에게 손가락질을 해도 그들은 개의치 않으며 그들에게는 더 이상의 염치도 없습니다. 다른 자들은 강도와 절도 짓을 합니다. 우리는 그들이 하나같이 하나님을 모욕하는 것을 봅니다.

하나님께서는 모든 사람의 몸 속에 징표를 집어넣고 새겨두셨는데 사람들이 괴물과 같아서 그것을 토해냈다면 그들에게는 믿음이 더 이상 없다는 것을 알게 됩니다. 그러므로 그렇게도 무질서하며 믿음이 없는 이런 철면피를 보게 되면 우리는 높은 곳에는 재판장이 계시다고 고백해야 하지만 그들은 가능한 한 이 사실을 지워버리려고 합니다. 만약 하나님의 복수가 임하는 것을 우리가 느끼지 못한다면 우리는 확실히 눈치를 모르는 눈뜬 장님과 같을 것입니다. 하나님이 무엇 때문에 복수를 하십니까? 하나님의 복음의 위대하심을 찬양하고 우리에게 매우 신중하고 경건한 생활을 하라고 일러 주시기 위해서입니다. 어리석은 자들은 사람들이 반역하는 것을 보고 화를 내지만 우리는 그것을 통해서 우리의 결의를 새롭게 해야 합니다. 그러나 사람들이 모든 종교에 등을 돌려서 짐승처럼 되는 것을 보게 되면 우리는 벌벌 떠는 것이 당연합니다. 하지만 우리가 그들을 비난하면 그들은 화를 낼 것입니다.

나는 당신이 불경(godless)이라는 말을 사용해서 무슨 말을 하려고 하는지 모르겠습니다. 그러한 말을 사용해서는 안됩니다. 옳습니다. 그런데 왜 당신은 당신 자신이 그러한 사람이라는 것을 보여주십니까? 그러므로 참된 귀감이 되고 사람들이 모든 악한 것을 비추어 보는 거울이 되며 하나님을 극히 경멸하고 모든 종교를 전복하려고 하여 망쳐 놓는 자들은 그 말이 사용되지 않기를 기뻐할 것입니다.

왜 그러기를 바랍니까? 그렇게 되면 그들의 사악한 면이 숨겨질지도 모르기 때문입니다.

사도 바울은 누가 참 하나님이신지 알고 있으면서 우상을 섬기는 자들을 대담하게도 불경하다고 했습니다. 모든 사람들이 알고 있는 대로 개 돼지와 같은 당신에 대해서 우리가 무슨 말을 하겠습니까? 우리는 이 본문 말씀을 통해서 많은 것을 배워 훌륭한 학생이 되어 우리 모두는 허리띠를 졸라매고 쉬지 않고 일을 합시다. 오늘날 온 세상은 부정과 부패로 가득하니 우리는 그만큼 더 조심을 하고 정직합시다. 그래서 이 정직함을 통해서 우리의 믿음이 들어나게 해서 마귀가 우리에게 접근하지도 침입하지도 못하게 합시다. 그리고 우리가 더 많은 격려를 받기 위해서 우리가 이 세상을 살아가는 동안 우리는 항해하고 있는 것에 불과하며 말하자면 물 위를 항해하고 있는 것에 불과하다는 것을 알아둡시다. 그러므로 우리가 우리 하나님의 은혜위에 단단히 서있지 못하면 우리는 곧 물에 빠져 죽게 될 것입니다. 그러나 우리가 정직하게 행할 때에만 우리는 그것을 하나님과 성령의 은혜를 통해서 확인받습니다.

반면에 우리가 많은 배반자들을 보게 되더라도 그것은 놀랄 일이 아니라는 것을 알아두십시오. 왜냐하면 그들에게 주는 교훈을 통해서 유익을 얻는 사람의 수가 극히 적고 하나님의 진리에 승복하고 동의하는 척하는 자들은 일생 동안 하나님의 진리를 단념하기 때문입니다. 그러니 우리는 만반의 준비를 다합시다. 우리가 그러한 죄를 짓지 않겠다고 일단 굳게 다짐한 후에 우리는 더 큰 혼란을 맞을 준비를 합시다. 그렇습니다. 훨씬 더 무서운 혼란을 맞을 준비를 합시다. 왜 그래야 합니까? 사악함이 매일 매일 더해가기 때문입니다. 그럼에도 불구하고 우리에게 있는 것이 무엇입니까? 우리에게 믿음이 있습니까? 다시 말해서 복음을 믿기 시작하는 자들에게 어떠한 경건함이 있겠습니까? 그들에게는 어떠한 육신적인 자유가 있다고 그들이 생각하고 있는지 나는 모르지만 그들에게는 자신을 하나님과 하나님의 교훈에 굴복시킬 자유가 있습니다. 복음에 철저히 승복하는 자가 적다고 해서 이상하게 여기지 맙시다. 왜냐하면 그들 모두가 하나님을 배반하기로 모의한 것처럼 보이기 때문입니다. 큰자 나 작은 자나 모두 이 교훈에 몹시 반대하고 있습니다. 만약 내가 한 말에 대해서 확인을 받으려고 하신다면 사람들의 생활과 오늘날의 상황을 잘 살펴보십시오. 그러면 내가 한 말에 대해서 새로운 증거를 필요 이상으로 많이 발견하게 될 것입니다.

세상 사람들이 믿음이라는 보물을 통해서 유익을 얻는 것이 적으니 우리가 예상하는 것은 무서운 홍수가 나서 우리 모두를 삼켜버리고 하나님께서 다시 짐승처럼 야만스러운 교황의 전제 체계를 이 땅에 불러들이시고 우리가 완전히 소진되어 없어지는 것밖에 더 있으며 우리가 그렇게 되어지는 것이 마땅하지 않습니까? 이것을 우리는 두려워 해야 합니다. 그러나 하나님께서 당신의 선하심으로 인해서 당신의 진리를 기쁘게 드러내 보여 주셨던 사람들이 있는데 그들이 지나치게 괴롭힘을 당하게 하거나 그들을 노엽게 해서는 안됩니다. 그렇습니다. 만일 하늘과 땅이 하나가 되어 온 세상이 혼란스럽게 되더라도 그들이 실망해서는 안됩니다. 왜 그렇습니까? 그들은 세상 사람들이 어떻게 해서 하나님을 노엽게 해드렸는지 오랫동안 보아왔기 때문입니다. 그리고 사악함이 증가하고 모든 것이 점점 더 악독하게 될 때에 하나님께서는 당신의 역할을 맡아 당신께서는 당신의 말씀을 얼마나 신성하고 귀하게 여기시는지 보여주시고, 또 세상 사람들에게 하나님은 당신의 이름이 사악하게 모욕당하고 당신의 말씀이 조롱당하는 것을 참지 못하신다는 것을 알려주는 그러한 보복을 하실 필요가 있지 않습니까? 믿는 자들은 이 교훈을 실천하지 않으면 안됩니다. 그래서 이것이 우리에게 매우 유익한 교훈이라는 것을 알았습니다.

아주 작은 것이 우리로 하여금 우리의 믿음을 바람에 날려 버리게 합니다. 우리는 매우 경솔하기 때문에 하나님께서 우리에게 부어주시는 축복이 한순간에 날아가 버립니다. 그러므로 우리는 그 축복을 안전하게 보관하고 잘 관리하기 위해서 조심해야 합니다. 그리고 무엇보다 전보다도 더 우리가 많은 유혹에 둘러싸여 있는 오늘날에는 무장을 단단히 하고 있지 않으면 안됩니다. 악한 자들이 착한 양심을 버리게 되면 그들은 소멸되어 없어질 것이 뻔합니다. 그렇지만 그것이 무슨 상관이 있습니까? 한 사람이 한편으로는 하나님을 비웃고 조롱하며 다른 한편으로는 그의 믿음을 지키는 것은 한 사람 안에서는 있을 수 없는 현상이 아닙니까? 그런 일은 있을 수가 없습니다. 그것은 마치 하나님이 배설물과 오물로 가득찬 돼지 우리 안에 거하신다는 말과 같습니다. 우리를 하나님의 형상으로 바꾸어 놓은 것은 믿음이 아닙니까? 만약 우리가 그 믿음을 악한 마음과 섞는다면 그것은 자연의 질서를 뒤엎는 것이 되지 않습니까? 하나님께서는 그러한 악랄한 짓을 용납하지 않으십니다.

그러므로 오늘날과 같이 지체들이 반역자가 되어 믿음에서 이탈해 나가는 것을 보게 되더라도 놀라지 맙시다. 우리로서는 감시와 경계를 강화하고 자주 주위를 살펴서 사단이 우리 몰래 우리에게 덮쳐 오거나 우리 속으로 침입해 들어와서 우리를 괴롭히지 못하게 합시다. 하나님께서는 항상 당신의 말씀에 권위를 세워 주시며 당신의 말씀이 조롱당하거나 우롱당하다는 것이나 우리가 그 말씀을 비웃거나 부당하고 굴욕적으로 모욕하는 것을 용납하지 않으신다는 사실을 항상 명심해 둡시다. 우리가 이런 것을 보게 될 때마다 우리는 그만큼 결심을 굳게 하고 모든 것이 무질서하고 모든 것이 어질러진 것을 너무나 잘 알고 있다고 말합시다. 하나님께서는 당신의 말씀을 경홀히 여긴 데 대해서 심판을 내리십니다. 그래서 우리는 그것을 통해서 사람들이 그렇게 귀중한 것을 그런 식으로 남용하는 것을 하나님께서는 용납하지 못하신다는 것을 알게 됩니다. 그러므로 하나님과 하나님의 말씀을 경멸하는 자들이 하나님의 말씀을 변함없이 멸시한다면 하나님께서는 그들을 타락한 관념에 사로잡히게 하실 것입니다. 이것이야말로 하나님은 공의의 하나님이시라는 것을 입증하는 확실하고 속일 수 없는 증거입니다.

따라서 믿는 자들로 하여금 그들에게 임하는 모든 공격과 모든 유혹을 통해서 유익을 얻게 하십시오, 한편 그들로 하여금 하나님께로 달려가서 그들의 힘을 더욱더 강하게 해주시고 말씀 안에서 굳게 세워 달라고 기도드리게 하십시오. 그러므로 우리는 이 교훈을 통해서 유익을 얻도록 힘씁시다. 왜냐하면 그 교훈이 우리에게 제시되어 있기 때문입니다. 그리고 하나님에게 하나님께서 우리가 싸우고 있는 이 싸움에서 우리를 이끌어 내실 때까지 우리를 그 교훈 안에서 더욱더 강하게 해주시고 이 싸움이 우리가 이 세상을 살아가는 동안 계속하게 해달라고 기도드립시다.

10

"믿음과 착한 양심을 가지라. 어떤 이들이 이 양심을 버렸고 그 믿음에 관하여는 파선하였느니라. 그 가운데 후메내오와 알렉산더가 있으니 내가 사단에게 내어준 것은 저희로 징계를 받아 훼방하지 말게 하려 함이니라"(딤전 1:19-20).

우리는 하나님의 심판에 대해서 우리가 해야 할 만큼 많이 다루지 않았기 때문에 우리에게 자극을 줄 뿐만 아니라 우리 자신에 대해서 생각을 더 잘 해보도록 우리 앞에 귀감을 전시해 둘 필요가 있습니다. 완강하게 고집을 부려서 온갖 나쁜 짓을 다한 자들에게 임했던 것과 같은 저주를 우리의 목전에 제시함으로써 우리로 경건하고 신중한 생활을 배우게 합니다. 이러한 까닭으로 사도 바울은 하나님의 말씀을 가지고 장난을 침으로써 하나님을 희롱했던 자들에게 주의를 시킨 다음에 하나님께서는 그러한 자들을 바다 한가운데서 먹혀 버리게 하거나 삼켜 버리게 할 것입니다. 또한 그들에게서 모든 이성과 명철을 빼앗는 것과 같은 방법으로 그들을 응징하실 것이라고 했습니다. 그는 여기서 하나님이 내리시는 징계 가운데서 두드러진 예증을 보여주셨는데 이를 테면 하나님의 교회에서 유명하고 잘 알려진 두 사람인 후메내오와 알렉산더였습니다. 사실이지 사도 바울은 그들을 잘 알려진 사람이라고 말하고 있습니다. 더욱이 많은 사람들로부터 높은 평가를 받았던 사람으로 알고 있습니다. 그러나 그들이 많은 위선자들이 했던 것처럼 복음을 모욕하고 하나님께서는 그들을 쳐서 분별력이 없게 만드셨기 때문에 그들은 사나운 짐승처럼 되었으며 하나님에게서 이탈해 나온 배신자였을 뿐만 아니라 그들 자신이 모든 선한 것에 대해서 불구대천의 원수라는 것을 보여줍니다. 사도 바울은 우리 한 사람 한 사람으로 하여금 매우 겸손한 생활을 하게 하기 위해서 그들을 우리의 눈 앞에 세워 놓았습니다. 따라서 사도는 그가 전에 했던 경고를 모든 신자들의 가슴속에 더 깊숙이 새겨놓으려고 했다는 것을 우리는 알았습니다. 다시 말하면 우리가 착한 양심을 가지고 있지 않으면 우리의 믿음을 빼앗기게 될 것이며 우리는 성령이 주시는 은혜를 완전히 벗어 버리게 된다는 것이 바울이 전에 했었던 경고였습니다.

그리고 우리가 주목해야 할 것은 내가 앞에서도 말했던 대로 만약 하나님께서 전에 교회에서 높은 지위에 있었으며 존경을 받았던 이 두 사람을 관대하게 다루지 아니하셨다면 하나님은 우리도 그와 같이 용납하지 않으실 것이라는 사실입니다. 그러므로 우리는 우리 자신을 잘 살펴야 합니다. 전에 마치 하나님의 천사처럼 귀하게 쓰임을 받던 자들이 실족하는 것은 예사로운 일이 아닙니다. 더욱이 한때는 교회의 기둥의 역할을 했던 그들이 완전히 실족하여 마귀처럼 되었으니 말입니다. 그래서 사도는 어쩔 수 없이 그들을 교회에서 몰아내서 그들을 사단의 소유로 인계해 주어야만 했습니다.

따라서 우리는 이 사람들의 상태와 처지를 하나님의 규례로써 잘 기억해 둡시다. 더욱이 사도 바울은 그들에게는 교회 안에 남아있을 자격이 전혀 없다는 것을 알았기 때문에 하나님을 올바르게 모시겠다는 열정으로 그들의 이름을 신자의 명부에서 제적했습니다. 그래서 우리는 사도 바울이 정말로 모든 육신의 친분관계를 무시하고 하나님의 명예를 자기의 감정보다 귀하게 여긴다는 것을 알게 되었습니다. 그가 말하는 알렉산더에 대해서 사도 누가도 말했는데 그로 말하면 그는 에베소에서 일어났던 혼란과 소요를 진정시킨 자였습니다(행 19:33). 사실은 사도 바울이 인간의 이성에 따라 다소 그 사람의 편을 드는 것처럼 보이기도 했지만 하나님의 명예가 문제가 될 때에는 그것을 완전히 무시해 버렸습니다. 그는 에베소 사람이었으며 사도 바울은 에베소 교회를 염두에 두고 이 서신을 디모데에게 썼다는 정황으로 보아 그는 이러한 사람이었을 가능성이 상당히 있습니다. 그리고 그는 전에 거기에서 상당한 명성을 얻고 있었기 때문에 그를 한 본보기로 삼았습니다. 알렉산더가 사도 바울 개인뿐만 아니라 교회에 반대해서 일어났던 대소란을 진압시키기 위해서 그것을 산산조각으로 분산시킨 것 자체는 칭찬받을 만합니다. 그런데 우리는 그가 기독교인의 장점을 활용하지 않은 것을 알고 있습니다.

거기서 사도 누가가 기록한 내용을 잘 살펴보면 알렉산더는 그 당시에 일어났던 소요를 진정시키기 위해서 여러 가지 다양한 이유를 들어가면서 세상에 속한 사람처럼 이야기했으나 그의 믿음을 고백하지 않았으며 자신을 예수 그리스도의 증인으로 내세우지도 않았습니다. 그는 두 바다 사이를 헤엄쳐가는 사람 같아서 자신이 기독교 신자로 인정받는 것을 기뻐하는가 하면 세상 사람들을 기쁘게 해주기도 합니다. 그러나 하나님은 그러한 위장을 참아주지 못하십니다. 그러므로 그가 결국에는 장님이 되었으며 전에 하나님께서 그에게 주셨던 은혜를 거두어 가셨다는 사실을 주목하십시오. 후메내오도 그렇게 되었는데 사도 바울은 디모데후서에서 그에게 대해서 다시 언급합니다(딤후 2:27). 거기서는 그가 믿음에서 타락하게 된 연유를 강조합니다. 그는 부활이 이미 지나갔다고 주장했으며 마치 하나님께서 우리에게 약속하신 삶과 영광스러운 천국의 유업이 낮은 이곳에 있는 것처럼 별난 부활을 꿈꾸고 있었습니다.

이것은 사도 바울이 고린도전서 15장에서 말하는 대로 우리 구원의 근거를 송두리째 파괴합니다. 우리는 무서운 무모함이 이 후메내오에 임하는 것을 보게 되었습니다. 그럼에도 불구하고 (우리가 앞에서 말한 대로) 그는 전에 매우 예의 바르게 처신했기 때문에 그는 크게 존경을 받았으며 유명했습니다. 우리는 사도 바울이 육신적인 애정에 사로잡히지 않고 자신을 하나님을 열심히 섬기는 일에 바쳤다는 것을 알게 되었습니다. 이러한 까닭으로 그는 좌로나 우로나 치우치지 아니하고 복음의 진리와 그의 주님이신 예수 그리스도의 영광을 지켜드리기 위해서 세상 것은 못본체 했으며 사람들에게서는 그들의 그럴 듯한 가면과 그들이 입고 있던 겉치례를 벗겨버렸으며 아무리 조그만 것이라도 허용하지 않았습니다. 이것이 우리가 잘 알아두어야 할 요점입니다. 왜냐하면 우리가 알고 있는 대로 이것이 요즈음 세상이 되어가는 꼴이기 때문입니다.

많은 사람들이 하나님에게 돌리는 영광은 아주 조금밖에 되지 않으며 더욱이 거의 모든 사람들은 상당한 이유가 있음에도 죽어질 인간의 기분을 상하게 하기보다는 그들의 편을 들어주려고 하며 이러한 방법으로 하나님의 이름이 짓밟히는 것에서 만족을 얻을 수 있습니다. 만약 하나님이 훼방받는 것과 같은 큰 죄가 저질러졌거나 하나님의 교회를 크게 노엽게 하는 일이 있었다면 우리는 그것에 대한 조치를 취하라고 요구하는 것이 당연합니다. 모든 사람들이 뒤로 물러서고 아무도 앞으로 나아가려고 하지 않습니다. 아! 나는 어는 누구도 불안하게 하지 않을 것입니다. 그 사람은 나의 사촌형제며 이 사람은 나의 친구입니다. 그리고 우리는 하나님의 명예를 유지해드리고 사람들에게 맞설 열의를 갖기에는 아직 멀었기 때문에 우리에게는 우리 가운데서 널리 퍼지고 있는 죄를 개심시키고 처벌하는 데 아무런 유익을 주거나 필요한 조치를 취할 가망이 없습니다. 왜냐하면 모든 사람들은 위증을 하기 때문입니다. 이것은 너무나 잘 알려진 사실입니다. 우리가 알고 있는 대로 하나님의 명예가 발 아래 짓밟히고 악이 점점 더 늘어나며 독이 온 몸으로 퍼져 나갑니다. 이러한 행실을 고쳐야 할 사람들이 비겁하게 되어 고개를 떨구고 눈을 감아버립니다. 그리고 조그만 도움이라도 줄 만한 자들이 사실을 숨길 뿐만 아니라 만약 어떤 사람이 하나님의 이름으로 그들에게 그들의 임무를 다하라고 간청하면 다른 사람들과 똑같이 그들을 저주합니다. 그러니 우리는 이 본문 내용을 그 만큼 더 잘 알아둡시다.

바울은 앞에 말했던 두 사람의 친구였으며 그들은 역사에 남을 만한 행적을 남긴 사람들이었지만 그들이 하나님의 원수라는 것을 알았기 때문에 여기서 그들을 탄핵했습니다. 왜냐하면 그는 선한 교훈과 진리가 어떠한 방법으로든지 억압당하는 것을 참을 수 없었기 때문입니다. 만약 우리가 하나님의 자녀로 인정을 받고 그러한 대우를 받기를 원한다면 우리 모두는 이러한 본을 따르고 더 이상 우리의 임무를 방해하는 것에 미련을 두어서는 안됩니다. 하나님의 명예를 위해서 우리는 나머지 모든 것을 잊어 버립시다. 왜냐하면 하나님의 명예를 우리가 지켜드리지 않아서 희미해지거나 빛을 완전히 잃게 될 때에는 모든 사람이 배제되고 모든 피조물들이 무시당하는 것이 합당하기 때문입니다. 더욱이 이 두 사람이 걸림돌이 될지도 모르기 때문에 사도 바울은 이들의 이름을 거명했습니다. 그리고 사람들이 그러한 나쁜 영향을 받지 않도록 유념하는 것이 필요합니다. 우리는 사람의 명예를 비호해 주어서는 안된다는 것을 잘 알아둡시다. 그렇게 하는 것은 한 개의 평범한 아픔과 위험을 하나님의 모든 백성들에게 나누어주는 것과 같습니다. 이것이 좋은 교훈의 요점입니다. 우리가 무엇에 열심인지 이미 말씀드렸습니다. 우리는 세상적이고 육신적인 호의에 사로잡혔으며 그것이 우리로 하여금 우리 하나님의 영광을 위하여 헌신하는 것을 방해하고 저지합니다. 사람의 명예가 존중될 때에 우리는 하나님을 영화롭게 해드릴 수 없습니다. 우리는 가능한 한 죄를 많이 숨겨야 하지 않습니까? 그렇습니다. 하지만 그렇게 하는 것이 우리에게 가능한지 아닌지 생각해 보아야 할 것입니다.

우리가 한 사람의 정직하지 못한 것을 감싸주려고 할 때에 그것이 하나님의 교회에 해를 끼치는지 또는 해를 끼치지 않는지 물어보지 않으면 안됩니다. 왜냐하면 그 동안에 그는 이 사람을 병들게 해서 심기를 상하게 만들고 또 저 사람을 망쳐 놓기 위해서 그의 독을 뿜어냈을지도 모르기 때문입니다. 이러한 악한 자들 자신들이 심기가 상하게 되면 다른 모든 사람들을 그와 같은 부정한 곳으로 끌어드려서 모든 사람들을 오염시키는 일만 하려고 합니다. 간단히 말하면 모든 사람들을 그들과 같게 만들려고 합니다. 그리고 사단은 세상 사람들을 더 많이 괴롭히라고 그들을 선동하기도 합니다. 우리는 사람이 흔히 있는 괴질과 같다는 것을 알게 되지만 그의 부끄러운 것을 덮어주어야 합니다.

한 사람의 명예를 보호해 줌으로써 일천 명을 파멸로 이끌고 지체들의 무지로 인해서 탈선하게 되어 그들을 버려야 한다면 이것을 어떻게 관용이라고 할 수 있겠습니까? 그러므로 우리는 사도 바울이 여기서 취한 조치를 잘 명심해 두어야 합니다. 그는 알렉산더와 후메내오를 참아주지 않을 뿐만 아니라 그들의 등급을 강등했습니다. 이를 테면 그들을 단두대에 세워서 일생 동안 부끄럽게 만들었을 뿐만 아니라, 그들이 죽은 후에도 아니 이 세상의 끝날까지 그들에게 모욕을 주고 부끄럽게 했으며, 그들에 대한 이야기가 나올 때마다 미움을 당하게 했습니다. 사도 바울이 그들을 부끄럽게 한 것은 당연합니다. 오늘날에도 하나님의 교회를 혼란스럽게 만들고 순수한 진리를 왜곡하고 걸림돌이 되어 많은 사람들을 파멸로 이끄는 자가 있다면 그러한 자들은 손가락질을 받아야 한다는 것을 잘 알아둡시다. 그 내용을 다른 서신에서도 볼 수 있습니다. 사도 바울은 거기서 규모 없이 행하고 다른 사람들에게 나쁜 본을 보여주는 자들을 지목해서 다른 사람들로 하여금 조심을 하게 하고 그들을 기피하게 해서 그들과 사귀지 못하게 하려고 했습니다. 무엇보다도 복음이 주는 교훈에 반대하여 계략을 세우고 교리를 왜곡하려고 하는 자들은 창피를 당해야 합니다.

불평을 하는 자들은 늘 했던 것처럼 진리에 반대해서 투덜거리고 하나님의 종들을 비난할 기회를 엿보고 있습니다. 그들이 성경에서 그들에게 허락하는 자유를 누리려면 그들이 하나님에게 반대하는 자라는 것을 공공연하게 그것도 의도적으로 보여주고 싶지 않는 한 침묵을 지키는 방법을 배워야 합니다. 오늘날에는 입에 오르내리게 할 가치도 없는 악한들이 있는데 그들이 끼치는 피해는 대단합니다.

만약 그들을 알렉산더나 후메내오와 비교하면 그들은 마땅히 온 세상 사람들 앞에
서 그들보다 더 많은 부끄러움과 모욕을 당해야 하는 것이 사실입니다. 만약 사도
바울이 이 사람들을 크게 부끄럽고 욕되게 하라고 명령하기를 고집하지 않았다고
해서 우리는 어떤 사람이 하나님에게 반역을 하고 또 고삐 풀린 망아지 노릇을 하
여 자신이 하나님의 원수라는 것을 드러내 보여도 그가 어느 정도의 모욕은 감수
한다면 우리는 그들에게 잘해주어야 합니까? 만약 그 두 사람이 하나님과 하나님
의 성령에게 반항하려고 했다는 것을 공공연하게 보여주지 않는 한 그들은 그들
을 그렇게 한데 대해서 화를 내야 하지 않습니까? 그런데 사도 바울은 성령의 지
시를 받아서 그들이 그렇게 처리하라고 명령했습니다. 이러한 이유로 우리는 어쩔
수 없이 교황과 그의 집단을 비난하는 말을 하지 않을 수 없습니다.

그들은 그리스도의 어린양들을 잡아먹으려고 혈안이 된 이리떼들이며 독극물
입니다. 한 마디로 우리의 구원에는 불구대천의 원수며 그들은 온 세상을 파괴해
서 폐해로 만들려고 하는 사단의 고용원들입니다. 만약 목자의 양떼들어 이리의
추적을 당하는 것을 보면 목자는 자기의 직무를 다하기 위해서 이리를 향해서 소
리를 지르지 않겠습니까? 그리고 우리는 이리들이 이쪽저쪽을 올라갔다 내려갔다
하는 것을 보게 됩니다. 이리들이 몹시 성이 난 것이 보입니다. 만약 우리가 가만
히 있다면 우리는 하나님의 교회에 대해서는 역적이 되지 않습니까? 우리는 불쌍
한 영혼을 죽이는 우를 범하지 않겠습니까? 하나님께서 우리의 책임을 묻지 않으
시겠습니까? 그러나 우리가 어쩔 수 없이 천주교인들을 향해서 소리를 질러야 하
는 것과 같이 한 마리의 이리가 양떼 속에 끼어있어 양떼들이 위험한 지경에 놓이
게 되어도 우리는 모른 척해야 합니까? 우리가 그때에 입을 다물고 있으면 사람들
이 우리를 목자라고 하겠습니까?

그러므로 하나님 교회의 질서를 문란하게 하는 자를 잘 눈여겨보아 두십시오.
만약 우리가 그들을 공개하면 아무도 탈선하지 않고 속지도 않고 그들에게서 도망
쳐 나오고 그들을 미워하게 될 것입니다. 우리가 여기서 유념해야 할 것이 바로 이
점입니다. 사도 바울은 후메내오와 알렉산더에게 창피를 주는 것을 기뻐하지 않았
지만 믿는 자들로 하여금 그들과 어울리지 않게 하고 그들의 그릇된 교훈으로 인
해서 피해를 입지 않게 하기 위해서 믿는 자들을 각성시켜줄 필요가 있었습니다.
오늘날에도 우리는 그렇게 해야 합니다. 우리는 하나님의 교회를 부패시키고 해치
는 일에만 힘쓰고 있는 이러한 악당들을 보게 되며 이미 방탕하고 허영생활을 해

왔던 자들은 하나님과 하나님의 말씀에 대한 독으로 잔뜩 충전할 것입니다. 그들은 여기 저기 불을 지르고 다닐 것이며 우리는 그들이 독설과 헛소문과 그들의 욕설과 가라지와 사악한 부패를 심고 다니는 것을 보게 됩니다. 그런데도 우리는 침묵을 하고 있어야 합니까? 우리는 눈을 감고 있어야 합니까? 우리는 그렇게 해서 짖지 못하는 개의 역할을 해야 합니까?

따라서 하나님의 말씀을 전하라는 사역을 맡은 사람들은 여기서 그들의 책임을 다하라는 지시를 받습니다. 그래서 불쌍한 양들이 사단에 의해서 죽임을 당하지 않도록 해야 합니다. 그리고 믿는 자들은 사도 바울이 로마서에서 말한 대로 눈을 크게 뜨고 있어야 합니다. 그는 관찰을 잘 하라고 했습니다. 그는 궁수나 화승 총 수들이 과녁에 쏘는 것과 관련이 있는 관찰(view)이라는 말을 사용했는데, 우리는 그들의 시력이 매우 날카롭고 그들이 과녁에 하는 조준이 매우 정확하는 것을 알고 있습니다. 사도 바울은 그들이 철저히 감시할 것을 바라기 때문에 그러한 비유를 썼습니다. 왜 그렇게 했습니까? 그가 말하기를 거치게 하는 자들과 순수한 믿음을 왜곡하는 자와 하나님에 대한 예배와 교회의 평화를 폐하는 일만 하려고 하는 자들을 주의해서 살펴보게 하기 위해서라고 했습니다.

그러므로 우리가 감사를 당할 때에 우리의 눈동자를 그들에게 맞추어서 우리가 그들에게 속지 않도록 해야 합니다. 그렇게 하지 않으면 우리는 변명을 할 수 없을 것입니다. 이것이 사도 바울이 지적한 두 사람과 관련된 본문 내용에서 우리가 알아두어야 할 것들입니다. 후메내오의 이단적인 반론과 관련해서 다루었던 내용도 기억해 둡시다. 순수한 복음을 통해서 철저한 교육을 받았으며 그것도 사도 바울의 입을 통해서 교육을 받으며 또 사도들과 함께 취객으로 묶고 있던 자가 괴상망칙한 꿈에 빠져 부활은 이미 지나갔다고 말했다면 참으로 황당한 일입니다. 우리는 사람들이 죽는 것을 보며 믿는 자들이 여기서 겸손함을 배울 수 있도록 많은 곤란을 당하며 일천 가지 환난을 받는 것을 봅니다.

그러한 사람에게는 더 이상 구원의 소망이 없으며 모든 것이 다 지나갔으며 남아 있는 것이 없습니다. 우리가 우리 주 예수 그리스도의 재림을 기다리는 것과, 또 우리를 하나님의 천국 영광의 동참자로 만들기 위해서 하나님께서 우리를 죽음에서 구원해 주실 것이라는 소망을 갖는 것이 헛된 일이 되었다고 믿고 있습니다. 이 모든 소망이 완전히 깨어져서 없어졌다면 이것이야말로 황당하고 저주받을 일이 아닙니까? 그런데 사도들과 절친했던 이 사람이 실족하여 그렇게 되었습니다.

왜 그렇게 되었습니까? 그는 하나님의 말씀을 가지고 장난치는 위선자에 불과했기 때문입니다. 그러므로 우리는 이 사람에 대한 이야기를 들을 때마다 벌벌 떨되 하나님의 선하심을 불신하지 맙시다. 하나님이 시작하셨으니 하나님이 끝맺음을 하실 것이라고 우리는 굳게 믿어야 합니다.

만약 우리가 하나님의 보호를 받고 있으면 우리는 멸망할 수가 없습니다. 만약 우리가 예수 그리스도를 우리의 목자로 모시면 그 분은 마귀가 우리에게 달려드는 것을 용납하지 않으시고 당신의 모든 원수들을 섭멸할 수 있는 아버지 하나님의 힘과 권능을 나타내 보일 것이라고 하신 우리 주님의 언약이 있습니다. 그러므로 우리는 계속해서 예수 그리스도를 우리의 안내자로 잘 모실 것입니다. 그러나 우리는 그분에게서 양이 되는 법과 그분에게 순종하면서 행하는 법을 배우고 우리를 보호해 달라고 그분에게 온전히 맡깁시다. 우리가 그렇게 했더라도 우리에게는 이런 점이 있다는 것을 고려해서 두려워하는 법을 배웁시다. 우리가 알고 있는 대로 만약 우리가 다른 사람의 지지나 힘의 지원을 받지 못하면 사단이 쉽게 우리보다 우세하게 될지도 모릅니다. 이렇게 되면 이것이 우리에게 자극이 되어 우리로 하여금 하나님에게 온전히 의지하게 하고 아주 겸손하고 정중하게 하나님을 찾아가게 만듭니다. 더욱이 사도 바울이 여기서 그러한 사람들의 품위가 떨어진 이유는 이를 테면 그들이 지옥의 나락으로 떨어진 이유는 그들에게는 하나님께서 당신의 자녀들에게 요구하시는 정직성과 정당성이 없었기 때문이라고 우리에게 알려줍니다. 그러니 우리 한 사람 한 사람은 자신을 잘 살펴보아서 우리의 생활을 철저히 검사해 봅시다.

다음에는 **"내가 사단에게 내어준 것은 저희가 징계를 받아 훼방하지 말게 하려 함이니라"**고 바울이 한 말에 대해서 생각해 보겠습니다. 사단에게 내어 준다는 것은 사람을 추방한다는 것입니다. 그리고 상당한 이유가 있지 않으면 이러한 말을 할 수 없습니다. 우리 주 예수 그리스도는 당신의 교회의 머리가 되시기 때문에 당신은 우리의 왕이 될 것이며 우리를 당신의 능력으로 보존해 주시겠다고 약속하셨습니다. 우리는 그렇게 무장되었기 때문에 우리의 원수 모두를 무시해도 됩니다. 반면에 우리가 일단 교회에서 독립되어 떨어져 나오면 예수 그리스도가 더 이상 우리의 머리가 아니고 그 분께서는 당신의 자녀들만 다스리시기 때문에 우리는 어쩔 수 없이 사단의 횡포에 노출됩니다.

사도 바울이 하고자 하는 말의 뜻은 그 두 사람을 추방해서 그들을 그리스도의 양떼에서 제적했다는 것입니다. 무엇 때문에 제적했습니까? 그들이 더 이상 훼방하지 말게 하기 위해서 입니다. 어떤 사람은 그들이 입을 다물고 있었느냐고 물어볼지도 모릅니다. 왜냐하면 사도 바울이 그들을 믿는 자의 집단에서 제명해 버리면 그것이 그들에게는 하나님에 대해서 더 많은 훼방을 할 계기가 되는 것처럼 보였기 때문입니다.

어떤 사람이 자신은 기독교 신자라고 등록을 했는데 사람들이 그를 일반인으로 여긴다면 그에게는 다소 부끄러운 일이 될 것입니다. 하지만 비록 그가 요구되는 만큼 그렇게 겸손하지는 않았지만 그는 그만큼 통제를 받아왔기 때문에 그는 완전히 세속적이고 하나님의 원수로 여겨지지는 않을 것입니다. 그러나 한 사람이 일단 절망하게 되면 점점 더 나쁜 일에 골몰하게 되고 철면피가 됩니다. 그리고 그만큼 더 대담하게 훼방하기 위해서 입을 벌립니다. 사도 바울이 후메내오와 알렉산더를 추방했을 때 사도 바울은 이 방법을 그들에게 사용한 것은 그들의 입을 다물게 하고 그들이 하나님과 하나님의 진리를 비방하지 못하게 하기 위함이라고 했습니까? 이 두 사람은 끊임없이 복음을 비방하고 그들의 독기를 품어냈다는 사실도 알아둡시다. 그리고 사도 바울이 그들을 믿는 자의 대열에서 제명했을 때에는 그만큼 더 대담했습니다. 그러나 그들이 전처럼 많은 신념을 얻지 못했으며 선한 자들을 해치려고 접근하거나 약한 자들을 파멸로 끌어들이지도 않았습니다.

그 표시가 어떤 것이었던 간에 그들에게는 불명예스러운 표시가 있었습니다. 만약 어떤 사람의 손바닥에 화인이 찍혔다면 그 사람은 두말할 것도 없이 그 재판관을 비난할 것입니다. 그러나 그는 그 표시를 항상 몸에 지니고 다닙니다. 구제불능의 이 사형수들은 그것을 조롱하는 일만 하려고 할 것이며 목청을 높여서 그들의 재판관을 비방할 것입니다. 그러나 그들이 교수형 집행수의 손에 넘어가자 그들은 말을 고분 고분 잘들었으며 교수형 집행수는 그들을 단단히 묶은 다음에 그들에게 다른 언어로 말하는 법을 가르쳐 주었습니다. 매를 맞아 귀가 잘리어서 추방 당했던 한 악한은 그에게 벌을 내렸던 사람들을 마음껏 배반할지도 모릅니다. 그러나 그 이상 무엇을 할 수 있겠습니까? 그러나 그러한 방랑자들이 전에 없이 그렇게 건방지니 그들을 믿는 사람이 한 사람도 없을 것입니다. 그러니 실은 그들이 입을 닫은 것이나 같습니다.

후메내오와 알렉산더가 사도 바울에 의해서 추방당했을 때에도 상황이 그랬습니다. 그들이 여전히 복음을 비난하고 모든 선한 교훈을 훼방하는 것도 무리는 아니었지만 사람들은 그들이 전 양떼를 해치는 못된 염소처럼 버림을 받았으며 또 하나님의 교회에서 추방당했다는 사실을 알고 있었습니다. 그래서 그들이 무슨 말을 해도 그들의 말을 믿으려는 사람이 아무도 없었기 때문에 그들은 입을 다물고 있었습니다. 더욱이 사도 바울은 그들이 기독교 신자로 여겨지는 동안 어떤 사람이 나는 누구를 믿어야 할지 모르겠다고 말할지도 모른다는 것을 알고 있었습니다. 그는 후메내오가 그것을 우리에게 알려주고 알렉산더도 그런 말을 하고 있다고 말할지도 모릅니다. 그들이 믿는 자들과 어울려 있었을 때에도 그들은 독극물을 심기 위해서 접근해 왔습니다. 그래서 사도 바울은 한편으로 그들을 더 이상 훼방하지 못하게 하겠다고 말했습니다. 어떻게 하면 그렇게 할 수 있습니까? 그들이 추방당했을 때에 모든 믿는 자들에게는 그들과 어울리는 것을 피하라는 명령이 내려졌습니다.

그래서 사도 바울이 말하는 이 방안은 매우 효과가 있었으며 이 악한 자들의 행동을 중단시키기에 매우 적당해서 그들은 하나님의 말씀을 더 이상 바난하지 않았습니다. 그 하나님의 말씀에 반대하는 자들의 원한이 항상 불타고 있지 않았다는 말이 아니며 그들은 그들이 할 수 있는 모든 계략을 세우지 않았다는 말도 아닙니다. 그러므로 사도 바울은 그들의 내구력이나 그들의 몸 속에 있는 격노를 제어하지 않고 그들을 격하시켰습니다. 그래서 그들의 모든 거짓말이 더 이상 설 자리를 찾지 못했으며 사도 바울은 그들이 접근하는 것을 차단했기 때문에 그들은 믿는 자들에게 더 이상의 상처를 주지 않았습니다. 왜냐하면 우리가 죄인들과 다정하게 대화를 나누는 동안에 우리가 그들의 죄에 물들지 않는 것이 어렵기 때문입니다.

사람이 가시덤불 사이를 걸으면서 어떻게 가시에 찔리지 않을 수 있습니까? 사람이 피치(pitch)나 그에 못지 않은 더러운 것을 만지고서 어떻게 더럽혀지지 않을 수 있습니까? 그러므로 모든 사람을 망쳐 놓는 데 혈안이 되어있는 자들을 우리에게서 멀리 떨쳐 버릴 필요가 있습니다. 그리고 우리 한 사람 한 사람은 그들의 꾀임에 빠져서 잘못되는 일이 없도록 조심해야 합니다. 요즘에는 우리가 우리 자신을 일부러 의도적으로 파멸로 이끄는 것처럼 보입니다. 우리는 시편 15편에서 하나님이 합당하게 여기시는 자들을 존귀하게 여기라는 명령을 받아 여러분이 그러한 분들을 따르고 그분들과 친근하게 지내서 그들이 여러분에게 좋은 본을 보여주는 것처럼 우리는 악한 자들과 어울리는 것을 두려워 해야 합니다.

그러나 정반대로 생활이 문란하고 방종한 사람이 있다면 우리는 무엇보다도 그 사람과 친분을 맺고 싶어하며 또 하나님을 무시하고 하나님의 말씀을 욕되게 하며 모든 것을 파멸시키려고 하는 악한이 있다면 우리는 그의 이야기를 듣고 싶어하며 우리의 귀를 그가 하는 악한 이야기로 꽉 채우고 싶어할 것입니다. 그리고 오늘날 우리는 많은 사람들이 탈선하는 것을 보고 놀랍니까? 작은 누룩 하나 가루 반죽 덩어리 전체를 발효시키는 것처럼 나쁜 말이 선한 풍습을 부패시킵니다. 우리는 그들을 찾고 있으며 그들에게 미쳐서 그들과 멍에를 같이 메고 싶어합니다. 그러므로 모든 것을 왜곡하고 모든 것을 망쳐놓는 것에만 혈안이 되어 있는 분별없는 자들이 많이 있다고 해서 우리는 이상하게 생각할 필요가 없습니다. 그러므로 우리는 사도 바울의 이 교훈을 그만큼 더 명심해야 합니다. 예를 들면 우리 가운데에 눈에 띠고 두드러지게 악한 자가 있다면 그는 일상적으로 하나님을 모독하는 자며 하나님을 부인하는 주정뱅이며 남을 경멸하는 자며 호색가며 생활이 문란한 자이기 때문에 그의 생활이 아무런 가치가 없다는 것을 쉽게 알 수 있습니다. 만약 그가 그러한 사람이라는 것이 알려지면 모든 사람들은 그와 같은 자를 피해야 한다는 것을 기억하고 있어야 합니다. 그리고 그가 자기 자신을 부끄러워하지 않으며 또 그가 지은 죄를 부끄럽게 여기지 않는다면 최소한 그의 악한 행실이 더 이상 펴져 나가지 않도록 해야 합니다. 말하자면 그가 따돌림을 받게 하고 또 그가 지은 죄에 대해서 미안해 하는 것을 믿는 자들이 알게 될 때까지는 그들이 그에게 손가락질을 하게 해야 합니다.

그들의 타락한 생활을 통해서 소란과 불법행위를 야기시키는 일만 하는 자들 전체에게 이와 같은 조치가 취해져야 한다면 복음의 교훈을 훼방하는 자들과 또 사악하고 그릇된 생각을 심고 다니는 자와 순수한 믿음을 왜곡하기 위해서 독설을 퍼뜨리는 자들에게는 그러한 조치가 훨씬 더 강력하게 취해져야 합니다. 우리는 그러한 사람들을 회피하고 그들을 우리에게서 멀리하고 또 우리가 보기에 사기를 당할 위험과 믿지 않는 자들의 거짓말에 끌려갈 위험이 있는 사람들을 타이르는 법도 배웁시다. 더욱이 사도 바울이 사용한 **"사단에게 내어준다"(To deliver to Satan)"**는 말을 주목해야 합니다. 그는 우리가 믿는 자들과 동료관계를 유지하고 또 하나님께서 당신의 독생자의 지체들 가운데 세우신 일체감을 지속하기 위해서 부지런해야 한다는 것을 우리에게 보여주었습니다.

우리 주 예수 그리스도께서는 당신의 교회의 머리가 되시므로 교회와 연합된 사람은 모두 당신의 보호를 받고 있으며 당신께서는 그들을 끝날까지 지켜주겠다고 선언하셨습니다. 하나님의 독생자께서 우리를 보호해 주시고 인도해 주시기로 보증해 주시고 이 분이 우리의 구원을 책임져 주시고 또 그분은 전능하시며 또 당신께서 약속하신 대로 우리의 구원을 위해서 모든 능력을 발휘하실 것이기 때문에 우리가 결코 멸망치 않을 것을 확신할 수 있으니 이것은 우리가 요구할 수 있는 것보다 훨씬 더 좋은 조건이 아닙니까? 반면에 우리가 교회에서 분리되면 하나님께서 우리를 당신의 자녀로 여기지 않으시고 더 이상 우리에게 관심을 갖지 않으시기 때문에 말하자면 우리는 사단의 제물이 됩니다. 이것이야말로 우리를 무섭게 해줄 뿐만 아니라 벌벌 떨게 만드는 위협이 아닙니까? 교회에서 상당한 지위에 있으면서도 예수 그리스도의 보호를 받지 못하는 사람이 많이 있는 것이 사실입니다. 그러나 진실한 양떼가 되어서 복음에 순종하는 자들은 하나님께서 그들을 손으로 꽉잡아 주시고 마귀가 어떤 방법으로든지 그들에게 역사하는 것을 용납하지 않으실 것을 확실히 믿고 있습니다. 이것이 현실이니 우리는 우리 주 예수 그리스도의 방법을 따르도록 합시다.

예수 그리스도께서 우리 가운데 한 교회를 세우시고 당신의 복음이 거기에서 전파되고 당신의 세례가 거기에서 집전되기를 바라시니 교회에 자주 나가서 설교를 들읍시다. 우리가 설교 말씀을 들을 때에는 우리의 책임을 다했다는 생각을 하지 말고 그것에서 유익을 얻되 아주 경건한 마음으로 그렇게 합시다. 우리는 우리가 듣게 될 교훈을 굳게 붙잡고 세례와 성찬식이 우리가 이미 가지고 있는 믿음 안에서 우리를 매일 매일 점점 더 강건하게 해 주기를 바랍시다. 만약 우리가 이러한 의식을 지키면 우리에게는 예수 그리스도께서 우리를 지켜주시며 우리가 결코 예수님으로부터 도망가지 못하게 하는 방법으로 우리에게 통치권을 행사하신다는 것을 확실히 믿읍시다. 비록 마귀가 전에 없이 많은 공격을 우리에게 가해 올지라도 우리는 전보다 강력한 힘의 지원을 받게 될 것입니다.

그리고 더욱이 우리 자신이 교회에서 분리되고 사나운 짐승노릇을 하게 되는 것을 두려워합시다. 왜냐하면 그렇게 되면 다시는 설교를 들으러 오지 않는 사람이 있게 될지도 모르며 그들이 비록 거기에 오더라도 단지 조롱하거나 매일 매일 하나님과 하나님의 말씀을 향해서 독을 품고 더 날카로워 지기 위해서 오기 때문입니다. 그들이 하나님을 경멸하는 자들이나 교회의 질서를 망쳐놓기 위해서 독을 내뱉기를 결코 부끄러워하지 않는 불경한 자들이라는 것이 알려지거나 그러한 사람들을 보게 되면 우리가 그들처럼 되지 않기를 소원합시다. 왜 그래야 합니까?

왜냐하면 비록 사람들이 우리를 용서해 주더라도 결국 우리는 우리 주 예수 그리스도의 은혜로 보호함을 받지 못하기 때문에 예수 그리스도께서 우리를 사단에게 넘겨주어서 우리는 마귀의 학대를 받게 될 것입니다.

예수 그리스도께서는 당신의 권속과 당신의 양떼에서 떨어져 나간 자들에게 더 이상 간섭하지 않으시기 때문에 믿는 자들의 집단에서 쫓겨나거나 퇴출당하는 것을 두려워합시다. 우리가 주목해야 할 또다른 요점이 있습니다. 즉 추방제도는 사람들에 의해서 발견되었거나 사람들의 기분에 맞추어서 제정된 것이 아니고 우리 주님과 구세주 예수 그리스도께서 당신의 자녀들 가운데에 세우신 규례로써 이것을 어겨서는 안됩니다. 누구든지 이 규례를 압제하는 자는 자신이 믿음과 기독교의 원수라는 것을 분명하게 보여줍니다. 그러므로 교회로부터의 추방에 반대하는 자들은 모두 회교도들이고 이교도들이니 그들로 하여금 더 이상 기독교를 지금처럼 욕하고 모독하지 못하게 하십시오. 만약 그것이 조금이라도 사람의 생각에 의해서 들여와 졌다면 그것은 사람의 계획에 불과하다고 말해도 좋은 것이니 그것을 폐하십시오.

그러나 우리 주 예수 그리스도께서 그것을 당신의 교회 안에 세우셨으니 그것을 단 사흘 동안만 지속시키지 않으실 것이라는 것을 보여주실 것입니다. 교회로부터의 추방은 그리스도께서 집정하시는 동안에만 효력을 발할 것이라고 말하는 냉소적인 사람들도 있습니다. 그러나 그와는 반대로 예수 그리스도께서는 그것은 이 세상이 끝날 때까지 지속시키시겠다고 약속하시고 **네가 땅에서 무엇이든지 매면 하늘에서도 매일 것이다**(마 16:19)라고 말씀하셨습니다. 우리는 사도들도 예수 그리스도께서 주신 이 규례와 규율을 실천한 것을 보았습니다. 교회로부터의 추방제도를 폐하려고 애쓰는 자들은 하나님을 존귀하게 여기지 않으며 개들처럼 성경말씀을 믿지 않으며 그리스도교도 전체를 조롱한다는 것을 분명히 보여줍니다.

그들로 하여금 더 이상 속이지 못하게 하고 양다리를 걸치지 못하게 하십시오. 그렇게 하는 것은 분명히 악한 짓이기 때문입니다. 그러므로 사도 바울이 추방에 대해서 자주 말하는 것은 제도가 사람이 탐욕과 욕심을 낼 때에 쉽게 발견할 수 있는 관례가 아니고 하나님의 독생자께서 허락하신 것이기 때문에 우리가 그것에 반대한다는 것은 부당합니다. 그러므로 사도 바울은 고린도전서에서 그는 우리 주 예수 그리스도의 권한과 능력을 위임받아 근친상간을 범한 자를 사단에게 내어주었다고 말했습니다(고전 5:5). 그것이 사람의 권한으로 이루어지는 사람의 심판이 아니라는 것을 보여주기 위해서 예수 그리스도가 그 주관자라고 말했으며 그 집행은 그분의 명령과 그분이 세우신 법에 따라서 이루어진다는 것을 보여주었습니다. 그러므로 우리는 그것을 보존해야 하며 결코 그것을 대치시키거나 폐하려고 해서는 안됩니다. 이것을 잘 지킵시다.

그리고 한편 교황과 교황의 부하들이 추방조치를 남용했다고 해서 그것을 그만두게 해야 한다고 말하지 않도록 주의합시다. 전 천주교에서 가장 많은 증오를 받을 대상과 그들 가운데서 숭상을 받았던 가장 흉악한 우상은 무엇입니까? 그것은 미사가 아니었습니까? 그래서 우리는 성찬식이 마치 예수 그리스도께서 제정하신 것이 아닌 것처럼 성찬식을 중단해야 합니까? 미사에서 이루어지는 부정한 짓 때문에 그것을 멸시해야 하는지 묻고 싶습니다. 그리고 우리의 세례가 얼마나 더럽혀졌으며 사람의 구원을 위해서 제정된 것들을 마귀가 얼마나 못되게 부패시켜 놓았는지 우리는 알고 있습니다. 만약 우리가 이 모든 것을 무시하고 우리의 발로 밟아버린다면 그것이 무엇이 되겠습니까?

이러한 잘못을 고치는 방법은 그리스도께서 우리에게 주신 방법을 따르는 것입니다. 즉 생활이 문란한 자들과 뚜렷한 비행을 저지를 자들은 추방해서 다른 사람들로 하여금 그것을 예로 삼게 하고, 잘못을 저지른 자들을 부끄럽게 만들고, 그것이 그들로 하여금 하나님께로 달려가게 해서 정결한 마음을 달라고 하나님에게 기도드리는 계기가 되게 하는 것입니다. 그렇게 해서 모든 사람이 하나님에게 경배드림으로써 그들의 이웃도 섬기게 할 것입니다. 한편 우리는 우리를 속이고 우리를 멸망시키려는 부정한 짓에 말려들지 않게 될 것이며 사단을 들어오지 못하게 막을 수 있습니다. 우리에게 예수 그리스도께 항거할 뜻이 없는 한 추방제도가 활용되어야 합니다. 그러므로 사도 바울이 알렉산더와 후메내오에 대해서 이야기한 것은 그들 개인에게 관한 것보다는 하나님의 교회에게 전체적인 교훈을 주어서 우리로 하여금 매사에 신중하게 행하게 하기 위함이라는 것을 알아둡시다. 만약 하나님께서 우리를 당신의 곁으로 부르신다면 하나님께서는 우리가 삶을 마감할 때까지 우리를 당신의 손으로 꽉 붙잡아 주신다는 것을 알아야 합니다. 하나님께서는 우리가 비웃는 자나 위선자가 되는 것을 용납하지 않으시고 복음의 말씀을 순수하고 정직하게 따르기를 원하십니다. 우리를 현혹시키고 우리를 옳은 길에서 돌이키기 위해서 매일 매일 우리에게 싸움을 거는 사단과 그의 용병들과 싸우기 위해서 감시를 철저히 해야 할 것입니다. 그러므로 우리는 마귀에게 극히 조심하고 깨어 있어서 우리가 전에 부름 받았던 거룩한 직분을 끝까지 계속하도록 합시다.

11

"그러므로 내가 첫째로 권하노니 모든 사람을 위하여 간구와 기도와 도고와 감사를 하되 임금들과 높은 지위에 있는 모든 사람을 위하여 하라. 이는 우리가 모든 경건과 단정한 중에 고요하고 평안한 생활을 하려 함이니라"(딤전 2:1-2).

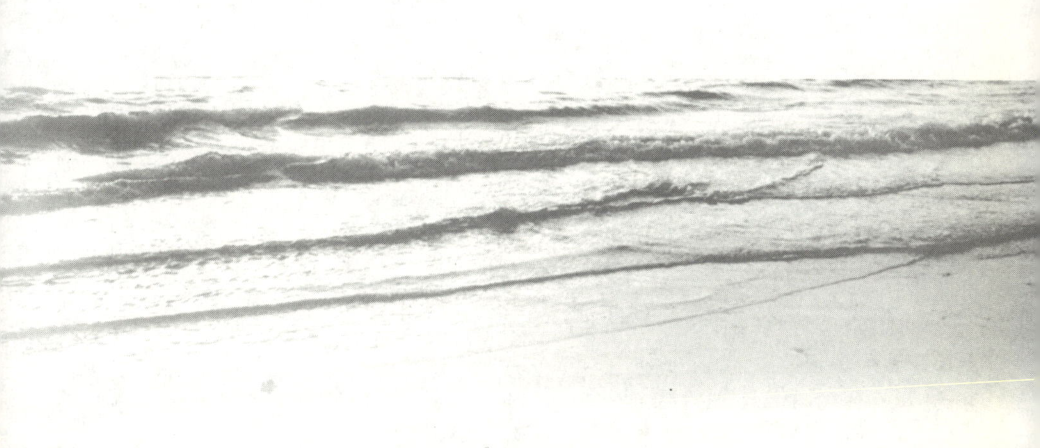

사람들이 선한 일에 골몰하고 있는 동안에는 마귀가 쉽게 그들에게 접근해서 자기의 소굴로 끌고 가지 못합니다. 왜냐하면 마귀는 그들이 그렇게 한가롭지 않다는 것을 알고 있기 때문입니다. 반면에 헛되고 불성실한 공상에 푹 빠져있는 자들은 사단에게 완전히 노출돼 있기 때문에 사단이 그들을 자기가 원하는 대로 이리저리로 쉽게 끌고 다닐 수 있습니다. 이러한 까닭으로 우리는 이 세상에서 많은 죄를 보게 됩니다. 그리고 우리에게는 본래 허영심이 많은 편이며 모든 사람들은 자신을 과장하는 죄를 짓기 때문에 많은 사람들이 자신을 그릇되고 악한 교훈의 소용돌이 속으로 몰아넣습니다. 이렇게 되면 사단은 자기가 뜻했던 것을 마음대로 자행할 수 있게 되어 사람들을 유인하게 됩니다. 그래서 전에 꽤 선했던 사람이 하나님이 견제를 뿌리칠 뿐만 아니라 하나님과 하나님의 교회에 불구대천의 원수가 되는 경우를 흔히 볼 수 있을 정도입니다. 이러한 까닭으로 지금 사도 바울은 디모데에게 믿는 자들은 모든 열성과 노력을 바쳐서 자기 자신과 교회를 위해서 뿐만 아니라 온 인류를 위해서 하나님에 기도를 드릴 것을 권하고 있습니다.

    그는 전에 많은 사람들이 호기심을 끄는 문제에 골몰하고 있는데 그것은 어떤 면으로도 유익이 되지 않는다고 한두 마디 말로 간단하게 말한 적이 있습니다. 그는 사단을 접근하지 못하게 하는 데 좋고 매우 적합한 방도를 알려 주었습니다. 그 방법은 우리 주 하나님께서 어떠한 조치를 허락하시는가를 잘 알아두는 것입니다. 하나님의 자녀들이 가지고 있는 가장 중요한 방법은 기도하는 것입니다. 우리가 하나님에게 의지해서 하나님의 이름을 부르는 것은 우리에게 믿음이 있다는 좋은 증거입니다. 우리 자신에 대해서 생각하고 관심을 가질 뿐만 아니라 우리와 연계가 되어 있는 모든 사람들을 전체적으로 포용하십시오. 그것이 어떤 면에서는 우리에게 많은 자극을 줄 것입니다.

    하나님께서는 사람들 사이에 그러한 유대와 연분을 맺어주셨기 때문에 그들은 서로서로를 형제로 아니면 이웃으로 알아야 하며 우리가 하나님에게 기도를 드릴 때에는 이 방법을 지켜야 하는 것이 당연하며 우리 모두는 자기 자신이나 자기의 특별한 친구말을 위해서 해서는 안되고 우리는 모든 사람에게 그들이 작은 자건 큰 자건 상관없이, 또 그들이 우리의 친한 친구건 우리가 잘 아는 사람이건, 또는 우리가 모르는 사람이건 상관없이 모든 사람에게 사랑과 관용을 베풀어야 합니다. 그것은 우리들로 하여금 성경에서 우리에게 가르쳐주는 등급을 짓는 것을 막으려는 것이 아닙니다. 만약 우리가 모든 사람들을 위해서 하나님에게 옳게 기도드리려면 우리는 믿음 안에서 우리와 하나되고 복음에 순종하는 자들로부터 우리의 기도를 시작한다는 것을 부인하는 것은 더욱더 아닙니다. 왜냐하면 그들은 말하자면 하나님 집의 하인들이기 때문입니다. 하지만 우리가 믿는 자들을 위해서 기도를 드릴 때에도 무지와 죄중에서 헤매고 있는 불쌍한 불신자들을 긍휼히 여기고 동정해야 하며 그들을 우리에게로 인도해 주셔서 우리 모두가 하나가 되게 해달라고 하나님께 기도드려야 합니다.

    이렇게 해서 우리는 사도 바울이 여기서 말하고자 하는 뜻이 무엇인지 알게 되었습니다. 즉 하나님의 자녀들은 무엇에 전념해야 하는지를 우리에게 보여주려고 했습니다. 우리가 명심할 것은 아무 유익도 없이 헛되게 살아서는 안된다는 사실이니 하나님을 찾아가서 온 세상 사람의 구원을 위해 기도드리고 우리는 이것을 이루기 위해서 밤낮으로 헌신합시다. 이렇게 하면 문이 닫혀서 사단이 안으로 들어오지 못하게 되어 사람들을 현혹시키지 못하고 그들에게 헛되고 사악한 호기심을 일으키지 못합니다. 이제 사도 바울이 무슨 말을 하려고 하는지 하나씩 하나씩 살펴봅시다. 그가 말하기를 "그러므로 내가 첫째로 권하노니 모든 사람을 위하여 간구와 기도와 도고와 감사를 하라"고 했습니다. 그는 그가 전에 했던 모든 말을 통해서 우리는 기도를 대단해 중요하게 여겨야 한다는 것을 보여줍니다. 확실히 그 말에는 큰 무게가 실려 있습니다. 왜냐하면 내가 앞에서 말한 대로 하나님에게 기도드리는 데 열의가 없고 태만하다는 것은 그들에게 믿음이 없다는 것을 보여주기 때문입니다. 그렇게 하는 데서 믿음이 스스로를 들어내기 때문입니다. 이것이야말로 우리가 하나님의 말씀과 복음을 통해서 얼마나 유익을 얻었는지를 가늠해 볼 수 있는 참된 시금석입니다. 하나님께 기도드리고 싶은 뜨거운 열정과 욕망이 우리에게 있고 우리의 영혼이 밤낮으로 갈급해 하는 것이라면 좋겠습니까? 왜냐하면 말로는 하나님에게 의지하고 복음을 믿는다고 하면서도 기도를 중요하게 여기지 않는 사람은 자신이 조롱하는 자와 위선자에 불과하다는 것을 보여주기 때문입니다. 만약 우리가 하나님의 언약을 받아들이고 하나님이 하신 말씀을 확실히 믿으려면 우리는 하나님을 찾아가야 합니다. 하나님께서는 우리의 아버지와 구주가 되시겠다고 약속하셨기 때문에 우리를 오라고 부르시며 당신의 손을 뻗어 우리를 맞아주십니다. 우리는 하나님의 진리를 알라는 부름을 받았기 때문에 하나님께 나와 우리가 소망했던 것들이 하나님의 손에서 이루어지게 해달라고 기도합시다.

그러므로 입을 다물고 있으며 매우 우둔하고 태만한 자들은 그들이 하나님의 언약에 대해서 전혀 들어본 적이 없다는 확실한 증거를 보여줍니다. 그러므로 사도 바울이 하나님의 교회에서 드리는 기도와 간구를 모든 것보다 앞서서 처방한 데에는 이유가 있습니다. 그것은 마치 우리가 챙겨야 할 가장 큰 일을 잘 알아두라고 말하는 것과 같습니다. 그리고 그렇게 하는 것을 습관화 합시다. 그러면 우리가 믿는 기독교는 어떤 것인지 알아봅시다. 우리가 알고 있는 대로 기도드리는 습관이 있는 사람은 거의 없거나 있다 하더라도 전시용에 불과합시다. 간단히 말하면 그것은 아무 효과도 없으며 열의도 하나도 없는 헛된 겉치레에 불과합니다. 만약 공공 장소에서 드리는 우리의 기도가 그렇게 냉랭하다면 집에나 골방에서 드리는 우리의 기도는 어떻다고 생각되겠습니까?

우리는 하나님께 드리는 기도라는 이 항목을 통해서 거의 유익을 얻지 못했기 때문에 복음의 능력에 대한 지식을 얻지 못하며 우리 안에는 한 방울의 믿음까지 상실한 채 가능한 모든 것을 다하여 우리가 받은 작은 불씨까지도 끄려고 한다는 것을 알아둡시다. 어찌 되었거나 우리는 그것을 통해서 자극을 받아 하나님께 기도를 드리고 전에 했던 것보다 더 열성으로 실천합시다. 이것이 사도 바울이 여기서 우리에게 강력하게 권하는 일입니다. 그가 사용한 **간구**와 **기도**와 **도고** 자체가 똑같은 목적을 향하고 있어 그 내용을 더 강조합니다. 사도 바울은 한 마디 말로 "너희는 간구를 하도록 하라. 또 너희는 기도를 하도록 하라"고 말할 수도 있었습니다. 그는 한 마디 말만 사용하는 것에 만족하지 못해서 같은 것을 상징하는 세 단어를 사용했습니다. 그가 한 가지 점에 주의를 집중시킨 것은 우리로 하여금 그것에 대해서 더 곰곰이 생각해 보게 하고 골수까지 감동을 받게 하기 위해서였습니다. 그것은 마치 멍청하게 있는 우리를 각성시키려는 것과 같습니다. 그러므로 우리는 이 본문 말씀을 통해서 우리가 하나님에게 기도를 드려야할 때에 그렇게 쉽게 자유 분방해지지 않는 법을 배웁시다. 왜냐하면 우리는 한 시간의 일분 동안 기도를 올리는 것으로 충분하다고 생각하기 때문입니다. 그러나 우리의 마음이 떠나가는 것을 느끼게 되면 그것을 제지하고 스스로를 감금하고 그렇게 하도록 노력합시다. 왜냐하면 사도 바울은 여기서 우리가 원하던 원치 않던 우리를 제지하기 위해서 세 개의 구제책을 주었기 때문입니다.

그가 말하기를 하나님께 기도드리라고 했습니다. 우리는 어떻게 기도드려야 합니까? 그는 우리에게 이런저런 방법으로 옆으로 빼는 버릇이 있다는 것을 알고 있습니다. 돌아오라고 그가 말하고 또 요구합니다. 우리가 매우 경솔하다는 것을 알고 있기 때문에 그로서는 한 가지 일을 두 번 말하는 것으로는 마음이 놓이지 않자 세 번째 지시를 내립니다. 그는 기도를 드리라고 말합니다. 우리는 이것을 잘 알아둡시다. 즉 성령께서는 우리가 하나님께 꾸준하게 기도드리지 못한다는 것을 아시고 계시기 때문에 사도 바울의 입을 통해서 말씀하시고 여기서 사람의 경솔함을 고쳐 주려고 하신다는 것을 잘 알아둡시다. 우리가 기도를 하려고 하면 세상의 모든 것이 우리가 그렇게 하는 것을 막으려 합니다. 필요한 만큼의 인정을 받고 꾸준한 생활을 한다는 것은 어려운 일입니다. 이러한 이유로 그는 우리가 우리 자신과 우리 가족뿐만 아니라 전 교회와 이 세상 사람 모두를 위해서 항상 기도해야 하며, 또 기도하고 간구하도록 서로서로 격려해야 한다고 했습니다.

이제 우리는 **임금들과 높은 지위에 있는 모든 사람을 위하여 기도하라**고 한 사도 바울의 말에 대해서 생각해 보겠습니다. 사도 바울이 우리에게 모든 사람들을 위해서 기도하라고 명령을 해서 우리는 서로 서로에게 사랑을 베풀어야 한다는 것과 하나님께 모든 사람을 긍휼히 여겨주시고 하나님께서 우리를 당신의 **형상대로** 만들어 주셨으니 우리를 하늘의 유업인 천국으로 모이게 해달라고 소원해야 한다는 것을 알려주었습니다. 앞에서 말한 것처럼 제일 먼저 우리 하나님의 교회를 위해서 기도드려야 합니다. 우리가 서로서로 굳게 결합되어 있는 것처럼 하나님께서도 우리를 포용해 주십니다. 더욱이 서로서로에게 훨씬 더 많은 관심을 가지라고 명령하십니다. 그렇게 하지 않으면 우리가 함께 누리고 있는 이 형제관계가 무슨 소용이 있겠습니까? 사도 바울은 성경말씀이 인정하는 인간의 계급을 폐지하라고 한 것은 아닙니다. 그의 의도는 우리는 이미 우리의 형제가 된 믿는 자를 위해서 뿐만 아니라 불쌍한 불신자처럼 우리에게서 멀리 떨어져 있는 사람들을 위해서 기도해야 한다는 것을 알려주려는 것이었습니다.

비록 그들이 서로 멀리 떨어져 있으며 그들 사이에는 두꺼운 벽이 있는 것처럼 보일지라도 우리는 불신자들이 멸망하게 된 것을 불쌍히 여겨서 그들을 하나님에게로 데려가 달라고 기도드립시다. 모든 사람들이 자기의 이익을 위해서 골몰하고 자기의 이웃에 대해서는 관심을 가지지 않고 중하게 여기지도 않는다는 것은 얼마나 꼴사나운 일입니까! 우리 주 하나님께서 이 세상을 창조하실 때에 모든 사람이 각자 혼자 떨어져 자신이 필요한 것만을 구하면서 살라고 이 세상을 만드시지 않고 우리를 한 곳에 모아놓으셨습니다. 그렇게 해서 우리로 하여금 함께 살게 하셨으며 또 우리는 우리 이웃과 어떻게 사귀면서 살 것인가에 대해서 생각해 보게 만드셨습니다. 그래서 하나님께서는 우리 모두가 똑같은 속성을 갖게 하셨습니다. 내가 한 사람을 바라보게 되면 나는 그의 형상에서 내 자신의 형상을 그의 인격에서 내 자신의 인격을 보지 않을 수 없고 그를 통해서 내 자신을 알지 않을 수 없습니다.

더욱이 이외에도 우리가 깊이 생각해 보아야 할 가치있는 일이 있습니다. 즉 하나님께서는 당신의 형상을 우리 안에 새겨놓으셨다는 사실입니다. 그러므로 만약 우리가 하나님을 존경하고 존귀히 여기는 마음을 조금이라고 품고 있다면 모든 사람 안에 새겨놓으신 하나님의 형상을 멸시하지 않는 것이 당연합니다. 아무도 자신의 육신을 미워하지 말아야 합니다. 왜냐하면 그것은 야만스러운 일이며 온 인류에 완전히 대적하는 짓이기 때문이라는 성경말씀을 알아두십시오. 성경에서 말씀하시는 육신이라는 말에는 큰 자와 작은 자에는 물론 전혀 모르는 이세상 사람에게까지도 포함됩니다. 그것에 대해서 이사야 선지자도 말했습니다(사 5:7). 하나님께서는 우리 한 사람 한 사람이 우리가 할 수 있는 최선을 다해서 우리의 이웃을 돕는 일에 전념하겠다는 조건으로 우리를 하나로 묶어 놓으셨습니다. 우리는 이것을 하나님에게 드리는 우리의 기도 속에서 보여주어야 합니다. 이것이 우리가 우리의 도움이 필요한 사람에게 줄 수 있는 가장 큰 도움입니다. 만약 나에게 하나님께서 나에게 묶어놓으신 사람들을 도와주고 싶은 마음이 있다면 내가 가지고 있는 방법에 대해서 생각해 보아야 할 것입니다. 기회가 허락하는 대로 나는 그것에 대해서 깊이 생각해 보아야 합니다. 우리가 사람들에게 줄 수 있는 가장 큰 기쁨은 그들을 위해서 하나님에게 기도드리고 그들의 구원을 하나님에게 부탁하는 것입니다. 이렇게 하기 위해서 사도 바울은 모든 믿는 자들에게 사랑을 베풀라고 명령합니다.

만약 우리의 관심이 우리와 교제가 없는 이교도에게까지도 펼쳐져야 한다면 세례를 같이 받고 교회의 지체로서 우리 주 예수 그리스도의 이름을 지니고 다니는 사람에게 어떻게 해야 합니까? 우리는 그들에게 어떠한 관심을 가져야 합니까? 만약 우리가 이교도나 그리스도의 양떼가 아닌 자들을 잊고 있거나 멸시한 데 대해서 비난을 받는다면 하나님께서 우리에게 사랑하라고 강력하게 명령하셨던 그들에 대해서 우리는 어떻게 생각해야 합니까? 그러므로 이 본문말씀은 우리에게 우리의 임무를 상기시켜 줍니다. 다시 말하면 우리는 예수 그리스도의 이름을 지니고 다니는 사람들에게는 특별한 관심을 가져야 하며 그들을 우리의 형제처럼 사랑해야 하며 그들과 연합하여 하나가 되어야 합니다. 우리가 그렇게 하지 않으면 하나님의 자녀로 인정받을 자격이 우리에게 없기 때문입니다.

우리가 예수 그리스도의 육체를 갈기갈기 찢었을 때에 부름받은 영원한 유업에서 어떤 부분을 우리 것이라고 주장할 수 있겠습니까? 만약 우리가 독생자 예수 그리스도의 지체라면 우리는 서로 서로 형제의 사랑으로 연결되어 있지 않을 수 없기 때문에 하나님께서는 우리를 당신의 자녀로 양자삼으셨습니다. 만약 내가 하나님께서 당신의 자녀로 삼으려고 하는 사람들에게서 분리되어 나온다면 그것은 나의 전심을 다해서 우리 주 예수 그리스도의 몸을 갈기갈기 찢어서 내 자신을 하늘 나라에서 추방하는 것이 됩니다. 그럼에도 불구하고 우리가 체험을 통해서 알고 있는 바와 같이 이 점이 전혀 중요하게 여겨지지 않고 거의 고려되지 않고 있습니다. 하나님께서 우리를 맺어주시고 우리가 가장 거룩하게 간직해야 할 유대관계는 어디에서 비롯됩니까? 오늘날 사람들은 말 한마디도 서로 나누지 않으며 서로서로를 먹어버리려고 할 뿐입니다.

우리는 개 돼지같이 되어 우리를 우리 주 예수 그리스도의 지체로 여기기에는 너무나 동떨어져 있으며 인간성이 우리에게서 달아나 버렸습니다. 우리에게 있어야 할 정직한 행실과 공정성은 어디에 있습니까? 서로 서로 도와주려는 동정심과 불쌍히 여기는 마음은 어디로 갔습니까? 세상이 완전히 거꾸로 가고 있습니다. 우리는 하나님께서 세우신 모든 질서를 파괴하려고 모의를 한 것 같습니다. 세상 사람들이 그렇게 되어가고 있기 때문에 우리는 형제의 사랑을 가져야 하고, 그들을 기쁘게 해주기 위해서 열심을 내야 하고, 그들이 필요한 물건을 조달해 주고, 그들의 행복을 책임져야 함에도 우리는 그들을 멸망시키는 일만 하려고 하며 우리의 가장 큰 관심은 그들을 억압하는 것입니다. 그것을 통해서 하나님의 이름이 얼마나 모욕을 당하는지 사람들에게 알려질 것입니다.

우리는 모든 사람들에게 우리가 기독교 신자라고 자랑하지만 우리는 아무것도 아닙니다. 그러므로 우리는 사도 바울이 우리에게 가르쳐 준 것을 훨씬 더 많이 실천해야 합니다. 즉 우리는 모든 사람들을 위해서 기도드려야 합니다. 우리는 이 교훈에 따라서 비록 멸망을 향하여 가고 있는 불쌍한 자들이 아무 가치가 없고 교회의 원수며 우리로부터는 멀리 흩어져 있을지라도 그들을 불쌍히 여깁시다. 만약 우리가 그들을 불쌍히 여겨야 한다면 하나님께서 우리와 똑같은 양떼에 속하는 당신의 교회에 연합시켜 주신 그들에게는 어떻게 해야 합니까? 이것에 대해서 생각해 보고 전보다 더 잘해줍시다. 더욱이 사도 바울은 우리가 모든 사람들을 위하여 기도드릴 때에 임금들과 높은 지위에 있는 사람들의 이름을 들어가면서 기도하라고 했습니다. 그는 내가 앞에서 다루었던 내용을 다시 보여주었습니다. 즉 하나님께서 우리로 하여금 서로 서로 섬기게 하시는 것처럼 우리의 마음도 그렇게 하는데 기울어져야 하며 그것이 우리에게는 자극이 되어 우리를 그만큼 더 많이 격려해 주어야 합니다. 그리고 우리는 제왕들과 총독들과 전 관료를 통해서 독특한 것을 받습니다. 특히 하나님으로부터 측량하기 어려운 유익을 받습니다. 우리가 제왕들을 높여 주고 다른 모든 사람들보다 귀하게 여기는 것은 이 때문입니다.

사도 바울이 한 말에는 여러 뜻이 담겨있습니다. 그는 하나님께서 이 세상에서 시행하신 제도로 인해서 우리에게 준 유익을 몇 마디 말로 이렇게 정리했습니다. 첫째로 우리는 화평한 생활을 하고 있다는 것이고, 다음에는 하나님이 섬김을 받으시고 존귀히 여김을 받으시는 것이고, 셋째는 사람들의 생활이 정직하다는 것입니다. 사도 바울은 우리가 세상적인 제도와 우리에게 배치된 행정관료를 통해서 우리가 얻는 유익을 몇 마디 말로 나타냈습니다. 하지만 그 당시에 사도 바울이 행정관료들을 그들에게 부탁한 데에는 특별한 이유가 있다는 것을 알아둡시다. 왜냐하면 그들은 모두 복음의 원수며 불쌍한 기독교인들을 학대했으며 살인자며 악한 자들이었기 때문입니다. 간단히 말하면 그들은 순수하고 참된 종교에 반대하는 선동자들이었습니다. 믿는자들이 그러한 사람들을 위해서 기도 드린다는 것은 이치에 맞지 않는다고 생각했을지도 모릅니다. 무슨 말씀입니까? 진리의 원수인 그들을 위해서 기도드려야 하며 복음이 완전히 자취를 감추고 예수 그리스도에 대한 기억이 완전히 지워지기를 바라라는 말입니까? 그렇게 하는 것은 마치 내가 무서운 괴질이 교회에 퍼지기를 바라는 것과 같습니다.

그러나 사도 바울은 믿는 자들이 행정관리들을 위해서 기도드리는 것은 아무런 장애도 되지 않는다는 것을 보여주었습니다. 오늘날 그들이 그들의 직무를 수행하건 말건 우리는 그들의 인격체를 중요하게 여기지 말고 그보다는 하나님이 세우신 그 규율을 중요하게 여겨야 합니다. 그리고 그것은 사람의 악한 행실로 파괴되거나 완전하게 지워지는 것이 아니고 항상 그 자욱이 남아있기 마련입니다. 그러므로 비록 높은 지위에 있는 자들이 그들의 손에 불의한 검을 들고 그들의 직무를 매우 악랄하게 수행하고 온 세상을 불의로 가득 채우고 아무런 사명과 책임을 맡지 않은 사람들보다 훨씬 더 많은 피해를 주고 더욱이 하나님에 대한 적개심에 사로잡혀서 하나님의 공공연한 원수가 되었더라도 우리는 하나님께서 임금들과 군주들과 재판관들을 임명하셔서 우리로 하여금 하나님을 경외하면서 평화롭게 살게 하시고 정직한 생활을 영위할 수 있도록 하셨다고 시인해야 합니다.

내가 다시 강조합니다만 이것은 우리 마음대로 폐해지는 것이 아닙니다. 물론 폭군들이 다스릴 때에는 많은 부정부패가 생깁니다. 하지만 이것은 아무런 질서가 전혀 없을 때보다 일천 배나 견디기 쉽습니다. 저울을 하나 준비해서 한쪽에는 폭군, 아니 온갖 잔인한 짓을 자행하고 이 사람을 강탈하고 저 사람을 살인하며 법을 집행한다는 구실로 많은 악하고 끔찍한 비행을 저지른 많은 폭군들을 올려놓고, 또 한쪽에는 우두머리도 없고 지배자도 없고 높은 지위에 있는 사람도 없는 동등한 사람들만을 올려놓아 보십시오. 그러면 잘난 사람이 없을 때가 이 세상에서 가장 포악한 폭군이 있을 때보다도 더 혼란스럽고 훨씬 더 지겨울 것입니다. 비록 마귀의 화신이 재판관석을 점하고 있고 그들이 악한 짓을 자행하기 위해서 기를 쓰고 있더라도 하나님께서는 그들이 모든 공의를 뒤엎을 정도로 악해지는 것을 용납하지 않으십니다. 거기에는 항상 선한 것의 행적이 남아있기 마련입니다. 그러나 우리가 존경을 받고 있는 사람들을 위해서 기도드리는 것은 이 이유뿐만 아니라 하나님께서 그들을 쓰셔서 우리로 하여금 그들을 통해서 여기서 언급된 유익을 누리게 하기 위해서입니다.

그리고 정의와 공정이 지켜져야 할 곳에서 공의가 악용되고 강도와 강탈과 차별대우와 증오와 그와 같은 짓이 저질러지고 거침없이 자행될 때에 우리는 우리의 죄가 무엇인지 생각해 보아야 합니다. 왜냐하면 이것들은 우리 죄의 열매이기 때문입니다. 하나님은 우리가 받아 마땅한 분량의 돈을 우리에게 지불하십니다. 만약 우리에게 하나님께서 우리를 다스리실 만한 가치가 있다면 하나님께서 확실히 맡기신 임무를 충실하게 완수할 선한 관리를 선택하시어 우리에게 배정하실 것입니다. 그러나 우리가 완악하여 하나님께서 우리를 다스리시는 것을 참지 못하며 하나님에 대한 반감으로 뜨겁게 끓고 있다면 우리는 우리에게 씌워주신 하나님의 멍에를 벗어버립니다. 그러자 하나님은 뒤로 발을 빼시며 손을 떼시고 그대신 우리에게 행정관리와 임금들을 보내시는데 그렇게 하시는 것이 당연합니다. 그러므로 우리가 이것을 알게 되면 흐느껴 울고 탄식하며 우리의 지은 죄를 뉘우치고 고개를 숙입니다. 그리고 나서 하나님을 찾아가서 정의감이 있는 행정관을 우리에게 보내달라고 간구합니다. 즉 우리 모두가 한 목소리로 하나님에게 경배를 드리고 모든 파괴 행위와 비열하고 악한 행위를 억제하고 화평하고 화합해서 우리가 들짐승들처럼 되지 않게 해야 합니다.

따라서 우리는 임금들과 높은 지위에 있는 사람들을 위해서 기도해야 합니다. 사실 우리는 하나님께서 앞에서 모든 사람 전체에 대해서 말씀하신 것처럼 임금들을 위해서 하나님에게 간구해야 합니다. 만약 부하를 혹사하거나 복음의 순수한 교훈을 뒤엎거나 그것을 발로 밟으려고 하거나 믿음이 전혀 없는 임금들을 보게 되면 우리는 그 임금들 밑에서 고난을 당하는 사람들을 동정하고 불쌍히 여겨야 합니다. 그러므로 마치 우리 모두가 우리를 지배하는 자들에게만 시선을 주어야 하는 것처럼 우리가 임금들과 군주들을 위해서 하는 기도는 우리를 다스리는 그들만을 위한 것이 되어서는 안되고 우리는 전체적으로 규례를 집행하는 자들 모두를 위한 기도가 되어야 합니다. 한편 우리가 알지도 못하고 그들의 지배도 받지 않는 사람들을 위해서 기도해야 한다면 우리를 보호해 주고 종속시켜 주며, 또 하나님께서 우리를 다스리라고 우리 위에 세워주신 그들을 위해서 훨씬 더 많은 기도를 하는 것이 당연합니다. 성경에도 그러한 말씀이 있는 것을 알고 있습니다(롬 13:1,5,6, 딛 3:1 벧후 2:13).

우리에게는 우리가 중요하게 여겨야 하는 우리 주 예수 그리스도의 왕국이 있습니다. 예수 그리스도의 왕국에는 세상에 있는 모든 국가가 누리고 있는 것보다 훨씬 더 많은 특전이 있는 것이 사실인데 그것은 모든 권능과 권위가 고개를 숙이는 최고의 왕국일 뿐만 아니라 그 안에는 우리의 모든 행복과 구원이 있습니다. 그럼에도 불구하고 이 세상에 있는 모든 국가들은 말하자면 우리 주 예수 그리스도의 왕국의 모형이고 형상이기 때문에 우리는 그것들을 중요하게 여겨야 하며 하나님에게 그들을 보존해 주시고 번영하게 해달라고 기도드려야 합니다. 먼저 합법적인 나라를 세워 달라고 기도드려야 할 것입니다. 어떤 사람이 도시에 살고 있어 군주와 시장의 통치를 받고 있다면 그는 그들을 위해서도 하나님에게 기도드려야 합니다. 하지만 거기에는 할 일이 더 남았습니다. 즉 독재자의 지배를 받고 있는 사람들은 특별히 그 독재자들을 위해서 기도해서 그들로 하여금 공의로 다스리게 해주고 공의를 지키게 해달라고 기도해야 합니다.

예레미야 선지는 **"바벨론을 위하여 기도하라 그 성읍의 평안에 너의 평안이 있다"**(렘 29:7)고 말했습니다. 이스라엘 백성들이 바벨론으로 끌려간 것은 바벨론 사람들에게 이스라엘 백성들을 다스릴 권리가 있었기 때문이 아니고 하나님께서 당신의 백성들에게 일시적인 징벌을 내리려 하셨기 때문입니다. 하나님께서 바벨론 사람들을 이스라엘 백성들 위에 세우셨기 때문에 이스라엘 백성들은 바벨론의 왕과 그 왕국의 정책을 위해서 기도해야만 했습니다. 그러므로 우리에게 기독교를 믿는 행정장관이나 종교를 보호해 주고 공의를 존중하는 시장이 있을 때에 우리는 그들을 하나님에게 그만큼 더 많이 부탁하는 것이 당연하지 않습니까? 이것이 우리가 지켜야 할 규례입니다. 즉 우리가 일반적으로 알기로는 하나님께서 이 세상에 한 국가를 세우셨으니 우리는 그 국가를 중요하게 여겨야 합니다. 그리고 이러한 까닭으로 우리는 높은 지위에 있는 사람들을 위해서 기도해야 합니다. 그러나 한 사람 한 사람은 자기 나라의 형편에 따라 군주와 장관을 위해서 기도해야 하며 더욱이 그들을 하나님에게 특별히 부탁하는 기도를 해야 합니다. 그리고 우리를 다스리는 장관을 통해서 기독교가 부흥하고 능력을 발휘하여 하나님이 받아 마땅하신 믿음의 영광과 섬김을 받으시고 평화와 안정이 유지된다면 하나님께서는 당신에게 이와 같은 질서를 유지해 주시고 그것이 부패되지 않게 해주시고 더욱이 그것이 소멸되기 보다는 그것을 증가시켜서 점점 더 강하게 해달라는 기도를 드릴 수 있는 계기를 우리에게 그만큼 더 많이 주신다는 것을 우리는 알고 있습니다.

이렇게 해서 우리는 사도 바울이 우리에게 높은 지위에 있는 사람을 위해서 기도해야 한다는 말을 해서 무엇을 주려고 했는지 우리는 알았습니다. 그러나 우리는 내가 앞에서 말했던 내용, 즉 그는 여기서 하나님께서 군주들의 손을 거쳐서 우리에게 주시는 유익을 우리 앞에 보여주었다는 사실을 잘 알아두어야 합니다. 그렇게 해서 그는 우리로 하여금 그들을 그 만큼 더 다정하게 대하게 만들려고 했습니다. 우리는 하나님께서 사람들을 성령으로 길들이시고 무엇이 겸손인가를 가르쳐 주실 때까지 우리는 사람의 자만심이 어떤 것인지 알지 못합니다. 사람들은 각각 모든 사람을 다스리는 왕이 되고 싶어하며 우리 가운데서 자신을 좋게 평가해서 자신에게는 다른 사람들보다 많은 존경을 받아야 할 자격이 있다고 생각하지 않는 사람은 하나도 없습니다.

그리고 사람들은 비록 그들의 양심이 그들을 지배를 받지 않을 수 없다는 것을 증거함에도 불구하고 하나님께서 그들의 뜻을 굽히도록 설득하시지 않는 한 어떠한 방법으로든지 다른 사람에게 예속되려고 하지 않습니다. 대부분의 사람들은 그들 자신이 통치하기에는 적합하지 않다는 것을 잘 알고 있기 때문에 공식적인 통치를 받아들입니다. 그러나 하나님의 가르침을 받은 적은 수의 사람들, 다시 말하면 우리 주 하나님께서 그들을 택하시어 당신의 선하심을 전하는 사자로 다스리기를 기뻐하신다는 것을 알고 있는 자들이 아니면 그것을 기꺼이 받아들이려고 하지 않습니다. 왜냐하면 하나님께서 기뻐하신 사람만이 우리를 다스리고 그가 맡은 직분을 수행할 필요가 있기 때문입니다. 이 점을 두고 굳은 다짐을 한 사람들은 그들을 다스리는 재판관에게 기꺼이 복종할 것입니다. 그러나 이러한 판단력이 우리를 완전히 장악할 때까지 우리는 미친 듯이 반대하기 마련입니다. 그래서 사도 바울은 여기서 높은 지위에 있는 사람은 우리로 하여금 화평한 생활을 하게 하며 모두가 하나님을 경외하며 정직하게 살도록 해야 한다고 했습니다. 이것을 잘 지킵시다.

사람들이 모든 것을 혼합시켜 놓고 모든 제도를 뒤엎어 놓는다는 것이 얼마나 큰 재앙인지 생각해 보십시오. 그런 사람이 있다면 그들이 몹시 미쳤거나 마귀가 그들을 씌우지 않고서는 그런 일이 있을 수 없습니다. 오늘날에도 우리는 그에 못지 않는 짓을 하고 다니는 사람을 봅니다. 즉 기독교라는 비호를 받으면서 모든 질서를 폐해서 이 세상을 무정부 상태로 만들려고 하는 자들이 있습니다. 사실은 숭고한 척하는 그들이 모든 인간성을 왜곡하고 엄청나게 무서운 혼란을 야기시키는 마귀이기 때문에 사람들에게는 그러한 혼란을 당하는 것보다도 들짐승이나 미친 여우가 되는 것이 더 좋을 것입니다. 그들은 이러한 일을 이루기 위해서 우리 주 예수 그리스도께서 세상을 새롭게 하셨으며 더욱이 당신의 왕국을 영적인 나라로 세우셨다고 주장하며, 더 이상 물질적인 검을 사용해서는 안되며 어떠한 통제나 무력이나 그밖에 그와 비슷한 조치를 취해서도 안된다고 주장합니다. 그러나 예수 그리스도께서 이 세상을 새롭게 하시려고 오셨다고 했을 때에 이 세상을 새롭게 하는 일이 하루에 이루어지겠습니까? 우리가 계속해서 새롭게 되어가고 있다는 것으로 만족합니다. 그래서 우리는 일생 동안 그것을 추구해야 합니다. 사실은 성경에 기록되어 있는 대로 우리를 새로운 피조물로 만드는 것은 그리스도의 책임입니다(사 5:17, 고후 5:17).

그럼에도 불구하고 우리는 부분적으로는 옛 옷을 입고 있어서 꾀임을 받아 타락하기 마련이며 우리의 몸 속에는 아직도 옛사람의 유물이 많이 남아있습니다. 그러므로 우리가 하늘나라의 천사처럼 될 때까지 우리를 우리의 한계 안에 가두어 놓기 위해서는 얼마 간의 규제와 통제가 필요합니다. 그렇게 해야만 우리는 하나님의 형상을 완전히 닮을 수 있습니다. 그리고 사도 바울은 여기서 우리가 법을 집행하는 자들에게 순종해야 하는 이유는 그들의 손에는 검이 들려져 있어서 그들의 처벌이 무서울 뿐만 아니라 그들은 하나님의 은혜를 우리에게 전달해 주는 전달자이기 때문이라고 했다는 사실을 잘 알아 둡시다. 그러므로 우리는 그들을 존중하고 사랑해야 합니다. 만약 우리가 그들을 멸시하거나 욕하게 되면 그 피해가 사람에게로 가지 않고 하나님에게로 갑니다. 그렇게 되면 우리가 감사할 줄 모르는 사람이라는 것이 드러납니다. 그는 로마서 13장에서 그것에 대해서 자세하게 말하고 있습니다. 거기서 권세를 거스리는 자는 하나님의 명을 거스린다고 말했습니다(롬 13:2). 왜냐하면 사람이 다스리는 것은 우연이 아니며 우리가 알고 있는 바와 같이 하나님의 섭리에 따라 군주들이 임명되기 때문입니다.

그러므로 우리가 군주에게 굴복하는 것은 화를 낼 일이 아니고 양심을 위해서 좋은 일입니다. 그러나 우리가 하나님에게 더 반항적이고 우리의 배은망덕하는 행위가 악랄하다면 우리는 갑절의 벌을 받아야 합니다. 만약 우리가 하나님께서 군주들의 손을 통해서 우리에게 나누어주시는 유익을 고려하여 선하고 충성스러운 군주들에게 순종하지 않는다면 거기에는 통치권과 그것을 다스리는 규율이 없게 되어 우리는 짐승만도 못하게 될 것입니다. 끝으로 사도 바울이 여기서 한 말에는 그것이 인간 사회를 유지해 나가는 데 도움이 될 것이라는 뜻이 함축되어 있다는 것을 알아둡시다. 그는 여기서 **평화**와 **하나님을 경외하는 마음**, **정직** 이 세 가지를 강조했습니다. 그가 평화를 강조한 것은 비록 사람들이 똑같은 속성을 가지고 있지만 그들을 억제하는 어떤 규제가 없으면 그들은 서로 서로를 참아주지 못한다는 것을 보여주기 위해서입니다.

이리들은 숲 속에서도 서로서로를 알고 있으며 다른 맹수들도 그렇습니다. 그러나 비록 사람들은 하나님의 형상을 따라 창조되었지만 그들에게는 매우 괴팍한 속성이 있어서 하나님께서 그들을 다스리지 않으시면 거의 하루도 서로서로 잘 어울리지 못합니다. 우리가 그러한 현상을 매일매일 보지 못하는 것이 사실이지만 만약 우리가 전체를 잘 생각해 보면 사도 바울이 한 말이 옳다는 것을 알게 될 것입니다. 평화에 대해서는 이것으로 마칩니다. 더욱이 거기에는 우리가 크게 중요시해야 할 것이 하나 더 있습니다. 하나님을 경외하는 마음입니다. 우리가 살고 있는 오늘날에는 이러한 일이 흔치 않은 것이 사실입니다. 왜냐하면 오늘날에는 다스리는 자들이 하나님의 영광을 드러내는 대신에 그것을 억압하고 발로 밟아 버리기 때문입니다. 그럼에도 불구하고 하나님이 경배와 섬김을 받도록 하는 것이 군주와 장관의 참된 임무입니다. 이교도들도 이것을 알고 있습니다. 그들이 불쌍한 장님이며 하나님을 진정으로 섬기는 대신에 많은 미신과 악한 우상을 불러들여 왔을지라도 하나님이 경배를 받게 해드리기 위해서는 그들에게는 이 원칙과 이 전체적인 규칙이 있습니다. 하나님께서는 행정장관들을 매우 존귀하게 해 주셨으니 우리로서는 사도 바울이 여기서 말한 것을 주저하지 말고 합시다. 즉 우리는 그들에게 순종하며 우리가 그들에게 많은 신세를 지고 있다고 인정해야 합니다.

그는 세 번째로 정직에 대해서 말했습니다. 그는 또 정직이라는 그 말을 겸손의 척도로 여겼습니다. 그가 한 말에는 행정장관의 임무는 신중하고 조심성있게 행해서 사람들이 방종하게 되지 않게 하는 것이라는 뜻이 있습니다. 만약 그들이 이것에 조심하지 않으면 선과 악을 구별할 수 없게 되고 사람들은 정직하지 않은 것을 부끄러워 하지 않게 될 것이며 개나 돼지처럼 행동하게 될 것입니다. 간단히 말하면 우리 주 하나님께서 이 선한 것을 행정 장관을 통해서 우리에게 보여주실 때까지 그들은 그들의 속성에 대해서 잊고 있을 것입니다.

　그러므로 이것이 우리를 그만큼 많이 자극해서 우리로 하여금 하나님에게 다음
과 같이 기도드리게 만들도록 합시다. 하나님께서는 당신이 이 세상에 세우신 이
정부를 보존해 주시기를 기뻐하시고, 당신께서 공의의 자리에 세우신 그들을 성령
으로 다스려 주시고, 그들을 더 말할 수 없이 정직하고 더 말할 수 없이 선하게 인
도해 주시고, 우리로 하여금 당신께서 그들을 다스리시고, 그들을 통해서 우리를
다시리신다는 것을 깨닫게 해달라고 기도드립시다. 그렇게 해서 우리가 한 목소리
로 하나님에게 영광을 돌리고 하나님을 찬양합시다. 한편 하나님께서는 당신의 손
을 우리에게 뻗치시어 우리를 보호해 주시고 우리가 당신께서 우리 뒤에 세워주신
그들에게 순종하면서 이 세상을 살아가는 동안 평안을 누리게 해 주십니다. 뿐만
아니라 우리로 하여금 당신께서 우리 주 예수 그리스도의 피 값으로 우리를 위해
사서 준비해 놓으신 하늘 나라를 항상 동경하게 해달라고 기도드립시다.

12

"그러므로 내가 첫째로 권하노니 모든 사람을 위하여 간구와 기도와 도고와 감사를 하되 임금들과 높은 지위에 있는 모든 사람을 위하여 하라. 이는 우리가 모든 경건과 단정한 중에 고요하고 평안한 생활을 하려 함이니라"(딤전 2:1-2).

우리는 이미 사도 바울이 여기서 무슨 말을 하려고 하는지 알았습니다. 즉 하나님을 믿는 사람은 교회의 지체를 위해서 뿐만 아니라 모든 사람 전체를 위해서도 기도해야 한다고 했습니다. 그리고 우리 주 예수 그리스도께서 우리에게 권하신 것처럼 우리를 지켜주는 사람들에게 유익을 주고 우리를 저주하는 사람들을 위해서도 기도하라고 했습니다. 그들에게 긍휼을 베푸는 것과 그들을 구원의 길로 끌어오는 것이 하나님을 기쁘게 해드리건 말건 우리가 알기로는 그들은 하나님의 형상대로 지음을 받았기 때문에 우리는 그들이 잘되기를 소원하는 것이 당연합니다. 그리고 우리의 구원이 오로지 온전하시고 거저 주시는 하나님의 선하심에서 비롯되었으니 하나님께서 우리가 전에 그랬던 것처럼 지금 멸망의 길로 가고 있는 그들에게도 그렇게 하시려고 하지 않겠습니까? 그러므로 믿는 자들은 아직은 그들과 연합되어 있지 않고 그보다는 그들의 불구대천의 원수인 그들에 대해서 관심을 가져야 합니다. 임금들과 군주들과 모든 관리들은 그때에는 복음의 큰 원수였기 때문에 사도 바울은 그들의 이름을 불러가면서 이야기했으며 그렇게 해서 믿는 자들에게 그들을 완전히 잊지 말고 하나님께서 그들을 옳은 길로 데리고 오실 때까지 기다려 보라고 했습니다. 그렇게 해서 사람들이 우리를 다스리는 것이 우리에게 얼마나 유익이 되는지 보여주었습니다.

만약 이 세상에 통치가자 없다면 엄청난 혼란이 있을 것입니다. 우리는 그것을 사도 바울이 언급한 결과를 보고 알 수 있습니다. 우선 군주와 행정장관 그밖에 공의를 집행하는 다른 관리들을 통해서 우리 사이에는 일체감이 조성되고 우리는 고요하고 평안한 생활을 하고 있습니다. 행정 장관들은 이 목적을 위해서 공의의 검과 회초리로 무장하고서 공의가 유린되는 것을 막아주고 상해 행위와 잔인무도한 행위가 자행되는 것을 저지해 주고 선한 것을 유지해 나갑니다.

두 번째로 우리 사이에는 정직이 있습니다. 만약 법과 공의의 질서가 없다면 우리는 짐승과 같은 생활을 할 것이며 전체적인 혼란과 무질서한 상태가 야기되어 사람들은 온갖 상스럽고 부끄러운 죄에 빠지게 되어서 우리 사이에는 무시무시하고 고약한 죄악만이 남아 있을 것입니다. 거기에는 사람의 생활을 어느 정도 온전하고 정직하게 다듬어 주고 규제해 주는 법과 규례가 있음에도 불구하고 우리는 이미 많은 사람들이 음탕한 짓에 빠져 손을 쓸 수 없게 되었다는 것을 알고 있습니다. 그러니 만약 그들을 막을 장벽이 없고 모든 사람들이 자기의 마음대로 산다면 어떻게 되겠습니까? 틀림없이 사람은 맹수 그 자체보다도 훨씬 더 난폭하고 사납게 될 것입니다. 그러나 가장 중요한 점은 하나님은 섬김을 받으시고 영광을 받으셔야 한다는 것입니다. 이렇게 해서 이런 것들이 우리에게 필요한 것이 무엇인지를 알려줍니다. 즉 우리는 어느 정도의 규제를 받아야 하며 우리를 다스릴 임금들과 제왕들과 장관이 있어야 한다는 것을 알려줍니다.

이렇게 해서 우리는 몇몇 별난 자들이 기독교 신자들을 공의의 자리에 앉혀서는 안된다고 생각하는 것과는 달리 군주와 관리의 직위는 기독교에 거슬리지 않으며 우리 주 예수 그리스도의 왕국을 세우기 위해서는 모든 인간이 타도되어야 한다는 것을 알게 되었습니다. 이 사람들의 머리가 매우 무감각하게 되었으며 사단이 그들에게서 모든 판단력과 명철을 빼앗아 간 것은 안타까운 일이 아닙니까? 기독교는 정직한 것을 반대하며 절제와 균형잡힌 생활을 하는 것을 참지 못합니까? 기독교는 평안과 조화에 반대합니까? 기독교는 하나님을 섬길 때 지켜야 되는 참된 규례가 아닙니까? 그리고 이 목표와 이 목적을 완수하기 위해서 장관의 지위에 있는 자가 활동하는 것이 아닙니까? 그러므로 그들은 하나로 묶여지고 맺어져서 생사고락을 같이해야 합니다. 우리 주 예수 그리스도께서는 제왕들이 있음에도 불구하고 손에 검을 들고 있는 모든 자들의 의사에 반해서 이 세상을 다스리셨던 것이 사실입니다. 그리고 종교는 그들에게 기초를 두어서는 안됩니다. 왜냐하면 그들이 종교에 반대해서 고개를 들려고 하면 시편에 기록된 말씀, 즉 예수 그리스도께서 그를 상하게 하시며 마치 쇠막대로 하듯이 당신의 영적인 권장으로 그들의 반항심을 때려 눕히시고 그들을 밟아버리시고 분을 발하며 진노하사 그들을 당황하게 하시고 부끄럽게 하신다는 말씀이 성취될 것이기 때문입니다(시 2:5).

그럼에도 불구하고 장관들이 그들의 직분을 제대로 수행한다면 우리는 그들이 행하는 일과 우리 주 예수 그리스도의 왕국의 규례가 서로 조화가 잘된다는 것을 알게 될 것입니다. 따라서 사도 바울은 우리가 하나님을 섬길 수 있고 순수한 믿음이 지속되게 하기 위해서 장관의 지위가 유지 보존되도록 기도하기를 바랐다는 사실을 잘 알아둡시다. 통치자의 임무에는 종교적인 측면이 있기 때문에 우리는 그들이 교회 안으로 들어오지 못하게 해서는 안되는 것이 순리입니다. 왜냐하면 그들은 보통 사람이 아니고 교회의 일원이며 교회의 훌륭한 지체이기 때문입니다. 그러므로 선지자들은 앞으로 세워질 우리 주 예수 그리스도의 왕국에 대해서 이야기할 때에 임금들과 제왕들에게 예수님에게 경배를 드리라고 권했습니다(사 60:5,10,11).

하나님의 독생자의 인격을 입고서 하나님에게 산 제사를 드리는 것과 자신을 낮추는 것과 하나님 앞에 무릎을 꿇는 것과 복음의 순수성과 진실성을 유지하기 위해서 열심히 노력하는 것은 틀림없이 모든 사람들이 해야 할 일입니다. 그럼에도 왕들은 그렇게 하라는 권고를 특별히 더 많이 받습니다. 왜 그렇습니까? 왜냐하면 그들은 이중으로 신세를 지고 있기 때문입니다. 그들은 다른 사람들보다 높은 지위에 임명되었으니 하나님에게 신세를 더 많이 지고 있다는 것도 알아야 하며 교회와 기독교의 질서를 유지하기 위해서 수고도 더 많이 해야 합니다. 이러한 까닭으로 하나님에게 거룩한 제물과 예물을 드리기 위해서 왕들이 바다를 건너 왔다는 기록이 있습니다. 다윗도 **"군장들아 너희는 지혜를 얻으며 세상의 관원들아 교훈을 받을지어다"**(시 2:10)라고 말했습니다. 지혜는 그들에게 흔한 것처럼 가장 작은 자에게도 흔하지 않습니까? 그렇습니다. 그러나 그들은 지혜를 얻는 방법을 알려주어야 합니다. 왜냐하면 하나님께서는 그들을 한 발자국 당신에게 더 가까이 다가오게 하셔서 당신의 영광과 당신의 위대하심을 그들 속에 새겨 놓으셨기 때문입니다. 그들은 틀림없이 그만큼 더 지혜로울 것이며 율법에 규정되어 있는 대로 제일 먼저 배울 것입니다. 율법에는 백성의 왕에게 교훈을 주기 위해서 율법책은 그가 가지고 있어야 또 만약 하나님의 학교에서 교육을 받게 되면 그가 제일 먼저 거기에 가야 합니다(신 17:18,19). 그러므로 이사야 선지도 **왕들은 그리스도의 교회의 유모라고 했습니다**(사 60:16). 그는 유대인이 지배하던 옛날 상태에 대해서 말하지 않고 예수 그리스도께서 강림하시면 제왕들은 기독교의 보호자가 되어야 하며 여왕들은 유모가 되어야 한다고 했습니다.

그리고 우리는 우리 주 예수 그리스도께서 모든 사람으로부터 영광을 받으시기 위해서 큰 자와 작은 자 모두를 당신 곁에 모으려고 하신다는 것과, 영광 중에 있는 자들은 예수님 앞에서 자신을 낮추어야 하며 우리 모두는 하나가 되어 만장일치로 예수님을 섬기게 될 것이며, 하나님 아버지께서는 모든 무릎을 그분의 위대하심 앞에서 꿇게 하시기 위해서 예수님에게 절대적인 통치권과 주권을 주셨다는 것을 알게 되었습니다. 신하가 된 자들은 보다 더 적극적이고 즐거운 마음으로 공의에 순종하고, 또 검을 지니고 다니는 자들에게 복종하게 하는 것이 필요합니다. 우리가 알고 있는 바와 같이 사람들과 그들의 속성에는 강한 자만심이 있기 때문에 그들이 복종하는 것이 하나님의 뜻이라는 것을 알지 못하면 자진해서 복종하려고 하지 않습니다.

우리는 제왕과 장관들이 강제로 세워진 자들이 아니고 하나님의 부관으로 임명을 받아 하나님을 대리하는 교회의 영예로운 지체라는 것을 알고 있으며 예수 그리스도께서는 그들을 통해서 당신의 영광이 나타나게 하시고 그들을 당신의 관리로 세우십니다. 우리가 이것을 알게 되면 우리는 마지못해서가 아니고 기쁜 마음으로 순종하게 될 것이며, 부하가 상관에게 온순하고 겸손하게 순종하는 것이 하나님에게 합당한 예배라는 것을 알게 될 것입니다. 그러니 하님께서 당신의 자녀로 받아들이신 그들에게도 그러한 규율이 있게 하고 기뻐할 기회를 주십시오. 이렇게 하는 것이 그들을 자극해서 그들의 직분을 충실히 이행하도록 할 것이며, 그것은 하나님께서 허락하실 정도로 선한 부름이라는 것을 알게 될 것입니다.

만약 그들이 하나님께서 그들을 당신의 사역에 쓰시고 그들이 차지하고 있는 지위가 법으로 보장된 자리라고 믿고 있지 않는다면 어떻게 되겠습니까? 그들은 항상 불안해할 것이며 악으로 빠져들어갈 것입니다. 그러나 일단 그들이 차지하고 있는 지위는 사람들이 아무렇게나 만든 것이 아니고 하나님께서 세우셨으며 하나님께서 그 직분은 거룩한 직분이라는 것을 우리에게 알려주려고 하신다는 것을 믿고 확신하게 되면 틀림없이 크게 감동을 받아 그들이 맡은 직분을 충실하게 이행하게 될 것입니다. 여기서 사도 바울이 임금들과 장관들에게 복종하라는 것과 반면에 만약 그들이 하나님께서 온 인류를 위해서 아주 선하고 훌륭하게 사용하라고 제정하셨으며 하나님께서 가장 귀하고 가장 중하게 여기시는 목표인 당신의 영광을 위해서 예비해두신 그 지위를 욕되게 한다면 무서운 저주가 임할 것이라는 것을 알려주려고 했다는 것을 의심하지 맙시다. 제왕들과 장관들은 여기서 그들은 하나님을 중하게 여겨야 한다는 것을 깨달아야 합니다. 왜냐하면 하나님께서 그들에게 큰 영광을 나타내시어 그들로 하여금 하나님을 대신하게 하시고 또 그들로 하여금 말하자면 하나님을 대신해서 다스리기를 바라시기 때문입니다.

그래서 모세와 여호수아는 재판장들에게 "너희가 이 자리에 서게 된 것은 너희 자신이 잘나서가 아니라는 것과, 사람들은 너희의 보증인이 아니라는 것과, 모든 사람 위에서 다스리실 분은 하나님이시라는 것과 이러한 영광은 하나님에게 속하며 하나님께서는 너희가 그분의 관리인이 된 것과 그분의 임무를 맡게 된 것을 기뻐하신다"는 것을 잘 알아두라고 했습니다(신 1:17). 그리고 "만약 너희가 하나님이 당신 자신과 당신의 위대하심을 위해서 제정하신 그 공의의 직분을 멸시한다면 그것은 무서운 신성모독죄가 된다는 것을 생각하여 경외하는 마음을 가지고 신중하게 행하라"고 했습니다.

하나님께서는 제왕들과 장관들에 대한 결산을 하실 것이니 그들은 주 예수 그리스도 앞에 출두하여 그들이 수행한 업무에 대해서 자세한 보고를 해야 한다는 것을 알고 스스로를 잘 살펴야 합니다. 바울은 여기서 그들이 무엇에 전념해야 할 것인가를 보여주었습니다. 즉 그들의 신하인 우리의 평화를 잘 유지해주고 지켜주며, 모든 사람들이 자신의 소유를 조용히 누릴 수 있게 해주며, 아무도 억압을 당하거나 부당한 대우를 받지 않게 하며, 또 그들 자신은 아무도 편들지 않고 공정하고 평등한 입장을 지켜야 한다고 했습니다. 편애와 부정이 있어서는 안되며, 증오심이나 복수심을 보여서는 안되며, 또 사람과 사람사이에는 정직하고 공평한 거래가 이루어지게 하며, 우리의 생활이 방탕하지 않고 문란하지 않으며 정직하게 하며, 우리 사이에는 범죄 행위가 없게 해야 합니다. 또 그들은 사람들을 승복시켜서 사람들의 짐승같은 욕망을 억제하고 특별히 그들은 하나님의 명예와 순수하고 참된 종교를 유지해 나가야 한다고 했습니다. 이것이 여기서 장관들과 특별히 믿는 자로 생각되고 여겨지는 장관들에게 주어진 교훈입니다.

만약 이방나라의 제왕과 불신자들이 용서를 받지 못한다면 하나님의 이름을 사칭하고 기독교 신자로 여겨지기를 바라는 자들은 어떻게 되겠습니까? 하지만 이 본문 말씀에는 만약 그들이 직분을 다하지 않으면 그들의 머리를 섬뜩하게 할 위협이 있다는 것을 명심하십시오. 그리고 이러한 하나님의 규례를 어겨서는 안됩니다. 하나님께서 임금들과 장관들과 이 세상의 정부를 세우신 이유를 잘 알아두십시오. 그 첫 번째 이유는 사도 바울이 말한 대로 우리 모두가 경건한 생활을 할 수 있게 하기 위해서입니다. **경건(Godliness)**이라는 말은 무엇을 의미합니까? 그것은 우리가 순수하고 거룩한 신앙생활을 할 때에 생기는 하나님의 영광을 의미합니다. 이로 인해서 장관들이 교회를 소란하게 하는 자들과 모든 이교도들과 악하고 잘못된 생각을 퍼뜨리는 자와 사단의 영에 홀린 괴상한 사람들을 향하여 칼을 뽑는 것과, 또 진리를 뒤엎으려고 돌아다니는 자들을 벌하지 않고 도망가게 하는 것과, 또 믿음으로 하나되는 것과, 교회의 평안을 파괴해서 그들이 하나님에게 맞서서 싸우고 있으며 그들을 그렇게 하도록 시킨 이는 사단이라는 것을 보여주는 자들을 처벌하지 않는 것이 정당화되거나 용납되지 아니합니다.

성령께서 사도 바울의 입을 통해서 하나님께서는 장관들에게 순수한 종교를 유지해 나가라고 명령하셨다고 선포하셨습니다. 만약 그들이 이 명령을 지키지 못하면 그들의 나태함과 태만함이 반드시 벌을 받을 것입니다. 왜냐하면 그들은 그들의 능력을 다해서 하나님의 명령을 무시했기 때문입니다. 그들에게는 그렇게 높이 쓰임을 받을 자격이 있습니까? 사람이 감히 그 높은 자리에 스스로 도전해서 자신을 하나님의 지위와 하나님께서 당신의 영광을 위해서 만드신 그 자리에 앉으려고 한다는 것은 참으로 무모한 짓이 아닙니까? 버려지며 썩은 육신에 불과한 인간이 그렇게 한다는 것은 있을 수 없는 일이 아닙니까? 그러나 하나님께서는 이러한 보잘것없는 인간을 존귀하게 여기시어 그들을 당신의 부관으로 삼으시겠다고 말씀하셨습니다.

그럼에도 불구하고 그들은 그들을 그렇게 높여주신 하나님을 대수롭게 여기지 않습니다. 그들은 하나님의 영광이 발 아래 짓밟히게 하고 하나님의 이름이 모욕을 당하게 하고 하나님의 예배가 온갖 비난을 받게 해서 모든 면에서 혼란을 야기시킴으로써 만족을 얻으려고 한다면 이것은 너무나 부끄럽고 극도로 파렴치한 짓이 아닙니까? 만약 어떤 사람이 자기의 집을 좀 봐달라고 부탁할 만한 친구가 하나밖에 없어서 그를 찾아가 말하기를 "나의 음식을 마음껏 먹고 마시며 주인처럼 행세하라. 그러나 내가 없는 동안에 내 집이 폐가가 되지 않도록 하고 나의 하인들이 문란한 생활을 해서 악하게 되지 않도록 하라"고 부탁했는데 그 부탁을 받은 친구가 그에게 맡긴 집을 엉망으로 만들었고 그 집의 권리증과 서류를 훔쳐서 그의 친구의 집을 강탈하고 하인들에게 그들의 주인이 돌아오면 그를 죽여버리라고 시켜서 모든 것을 뒤죽박죽으로 만들었다면 그러한 사람은 사지를 네 마리의 말에 매어서 갈기갈기 찢어 버려야 마땅하지 않습니까? 그는 가증스러운 괴물로 여겨져야 하지 않습니까? 물론 그렇습니다.

자, 이제 살아계시는 하나님께서 죽을 수밖에 없는 불쌍한 인간을 당신의 귀하신 자리에 임명하시고 그에게 말씀하시기를 "나는 네가 나를 대신하기를 바라는데 거기에는 내가 섬김을 받고 존귀히 여김을 받는다는 조건이 따른다"고 하셨다는 사실을 확실히 알아두십시오. 왜냐하면 하나님께서는 당신의 고유 권한을 축소하거나 당신의 영광을 가리거나 해치겠다고 말씀하셨기에 당신의 고유 권한을 포기하지 않으실 것이기 때문입니다. 그럼에도 인간은 하나님의 진리가 무시당하고 바로 하나님 자신이 조롱을 당하시고 또 사람을 다스리는 데 사용하라고 제정하신 하나님의 질서가 폐해지는 것을 용납합니다. 그것이 용납될 일입니까? 그러므로 만약 장관들이 가능한 모든 방법을 동원해서 하나님의 영광이 계속 유지되도록 애쓰지 않으면 그들의 머리 뒤에는 어떠한 저주가 임하며 그들에게는 어떠한 보복이 기다리고 있는지 그들에게 알려주고 깊이 생각해 보게 하십시오.

그리고 우리 가운데에 참된 종교가 자리를 잡고 있을 때에 필연적으로 하나님의 영광이 나타납니다. 이제 이것이 잘 지켜지면 그 일이 훨씬 산뜻하게 된다는 것을 알아둡시다. 왜냐하면 높은 지위에 있는 사람들은 그들의 이웃인 사람들을 다스리는 귀한 직위에 만족하지 않고 하나님 한 분에게만 속한 것을 빼앗으려고 하기 때문입니다. 우리는 자기의 분수에 스스로 만족해서 위대하신 우리 하나님의 위임을 받아 다스리는 인간임에도 불구하고 우리 가운데서 하나님의 것과 하나님의 권리를 하나님에 드려야 한다고 말하는 사람을 찾는 것이 어려운 일이 되었습니다. 반대로 세상을 혼란으로 가득 채워야 하고 세상 사람들을 약탈하고 상하게 할 필요가 있으며 더욱이 그들은 강제나 폭력으로라도 하나님의 명예를 손상시켜서 모든 것을 뒤죽박죽으로 만들어야 하며 모든 것을 혼란스럽게 만들어야 한다고 하는 자도 있습니다. 자신을 자기의 욕심껏 높이 세웠다가 자신의 목을 부러뜨렸다는 것은 그들이 마땅히 받아야 할 대가가 아닙니까? 우리 주 하나님께서 정부를 저주하신 것은 이 때문입니다.

공직에 임명된 자들이 하나님의 이름으로 다스리지 않고 또 그들 자신은 하나님의 지배를 받아야 하고 하나님을 대신해서 다스리는 사람이며, 하나님의 명예를 보존해야 하며 그들의 모든 노력을 거기에 경주해야 한다는 말을 할 줄 모르기 때문에 우리 주 예수님께로 와서 입맞추고 경배를 드리라고 기록되어 있습니다(시 2:12). 그러므로 그들이 그들에 속하지 않은 것을 달라고 요구해 올 때에는 우리 주 하나님께서는 그러한 자들의 감사할 줄 모르는 행실과 그들이 저지른 가증스러운 신성 모독죄 때문에 그들을 저버려야 하고 그들을 참으실 수가 없으시다는 것을 보여 주셔야만 했습니다. 더욱이 높은 자리에 있거나 공의를 다스리는 권한을 가진 사람은 대개 태만하고 나태하다는 것을 알고 있습니다. 그들은 우리가 말하고 사도 바울이 선언했던 것처럼 우리 모두가 정말로 경건한 생활을 하고 우리가 믿는 종교가 부흥되고 하나님을 섬기는 일이 무엇보다도 중하게 여겨지게 하기 위해서 최대의 노력을 기울여야 합니다. 나는 장관들이 이것에 얼마나 유의하고 있는지 알고 싶습니다. 그들은 하나님의 영광이 해를 입거나 가리워지는 것을 보면 즉시 달려가서 손을 써서 대비할 정도의 열성으로 불타고 있습니까? 그렇지 않습니다. 그들 모두가 똑같습니다. 그들은 모두 그것을 지나쳐 버릴 것입니다.

우리는 하나님에 대해서 무서운 모독 행위가 저질러지는 것을 봅니다. 보잘것없는 성이나 읍에 살고 있는 가장 작은 자가 욕을 먹게 되더라도 그는 하나님의 영광보다 더 많은 보상을 요구할 것입니다. 그러한 정책을 시행하는 것은 인류를 보존하기 위한 것입니다. 인류를 보존해 나가는 목적이 먹고 마시는 데 있는지, 아니면 사람들은 이성을 가진 피조물이며 그들에게는 명철과 지혜가 있으며 그들은 개나 돼지와 같지 않다는 것을 보여 주는 데 있는지 잠깐 생각해 봅시다.

그러나 만약 사람들에게 자기 멋대로 하는 것이 허용되고 그들에게 저주를 받아 마땅한 온갖 나쁜 짓을 할 수 있도록 풀어주어서 한편으로 술에 취하게 하고, 또 다른 한편으로는 음행을 하도록 내버려 두거나, 또 음탕한 노래를 부르는 것을 묵인해 주거나, 또 춤을 추거나 그 밖에 다른 방종한 짓을 하도록 허락해 주거나, 부끄럽고 추악한 음담패설을 늘어놓는 것을 합법화 해준다면 우리가 개 돼지와 다른 점이 무엇입니까? 우리가 그러한 무질서한 상태에서 사는 것보다는 온 세상에 빵 한 조각도 없어서 완전히 굶어죽게 되는 것이 천 번 더 좋을 것입니다. 왜냐하면 그렇게 하는 것은 하나님께서 우리 안에 새겨놓으신 하나님의 형상을 지워버리고 자연의 질서를 뒤집어 놓는 짓이기 때문입니다.

이와 같이 장관들은 인류를 잘 보존해 주고 또 그들의 보호자로 임명을 받았기 때문에 우리가 그들을 위해서 기도하는 것이 합당합니다. 또 우리는 그들이 수행하는 정책에 따라 정직한 생활을 하고 편안한 생활을 할 수 있기 때문입니다. 그런데 오늘날에는 그들이 이것에 관해서 그들의 직분을 어떻게 수행하는지 알아봅시다. 인간의 비방적인 행실과 오늘날에 자주 일어나는 악하고 헛된 사례에 앞장서서 반대할 사람이 있습니까? 마치 오늘날 우리가 온 세상을 완전히 뒤집어엎을 것처럼 말로는 떠들어대지만 그 일을 선도하려고 하는 사람이 있는지 묻고 싶습니다. 그것은 마치 옳을 일을 주장하는 사람도 없고 비호하는 사람도 없다고 한 이사야 선지의 말을 이루는 것 같습니다.

이제 우리의 눈을 공의와 재판관의 직분을 맡은 사람에게로 돌립시다. 우리는 그들 가운데서 우리가 크게 부끄러워 해야 할 잘못된 행실을 고쳐주기 위해서 열성과 관심을 가지고 있는 사람을 하나도 찾아볼 수 없습니다. 높은 지위에 있는 사람이나 연방을 책임 맡고 있는 사람 중에도 없습니다. 더욱이 오늘날 우리가 온 세상을 앞에 놓고 들여다 볼 때에 우리가 볼 수 있는 것은 온갖 사악하고 수치스러운 짓뿐입니다. 더욱이 그러한 자유와 불법적인 방종이 있으니 그러한 잘못을 바로 잡자는 이야기도 나오지 않습니다. 악하고 부끄러운 관습들이 법이 되었으니 우리가 생각하기로는 무엇이든지 관습적으로 행해지는 것은 반박을 당하지 않을 것으로 생각합니다.

가장 큰 자에서 가장 작은 자에 이르기까지 온갖 무절제한 생활과 온갖 방종한 짓에 빠지지 않은 자가 하나도 없습니다. 만약 이런 일이 천주교 안에서 이루어졌다 해도 비록 그들이 눈이 멀어서 그렇게 했을지라도 천주교인들에게는 저주가 있을 것입니다. 왜냐하면 그것이 그들의 행위를 정당화 시켜주지 못하기 때문입니다. 그러나 우리의 죄는 두 배로 중하게 될 것이며 우리는 두 배의 저주를 받을 것입니다. 왜냐하면 우리에게는 우리를 환히 밝혀주시는 하나님이 계시고 말하자면 대낮에 삼판대에 올려져서 우리는 아무것도 숨길 수 없기 때문입니다. 왜냐하면 사도 바울이 말한 것처럼 우리 머리 위에는 의로움의 태양, 즉 주 예수 그리스도가 계시니 우리는 어두움의 자녀처럼 밤에 다녀서는 안되기 때문입니다.

우리는 주님의 복음을 통해서 이방인과 불신자보다 훨씬 겸손하고 훨씬 더 부끄러움에 잡혀있어야 합니다. 그러나 우리가 세상이 어떻게 되어가는지 알고 있음에도 내가 아무말도 하지 않고 침묵을 지키고 있다면 나는 하나님과 세상 사람들에 대해서 반역자와 못된 철면피가 될 것입니다. 그러나 우리가 여기서 지키는 작은 질서가 우리에게 선한 소망을 갖게 하며 모든 것이 천주교에서보다도 더 순조롭게 이루어질 것입니다. 그러나 모든 것이 잘못되어 가고 있으며 더욱이 모든 것이 이미 잘못되었으니 그것을 다시 돌이켜서 바로잡는다는 것은 쉬운 일이 아닙니다. 내가 생각하기에는 모든 것을 헛되게 만들고 또 회복하기 시작한 것들을 망쳐 놓기 위해서 손과 발을 쓰고 있는 엄청난 짓이 자행되고 있는 것 같습니다. 애초에는 사람들이 질서있는 생활을 하는 데 필요한 몇 가지 법률과 규례밖에 있지 않았습니다. 춤추는 것을 금한 법이 있었는데 그것은 잘한 일입니다. 왜냐하면 그것은 아무런 유익도 주지 않고 오히려 그것은 음탕한 생활을 유발하는 짓밖에 하지 않았기 때문입니다. 남자와 여자가 함께 춤을 춘다고 해서 늘 음탕한 짓을 하는 것은 아니라고 나는 생각합니다. 그러나 춤의 본질에 대해서 깊이 생각해 보면 그것은 음탕한 짓이라고밖에 말할 수 없습니다. 남녀가 춤을 추기 시작하면 즉시로 성적인 욕구를 유발합니다. 사실은 춤을 출 때에 음란행위를 범한다는 것은 아니지만 춤에는 그러한 경향이 있기 마련입니다. 춤이 금지되었던 때가 있었다는 것을 우리는 알고 있습니다. 그리고 우리는 그 법이 잘 지켜진 척 하지만 우리는 몇 사람들이 그것 때문에 처벌을 받은 것을 보았습니다. 그러나 지금은 그것이 조롱거리가 되었으며 그것이 합법적이고 용인을 받는 일이 되었습니다.

그렇다면 놀이는 어떻습니까? 놀이를 한다는 것은 매우 평범하고 일상적인 일이기 때문에 만약 우리가 그것에 대해서 어떤 조치를 취한다 해도 아무 효과가 없을 것입니다. 왜냐하면 사람들은 그들이 누려왔던 이러한 자유로 인하여 매우 완강해졌기 때문입니다. 그들의 손에 쇠고랑이 채워져 있지 않고, 말하자면 그들의 목에도 굴레가 없어서 아무런 제제나 제지를 받지 않기 때문에 그들은 그들이 원하는 것을 다해도 된다고 생각하고 있습니다. 정직하고 겸손한 생활을 하도록 그들은 노력을 기울여야할 사람들이 그것에 태만하고 책임을 다하지 못하면 어떠한 저주가 임할 것인지 우리는 이 본문말씀을 통해서 알았습니다. 사도 바울은 우리로 하여금 말다툼하지 말고 남에게 잘못하지 말고 강탈하지 않고 평안한 생활을 하게 하기 위해서 **화평**과 **화합**(Peace and concord)이라는 말을 첨가했습니다. 우리가 아는 대로 모든 것이 크게 어긋났기 때문에 그것은 보기가 안타깝다는 말을 할 필요가 없습니다. 그런데 우리는 어떻게 하고 있습니까? 우리는 그것에 열중하여 깊은 나락에 빠져 죽게 되면 어쩔 수 없이 너무 늦기 전에 살려달라고 소리를 질러야겠다고 생각합니까? 그렇지 않습니다. 우리는 금방 잠이들어 나무토막처럼 죽은 사람이 될 것입니다.

그래서 우리 주 하나님께서는 한가롭게 잠을 자고 있는 자들을 깨우셔야 합니다. 이렇게 해서 장관들이 종교가 제대로 그리고 바르게 유지되고 사람들의 생활이 제대로 다스려지고 통제되도록 하기 위해서 많은 수고를 해야 하는 것이 대단히 필요하다는 것을 알았습니다. 간단히 말하면 그들은 모든 사람들이 그들의 이웃을 괴롭히거나 해롭게 하지 않고 평화롭게 살도록 해야 합니다.

그리고 사도 바울은 장관들에 대한 이야기를 하면서 **"이것이 우리 구주 하나님 앞에 선하고 받으실 만한 것이니 하나님은 모든 사람이 구원을 받으며 진리를 아는 데 이르기를 원하시느니라"** 는 말을 첨가했습니다. 사도 바울이 이것이 하나님 앞에 선하고 받으실 만하다고 말하면서 우리가 유의할 점을 알려주었습니다. 만약 우리가 기도를 잘 하려면 더욱이 전체적으로 잘하려고 하고 또 만약 우리의 전생활을 올바르게 판단하려면 우리는 항상 우리의 목전에 하나님의 뜻을 세워놓고 그것에 순종하도록 노력해야 한다고 했습니다. 이것이야말로 잘 명심해둘 가치가 있는 귀한 말씀입니다. 여러분은 반드시 순종이 모든 선행의 기본이며 원천이라는 것을 자주 상기해 보아야 할 것입니다. 그렇게 함으로써 사람들이 자신의 생각에 따라서 행동하지 않으며 자기들의 눈에 좋아보이는 것을 이것 저것 취하지 않으며, 하나님이 하시는 말씀에 귀를 기울이게 되고 하나님에게 온전히 의지하게 되며 하나님께서 그들에게 지시하신 분수를 지키게 됩니다. 간단히 말하면 그들이 그러한 확신으로 굳게 서지 않으면 한 발자국도 앞으로 나아가지 않습니다. 하나님께서 우리에게 그렇게 하라고 명령하지 않으십니까? 그러니 우리는 하나님께서 당신의 말씀을 통해서 지시하는 대로 따라야 합니다.

이것이 우리가 자주 언급하는 교훈인데 그렇게 하는 데는 이유가 있습니다. 우리는 사람들이 주인행세를 해서 그들에게 주어진 것 이상의 것을 취해서 하나님에게서 하나님의 영광을 강탈하려는 어리석은 생각에 사로잡혀서 나는 이것이 좋을 것이라고 생각합니다. 그것이 좋지 않겠습니까? 라고 건방진 말을 합니다.

이렇게 해서 사람들은 매일매일 하나님에게서 하나님의 주권과 그들을 다스리시는 권한을 빼앗아 갑니다. 그러므로 우리는 이 교훈, 즉 **순종이 제사보다 낫다** (삼상 5:22)는 교훈을 그만큼 더 많이 실천해야 합니다. 순종은 모든 건물을 잘 짓게 하는 터전이 되며 사도 바울이 로마서 12장에서 말한 대로 합당한 제사이기 때문에 하나님께서도 무엇보다도 순종을 좋아하십니다. 그래서 사도 바울은 **"그것은 선하고 받으실 만하다"**고 말했습니다. 왜 그렇게 말했습니까? 하나님께서는 그것을 기뻐하시기 때문입니다. 그러므로 우리는 하나님께서 우리에게 명하시는 것과 하나님께서 우리가 어기지 않고 지키기를 바라시는 것을 우리가 철저히 잘 지켜야 한다는 것을 알게 되었습니다. 만약 우리가 그렇게 하지 않으면 우리의 일생 동안 계속해서 방황하게 되고 타락하지 않을 수 없기 때문입니다. 사람들이 이리저리로 돌아다니면서 그들의 욕심을 채우나 마침내는 그들의 몸과 마음을 상하게 될 것입니다.

그것이 그들에게 무슨 유익이 되겠습니까? 그들이 그것으로 인해서 그들을 조금이라도 도와줍니까? 아닙니다. 그들이 하는 것은 벌판을 달리는 것뿐입니다. 내가 로잔(Lausanne)에 가려고 할 때도 그렇습니다. 나는 산을 지나가야 했는데 그렇게 하지 않고 곧장 코롱스(Colonges)로 갔습니다. 자기의 생각에 따르는 사람들은 다 그렇게 하며 그들 자신을 지배하는 주인이 됩니다. 그들은 하나님에게 가까이 하는 것을 꺼리기 때문에 하나님에게서 더 멀러 떨어지게 되며 점점 더 멀어집니다. 우리는 우리가 헛된 생활을 하지 않기 위해서는 우리가 지향하는 푯대를 알아야 합니다. 즉 우리는 그것이 하나님 앞에 받으실 만하다는 것을 알아야 합니다. 그러나 무엇보다도 우리가 헌신과 기도에 대해서 이야기할 때에 성령께서 우리에게 변하지 않는 규칙을 주신다는 것을 알아두십시오.

우리는 하나님에게 올바른 기도를 드리고 싶고 그 방법을 알고 싶습니까? 그렇다면 하나님께서 우리에게 명령하시는 내용을 잘 알아두십시오. 이것이 내가 전에 말한 것처럼 잘 알아둘 가치가 있는 것입니다. 우리의 모든 생활에서 헌신과 기도가 가장 중요한 요소인데 사람들은 자유 분방해서 하나님의 말씀이 파고들어갈 여지가 없습니다. 그래서 천주교신자들은 죽은 사람을 위해서 기도하는 것이 잘하는 짓이라고 생각하게 되어서 성도를 그들의 대변자와 보호자로 모시는 일이 일어납니다. 그러므로 그들은 스스로를 도울 수 없는 불쌍한 영혼을 위해서 기도하는 것은 좋은 일이 아니냐는 어리석은 상상까지도 품게 됩니다. 그렇습니다. 그런데 누가 그런 말을 했습니까? 아! 우리 선조들이 그런 말을 했습니다. 그렇습니까? 하지만 우리는 하나님께서 그것을 인정하셨는지 알아보아야 하지 않습니까? 사도 바울이 우리에게 기도하라고 권했을 때에 그렇게 하는 것은 하나님 앞에 선하고 받으실 만하다고 했습니다.

　그러나 천주교 신자들은 하나님께서 그들이 하는 짓을 허락하신다는 말을 성경에서 단 한 마디도 보여주지 못하고 그들이 아무런 이유없이 그들 멋대로 한 그 생각은 어리석은 것이었다는 것을 보여줄 것입니다. 그와 마찬가지로 하나님께로 나갈 자격이 없어서 성도를 나의 대변자와 보호자로 세워야 한다는 것도 어리석은 짓입니다. 그런데 누가 당신에게 낙원에 있는 대변자를 임명할 권리를 주었습니까? 우리가 하나님께로 나아갈 자격이 없는 것이 사실입니다. 그래서 우리에게는 우리를 하나님에게로 이끌어 주고 우리에게 길을 열어주실 중재자가 있어야 하며 예수 그리스도가 이 역할을 하시도록 임명되셨습니다. 만약 이 지구상에 있는 세상적인 재판정에 대변자와 보호자가 필요하다면 재판장이 그들을 임명해야 할 것입니다. 그렇지 않으면 그들이 재판정에 입장하는 것이 허용되지 않고 받아들여지지 않을 것입니다.

　우리가 하늘나라에 들어갈 때에도 건방지게 거기에 높은 자리를 만들어서 대변자와 보호자를 우리의 마음대로 세울 수 있습니까? 없습니다. 한 마디로 말해서 우리가 하나님에게 바르게 기도하기를 원한다면 우리는 하나님의 뜻이 무엇인지 알아야 하며, 하나님께서 당신의 말씀을 통해서 우리에게 주시는 것을 알아야 합니다. 우리는 우리의 모든 것을 그것에 맞추어야 하며, 하나님께서 우리에게 하시는 말씀을 잘 들어야 하며, 우리의 모든 요구를 하나님의 뜻에 따라 제한해야 하며, 하나님의 언약에 온전히 의지해야 합니다. 우리가 우리 주 예수 그리스도의 이름으로 하나님을 찾아가면 우리의 기도가 헛되지 않았으며 무익하지 않았다는 것을 느끼게 되고 의심하지 않게 됩니다.

13

"이것이 우리 구주 하나님 앞에 선하고 받으실 만한 것이니, 하나님은 모든 사람이 구원을 받으며 진리를 아는 데 이르기를 원하시느니라. 하나님은 한 분이시요 또 하나님과 사람 사이에 중보도 한 분이시니, 곧 사람이신 그리스도 예수라"(딤전 2:3-5)

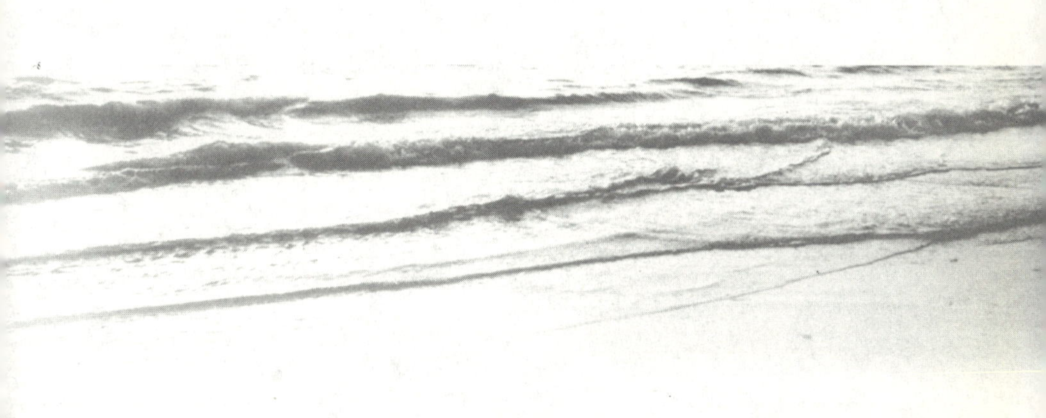

하나님이 존귀히 여기고 싶어하시는 자들을 우리가 멸시한다는 것은 우리가 하나님을 멸시하는 것과 다름 없습니다. 또한 하나님께 부름을 받은 사람들의 구원을 우리가 중요하게 여기지 않는다면 그것도 마찬가지일 것입니다. 왜냐하면 그렇게 함으로써 하나님이 멸망의 길로 들어서는 불쌍한 죄인들에게 자비를 베푸시는 것을 우리가 막는 것이 되기 때문입니다. 사도 바울이 "하나님은 온 세상이 구원받기를 원하신다"라는 논증의 말씀을 사용하는 이유는 우리로 하여금 가능한 한 하나님의 나라에서 추방당한 것처럼 보이는 자들과, 특별히 불신자들의 구원을 구하도록 하기 위함입니다.

우리는 항상 사도 바울의 시대의 세상은 어떤 상태에 있었는가를 눈여겨 보아야 합니다. 그 당시에 복음을 세상에 널리 알린다는 것은 새롭고 신기한 일이었습니다. 왜냐하면 하나님께서 아브라함의 후손만을 택하셨기 때문에 나머지 세상 사람들에게는 구원의 소망이 없는 것처럼 보였기 때문입니다. 실로 성경은 이방인의 선택이 어떻게 이루어졌는가를 우리에게 보여줍니다. 하지만 사도 바울이 우리에게 온 세상을 위하여 기도하라고 하는 데에는 이유가 있습니다. 그는 여기에 기록된 다른 이유를 첨가했습니다. 왜냐하면 하나님께서는 모든 사람이 구원을 받게 할 것이기 때문입니다.

여러분! 우리는 하나님의 뜻이 무엇이며 하나님께서 무엇을 목적하시는지를 알아보고 우리 모두가 하나님을 바르게 섬기기 위해서 헌신하는 것이 합당하지 않겠습니까? 모든 사람이 하나님께서 독생자를 인간의 모습으로 보내신 그 구원사역의 동참자가 되는 것이 하나님의 뜻이라는 것을 알았으므로 우리 모두가 일찍이 우리에게 약속한 하늘 나라의 종속인이 되도록 불쌍하고 어리석고 무식한 자들을 인도하는 데 힘을 써야 합니다. 그런데 여기서 사도 바울은 특별한 사람에 대해서만 말한 것이 아니라 모든 종류의 사람, 모든 민족에 대해서 말한 것이라는 사실을 유념해야 합니다.

그러므로 사도 바울이 "하나님은 모든 사람이 구원을 받기 원하신다"라고 말씀하신 것이 모든 사람을 개별적으로 말한 것이라고 생각해서는 안됩니다. 그 말의 뜻은 이렇습니다. 하나님은 과거에는 어떤 한 민족만 선택했음에 반하여 지금은 온 세상에 자비를, 아니 전에는 구원의 소망이 전혀 없던 것처럼 보였던 사람들에게까지도 자비를 베푸신다는 것입니다. 그는 다른 데서 이방인에게는 하나님이 안 계시고 아무 언약도 없던 것은 그들이 아직 유대인과 교제를 갖지 않았기 때문이라고 했습니다. 이것은 하나님께서 아브라함의 후손들에게만 주신 특별한 은혜였습니다. 그러므로 사도 바울이 한 말의 뜻은 하나님은 모든 사람을 구원하신다는 것이 아니고 전에 한 민족에게만 주어졌던 약속이 지금은 온 세상으로 확장되었다는 것입니다. 그 이유는 그가 이 서한에서 말한 바와 같이 우리 주 예수 그리스도께서 오심으로 그 벽이 무너져 버렸기 때문입니다. 전에는 하나님께서 유대인을 다른 민족과 구별하셨지만 예수 그리스도께서 세상을 구원하시려고 오셨을 때에 유대인과 이방인 사이에 있었던 차별을 거두어 버리셨습니다.

그러므로 하나님은 우리를 모두 포용하려고 하십니다. 이것이 우리의 구원의 시작입니다. 하나님께서 일정 기간에만 사용하려고 제정했던 그 제도가 지금까지 계속되었다면 우리 모두는 마땅히 저주를 받을 것이고 복음이 우리에게 전해지지도 않았을 것입니다. 또한 우리에게는 하나님의 사랑과 선하심을 나타내는 표적이나 증거가 없었을 것입니다. 그러나 지금 우리는 하나님의 자녀가 되어 우리 선조들처럼 더 이상 그 약속에 낯설지 않게 된 것은 예수 그리스도께서 모두의 구세주가 되시려고 오셨기 때문입니다. 예수님은 우리 모두가 하나님 아버지의 은혜를 받도록 권유하셨습니다. 사도 바울은 모든 민족에 대해서 말하듯이 모든 계층에 대해서도 말하고 있습니다. 즉 하나님께서는 다른 사람과 마찬가지로 왕과 장관들도 구원하신다는 것입니다.

우리는 하나님의 그 아버지와 같은 선하심을 우리 자신에게만 제한해서도 안되고 어떤 특정한 수의 민족에게 제한해서도 안됩니다. 왜 그렇습니까? 그 이유는 하나님은 모든 사람에게 호의적이라는 사실을 보여주셨기 때문입니다. 이렇게 해서 우리는 사도 바울이 한 말의 뜻을 알게 됩니다. 이 사실을 확고하게 하기 위해서 모든 사람이 그 진리를 아는 것이 하나님의 뜻이라고 그는 덧붙였습니다. 우리는 왜 사도 바울이 이 말씀을 사용했는지 그 이유를 잘 생각해 보아야 합니다. 그 이유는 하나님의 뜻이 우리에게 알려지지 않으면 우리는 그것을 알 수 없고, 또 그것을 인식할 만한 표적이나 증거가 우리에게 없으면 하나님의 뜻을 알 수 없기 때문입니다.

우리가 하나님의 의도가 무엇인지를 이해한다는 것은 차원 높은 일입니다. 그러나 하나님께서 그것을 우리에게 효과적으로 보여주시면 우리는 그것을 그만큼 쉽게 이해할 수 있습니다. 복음은 모든 믿는 사람에게는 하나님의 위대한 능력이며 구원이라고 불립니다. 그렇습니다. 그것은 또한 천국의 문입니다. 따라서 하나님의 뜻에 따라 복음이 온 세상에 전파된다면 그것이 바로 구원이며 모든 사람들은 평등하다는 증거가 됩니다. 이렇게 해서 사도 바울은 하나님의 뜻은 모든 사람들이 구원받는 데 있다는 것을 증명했습니다.

하나님은 당신의 이름을 유대인에게만 전파하라고 사도들을 임명하지 않으셨다는 것을 우리는 알고 있습니다. 모든 사람에게 복음을 전파하라는 사명을 그들에게 주셨습니다. 예루살렘에서 사마리아까지, 그리고 온 세상 방방곡곡까지 예수 그리스도의 증인이 되라는 사명이 그들에게 주어졌습니다. 사도들은 하나님의 진리를 모든 민족에게 모든 신분의 사람들에게 전하라고 파송되지 않았습니까?

그렇다면 이는 하나님께서 자신을 온 세상에 나타내시는 결과가 됩니다. 그 약속은 큰 자와 작은 자 모두에게 해당되고 전에 유대인에게 해당되었던 것처럼 모든 이방인들에도 똑같이 해당되는 것입니다.

말을 더 계속하기 전에 하나님의 선택을 모호화하고 그것을 완전히 제거해 버리려고 노력하는 자들 즉, 사도 바울이 한 이 말을 남용하는 자들의 어리석음, 아니 그 야만성을 지적하는 것이 필요합니다. 그들은 사람들이 자기 자신을 구원하느냐 하지 않느냐는 자기의 선택에 달려 있으며 하나님께서 우리를 내버려 두어 우리가 하나님께서 나오는지 아닌지를 보기 위해서 기다리시다가 모든 자를 받아 들이시는 것처럼 말함으로써 우리의 구원의 기반을 파괴해 버립니다.

우리가 아는 바와 같이 우리는 매우 가증스럽기 때문에 구원을 상속받기에는 너무나도 부족합니다. 만약 우리가 예수 그리스도께서 그것을 고치기 위해서 오셨 다고 말한다면 우리는 인간의 본성을 검토해 보아야 합니다. 우리는 본성에 있어 매우 상반되는 점이 있습니다. 즉 하나님에게는 매우 적대적이어서 반항만 하는 한편 악과 불의를 매우 좋아하기 때문에 선한 생각을 품기조차 할 수 없을 정도입 니다. 하나님께서 성령으로 우리를 끌어주시지 않으면 어떻게 우리가 복음서에서 우리에게 주겠다고 하신 그 구원의 동참자가 될 수 있겠습니까?

자, 하나님께서 온 세상을 구원으로 이끄시는지 또는 그렇지 않으신지 알아봅 시다. 아닙니다. 결코 그렇지 않습니다. 그렇다면 **"나를 보내신 아버지께서 이끌지 아니하면 아무라도 내게 올 수 없다"**(요 6:44)고 하신 우리 구주 예수 그리스도의 말씀은 거짓이 되기 때문입니다. 그러므로 하나님께서 하나님을 기쁘게 하는 자들 을 이끌어 내어 복음을 믿고 진실한 믿음으로 그것을 받아들이도록 그들을 가르치 는 것은 하나님의 특별한 은혜라고 결론지어야 하겠습니다.

그런데 왜 하나님께서는 이 사람은 택하시고 저 사람은 내버려두십니까? 우리 가 알고 있는 바와 같이 사람들은 그들의 행위로 하나님께 갈 수 없습니다. 선택받 은 자들에게 비록 다소 귀중한 것이 있더라도 자기 동료에게 앞설 만한 그 무엇이 전혀 없습니다. 그러므로 세상이 창조되기 전에(사도 바울이 에베소서 1장에서 말 한 바와 같이) 하나님께서는 자신이 기뻐하는 자를 선택하셨습니다. 우리는 왜 이 사람이 저 사람에 앞서서 선택되었는지는 모릅니다. 그러나 하나님께서 어떻게 하 시든지 비록 우리가 그것을 이해하지 못하지만 공정하게 하신다는 사실을 고백해 야 합니다. 그러므로 철두철미하게 성경에서 완전히 입증된 그것을 받아들입시다.

그리고 하나님의 말씀을 모르는 자들에 의하여 사용된 허구적인 이성의 그늘에 서 우리 자신이 잘못 인도되어 길을 잃지 않도록 하십시오! 언뜻 보면 하나님께서 는 모든 사람이 구원을 받게 하실 것이라는 그들의 주장에는 어떤 의미가 있는 것 같기도 합니다. 그들이 말하기를 믿음 안에서 깨달음을 받고 구원에 동참한다는 것은 모든 사람의 자유로운 선택에 달려 있다고 합니다. 누구라도 사도 바울의 글 을 단지 세 줄만 읽어보아도 사도 바울은 여기서 모든 사람(우리가 이미 보여주었던 바와 같이)에 대해서 이야기한 것이 아니고 모든 민족과 모든 계층의 사람에 대해서 이야기하고 있다는 것을 쉽게 알 수 있습니다.

지금 상황은 그리스도께서 오시기 전, 즉 선택된 민족이 하나밖에 없었던 때와 같지 않습니다. 지금은 **"너희들의 유업이 땅 끝에 이르기까지 동등하리라"** 라는 말씀과 같이 하나님께서는 직접 온 세상에 한 구세주만을 보내셨음을 보여주십니다. 이제 아무도 자기 자신을 속이거나 성경을 왜곡하는 자들의 헛되고 어리석은 소리에 속지 않기 위해서 하나님과 모든 경건에 대적하는 원수들의 주장이 어떤 것인지 검토해 봅시다.

하나님은 모든 사람을 하나 하나(every one) 구원하신다는 그들의 생각이 만약 현재의 하나님의 뜻이라면 그 뜻은 세상이 시작되었을 때에도 그와 똑같았다는 사실에는 의심의 여지가 없습니다. 하나님께서는 변치 않는다는 사실을 우리가 알고 있기 때문입니다. 그러므로 바로 오늘 하나님께서 모든 사람이 구원을 받게 하려고 하신다면 하나님의 마음은 전에도 늘 그랬을 것입니다.

그리고 만약 하나님의 마음이 늘 그랬다면 하나님께서는 모든 사람이 진리를 알기 원하신다는 사도 바울의 말을 어떻게 생각할 것입니까? 하나님께서는 기록된 바와 같이(행 14장)한 민족만을 선택하셨으며 불쌍한 이방인들은 무지한 가운데 살아가도록 내버려두셨습니다. 마찬가지로 비두니아와 브루기아 같은 몇몇 나라에는 하나님이 복음을 전파하라고 사도 바울을 파송하지 않으셨습니다(행 16:7). 우리는 이렇게 해서 하나님께서는 처음에는 복음의 소식을 모든 사람에게 전파시키려고 하시지 않았다는 사실을 알게 되었습니다. 따라서 우리는 이 말씀을 남용하는 자들의 과실을 쉽게 알 수 있습니다. 사도 바울은 하나님의 변호인 입장에서 말하거나 창세 전에 있었던 하나님의 영원한 선택으로 우리를 인도하시려고 하는 것이 아니라 우리가 알아두어야 할 것, 즉 하나님의 뜻과 기뻐하시는 일이 무엇인가를 보여 줄 뿐입니다.

하나님이 변치 않는다는 것은 진리입니다. 하나님은 두 마음을 갖고 계시지도 않고 그릇된 방법을 사용하시지도 않습니다. 그런데 성경은 하나님의 뜻에 관하여 두 가지로 우리에게 말하고 있습니다. 어떻게 그렇게 될 수 있습니까?

하나님의 뜻이 상반된 두 방법으로 표현되는 것이 어떻게 허용되었을까요? 그것은 우리의 조잡함과 이해력의 부족 때문입니다. 왜 하나님께서는 두 개의 눈과 두 개의 귀와 한 개의 코를 갖도록 만드셨을까요? 하나님께서 화가 났다느니, 섭섭하다느니라고 말씀하시는 것은 무슨 까닭입니까? 그 이유는 우리가 이해하지 못할 만큼 위대한 하나님을 이해할 수 없기 때문이 아닙니까? 그러므로 성령이 하나님의 뜻을 두 가지로 우리에게 전하는 것은 전혀 무리가 아닙니다.

하나님의 뜻에 표리가 있어서가 아니라 하나님께서는 우리의 이해력이 조잡하고 둔하다는 것을 아시고 지신을 우리의 약점에 적용하시는 것입니다. 하나님께서 세상이 시작되기도 전에 자신이 기뻐하는 자를 선택하셨다는 사실을 성경이 우리에게 전해 줄 때 우리는 우리가 감히 이해할 수 없는 경륜을 보게 되는 것입니다. 그런데 왜 성경은 우리에게 하나님의 작정과 선택은 영원하다고 합니까? 거기에는 이유가 있습니다. 만약 그것이 마땅한 것이라고 받아들여진다면 그것이야말로 매우 매우 유익한 원리이기 때문입니다. 그것으로 인해서 우리가 귀중하기 때문에 복음을 알도록 부름을 받지는 않았다는 사실을 우리는 다시 깨닫게 됩니다. 다른 사람보다 훌륭한 것이 우리에게 하나도 없다는 이유는 우리 모두가 저주받은 아담의 후손이고 똑같은 저주를 받게 되어 있으며 죄와 죽음의 노예가 되게끔 되어 있기 때문입니다.

우리를 불신앙의 어둠에서 끌어내서 우리에게 복음의 빛을 주는 것이 하나님을 기쁘게 하셨을 때 하나님께서는 우리가 했던 봉사나 우리가 지니고 있는 어떤 미덕도 보지 않으시고 다만 전에 우리를 택하셨다는 이유 때문에 우리를 부르셨습니다. 이것이 사도 바울이 로마서 8장에서 지시한 말씀입니다. 즉 하나님을 알기 위해서는 영광을 우리 자신에게 돌려서는 안된다는 것입니다. 이와 같이 믿는 자의 부름은 하나님의 섭리에 달려 있으며 우리가 태어나기 전에 이미 뜻하셨음을 주님께서는 우리에게 알려 주셨습니다.

하나님께서는 성령으로 우리를 감화시켜 우리를 주 예수 그리스도의 몸에 접목시키십니다. 이것이 우리가 양자가 된 참 증거입니다. 우리를 하나님의 독생자이시며 모든 생명의 유업이 그에게 속해 있는 예수 그리스도와 믿음으로 하나가 되게 하십니다. 이것이 하나님께서 우리를 하나님의 자녀로 택하시고 보호해 주신다는 사실을 우리에게 확신시켜 주시기 위해 주신 보증입니다. 하나님께서는 우리가 당신의 뜻을 너무나도 확실하게 증거하셨기 때문에, 무지에도 불구하고 우리는 하나님께서 우리를 선택하셨음을 의심하지 않게 됩니다. 하나님은 우리에게 소망을 주셨으나 만약 예수 그리스도께서 우리를 그의 지체가 되도록 부르시지 않으셨다면 그것은 전혀 무가치한 것이 되고 말았을 것입니다.

그러므로 우리는 이 선택의 교리가 우리에게 얼마나 유익한가를 알게 되었습니다. 우리의 구원이 우리들의 공로나 하나님께서 우리에게서 발견하신 미덕에 달려 있지 않고 우리가 태어나기 전, 우리가 선과 악을 행할 수 있기 전에 하신 선택에 좌우된다는 사실을 알았으므로 그 원리는 우리를 겸손하게 하는 데 큰 역할을 합니다. 불변의 선택에 따라 하나님께서 우리를 부르신 것을 알게 될 때 우리는 비로소 구원에 대한 의심에서 벗어나는 것입니다. 예수 그리스도께서는 하나님 아버지께서 주신 자를 빼앗아 가지 못한다고 말씀하셨습니다(요 10:29). 하나님 아버지께서 예수 그리스도에게 주신 것이 무엇입니까? 바로 하나님께서 선택하신 자들이며 하나님의 자녀로 인정받은 자들입니다. 하나님께서 우리를 보호하고 지키시기 위해 독생자를 보내셨고 더욱이 예수 그리스도께서 우리들 중에서 아무도 버리지 않고 구원하고 지키시기 위해서 하나님이 주신 모든 힘과 권능을 행사하겠다고 약속하셨습니다. 이는 이 세상의 모든 보화를 소유하는 기쁨을 능가하지 않습니까? 이것이야말로 우리의 구원을 확인하고 확정짓는 참된 근거가 되지 않겠습니까?

우리는 나뭇가지에 앉아 있는 새와 같이 사단의 먹이가 된 자들입니다. 우리를 부르시고 시작하신 일을 끝까지 밀고 나가실 하나님이 아니었다면 우리는 우리의 미래와 전 생애와 사망 후에 대하여 어떤 보장을 받을 수 있겠습니까? 하나님께서 어떻게 우리가 복음을 믿게끔 불러 모으셨습니까? 그것은 우리가 한 것입니까? 아닙니다. 하나님의 자유 선택으로 이루어졌습니다. 그러므로 우리는 더욱더 의심으로부터 자유로워지는 것입니다. 우리는 하나님의 섭리를 성경에 계시된 것 이상으로 더 알려고 노력해서는 안됩니다. 우리가 하나님의 말씀이 전파되는 것을 자주 듣는 만큼 하나님의 뜻은 우리에게 열려져 있습니다.

하나님께서는 우리 모두를 부르시고 회개하라고 권고하십니다. 그가 보시기에 우리는 모두 저주를 받아야 마땅하기에, 우리 속에는 죄밖에 아무것도 없다는 것을 보여주십니다. 그리고 나서 우리는 우리 자신을 부인하고 밑바닥이 보이지 않는 깊은 함정에서 벗어나야 한다고 하십니다. 하나님께서 모든 사람에게 하시는 권고에서 에스겔 18장의 말씀과 같이 모든 사람이 구원을 받는 것이 하나님의 뜻이라고 우리는 판단할 수 있습니다.

"내가 어찌 악인의 죽는 것을 조금인들 기뻐하랴, 그가 돌이켜 그 길에서 떠나서 사는 것을 어찌 기뻐하지 아니하겠느냐?" (겔 18:23) 그리고 다시 33장 11절에서

"주 여호와의 말씀에 나의 삶을 두고 맹세하노니 나는 악인의 죽는 것을 기뻐하지 아니하고 악인이 그 길에서 돌이켜 떠나서 사는 것을 기뻐하노라"고 하셨습니다.

하나님께서는 어떻게 죄인들로 하여금 스스로 변하게 하실까요? 그리고 그것을 어떻게 우리가 알 수 있을까요? 온 세상이 회개하라고 외치는 것을 보고 알 수 있습니다. 하나님께서는 자신에게 나와서 예수 그리스도의 이름으로 용서를 구하는 죄인들에게 자비를 베푸신다고 하셨는데 이것은 보편적인 교리입니다. 그러므로 우리의 지식이 이해하는 한 하나님께서는 우리가 무엇을 계획하고 상상하느냐에 관계없이 모든 사람이 구원 받기를 원하신다는 것입니다.

성경이 하나님의 사랑과 뜻에 관하여 말할 때 사람이 자기 자신의 행동으로 혼자 배워서 회개할 수 있는지 혹은 그것을 주는 이가 하나님이신지 알아봅시다. 하나님께서 선지자를 통해서 모든 사람이 돌이켜 살게 할 것이라 하셨습니다. 사람이 자기 자신의 힘으로 다른 사람들을 돌이킬 수 있습니까? 아닙니다. 만약 우리에게 그런 능력이 있다면 그것은 우리를 창조하는 것보다도 더 큰 능력일 것입니다. 우리 주 예수 그리스도만이 인간을 돌이킬 수 있다는 것이 성경의 처음에서 끝까지 기록된 의심의 여지가 없는 교리입니다.

"그 속에 새 신을 주며 그 몸에서 굳은 마음을 제하고 부드러운 마음을 주어서" (겔 11:19). 간단히 말하자면 믿는 자에게는 하나님께 영광을 돌리는 것보다 더 중요한 것은 없으며 하나님만이 우리를 돌이킬 수 있으며 우리를 그런 방법으로 택하셨으니 우리를 끌고 가시라고 간청해야 합니다.

사람에게 이와 같은 믿음과 천사들 자신도 숭상하는 복음 속에 있는 이 놀라운 지혜를 얻을 수 있는 그런 지식이 있습니까? 하나님께서 우리의 눈을 뜨게 하시고 귀를 열어 듣게 하신 말씀을 잘 살펴봅시다. 자연인은 하나님의 비밀을 전혀 모르기 때문에 성령께서 우리에게 그것을 계시해 주십니다. 성경의 한 구절을 읽을 때면 사람은 본래 완전한 장님이었는데 하나님께서 눈을 뜨게 해주셨다는 사실을 알려주는 문장을 으레 보게 됩니다. 하나님께서 성령으로 그들을 이끌어 주시고 깨우쳐 주시지 않으면 그들은 결코 하나님에게로 올 수 없습니다. 하나님만이 사람을 죄악에서 돌아오게 하신다는 사실로 보아 하나님께서는 모든 사람에게 은총을 베푸시지는 않는다는 사실을 우리에게 가르쳐 주십니다.

"깨닫는 마음과 보는 눈과 듣는 귀는 오늘날까지 여호와께서 너희에게 주지 아니하셨느니라" (신 29:4).

하나님께서는 은총을 분별없이 주시지는 않는다는 사실이 분명히 밝혀졌습니다. 그 은총은 하나님께 선택받은 자와 하나님이 세우신 교회의 지체와 하나님의 양떼들에게만 내리십니다. 이렇게 해서 사도 바울이 한 말 "하나님께서는 모든 사람이 구원을 받기 원하신다"는 뜻을 알게 됩니다. 즉 하나님께서는 전 민족과 전 계층 중의 소수만을(some) 구원할 것입니다.

하나님께서 모든 사람에게 복음을 전한다는 것은 우리를 구원으로 이끈다는 뜻입니다. 그러나 이것이 모든 사람에게 유익이 됩니까? 아닙니다. 그렇지 않다는 것을 우리 눈으로 똑똑히 보았습니다. 그 이유는 우리가 하나님의 참뜻을 듣고 거기에 반항한다는 것은 우리에게는 큰 저주가 되기 때문입니다. 그렇지만 사실 복음을 듣고 개선되기는커녕 더 나빠지는 사람들도 많습니다. 직접 복음전도를 받은 사람까지도 그렇습니다. 그러므로 그들이 다 구원을 받는 것은 아닙니다. 하나님께서 우리를 구원으로 이끌기 위해서는 더 많은 것을 하셔야 합니다. 사람들을 임명해서 우리를 성실하게 가르치라고 보내셔야 할 뿐만 아니라 하나님께서는 우리 마음을 움직여서 골수까지 사무치게 하고 우리를 이끌어주시고 하시는 일이 우리들에게 유익이 되도록 해서 우리 마음에 뿌리가 내리도록 하셔야 합니다.

우리가 하나님의 뜻을 두 가지 각도에서 생각해야만 하는 것이 분명합니다. 하나님의 뜻 자체에 이중성이 있어서가 아니라(전에 우리가 검토한 바와 같이)우리의 약점에 맞게 해석해야 하기 때문입니다. 하나님께서는 우리의 능력에 맞게 말씀을 형성하셨습니다. 만약 하나님께서 하나님의 위대한 능력에 맞게 말씀하신다면 우리는 그 말씀을 이해할 수 없을 뿐만 아니라, 오히려 우리를 완전히 혼동시킬 것입니다! 우리의 눈은 태양의 빛을 견뎌 내지 못하는데 어찌 우리가 무한한 하나님의 위대함을 이해할 수 있겠습니까? 하나님의 택하심을 피하려는 어리석은 사람들은 이 말씀을 남용해서도 안되고 우리가 하나님으로 하여금 두 마음을 갖게 했다고 말해서도 안됩니다. 왜냐하면 그 점에서 그들은 우리들의 뜻을 잘못 전하고 있기 때문입니다. 우리가 알고 있는 바에 의하면 하나님께서는 모든 사람이 구원받기를 바라고 계십니다. 시간과 빈도에 관계없이 하나님께서는 복음이 우리에게 전파되도록 명령하십니다.

전에 말한 바와 같이 우리 구주 예수 그리스도께서 우리를 위하여 대속하신 구원의 동반자가 되어 달라는 부름을 우리가 받을 때에 천국의 문은 우리에게 열려 있습니다. 우리가 알고 있는 바와 같이 하나님께서 우리에게 회개하라고 권고하실 때에는 우리가 그에게로 가기만 하면 우리를 받아 주시는 것이 하나님의 뜻입니다. 비록 우리가 이 문제에 관해 품었던 의심에 대해서 답변을 해주었을지라도 이 교훈을 좀더 알기 쉽게 하기 위해서 비유로 말하겠습니다(즉 하나님께서 이스라엘 민족의 후손과 우리 사이에 두셨던 일치점과 유사성이라는 의미에서). 하나님께서는 신명기 7장에서 아브라함의 후손들을 기업으로 삼아 헌신케 하셨으며 그들을 사랑하시고 자신의 가족으로 삼으셨습니다.

이것은 사실입니다. 왜냐하면 하나님께서는 할례받은 모든 자와 언약을 맺으셨기 때문입니다. 할례가 쓸데없는 상징이었으며 아무런 중요성이 없는 것이었습니까? 그렇지 않습니다. 그것은 하나님께서 그 백성을 자기의 백성으로 택하시고 그 백성의 후손을 모두 자기의 양떼로 삼겠다고 하신 확실하고 의심의 여지가 없는 표적이었습니다. 더욱이 그 백성 중의 몇몇에게는 특별한 은총을 주시지 않았습니까? 사도 바울이 로마서 9장에서 말씀한 바와 같습니다.

"또한 하나님의 말씀이 폐하여진 것 같지 않도다. 이스라엘에게서 난 그들이 다 이스라엘이 아니요, 또한 아브라함의 씨가 다 그 자녀가 아니라 오직 이삭으로부터 난 자라야 네 씨라 칭하리라 하셨으니" (롬 9:6-7).

하나님께서는 몇 사람에게서 이 특전을 빼앗아 가셨기 때문에 부름을 받은 자에게는 하나님의 은총과 선하심이 더 커보였을지도 모릅니다. 그러므로 이스라엘의 후손에게 나타났던 하나님의 뜻이 오늘날 우리에게 나타나고 있다는 사실을 보십시오.

아모스 4장 7절에 **"하나님께서는 어떤 성읍에는 비를 내리고 어떤 성읍에는 비를 내리지 않게 하셨다"** 는 말씀이 있습니다. 그래서 주님께서는 자신이 기뻐하시는 곳은 어디든지 복음을 전해 주시고 주님의 은총을 베푸십니다. 그러나 우리 모두의 귀가 막히고 우리의 눈이 가려졌기 때문에 주님께서 자신에게 이끄는 자들은 달리 처리하지 않을 수 없습니다. 주님께서 우리로 하여금 주님의 말씀을 받아들이도록 준비시켜 주시지 않는 한 우리는 귀머거리가 되고 장님이 됩니다.

복음이 우리에게 전파될 때에는 마치 하나님께서 우리에게 손을 내미시고(이사야 65장 2절 말씀과 같이)내게로 오라고 말씀하시는 것과 같습니다. 하나님께서 우리를 찾으러 오셨다는 것을 깨닫게 되었을 때 우리의 가슴은 감격에 겨워집니다. 하나님께서는 우리가 자신에게로 올 때까지 기다리시지 않으시고 우리가 비록 살려둘 수 없는 원수일지라도 우리를 받아들일 준비가 되어 있음을 보여 주십

니다. 하나님께서는 우리의 잘못을 지워 버리시고 우리로 하여금 주 예수 그리스
도께서 우리를 위하여 대속하신 구원의 동참자가 되게 하십니다.

이렇게 해서 복음은 매우 중하게 여길 가치가 있으며 얼마나 귀중한 보배인가
를 알았습니다! 사도 바울이 로마인에게 말한 바와 같이 "복음은 믿는 모든 사람
에게 구원으로 이끄는 하나님의 능력"입니다. 그것은 천국이며 하나님께서는 우
리가 저절로 빠지게 된 깊은 함정에서 끌어내시어 하나님의 영광에 들어가도록 문
을 열어주십니다.

사람의 입을 통해서 우리에게 전해질 말씀을 받아들이는 것만으로는 충분치 않
습니다. 그 말씀을 들은 후에는 하나님께서 성령을 통해서 마음 속에 말씀하신다
는 것을 우리는 기억해야 합니다. 그렇게 하는 것이 우리로 하여금 진리를 깨닫게
하는 유일한 방법이기 때문입니다. 그러므로 하나님께서 믿음이라는 빛을 주실 만
큼 우리를 사랑스럽게 다루실 때에는 그것을 꽉 붙잡고 그 일을 계속 하시어 하나
님의 사역을 완성시켜 달라고 기도합시다.

우리가 설령 다른 사람들보다 더 귀하다고 할지라도 그들 앞에서 교만하지 맙
시다. 왜냐하면 우리를 택하시고 다른 사람과 구별해 놓으신 것은 순전히 하나님
의 선하심과 인자하심 덕분이라는 것을 우리는 알고 있기 때문입니다. 더욱이 하
나님께서 사람들에게 말씀을 주시려고 하지만 그것을 받아들이지 않는 큰 잘못을
저지르기 쉬운 존재가 바로 우리라는 사실을 알아야 합니다.

불신자와 반역자들이 마치 하나님에게 부족한 것이 있는 것처럼 하나님의 이름
을 모독하지 못하도록 그들의 입을 막고, 모든 믿는 자들은 끝까지 그들에게 베푸
신 은총과 자비에 대하여 겸손한 마음으로 하나님을 영화롭게 해야 합니다. 왜냐
하면 하나님의 말씀을 들은 자들을 어떻게 구원으로 이끄셨는지 우리는 보았기 때
문입니다.

만약 사람들이 그들 스스로가 하나님께로 올 수 없다고 대답한다 하여도 우리
는 여기서 무엇을 주장할 수는 없습니다. 왜냐하면 우리도 허물이 많기 때문입니
다. 만약 어떤 사람이 그것은 하나님의 손에 달려 있다고 말하면서 하나님께서 나
를 회개시켜 주시기를 원하신다면 하나님은 그렇게 하실 것이며, 만약 내가 악의
가운데서 계속 고집을 부린다면 하나님께서는 나로 하여금 하나님께로 돌아오는
회개를 시키시지 않을 것이라고 말할 수 있습니까?

이런 일은 결코 일어나지 않습니다. 왜냐하면 하나님께서는 우리를 여러 번 불

러 주셨으므로 우리는 하나님을 잔인하다고 결코 비난할 수 없기 때문입니다. 비록 우리가 하나님의 말씀을 거두어가셨는지 알지 못하지만 하나님은 공평하시다고 고백해야 합니다.

하나님께서 우리를 부르시고 우리를 받아들이려고 하신다는 것을 알면서도 우리가 가지 않는다면 우리는 감사할 줄 모르는 자라는 사실을 부인할 수 있습니까? 우리는 진리를 아는 것과 구원을 구별하지 맙시다. 하나님은 우리에게 거짓말을 하거나 속이지 않으십니다. 하나님께서는 진리를 알게 되면 구원을 받을 것이라고 말씀하셨습니다. 하나님께서는 모든 사람이 구원받기를 원하십니다. 어떻게 말입니까?

만약 진리를 알기만 하면 누구든지(every one) 구원을 받을 수 있습니다. 그러나 아무도 하나님에게 다가오려고 하지 않습니다. 만약 우리가 구원받기를 소원한다면 하나님께서 지시하신 방법을 따라야 한다고 성경은 우리에게 알려 주고 있습니다. 즉 우리는 하나님의 말씀을 순종과 믿음으로 받아들여야 합니다. 하나님 아버지를 알고 그리스도를 우리의 유일한 구세주로 받아들이는 것이 영생이라고 성경은 말하고 있습니다. 그러므로 여기에 제시되어 있는 대로 하나님의 나라가 우리 안에 있으니 우리가 확실히 구원받은 것을 전혀 의심하지 않는 법을 배웁시다. 만약 하나님께서 우리를 받아들이시기를 바란다면, 우리는 사도 바울이 제시한 그 교훈을 받아들여야 합니다.

어떻게 우리가 구원의 소망으로 부름을 받게 되었습니까? 하나님의 사랑과 호의를 우리에게 알려 주신 하나님의 은혜 덕분입니다. 이것이 바로 하나님이 그 은혜를 온 세상에 알리고 그 복음을 모든 사람에게 전파되게 할 것이라고 한 사도 바울의 말씀의 의미입니다. 그러므로 우리는 믿음을 전혀 모르고 하나님의 선하심을 전혀 느끼지 못하는 자들이 구원을 받아들이도록 가능한 한 많은 노력을 해야 합니다.

예수 그리스도는 비록 소수의 구주일지라도 자기 자신을 모든 사람에게 제시합니다. 복음이 우리에게 자주 전파될 때마다 우리는 하나님께서 우리를 불러 주신다고 생각해야 합니다. 그리고 만약 우리가 이 부름에 응하면 그 부름은 헛되지 않을 것이며 헛수고가 되지 않을 것입니다. 그런데 우리는 아무런 도움 없이 우리 본성만으로 하나님께 나아갈 수 있습니까? 어렵습니다.

"육신의 생각은 하나님과 원수가 되나니 이는 하나님의 법에 굴복치 아니할 뿐 아

니라 할 수도 없음이라" (롬 8:7).

하나님께서 우리 마음을 성령으로 어루만지실 정도로 우리를 매우 사랑스럽게 대해 주시며 우리가 구원에 이를 때까지 복음이 효과적으로 작용하도록 하십니다. 그리고 사도 바울이 발한 미덕이 드러나게 하십니다.

다시 말하거니와 복음을 우리에게 전파하는 것은 우리로 하여금 핑계를 더 댈수 없게 하기 위함이라는 것을 우리는 알고 있어야 합니다. 만약 우리가 하나님께로 나가려고 하기만 하면 하나님께서는 우리를 자비롭게 맞이할 것이라는 것을 이미 우리게에 보여 주신 것을 알고서도 하나님께서 우리를 그렇게 부드럽고 자애롭게 부르실 때에 만약 우리가 뒤로 물러설 정도로 사악하다면 우리가 받을 중벌은 의심할 여지없이 더 무거워질 것입니다.

그럼에도 불구하고 (우리가 권고 받은 바와 같이) 일반적인 사람 모두를 위하여 기도하는 것을 소홀히 하지 맙시다. 왜냐하면 사도 바울은 하나님은 모든 사람이 구원받기를 바라신다는 것을 보여주었는데 그 말은 모든 민족과 국가를 초월한 모든 사람을 의미합니다. 비록 사람들 사이에는 차이점이 많이 있지만 하나님께서는 우리 모두를 당신과 같은 형상으로 같게 창조하셨으며 우리는 하나님의 손으로 만들어진 작품이라는 사실을 잊어서는 안됩니다. 그러므로 하나님께서는 멀리 떠나 있는 자에게도 선을 베푸십니다.

거기에 대해서는 충분한 증거가 있습니다. 하나님께서 우리를 당신에게로 끌어들이실 때 우리는 하나님의 원수가 아니었습니까? 그런데 우리가 어떻게 지금은 믿음의 권속이 되고 하나님의 자녀가 되며 우리 예수 그리스도의 신자가 되었습니까? 하나님께서 우리를 당신에게로 모으셨기 때문이 아닙니까? 그분은 우리의 구세주일 뿐 아니라 온 세상의 구제주가 아니십니까? 예수 그리스도께서 단지 두세 사람만의 중보자가 되기 위해서 오셨습니까? 아닙니다. 그는 하나님과 모든 사람 사이의 중보자이십니다.

그러므로 우리가 하나님에게서 멀리 떠난 자들을 하나님에게로 데려오려고 노력한다면 하나님께서는 우리를 당신의 자녀로 택하시고 안아 주신다는 사실을 그만큼 더 확신할 수 있게 될 것입니다. 우리를 불러 주신 이 소명에 위로를 받고 분발합시다.

오늘날 우리가 보기에는 엄청난 절망이 있고 완전히 버림받고 저주받은 비참한 존재처럼 보이지만, 우리는 멀리 떠난 것처럼 보이는 자를 구원으로 이끌기 위해

서 가능한 한 많은 노력을 해야 합니다. 그리고 무엇보다도 그들을 위하여 하나님
께 기도합시다. 하나님께서 우리에게 호의를 베푸셨던 것과 같이 그들에게도 호의
를 베푸시기를 참고 기다리면서 기도합시다.

14

"하나님은 한 분이시요 또 하나님과 사람 사이
에 중보도 한 분이시니, 곧 사람이신 그리스도
예수라. 그가 모든 사람을 위하여 자기를 속전
으로 주셨으니 기약이 이르면 증거할 것이라"
(딤전 2:5-6).

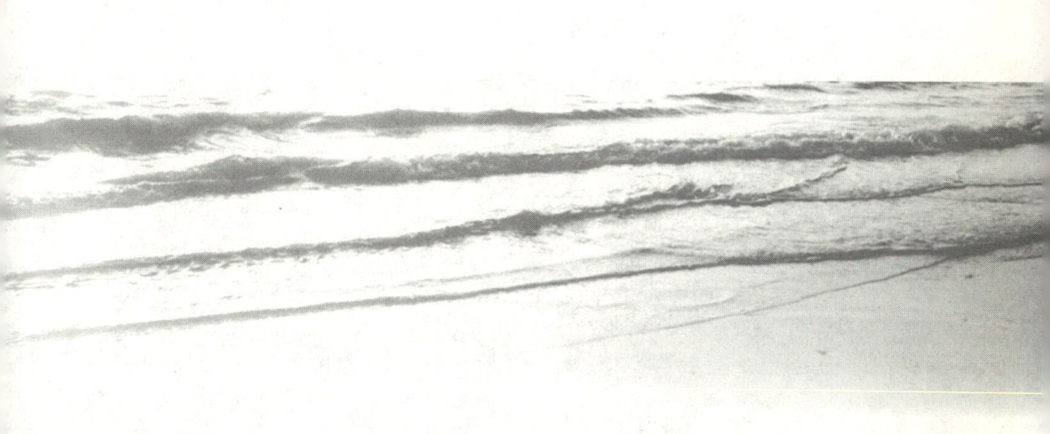

모든 때와 시대에 있어 세상이 하나님에게서 멀리 떠나 있어서 모든 사람이 하나님의 나라에서 추방당하는 것이 당연했습니다. 그래서 율법시대에는 하나님께서 한 민족을 택하셔서 그들을 하나님 주변에 불러모으시고 나머지 세상을 혼돈한 상태로 내버려 두셨습니다. 그러나 비록 인간이 하나님에게서 멀리 떨어져 있었지만 그들은 모두 원천적으로 하나님에게 소속되어 있었습니다. 하나님께서 그들 모두를 창조하신 것처럼 그들을 덕과 선하심으로 다스리시고 보호해 주십니다. 그러므로 사람들이 타락해 가는 것을 볼 때 하나님께서는 그들에게 은총을 베푸시지 않아 그들이 믿음 안에서 우리와 하나가 되지 못하고 있다는 것을 보게 됩니다. 그러기에 우리는 그들을 불쌍히 여기고 그들을 옳은 길로 끌어들이도록 노력해야 합니다.

"하나님은 한 분이시니"라고 한 사도 바울의 뜻은 하나님께서 온 인류를 창조하시고 보호하신다는 것입니다. 그러므로 우리 인간들 사이에는 형제의 연분 같은 것이 존재하지 않을 수 없습니다. 신앙이 우리와 같지 않은 사람들은 우리에게서 멀리 떨어져 있는 것이 사실입니다. 그러나 자연의 이치는 우리가 그들을 완전히 내버려서는 안되고 그들이 우리와 한 몸이 되도록 하는 일에 어떤 고통도 우리가 감수해야 한다는 사실을 알려 줍니다. 왜냐하면 그들이 차단되어 그렇게 되었기 때문입니다.

우리 사람들이 이렇게 흩어져 있어도 사람들 모두 같은 천성을 갖고 있다고 가정한다면 우리 스스로가 놀라는 것도 무리는 아닙니다. 하나님의 형상은 우리들에게처럼 그들에게도 새겨져 있습니다. 더욱이 우리를 한데 묶어 놓았어야 할 강한 때, 예를 들자면 하나님을 섬기는 것과 예수 그리스도를 신봉하는 일이 엉뚱하게도 우리를 분열시키는 원인이 되었으며 우리를 원수로 만들었습니다.

그러므로 우리는 불쌍한 불신자들이 방황하고 길을 잃어 구원의 길에서 멀리 떨어져 나가는 것을 보게 될 때에 그들을 불쌍히 여겨서 회개시키는 데 우리가 할 수 있는 모든 것을 해야 합니다. 이 때 우리는 사도 바울이 말씀하신 "하나님은 한 분이시다. 하나님과 사람 사이에 중보도 한 분이시다"라는 말을 늘 기억하고 있어야 합니다.

사도 바울은 그렇게 해서 우리 주 예수 그리스도께서는 소수의 사람만을 하나님에게 화해시키시려고 오신 것이 아니라 하나님의 은총을 온 세상에 확신시키시려고 오셨다는 사실을 우리에게 알려주려고 했습니다. 성경의 처음에서 끝까지 일관하여 밝혀진 대로 예수님께서는 유대 땅에서 지은 죄뿐만 아니라 온 세상 방방곡곡에서 지은 죄를 위하여 고난을 받으셨습니다.

특히 우리 주 예수 그리스도께서 우리를 오라고 부르시고 우리를 당신의 아버지인 하나님이 계신 곳으로 데리고 갈 만반의 준비를 하고 계시니 우리는 이렇게 하나되는 것이 무엇인지를 모르는 사람들에게 손에 뻗쳐서 그들을 우리 곁으로 데려와야 하지 않습니까? 그런 목적으로 사도 바울은 "하나님과 사람 사이에 중보도 한 분이시니"라고 말했습니다. 그리고 무엇보다 예수 그리스도를 사람(man)이라고 불러서 예수님이 우리와 얼마나 가까운 사이인가를 보여주었습니다. 사람들은 하나님께서 온 세상 만물을 창조하셨으니 인간이 하나님을 배반하였다고 해서 하나님께서 그들을 버리시고 그들을 불구대천의 원수처럼 미워하셔도 되느냐고 항변할지도 모릅니다. 그래서 틀림없이 사람들은 불신자를 위대하신 하나님에게 접근하게 해서도 안되고 하나님이 계신 곳으로 들여보내서도 안된다고 주장할지도 모릅니다.

이러한 까닭으로 사도 바울은 비록 하나님께서 그들의 범죄에 대한 보상으로 그들을 버리셔서 하나님에게서 멀리 떼어놓으셨지만 예수 그리스도께서는 우리의 육신을 취하여 입으시고 사람이 되실 정도로 자신을 낮추셨으니 우리는 이처럼 거룩한 유대를 깨트려서는 안된다고 했습니다. 우리는 우리 주 예수 그리스도를 통해서 하나님께서 탈선한 것처럼 보이는 자들을 맞이하기 위해서 당신의 팔을 벌리고 기다리고 계시는 것을 보고 있으니 오늘날 구원의 소망이 전혀 없는 자들이 양 떼에 접근하지 못하게 하는 방해물이나 걸림돌이 되지 않도록 해야 합니다. 이러한 까닭으로 우리 주 예수 그리스도께서는 죽음을 당하셨으며, 그분이 우리처럼 되셨습니다. 또 지금은 중개인과 대변자의 역할을 맡아서 하나님과 사람 사이에 중보자가 되시어 우리에게 문을 열어주시고 우리를 하나님 앞에서 지은 죄로 인하여 하나님의 버림을 받는 것이 마땅하고 하나님께서는 우리에게서 손을 떼셔야 하심에도 말입니다.

그러므로 우리는 우선 자기의 이웃을 구원으로 인도하느냐 또는 하지 않느냐에 관심이 없는 사람 모두와 불쌍한 불신자를 구원으로 인도하는 데는 아무런 관심이 없어서 그들을 멸망으로 이르게 하는 자들은 하나님의 명예를 중하게 여기지 않으며, 천국의 권능을 약화시키는 데에 전력을 다하며 하나님이 온 세상을 다스리지 못하시도록 하나님에게 제약을 가하려고 한다는 것을 분명하게 보여주고 있다는 것을 알아둡시다. 더욱이 그들은 우리 주 예수 그리스도의 죽음과 구속의 가치를 가리고 하나님 아버지께서 그분에게 주신 위엄을 떨어뜨렸습니다. 그런데 하나님께서는 그분을 우리에게 천국문을 열어주시고 우리가 하나님을 찾아오면 하나님은 우리에게 긍휼을 베푸실 것이라는 것을 우리에게 확신시켜주는 중보자로 삼으셔서 그분의 위엄을 세워주셨습니다. 이렇게 해서 우리는 필요한 자들을 위해서 기도하는 일에 매우 냉담하며 매우 태만하다는 것과 오늘날 우리는 죽음과 저주의 길로 가고 있다는 것을 알게 되었습니다.

"하나님은 한 분이시요"라고 사도 바울이 말한 본문 말씀에 대해서 생각해 봅시다. 우리 주 예수 그리스도께서 우리를 당신의 아버지이신 하나님과 화해시키셨기 때문에 우리는 무식한 자들의 마음을 사로잡고 우리 모두가 한 몸을 이루기 위해서 최선을 다하기를 바라십니다. 이것을 한 개의 교훈으로 여깁시다. 그가 한 **"우리 주 예수 그리스도는 하나님과 사람 사이에 중보자이시다"**라는 말씀도 우리가 기억해 둘 가치가 있는 또 하나의 교훈입니다. 왜냐하면 우리는 하나님에게 접근할 수 있고 또 하나님은 우리의 기도를 들어주신다는 확신을 가지고 우리 모두가 하나님께로 달려가는 것이 우리의 중요한 믿음의 신조중의 하나입니다. 만약 우리가 그렇게 할 수 없다면 복음의 교리가 우리에 무슨 유익이 되겠습니까? 우리가 하나님께로 나온 것이 헛되지 않을 것이며 우리가 실망하지 않을 것이라는 확고한 믿음을 가지고 하나님을 허물없이 찾아갈 수 없다면 우리는 언제 그렇게 할 수 있습니까? 만약 우리에게 이러한 믿음이 없다면 하나님이 우리의 아버지와 구세주로 불리우고 또 하나님은 당신의 이름을 부르는 모든 이에게 긍휼을 베푸신다는 말이 우리에게 무슨 유익을 주겠습니까? 그러므로 만약 우리에게 우리가 하나님에게 기도를 하면 하나님은 우리의 기도를 들어주실 것이라는 확신이 우리에게 없으면 모든 복음이 우리의 발아래 완전히 짓밟힐 것입니다. 그런데 어떻게 해야 하나님을 찾아갈 수 있습니까? 우리에게는 하나님에게 가까이 갈 수 있는 자격이 없는 것이 사실입니다. 정말로 누가 감히 대담하게도 한 발자국을 앞으로 내놓겠습니까? 우리는 땅벌레와 같으니 우리는 하나님을 찾아가야 할까요, 말아야 할까요?

우리는 이 세상 밖으로 나가야 합니다. 우리는 하늘보다 더 높이 올라가야 합니다. 천국에 있는 천사들도 특별한 용무가 없는 한 하나님께로 갈 자격이 없으니 우리들은 어떻게 해야 할까요? 그러므로 예수 그리스도께서 자진해서 우리의 중보자가 되시고 우리가 그 분의 이름으로 하나님께 기도드리는 것처럼 예수 그리스도께서 우리에게 손을 내미시고 우리를 하나님께로 데리고 가시겠다고 약속하지 않는 한 우리 찬양이 믿음 안에 뿌리 박게 하고 우리를 하나님앞으로 나갈 수 있을 만큼 대담하게 만드는 것이 불가능합니다. 사실은 예수 그리스도께서 우리를 그길로 인도하시니 하나님께서 우리에게 긍휼을 베푸실 것이며, 하나님이 우리에게서 손을 떼시는 일은 없을 것이라는 것과 우리가 기도할 때까지 기다리지 않으시고 우리를 보호해 주실 것이라는 것을 의심하지 말아야 합니다.

사도 바울은 한 분의 중보자에게 대해서 말한 이 본문말씀 안에서 매우 유익한 교훈이 있습니다. 그는 거기에서 우리가 하나님을 찾아갈 수 있는 방법은 하나님이 우리 곁에 계시는 것이며 항상 우리가 하는 기도를 들어주실 준비를 하고 계시다는 것을 의심하지 않는 것이라고 말하고 나서 예수 그리스도는 인간이라고 분명한 어조로 말했습니다. 그가 그렇게 말한 것은 우리로 하여금 우리가 흉악한 죄인이며 우리의 몸 속에는 저주받을 것밖에 없는데도 하나님이 어떻게 우리를 받아들이겠느냐고 의심하고 걱정하지 않게 하기 위해서입니다. 만약 우리의 중보자가 계시지 않았다면 우리는 불쌍한 세상적인 피조물에 불과하고 낮은 이 땅을 기어다니는 버러지에 불과할 텐데 황공하게도 하나님께서 우리를 챙겨주셨습니다. 만약 우리가 하나님께로 가면 우리는 하나님이 우리 곁에 계시다는 것을 알게 될 것이므로 그는 **"예수 그리스도는 인간이라"**고 말했습니다. 예수 그리스도께서는 이것을 우리에게 알려주시기 위해서 우리의 육신을 입고 오셨으며 우리의 형제가 되셨습니다. 예수 그리스도께서 우리의 육신을 입으신 것은 우리로 하여금 천사들의 오랜 친구인 것처럼 천국에 쉽게 들어갈 수 있게 하고 우리가 믿음을 통해서 진리의 동료가 된 것처럼 하나님의 독생자를 통해서 천사들의 동료가 되게 하기 위해서입니다.

구주 예수 그리스도의 임무는 세상 죄에 대한 속죄였습니다. 즉 하나님과 사람 사이에 한 중보자가 되는 것이었습니다. 사람의 육신을 입어 인자가 될 만큼 자신을 낮추셨기 때문에 우리는 예수 그리스도께서 하시는 모든 요구에 순종해야 합니다. 우리 주 예수 그리스도께서 우리와 같은 사람이 되어 죽음을 당하심은 하나님과 우리 사이의 대변자와 중보가 되심으로써 우리로 하여금 하나님께로 갈 수 있는 길을 열어 주시기 위함이었습니다.

자기의 이웃이나 불신자를 구원의 길로 인도하려고 노력하지 않는 자는 하나님의 영광을 중요시하지 않는다는 사실과 하나님 나라의 위대한 힘을 감소시키며 하나님께서 세상을 다스리지 못하도록 하나님에게 제약을 가한다는 사실을 분명하게 보여줍니다. 그들은 이렇게 해서 우리 구주 예수 그리스도의 덕행과 죽음을 희미하게 하고 하나님 아버지로부터 받은 위엄을 떨어뜨렸습니다.

사도 바울은 히브리인에게 보낸 서신에서 이렇게 말했습니다.

"그러므로 저가 범사에 형제들과 같이 되심이 마땅하도다. 이는 하나님의 일에 자비하고 충성된 대제사장이 되어 백성의 죄를 구속하려 하심이라. 자기가 시험을 받고 고난을 당하셨은즉 시험받는 자들을 능히 도우시느니라" (히 2:17,18).

만약 사람이 역경의 의미가 무엇인지 알지 못하면 고난을 당하는 자에게 동정하는 마음을 느끼지 못하며, 쾌락에 도취해 빈곤을 가벼이 여길 것이라고 생각합니다. 우리 구주 예수 그리스도께서는 우리의 모든 역경에 함께 하여 주시고 우리가 당하는 범죄뿐만 아니라, 그로 인한 모든 고난을 함께 체험하십니다. 무엇 때문에 그렇게 합니까? 우리가 예수님에게로 나갈 때 우리를 도와주시려 하기 때문입니다. 우리의 고난을 몸소 체험하시고 하나님에게 우리를 불쌍히 여겨 달라고 간구합니다.

예수 그리스도께서 중보자로 오실 때 우리에게는 두려울 것이 하나도 없습니다. 두 손을 높이 들고 우리의 하나님 아버지를 부르며 오십시오! 하나님께서는 독생자의 공로로 우리를 당신의 자녀로 택해 주실 것과 우리로 하여금 택함을 받은 유익을 느끼게 하실 것을 의심하지 맙시다. 그렇게 함으로써 우리는 하나님과 친밀하게 됩니다. 무엇이 필요한가를 하나님께 털어놓고 우리를 괴롭히는 걱정거리를 알려 드림으로써 우리는 도움을 받습니다. 천주교 신자들은 성자들이 우리의 보호자이며 중보자라는 것을 증명하려고 애쓰고, 우리는 하나님 앞에 나갈 만한 가치가 없는 자라고 단언합니다. 그런데 만약 그렇다면 중보자이시며 인자이기도 하신 우리 구주 예수 그리스도의 임무는 무엇이겠습니까?

율법에 무엇이 내포되어 있는지 알아봅시다. 하나님께서 사람들에게 기도하라고 명령하셨을 때 하나님께서는 곧 그들에게 어떤 방법으로 이 의식을 행해야 하는가를 알려 주셨습니다. 그 방법은 이렇습니다. 사람들은 멀러 떨어져서 성전 앞마당에 서 있어야 하며 제사장 이외에는 왕을 포함하여 어느 누구도 지성소에 접근하는 것이 허용되지 않았습니다. 왜냐하면 제사장은 우리 주 예수 그리스도의 모형이기 때문입니다. 그래서 제사장은 새 의복을 입고 거룩하게 되어 하나님에게 봉헌되었습니다. 제사장이 지성소에 들어갈 때 그가 드리는 제물의 피를 가지고 들어갔습니다. 그렇게 함으로써 아무도 우리 구주 예수 그리스도께서 사람이 되어 드려진 제물이 아니고서는 하나님과 화해할 수 없다는 것을 우리는 알게 되었습니다.

이렇게 해서 하나님께서는 교회의 전 지체를 대신해서 중재를 할 대변자가 없이는 우리가 하나님에게로 다가갈 수 없다는 사실과, 이 중재는 제물을 드림으로써 이루어진다는 사실을 이런 엄숙한 의식을 통해서 가르쳐 주셨습니다. 이것이 사도 바울이 중재자로서의 예수 그리스도에 대해서 이야기한 후에 **모든 사람을 대신하여 자기 자신을 속죄물로 주신**이라고 첨가한 이유입니다. 왜냐하면 이것들은 서로 떼어놓을 수 없기 때문입니다. 즉 우리가 예수님의 이름으로 하나님 아버지께 가까이 갈 수 있게 하기 위하여 예수님께서 당하신 죽음과 수난은 예수님이 우리의 중보자라는 사실과 떼어놓을 수 없는 것으로 만들었습니다. 예수 그리스도께서는 진리와 신성과 율법의 완성을 보여주기 위해서 오시지 않았습니까? 그러나 사단은 우리로 하여금 보내신 중보자를 인식하지 못하게 하기 위하여 우리의 마음을 흐려놓는 노력을 하고 있습니다.

복음이 처음 전파될 때 천사들을 대변자로 믿었던 이교도들이 많이 있었음을 볼 수 있습니다. 사도 바울은 그것에 대해서 다음과 같이 말했습니다.

"누구든지 일부러 겸손함과 천사 숭배함을 인하여 너희 상을 빼앗지 못하게 하라. 저가 그 본 것을 의지하여 그 육체의 마음을 좇아 헛되이 과장하고" (골 2:18).

사도 바울은 다른 중재자와 조정자들을 물리치고 그리스도만을 유일한 구세주로 받아들일 만큼 예수 그리스도를 경배했습니다. 왜냐하면 지난 40년 동안 천주교 신자들 가운데서도 중재자요 대언자로 여겨짐 같이 마호메트는 세상의 구세주요 하나님의 아들로 불려 왔기 때문입니다.

지금 우리가 예수 그리스도를 중보자 되시는 대언자라고 말하면 그들은 즉시 우리들과 논쟁을 벌여 우리가 예수 그리스도만이 유일한 중보자라고 하는지 아니면 성자(聖者)들도 마찬가지로 중보자로 인정하는지를 알고 싶어할 것입니다.

만약 우리가 성자(聖者) 예수 그리스도의 위엄을 계속 유지시키려고 노력한다면 그들은 우리에게 불만을 표시할 것입니다. 그러므로 사도 바울이 말한 그 교리로 단단히 무장합시다. 그 교리는 우리가 예수 그리스도의 중보가 없이는 하나님에게 다가갈 수 없다는 것을 가르쳐 줍니다.

천주교 신자들은 매우 건방지고 뻔뻔스럽기 때문에 그들이 복음의 순수한 교리에 반대하여 날조한 그 명제를 증명하고 싶어할 때는 이렇게 합니다. "한 중보자가 있는 것은 사실이지만 단 한 사람만은 아닙니다. 왜냐하면 우리가 한 사람(a man)을 사람(one)이라고 할 때는 그 사람만이 세상에 있고 그 외에는 아무도 없다는 뜻이 아니기 때문입니다!" 그러나 여기서 사도 바울이 한 말은 "하나님 한 분이 계시다"는 것이 진리인 것과 같이 "중보자도 한 분 계시다"라고 한 것이 아닙니까?

그들이 부끄러움과 모욕을 당하게 된 것은 그들이 중보의 임무를 빼앗아 가려고 애쓰는 것을 보시고 내리신 하나님의 보수에 불과합니다. 왜냐하면 그들은 아버지 하나님께서 큰 자나 작은 자나 그에게 경의를 표하며, 그 앞에 모두 무릎을 꿇어야 하고 그의 몸을 입어 우리 하나님의 위대하심을 경배토록 했는데도 거꾸로 영광의 주독생 성자의 명예를 더럽혔기 때문입니다.

천주교도들도 예수 그리스도가 유일한 구속주라는 것을 인정합니다. 즉 세상을 구원한 이는 그분 한 분이 아니시고 죽은 성도들에게도 예수 그리스도와 같이 그 임무가 있다고 합니다.

사도는 우리가 구원을 받은 것이 성자(聖者)의 덕분이므로 우리는 온 세상 사람들을 위해 기도해야 한다고 합니다. 왜냐하면 우리가 하나님에게로 갈 수 있는 문을 열어 주신 중보자는 한 분만 있기 때문입니다. 예수 그리스도께서 중보자로 불리우는 것은 죽음을 통해서 중재를 성사시켰기 때문만이 아니라 지금은 위대하신 하나님 앞에 나가서 우리의 입장을 변호해 주시기 때문입니다.

사도 바울이 로마서 8장에서 다음과 같이 말했습니다. **"그러므로 예수 그리스도께서는 죽음과 고난으로 우리를 구원해 주셨으며 지금은 하나님 앞에서 우리를 위하여 중재를 하고 계신다."**

우리가 서로를 위하여 기도하라는 권고를 받을 때에 그 방법을 통해서 우리 모두는 하나가 되는 것입니다. 어떤 사람이 자기 자신을 위하여 기도할 때에는 교회의 전 지체를 위해서도 기도해야 합니다. 우리는 하나님께서 함께 묶어 놓으신 것을 분리시키지 않도록 해야 합니다.

복음의 교리가 우리의 규율이 되고 지침이 되어야 합니다. 그것이 죽은 성자들의 가르침입니까? 그것이 그들을 우리의 보호자와 대변자로 임명합니까? 아닙니다. 결코 그럴 수 없습니다. 그 부분에 대한 말이 성경에는 단 한마디도 없습니다. 우리가 이 세상에 사는 동안에 우리 사이에는 상호간에 애정이 있어야 합니다. 그리고 모두는 자기 이웃을 위해서 기도해야 합니다. 그러나 성경에서 지시한 것 이상의 것을 한다면 곁길로 가는 것이 됩니다.

율법에 따르면 사람들은 지성소에 접근할 수 없어서 마당에 머물러야 합니다. 즉 제물을 드리는 사람 외에는 지성소에 들어갈 수 없습니다. 그러므로 우리는 무가치함에 대해서 생각해 봅시다. 우리는 흙으로 만들어진 피조물일 뿐만 아니라 아담으로 인하여 오염되고 불결해져서 죄악으로 가득 차 있다는 사실도 알고 있습니다. 그러하기에 우리는 하나님에게 칭찬들을 만한 것을 아무것도 가지고 올 수 없으며 하나님 앞에서는 우리 입을 열 만한 가치도 없습니다. 그렇다면 우리의 병폐를 인정하고 치유를 받읍시다. 어떻게 해야 치유를 받을 수 있습니까? 우리 구주 예수 그리스도를 우리의 제사장으로 모시는 것입니다. 예수님께서는 피를 흘려 자기 자신을 모든 사람을 위한 속죄물로 바치셨습니다. 그러므로 그리스도께서 죽음과 고난을 당하신 공로로 말미암아 우리를 하나님께 화해시킨 것을 알았으니 지금은 하나님께서 우리에게 자비로우시다는 사실을 의심하지 맙시다.

제사장은 그의 양 어깨에 이스라엘 민족의 자녀들 이름을 메고 앞에는 열두 지파를 상징하는 열두 개의 귀중한 돌이 들어 있는 판을 지니고 있었습니다. 그보다도 더 예수 그리스도께서는 우리의 죄와 허물을 십자가 위에서 짊어지셨으며 지금은 정말로 우리를 가슴 속에 품고 계십니다. 이것이야말로 우리가 서 있는 기반입니다. 그러므로 우리가 이 중보자의 이름으로 하나님께 나오기만 하면 우리가 하나님의 사랑을 받게 된다는 사실을 의심하지 맙시다.

우리는 중보자와 보호자를 우리의 의향에 맞게 꾸며서는 안되고 성경말씀의 단순성에 만족해야 합니다. 예수 그리스도를 중보자라고 부르는 것은 예수님께서 지금도 우리를 위하여 중재를 하고 계실 뿐만 아니라 온 세상의 죄를 대신하여 고난을 받으셨기 때문입니다. 그러므로 하나님께 영광을 돌리고 겸손한 마음으로 감사합시다. 왜냐하면 우리가 분발하여 두렵고 떨리는 마음으로 처신하도록 하기 위하여 우리를 천주교 신자들의 밉살스러운 행위 밖으로 끌어내는 것이 하나님을 기쁘게 해 드렸기 때문입니다.

하나님께서 독생자를 대변자며 중보자로 우리에게 기쁘게 보내셨음을 알았으니 하나님께로 나와 우리 자신을 소개하고 우리가 필요한 것을 모두 아뢰기를 두려워하지 맙시다. 그리고 이것을 은밀하게 또한 자기 자신만을 위해서 하지 말고 교회의 모든 지체와 온 인류를 위하여 기도합시다.

15

"하나님은 한 분이시요 또 하나님과 사람 사이에 중보도 한 분이시니, 곧 사람이신 그리스도 예수라. 그가 모든 사람을 위하여 자기를 속전으로 주셨으니 기약이 이르면 증거할 것이라" (딤전 2:5-6).

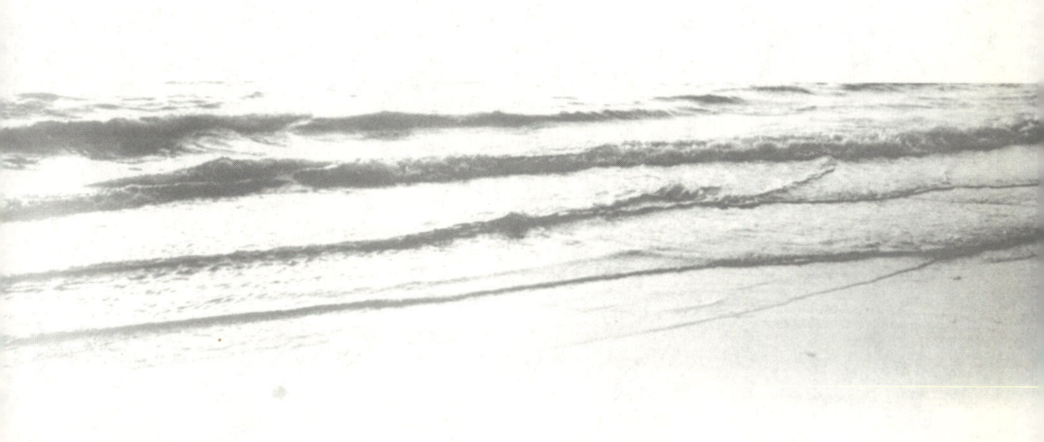

우리 는 오늘 아침에 '하나님의 독생자이신 예수 그리스도' 라는 말은 우리로 하여금 아버지이신 하나님 앞으로 나아가 그분의 총애를 받도록 중보하기 때문에 얻어진 것은 아니라고 배웠습니다. 그 직함은 우리를 위해서 당신의 피를 흘리시는 고난이 있었기에 그 분에게 붙여진다는 것을 처음으로 알았습니다. 율법 시대의 우리 조상들도 그들에게 보여준 형상을 통해서 이 사실을 알고 있었습니다. 당시에는 제사장이라 해도 자신의 죄를 깨끗케 하는 산 제사를 드리기 전에는 하나님 앞으로 나갈 수 없다는 사실을 그들은 잘 알고 있었습니다.

그러나 우리 주 예수 그리스도께서 하나님에게 진 우리의 모든 빚을 갚아 주시고, 이미 하나님과 우리를 화해시키셨을 뿐만 아니라 지금도 우리를 중재하고 계신다는 것을 잘 알아둡시다. 왜냐하면 우리가 더러운 몸으로 결코 하나님 앞에 설 수 없으며 금이나 은으로도 해결할 수 없기 때문입니다. 우리 모두는 죽음을 당해 마땅하며 하나님의 진노하심과 저주가 우리 머리 위에 임하여 있다는 것을 알아야 합니다.

그러므로 우리는 우리의 죄를 사함받아야 합니다. 그렇지 않는다면 우리는 결코 우리의 입을 열어 하나님에게 기도드릴 수조차 없습니다. 그런데 그것이 우리 주 예수 그리스도의 죽음과 수난을 통해서 이루어졌습니다. 본문에서 사도 바울이 **"그가 모든 사람을 위하여 자기를 속전으로 주셨으니"**라고 말한 것도 우리로 하여금 아무 거리낌없이 하나님이 계신 곳으로 들어갈 수 있게 해주시는 중보자는 한 분밖에 없다는 사실을 교훈하여 믿게 하기 위함입니다. 우리는 우리의 죄로 더 이상 하나님 앞에서 더러운 존재가 아니라는 것을 사도 바울은 이 말을 통해서 우리에게 알려주고 있습니다. 한 가지 우리가 여기서 알아두어야 할 것은 하나님께서 우리를 버리시는 것은 결코 온당치 못한 일이 아니라는 것입니다. 하나님께서는 당신의 거저 베푸시는 인자하심으로 오히려 당신의 독생자에게 직접 지불하신 속전을 받아 들이셨습니다.

하나님께로 향한 우리의 기도는 우리 구주 예수 그리스도의 보혈로 거룩하게 정화되어야 합니다. 우리에게는 교황의 성수를 뿌릴 필요가 없지만 사도 바울이 말한 그 보상만으로 하나님 앞에 만족해야 합니다. 하나님께서는 우리를 화해시키신 그 제물을 버리지 않으시고 만족해 하실 것이라는 것을 확신하여 마음을 놓아도 좋을 것입니다.

우리의 기도가 우리 구주 예수 그리스도의 죽음과 고난에 뿌리 박지 않으면 우리는 틀림없이 의심을 하고 당황하게 되어 드린 그 기도가 헛되고 무익하게 될 것입니다. 만약 우리가 믿음을 갖고 기도하지 않으면 유익을 얻는 것이 없을 것이라고 성경은 말하고 있습니다.

"그가 모든 사람을 위하여 자기를 속전으로 주셨으니"라고 사도 바울이 구주이신 예수 그리스도에 대해서 말한 것은 사람들이 자기 자신의 보상에 의해 하나님을 만족시킬 수 있다고 착각하는 것을 멸하기 위해서입니다. 이것은 눈여겨 볼 만큼 상당한 가치가 있는 점입니다.

왜냐하면 시시한 물건을 드리면서도 하나님을 기쁘시게 하려고 노력한다고 세상과 자신을 늘 속였기 때문입니다. 이방인을 보십시오! 그들은 중보자가 없이는 하나님에게 갈 수 없다는 사실을 잘 알고 있었습니다.

그러므로 그들은 나름대로의 중재를 갖고 있었으며 하나님의 은혜를 받을 방도를 많이 고안해 냈습니다. 천주교들은 자기 몸을 씻고 정화함으로써 하나님을 즐겁게 해 드리려고 노력했는데, 이것은 어리석게도 하나님께서 선조들을 임명한 방법을 모방한 것이었습니다. 하나님께서는 그들을 예수 그리스도에게 인도하기 위해서 이 타락하기 쉬운 교리를 사용하셨습니다.

그들이 예루살렘 성전에 오게 되면 입구에 물이 준비되어 있었고 모든 사람은 거기에서 자신을 깨끗이 할 수 있었으며 나아가 하나님의 위엄에 접근할 수 있었습니다. 그러나 이 때 사람을 깨끗하게 해주는 요소는 부패될 수 있는 물질인 물 속에 들어 있지 않습니다. 그 물은 단지 우리 구주 예수 그리스도께서 흘리신 피의 상징일 뿐입니다.

어떤 의식이나 적은 돈으로 하나님의 은총을 살 수 있다고 생각하는 누를 범하지 맙시다. 왜냐하면 만약 예수 그리스도께서 피를 흘리시어 우리 죄를 대속하지 않으셨다면 우리는 저주를 받고 완전히 버림을 받았을 것입니다. 따라서 거기에 우리의 모든 믿음이 놓여 있으며 이 믿음으로 인하여 우리의 죄가 사면되었음을 확신하여야 할 것입니다.

천주교도들이 말하기를 원죄는 세례를 받을 때에 사해진다고 합니다. 만약 20세, 30세, 40세에 세례를 받은 유대인이나 이방인이 있다면 그가 살아오는 동안에 저지른 죄가 그 때에 사해진다고 합니다. 그러나 우리가 세례를 받은 후에 타락하여 지은 죄는 보상물을 드리지 않는 한 은혜와 용서받기를 기대해서는 안된다고 합니다.

천주교도들은 그들이 당연히 해야 할 만큼 하나님에게 충분한 보상을 할 수 없다는 사실과 사람이 아무리 귀중한 물건을 갖고서도 하나님에게 충분한 대가를 지불할 수 없다는 사실을 깨닫게 되었습니다. 그래서 그들은 다른 방안을 첨가했습니다. 즉 순교자의 피와 교회의 열쇠(성직자들에게 주어진 힘)입니다.

그러나 그들은 우리를 위하여 죽음과 고난을 당하신 예수 그리스도의 속죄를 그들 자신의 선행과 여공을 투자하여 소실시킵니다. 만약 부족한 것이 있다면 순교자의 피와 교회의 열쇠로 채워줍니다. 이 얼마나 엄청난 모독인가 생각해 보십시오!

여기서 사도 바울이 말한 속죄가 어린아이와 세례를 받지 않은 사람들을 위한 것일까요? 아닙니다. 그 반대입니다. 하나님 앞에서 우리를 유죄로 인정하는 모든 죄를 의미합니다. 왜냐하면 우리가 기도로 하나님 앞에 나아와 그의 자비를 구할 수 있는 길이 열려 있기 때문입니다. 사도 바울이 말하는 속죄물은 우리가 지은 모든 죄에 효력을 발휘합니다. 그러므로 우리는 매일 그것에 의지하고 전적으로 신뢰해야 합니다.

성경이 우리에게 구주이신 예수 그리스도의 죽음과 고난, 그리고 우리 죄의 속죄를 위한 피흘림에 대해 여기에서만 말하고 있겠습니까? 이 교리는 성경의 처음부터 끝까지 걸쳐 쓰여 있습니다. 성도는 예수의 피값으로 하나님 아버지와 화해를 했으며 기도함으로 하나님 아버지에게 자유롭게 근접할 수 있다는 사실을 알아 둡시다.

사도 바울이 하나님의 아들이 속량하신 은혜가 유대 민족에게만 제한된 것이 아니라 온 인류에 평등하다는 사실을 말했을 때 다음과 같은 질문을 받았을지도 모릅니다. 하나님께서는 왜 어떤 한 민족만을 유업으로 선택하셨습니까? 왜 하나님께서는 유대인만이 하나님을 찾아오는 것을 기뻐하십니까? 왜 하나님께서는 언약을 유대인에게만 제한하십니까? 왜 하나님께서는 유대인에게만 구세주의 오심에 대하여 약속하시고 제시하여 대비하도록 훈련시키셨습니까?

창세 이후로 하나님께서 언제나 약간의 특정한 사람들만을 위하여 자신의 은혜를 따로 보이셨음은 사실입니다. 네 그렇습니다. 아브라함과 약속을 할 때도 이방인들이 구원의 소망을 갖지 못하도록 문을 닫아 버렸습니다. 비록 일시적이지만 유대인에게 특별한 은총을 내리시기를 좋아하셨습니다.

그러나 지금은 하나님께서 이 언약과 약속을 온 인류에게 주셨습니다. 왜냐하면 이교도와 이방인들을 하나로 만들고 당신의 교회를 전세계로 확장시키고, 멀리 떠났던 자들을 우리(柵)안으로 데려 오는 것이 하나님을 기쁘게 하기 때문입니다. 이렇게 해서 사도 바울이 한 말의 뜻을 알게 되었습니다.

예수 그리스도의 속죄가 주는 은혜와 하나님께서 우리를 그 축복된 구원으로 부르신 이유를 모른다면 예수 그리스도께서 속죄하신 것이 우리에게 쓸모가 없을지도 모릅니다.

예를 들면 예수 그리스도께서 온 세상 사람들을 위하여 베푸신 속량하신 은혜를 미련없이 내던지는 터어키 사람을 보십시오! 유대인도 마찬가지입니다. 또한 천주교 신자들도 비록 공개하지는 않지만 결국은 그렇게 했습니다. 그들은 모두 우리를 위하여 값주고 사신 구원으로부터 차단되고 추방당한 것과 다름없습니다. 마치 예수 그리스도께서 이 세상에 오시지 않았던 것처럼 말입니다. 왜 그랬습니까?

그들에게 예수 그리스도는 그들의 구세주라는 확실한 증거가 될 수 없었기 때문입니다. 비록 그들이 조금 맛은 보았지만 늘 기아 상태나 마찬가지입니다. 설혹 구세주라는 말을 들어도 그들에게는 아무런 위로를 주지 못했습니다. 또한 복음에서도 아무런 유익을 받지 못합니다.

우리 구주 예수 그리스도께서 속량하신 축복의 동참자가 되지 않는 자는 그 증거 또한 받아들이지 않는다는 사실을 우리는 알고 있습니다. 예수 그리스도께서 이 세상에 오시기 전에 이방인들은 불신자였을 뿐만 아니라 하나님께서는 그들의 눈을 멀게 하셨습니다. 마치 예수 그리스도께서 어느 특정한 민족만을 위해서 오신 것처럼 보일 정도로 말입니다.

그렇습니다. 율법시대에 하나님은 진리를 아직 온 세상에 전파하지 않으시고 특수한 민족에게만 주셨고 그들을 당신의 교회로 여기셨습니다. 사도 바울은 하나님께서 율법을 유대 조상에게만 주신 것을 기뻐하셨고 그들을 세상과 구별하였다고 말하고 있습니다. 시편에서도 하나님의 선한 마음은 이스라엘 민족을 향하고 있으며 다른 민족에게로는 향하지 않는다고 말하고 있습니다.

"언약을 돌아보소서. 대저 땅 흑암한 곳에 강포한 자의 처소가 가득하였나이다" (시 174:20).

모세도 신명기에서 그와 같이 말했습니다.

"여호와의 분깃은 자기 백성이라. 야곱은 그 택하신 기업이로다" (신 32:9).

즉 하나님께서는 아브라함의 후손이라는 특별한 민족을 택하셨고, 다른 사람들은 제쳐놓으셨습니다. 이것은 사실입니다. 그러나 사도 바울은 하나님은 유대인에게와 마찬가지로 이방인의 아버지며 구속주라는 사실을 온 세계에 두루 펼치는 것이 필요하다고 말했습니다.

그러므로 우리 구주이신 예수 그리스도의 죽음과 고난이 복음에 의하여 입증되지 않는 한 우리에게 아무 유익이 없을 것이라는 사실을 인식해야 합니다. 왜냐하면 우리에게 구원을 주는 것이 바로 믿음이기 때문입니다. 이것은 매우 유익한 교리입니다. 이 세상에서 인간에게 부여되는 가장 큰 유익은 예수 그리스도께서 속량하신 구원의 동참자가 된다는 사실입니다. 그런데 구원으로 인도하는 바른 길로 가는 사람은 소수에 불과합니다. 사람들에게 복음은 매우 천대를 받고 있으며, 하나님이 명하신 것처럼 세상에 나가 복음을 부르짖지만 사람들은 귀를 꽉 틀어막고 있습니다.

요즈음 우리는 예수 그리스도의 죽음 덕분에 하나님과 화목하는 자를 거의 볼 수 없습니다. 왜냐하면 사람들은 자신에게서 스스로 이 증거를 빼앗고, 또는 그것을 아주 내버리기 때문입니다. 혹자는 아주 적은 유익만을 얻을 뿐이라고 말합니다. 그들을 하나님의 축복의 동참자로 만들기 원하시는 예수 그리스도를 믿지 않고, 그들 안에 예수 그리스도가 없게 되었습니다.

사도 바울은 고린도전서에서 다음과 같이 말했습니다.

"너희는 하나님께로부터 나서 그리스도 예수 안에 있고, 예수는 하나님께로서 나와서 우리에게 지혜와 의로움과 거룩함과 구속함이 되셨으니"(고전 1:30).

우리는 그에게 접목되어 그의 모든 부와 재산의 일부와 분깃을 갖게 되었습니다. 그러하기에 예수님이 가지고 계신 것은 모두 우리의 것이 됩니다. 이렇게 우리는 그의 은혜로 부유하게 되었다는 사실을 의심해서는 안됩니다.

다시 말하지만 하나님께서는 이방인에게까지도 자신의 증거를 주셨음이 확실합니다. 비록 그들에게 율법과 선지자는 없었지만 하나님께서는 그들에게 충분히 알려 주셨고, 그들이 아무런 핑계도 대지 못하게 하셨습니다.

사도행전 20장에서 사도 바울이 말한 바와 같이 만약 자연의 질서 그 자체만으로도 이교도들에게 그들을 지으시고 평생 동안 먹여 주신 하나님을 믿지 않고 감사하지 않았음을 확인시켜 주는 것으로 충분했을 것입니다. 왜냐하면 시편 19장에 다음과 같은 말씀이 있기 때문입니다. **"하늘이 하나님의 영광을 선포하고 궁창이 그 손으로 하신 일을 나타내는도다."** 비록 그들이 말을 하지는 않지만 하나님의 선하심이 그런 방법으로 나타나기 때문에 우리가 다른 어떤 선생의 지도를 받지 않고서도 확신하는 것은 당연합니다.

자연의 교과서를 보십시오! 자연은 우리가 하나님을 영화롭게 해야 한다는 사실을 우리에게 알려 줄 수 있을 만큼 아주 평범한 글자로 쓰인 책입니다.

그런데도 이 증거는 무지하고 연약한 인간이 받아들이기에는 너무 모호했습니다. 그래서 하나님께서는 다른 방법으로 자신을 드러내실 필요가 있었고, 그것이 바로 복음입니다.

율법과 선지자는 유대인을 깨우쳤던 등불과 같았으나 한 민족만으로 제한되었습니다. 그러므로 사도 바울이 때가 이르면 증거되리라고 말한 데에는 이유가 있습니다. 하나님께서는 창세 이후 간직했던 이 엄청난 비밀을 놀랍게도 열방에게 공개하셨습니다. 곧 복음을 전하게 하셨습니다.

하나님으로부터 떨어져 나오고 구원에서 차단되어 추방당한 것처럼 보였던 자들이 이제는 하나님의 자녀가 되었습니다. 예수 그리스도의 성도요, 천사와 동료가 된 것을 보고 천사들도 놀랐다고 할 정도였습니다. 이것이야말로 모든 이를 놀라게 하고도 남을 아주 귀한 비밀이었습니다! 사도 바울은 갈라디아서에서 이렇게 말했습니다.

"때가 차매 하나님이 그 아들을 보내사 여자에게서 나게 하시고 율법 아래 나게 하신 것은 율법 아래 있는 자들을 속량하시고 우리로 아들의 명분을 얻게 하려 하심이라"(갈 4:4,5).

조상들에게는 알리지 않았던 것을 이제 온 세상에 알림으로써 하나님을 기쁘게 해드렸습니다. 사도 바울은 에베소서에서도 다음과 같이 말했습니다.

"그 때에 너희는 그리스도 밖에 있었고 이스라엘 나라 밖의 사람이라. 약속의 언약들에 대하여 외인이요, 세상에서 소망이 없고 하나님도 없는 자이더니 이제는 전에 멀리 있던 너희가 그리스도 예수 안에서 그리스도의 피로 가까워졌느니라. 그는 우리의 화평이신지라. 둘로 하나를 만드사 중간에 막힌 담을 허시고 원수된 것, 곧 의문에 속한 계명의 율법을 자기 육체로 폐하셨으니 이는 이 둘로 자기의 안에서 한 새 사람을 지어 화평하게 하시고"(엡 2:12-15).

이와 같이 유대인과 이방인 가운데 있는 불일치는 철폐되었습니다.

예수 그리스도께서는 기쁜 소식을 선포하셨을 뿐만 아니라 세상에 화평을 외치도록 제자들과 사역자들을 내보내셨습니다. 그것은 또한 유대 민족을 모으기 위함이었습니다. 즉 그들의 조상들에게 약속한 언약과 엄숙한 서약 때문에 하나님 곁에는 있지만 그래도 구세주 예수 그리스도를 통해서 화해를 할 필요가 있는 유대인들 말입니다.

이 기쁜 소식은 후에 멀리 떨어져 있던 자들, 심지어는 불쌍한 이방인들에게도 전해졌습니다. 하나님께서는 그들을 매우 사랑하심으로 그들이 지은 모든 죄를 용서하셨다는 사실을 그들에게 확신시켜 주었습니다. 그들도 구원의 소식과 하나님의 화평을 받아들였습니다.

이렇게 해서 유대 민족과 이방인을 구별하였던 담이 무너지고 제사의식이 폐지되었습니다. 이방인을 구별하였던 담이 무너지고 제사의식이 폐지된 이유가 무엇입니까? 왜냐하면 이 구원은 예외없이 온 세상 모든 사람의 것이기 때문입니다.

그러므로 우리는 이 교리를 분명하게 해야 합니다. 즉 예수 그리스도께서 우리 죄를 속죄하는 것이 전제조건이 되었고, 그리스도는 그 죽음으로 우리의 구원을 사셨다는 사실입니다. 그러므로 우리는 복음 속에 제시된 증거를 입증해서 거기에 내포되어 있는 축복을 누려야 합니다.

하나님께서 얼마 동안은 복음을 이방인에게 감추었다가 온 세상에 전파하셨다고 해서 하나님을 변덕스러운 분이라고 생각해서는 안됩니다. 왜냐하면 그것은 오로지 자신의 뜻에 따라 결정하셨기 때문입니다.

그러므로 하나님을 가장 겸손한 마음으로 경배하고 존경하는 것이 우리의 의무라는 것을 확신합시다. 그렇게 하는 것이 우리가 소유할 수 있는 가장 큰 지혜입니다. 우리는 허황되거나 아무 유익이 없는 문제를 찾는 데 지나치게 신경을 써서는 안됩니다. 하나님께서는 우리가 감당할 수 있는 것이 무엇인지 알고 계시며, 어떤 것이 우리가 이해하기에 적당한가를 알려 주셨습니다. 이사야는 구원의 날에 관해서 다음과 같이 말했습니다.

"여호와께서 또 가라사대 은혜의 때에 내가 네게 응답하였고 구원의 날에 내가 너를 도왔도다. 내가 장차 너를 보호하여 노라 백성의 언약을 삼으며 나라를 일으켜 그들로 그 황무하였던 땅을 기업으로 상속케 하리라" (사 49:8)

이사야는 복음의 소식이 온 세상 방방곡곡에 전파되는 때를 구원의 날이라고 했습니다. 하나님께서는 당신의 선하심을 공개하셨고 우리를 구원으로 부르시기 위해서 특별한 때를 선택하셨습니다. 이제는 우리 쪽에서 목을 곧게 하지 말 것이며, 부정한 마음을 갖거나 모든 것이 잘되어 가지 않는다고 불평하지 맙시다.

그러한 야비함은 우리가 하나님께로 나가는 것을 막게 됩니다. 대신 베푸신 은혜에 진심으로 만족하고 우리 자신을 하나님께 맡깁시다. 그렇게 해서 하나님과 우리의 아름다운 결합을 이루고 주님께서 선택하신 그 때가 적당한 때임을 시인하도록 합시다.

만약 어떠한 일이 우리가 마음먹은 대로 되지 않을지라도 하나님께서 잘못하셨다고 비난하지 말고 우리 자신을 억제하며 하나님의 거룩하신 뜻에 절대적인 복종을 합시다. 하나님의 섭리의 지배를 받읍시다.

어떠한 일이든지 그 시간과 때를 결정하는 것은 우리가 아니라 하나님이라는 것을 기억해 둡시다. 이 지배권과 지휘권은 우리 손에 있지 않고 하나님 한 분에게만 있습니다. 복음이 증거물로 세워진 것은 하나님이 우리에게 친절하시고 호의적이라는 것을 확인시키기 위함입니다.

우리가 하나님의 뜻이 선하시다는 것을 확인한 후에도 의심하고 머뭇거리며 하나님께 반항한다면 그것만큼 하나님을 불명예스럽게 하는 일은 없을 것입니다. 복음이 우리에게 전파될 때 하나님께서는 언제나 우리를 당신의 선하심의 증인이 되게 하신다는 것을 기억합시다.

비록 우리에게 복음을 전하는 자가 용서받지 못할 사람이라 할지라도 왜 하나님께서 그들을 그런 위치에 세우셔서 당신의 증인으로 삼으셨는지를 생각해 봅시다.

사람이 어느 곳에서 한 공증인으로 서약을 할 때는 그가 받은 모든 문서가 진실하고 믿을 만하다고 간주됩니다. 만약 재판관들이 그들의 권한으로 그 명령이 국가에 이익이 되고 정당하다면 인정하는 것입니다.

하나님께서 복음을 전파하라고 증인을 파송하실 때 그들이 전하는 구원의 소식을 우리가 받아들이는 것은 너무나 당연한 일입니다. 만약 그렇게 하지 않으면 하나님의 명예를 부끄럽게 추락시키는 꼴이 되고 맙니다. 그러므로 과거보다 더 순종하는 법을 배우고 복음의 교리에 더 철저히 따라야 할 것입니다.

만약 사도 바울이 그의 생존 당시 인간의 자만과 악의에 대항하여 나가 싸우라는 명령을 받았다면 지금 어떻게 되었겠습니까? 사악이 범람할 것이며, 천주교 신자들은 하나님의 진리에 대한 기억을 이 세상에서 말살하려 들 것입니다. 또한 그러한 일을 직접 우리 눈으로 보게 될 것입니다.

그러나 그렇게 깊숙이 들어갈 필요는 없습니다. 우리 중의 많은 사람은 불경스러우며, 하나님의 말씀을 발로 짓밟고 그것에 구애받지 않고 있습니다. 우리는 종종 자신을 기독교인이라고 칭하며, 또 그렇게 취급되기를 바라는 사람들을 보게 됩니다. 그러나 그들은 하나님의 말씀에 지배받기를 바라지 않고 복음의 교리를 경멸하고 비웃습니다. 그런 일이 흔하지 않으면 좋겠지만, 만약 이 조소자들이 한 달에 한 번씩 설교를 들으러 온다면 그것은 분명 우리가 하는 말이 그들의 마음에 드는지 들지 않는지를 확인하기 위해서일 것입니다. 만약 그들의 마음에 들지 않으면 그들은 즉시 투덜거리기 시작하고 모두 틀리다고 말할 것입니다. 그리고 자신들의 의무를 강요한다고 말할 것입니다.

그러나 사도 바울의 말을 잘 살펴보기 바랍니다. 그는 자기가 하나님의 증인이라고 단언했습니다. 그리고 복음에 반항하고 복종하지 않는 사람은 사람이 아닌 하나님을 상대하는 것이라고 하였습니다. 왜냐하면 그 일은 하나님의 일이기 때문입니다.

그러하기에 우리는 우리 몸을 하나님께 바치고 순종하여야 합니다. 고개를 숙이며 그 이름을 존귀히 여기고 찬미합시다. 그렇게 하면 하나님께서는 우리를 당신의 자녀로 인정하실 것이며 우리는 우리의 목숨이 다하는 날까지 하나님을 우리의 아버지라고 부르게 될 것입니다.

16

"그러므로 각처에서 남자들이 분노와 다툼이
없이 거룩한 손을 들어 기도하기를 원하노라"
(딤전 2:8).

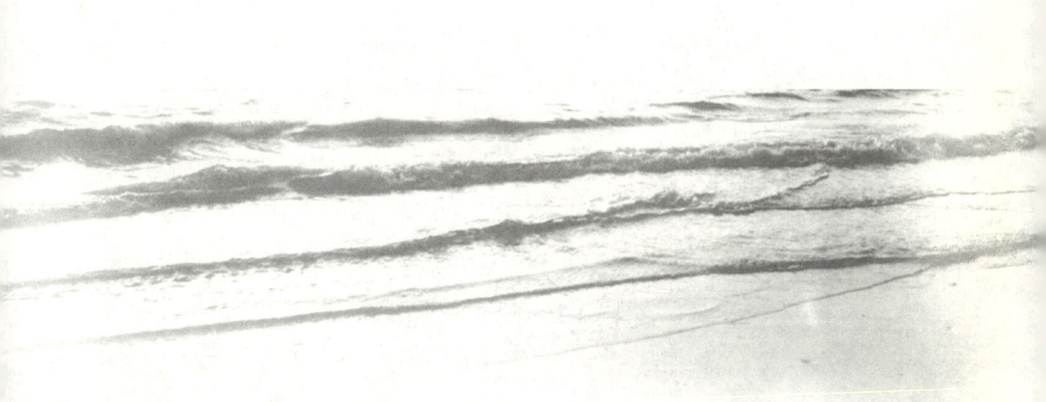

사도 바울은 우리 구주 예수 그리스도께서 이 세상에 오셔서 자기 자신을 모든 사람의 속죄물로 바치셨으며 구원의 말씀이 그분의 이름을 통해서 작은 자와 큰 자에 관계없이 모든 사람에게 전달된다고 말합니다. 그런 까닭에 모든 사람에게 하나님을 찾을 것을 권고하는데 부지런하였습니다.

하나님은 우리 아버지이시며 하나님의 사랑으로 감동을 받는 것이 믿음의 참 열매입니다. 우리가 하나님에게 달려갈 수 있는 길은 활짝 열려있습니다. 또 하나님께서는 우리를 지켜보고 계시며 우리에게 필요한 것이 무엇인가를 아십니다. 그리고 기꺼이 채워 주려 하십니다. 그러한 사실을 우리가 확실히 믿고 있을 때 우리는 하나님께 기도할 수 있습니다.

하나님이 우리를 부르시기 전에 우리는 매우 뻔뻔스럽고 무모하기 짝이 없는 존재였습니다. 살려둘 가치조차 없는 무익한 조재가 감히 하나님께 나아갈 수가 있겠습니까? 그러므로 우리는 하나님이 우리를 부르실 때까지 기다려야 합니다. 하나님께서는 부르심도 말씀으로 하십니다.

하나님은 우리의 구세주가 될 것을 약속하셨으며, 늘 우리를 맞아주실 준비를 하고 계십니다. 하나님께서는 우리가 찾아올 때까지 자신을 드러내 보이시며 당신에게 기도하라고 권고하십니다. 네! 그렇게 함으로 우리의 믿음을 증명하도록 합니다. 사도 바울은 로마서에서 다음과 같이 말했습니다.

"저희가 믿지 아니하는 이를 어찌 부르리요. 듣지도 못한 이를 어찌 믿으리요. 전파하는 자가 없이 어찌 들으리요" (롬 10:14).

비록 우리가 아무 가치가 없을지라도 하나님께서는 우리를 맞아 주실 준비를 하고 계시다는 사실을 알게 되었을 것입니다. 따라서 일단 하나님의 뜻을 알았으면 용기를 내어 하나님께로 가도 좋습니다. 왜냐하면 하나님께서는 우리를 다정하게 맞아주실 것이 확실하기 때문입니다.

사도 바울은 로마서 15:11에서 **"모든 열방들아 주를 찬양하며, 모든 백성들아 저를 찬송하라"** 라고 말하므로 복음은 유대인뿐만 아니라 이방인에게도 똑같은 효력이 있다고 밝히고 있습니다. 하나님에게 도움을 청하기 위하여 모든 사람이 입을 여는 것이 당연하다는 것입니다.

우리가 하나님의 양떼로 받아들여진 사실을 깨닫고 어느 곳에서나 하나님에게 부르짖어야 합니다. 하나님이 당신의 백성인 이스라엘 민족에게 하셨던 약속을 이방인들은 완전히 알지는 못했습니다.

그러나 사도 바울은 이렇게 말했습니다. "보십시오. 하나님께서는 여러분을 당신의 양떼 속으로 모으셨습니다. 심지어는 여러분을 향한 아버지의 사랑으로 독생자까지 여러분에게 보내셨습니다. 그러므로 여러분은 하나님을 아버지라고 떳떳하게 불러도 좋습니다. 이것 때문에 하나님께서는 여러분에게 당신의 뜻이 선하다는 증거를 주신 것입니다.

하나님의 선하심은 우리들에게 입증됩니다. 그것은 하나님께서 약속하신 은총으로 입증됩니다. 비록 우리는 엄청난 죄인이지만 우리의 죄가 우리 구주 예수 그리스도의 죽음과 고난으로 사해졌으며, 우리를 불리하게 했던 채무를 보상받아 하나님과도 화평케 되었습니다. 이 사실을 자주 듣게 될수록 우리는 하나님께 기도함으로 그의 은총을 간청하여야 할 것입니다. 호세아 2장에 이렇게 쓰여 있습니다.

"내 백성 아니었던 자에게 향하여 이르기를 너는 내 백성이라 하리니 저희는 이르기를 주는 내 하나님이시라 하리라" (호 2:23).

하나님은 우리에게 당신의 선하심을 알게 하시고, 심지어 독생자를 이 세상에 보내신 것과 같이 우리를 그의 이름으로 받아 주시겠다고 약속하셨습니다. 우리는 의심하지 말고 기도와 간구로써 하나님께로 나가야 합니다.

만약 우리에게 믿음이 있다면 하나님을 찾음으로 이를 증명해야 합니다. 만약 우리가 기도를 중하게 여기지 않는다면 비록 우리가 복음을 믿는 자로 가장하기 위하여 많은 애를 쓸지라도 그것은 우리가 이단자라는 증거가 될 뿐입니다. 우리가 우리의 특권인 기도를 드릴 때 비로소 하나님은 우리에게 큰 복을 내려 주신다는 것을 알게 됩니다.

하나님은 자신에게 요구하면 무엇이든지 들어주실 것이라고 하십니다. 하나님께 똑바로 나아갈 때, 하나님께서는 우리의 기대를 저버리지 않으실 것입니다. 만약 우리가 사도 바울이 말한 방법을 지킨다면 우리는 결코 버림받지 않을 것입니다. 즉 우리를 지켜주는 것이 예수 그리스도의 임무라는 것을 알고 그분을 우리 중보자로 모신다면, 마찬가지로 그리스도의 죽음과 속죄를 신뢰한다면 결코 우리를 버리지 않으실 것입니다. 또한 예수님이 하나님과 우리를 화해시키신 것을 믿는다면 반드시 은총과 자비로 우리를 지켜주실 것입니다.

하나님은 기도를 통해서 하나님께 나아갈 수 있는 특권을 우리에게 허락하셨습니다. 우리에게 내리시는 축복을 우리가 인식하게 될 때 우리는 그에 따른 임무를 충실히 이행하는 연습을 해야 합니다. 우리는 아침저녁으로 하나님을 찾도록 신경을 써야 합니다. 왜냐하면 우리는 매시간 하나님의 도움이 필요하기 때문입니다.

다시 말하지만 우리에게 양자 결연의 정신이 없다면 하나님께 온전한 기도를 드릴 수 없습니다. 즉 하나님이 우리를 당신의 자녀로 택하시고 복음을 통해서 그것에 대한 증거를 주신다는 사실을 우리가 확신하지 않고는 우리는 하나님께 기도드릴 수 없습니다.

우리는 '하나님께 기도하라' (pray to God), '하나님을 찬양하라' (Praise him)는 말을 성경에서 자주 접하게 됩니다. 우리의 믿음의 열매가 이러한 행위로 밝혀진다는 사실을 알아야 합니다. 왜냐하면 하나님은 자신을 우리에게 나타내셨고 우리가 하나님께 나아갈 그 길을 용이하게 만드셨기 때문입니다. 하나님은 지금도 이렇게 말씀하십니다. "그러므로 나는 사람들이 어디에서나 기도하기를 바란다"(I will therefore that men pray every where).

고린도전서에서 사도 바울은 그들의 주와 우리의 주(both theirs and ours)되시는 하나님을 찾는 모든 믿는 자를 축복하고 있습니다.

"고린도에 있는 하나님의 교회, 곧 그리스도 예수 안에서 거룩하여지고 성도라 부르심을 입은 자들과, 또 각처에서 우리의 주, 곧 저희와 우리의 주 되신 예수 그리스도의 이름을 부르는 모든 자들에게 하나님 우리 아버지와 주 예수 그리스도로 좇아 은혜와 평강이 있기를 원하노라"(고전 1:2,3).

여기서 그는 이방인을 유대인과 결합시켰습니다. 하나님의 교회를 어떤 특정한 민족에게 국한시키지 않겠다고 말합니다. 그들을 갈라놓았던 담이 무너지고 유대인과 이방인 사이에 있던 적개심이 제거된 후에는 하나님을 찾는 모든 국가와 민족 사이에 자유가 있습니다. 왜냐하면 하나님의 은혜가 유대인이나 이방인에게 다 평등하기 때문입니다.

더욱이 사도 바울은 예수 그리스도가 세상에 명백히 알려진 후에는 율법의 모든 의식이 중단되어야 한다고 말하고 있습니다. 왜냐하면 율법시대에는 사람들이 하나님을 찾기 위해 성전에 모여야만 했기 때문입니다. 유대인들이 자신의 집에서도 기도를 드린 것은 사실입니다. 그러나 성전 이외의 곳에서 제사를 드리는 것은 온전한 제사로 취급되지 않았고 율법에도 저촉되었습니다. 왜냐하면 성전은 하나님이 선택하신 장소였기 때문입니다. 진리가 더 분명하게 선포될 때까지는 제물도 사람의 신분에 따라 드려야 했습니다.

성전은 우리가 하나님에게로 한 길로만 가야함을 보여주는 한 표시였습니다. 지금은 그 길이 무엇입니까? 우리 구주 예수 그리스도를 통해서 가는 길입니다. 우리를 인도하는 사람이 없으면 우리는 하나님께로 갈 수 없습니다.

그러므로 우리는 예수 그리스도의 공로를 힘입어 하나님을 믿어야 합니다. 유대인은 모형과 그림자로 진리를 가졌습니다. 그러나 우리는 신령과 진정으로 예배를 드립니다. 하나님은 그들을 믿음 안에서 하나가 된 어린아이처럼 품어주는 것이 적당하다고 생각했습니다. 그 방법은 그들의 무지함에 적합했습니다. 그러나 지금은 복음 안에서 구원의 핵심이 분명히 드러났기 때문에 옛날의 상징물들이 필요치 않습니다. 하나님이 율법시대에 제정하셨던 의식, 즉 예루살렘 성전에서의 의식과 그 이외의 의식들이 지금은 폐지된 것을 미루어 보아 우리가 그것을 더 이상 지속할 필요는 없게 되었습니다. 예수 그리소도께서는 요한복음에서 사마리아 여인에게 이렇게 말씀하셨습니다.

"예수께서 가라사대 여자여 내 말을 믿으라. 이 산에서도 말고 예루살렘에서도 말고 너희가 아버지께 예배할 때가 이르리라. 너희는 알지 못하는 것을 예배하고 우리는 아는 것을 예배하노니 이는 구원이 유대인에게서 남이니라. 아버지께 참으로 예배하는 자들은 신령과 진정으로 예배할 때가 오나니 곧 이때라. 아버지께서는 이렇게 자기에게 예배하는 자들을 찾으시느니라"(요 4:21-23).

그 당시에 유대인과 사마리아 사람 사이에는 큰 논쟁이 있었습니다. 그것은 사마리아에 유대인을 무시한 채 성전이 지어진 사건때문입니다. 또한 사마리아 성전에서 예배를 드리는 자들이 스스로 아브라함과 이삭과 야곱의 표본이라고 주장함으로 문제는 더 커지게 된 것입니다.

그러나 거기에는 차이가 있습니다. 먼저 유대인에게는 하나님의 말씀이 있었습니다. 그리스도께서는 과거의 유대인들이 예배드리는 대상을 바로 알고 있었다고 말씀하셨습니다. 왜냐하면 유대인은 올바른 교회에 의하여 지배되었지만 사마리아인은 우상을 숭배하는 사람들이었기 때문입니다.

그러나 지금은 예수님의 말씀처럼 예루살렘 성전을 위해서도 사마리아의 성전을 위해서도 애쓸 필요가 없습니다. 왜 그렇습니까? 그것은 하나님이 온 세상을 통해서 신령과 진정으로 영광과 경배를 받으실 것이기 때문입니다.

예수 그리스도가 오신 후 옛날 율법의 그림자는 사라졌습니다. 그러므로 우리에게는 비록 물질로 보이는 것은 아니지만 눈에 보이지 않는 진정한 성전이 있다는 것을 알고 만족해합시다. 하나님의 충만하심이 우리 구주 예수 그리스도 안에 거하고 계십니다.

예수님은 우리를 하나님께 인도하시려고 손을 내밀고 계십니다. 우리는 예수님을 통해서 참된 신령의 성전으로 들어갑니다. 우리는 성전의 휘장이 갈라졌다는 사실과 그로 인해 하나님께서 우리를 받아들이신다는 사실을 알고 있습니다. 이제 우리는 더 이상 멀리 떨어진 성전 뜰에서 예배드리지 않아도 됩니다. 하나님께 가까이 나아와 입을 크게 열어 '아바 아버지'(Abba Father)라고 부르는 특권이 생겼습니다.

'Abba'는 시리아 언어로 히브리에서 사용된 관습적인 말입니다. 사도 바울은 두 단어 'Abba'와 'Father'를 히브리어와 그리스어로 번역하여 모든 사람은 자기가 사용하는 언어로 하나님을 자유스럽게 부를 수 있음을 알려주었습니다. 네 그렇습니다. 이제는 예배를 드리기 위해서 꼭 가야만 했던 특별한 장소가 없어졌습니다.

그러나 우리는 복음이 온 세상 방방곡곡에 전파됨에 따라 오늘날에는 누구나 하나님을 불러도 된다는 것, 즉 각처에서 분노와 다툼이 없이 거룩한 손을 들어 (pray every where, lifting up holy hands, without wrath and doubting) 기도 해야 된다는 사실을 열방 사람에게 알려주어야 합니다.

유대인과는 그 방법이 같지 않지만 지금은 우리가 편리한 대로 예배처를 가질 수 있는 것이 사실입니다. 즉 하나님의 말씀을 듣기 위해 어떤 특정한 곳에 가지 않아도 됩니다. 여기 있는 성전과 같이 편리한 성전이 다른 곳에도 있어서 어딜 가 든지 상관이 없습니다. 그러므로 모든 의식은 예수님이 오셨을 때 끝났다는 사실 을 알아둡시다. 기도를 방해하는 천주교도들의 미신적인 관념에서 벗어나기 위해 서는 이것을 이해하는 것이 매우 필요합니다.

과거 유대인은 등불과 향수와 향을 사용했습니다. 또 그들에게는 율법에 따른 제사장이 있었습니다. 이러한 점에서 우리는 하나님과 사람 사이에는 그러한 중보 자가 필요하다고 생각할지도 모릅니다. 천주교도들은 아직도 이것들을 모두 사용 합니다. 그러나 그것은 결국 예수 그리스도를 부인하는 것과 똑같습니다. 참 본체 이시며 모든 것의 실체이신 예수 그리스도께서 오시기 전까지는 하나님께서도 그 림자 속에서 예배를 받는 것을 좋아하셨습니다(사도 바울이 골로새서 2장에서 말 한 바와 같이). 그러한 의식을 찾는 자는 결국 그리스도를 멀리하게 됩니다.

그리스도께서 이 세상에 오셔서 우리의 육신을 입고 고난을 당하고 죽으신 것 은 일정 기간 활용되었던 이 유치한 상징물을 더 이상 필요치 않게 하려는 목적이 었다는 사실을 그들은 모르고 있습니다. 천주교 신자들은 그들이 사용하는 모든 어리석은 짓으로 우리 구주 예수 그리스도의 영광을 가리울 뿐 아니라 전적으로 손상시킵니다.

그러므로 순수한 마음으로 하나님께 예배드리고 하나님을 부르는 법을 배웁시 다. 이 모든 혼합물, 우리의 머리로 생각해 낸 물건을 사용하지 않고 예배드리는 법을 배웁시다. 지금은 우리에게 적합한, 옛날의 율법에 얽매이지 않는 예배를 드 리는 법을 배웁시다.

지금 우리는 복음 안에 있는 완전한 계시를 봅니다. 그러므로 하나님께서 공의 의 아들, 즉 우리 주 예수 그리스도를 통해 지금 우리에게 명확하게 나타내신 것, 우리 눈 앞에 비추신 그 광명을 거두어 버림으로써 하나님을 아프게 해서는 안 될 것입니다. 큰 광명이 이제 우리 앞에 있는데, 예전 어두운 그늘 속에서의 생활에 대해서 더 이상 이야기할 필요가 있습니까?

우리는 하나님께서 우리에게 명령하신 대로 기도를 드려야 합니다. 천주교도들은 하나님을 찾아 순례의 길을 떠나 빠른 걸음으로 이쪽 저쪽을 오르내립니다. 그러나 그렇게 함으로써 그들은 더욱 하나님을 저버리고 그로부터 완전히 물러나게 됩니다. 그러한 예를 본받지 말고 복음의 교리를 굳건히 믿읍시다. 즉 하나님께서 우리의 모든 요구를 들어주신다는 것을 의심하지 말고 매일 기도하라고 권고받은 대로 합시다.

하나님께 기도를 드릴 때 우리는 우울하거나 화가 난 감정으로 해서는 안됩니다. 마치 하나님이 보내신 환난으로 인한 것처럼 불안해 하고 화가 나고 불만이 있는 기도를 한다면 그것이 바로 하나님을 욕되게 하는 것이 됩니다.

자기의 기호에 맞게 다루어 주시지 않기 때문에 하나님에게 항의하고, 그것으로 하나님에게 기도했던 것처럼 드러내는 사람이 종종 있습니다. 그러나 그렇게 해서 그들이 하나님께로 오게 될지라도 그것은 결국 하나님께 반항하는 것과 같은 일이 될 것입니다.

마치 부인이 남편에게 어떤 것을 요구함과 동시에 "아, 당신은 나에게 관심이 없어요"라고 말하는 것과 같습니다(Oh, you care not for me!). 이것이 몇몇 사람이 사용하는 기도 방법입니다. 이처럼 노를 품은 독한 마음을 가지고 하나님께로 오는 것보다는 차라리 기도를 전혀 하지 않는 것이 낫습니다. 그러므로 평안한 마음으로 하나님께 기도드리는 법을 배웁시다.

사도 바울은 우리가 부지런히 기도하는 것외에 감사를 드리는 일에도 동참해야 한다는 것을 보여주었습니다. 만약 우리가 소망하는 것을 즉시 받지 못했으면 하나님이 우리의 요구를 기꺼이 허락하실 때까지 참을성 있게 기다리십시오! 우리는 하나님에게 기도할 때는 투덜거리거나 안달하거나 거품을 품어서는 안됩니다. 또한 "왜 우리를 번민하게 만드십니까?"라고 하나님께 묻거나 대답을 요구해서도 안됩니다.

여기서 사도 바울은 한 가지를 더 지적하고 있습니다. 당시 유대인들은 이방인이 들어오지 못하도록 문을 닫아 걸고 있었습니다. 왜냐하면 유대인들은 이렇게 말하기 때문입니다.

"우리는 하나님의 자녀이고 하나님이 우리를 선택하셨으니 아브라함의 후손은 할례받지 않은 사람보다 더 많은 특전을 누려야 하지 않습니까?"

반면에 이방인들은 유대인을 비웃었으며 율법의 여러 의식이 폐해졌음을 알지 못하는 어린아이로 간주했습니다. 그렇게 해서 유대인은 이방인을 멸시하고 경멸하게 되었으며 그들을 동료로 받아들이려고 하지 않았습니다. 반대로 이방인들은 유대인들이 계속해서 율법의 기본 교리에 집착하였기 때문에 무식하다고 비웃었습니다. 여기서 분파가 생겨 서로 대항하게 되어 교회는 산산조각이 났습니다.

그러나 하나님은 무엇보다도 형제의 사랑과 단결을 명령하셨습니다. 우리 주 예수 그리스도께서 우리에게 가르쳐 주신 기도의 형태를 검토해 봅시다 '하늘에 계신 우리 아버지'(Our Father which are in heaven)에서 보는 바와 같이 하나님을 부를 때 모두 '나의 아버지'(my Father)라고 부르라고 하시지 않았습니다. 그러므로 내가 '우리의'(Our)라고 말하면 나는 모든 사람의 이름으로 말하는 것이 됩니다. 그래서 모든 사람이 똑같이 이렇게 말해야 합니다.

우리가 서로 함께 결합되어 하나가 되지 않으면 기도를 통해서라도 하나님께 접근할 수 없게 될 것입니다. 왜냐하면 자기 자신을 이웃과 분리시키는 자는 자기의 입을 다물게 될 뿐 아니라, 우리 주 예수 그리스도께서 명령하신 대로 하나님께 기도할 수 없기 때문입니다.

간단히 말하면 우리가 하나님께 접근하여 우리 자신을 드리기 전에 먼저 화합하고 하나의 평화의 띠로 묶여 있어야 합니다. 우리가 말한 불화와 논쟁이 유대인과 이방인 사이에도 존재하였던 것입니다.

사도 바울은 그들이 서로 화목하기 전까지는 거절당하거나 버림받을 뿐이며 그 후에야 하나님을 만나는 것이 가능하다고 말했습니다. 이것이 사도 바울이 그들에게 '분노와 다툼이 없이 거룩한 손을 들어'(lift up holy hands, without wrath and doubting)라고 말한 이유입니다.

그래서 사도는 그들에게 서로 논쟁을 하거나 말다툼을 하지 말라고 한 것입니다. 유대인은 자기들이 먼저 복음을 받았다는 이유로 이방인보다 앞서서는 안되고, 이방인도 이해심이 부족하다는 이유로 유대인을 저주해서는 안됩니다. 그들 모두에게 양자의 영이 있음을 알고 이 말다툼을 모두 중단하고 완전한 화해가 이루어지도록 해야 합니다.

다시 말하면 그들은 하나님의 성령, 즉 화평과 단결을 가지고 온 그 영의 통치를 받고 있다는 것을 깨달아야 합니다. 이 교리를 이해합시다. 즉 우리에게 옳은 기도를 해야겠다는 마음이 생기기 전에 우리에게는 하나님이 명하시는 이와 같은 형제애와 단결심과 친근감이 있어야 합니다.

하나님은 우리 각자가 따로따로 갈라져 있기를 원하지 않으십니다. 평화와 화합 안에서 단결하길 원하십니다. 비록 모든 사람이 자기 처소에 떨어져 있어 각자가 하나님께 은밀하게 말하고 기도하더라도 우리의 일치는 하늘에 이르러야 합니다. 우리는 모두 같은 사랑과 진심으로 '우리 아버지'(Our Father)라고 말해야 합니다.

'우리의'(Our)는 우리를 한데 묶어서 우리가 다른 사람과 친교를 맺고 하나가 되게 합니다. 말하자면 목소리도 하나, 마음도 하나, 심령도 하나가 되게 합니다. 우리가 기도할 때는 교회도 함께 동참하게 합시다.

만약 우리가 옳은 기도를 하려면 하나님이 합치신 것을 갈라놓으려고 하는 자들과 같이 행동해서는 안됩니다. 그들은 우리가 눈여겨보지 않는 아주 작은 구실로도 우리를 분리시켜 놓을 뿐만 아니라, 의식을 축소시키며 몸을 산산조각으로 떼어 놓습니다. 왜냐하면 그들은 사단의 땅을 소유하고 있으며 하나님의 자녀들 사이에 존재하는 화합을 파괴하려고 애쓰기 때문입니다.

그러므로 모든 논쟁을 중단하고 그것들을 발아래 밟아 버립시다. 우리 주 예수 그리스도께서 자신을 우리에게 나타내신 것과 그의 공로로 우리가 하나님 아버지의 눈에 들게 된 사실을 확신하고 자유롭게 마음먹은 대로 하나님께 기도합시다.

진실로 우리는 자신을 우리와 분리시키는 자들과는 합칠 수 없습니다. 예를 들면 천주교 신자들은 자기들을 기독교인이라고 합니다. 그러나 우리가 그들과 기도로 교제할 수 있습니까? 없습니다. 왜냐하면 그들은 예수 그리스도를 버렸기 때문입니다. 만약 우리가 예수님으로부터 아주 조금만 벗어나도 우리는 길을 잃게 됩니다.

천주교도들을 예수 그리스도로부터 이미 자신들을 떼어 놓음으로 그들과 결합하기에는 너무 거리가 멀게 되었습니다. 그러나 반대로 우리는 예수 그리스도에게 굴복하는 자가 있다면 더욱 도와 주어야 합니다. 서로 화합하여 하나님께 나아와 우리 자신을 드립시다. 우리 주 예수 그리스도께서는 마태복음에서 다음과 같이 말씀하셨습니다.

"그러므로 예물을 제단에 드리다가 거기서 네 형제에게 원망 들을 만한 일이 있는 줄 생각나거든 예물을 제단 앞에 두고 먼저 가서 형제와 화목하고 그 후에 와서 예물을 드리라"(마 5:23, 24).

우리는 하나님이 우리에게 자비로우시기를 소원합니까? 만약 그렇다면 우리는 서로에게 품었던 적개심을 버려야 합니다. 만약 우리 사이가 갈라지면 하나님도 우리를 버릴 것입니다. 왜냐하면 하나님은 '자기 아들'의 가족만을 받아 주시기 때문입니다.

앞에서 말한 바와 같이 우리가 화평과 화합의 영이신 성령의 지배를 받지 않으면 예수 그리스도의 가족이 될 수 없습니다. 그러므로 우리가 하나님께로 나아갔을 때 받아주시기를 소원한다면 형제의 사랑 안에서 사는 법을 배웁시다.

무엇이든지 우리의 기도를 방해하는 것이 보인다면 그것은 마귀가 우리의 가는 길에 장애물을 놓으려고 주위를 돌아다니는 것을 기억해야 합니다. 그러므로 그것들을 가장 무서운 괴질로 여겨 멀리 합시다. 하나님의 말씀조차도 우리를 서로 분리시키기 위해서 있는 것처럼 여기게 하고, 문제와 논쟁을 일으키는 자들을 경계하여야 합니다.

복음의 참 목적은 우리를 하나님께로 불러 기도와 간구 안에서 하나가 되게 하려는 것임을 앞에서 말한 바 있습니다. 말썽이 있는 논쟁에 몰두하여 자신들의 위상을 서로 높이려고 노력하는 자는 훌륭한 교리를 곡해하고 그것에 대항하고 투쟁하여 하나님의 영광을 폐하려고 노력합니다. 그러므로 그들에게는 우리 주 예수 그리스도의 이름으로 하나님께로 나아가기 위한 이 통일과 화합이 없습니다. 하나님께서는 결코 그들의 기도를 들어 주시지 않습니다.

사도 바울은 **"거룩한 손을 들고"**라고 했습니다. 사도 바울은 우리가 더러운 몸으로 하나님께 나아가는 것은 하나님의 이름을 망령되게 하는 것이나 마찬가지라고 말합니다. 그러므로 그 전에 먼저 우리가 정화되고 청결하여야 한다고 말하는 것입니다. 왜냐하면 기도란 일종의 희생제물로 불리웠기 때문입니다.

율법시대에는 제사를 드릴 때 먼저 몸을 씻었습니다. 왜 그랬습니까? 우리는 부정으로 가득 차있고 불결해서 먼저 정결케 되지 않고서는 하나님께로 나아올 가치 존재가 못 된다는 것을 인식하고 있었기 때문입니다.

율법의 상징물들은 이제 없어졌습니다. 그러므로 우리는 그리스도께 나아가야 합니다. 왜냐하면 오직 주님만이 우리의 참된 씻음이 되시기 때문입니다. 그럼에도 우리가 불결한 채로 계속 남아 있다는 것은 말이 안됩니다. 왜냐하면 예수 그리스도께서는 성령으로 우리를 다시 새롭게 하여 주시고 우리의 악한 육욕을 버리게 하시려고 오셨기 때문입니다.

하나님은 우리에게 우리의 부정과 더러운 것을 하나님 앞으로 가져오라고 명령하시지 않으십니다. 그러하기에 우리는 하나님께 기도드려야 합니다. 우리 자신이 불결과 부정으로 가득 차 아주 난처하고 부끄럽게 될 것과 그것이 예수 그리스도의 공로로 씻겨지지 않으면 곧 버려진다는 사실을 인정합시다.

우리는 우리의 과오와 결점을 인정함으로써 우리가 씻겨질 이 샘물로 뛰어가야만 합니다. 그리스도께서 우리의 죄를 씻기 위해서 피를 흘리셨기 때문에 우리는 하나님 앞에서 정결하고 완전히 깨끗해질 수 있는 것입니다.

비록 우리 속에 더러운 것이 가득 찼을지라도 예수 그리스도께서 우리에게 성화(聖化)의 영을 주심으로 우리는 깨끗하게 되어 자유롭게 하나님께 접근할 수 있습니다. 그러므로 사도 바울은 **거룩한 손을 높이 들고**(lifting up holy hands) 기도해야 한다고 말했습니다.

율법과 구약시대에 하나님께서는 사람들의 제물을 받기 전에 먼저 깨끗하게 되기를 바라셨고 이 의식을 통해서만 사람들을 받아들이셨습니다. 네 그렇습니다. 현대에는 사람들이 성전에서 그들의 진정한 신앙고백을 하기 전에 이러한 의식이 사용되지 않고 있습니다. 그러나 그 본질은 지켜야 합니다.

그러면 본질은 무엇입니까? 비록 우리에게는 정결케 해주는 가시적인 물은 없지만, 우리는 우리의 영적인 씻음이 되시는 우리 주 예수 그리스도의 피가 있는 곳으로 나아와야 합니다. 때때로 성령을 에스겔에서와 같이 '맑은 물' 이라고 표현하기도 합니다.

"맑은 물로 너희에게 뿌려서 너희로 정결케 하되 곧 너희 모든 더러운 것에서와 모든 우상을 섬김에서 너희를 정결케 할 것이며" (겔 36:25).

이 약속은 예수 그리스도의 오심을 시사합니다. 그래서 하나님은 유대인에게 주셨던 그 옛날의 모형과 상징 대신에, 또 불결함을 씻는 물 대신에 성령으로 정결케 되고 깨끗하게 된다는 사실을 우리에게 보여 주셨습니다. 다윗은 시편에서 이렇게 말했습니다.

"여호와여 내가 무죄하므로 손을 씻고 주의 단에 두루 다니며" (시 26:6).

다윗은 율법의 상징들에 대해서 말하고 있습니다. 유대인이 더러운 손으로 성전에 들어왔기 때문에 하나님께서 선지자 이사야를 통해서 유대인을 책망하신 말씀을 눈여겨 보면 더 쉽게 이해할 것입니다.

"너희가 내 앞에 보이러 오니 그것을 누가 너희에게 요구하였느뇨. 내 마당만 밟을 뿐이니라. 헛된 제물을 다시 가져오지 말라. 분향은 나의 가증히 여기는 바요, 월

삭과 안식일과 대회로 모이는 것도 그러하니 성회와 아울러 악을 행하는 것을 내가 견디지 못하겠노라. 내 마음이 너희의 월삭과 정한 절기를 싫어하나니 그것이 내게 무거운 짐이라. 내가 지기에 곤비하였느니라. 너희가 손을 펼 때에 내가 눈을 가리우고 너희가 많이 기도할지라도 내가 듣지 아니하리니 이는 너희의 손에 피가 가득함이니라. 너희는 스스로 씻으며 깨끗게 하여 내 목전에서 너희 악업을 버리며 악행을 그치고"(사 1:12-16).

우리 주 하나님께서는 유대인이 더럽고 피묻은 손을 당신 앞에 나타낸 데 대해서 그들을 꾸짖으신 것과 같이 사도 바울의 입을 빌어 우리에게 거룩한 손을 들라(lift up your hands)고 명령하셨습니다. 즉 스스로의 악한 감정에 싸이지 말라는 뜻입니다. 이렇게 해서 사도 바울이 한 말의 뜻을 알게 되었습니다.

우리에게는 하나님께 기도할 수 있고 하나님을 우리의 아버지로 모셔 하나님께 접근할 수 있는 특권이 있습니다. 그러나 우리가 우리 본연의 부정한 상태로 하나님께 나아올 때도 그분이 우리의 말을 들어주신다고 생각해서는 안됩니다. 왜냐하면 하나님은 그의 이름을 망령되게 하는 자들을 죄 없다고 하시지 않기 때문입니다.

반대로 예수 그리스도께서 우리를 깨끗게 하고 우리를 성령의 동역자로 만들기 위해 오신 것을 기억하고 스스로 정결하게 되도록 노력해야 합니다. 또한 이것은 우리 힘으로 이룰 수 없기 때문에 우리 주 예수 그리스도께 전적으로 의뢰해야 합니다. 왜냐하면 예수 그리스도는 모든 것을 정결케 하시는 샘물이시며 온전케 하는 근원되시기 때문입니다.

하나님을 마치 우상처럼 여겨 세상적인 방법에 의한 섬김을 요구하시는 것처럼 생각하거나 기도해서는 안됩니다. 진정으로 우리의 마음은 세상을 사랑하는 마음보다 훨씬 높이 들리어야 합니다. 우리의 손을 든 것과 같이 우리의 마음도 믿음으로 높이 들리어야 합니다.

우리 자신을 이 세상 위로 들어올리지 않으면, 다시 말해 통제할 수 없는 열정과 헛된 애정을 버리지 않으면 우리는 하나님께 접근할 수 없습니다. 우리가 하늘을 향하여 우리의 손을 자주 드는 것과 같이 우리의 마음도 각자의 나약함을 인정하고 하나님께로 자주 인도되어야 할 것입니다.

우리가 '하늘에 계신 우리 아버지'(Our Father which are in heaven)라고 말할 때 우리는 그곳에서 하나님을 찾아야 합니다. 비록 우리가 아직 지상에 살고는 있지만 믿음으로 그 곳까지 올라가야 한다는 사실을 명심해야 합니다.

　우리의 구원은 하나님 한 분에게만 있다는 것을 기억하고, 하나님이 허용하시지 않는 것은 모두 끊어버리는 법을 배웁시다. 하나님께서는 우리를 모든 환난과 고통 중에서도 도와주신다는 사실을 믿고 하나님을 전적으로 신뢰합시다. 왜냐하면 만약 우리가 믿음으로 기도드리지 않으면 비록 그 의식 자체가 아무리 훌륭하더라도 그 기도는 헛되고 아무런 효과도 없기 때문입니다. 손은 하늘로 치켜들고서도 동시에 세상 것에 매어 있는 사람들은 스스로를 비웃는 것이나 다름없습니다.

　네, 그렇습니다. 비록 그들이 자기들이 죄 있음을 문서화하고 자신의 손으로 도장을 찍어 그것을 인정하면서도 스스로를 위선자로, 거짓말쟁이로, 거짓 맹세를 하는 사람으로 비하하는 것입니다. 그들은 하나님을 찾고 있다고 역설하며 하나님 앞으로 나아오지만 동시에 세상것에 집착하고 있습니다. 그들은 하나님은 믿는다고 말은 하면서도 실상은 자신이나 그밖의 다른 피조물을 믿고 있습니다. 그들은 믿음으로 천당에 들려올리울 것처럼 보이지만 사실 그 속내는 세상적인 쾌락에 빠져 있습니다.

　그러므로 우리가 하나님께 나아오는 것을 방해하는 것들이 많이 있다는 것을 알고, 하나님께 기도를 드릴 때에는 모든 세상적인 걱정과 악한 감정을 버리는 법을 배웁시다. 우리가 우리 손을 하늘에 향하여 드는 것은 믿음으로 하나님을 찾기 위한 것입니다. 이 때, 육신의 걱정과 악한 감정을 버리지 않고서는 온전한 것이 될 수 없습니다.

　자! 이제 우리의 선하신 하나님 앞에 엎드려 우리의 죄를 고백하고 우리 죄를 하나님의 기억에서 지워버리시어 우리를 받아들여 주십사고 기도드립시다. 또한 우리가 모든 온전치 못함과 죄를 완전히 버릴 때까지 날마다 성령으로 우리를 강하게 해달라고, 또 거룩하게 해달라고 기도합시다.

　그러나 우리가 이 육적인 삶을 사는 한은 한계가 있고 온전할 수 없기에 온전하여질 그 날까지 우리의 결점을 용납해 달라고 기도합시다. 그러니 우리 모두 이렇게 말합시다. "하늘에 계신 전능하신 우리의 하나님…"

17

"또 이와 같이 여자들도 아담한 옷을 입으며
염치와 정절로 자기를 단장하고 땋은 머리와
금이나 진주나 값진 옷으로 하지 말고 오직 선
행으로 하기를 원하라. 이것이 하나님을 공경
한다 하는 자들에게 마땅한 것이니라. 여자는
일절 순종함으로 종용히 배우라"(딤전 2:9-11)

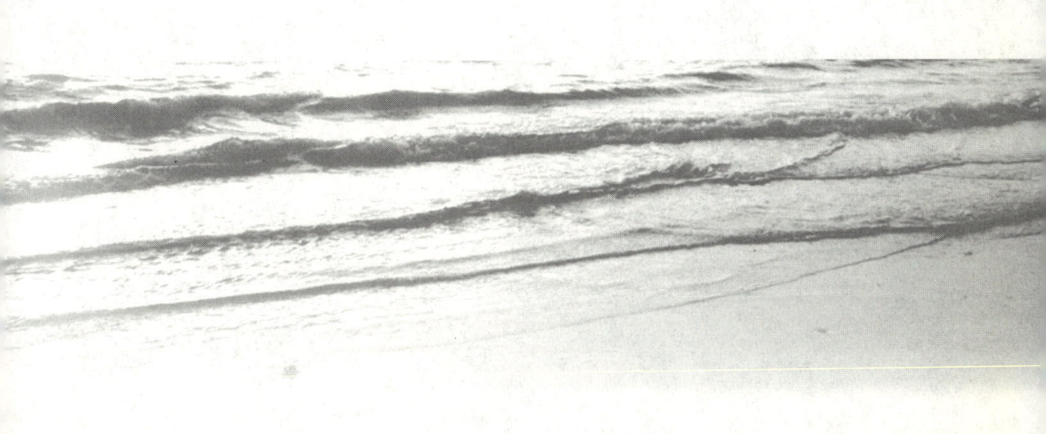

사도 바울은 하나님께서 우리에게 하나님께로 나아갈 수 있는 특전을 주심으로 우리는 하나님을 아무 부담없이 찾을 수 있다고 말합니다. 또한 우리 스스로를 가장 경건하게 해야 한다는 말을 첨가했습니다. 왜냐하면 우리가 부정하고 더러운 몸으로 하나님께 나아간다는 것은 합당하지 않기 때문입니다. 그러므로 우리는 자신을 경건하게 하도록 늘 노력해야 합니다. 이렇게 하는 것은 율법시대처럼 의식에 의해서 이루어지지 않고 영혼과 진리에 있습니다.

사도 바울은 전에 남자들에게 하늘을 향해서 정결하고 깨끗한 손을 쳐들라고 명령한 것처럼 여자들에게도 정결할 것을 명하고 있습니다. 만약 여자들도 하나님의 딸로 여김을 받아 마치 그들의 아버지에게 하는 것처럼 하나님께 가까이 갈 수 있고 하나님을 그들의 안식처로 삼고 싶다면 정결을 지켜야 할 것입니다. 그래서 바울은 여자들에게 **아담한 옷을 입으며 염치와 정절로 자기를 단장하고 땋은 머리와 금이나 진주나 값진 옷으로 하지 말라**고 말했습니다(사도 바울은 여기서 진주를 지명했지만 그것은 모든 종류의 보석을 의미합니다). 간단히 말하자면 **그들의 옷을 보고 그들이 하나님을 경외하는 여인들이라는 알 수 있게 하라**고 했습니다.

우리는 여기서 사도 바울이 무슨 말을 하려고 하는지 대강 짐작할 수 있습니다. 그러나 어떤 사람들은 사도 바울이 말할 만한 가치도 없는 시시한 것에 지나치게 신경을 쓰고 있다고 생각할 지도 모릅니다.

반대로 어떤 사람들은 사도 바울이 남자의 옷에 대해서 말하지 않고 여자의 옷에 대해서 말하는 이유를 알고 싶어할지도 모릅니다. 그러나 사도 바울은 여기에서 일반적으로 여자들에게 잘 일어나고 그들이 빠지기 쉬운 잘못에 대해서 다루려는 의도가 다분히 있습니다. 즉 자신을 과시하고 멀리서도 남자들의 시선을 사로잡을 수 있도록 호화스럽고 화사해지려는 여자들의 어리석은 욕심에 대해서 말하는 것입니다. 여자들은 그 부분에 있어서 지나치게 신경을 쓰고 꾸미려 하기 때문에 사도 바울은 여기서 의도적으로 강조해서 말하는 것입니다.

사실 한 부인이 전혀 모양을 내지 않고 가능한 한 아담한 옷을 입을지라도 그것이 전부는 아닙니다. 사도 바울 역시 그것에 만족하지 않습니다. 우리가 곧 알게 되겠지만 여자들은 그들이 하나님을 경외하는 것을 알려주는 옷을 입어야 한다고 사도 바울은 결론짓습니다. 그들이 하나님을 경외하는 것을 알려주는 옷이라고 한다면 예복이나 웃옷을 걸치고 그밖에 그와 비슷한 것을 생활전반에서 찾아볼 수 있습니다.

사도 바울이 한 말을 간단히 요약해 보자면 만약 여자들이 하나님을 순수한 마음을 가지고 찾아가려면 그들이 지니고 다니는 기독교 신자라는 이름 이외에 그들이 하나님의 학교에서 가르침을 받았다는 증거가 있어야 하며 선행을 통해서 그것을 보여주어야 한다고 했습니다. 우리가 어떤 특별한 문제를 다루기 전에 이를 깊이 생각해야 할 것입니다. 그렇게 함으로써 우리는 사도 바울이 주는 가르침을 더 잘 받게 되고, 본문말씀에서도 합당한 가르침을 받게 될 것입니다.

그러한 이유로 사도 바울은 남자들에게 그들의 정결한 손을 쳐들라고 한 것과 똑같이 여자들은 선행을 통해서 그들이 믿는 자라는 것과 하나님을 경외한다는 것을 고백해야 한다고 했습니다. 그리고 그는 우리의 믿음을 증거하는 것과 관련해서 말하기를 우리가 하나님의 말씀 위에 굳게 서서 좋은 교육을 받지 못하면 하나님을 찾아갈 수 없다고 했습니다. 다시 말하면 여자들도 남자들이 하나님에게 달려갈 때처럼 그들도 복음으로 교육을 받아야 합니다. 사실 하나님께서는 구원의 교훈을 주는 데 남자와 여자의 차별을 두지 않으셨습니다. 이 유익과 보물은 서로에게 똑같이 주어집니다. 사도 베드로도 **천국의 유업은 우리 모두에게 동등하게 만**

들어졌다고 말했습니다(벧전 3:7). 즉 하나님께서는 이 점에 있어서는 남자와 여자를 동등하게 대하셨습니다.

그러므로 우리는 무엇보다도 여자들이 예외가 아니라는 것과 그들도 하나님의 말씀으로 가르침을 받고 훈련을 받아야 함을 인정해야 합니다. 그들에게서 이것을 약탈하려는 자는 절도자며, 더욱이 하나님을 모독하는 자라는 것을 알아둡시다. 하나님께서 여자들을 불러서 당신의 입에서 나오는 교훈을 받으라고 하셨으니 그들로 하여금 그 일에 태만하지 않도록 합시다. 그리고 하나님께서 그들에게 이러한 영광을 주셨으니 그들 또한 그 유익을 얻기 위해 합당한 열심을 내야 합니다.

이제 두 번째로 **선행으로 그들의 믿음을 고백해야 한다**는 말씀에 대해서 생각해 봅시다. 사도 바울은 우리가 믿는 자라는 이름을 갖는 것만으로는 충분하지 않고 우리의 생활을 통해서 믿는 자인지 아닌지를 증거해야 한다고 했습니다. 다시 말해서 우리의 믿음을 증거하기 위해서 선행을 해야 한다는 것입니다. 이것은 우리가 하나님의 말씀을 헛되이 하지 않았으며, 우리가 그것을 믿는다는 것을 보여주는 것입니다. 또 우리가 진정으로 그것을 받아들였으며 그것이 우리 안에서 뿌리를 내렸다는 것을 확인해 주는 확인통보가 되는 것입니다.

사실, 이것은 남자와 여자 모두에게 해당되는 것입니다. 그렇지만 사도 바울이 여기서 여자들에 한하여 말함으로 남자들로 하여금 그들의 믿음에 대해서 선언하게 하고 훨씬 더 강하게 속박합니다. 변명도 남자보다는 연약한 여자들의 몫이라고 할 것입니다. 진정으로 이 불쌍하고 연약한 존재들은 관대한 처벌을 받아야 합니다.

그러나 여자들의 형편이 정말로 하나님의 말씀을 제대로 교육받지 못해서 그들의 생활이 하나님 말씀에 부합되지 못하고, 그것에 대한 변명조차 할 수 없어서 성령께서 그들을 정죄하신다면 이들을 책임져야 하는 남자들은 어떻게 되겠습니까? 그들은 갑절의 정죄를 받아야 마땅하지 않습니까? 그리고 만약 우리가 선행을 통해서 우리의 믿음을 선포하지 못하거나 우리가 복음을 받아들인 것이 헛되지 않았다는 것을 보여주지 못한다면, 우리는 하나님의 이름을 도용하는 가짜 무당이나 마찬가지입니다. 그리고 우리가 살고 있는 이 시대가 어떤 시대인지 잘 파악해야 합니다. 천주교 신자들은 자신들이 그리스도의 제자라고 자랑하지만 실상 그들의 생활은 악한 것으로 가득 차 있습니다. 때문에 하나님께서는 그들에게 엄한 벌을 내리신다는 사실을 명심하십시오. 그리고 선하고 정결한 교훈이 무엇을 의미하는지 모르는 이 불쌍하고 무지한 사람들에게 그렇게 위험하고 무서운 혼란이 일어난다 해도 이상한 일이 결코 아닐 것입니다. 그들은 하나님의 이름을 그러한 방법으로 남용한 데 대해서 틀림없이 그 대가를 충분히 지불하게 될 것입니다.

그런데 우리는 거듭난 척은 하지만 실상 우리가 하는 말로 그 증거를 삼을 수 없으니 문제가 심각한 것입니다. 그렇지만 확실히 하나님께서는 우리에게 관대하고 인자하십니다. 특히 복음의 참된 교훈을 우리에게 주실 때와 우리가 살아왔던 악하고 부끄러운 죄악에서 우리를 인도해 내시기를 기뻐하실 때에는 우리가 생각하는 것보다 훨씬 더 관대하고 인자하십니다. 이 은혜에 맞추어 우리의 생활도 등불처럼 환하게 빛을 발해야 합니다. 그러나 만약 우리가 입으로는 복음에 대해서 말하지만 생활로는 사악하고 추하며 야비한 삶을 살고 있다면 우리에게는 하나님의 거룩하신 이름을 망령되게 하는 죄가 추가되는 것입니다. 그리고 하나님의 이름을 망령되게 한 데 대한 무서운 응징이 예비되어 있을 것입니다.

그러므로 믿음의 고백은 말로만이 아니고 우리의 생활이 그것에 부합되어야 한다는 것을 이 본문 말씀을 통해서 잘 알아둡시다. 이러한 이유로 사도 바울은 **선행을 통해서 기독교를 고백하라**고 했습니다. 우리는 이 사실을 믿고 우리의 믿음을 고백해야 합니다. 그렇지 않으면 우리 몸 속에는 아무런 미덕도 없고 성령의 역사하심도 없다는 것을 드러내 보이는 것이 됩니다. 행실을 통해서 하나님을 거부하는 자들은 자신들이 이교도라는 것을 사람들 앞에 분명하게 보여주는 것과 같습니다.

우리는 주위에서 이처럼 말과 행함이 같지 않은 사람들을 자주 볼 수 있습니다. 말과 행함이 같지 않은 사람들을 많이 보게 되기 때문에 그 문제를 놓고 논쟁을 버리지 않아도 됩니다. 그들은 스스로 말하기를 '나는 가장 훌륭한 기독교 신자'라고 합니다. 그러나 만약 그들의 생활을 그들 앞에 그대로 펼쳐놓는다면 그들은 그 행실로 거짓말쟁이가 될 것입니다. 그러면 사도 바울이 말했던 것처럼 그들은 그들의 악한 행실을 통해서 하나님을 거부했다는 사실이 명백히 밝혀질 것입니다. 그들은 전에 없이 쓸데없는 말을 많이 지껄이게 되지만 하나님께서는 결코 당신의 자녀로 그들을 인정하지 않으실 것입니다.

사도 바울은 여자들에게 행하는 것으로 믿음을 보여주어야 한다고 말한 후에 그들의 옷도 그것에 부합되어야 하는 것이 당연하다고 우리에게 강조해서 알려주었습니다. 그가 한 말에는 다음과 같은 뜻이 담겨 있습니다. 만약 한 여자가 창녀처럼 옷을 입고 치장을 하여 자기의 몸단장에 있어서 검소하지 못하다는 것을 보여주게 되면 그것은 매우 충격적이며 스스로에게도 솔직해 보이지 않을 것입니다. 그 여자가 취한 행동이 믿음의 고백을 한 여자에게 적절하고 합당한 일이라고 말할 수 있습니까? 그렇지 않습니다. 여자들은 선행을 통해서 그들의 믿음을 증거해야 하며 그들의 옷 단장을 소박하고 검소하게 하는 것이 순리입니다. 이제 우리가 앞에서 다루었던 문제로 다시 돌아갑시다. 의복에 대한 문제가 여자들에게 지키라고 명령하는 전부가 아닙니다. 그는 그 문제에만 집착하지 않았으며 그 문제만을 밀고 나가지도 않았습니다. 거기에는 그들에게 요구되는 다른 미덕이 있었습니다.

그는 여기서 여자들이 지나치게 빠져있는 버릇, 즉 먼 곳에서도 보일 수 있도록 괴상한 몸단장을 하는 버릇을 고치길 원했습니다. 만약 우리가 여자들의 옷을 규제하는 어떤 법을 제정하려고 하면 물론 그것은 통과되기가 심히 어려울 것입니다. 때로는 통치권을 손에 쥐고 있는 국가의 통치자들도 어느 정도의 제재를 받아서 통치권을 조종해 나가야 할 것입니다. 여자들은 어느 시대를 막론하고 항상 매우 무절제했으며 사악한 감정과 욕심으로 뜨겁게 불타고 있었기 때문에 통치자들은 이 일을 바로 잡기 위해서 어쩔 수 없이 벌과 벌칙을 제정해야만 했습니다. 만약 그렇게 하지 않았다면 그들은 아무것도 이룰 수가 없었을 것입니다. 우리는 이것을 통해서 여자들이 아름답게 차려입고 몸단장을 잘하려는 욕망은 몹시 화가 난 짐승과 같아서 그것을 고삐나 쇠사슬로 막지 않고서는 다른 방법으로 억제하거나 통제할 수 없다는 것을 알게 되었습니다.

그러한 이유로 이방 나라의 총독들과 믿지 않는 자들도 특정한 법과 규례를 제정해서 이것을 통제했습니다. 그러므로 우리가 살고 있는 이 시대에 아름답게 되기 위해서 말할 수 없이 많은 대가를 지불하는 자들은 이교도들이 하는 것보다 그 방법의 다양함이나 자유를 가진 것에 오히려 부끄럽게 여겨야 할 것입니다. 그러나 우리로서는 그것에 대한 어떠한 법도 제정할 수 없습니다. 우리는 스스로 우리의 옷차림을 수수하게 해야 하며 하나님이 금하시는 것이 무엇인지 잘 알아야 합니다. 하나님께서 어떻게 생각하시든지 그것은 이것과 관련해서 저질러진 잘못을 책망하기에 충분합니다.

우리는 사도 바울의 **"여자들은 아담한 옷을 입어야 한다"**는 말을 통해서 그가 한 말의 골자를 알게 될 것입니다. 바울은 장신구를 나타내는 의미로 많이 쓰이는 낱말을 사용했는데 그것은 여자들을 뜨겁게 불태우고 있는 이 어리석고 가증스러운 욕망을 더 날카롭게 책망하기 위해서입니다. 왜냐하면 그들은 지나치지 않으면 결코 화려해 보일 수 없다고 생각했기 때문입니다. 여자들이 자기의 욕심에 따라 아름답게 차려입고 몸단장을 하게 되면 그들은 그들의 분수를 잃고 호화로운 것만 추구하게 됩니다. 헛된 것으로 가득 차게 되고 야망과 허영심에 혼을 빼앗기게 될 것입니다.

사도 바울은 반면에 여자들이 치장해야 할 것이 있다면 그것은 하나님이 저주하시는 것을 보이지 않게 하는 것과 그들 자신도 가면을 쓰고 있을 때처럼 가장을 해서 남자의 옷을 입는 것이라고 알려주었습니다. 사도 바울이 여자들이 입는 호화찬란한 옷에 대해서 한 말에는 "나는 여자들이 겉으로 자신들을 얼마나 아름답게 차리려고 얼마나 깨끗하게 몸단장하는지 알고 있지만 조금만 지혜롭게 생각하면 그것은 하나님 앞에서는 배설물처럼 되지 않을 수 없다"는 뜻이 있습니다.

그러므로 그들은 다른 방법으로 옷치장과 몸단장을 해야 합니다. 어떻게 해야 해야 합니까? 그는 여기서 두 단어를 사용해서 그것을 알려주고 있습니다. 그 중의 하나는 부끄러움 또는 수줍음을 상징하고, 또 다른 하나는 엄숙(gravity)이나 진지함(sobriety)과 겸양(modesty)을 상징합니다. 그러므로 바울이 여기서 여자들이 지금 저지르고 있으며 전 시대와 세계에 두루 퍼졌으며 오늘까지도 크게 영향력을 행사하는 두 가지 잘못을 지적하고 있습니다. 무엇이 여자들로 하여금 그렇게 치장과 몸단장을 하게 하고 그들 주변에 빛나고 번쩍이는 보석을 갖고 싶어 하게 만들었습니까? 거기에는 두 개의 원인이 있습니다. 그 하나는 야망입니다. 다시 말하면 허세(vainglory)와 자만심(pride)입니다. 그리고 다른 하나는 다른 사람이 쳐다보아 주기를 바라고 언제나 아름다워지고 싶어하는 허영심(vanity)입니다. 그리고 이것들은 더 큰 잘못을 동반할 때가 자주 있습니다. 그들은 오직 자기 남편을 기쁘게 해주기 위해서라고 말하지만 그것은 자기들의 치부를 가리는 구실에 불과하고 많은 여자들이 하는 것처럼 다른 남자를 유인하는 미인계로 사용합니다. 이것이 바울이 꾸짖는 두 가지 죄입니다.

그는 그것을 통해서 여자들의 옷에 나타나는 모든 지나친 것과 필요없는 것들을 시정하기에 매우 효과적이고 합당한 방법을 우리에게 제시해 줍니다. 그것은 **염치**(shame)와 **정절**(bashfulness)의 의미를 지니고 있습니다. 사도 바울은 여자들은 염치가 있어야 하며 말괄량이처럼 행동해서도 안되며 음란해서는 더욱 안된다고 합니다. 그들에게 가장 많은 유익을 줄 뿐 아니라, 가장 잘 어울리는 덕목은 자신을 자나치게 드러내지 않으며 자신의 몸을 함부로 굴리지 않는 겸손 (modesty)이라는 것을 알아야 한다고 했습니다.

귀거리를 하고 머리를 땋는 것과 금 목걸이, 금팔찌 등을 하는 것이 합당하냐고 묻는 데에는 많은 말이나 긴 논쟁이 필요하지 않습니다. 왜냐하면 여자들은 내가 하나님에게 순종하기 위해서는 겸손해야 하며 염치가 있어야 하며 부끄러워해야 하는 것을 알고 있기 때문입니다. 이것이 하나님을 경외하는 여자의 참된 몸치장 입니다. 그러므로 우리 남자들도 그렇게 하라는 권유를 받게 되면 내가 앞에서 말 한 대로 이 모든 불필요한 것들은 폐해져야 합니다.

그런데 어떻습니까? 오늘날 여자들은 전보다도 더 엉망이고 남자들도 마찬가 지입니다. 특히 대도시로 나가면 남자와 여자의 차이점을 찾아보기가 거의 불가능 합니다. 사실은 남자들도 그 점에 있어서는 자신을 학대합니다. 남자가 여자 옷을 입고 여자는 남자 옷을 입고 있으니 남자와 여자 사이에 심한 혼란이 생겼습니다. 마치 세상 사람들이 자연의 섭리를 뒤집어 놓기로 모의를 한 것 같습니다. 이 밖에 도 그들 사이에는 그들이 갈망하는 호화찬란하고 화려한 것이 넘쳐납니다. 여인숙 에는 원하는 남자는 누구든지 들어와도 좋다는 것을 알리는 깃발이 걸려 있습니 다. 여자들이 남자들의 시선을 끌고 남자들로 하여금 멈춰서게 하기 위해서 치장 을 하고 몸단장을 합니다. 그것은 마치 그들의 육체로 만든 여인숙을 계속해서 열 어 놓는 것과 똑같습니다. 물론 그들 모두가 그렇게 하는 것은 아닙니다. 그러나 이것이 그들이 치장을 하는 목적입니다. 그러한 호화찬란한 치장과 화려한 몸단장 에는 비록 매춘행위가 늘 따르는 것은 아니지만 한 가지 외설행위의 기미를 동반 하지 않을 때가 거의 없습니다.

이처럼 사도 바울은 염치와 겸손에 대해서 말하여 그들의 잘못을 지적하고 여 자들을 뜨겁게 불타게 만들었던 사치품을 모두 제거했습니다. 주의할 것은 그들이 자신들의 분수를 지키지 못했다고 하여 그들을 한 사람식 평가하는 것은 서로에게 아무 유익이 되지 않는다는 것입니다. 만약 이러한 감정과 괴팍한 욕망이 잘 정화 된다면 두말 할 것도 없이 여자들은 몸치장을 얌전하게 할 것이며 우리는 이와 같 은 위장을 더 이상 보지 않게 될 것입니다. 그러나 현대는 어떻습니까? 수만 가지 색칠을 한 우상같은 여자가 등장하고 우리가 살고 있는 이 세상은 가면으로 가득 하며 금으로 도금한 것과 가발, 그밖에 그와 비슷한 많은 것들이 생겨났습니다. 그 러한 겉치레와 옷치장을 한 젊고 예쁜 여자가 다가오게 되면 우리는 그녀의 차림

새를 보고 '이 여자는 부끄러움과 겸손과 정직을 모두 무시하는 여자' 라고 판단하
고 그녀의 생각을 추측하게 됩니다. 극단적으로 그녀는 '나는 여기서 내 자신이
음탕한 계집이라는 것을 보여줄 것이며 나는 염치없고 부끄러움을 모르는 여자가
될 것이며, 온 세상 사람들에게 나의 추한 모습을 보여줄 것이다' 라고 말할 수도
있습니다. 하지만 우리는 이러한 꼴을 더 이상 보아서는 안됩니다. 만약 여자들이
겸손해지는 법을 잘 준수하면 그들은 지금처럼 금으로 번쩍번쩍하지 않을 것이며
그들의 머리를 지금처럼 드러내 놓지도 않을 것입니다. 간단히 말하면 그들은 몸
치장을 하는 일에서 지금처럼 분수를 넘지 않을 것입니다. 지금 그들은 그들의 분
수를 지키지 않음으로써 겸손과 정직에 대항해서 싸우고 있는 것입니다.

더욱이 거기에는 이것 이외에 야망과 자만심이 있습니다. 여자들이 매춘부처럼
옷치장을 할지도 모르지만 그렇게 호화스럽지 않을 수도 있습니다. 그들은 비싸지
않은 옷을 입고 있거나 금이나 보석을 갖고 있지 않을 수도 있습니다. 그렇다고 해
서 그 여자가 지나치지 않거나 사치가 부족한 것은 아닙니다. 왜 그렇습니까? 그
여자의 옷차림이 정숙하지 못하고 매춘부 같은 것이 첫번째 잘못이라면 다른 한
가지도 결코 가벼운 문제는 아닙니다. 그것은 여자들이 내가 앞에서 말했던 파렴
치하고 뻔뻔스러운 호화찬란함이 없이 옷차림을 검소하게 했을지라도 우리는 거
기에서 화려함과 허영을 보게 되는 것입니다. 만약 우리가 앞서 말했던 허영심이
정죄를 받아야 할 잘못이라면 뒤의 자만심에 대해서는 어떻게 생각해야 할까요?
자신이 중요한 존재로 알려지기를 바라는 여자들의 거만함은 어떻게 되겠습니까?
우리는 그것에 대해서 깊이 생각을 해봐야 할 것입니다. 여자의 옷이 지나치게 난
잡하지 않거나 하나님께서 그것을 정죄하지 않으신다는 것만으로는 충분하지 않
습니다.

하지만 거기에는 절제가 있어야 하며 무엇보다도 야망과 거만과 호화스러움을
바로 잡아주는 겸손이 있지 않으면 안됩니다. 그러나 우리가 이와 같이 시시한 것
을 두건에서부터 실내화에 이르기까지 엄밀하게 조사할 수는 없습니다. 그러나 모
든 여자들로 하여금 자신들을 돌이켜 깊이 생각해 보게 하십시오. 아마 이런 생각
을 하고 있을 것입니다. '이봐요! 나는 내 자신을 눈에 띄게 드러내기 위해서 몸치
장할 정도로 어리석지 않아요. 내가 그러는 것은 나의 자만심 때문입니다. 왜냐하
면 나는 내 자신을 남자들에게 알리기 위해서 다른 여자들이 입고 있는 것보다 더
화려하고 호화스러운 옷을 입으려고 합니다.'

　　그러므로 모든 여자들로 하여금 자신에 대해서 깊이 생각해 보게 하고 여기서 말한 두 가지 잘못에 대해서 진지하게 조사해 보도록 하십시오. 성령님은 현명하시기 때문에 우리에게 그것들에 대해서 알려주실 것입니다. 우리가 그러한 악습을 고칠 수 있는 방법을 찾을 수 있다면 우리는 그처럼 지나치고 호화찬란한 것을 더 이상 보지 못하게 될 것이며, 우리 가운데 지금과 같이 번쩍거리고 빛나는 것들이 더 이상 있지 않을 것입니다. 간단히 말해서 우리가 알아두어야 할 내용은 이것입니다. 만약 이것이 여자들에게 내려진 명령이라면 남자들에게는 그보다 더 엄한 명령이 내려지는 것이 당연합니다. 왜냐하면 만약 사도 바울이 정죄한 잘못들이 용서를 받게 된다면 남자들보다는 여자들이 용서를 받아야 하기 때문입니다. 우리는 재판장이신 하나님께서는 이 문제와 관련해서 어떻게 말씀하시는지를 알게 되었습니다. 그러므로 남자들도 그들의 몸 속에 있는 자만심과 허영심의 뿌리를 뽑기 위해서 옷단장을 소박하고 검소하게 하는 법을 배우도록 하십시오.

　　우리는 우리의 화려한 의상을 통해서 우리 자신을 자랑하고 드러내려고 하지 않는다는 것을 자랑해야 합니다. 더욱이 남의 시선을 끌기 위해서 공작새가 하는 것처럼 날개를 펴서 우리 자신을 번쩍거리고 빛나게 하지 않음을 자랑해야 합니다. 우리 안에 이러한 허영이나 자만이 있다면 이 잘못을 고칩시다. 왜냐하면 자만심과 이와같은 호화스러움과 야망보다 하나님을 불쾌하게 해드리는 것이 없기 때문입니다. 혹자는 이렇게 말했습니다. '나는 내가 어떠한 사람인가를 보여줄 것입니다. 그리고 사람들이 나를 보게 되면 그들은 내가 상당히 점잖고 존경스럽다고 말할 것입니다.' 확실히 이것은 작은 잘못이 아닙니다. 왜냐하면 우리가 자만심으로 부풀어 있게 되면 이와 같은 어리석은 호기심이 여기에서부터 생기기 때문입니다. 그러므로 이것들을 작고 경미한 죄라고 치부할 것이 아니라 그들을 하나님의 저울에 달아봅시다. 그러면 그것이 얼마나 큰 죄며 그것이 무엇을 의미하는지 알게 될 것입니다.

　　우리는 하나님께서 선지자 이사야 시대에 여자들의 허영심을 날카롭게 채근하기 위해서 그들에게 무서운 형벌을 내리겠다고 위협하신 사실을 잘 알고 있습니다 (사 3:15). 하나님께서 그렇게 하신 데에는 이유가 있었습니다. 비록 이사야 선지자가 여자들을 한 사람씩 찾아가서 그 관습에 대해서 모두 물어보지는 않았지만 많은 말로 여자들의 사치를 지적하였습니다. 그리고 하나님께서 그들의 머리를 칼로 밀어서 대머리로 만들 것이며 그들의 옷을 넓적다리가 나오도록 짧게 잘라서 세상 사람들의 조롱거리와 비난거리로 만드실 것이라는 말을 더했습니다. 그 당시 여자들이 몸치장을 위해서 시간을 거의 다 허비하는 것을 보시고 그렇게 무서운 협박을 하시고 그들을 웃음거리로 만드셨다는 것을 알아야 합니다. 이사야는 그럼에도 불구하고 우리가 스스로 그것을 고치려고 하지 않는다면 하나님께서 기꺼이 강력한 조치를 취할 수밖에 없다는 것을 말하자면 '그의 법전'에 기록해 두었습니다. 사도 바울이 이 점을 강조한 데에는 다 이유가 있습니다. 당시 그것은 전 시대에 국가에 걸쳐서 일어난 문제이자 유행이었기 때문에 그렇습니다. 다시 말하지만 그것은 하나님을 가장 불쾌하게 하는 두 가지 악한 근원입니다. 즉 우리의 어리석은 생각으로 생기는 허영심(vanity)과 모든 세상 사람들로 하여금 자신을 쳐다보게 하고 높이 평가해 주길 원하는 자만심(pride)에서 생기는 것입니다.

실제적으로 우리는 남자건 여자건 상관없이 이 본문 말씀에서 어떠한 가르침을 받아야 하는지 알게 되었습니다. 여자들로 하여금 그것을 알고 그렇게 믿게 하십시오, 성령께서 우리에게 직접 그렇게 말씀하시기 때문입니다(이 본문 말씀에서뿐만 아니라 베드로전서와 이사야서의 여러 곳에서). 성령께서 그렇게 말씀하신 것은 곧 하나님께서 우리에게 겸손하고 소박하라고 권고하시기 때문입니다. 물론 우리는 우리의 몸치장을 하는 데 지나치게 사치스럽기 때문에 지금 당장 이 잘못을 바로 잡는다는 것이 매우 힘든 일입니다. 그러나 그것이 주는 병폐를 알았으니 그것을 퇴치하는 방법 또한 찾아 보아야 합니다. 그러한 이유로 여자들이 두 가지 잘못인 자만심과 허영심을 인식하게 되면 그것에 맞서 싸워야 하며 사도 바울이 말한 두 가지 덕목, 즉 겸손(modesty)와 절제(moderation)를 이룩해야 합니다.

겸손에 대해서 말하자면 수줍어할 줄 알아야 하며, 정직해야 하며, 자신을 억제할 수 있어야 하며, 남에게 잘 보이려는 욕심이 없어야 하며, 지나치게 성적인 것 배제해야 합니다. 그리고 절제도 있어야 하는데 절제는 겸손해야 하며 호화스러운 생활에 물들지 않는 것입니다. 또 사도 바울이 말하는 중용과 수수함에 거슬리는 야망에 사로잡혀서도 안됩니다.

옷이 만들어지는 두 가지 이유는 정직(honesty)과 필요(necessity)입니다. 옷은 우리를 더위와 추위에서 보호해 주는 데 필요하며, 우리의 몸을 가려서 정직을 지켜줍니다. 그러니 우리의 옷은 품위가 있고 합당해야 합니다. 육류와 음료수가 우리의 영양을 위해 필요한 것같이 우리의 몸을 추위와 더위에 무모하게 노출시키지 않기 위해서는 의복이 필요합니다.

그러나 정직에 대해서 말하자면, 만약 사람이 죄를 짓지 않았다면 우리는 옷을 벗고 있는 것을 부끄러워하지 않을 것입니다. 어떻게 해서 우리가 부끄러움을 지니게 되었으며 행악자를 불에 달군 쇠꼬챙이로 지진 것처럼 하나님께서 우리에게 표시를 하시게 되었습니까? 그래서 '네가 나쁜 패거리의 한 사람이라는 것이 너의 이마를 통해서 알려진다'는 말도 있습니다. 우리 주 하나님께서는 남자와 여자의 몸에 부끄러운 표시를 새겨 놓으셨기 때문에 우리는 그러한 우리의 몸을 감추게 되었습니다.

그러므로 남자나 여자나 지나치게 사치를 하며 몸치장을 하고 공작새처럼 날개를 펼친다면 그들은 자연의 섭리에 대항해서 싸우는 것이라 할 수 있습니다. 그들의 행동은 하나님을 무시한다는 것을 의미하고 그들의 죄를 부끄러워하지 않는다는 것을 보여주는 것입니다. 이것은 다시 한번 깊이 생각해 보아야 할 문제입니다.

사도 바울은 우리를 아름답게 해주는 것은 우리의 몸 안에 있다고 말하였습니다. 만약 우리가 하나님과 하나님의 천사 앞에서 우리를 아름답게 치장하려고 한다면 사실 우리의 몸을 치장할 정도로 그렇게 한가롭지는 않을 것입니다. 자신의 옷차림과 치장에 많은 관심을 가지고 있는 사람은 그의 겉모습과는 달리 그의 영혼은 매우 사납고 더러운 죄로 가득 찼다는 것을 보여주며, 그것을 깨끗하고 올바르게 보존할 생각이 없다는 것을 보여줍니다.

그렇다면 만약 우리의 옷을 통해서 우리가 정직해지려고 한다면 어떻게 해야 합니까? 하나님은 우리가 어떠한 옷차림을 하기를 바라시는가에 대해서 사도 바울은 말하고 있습니다. 그 방법을 잘 알아 둡시다. 무엇으로 단장해야 한다고 했습니까? 겸손과 온건과 절제와 인내로 단장해야 합니다. 더욱이 우리의 모든 죄와 사악한 욕심을 벗게 되면 성령께서 우리 안에서 역사하시게 되고 이것들이 자주 언급되었던 우리의 장식이 될 것입니다. 또한 이로써 교회가 보석으로 치장하게 되고 교회에 있는 것은 모두 금과 은으로 변하게 될 것입니다. 하나님께서는 우리를 성령이 주시는 은혜와 선물로 아름답게 장식하려고 하신다는 것을 깨닫고 그렇게 되기 위해서 부단한 노력을 해야 합니다. 그러면 우리는 세상 사람들이 깊숙히 빠져있는 수많은 유행들을 모두 어렵지 않게 물리칠 수 있게 될 것입니다. 그러나 자신의 몸치장에 대해서만 생각하는 자들은 그들의 영혼에 대해서는 관심도 없을 뿐만 아니라, 하나님 앞에서도 치장하려고 하지 않습니다.

중요한 것은, 우리 주님께서 우리를 벌거벗은 채로 내버려 두시지 않으셨다(롬

13:14)는 성경말씀을 우리는 주목해야 합니다. 왜냐하면 하나님께서는 우리를 당신의 은혜로운 성령으로 옷입혀 주시겠다고 약속하셨을 뿐만 아니라 우리의 옷이되는 예수 그리스도를 보내주셨기 때문입니다(롬 13:14). 그러므로 우리가 일단이 점을 확신하게 되면 이 세상을 쉽게 지나가게 될 것이며, 결코 자신에게 많은사치품을 지우는 일은 없을 것입니다. 더욱이 앞에서도 말했지만, 만약 이 두 개의악한 뿌리가 일단 우리에게서 뽑히면 더 이상 지나침이나 사치가 필요하지 않을것입니다. 우리는 성령님과 우리의 참된 장식이 되시는 우리 주 예수 그리스도께서 주시는 선물과 은혜로 옷입는 것으로 충분합니다.

사도 바울은 여자들의 옷에 대해서 말한 후에 **"여자는 일절 순종함으로 종용히 배우라"**고 말했습니다. 이것을 강조해서 말한 것은 당시에 남자들보다 훨씬 낮게보이기를 바라고 소망하는 여자들이 많이 있었기 때문입니다. 우리의 이러한 야망은 자연에 반역하는 것입니다. 그래서 사도 바울은 여자들의 잘못을 다룰 때 이 점또한 함께 지적하고 있는 것입니다. 여자들이 침묵을 지켜야 할 이유와 공직을 맡아서는 안되는 이유는 차후에 설명해 줄 것입니다. 그러므로 누구든지 가르침을받아 유익을 얻기를 거절하는 자는 예수 그리스도와 함께 멍에를 멜 수 없으며 그분의 양떼가 되지 못합니다. 만약 우리가 양이라면 목자의 목소리를 알아야 합니다. 또 우리가 살아있는 동안에는 예수 그리스도의 학교에서 가르침을 받겠다는조건으로 우리를 당신의 곁으로 불러 모으셨다는 사실을 알고 있어야 합니다.

배워야 하는 것은 여자뿐만 아니라 남자들도 마찬가지입니다. 자기 자신이 명철하기 때문에 그는 더 이상 배울 필요가 없다고 생각하는 자는 진정으로 어리석은 바보이며 정신 이상자입니다. 우리가 무식하다는 것을 알고 매일 선한 교훈으로 점점 더 굳게 서는 것이 진정한 명철이라고 할 것입니다.

그러므로 여자들도 배워야 한다는 말에는 남자와 여자에게 모두 해당됨을 기억하십시오. 자기 자신은 이 법칙에서 예외가 된다고 생각하는 사람이 한 명도 없어야 합니다. 예를 들자면 "나의 임무는 가르치는 것이니 나는 다른 사람들이 하는것처럼 배우지 않아도 되지 않습니까?"라고 이의를 제기해서도 안됩니다. 이것은나는 예수 그리스도의 제자가 되지 않겠다고 말하는 사람들과 다르지 않습니다.만약 내가 수시로 강단에 올라가서 구원의 교훈을 가르치지만 내가 그것을 통해서얻어야 할 유익을 내가 받아야 할 분량만큼 받지 못하면 나에게 화가 있을 것입니다. 그러므로 말하는 사람과 듣는 자들이 모두 하나같이 가르침을 받아야 합니다.

그러나 여자들에게는 이 조건이 다릅니다. 그들은 배워야 하는 의무는 있지만 스스로 가르치는 임무는 주어지지 않습니다. 그래서 사도 바울은 '일절 순종함으로 종용히 배우라' 는 말을 첨가했습니다. 그들은 남자들에게 순종해야 하며 조용하고 편안한 마음으로 하나님의 말씀을 통해서 유익을 얻어야 합니다.

우리 모두가 가르치라는 소명을 받은 것이 아닙니다. 가르치는 사람의 수는 적어도 충분하며 나머지 사람들은 조용히 들으면 됩니다. 만약 자기 자신이 가르침을 받는 것을 감수하지 못할 정도로 거만한 자가 있다면 그들은 사단의 제자가 될 것입니다. 즉 사단은 그들의 눈을 보지 못하게 만들고 흘려서 바보천지로 만들 것입니다. 그러므로 남자건 여자건 상관없이 우리가 하나님의 학교에서 유익을 얻으려고 한다면 우리에게는 이러한 순종과 평안한 마음이 있어야 합니다. 그러나 내가 앞에서 말한 것처럼 하나님께서는 여자들에게 한 가지 제한을 더하셨다는 것을 알아야 합니다. 즉 그들은 다른 사람을 가르치는 책임을 맡아서는 안됩니다. 이것은 그들에게 속하지 않았으므로 그것을 가지고 장난을 해서는 안됩니다. 그 구체적인 이유에 대해서는 다음에 자세히 설명하도록 하고 여기서는 말씀하시는 분이 성령님이라는 것에 만족하도록 하십시오.

만약 여자들이 가르치기를 원할지라도 그들이 무슨 권한으로 그렇게 할 것입니까? 만약 그들이 하나님의 보내심을 받지 않았다면 우리는 남자들에게 했던 것처럼 그들을 거절하고 몹시 싫어해야 합니다. 만약 한 남자가 하나님의 부르심을 받지 못해서 분명한 소명을 받지 못했다면 우리는 어떠한 방법으로든지 그들이 말하는 것을 들어서는 안됩니다. 그러면 완전히 거절을 당한 여자들에게는 어떻게 해야 합니까? 본문 말씀에서는 다른 사람을 기다려야 한다고 간단히 말하고 있습니다. 그러므로 비록 사도 바울이 직접적으로는 여자들에게 지시했지만 사실 남자들도 이 지시를 지켜야 합니다. 우리들 한 사람 한 사람은 자기의 몫을 챙겨야 합니다. 그래서 우리 모두는 겸손하고 분별력을 가지라는 경고를 받아들이고, 그밖에 다른 모든 점에 있어서와 마찬가지로 우리의 복장도 정직하게 처신하고 온화하게 행해야 합니다. 그러므로 우리가 하나님에게 순종하는 일에 흔들리지 말아야 합니다. 하나님은 우리에게 매우 선하시기 때문에 우리는 매일 하나님의 말씀에서 유익을 얻고 그것을 통해서 우리 자신을 훈련해야 합니다.

18

"여자의 가르치는 것과 남자를 주관하는 것을

허락지 아니하노니 오직 종용할지니라. 이는

아담이 먼저 지음을 받고 이와가 그 후며 아담

이 꾀임을 보지 아니하고 여자가 꾀임을 보아

죄에 빠졌음이니라" (딤전 2:12-14)

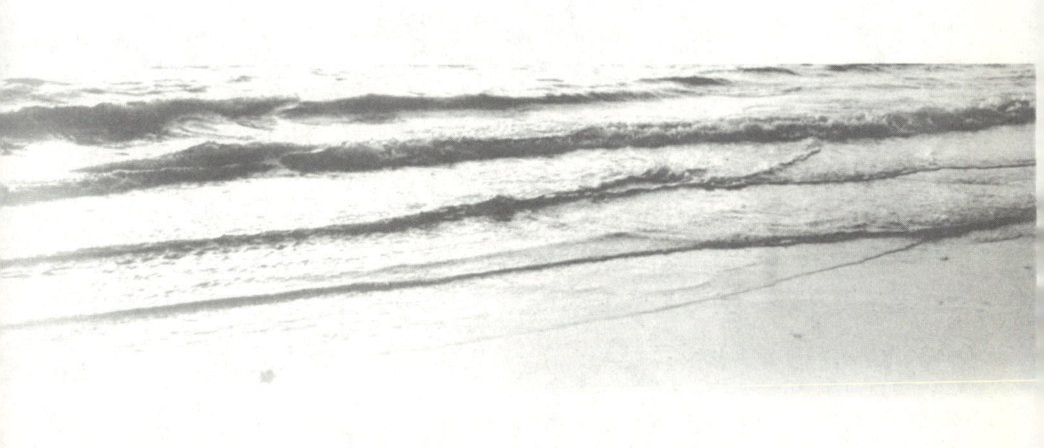

사도 바울은 여기에서 여자들이 가르치는 것을 금하였습니다. 왜냐하면 하나님의 교회에는 확정된 질서와 통치가 있으며 교회의 일이 무질서하고 혼란하게 처리되는 것을 원치 않기 때문입니다. 우리는 최소한 자연이 이방인들에게 가르쳐주는 정직을 갖지 못한 것을 크게 부끄러워해야 할 것입니다. 만약 하나님을 모르고 참된 종교가 무엇을 의미하는지도 모르는 자들에게 어느 정도의 통치력이 있다면 우리에게는 얼마나 많은 통치력이 행사되어야 하겠습니까? 하나님께서 그러한 지식을 자연에 새겨 놓으셨기 때문에 비록 우리가 다른 방법으로 가르침을 받지 않더라도 바로 깨닫는 것이 있습니다. 여자가 남자를 주관하는 것이 어울리지 않는 다는 것을 알고 있다는 것을 누가 부인할 것이며 누가 시인하기를 주저하겠습니까?

이것이 사도 바울의 뜻이며 그의 입을 통해서 말씀하시는 성령의 뜻이기도 합니다. 그는 문제의 이해를 돕기 위해서 두 가지의 이유를 들었습니다. 첫 번째 이유는 하나님이 남자를 지으시고 돕는 자로서 여자를 그에게 주셨다는 사실입니다. (그가 말하기를) 하나님은 여자를 먼저 만들지 않고 남자를 먼저 만들었다고 했습니다. 사실 얼핏 보아서는 그것이 충분한 이유가 되지 못하다고 생각할 것입니다. 왜냐하면 나중에 난 자가 먼저 난 자보다 훌륭할 수도 있기 때문입니다. 세례 요한도 말하기를 **내 뒤에 오시는 분이 나보다 훌륭하시다**라고 하며 예수님의 존재를 밝혔습니다. 사도 바울은 고린도전서에서 제시한 내용, 즉 **남자가 여자를 위해서 만들어진 것이 아니라 남자에게는 그를 도와줄 여자가 주어졌다**는 사실을 염두에 두고 있습니다. 이것이 사도 바울이 주장하는 첫 번째 이유입니다. 아담도 하와를 칭하여 말하기를 **이는 내 뼈 중의 뼈요 살 중의 살이라**(창 2:23)고 했습니다. 그러므로 여자는 남자의 부속물과 같습니다.

두 번째 이유는 응징하기 위해서입니다. 사도 바울은 비록 **아담이 꾀임을 보지 않았다**고 말했지만 그가 그런 말을 한 것은 아담의 죄를 면제시켜 주려는 것이 결코 아닙니다. 성경이 익히 말한 것처럼 비록 아담이 사단의 계략에 빠지는 죄를 범하지는 않았지만 여자가 그 죄의 원천이었다는 것을 우리에게 알려주기 위해서였습니다. 여자는 연약하기 때문에 마귀가 제일 먼저 여자에게 와서 농간을 부리자 쉽게 그 꾀임에 빠졌고, 남편을 끌어들여 그를 그녀와 함께 멸망으로 빠지게 했습니다. 이것이 여자가 벌을 받아야 하고 또 그녀의 잘못을 나타내는 표시를 지니고 다녀야 하며 하나님 앞에서 겸손해야 하는 이유입니다.

우리는 사도 바울이 말하는 첫 번째 이유가 하나님이 제정하신 원칙, 즉 남자를 여자의 머리로 임명하셨고 여자는 그의 돕는 자로 임명하셨다는 사실에서 연유되었다는 것을 알게 되었습니다. 이것을 잘 기억해 두십시오. 지금 우리가 타락한 것은 사실이며, 하나님께서 남자에게 주신 모든 우선권은 몰수당해야 마땅합니다. 왜냐하면 이제 그는 하나님의 피조물이 될 자격도 없는 버러지 같은 존재이기 때문입니다. 죄는 여자에게 흔한 것처럼 남자에게도 흔하기 때문에 여자들은 언제나 남자들에게 순종해야 한다는 말을 유보하지 않을 수 없습니다. 그러나 하나님의 선하심은 남자들의 사악함을 훨씬 능가합니다. 하나님께서는 아담에게서 모든 선한 것을 빼앗는 것이 당연함에도 불구하고 그에게 약간의 흔적과 여자를 남겨두셨습니다. 우리 또한 아담에게 주어졌던 영광을 잃어버리고 하나님의 형상이 전처럼 우리에게 나타나지 않는 것이 사실이지만 하나님께서는 이 형상의 자잘한 조각을 조금 남겨 두셨기 때문에 그 형상이 완전히 없어지지는 않았습니다.

우리가 가지고 있는 이성과 지식은 어디에서 왔습니까? 비록 우리의 가슴속에는 헛된 것밖에 없지만 우리는 짐승과는 엄연히 다른 무엇이 있습니다. 왜냐하면 하나님께서는 우리가 완전히 멸망하는 것을 용납하지 않으시기 때문입니다. 하나님께서는 우리가 어느 정도의 수준을 유지하는 것을 기뻐하십니다. 우리는 이 땅에서 많은 유익을 누리고 하나님이 주시는 열매로 영양분을 섭취하여 살을 찌웁니다. 짐승들은 우리를 섬기며 그들의 털과 가죽으로 옷을 만들어 입는 이 모든 것은 우리 주 하나님께서 우리를 심하게 벌하지 않으셨기 때문입니다. 그러므로 아담을 완전히 멸절시키고 여자를 전혀 주관하지 못하게 하는 것이 당연하지만 하나님께서는 당신이 자연속에 심어 놓으셨던 질서의 흔적이 남아있기를 바라셨습니다. 우리는 이 은혜를 깨달아야 합니다.

특히 우리가 명심해야 할 것은, 남자와 여자가 타락한 후에도 남자보다는 여자에게 더 많은 죄가 있다는 것입니다. 왜냐하면 여자가 사단에게 속아 그녀의 남편이 하나님께 순종하는 것을 돌이키게 하였고, 모든 사람을 파멸로 이끄는 사망의 도구가 되었기 때문입니다. 그러므로 여자는 순종하는 것이 어떤 것인지를 알아야 하며 순종하는 법을 배워야 합니다. 왜냐하면 여자는 자기의 남편에게 뿐만 아니라 창조주에게도 반항하기 때문입니다. 여자를 순종하게 하고 모욕적이고 부끄러운 표시를 지니게 하는 것이 당연합니다. 우리는 이 두 가지의 이유를 더 명확히 알게 되었으며 그들을 어떤 목적에 활용해야 하는지를 알게 되었습니다. 이제 우리는 사도 바울이 이 말을 통해서 주는 선한 교훈을 주목해야 합니다.

우선 우리 자신을 올바르게 다스리는 법에 대해서 알아봅시다. 먼저 하나님께서 어떠한 규율을 제정하셨는지를 알아보고 그것을 우리의 확실하고 속일 수 없는 규칙으로 삼으십시다. 남자들은 재치가 있고 예민하기 때문에 무엇이 그들에게 이익이 되는지를 알 뿐만 아니라 사람들로 하여금 그들을 따르게 하려고 할 것입니다. 그러나 그들은 **사람 중에 높임을 받는 그것은 하나님 앞에 미움을 받는 것이니라**(눅 16:15)고 한 성경말씀에 대해서 생각해 보아야 합니다.

사도 바울이 여기에서 우리에게 가르쳐주는 것, 즉 하나님이 제정하신 규율을 지키라는 교훈을 잘 따릅시다. 만약 전능하신 분께서 일단 어떤 것을 결정하신다면 우리는 그것을 의심하지 말고 그것이 우리의 참되고 절대적인 규율이 되게 하십시오. 우리는 우리의 생각이 유도하는 대로 이것 저것을 주장할 만큼 대담해져서도 안됩니다. 만약 이러한 반발이 사소하게라도 있다면 우리가 의도하는 그것은 어떤 방법으로도 용납되지 않으며 정죄를 받고 너무나 당연한 처벌을 받아야 합니다. 왜냐하면 우리 자신이 하나님의 손과 하나님의 뜻으로 다스려지는 것을 허락하지 않음으로써 하나님이 받아 마땅한 영광을 돌리지 않기 때문입니다.

우리가 이 본문 말씀을 통해서 깨우쳐야 할 전체적인 교훈은 하나님께서 제정하신 규율과 정하신 것을 우리가 대담하고 무모하게 변경하거나 폐해서는 안되고 그것을 경견하게 지켜야 한다는 것입니다. 일단 그것이 하나님의 마음이고 뜻이라는 것을 알게 되면 우리는 더 이상 그것에 대해서 따지거나 생각해서는 안된다는 것입니다.

만약 우리가 하나님을 기쁘시게 해드리는 것들을 선하고 합당하다고 여기지 않는다면 우리는 확실히 무례하고 사납다는 말을 듣지 않을 수 없습니다. 여자들이 창조주께서 자기들로 하여금 자기 남편의 지배를 받고 순종하게 했다고 해서 분개하고 불평할 자격이 있습니까? 토기가 토기장이에게 불평을 할 수 있습니까?(롬 9:21) 남자건 여자건 처음부터 그들이 가지고 있는 것이 무엇입니까? 마치 하나님께서 그들에게 잘못이나 하신 것처럼 그들이 하나님에게 달려들어야 합니까? 그러므로 여자들을 순종하게 만드는 데에는 사도 바울이 제시한 것보다 더 설득력이 있는 이유는 없습니다. 다시 말하면 그들의 처지가 하나님께서 그들에게 주신 것 외에 다른 무엇도 될 수 없고 또 되어서도 안된다는 것을 알고 있어야 합니다. 왜 그렇습니까? 왜냐하면 그들은 하나님의 은혜로 목숨을 부지하고 있으니 하나님께서 원하시는 대로 그들을 다스리실 모든 권한을 가지시는 것이 합당하기 때문입니다.

하나님께서는 당신의 거저 주시는 선하신 뜻으로 남자를 지으신 것과 똑같이 남자에게 우선권을 주셔서 여자를 주관하게 하셨습니다. 반면에 여자가 순종하는 것이 하나님을 기쁘게 하였습니다. 그들은 그것에 만족할 줄 알아야 합니다. 만약 여자들이 왜 남자들에게 우선권이 있느냐고 물어오면 어떻게 대답해야 합니까? 하나님이 그것을 기뻐하시니 그렇게 될 수밖에 없습니다.

하나님이 여자보다 남자를 더 좋아하시게 된 공이 순전히 남자에게 있다고 주장할 수도 없습니다. 그것은 자기가 동료보다 조금 뛰어나다고 해서 그것이 자신이 잘났기 때문이라고 말하는 것과 같습니다. 그러나 하나님으로부터 다른 사람들보다 더 많은 것을 받은 자는 하나님에게 그 만큼 더 많은 신세를 지고 있음을 기억하십시오. 그리고 그것은 하나님이 거저 주시는 긍휼에서 비롯되었다는 것을 알아두십시오. 다른 사람들보다 못나고 지체가 낮은 자들은 그들을 그렇게 제지하는 것이 하나님의 기쁨이며, 우리 모두에게는 하나님에게 영광을 돌릴 충분한 이유가 있다는 것을 알아야 합니다.

만약 여자가 하나님께서 앉혀주신 그 자리에 만족하지 못한다면 그것은 매우 배은망덕한 짓이 될 것입니다. 만약 짐승들이 말을 할 수 있다면 그 여자처럼 감사할 줄 모르지는 않을 것입니다. 물론 그들도 우리와 같은 하나님의 피조물이라고 주장할지도 모릅니다. 그렇다면 왜 말과 소와 나귀와 양이 우리를 섬기도록 창조되었습니까? 그들은 살아있는 동안에 우리를 대신해서 힘들고 어려운 일을 할 뿐만 아니라 고기로 우리에게 영양분을 공급해 주기도 합니다. 하나님께서는 이러한 짐승들을 다스리도록 우리에게 주셨으니 우리는 여기서 우리를 향하신 하나님의 사랑이 크고 무한하시다는 것을 인정하게 됩니다.

비록 여자는 남자에게 복종해야 할지라도 하나님의 형상을 가지고 있기에 남자와 동등한 높은 지위에 있습니다. 그런데 만약 하나님께서 주신 그 자리에 만족하지 않는다면 이 얼마나 배은망덕한 짓이 되겠습니까? 만약 우리가 함께 일어서서 왜 하나님께서는 우리를 연약하게 만드셨으며, 하늘나라의 천사들이 차지하고 있는 것과 같은 좋은 지위에 올라가지 못하느냐는 문제를 놓고 논쟁을 벌인다고 생각해 보십시오. 그렇게 반발해서 불평을 하는 우리를 하나님이 용납해 주시겠습니까? 만일 그렇다면 우리가 아는 대로 우리가 완전히 멸절을 당할 것이며, 이 세상에서 그 존재 자체가 사라질 것입니다. 그러므로 하나님께서 우리에게 주신 처지를 안다는 것이 우리를 억제하고 하나님의 뜻에 순종하게 하는 가장 효과적인 동기가 된다는 것을 알아둡시다.

하지만 여자가 자신의 죄로 인해서 받게 되는 벌과 응징을 감당해야 한다는 두 번째 이유에서도 우리는 유익을 얻어야 합니다. 사실 잘못한 것은 하와 한 사람이었습니다. 하지만 하나님께서는 아담의 죄를 묻기 위해서 남자들을 다 벌하신 것과 똑같이 이와의 죄가 모든 여자들을 통해서 응징되었습니다. 이것이 우리에게는 이상하게 보일지 모르나 유능한 재판관이신 하나님께서 그러한 선고를 내리셨으므로 그것을 되돌릴 수가 없습니다.

"아담은 잘못해서 벌을 받았지만 우리는 무슨 관계냐" 하는 핑계를 대서 벌을 받지 않으려고 한다면 다른 특권 또한 받을 수 없습니다. 하나님께서는 한 사람을 통해서 심어 놓으신 당신의 특전을 우리에게, 아니 온 인류에게 부여하신 것과 똑같이 우리는 바로 똑같은 사람을 통해서 그 특전을 회수당했습니다. 그로 인해서 지금 우리는 질병에 걸리게 되고 많은 비운과 재앙을 당할 위험한 지경에 놓이게 되었습니다. 그리고 마침내는 사망이 우리를 다스리게 되어서 우리는 영육간에 보기에도 무서운 죄에 빠지게 됩니다. 이 모든 것이 아담이 지은 원죄에서 비롯되었습니다. 한 사람이 잘못한 것이 사실이지만 하나님께서는 우리 모두를 똑같이 벌하십니다. 이 경우에 우리는 우리의 입을 열어 불평할 수도 없을 것입니다. 왜 그렇습니까? 다음의 시편 말씀은 이에 대한 명확한 해답을 줄 것입니다. **하나님은 무슨 일이 일어나도 항상 의로우시기 때문에 사람들이 전에 없이 모욕을 하고 그들의 목설을 마음대로 퍼붓더라도 하나님은 항상 공정하시고 이로 그들은 당황해 할 것이다.**

그리고 우리가 아담이 지은 죄 때문에 정죄함을 받는 것과 똑같이 여자들도 똑같이 이와가 지은 죄의 영향을 받지 않으면 안됩니다. 마귀는 이와로 하여금 그녀의 남편을 속이게 하고 그녀를 남편에게서는 물론 그녀에게 당연히 있어야 하는 의로움에서 벗어나게 했습니다. 사도 바울이 여기서 특히 여자들에 대해서 말한 것은 그들로 하여금 참고 순종하고 악한 뜻의 노예가 되지 않고 하나님께 겸손의 산 제사를 드리게 하기 위한 것이 확실합니다. 사도 바울은 그들이 다음과 같은 뜻으로 겸손의 산 제사를 드리기를 바랬습니다. '당신께서는 우리를 응징하시기를 기뻐하시니 우리가 이 곳에 온 것을 지켜보아 주십시오. 우리는 짐승들이 하는 것처럼 오지 않고 당신께서 우리의 아버지가 되실 것을 믿고 왔습니다. 당신께서 우리에게 이러한 영광을 주셨으니 우리는 당신께 순종할 준비가 되었습니다.' 사도 바울은 바로 이것을 나타내려고 했습니다. 그러나 여러분은 내가 앞서 말했던 것을 기억하고 있을 것입니다. 즉 이 세상의 비운은 아담이 그의 창조주에게 순종하지 않고 그에게 속하지 않은 높은 지위와 자리를 탐냄으로 인하여 지은 원죄임을 우리에게 상기시켜 줍니다. 또 그의 아내와 함께 마귀에게 속아 선과 악을 구별하는 작은 신이 되겠다는 야망은 아담으로 하여금 넋을 잃게 하였고, 하나님께서 처음에 그를 배치하셨던 의로움에서 후퇴하게 만들었습니다.

그러므로 우리는 이 세상을 살아가는 동안에 이러한 비운이 우리를 사방에서 에워싸고 있으며 우리가 이땅에서는 한탄만 하며 지내다가 마침내는 죽게 되는 것을 보게 될 것입니다. 또 우리 몸 속에서 일어나는 사악한 욕정이 하나님께 맞서서 싸우게 하지만 결국 우리는 매우 연약하기 때문에 보기에도 안타깝다는 생각을 하게 됩니다. 하나님께서는 우리에게 은혜를 베푸시어 조금이라도 도움을 주시고자 하지만 우리는 항상 하나님에게 발길질을 합니다. 우리 인간은 이처럼 어리석고도 나약한 존재임을 기억하십시오.

또한 우리의 욕정은 대단히 강하기 때문에 우리는 우리 자신을 규율에 적응시킬 수 없습니다. 우리 생활의 안과 밖이 다같이 부정으로 가득 찬 것을 보게 되면 우리는 아담이 지은 죄의 열매를 우리가 거두고 있다는 것을 알게 됩니다. 우리는 아담을 통해서 하나님을 노엽게 하였으며, 하나님이 우리에게 주신 은혜를 기뻐하지 않았으며, 더욱이 매우 심술궂고 반항심으로 가득하여 하나님에게 경배를 드릴 수 없었습니다. 그 때에도 하나님께서는 우리를 당신의 다른 모든 피조물보다 높이 세우셔서 우리를 천사들의 동료로, 거의 그들과 같은 반열에 세우셨습니다. 그러나 이제 우리는 불행에 휘말려야 할 필요가 있습니다. 왜냐하면 우리 주 하나님께서 우리를 참아주지 않으시고 우리를 악행과 부끄러움 가운데 내버려두셔야 했기 때문입니다.

우리가 영육간에 지은 죄로 인하여 하나님께서 벌을 내리실 때 우리는 머리를 숙이고 이를 받아들여야 합니다. 그러나 이것이 잘 실행되고 있지 않습니다. 왜냐하면 일이 우리가 바라는 대로 되지 않으면 우리는 쉽게 흐느껴 울고 탄식하고 우리의 처지에 대해서 불평을 하기 때문입니다. 우리는 참으로 육신적이며 세상적인 것으로 가득 차 있어서 만약 우리가 어떤 병에 걸리거나 어떠한 불행을 겪게 되면 내가 말했던 대로 곧바로 흐느껴 울기 시작합니다. 그러나 어느 누구도 먼저 그 불행의 원인을 알아보려고 하지 않습니다. 마치 열이 펄펄나는 학질을 앓고 있는 사람이 단순히 '내 몸이 펄펄 끓고 있습니다. 나는 목이 말라서 죽을 지경입니다' 라고 외칠 뿐, 학질이나 열이 나는 원인에 대해서는 알아보려 하지 않고 그것에 대한 도움만을 요구하는 것과 같습니다. 우리는 모든 일을 이런 식으로 처리합니다.

그러므로 우리는 성령께서 우리에게 주신 이 규율을 그 만큼 더 잘 알아 두어야 합니다. 우리의 영혼 속에서 하나님께 반항하는 악한 욕심이나 우리 몸의 많은 불행을 보게 되면 우리가 알고 있는 바와 같이 안타깝게도 우리는 더 이상 하나님께서 우리를 앉혀 놓으신 그 의로움 안에 있는 것이 아닙니다. 지금 우리는 하나님께서 주신 그 영예로운 지위에 있지 않으며 하나님께서 우리의 손에 쥐어주신 유익들을 모두 박탈했다는 것을 보여줍니다. 왜 이런 일이 일어납니까? 우리로 하여금 다시 우리의 고개를 숙이게 하고 하나님에게 우리의 죄를 용서해 달라고 간구하도록 하기 위해서입니다. 또 더 이상 하나님께 반항하지 않고 하나님이 매일 우리에게 부어주시는 은혜를 우리의 조상 아담이 했던 것보다 더 경건하게 받아들이도록 하기 위해서입니다. 우리는 하나님이 주신 그 은혜를 빼앗기지 않도록 그들을 활용하는 법을 배워야 합니다. 그들을 활용하는 것이 하나님의 영광을 높여드리는 것처럼 우리의 구원의 도를 높이는 것임을 명심하십시오.

그러므로 우리가 이 본문 말씀에서 배워야 할 것은 하나님께서 죄로 인해서 이 세상에 내리시는 모든 불행은 우리로 하여금 처해 있는 처지와 상태를 상기시켜 준다는 것입니다. 따라서 우리는 하나님 앞에서 우리 자신을 정죄하기 위해서 우리의 죄됨을 자세히 살펴보아야 합니다. 그리고 우리가 정죄를 받은 후에는 하나님께 용서를 간구하고 우리의 배은망덕으로 인해서 빼앗겼던 그 축복으로 다시 한 번 옷 입혀 주시기를 기도해야 합니다. 또 우리를 당신의 공의로 새롭게 만들어 주시고 우리를 우리 주 예수 그리스도의 은혜로 고쳐달라고 기도드려야 합니다. 이렇게 하면 남자들과 여자들은 겸손해 하는 법을 배우게 될 것입니다. 사실 그들에게는 그렇게 될 수 있는 좋은 계기가 될 것입니다. 모든 사람은 각자의 분수에 따라 하나님을 영화롭게 해드리는 법을 배워야 하며 지나치게 자신을 내세우려고 해서는 안됩니다.

문제는 죽음이 남자와 여자에게 똑같이 찾아오는 것처럼 질병과 그 밖의 다른 불행도 남자와 여자를 구별하지 않고 찾아온다는 것입니다. 그러므로 우리는 우리의 고개를 숙여야 하며 남자는 여자에게, 여자는 남자에게 하나님 앞에서 그들의 몸 속에 있는 것은 죄뿐인 것을 깨닫도록 간구해야 합니다. 하지만 이보다 더 중요한 가르침이 있습니다. 그것은 여자나 남자 할 것 없이 모두 똑같이 온갖 종류의 반항심과 무지와 불신앙과 사기와 위선과 그밖에 그와 비슷한 것들로 충만하고 가득 채워져 있다는 사실입니다.

이러할진대 누가 감히 자신을 뽐내려고 하겠습니까? 그러므로 우리의 죄는 오히려 우리로 하여금 하나님께로 달려가게 해야 합니다. 하나님 보시기에 우리는 버림받은 자와 같으며 전혀 소망이 없는 존재임을 고백하는 마음을 갖게 만들어야 합니다. 그리고 이것은 남자나 여자에게 모두 공통이고 일반입니다. 그러나 남자들에 대해서 말하자면 그들은 가족을 인도하고 다스리는 수고로움이 있습니다. 그에게는 아내와 아이들을 먹여 살릴 양식이 없을 때가 자주 있게 되고, 그의 아내는 그를 도와주기는커녕 마귀가 되어 남편을 백방으로 괴롭히는 경우가 종종 있습니다. 남자들은 이런 것들이 그 죄의 열매라는 것을 알아 두십시오.

만약 우리가 우리의 속성 중에서 외롭게 살아왔다면 남녀간의 결혼식은 크게 선망받을 의식이 되었을 것이며 거기에는 기쁨과 감사와 찬양만이 있었을 것입니다. 그것은 아무런 소란도 없는 즐거운 의식이 되었어야 했으며 아무런 잘못도 없어야 했습니다. 그런데 지금 우리는 아주 많은 쓰라림을 겪을 뿐 아니라 많은 유혹과 어려움도 수반하고 있습니다. 이것은 어디에서 비롯되었습니까? 그것은 바로 우리가 하나님의 축복을 상실했기 때문입니다. 그러므로 남자들에게 지금 어떻게 해야 하는지를 알려주십시오. 하나님께서 나에게 머리가 되게 하시고 예속되어 순종할 아내를 나에게 주셨으니 나는 아무런 방해도 받지 않고 그녀를 다스려야 합니다. 또한 고통이 있다면 그것은 나의 죄에 대한 벌이라고 인정하는 겸손함이 있어야 합니다. 한편 여자들에게는 살림살이를 하는데 겪는 고통을 달게 받아들이게 하십시오. 하나님께서 첫 여자가 가졌던 자만심으로 인하여 나를 응징하시는 것이다라는 것을 알게 하십시오.

물론 하나님은 사람들에게 잔인하다는 말을 들을 정도로 어떠한 폭력을 사용하지는 않으시지만 만약 하나님께서 우리를 응징하신다면 그것은 우리로 하여금 자신의 질병을 느끼게 하기 위함입니다. 하나님은 대단히 고명한 의원이시기 때문에 만약 우리가 하나님께로 나가면 우리의 병을 고쳐주실 것입니다. 사실 남자와 여자가 그들이 처음에 받았던 의로운 상태를 유지해왔다면 남자는 끝까지 이와 같은 우선권을 가졌을 것이라는 사실을 우리는 자주 상기해 보아야 하며 또 여자들도 이를 알고 있어야 합니다. 남자들에게는 이와 같은 우선권이 있기에•여자들은 남자들에게 복종해야 하나, 강제나 마지 못해서 섬겨서는 안됩니다. 그렇게 하도록 정해졌다면 그들은 그것을 기꺼이 받아들이고 그들의 처지를 기뻐해야 합니다.

하지만 **너는 남편을 사모하고 남편은 너를 다스릴 것이니라**(창 3:16)는 성경 말씀에 따라 그들은 남자의 노예가 되어야 합니다. 그 말씀에는 너는 더 이상 다스리지 말 것이며 하나님의 뜻을 어기지 않고 철저히 따라야 한다는 뜻이 담겨 있습니다. 다시 말하자면 "너의 욕심은 제재를 받게 될 것이며, 너는 더 이상 혀를 놀려 말해서도 안되며, 너는 남편에게 예속되어야 하며, 그의 뜻이 곧 너의 뜻이 될 것이다. 너는 그 뜻에 맞추고 내가 너에게 준 은혜를 올바르게 사용하도록 하라"는 뜻이 담겨 있습니다. 여자들은 모두 아내된 자로 그런 생각을 가지고 있어야 합니다.

그리고 남자들도 하나님께서 몇 가지 규율을 주셨다는 사실을 명심하십시오. 비록 그들이 말이나 돼지나 나귀의 발에 짓밟히는 것이 마땅하고 온갖 종류의 해

충에 먹히우고 피조물의 명단에서 완전히 제명되는 것이 당연하지만 하나님께서
는 그들에게 얼마간의 통치권을 주셨습니다. 그렇게 하신 것은 그들에게 어떠한
가치가 있기 때문이 아니라는 것을 알고 자신을 높이지 않는 방법을 알아야 할 것
입니다.

다시 말해 여자들은 비록 그들이 다스림을 받지만 하나님께서는 **너희는 다스릴
것이라**고 말씀하셔서 짐승을 다스릴 수 있는 특권을 남자와 여자를 무론하고 각
사람에게 주실 정도로 하나님은 매우 관대하시다는 것을 아십시오. 하나님께서는
아직 그들에게 이와 같은 위엄을 남겨 두시고 더욱이 가장 중요한 문제가 되는 구
원의 소망에서 그들을 배제하지 않으셨습니다. 이로 인해서 그들도 다른 모든 사
람들처럼 하나님에게 영광을 돌리고 마땅히 하나님의 이름을 높여 드려야 합니다.

한편 사도 바울이 본문에서 말하고, 또 내가 고린도전서 11장에서 강조했던 내
용, 즉 남자가 여자에게서 나온 것처럼 남자는 여자를 통해서 존속될 뿐만 아니라,
하나님께서 남자와 여자를 그렇게 짝지어 주셨기 때문에 가장 부드러운 사랑으로
서로를 아껴주지 않으면 안됩니다. 만일 남자가 타락하여 여자를 버리게 된다면
그것은 하나님을 무시하는 것과 같습니다. 왜 그렇습니까? 왜냐하면 세상의 모든
남자는 어머니가 없었다면 세상에 존재할 수가 없기 때문입니다. 그래서 하나님께
서 **너의 아버지와 어머니를 공경하라**고 말씀하시 않으셨습니까? 그러므로 여자를
무시하는 것은 내 자신을 거절하는 것이 됩니다. 내가 어디에서 왔습니까? 그리고
하나님께서는 어떠한 방법으로 나를 탄생시키셨습니까? 하나님께서는 나보다 훌
륭하시고 내가 공경해야 할 나의 어머니에게 나를 주시지 않으셨습니까? 나는 나
의 어머니를 통해서 모든 여자들에게 똑같은 신세를 지고 있지 않습니까? 따라서
우리는 사도 바울이 제시한 규율에 맞게 처신해야 합니다. 하나님께서 남자들을
높이 세워 주신 것은 여자들을 거만하게 다스리거나 그들을 발로 짓밟고, 내키는
대로 가족에서 제명하라고 그렇게 하신 것이 아니라, 그들을 자신의 동반자로 삼
으라고 주신 것을 알아야 합니다. 때문에 그들을 사랑스럽게 여기고 아껴주어야
하며 존중해야 합니다.

따라서 우리는 큰 자건 작은 자건 다스리는 자건 다스림을 받는 자건 한 목소리
로 하나님을 영화롭게 해드려야 한다는 사실을 알게 되었습니다. 특히 그들 모두
가 하나님에게 많은 빚을 지고 있으며 하나님께서는 그들에게 놀라운 은혜를 베푸
신다는 것을 알게 되었습니다. 그리고 다시 말하지만 모든 사람은 하나님 앞에서

그들의 머리를 숙여야 하며, 그들이 지은 죄를 부끄러워해야 합니다. 또한 비록 하나님께서는 그들이 하나님 앞에서 죄인이라는 것을 상기시켜 주시지만 그들 서로 간에는 사랑하고 화합해야 합니다.

거기에는 우리가 알아두어야 할 세 가지 요점이 있습니다. 첫째는 하나님께서 우리에게 벌을 내리시더라도 우리는 하나님을 비난할 수 없으며 더욱이 하나님을 부인해서는 안된다는 것입니다. 그럼에도 불구하고 우리는 하나님의 선하심에 대해서 너무나 반항적입니다. 그러한 우리를 하나님께서는 늘 아껴주시고 한량없는 긍휼을 베풀어 주시는 것을 알았으니 우리는 이것을 하나님을 영화롭게 하는 계기로 삼아야 할 것입니다. 두 번째로 하나님이 우리를 응징하시는 것은 우리를 길들이시고 우리의 속성에 뿌리내린 자만심을 버리게 하고, 하나님 앞에서 탄식하며 우리 자신을 부끄럽게 여기게 하기 위해서입니다. 그리하여 우리 주님께서는 우리가 정죄당하는 것을 피하도록 우리 스스로 죄를 느끼게 만들고, 내리시는 징계에 완강하지 않도록 미리 응징한다는 사실을 알고 겸손히 머리를 숙여야 합니다. 모든 사람들로 하여금 스스로를 정돈하게 하십시오.

그리고 다스리는 권한을 가지고 있는 자들에게는 악한 자들을 경멸하지 않고 약한 자를 돌보아줄 의무가 있다는 것을 숙지시켜야 합니다. 그리고 내가 앞에서도 말했지만 여자들을 다스릴 권한이라고 하는 것은 하나님께서 여자에게 폭력을 행사해도 좋다는 승낙한 것도 아니고, 그들이 여자들을 무시해도 좋다는 것이 아님을 기억하십시오. 왜냐하면 사도 바울이 말한 것처럼 여자들은 남자들의 동반자들이기 때문입니다. 그러므로 인류는 하나님께서 제정하신 이 한계 내에서 보존되어 가고 있으며 우리는 이것을 거룩한 협약으로 여겨야 합니다.

이것이 명확한 현실이니 우리 자신을 조용히 이 점에 맞추어서 다른 사람들과 조화를 이뤄야 합니다. 우리가 이것을 우리 생활 전반에 넓게 활용하고, 이 본문 말씀을 통해서 큰 자에게도, 작은 자에게도 유익이 될 교훈을 배우도록 합시다. 만약 남편이 하나님께서 그의 아내를 다스리라고 주신 그 권한을 남용하거나, 만약 그가 경박하고 악한 사람이어서 자기의 아내를 무시하고 무례하게 대한다면, 또 사악함 심성으로 모든 것을 낭비하는 남편이라면 그는 그가 받았던 명예에 대해서 비싼 대가를 지불하게 될 것입니다. 하나님께서 이 세상에서 주신 모든 권한은 이와 같습니다.

하나님의 말씀을 듣고 간다는 것은 대단히 영광스러운 일입니다. 그러나 사도 야고보가 말한 것처럼 만약 우리가 그것에 대해서 잘 생각하지 않고 겸손하고 경건한 마음으로 전념하지 않는다면 그 정죄함이 훨씬 클 것입니다(약 1:23). 만약 우리가 욕심을 내어 남의 눈에 띄기를 바라고 중요한 자로 여겨지기를 바란다면 우리에게는 저주가 임하며 그 벌이 훨씬 고통스러울 것입니다. 만약 하나님의 부르심을 받아 가르치는 직분을 맡은 사람이 모든 백성들을 교화시키기 위해서 제대로 활동하지 않거나 만약 그의 직분을 충실하게 이행하지 않는다면 그가 받았던 영광은 그에게 더 많은 대가를 요구할 것입니다. 그에게는 강단이나 그에게 맡겨진 직분이 무엇을 의미하는지 전혀 모르는 상태가 그러한 직분을 맡아 하나님을 제대로 섬기지 않은 것보다 훨씬 좋았을 것입니다.

공의를 집행하는 것과 통치권을 행사하는 것도 그와 같이 거룩한 일입니다. 택함을 받아 좋은 본을 보여줄 것으로 기대를 모았던 자가 통치를 맡았지만 오히려 비난받을 삶을 살고, 많은 부정한 짓을 해서 공정심 대신에 증오심과 편견만을 가진 경우가 있습니다. 그들이 하는 일이 하나님을 섬기는 것인지 아닌지 관심이 없으며, 하나님의 명예를 지켜드리는 것에도 관심이 없습니다. 모든 것어 그들에게는 일반이며, 모든 것이 허사가 되고, 모든 것이 더할 수 없이 악한 상태에 처하게 됩니다. 좋은 본을 보여주는 대신에 하나님을 모독하는 짓과 음행과 그밖의 다른 악한 짓들이 생겨나고 하나님과 그분의 말씀을 경멸하는 자가 되고, 다른 사람들에게도 온갖 죄와 악한 짓을 마음대로 행하도록 부추깁니다. 선한 것이 억압을 받고 발에 짓밟히며 모든 안건은 편파적으로 처리됩니다. 어떤 사람은 잘못을 하지 않았는데도 갑절의 벌을 받게 하고, 아무 죄가 없는 사람들을 중한 죄인으로 몰아갑니다. 반면에 자기 마음에 합한 자가 지은 죄는 모두 묵인해 줍니다. 비록 그들이 전에 없이 중한 죄를 지어서 온 세상 사람들이 큰 소리로 그들을 고발할지라도 그들은 아무 처벌도 받지 않았으며 더욱이 그들은 쇠사슬에 매이지도 않습니다. 이로 인해 그들이 악한 짓을 하는 데 그만큼 더 강퍅해졌다면 이것은 더욱 사악한 처사입니다. 이것이 하나님께서 당신의 자리로 승진시켜서 당신의 보좌관과 관원으로 임명하신 자들이 하나님에게 하는 짓입니다.

사도 바울이 여기에서 비록 남자와 여자 사이의 위계 질서와 성스러운 결혼에 대한 규칙을 말하고 있지만 우리 모두는 하나님의 은혜를 활용하는 방법에 대한 일반적인 가르침을 받는다는 것을 알게 되었습니다. 그리고 하나님으로부터 다른 사람보다 높이 쓰임을 받는 사람들은 하나님에게 그들의 활동상황에 대한 결산을 해야 한다는 것을 염두에 두고 그들의 의무를 가장 겸손하고 가장 경건하게 수행해야 한다는 것도 알았습니다. 그들은 자신의 눈높이에 맞추어 다스려도 안되며 하나님이 모든 것보다도 존귀히 여김을 받으시도록 잠자코 조용해야 한다는 것을 알아야 합니다. 나는 앞에서 이러한 까닭으로 우리 각 사람을 하나님께서 우리 가운데 세우신 이 자연스러운 질서를 지키지 않으면 안된다고 말했습니다.

우리 주님께서 우리를 한 명씩 불러서 당신의 높은 지위에 앉히신 이유와 목적에 대해서 깊이 생각해 보지 않으면 우리는 결코 그 부르심에 응답할 수도 없고, 모든 고통을 감수하여 우리에게 주어진 임무를 완수하겠다는 결심을 할 수도 없습니다. 하나님의 말씀을 전하는 사역을 맡은 자들은 임무가 그들에게 주어진 이유를 알아야 합니다. 단지 그들을 주목받게 하기 위함이나 그들은 말을 하고 다른 사람들로 하여금 조용히 듣게 하기 위해서가 아닙니다. 그들의 지식이 칭찬을 받고 또 세상 사람들로 하여금 그들에게 은사가 있는지 없는지를 판단하기 위한 것이 아니라는 것을 알아야 합니다. 그 일의 진정한 이유는 모든 사람을 교화시키는 것입니다. 내가 강단에 올라가서 사람들의 주목을 받는 것이 우리 주님을 기쁘게 해 드리겠습니까? 결코 아닙니다. 우리 주님의 뜻은 내가 당신의 백성들을 당신의 곁으로 불러 모아 주님께 순종하게 만들고 다른 사람들과 마찬가지로 당신의 양떼로 만드는 나팔의 역할을 하는 것입니다. 그러므로 나의 목소리가 들리면 모두 함께 모여서 하나님과 우리 예수 그리스도의 양떼가 되어야 합니다.

그러므로 하나님께서 우리를 여기에 배정하신 이유를 알게 되면 우리는 자신을 높이기 위해서 더 이상 수고하지 않을 것입니다. 그러나 우리는 우리를 책임지도록 위탁받은 사람들 모두에게 신세를 지고 있기 때문에 이 지식을 통해서 말하는 법을 배우게 될 것입니다. 하나님께서는 우리를 하나님의 교회에 예속시키셨습니다. 우리가 하나님의 교회를 올바르게 섬기지 못했다는 질책을 받지 않기 위해서라도 우리는 부지런히 활동해야 합니다. 하나님의 말씀을 전한다는 것은 대단히 큰 영광이지만 그것은 이처럼 구속이 되기도 합니다.

마찬가지로 공의를 집행하는 책임을 맡은 임금들과 제왕들은 다른 사람의 지배를 받는 자리에 임명된 총독과는 같지 않지만 결국 그들도 제왕에 불과하니 그들이 무슨 까닭으로 사람들을 다스립니까? 왜 하나님께서는 왕국과 공국과 연합국을 세우셨습니까? 몇 사람을 다른 사람보다 높이 세우기 위해서입니까? 그렇지 않습니다. 하나님께서 어떤 정책이나 규율을 제정하시는 것은 약자들의 수요를 충족시켜 주기 위해서입니다. 그러므로 총독으로 승진되는 영광을 얻은 자는 바울이 여기서 제시하는 그 종국의 목적에 대해서 생각해 보게 하십시오. 그들로 하여금 자연의 섭리에 대해서 생각해 보게 하십시오.

주님께서는 우리에게 당신의 지위를 물려주셨습니다. 우리가 공공의 이익을 챙기는 것은 이러한 관점과 목적에서입니다. 그러므로 우리는 우리와 함께 살고 있는 사람들과 우리가 다스리고 있는 사람들 모두에게 신세를 지고 있습니다. 그들은 우리에게 예속되었지만 우리는 그들에 관한 결산서를 하나님께 제출해야 합니다. 만약 우리가 어떤 사람이 발에 짓밟히는 것을 허용하고 이것을 참아준다면 우리가 하나님 앞에 출두하게 될 때에 우리는 이 세상에서 문란한 짓을 한 자 모두에게 허리를 구부리게 하시는 천국의 재판관 앞으로 나가지 않으면 안됩니다. 그때에 우리를 고소할 적이 필요치 않습니다. 하나님께서 직접 그 역을 담당하셔서 우리를 소환하시고 우리를 정죄하는데 필요한 조치를 집행시키실 것입니다.

따라서 모든 사람들은 이것을 자신의 유익이 되도록 활용해야 합니다. 사역자들로 하여금 그들을 위해서라도 그들의 임무를 완수하도록 하십시오. 그들에게는 불완전한 것이 너무 많기 때문에 그들로 하여금 그 만큼 더 많은 노력을 하게 하고 하나님을 더 열심히 찾아 하나님으로 하여금 그들을 다스려주시고 그들이 맡은 어려운 책임을 완수할 수 있는 힘을 달라고 간구하게 합시다.

이 세상은 매우 악하고 심술궂기 때문에 선한 교훈을 수용하지 못하며 근심할 일도 많고 또 마귀가 많은 장애물을 설치해 놓았기 때문에 사람들은 모든 것이 눈 깜짝할 사이에 멸망할 것으로 생각합니다. 그들은 더 용기를 내야 하고 하나님의 은혜를 통해서 분발해야 합니다. 그렇게 되면 죄가 만들어낸 유혹이 어떤 방법으로도 우리를 더 악하게 만들거나 우리의 소명을 수행하는 일에서 흔들리지 못할 것입니다. 오히려 우리의 책임을 다하도록 우리를 그만큼 더 격려해 줍니다. 한편 총독들도 언젠가는 재판장이신 하나님 앞에 나가서 그들이 한 일에 대해서 평가를 받아야 한다는 것을 알고 있어야 합니다. 만약 그들이 교훈과 판결의 아래 위가 뒤집히는 것을 용인해 준다면 그들은 하나님이 보시기에는 죄인이 될 것입니다.

그러므로 그들은 전보다 더 조심해서 행동해야 할 것입니다. 그렇습니다. 우리가 이 세상을 살아가는 동안에 다스리지 않으면 안되는 것이 사실입니다. 그러나 거기에는 하나님이 모든 것보다 존귀히 여김을 받으시고 하나님의 백성이 평안과 화합을 유지한다는 조건이 따릅니다. 그러나 사나운 짐승들이 나타나서 뿔로 받고 입으로 물어뜯어 우리가 그 사태를 수습하지 못하게 되고 짐승들이 많은 해를 끼치고 난폭하게 되면 이것이 우리 죄의 열매라는 것을 알아두십시오. 그러나 하나님께서는 모든 것이 멸망하는 것을 용납하지 않으심으로 짐승들을 어떠한 방법으로든지 제지하십니다. 이것이 우리에게 베푸시는 하나님의 은혜라는 것을 인정합시다. 따라서 하나님께서 우리에게 내리시는 응징은 온전히 우리의 직분을 완수하라는 격려가 되어야 합니다. 그리고 남편과 아내에 대하여 여기서 가르쳐준 교훈, 즉 그들의 가정을 평안하게 다스리고 하나님이 제정하신 결혼생활을 아주 정결하고 강건하게 유지하여야 한다는 것을 기억하십시오. 그러므로 모든 사람들은 그것을 이룩하기 위해서 전념해야 합니다.

19

"이는 아담이 먼저 지음을 받고 이와가 그 후며, 아담이 꾀임을 보지 아니하고 여자가 꾀임을 보아 죄에 빠졌음이니라. 그러나 여자들이 만일 정절로써 믿음과 사랑과 거룩함에 거하면 그 해산함으로 구원을 얻으리라"(딤전 2:13-15).

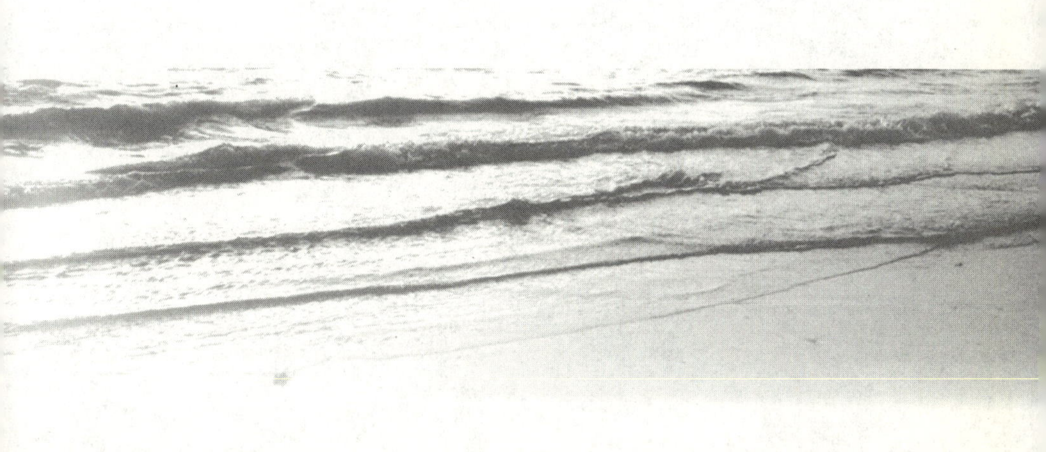

하나님께서는 여기에서 당신의 사도의 입을 통해서 여자들에게는 가르치는 직분을 금지하셨지만 드보라(Debora)에게 허락하셨던 것처럼 몇몇 여자들에게 이러한 은혜를 베푸셨던 일을 혹자는 이상하게 여길지도 모릅니다. 우리가 알고 있는 대로 드보라는 여선지자였을 뿐만 아니라 하나님의 백성들을 다스리기도 했습니다. 그래서 얼핏 보면 거기에는 약간의 모순이 있는 것처럼 보일지도 모릅니다. 그러나 우리는 하나님께서 다스리는 직분을 가진 남자들에게 바라시는 일반적인 규율과 예외적인 방법으로 된 비정상적인 규율을 구별할 줄 알아야 합니다. 물론 하나님께서는 우리의 순종을 위해 법률을 수시로, 혹은 이상하고 기이한 방법으로 역사하지는 않으시지만 철저하게 당신의 자유, 뜻 가운데 행사하십니다. 왜냐하면 모든 법률은 하나님의 뜻에서 비롯되었으며, 우리는 하나님을 어떤 법률에도 종속시켜서는 안되기 때문입니다. 하지만 하나님 안에는 결코 의롭고 옳은 것은 아무도 없다고 상상해도 좋다는 뜻이 아닙니다. 마치 절대적인 권력에는 규율이 없는 것처럼 말하는 것은 하나님을 모독하는 짓입니다. 그러나 하나님의 뜻은 법률을 참아주셨으며 하나님께서 우리 가운데 세우신 것은 결코 분리해서도 안되고 또 분리할 수도 없지만 하나님은 당신에게 가장 좋아보이는 대로 행하셨습니다. 이렇게 해서 우리는 하나님께서 어떻게 당신의 백성들을 다스리는 데 한 여자를 사용하게 되었는지를 알게 되었습니다. 하나님께서는 이러한 방법을 통해서 남자들을 부끄럽게 하고 그들에게 모욕을 주려고 하셨다는 것을 알아두어야 합니다. 그 당시에는 그들 중에서 그 일을 맡기에 합당한 권위있고 위엄있는 남자가 없었습니다.

예를 들어 만약 하나님께서 돌로 말을 하게 한다면 그것은 자연의 질서를 왜곡하는 것이 아닙니까? 확실히 그렇습니다. 하지만 그렇게 하신 것은 하나님께서 남자들에게 내리시는 정죄입니다. 모든 것이 혼란스럽게 되자 하나님께서는 마음이 내키지 않으셨음에도 불구하고, 거기에는 지혜도 없게 하시고 정의도 없게 하셔서 위계 질서를 완전히 뒤집어 놓으시는 일이 한 나라와 한 성읍에서 일어났습니다.

만약 세상 사람들이 아무 말도 하지 않고 서로 놀라서 서 있기만 할 뿐 어느 누구도 감히 말을 하려고 하지 않는다면 하나님께서는 한 바보를 세워서 말을 하게 하실 것입니다. 그러나 바보에게 유익을 줄 수 있는 묘안이 있다고 말할 수는 없을 것입니다. 그러나 지혜가 있을 것처럼 보이는 자들이 입을 다물고 당연히 말해야 할 때에 벙어리가 되기 때문에 하나님께서는 이러한 방법으로 그들을 조롱하시며, 그들을 나무토막과 돌처럼 만들어서 그들에게 생명과 감정이 없는 것처럼 만드십니다. 하나님께서는 벙어리의 입을 열어서 그들이 지은 죄와 비행은 물론 사람들의 눈에 뜨이지 않았던 죄와 비행까지도 책망함으로 그들을 조롱하고 부끄럽게 만드셨습니다. 그러므로 교회가 속박을 당하고 거기에 아무런 소망이 없을 그 당시에 하나님께서 **드보라**를 세우신 것은 남자들에게 그들의 태만을 일깨워 주려는 것임을 알아야 합니다. 그러나 하나님께서는 이 기본 질서를 바꾸려고 하지는 않으셨습니다. 그러므로 하나님께서 우리가 지켜야 할 법률을 만드시고 당신의 능력을 특별히 역사하셔서 평범한 일로 여겨지지 않는 일을 행하셨지만 하나님은 어떤 면으로도 당신 자신에게 거슬리지 않으신다는 것을 우리는 쉽게 알 수 있습니다.

복음의 초기에는 하나님께서 성령을 통해서 남자들에게 하신 것처럼 여자들에게도 능력을 주셨으며(행 8:17), 여자들 가운데에는 예언의 영을 가지고 있는 이도 있었습니다(행 21:9). 그리고 이것도 사도 바울이 말했던 내용에 위배되지 않습니다. 다시 말하면 비록 하나님께서 빌립의 딸들에게 예언의 은사를 주시긴 했지만 그들은 회중에게 말할 직분을 받지 못했습니다. 하나님께서는 복음을 미화하기 위해서 그들을 쓰셨습니다. 그러나 그들이 여자들과 함께 있을 때에는 그들에게 주어진 은사를 발휘하게 했습니다. 가정에서 여자가 남자보다 지혜롭다면 여자가 가정을 다스리는 것이 순리입니다. 우리가 알고 있는 대로 만약 아비가일의 지혜가 없었다면 나발의 가정은 완전히 멸절되었을 것입니다. 그리고 이와 같은 일이 종종 있을 수도 있습니다. 그러므로 이러한 은사를 받은 여자들은 주어진 임무를 가장 겸손하게 정절로 완수하는 것이 마땅할 것입니다. 또 만약 남편에게 부족한 점이 있다면 아내는 그것을 보충해 주어야 할 것입니다. 그렇기는 하지만 하나님께서 제정하셨던 그 규율은 준수되어야 합니다. 이것이 우리가 본문 말씀에서 배워야 할 내용입니다. 그러므로 사도 바울이 여기서 지적한 대로 여자는 순종하고 종용해야 한다고 결론을 내립시다. 사도 바울이 이것을 논제로 삼은 것은 여자들은 오직 순종할 뿐 말할 수 있는 권한이 없기 때문에 가르치는 책임과 직분을 맡아서는 안된다는 것을 보여주기 위해서입니다. 그렇다면 임금이나 제왕이 아니면 아무도 가르치지 못한다는 규율도 지켜야 합니까?

교회의 목사는 총리의 지시를 받지 않습니까? 그렇기는 하지만 하나님께서 그들을 파송하셨으며 그들에게 당신의 백성들을 영적으로 다스릴 임무를 주셨습니다. 사람이 한 분야에서는 다스림을 받고 또 다른 분야에서는 다스리는 것도 무리가 아니라는 것이 이 문제에 대한 대답이 되겠습니다. 우리는 하나님께서 이 두 가지, 즉 세상적 통치기구인 국가와 영적인 통치기구인 당신의 교회를 어떻게 분리해 놓으셨는지 알았습니다. 공직의 자리를 맡아 다스리는 총리들에게 하나님께서는 당신의 백성을 통치할 검을 주셨습니다. 그리고 목사들과 사역자들은 그 지체이기 때문에 총리에게 순종해야 합니다. 그렇지만 이것이 그들이 들고 가는 교훈의 권위를 조금도 손상하지 않으며 **내가 너를 열방 만국 위에 세웠다**(렘 1:10)는 예레미아서에 있는 말씀과 같이 그들은 덕과 하나님의 이름에 관한 한 이 세상의 모든 고관들보다 더 높습니다.

그러므로 하나님의 말씀을 전하는 사역자들에 대해서 말하자면 그들은 인간적인 면으로는 법률을 지켜야 하며 총리에게 순종해야 하며 그를 존경하고 숭배해야 합니다. 그들이 섬기는 주인은 모든 피조물을 주관하는 권한을 가지신 왕중의 왕이시라는 것을 기억해야 합니다. 그들이 그분의 이름으로 말한다는 것과 그들이 전하는 교훈은 자기 자신을 뽐내려 하는 자들의 지배와 구속을 받지 않는다는 것을 그들에게 알려주어야 합니다. 또 그들로 하여금 사도 바울이 고린도후서에서

하나님 아는 것을 대적하여 높아진 것을 다 파하고 모든 생각을 사로잡아 그리스도
에게 복종케 한다(고후 10:5)고 말한 것을 명심하게 하십시오. 따라서 남자는 어떤
면에서는 복종을 해야 하고 또 다른 면에서는 지배를 합니다.

그러나 여자에게 관해서는 사도 바울이 앞에서 언급한 대로 하나님께서 어떠한
방법으로도 폐하지 않고 세상 끝날까지 지속되어야 할 규례를 정해놓으셨습니다.
남자는 여자의 머리가 되도록 지음을 받았으며 여자는 남자의 일부분으로, 말하자
면 남자의 부속물로 지음을 받았기 때문에 큰 자나 작은 자나 다같이 이것에 순종
해야 합니다. 그러나 만약 우리가 처신을 잘못하면 가정뿐만 아니라 사회에도 큰
혼란이 일어날 것이며, 더욱이 영적인 세계뿐만 아니라 육신적인 세계에도 그럴
것입니다. 하나님께서는 우리 가운데 자리를 잡으시고 우리를 통제하고 다스리실
뿐만 아니라 우리가 아무 쓸모가 없다는 것을 교훈하시려고 우리를 버리시고 이사
야 선지자를 통해서 말씀하신 대로 여자들과 아이들로 다스리게 하실 것입니다
(사 3:4). 하나님은 그것을 통해서 우선권을 박탈하려고 하신다는 것과 거기에는
파멸과 좌절만이 있을 것이라는 것을 보여주십니다.

모든 일이 이렇게 복잡하게 얽히게 되면 우리에게는 하나님을 우리의 통치자로
모실 자격도 없어집니다. 때문에 하나님께서 우리를 부끄럽게 만드는 벌을 주시는
것이 당연하다는 것을 알아둡시다. 그러므로 모든 사람들로 하여금 조심하게 하고
깨어있게 합시다. 그리고 사도 바울이 여기서 우리에게 가르쳐준 대로 하나님의
법령에 항거하지 맙시다.

이제 그는 다음으로 말하기를 **여자는 해산함으로 구원을 얻으며 정절로써 믿음
과 사랑과 거룩함에 거한다**고 하였습니다. 사도 바울이 자신이 앞에서 한 말로 인
해서 여자들이 품었을지도 모를 무거운 마음을 풀어주기 위해서 이와 같은 위로의
말을 더한 데에는 이유가 있습니다. 그는 앞에서 온 인류에게 유전되어 전해지는
원죄의 시조가 이와(Eve)라고 말했습니다. 우리는 하나님의 저주를 받아 분노의
자녀가 되었으며, 마귀가 우리를 주관하게 하여 영원한 죽음의 노예가 되었으며,
우리의 속성에는 부패만 남게 되었습니다. 간단히 말하면 우리는 죄에 갇혀 꼼짝
못하게 되었습니다.

이러한 죄의 원흉이 누구입니까? 이와, 곧 여자들입니다. 그들은 이 일에 있어
서 이러한 결점을 안고 태어났으며 하나님께서는 그들을 실망시키기 위해서 합당
한 선고를 내리셨습니다. 만약 그들에게 두려워하는 것이 없고 무엇인가를 하려고

한다면 하나님의 진노를 두려워 해야 합니다. 그러나 우리 주 하나님께서는 당신의 피조물들이 겸손하기를 바라실 뿐, 그들을 절망으로 끌어내리지는 않으실 것입니다. 그리하여 항상 그들에게 어떤 대책을 갖게 할 것입니다. 예를 들자면 하나님께서 그들을 쳐서 전혀 못 쓰게 만드신 후에 그들을 다시 세우셔서 훌륭한 본보기를 삼으십니다.

사도 바울은 만약 여자들이 자기 자랑을 하고 뽐내려고 하면 우리를 파멸시킨 원인이 되며 우리로 하여금 하나님의 저주를 받게 만들었으며 우리로 사단의 지배를 받게 만든 이와를 교훈삼아 여자들의 자만심을 보기좋게 정죄했습니다. 그러므로 여자들로 하여금 그들의 콧대를 더 이상 높이지 못하게 하십시오. 그들의 교만한 행동이 여기서 완전히 무너졌습니다. 그러나 마치 하나님께서 여자들을 구원에서 완전히 배제하시고 하나님을 믿기에 전혀 합당치 않은 존재로 만드신 것처럼 생각해서 실망하고 그들이 낙담할 것을 염려해야 합니다.

그러므로 사도 바울은 이 목적에 부합되는 한 가지 훌륭한 방안을 첨가해서 악한 짓은 이와에게 비롯되었음에도 불구하고, 하나님께서 여자들을 소망이 전혀 없는 자로 배제하지 않으실 것이라고 말했습니다. 하나님께서는 여자들이 자신을 내세우는 것을 억제하기에 충분하고 오히려 겸손하게 해줄 것이라고 생각하셨습니다. 그래서 그들을 부르시고 **"만약 그들이 그들의 소명을 안다면"**이라고 말해서 그들이 타락하기 이전의 상태로 되돌아 갈 수 있는 한 가지 방법을 알려주셨습니다.

사도 바울이 여기서 제시한 한 가지 방법은 해산이라는 것입니다. 그 말에는 해산의 고통을 받게 되는 여자의 저주에 대해서 말한 내용도 함축되어 있습니다. 여자들이 임신을 하게 되면 많은 고통과 여러 가지 괴로움을 겪게 됩니다. 흔히 그들은 입맛을 잃게 되며 그 밖의 많은 후유증을 갖게 됩니다. 그리고 무엇보다도 그들은 아이를 낳는다는 것이 얼마나 고통스러운 일인가를 알게 됩니다. 그들을 양육함에 있어 자리에 앉을 시간이 있습니까? 그들은 하나님의 저주가 얼마나 무서운가 알게 됩니다. 그들은 밤낮으로 돌보는 수고를 해야 하며 아이를 양육하기 위해서 그들이 먹은 고기를 젖으로 바꾸어야 합니다. 젖을 먹이는 여자들은 그렇게 합니다. 사도 바울은 여기서 귀부인을 그가 말하는 여자에서 제외시키고 자기에게 주어진 책임을 다하는 성실한 여자들에 대해서만 말하고 있습니다. 그들이 어머니가 되면 하나님께서 무엇에 순종하고 만드셨는지 알게 되고 그것을 달게 받아들입니다.

우리는 여기서 사도 바울이 똑같은 방법으로 여자들에 대해 말하고 있다는 것을 알았습니다. 만약 그들이 하나님의 명령에 기쁘고 즐거운 마음으로 순종한다면 그들의 존재와 요구했던 지위는 어떻게 됩니까? 그들의 순종은 하나님이 가납하시는 산제사가 되며 여자들에게 내려졌던 저주는 하나님께서 당신의 호의와 사랑으로 여자들을 받아들이심으로 완전히 제거될 것입니다.

물론 이방인과 믿지 않는 여자들 중에도 훌륭한 어머니가 있고 가족을 위해서 기꺼이 고통을 감수하는 여성이 있습니다. 그러나 사도 바울은 하나님을 경외하지 않으며 신앙이 없는 여자에게 똑같이 적용되는 것으로 충분하지 않기 때문에 **그들에게는 믿음과 사랑이 있어야 하고 경건한 생활을 해야 하며 앞에서 말한 대로 정절을 지켜야 한다**고 말했습니다. 우리는 이 본문말씀을 통해서 남자와 여자 모두에게 유익이 되는 좋은 교훈을 배우게 될 것입니다. 하나님께서 우리의 면전에 우리의 죄를 제시하신 것은 우리를 부끄럽게 만들려는 것이 아니고 오로지 우리를 겸손하게 만들기 위해서였습니다. 그렇게 하지 않으셨다면 우리 안에는 뻔뻔스러움이 남아 있을 것입니다. 그러므로 하나님께서 남자들과 여자들을 짝을 지어 주셨으며 우리에게 압력을 사용하셔야 했습니다. 왜냐하면 그렇게 하지 않으면 우리 안에 있는 자만심과 거만을 시정하기가 어렵기 때문입니다.

그러나 하나님께서는 항상 당신의 엄격하심을 진정시키시고 그것을 부드러움과 섞으십니다. 그래서 하나님은 우리를 풀죽게 하지 않으십니다. 그러면 하나님은 어떠한 방법으로 그렇게 하십니까? 여기에 있는 본보기를 통해 알 수 있듯이 우리가 어떠한 잘못이 있을지라도 하나님은 우리를 버리지 않으실 것이라는 희망을 주시고 또 그렇게 약속하심으로써 우리의 기를 살려주십니다.

사도 바울은 여기에서 여자들의 죄로 인한 정죄 안에도 구원의 은혜가 펼쳐져 있다는 매우 적절한 위안의 말을 해줍니다. 만약 하나님께서 여자들을 처벌하시고 나서 그들에게 멀기만 한 구원의 소망을 보여주시면 그들에게는 그것으로 충분합니다. 그들이 받는 벌 가운데서 하나님의 선하심과 하나님의 은혜를 보고서 그들이 지은 죄를 후회하게 되면 그 소망이 더욱 클 것입니다.

왜 여자들이 해산할 때 많은 고통을 당합니까? 왜 아이를 양육하는 것이 그들에게 그렇게도 힘든 일이 되었습니까? 이 모든 것은 하나님의 저주에서 비롯되었습니다. 그래서 사도 바울은 그들이 이 응징 속에서 하나님의 은혜를 느끼게 하기 위해서 한편으로 그들에게 한 가지 표본을 제시합니다. 만약 그들이 조용히 참고 하나님께서 그들을 구원하기 위해서 내리시는 이 벌에 반발하지 않는다면, 산고를 감수하고 아이를 양육하는 수고를 감당한다면 이것을 하나님께서는 즐겨 받으시고 무엇보다도 크게 기뻐하시는 산 제사가 될 것입니다. 그러면 하나님께서는 이와가 범한 죄로 인해서 더 이상 노여워하지 않으시고 계속해서 그들의 아버지로 남아계심으로 그들에게 아버지의 사랑을 증거하실 것입니다. 이러한 사실에서 여자들은 만족하고 자신들이 행복하다고 느껴야 합니다. 그러므로 사도 바울이 여기서 여자들이 아이를 출산할 때 겪는 산고를 강조한 데에는 이유가 있다는 것을 잘 알아둡시다. 그리고 여자들의 나머지 임무는 살림을 맡는 것입니다.

그러나 하나님을 조롱하고 비웃은 자들은 사도 바울이 여기서 여자들의 구원에 대해서 언급하는 것을 무시하고 비웃을 것입니다. 그들은 만약 여자들이 아이를 잉태하여 그 괴로움과 해산의 고통을 참고 아이를 출산하게 되면 다시 하나님의 은총을 받아 구원에 이르게 된다고 한 말을 이상하게 여길 것입니다.

그러나 더없이 훌륭한 재판장이신 성령께서 그러한 판결을 내리셨으니 우리에게는 그것만으로 충분합니다. 그러므로 우리는 그것을 이상하게 여기지 맙시다. 왜냐하면 비록 사람들은 자기 자신의 생각에 따라서 선과 악을 판별하지만 우리의 행함을 평가하시고 그 가치를 판정하셔야 하는 분은 하나님 한 분이시기 때문입니다. 하나님께서는 무엇이나 정죄하십니까? 아닙니다. 우리는 찬양을 한다는 것이 선하며 큰 유익이 되는 것이라 생각하여 거기에만 치중합니다. 반면에 우리가 제쳐놓은 것을 하나님께서는 높이 평가하시고 중요하게 생각하실 수도 있습니다. 우리는 **순종이 제사보다 낫다**(삼상 15:22)는 가르침에 사로 잡혀야 합니다.

더욱이 그렇게 하는 것은 하나님을 깔보는 불경한 자들의 조롱과 멸시를 격퇴할 뿐만 아니라 알지도 못하는 허황된 상상을 날조해서 결혼을 거부하는 위선자들의 자만을 때려눕히기 위해서입니다. 천주교 신자들 사이에서는 가정을 갖는 것이 세상적이며 오염된 것으로 여기는 사람이 있습니다. 그래서 결혼을 한 사람은 세상에 속하고 수녀나 수도사처럼 결혼을 하지 않은 사람은 교회에 속했으며 영적이라고 합니다. 그들은 이런 말을 해서 결혼을 불경스럽고 불결한 것으로 만듭니다. 그리고 교황과 적그리스도들이 결혼한 사람들을 향해서 **육신에 있는 자들은 하나님을 기쁘시게 할 수 없다**(롬 8:8)고 말하는 것도 매우 부끄러운 일입니다. 우리는 여기서 하나님과 그분의 권위를 통해서 어떤 가르침을 받습니까? 만약 수녀와 수도사들이 그들의 정절을 자랑할지라도 나태한 생활을 하면서 그것을 영적이라고 한다면 하나님께서는 그러한 생활은 몹시 저주받을 생활이라고 하실 것입니다.

그러므로 만약 한 여자가 가정을 이루어서 자녀들을 닦아주고 그들의 머리를 빗겨 주고 그들에게 옷을 입히는 일에 열심을 다한다면, 젖을 먹는 아이가 있다면 그들에게 젖을 먹이기 위해서 밤낮으로 깨어있고 추위와 더위를 참는다면, 또한 하나님이 주신 선하신 임무며 하나님께서 이것을 허락하신다는 것을 알고 이 모든 것을 기꺼이 감당한다면 이것은 하나님에게는 향기로운 제사가 됩니다.

수녀들로 하여금 약속을 지켜서 수도원과 사단의 매음굴에 남아있게 하십시오. 물론 실제로 그들은 매춘부가 아니라는 것을 알고 있습니다. 그러나 그들은 그것보다 더 나빠서 생각하기에도 끔찍한 흉악하고 가증스러운 짓을 저지르는 부도덕하고 부끄러운 소돔 사람들입니다. 거기에는 눈에 보이는 이러한 악행이 전혀 없었다고 생각합니다. 그러나 그들이 지켜왔고 주장하는 정절은 하나님께서 하라고 부여하신 임무와 비교해 보면 아무것도 아닙니다. 다시 말하면 여자가 살림을 하는 데 많은 수고를 하고 자녀에게는 깨끗한 옷을 입히는 일이 많은 사람에게는 벼룩을 잡는 일과 같이 하기 싫고 중요하게 여겨지지 않으며 부도덕하고 아무 가치가 없어 보일지도 모릅니다. 하지만 하나님께서는 그것들을 대단히 귀하고 존귀하게 여기시기 때문에 오히려 그것은 하나님이 즐겁게 가납하시는 산제사가 됩니다.

그러므로 (내가 말한 바와 같이) 여자들로 하여금 그들의 시선을 이리로 돌리게 하십시오. 왜냐하면 거기에는 그들의 모욕적인 행실을 고쳐야 할 이유가 충분히 있기 때문입니다. 그런데 어떻게 고쳐집니까? 그들이 인격을 통해서 선한 일에 전념하고 하나님께서 그들에게 명령하신 순종을 피하지 않은 때에 그것이 고쳐집니다. 왜냐하면 사람이 하나님의 부르심에 따르지 않는다는 것은 하나님에게 항쟁하는 것과 마찬가지이기 때문입니다. 하나님께서 우리 한 사람 한 사람에게 각자의 부름받은 직분에 따라서 명령하신 것을 지키는 것이 우리의 참된 규율입니다. 그러므로 여자들로 하여금 이것을 지향해야 할 푯대로 삼게 하고, 비록 세상 사람들이 그들에게 관심을 가지고 있지 않을지라도 그들이 이 세상을 사는 동안에는 그 일에 전념하라고 하나님께서 명령하셨기 때문에 그들은 그것을 지킨다고 말하게 하십시오.

여자들은 이것을 계기로 삼아서 부지런해야 합니다. 더욱이 그들에게 맡겨진 책임을 다해서 직분을 완수하게 되면 하나님께서는 그것을 좋게 받아들이십니다. 남자들은 그것을 대수롭지 않게 여기고 자기들만 대단하다고 주장합니다. '가정부의 역할을 하고 물레질을 해서 실을 짜는 일 외에 여자들이 할 수 있는 일이 더 있습니까?' 라고 물을지도 모릅니다. 사실 여자들의 물레질과 자녀들을 돌보는 일에 대해서 말할 때에 그것을 비웃고 멸시하는 바보들이 많이 있습니다. 그런데 하늘에 계시는 재판관장이신 하나님께서는 뭐라고 말씀하셨습니까? 하나님께서는 그것으로 인해서 크게 기뻐하시며 그것을 가납하시며 당신의 장부에 기록해 두신다고 말씀하셨습니다.

그러므로 비록 세상 사람들이 여자들이 맡은 직분을 멸시하더라도 여자들로 하여금 그들의 임무를 완수해서 기뻐하게 하십시오. 그러나 남자들도 그것을 통해서 가르침을 받아야 합니다. 여자들이 자신의 젖을 빨려서 자녀들을 키우고 자녀들을 닦아서 깨끗하게 해주며, 또한 해산하는 괴로움을 겪을 때에 그들은 구원을 받습니다. 마찬가지로 남자들도 자신의 가족들을 먹여 살리기 위해서 수고를 하고 '네가 얼굴에 땀을 흘려야 살 수 있다' (창 3:19)는 성경말씀처럼 수고할 때에 구원을 받게 됩니다.

모든 남자들이 자신의 직업이나 자신의 지위에 고통스럽고 괴로운 일이 있고, 혹여 그들의 가정에 어려움이 있다면 그들은 그것을 그들의 아내와 나눕니다. 그리고 하나님께서는 그들을 떨어지지 않도록 단단히 묶어서 그들을 격려해 주시고 도와주십니다. 그들은 자녀들을 위해서는 늘 깨어있으며 그렇게 하기를 참고 흐뭇해합니다. 하나님께서는 그들의 수고를 축복해 주시고 이것들은 우리가 앞에서 말한 바와 같이 하나님께 드리는 산 제사가 됩니다. 만약 이것이 마음속에 잘 새겨졌다면 결혼 생활이 지금보다 훨씬 더 좋아보였을 것입니다. 하나님을 섬기는 것을 자신의 근본적인 목표를 삼는다는 것이 무엇을 의미하는지 알고 있는 사람은 거의 없습니다. 믿는 사람들이 참석한 가운데서 거행되는 결혼식이라 할지라도 그들 대부분이 하나님께서 결혼식의 주례로 참여하고 계시는 것과 하나님의 이름으로 결혼서약을 한다는 사실은 알고 있습니까? 모릅니다. 그들의 대부분은 송아지나 짐승처럼 이곳에 왔습니다. 그들은 설교를 들었습니까? 그들은 많은 교육을 받았지만 그 내용을 말하지 못합니다. 만약 우리가 남편의 임무와 아내의 임무에 대해서 말하면 그들은 짐승들만큼도 이해하지 못합니다. 그들은 교화를 받을 만한 말을 듣게 되어도 뒤로 돌아서면 곧바로 모든 것을 잊어버립니다.

그러므로 거룩한 결혼이 심한 모욕을 당하게 되면 우리가 보는 것과 같이 심한 불화가 생기고 하나님이 후퇴를 하신다 해도 우리는 이상하게 여기지 않을 것입니다. 왜냐하면 여기에 기록된 것과 우리가 세상에서 보는 매우 부패한 상태를 비교해 보면 그보다 더 한탄하게 되기 때문입니다. 우리는 한탄함으로써 하나님에게 순종하게 됩니다. 만약 대부분의 사람들이 사도 바울이 여기에서 우리에게 가르쳐 준 교훈을 비웃고, 남자들은 온갖 방탕한 짓에 빠지고, 여자들은 나태하여 모든 수고를 면제받기만을 바란다면 모든 사람이 멸망하게 될 것입니다. 우리는 그런 사람들처럼 되지 않기 위해서 조심하고 하나님께서 행하라고 하신 그 일에 전념합시다. 만약 소가 멍에를 메게 되면 시간이 지남에 따라서 그것에 적응하게 됩니다. 우리는 우리가 지음을 받은 목적을 알아둡시다 하나님께서 우리에게 지워주신 멍에를 감당하는 방법을 배웁시다. 다시 말하면 하나님이 우리에게 주신 소명을 따르도록 합시다. 이상은 **여자들이 해산함으로 구원을 얻으리라**고 한 사도 바울의 말과 관련해서 우리가 명심할 내용을 요약한 것입니다.

사도 바울은 앞에서 믿음과 사랑과 성화와 정절이 하나님을 믿는 신자와 믿지 않는 불신자를 구별하는 도구가 된다고 말했습니다. 불신자 가운데도 선한 여자들을 발견할 수 있습니다. 그들은 겉으로는 자신이 하나님 교회의 지체라고 주장하는 여자들보다 더 선한 여자들이라고 할 것입니다. 그러나 여자들이 살림살이와 관련된 의무를 이행하고 가정을 위해서 수고를 한다는 것만으로 충분하지 않습니다. 신앙생활을 하지 않지만 세상적으로 칭찬을 받을 만한 가치가 있고 이와 같은 미덕을 겸비하고 있는 여자들은 얼마든지 많이 있습니다. 하지만 여자들이 살림살이를 위해서 그러한 고생을 하는 것이 중요한 것이 아니라 믿음과 사랑이 그것보다 우선해야 한다는 사실을 잘 알아둡시다. 다시 말하면 그들은 반드시 경건한 여자여야 합니다. 그들은 하나님을 경외하는 마음으로 다스림을 받아야 하며 우리가 앞에서 말했던 정절이 있어야 합니다. 그들에게는 사치나 겉치레를 좋아하지 않는 정절한 자세가 있어야 하고, 앞서 사도 바울이 말했던 것처럼 부끄러워하는 마음이 있어야 합니다. 이것이 여기서 내린 결론의 요지일 것입니다.

불신자와 이단자들이 선한 가정주부의 일을 다했지만 하나님을 귀하게 여기지 않아 기대에 결코 부응하지 못한다면 그것은 덕으로 인정받을 가치가 없다는 것을 우리는 알아두어야 합니다. 세상 사람들은 그것을 귀하게 여기지만 하나님은 그것을 전혀 귀하게 여기지 않는 것이 사실입니다. 만약 여자가 자녀를 해산하고 그들을 양육하기 위해서 고생을 한다면 그것이 산 제사가 됩니다. 왜 그렇습니까? 그 여자는 죄에 대한 응징이 대단히 무겁다는 것을 알고 겸손해졌기 때문입니다. 하나님께서 그러한 언도를 내리셨으니 아무도 거기에 반론을 제기하지 못하는 것이 당연하며, 만약 이러한 복종이 없다면 나머지 모든 것은 연기에 불과할 것입니다. 예를 들어 믿음으로 교육받지 못하고 어떠한 선한 교훈도 받아들이지 못해서 하나님에게 마음을 쏟을 수 없었던 여자가 가정주부의 역할을 훌륭하게 해내지 못했거나 악한 본을 보였다고 해서 손가락질이나 조롱을 받지는 않습니다. 그 여자는 하나님을 믿는 자가 아니기 때문에 이 모든 것은 아무 소용이 없게 될 것이며, 사실은 이것이 덕으로도 인정되지 않습니다.

그러므로 우리가 할 수 있는 가장 훌륭한 일도 믿음에서 나오지 않았다면 아무 가치가 없을 것이며, 하나님께서 그것을 책망하신다는 것을 잘 알아둡시다. 왜냐하면 믿음은 좋은 열매를 맺게 하는 뿌리며, 그러한 뿌리가 없다면 그럴 듯해 보이는 겉치레일 뿐이며 믿음 안에서 확실히 설 수 없기 때문입니다. 따라서 우리는 사도 바울이 여기서 믿음(Faith)이라는 말을 헛되이 더한 것이 아닙니다. 우리가 칭찬하는 것이 무엇이든지 믿음 위에 기초를 두지 않고 믿음에서 비롯되지 않으면 하나님의 칭찬을 받지 못한다는 것을 우리에게 알려주기 위한 것임을 알아야 합니다.

사도 바울은 믿음에 대해서 언급한 후에 항상 믿음과 연결되는 사랑(Charity)과 경건(Holiness)에 대해서 이야기했습니다. 우리가 세상적인 가증스러운 것을 거절하고 하나님께 헌신하는 것을 어떻게 보여줄 수 있습니까? 믿음으로 보여줄 수 있습니다. 무엇이 우리를 형제와 자매처럼 하나로 묶어줍니까? 바로 하나님께서 우리를 당신의 자녀로 택하셨기 때문입니다. 무엇이 우리를 어리석은 짓에 빠지지 않게 하고 정절을 지키게 합니까? 그것은 하나님께서 우리를 하늘나라의 유업을 받도록 불러주셨기 때문입니다. 또 우리에게 이 세상에 집착하는 자는 참된 생명과 구원이 무엇을 의미하는지를 결코 알지 못한다는 것을 보여주셨기 때문입니다. 사랑과 경건과 정절은 다 믿음에서 나온다는 것을 알아둡시다.

결론적으로 말해서 사도 바울은 여기서 인간의 공로를 주장하려는 것이 아니라는 것입니다. 그가 한 말에는 우리를 구원받게 하는 것은 선행에 있지 않으며 여자들도 그들의 임무에 전념해서 구원얻는 것이 아니라는 뜻이 있습니다. 그래서 사도 바울은 만약 사람들이 선한 일을 한다면 하나님이 그들에게 신세를 지게 되는 것이고, 또 그들에게 어떤 보상을 해주어야 하는지 논쟁할 필요가 없다고 합니다. 왜냐하면 그런 일은 없기 때문입니다. 그는 하나님께서 당신의 긍휼하심으로 황공하게도 그것을 받아들이지 않는다면 그것은 아무 가치가 없는 것으로 간주된다는 말로 우리를 위로하고 격려해 줍니다. 그러므로 사도 바울이 여기서 그런 말을 한 것은 오로지 남자나 여자나 똑같이 그들이 맡은 책임과 의무를 성실하게 완수해야 한다는 것을 우리에게 알려주기 위해서라는 것을 알아둡시다.

우리 주님께서는 비록 그들이 하는 일이 아무 가치가 없더라도 황공하게도 그 일을 보살펴 주시고 허락하실 정도로 너그러우시고 친절하십니다. 바울은 이것을 알려주려고 했습니다. 만약 우리가 공로를 내세우고 그 공로로 인해서 의롭게 된다면 그것은 사도 바울이 한 말을 왜곡하는 것이 될 것입니다. 그러니 하나님의 긍휼하심과 우리의 죄를 깨끗이 씻기 위해 예수 그리스도께서 흘리신 피로 구원받는 것에 우리는 만족하고 감사할 뿐입니다. 우리 주 예수 그리스도께서도 하나님이 이러한 방법을 통해서 우리를 구원으로 인도하신다는 것을 아시고 그 고통을 감수하신 것입니다. 하나님께서 우리를 구원으로 인도하실 때에 우리는 구원을 받을 자격이 있다고 말해서는 안되며, 오직 그것은 하나님께서 정하신 방법이라고 말해야 합니다. 그리고 우리 각 사람은 자신을 온전히 하나님께 내보이고 결연히 일에 나아가야 할 것입니다. 한편 우리의 대화가 화기애애하게 이루어지도록 하고 모든 선한 조치에 승복할 준비를 하도록 합시다 하나님께서 그 조치를 세우셨기 때문에 그것은 우리에게 유익을 주고 이로울 것입니다.

20

"미쁘다 이 말이여, 사람이 감독의 직분을 얻으려 하면 선한 일을 사모한다 함이로다. 그러므로 감독은 책망할 것이 없으며 한 아내의 남편이 되며 절제하며 근신하며 아담하며 나그네를 대접하며 가르치기를 잘하며 술을 즐기지 아니하며 구타하지 아니하며 오직 관용하며 다투지 아니하며 돈을 사랑치 아니하며 자기 집을 잘 다스려 자녀들로 모든 단정함으로 복종케 하는 자라야 할지며"(딤전 3:1-4).

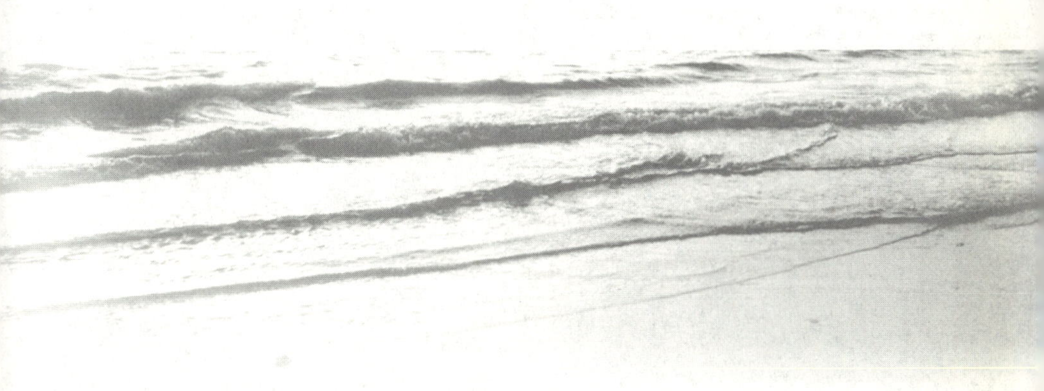

사도 바울은 앞에서 여자들이 가르치는 것을 금했습니다. 그래서 우리는 모든 남자들은 무조건 이 직분을 맡아야 된다고 생각했을지도 모릅니다. 그러나 지금 여기서는 그 직분이 남자라고 해서 누구나 맡을 수 있는 것이 아니라는 것을 보여줍니다. 그리고 무엇보다도 하나님께서 여자들이 가르치는 것을 허락하지 않으시고, 그들에게 가르치는 귀한 직책을 내려주지 않으셨다고 해서 그것에 마음쓰지 말라고 했습니다. 왜냐하면 남자들 중에도 그 직분을 감당하기에 충분치 않거나 합당하지 않은 사람이 있기 때문입니다. (사도 바울이 말하는 바와 같이) 이 직분에 피택되어야 할 사람은 탁월해야 합니다. 그러므로 우리는 여자들이 거기에서 제외되었다고 해서 이상하게 생각하지 않아도 됩니다.

이러한 까닭으로 그는 이 문제를 다룸에 있어서 먼저 사역자는 어떤 사람이어야 하는지를 알려주고 있습니다. 이 말은 이미 그 직분에 부름을 받은 사람에게 교훈될 뿐만 아니라 모든 사람에게 하나의 규율이 될 것입니다. 그렇게 해서 직분에 적합하지 않은 사람, 혹은 하나님의 말씀을 오히려 망신시키거나 하나님의 말씀을 존귀하게 하기보다는 천하게 만드는 자는 택하지 못하게 했습니다. 사도 바울은 이러한 목적으로 말한 것입니다. 사도 바울은 우선 여자들이 가르치는 직분에서 배제된 데 대해서 오해하는 것을 방지하고 그들이 차별대우를 받는다고 생각하지 않도록 그 직분이 아무 남자에게나 허락되지 않으며, 그것은 성별과는 관계없이 귀하고 선한 직분이라는 것을 보여주었습니다.

그러나 그 직분은 여자들의 한계를 초월하며 그들의 능력으로는 과합니다. 한 편 사도 바울은 그 직분을 모든 사람들이 함부로 넘보거나, 가르치기를 좋아하는 모든 남자들에게 열려 있다는 생각을 하지 않도록 거기에는 선택이 있어야 한다고 했습니다. 그리고 이 선택이 이미 부름을 받는 사람들에게는 그들의 교훈이 되어 야 할 뿐만 아니라, 사역자를 선택하게 될 때에도 이 규율과 규례를 지켜서 우리가 맨처음에 오는 사람이 아닌 그의 능력과 적성을 보고서 선택해야 할 것입니다. 이 러한 까닭으로 그는 **"미쁘다 이말이여, 사람이 가르치는 직분을 얻으려면 선한 일을 사모한다 함이로다"** 라고 말했습니다. 그리고 우리가 알고 있는 바와 같이 선한 것 에는 많은 어려운 문제가 있기 마련입니다. 따라서 사람들은 그 일의 중요도에 따 라서 고생을 해야 합니다. 만약 어떤 사람에게 가볍게 해치울 수 있는 문제가 생기 면 그것을 쉽게 처리할 것입니다. 그러나 큰 문제에 부닥뜨리면 그는 모든 지혜를 그리로 쏟아부을 것이며 그에 대한 만반의 준비를 해야 할 것입니다. 장사도 대단 한 재주이기 때문에 장사꾼에게는 훌륭한 은사가 있어야 합니다. 만약 장사가 방 법에 불과하다면 제일 먼저 거기에 응모한 사람이 채용될 것입니다.

이러한 뜻과 목적으로 사도 바울은 감독의 직분은 선한 일이라고 했습니다. 여 기서 우리가 명심할 것은 감독(Bishop)이라는 말이 천주교에서 흔히 말하는 그의 주교의 홀장과 같이 함부로 권위를 부리고 우상을 만드는 것을 의미하지는 않습니 다. 그러나 목자(Shepherd), 목사(Minister), 감독(Byshop), 장로(Elder)라는 말 은 성경에서 다 똑같이 하나님의 교회 안에서 가르치고 하나님의 전을 다스리라는 소명을 받은 사람들을 의미합니다. 스스로를 성직자라고 자칭하는 자들을 더럽혀 서 침몰시키는 교황과 그의 부하들 모두가 신성한 것들을 모두 망쳐 놓았기 때문 에 사람들에게 비난을 받을 만합니다.

그러나 우리는 사단을 제멋대로 하게 내버려두어서 그가 하나님께서 인정하신 선한 것들을 파괴하도록 해서는 안됩니다. 천주교의 성당은 사단의 매음굴에 불과 하고 우상숭배만이 있는 곳입니다. 그럼에도 불구하고 하나님께서 그 성전을 약간 은 인정해 주시기 때문에 마귀에게는 하나님이 제정하신 것들을 폐할 권리가 없는

지도 모릅니다. 그러면 우리는 어떻게 해야 합니까? 우리는 악습에 대해서 깊이 생각해 보고 그것을 정죄하고 거기에서 빠져 나와야 하며 하나님께서 제정하신 규율을 어떠한 방법으로도 어겨서는 안됩니다. 비록 그것이 오래되었더라도 사악하기는 마찬가지입니다. 더욱이 교황과 그의 성직자들이 감독이라는 직명을 다른 사람보다 높은 지위에 있는 사람에게 쓰거나 혹은 낮은 지위에 있는 신부(Priest)에게 쓰기도 한다는 것은 일을 몹시 그르치는 악한 짓입니다. 왜냐하면 이것은 성령이 하신 말씀의 권능을 감소시키려는 짓이기 때문입니다.

우리가 제일 먼저 시정시켜야 할 것은 성경 말씀의 일점 일획도 바꾸지 않는 것입니다. 비록 우리가 성경에 있는 내용을 굳게 지키더라도 별안간 탈선을 해서 정도에서 벗어나 곧바로 할 말을 잊어버리게 될지도 모릅니다. 성령께서는 하나님의 말씀을 전하는 사역자로 임명을 받고 교회를 다스리도록 선택받은 사람들을 '목자'(Shepherd)라고 부르셨습니다. 하나님께서는 우리를 양떼와 같이 당신의 규율에 따라 변하게 하시며 당신의 목소리로 인도함을 받고 조용히 다스림을 받도록 스스로 거느리시고 계시기 때문에 그렇게 부르셨습니다.

교회는 양떼로 비유되기 때문에 하나님의 말씀을 통해서 교회를 다스리라는 소명을 받은 사람은 '목자'라고 불리었습니다. 그리고 목자라는 말은 '장로'(Elder)를 의미하기도 하는데 나이가 아니라 직분에 따라 그렇게 불렀습니다. 언제나 이처럼 다스리는 사람을 장로라고 불렀는데 이교도들도 그렇게 불렀습니다. 그리고 성령께서도 장로라는 이름을 하나님의 말씀을 전하라는 택함을 받은 사람에게 주셔서 그러한 유사점을 계속 지속시키셨습니다. 성령께서는 양떼를 감시하는 사람을 감독(Bishon)이라고 부르셨는데 그 이유는 이 직분으로 부름받은 것이 얼마나 큰 영광인지 알려주기 위해서입니다. 그들은 영혼을 구원하기 위해서 보내심을 받았기 때문에 결코 태만해서는 안되며 그를 위해 헌신하고 조심하고 고통을 감수해야 합니다. 이제 우리는 이 말들이 쓰인 연유를 알게 되었고, 성령께서 그 이름들을 우리에게 주셨으니 우리는 그들이 선하고 경건하게 사용되도록 해야 합니다.

"이제 사람이 감독의 직분을 얻으려면 선한 일을 사모한다"라고 한 말씀에 대해서 생각해 봅시다. 사도 바울은 하나님의 교회의 목자가 되려는 사람은 우선 그 직분의 어려움을 알아야 한다고 했습니다. 그 일의 어려움을 모른 채 마치 그것이 쉬운 일인 것처럼 생각없이 끼어들어서는 안됩니다. 그 직분은 힘들고 귀하기 때문에 그가 위에 계시는 하나님으로부터 은혜와 능력을 받지 못하면 그 직분을 유지해 나갈 수 없다는 것을 그에게 알려주십시오. 사람이 이런 일에 쓰임을 받으려면 탁월한 지혜와 많은 지식과 그밖의 필요한 은사가 있어야 합니다. 그는 어리석은 욕심과 천박한 동기에 자극을 받아서는 안되고 자신이 거기에 필요한 모든 것을 갖고 있지 않는 한 그 직분에 합당하게 되는 것이 불가능하다는 것을 잘 알고 있어야 합니다.

그리고 사도 바울은 이것을 더 확실하게 하고 우리로 하여금 그것에 대해서 곰곰히 생각해 보게 하기 위해서 **"미쁘다 이 말이여"**라는 말로 시작을 합니다. 그가 한 말에는 다음과 같은 뜻이 담겨 있습니다. 우리는 자신을 돋보이게 하려는 사람을 많이 보게 됩니다. 사람이 이 일에 참여하기 전에 그 직분이 안고 있는 어려움에 대해서 사전에 오랫동안 생각해 보게 하십시오. 그러면 그는 자제를 하게 되고 전과 같은 고집은 부리지 않게 될 것입니다. 바울은 이 이야기를 통해서 이것을 우리에게 이해시키려고 했습니다. 그가 주는 교훈에 대해서는 특히 남자들의 욕망이 너무 뜨겁고 자기 자신을 대단히 강력하게 내세우며 그것을 강제로 억제하지 않으면 제지할 수가 없기 때문에 더 많은 생각을 하게 될 것입니다.

그러나 우리가 그 문제에 대해서 더 깊숙히 들어가기 전에 한 남자가 그러한 직분을 사모하는 것이 하나님을 노엽게 해드리는 것인지, 또는 그렇지 않은지를 물어올지도 모릅니다. 왜냐하면 그러한 열망은 야망에서 비롯된 것처럼 보이기 때문입니다. 열망한다는 것은 항상 악하고 헛된 일입니다. 그러나 사도 바울은 여기서 야망에서 나온 욕망에 대해서 언급하고 있는 것이 아닙니다. 다시 말하면 사람이 자신을 영화롭게 하겠다는 허영심에서나 자신이 중요한 인물로 여겨지고 명성을 얻거나 치부를 하기 위해 직분을 맡으려고 한다면 그것은 볼 것도 없이 아무 가치가 없는 것입니다. 그러나 사도 바울은 여기서 다른 욕망에 대해서 말하고 있습니다. 사실 그 당시에는 하나님의 말씀을 전하는 사역자나 목자가 되려면 순교자가 될 위험을 각오하지 않으면 안되었습니다. 기독교 신자들은 박해를 받고 어떤 방법으로든지 믿음을 고백한 사람의 머리 위에는 죽음이 대기하고 있었습니다. 어떤 경우에는 목자들이 훨씬 더 잔인한 대우를 받았습니다. 사도 바울이 그러한 욕망에 대해서 말함에 있어서는 우리는 그 당시의 환경을 중요하게 여겨야 합니다. 그 당시에 어떤 사람이 교회를 섬길 각오를 했다면 거기에는 그가 오늘이나 내일 단두대로 갈 준비가 되어 있어야 한다는 조건이 따랐습니다.

오늘날에는 기독교 신자들이 천주교 신자들에 의해서 수시로 함정으로 끌려가는 것을 보게 됩니다. 그렇게 하는 것은 천주교 신자들이 기독교 신자들을 묻어줄 만큼 친절해서가 아니라 죽음이 기독교 신자의 목전에 있기 때문입니다. 사도 바울의 시대가 바로 그러했습니다. 그러나 이 물음에 대해서는 아직 충분한 답변이 나오지 않았습니다. 비록 사도 바울은 선한 열정에 자극을 받은 자들이 하나님의 교회를 섬기는 일을 시작하고 싶어할지도 모른다는 예상을 했지만, 뻔뻔스러움이 없이는 그러한 직분을 소망할 수 없을 것입니다. 왜 그렇습니까? 왜냐하면 그렇게 크고 중요한 책임을 완수하기에 합당한 사람을 발견할 수 없기 때문이 아닙니까?

사도바울은 고린도서에서도 이 본문말씀에 대해서 언급했습니다. 그는 이 직분은 모든 남자들의 능력과 덕을 초과하지 않는다고 말한 것으로는 충분하지 않다고 생각해서 '누가 이 직분에 합당할 수 있습니까?' 라고 외쳤습니다. 그가 말하기를 우리는 하님의 파송을 받은 사자가 되어 버림받고 정죄받은 사람들을 하나님의 은 총 안으로 끌어들여서 하나님의 자녀로 삼아야 한다고 했습니다. 그리고 그들로 하여금 하나님께서 그들을 택하고 받아들여 하늘나라의 유업으로 삼으셨다는 것 을 의심하지 않게 해야 하며, 죄 사함받은 증인이 되게 해야 한다고 말했습니다. 또 그는 "누가 이 일을 감당할 수 있겠습니까?"라고 말했습니다. 사람들은 그러한 책임을 소망할 수 없는데도 불구하고 자부심이 너무 강해서 자신의 연약함을 잊어 버립니다. 우리는 너무나 무익하기 때문에 우리 중에서 가장 합당하고 가장 훌륭 한 자가 하나님의 일을 하는 것이 당연합니다.

그러면 어떻게 하면 우리가 말하는 귀한 사자의 직분을 감당할 수 있겠습니까? 다시 말하지만 사람이 하나님의 말씀을 공개적으로, 때로는 은밀하게 전해서 하나 님의 백성들을 교화시키고 일으켜 세워야 한다는 것을 알아야 합니다. 그 밖에도 많은 것들이 있지만 그것에 대해서는 잠시 후에 다루겠습니다. 간단히 말하면 사 도 바울이 말하는 욕망은 언제나 몇 개의 어리석은 억측과 연계되어 있는 것처럼 보입니다. 그러나 바울이 여기서 한 말의 뜻은 마치 사람이 자신의 지혜와 능력만 으로도 그 직분을 감당하기에 합당한 것처럼 하나님의 말씀을 전하는 책임을 맡으 려고 힘써서는 안된다는 것입니다. 우리는 사도 바울이 고린도서에서 "하나님께 서 우리 안에서 역사하시 않으시면 우리는 우리 자신에 대해 결코 좋게 생각할 수 없다"라고 한 말을 항상 명심해야 합니다.

또한 우리의 능력이 어디에서 나오는지 살펴보라고 했습니다. 비록 우리 자신 이 연약한 것을 고려하여 두려워하고 조심하지만 우리에게는 하나님께서 당신의

칼빈의 디모데전서 323

성령으로 우리를 지켜주시고 부족한 것이 있으면 하나님께서 은혜롭게 채워주신다는 확신이 있어야 합니다. 이것이 바로 사도 바울이 한 말의 뜻입니다. 그러면 만약 어떤 사람이든지 가르치는 직분을 사모하는 것이 부당하다면 그가 그것을 대비해서 공부하는 것도 소용이 없습니까? 한 사람이 성경공부에 온전히 헌신하고 그것에 전념하며 또 하나님께서 그를 당신의 종으로 배정하시기를 기뻐하신다면 그는 그 직분을 맡을 준비가 다 되어 있는 것이 아닙니까? 더욱이 우리는 이러한 소망을 가지고 우리의 자녀를 키워야 합니다.

결론적으로 말해서 하나님의 교회가 만반의 준비를 하고 있다는 것은 좋은 일이며 많은 아버지들이 이러한 감정을 가지고 있고 자녀들 또한 그것에 부응할 수 있다면 매우 바람직한 일이 될 것입니다.

그러나 사람들은 하나님과 하나님의 교회를 섬기는 일에 관심이 거의 없기 때문에 자기의 아들을 목사로 만들려는 사람도 없습니다. 다시 말하자면 사람들이 그들의 자녀를 보내서 공부를 시키는 것은 그들을 섬김받는 자로 만들겠다는 생각에서입니다. 왜냐하면 학식은 어떤 면으로나 유용하게 활용되어야 하기 때문입니다. 만약 그들이 자녀들을 성경공부에 전념하게 한다면 그것은 그들을 준비시키기 위해서입니다. 그래서 하나님께서 그들을 도와주시기를 기뻐하시게 되면 그들은 이제 어린이가 아니고 그러한 책임을 감당하는 데 필요한 모든 것을 갖추게 될 것입니다.

그러나 거기에는 생각해 보아야 할 것이 두 가지 있습니다. 그 중의 하나는 그 욕망은 어떠한 야망이나 허영심에도 감염되어 있지 않아야 합니다. 그래서 사도 야고보는 **"내 형제들아, 너희는 선생이 되기를 바라지 말라"**(약 3:1)고 말했습니다. 사람들이 그러한 욕심을 내어서 자신을 과장하고 다른 사람을 가르치고 그들보다 높이 되는 것은 훌륭한 일이며 영광스러운 일로 여겼기 때문에 이런 말을 한 것입니다. 그러나 그는 너희에게서 어떠한 야망도 발견되지 않도록 조심하라고 했습니다. 이것이 우리가 지켜야 할 가장 중요한 일입니다.

틀림없이 모든 사람들이 하나님의 교회를 섬기기만을 구한다고 주장할 것입니다. 그러나 모든 사람들로 하여금 스스로를 돌이켜 보도록 하십시오. 우리가 사람들을 만족하게 해주는 것만으로는 충분하지 않습니다. 우리는 천국의 재판장 앞에 나가서 답변을 해야 합니다. 그러므로 그들로 하여금 선을 행하고 싶은 욕망이 있다고 말하게 하십시오. 그들이 하나님의 말씀을 전하는 일에 헌신하려고 할 때에는 그들의 마음 밑바닥까지 파고 들어가서 하나님과 천사들 앞에서 떳떳할 수 있는지 살피게 하십시오. 다른 사람에게 인정받고 칭찬받으려는 욕심에 이끌리지 않고 하나님을 섬기는 일에만 전념하고 무익한 자가 되기보다 양떼를 강하게 세우겠다고 주장할 수 있는지 알아보게 하십시오. 이것이 중요합니다.

그리고 두 번째 요점으로 이 직분을 사모하는 자들은 겸손해야 합니다. 마치 그들이 기적을 행할 수 있기라도 하는 것처럼 그들 멋대로 생각하는 무모함을 보여서는 안됩니다. 자만해서는 안되며 그들의 연약함을 염두에 두어야 합니다. 그들로 하여금 계속해서 곧은 길을 걷게 하며 그렇게 어려운 책임을 맡는 것을 두려운 마음을 갖게 하십시오. 그리하여 하나님께서 그들을 인도해 주시고 만약 그들에게 어떠한 연약함이 있다면 하나님께서 그것을 보완해 주실 것이라는 확신 위에 서 있게 하십시오.

이제 우리는 사람들이 결코 목자가 되는 것을 사모하지 않고 그렇게 되는 것을 오히려 두려워하고 피하게 될 것이라고 판단해도 좋을 것입니다. 또한 한편으로는 사람들은 이러한 책임이 있는 일을 맡게 된 것에 매우 만족해 할 것입니다. 특히 그 직분은 하나님이 기뻐받으시는 산 제사며, 길을 잃고 영원한 죽음을 향해 가고 있는 불쌍한 영혼들을 구원으로 이끄는 일에 우리의 생과 사를 투자하는 일이기에 더욱 그러할 것입니다. 그러므로 이러한 조건을 갖추고 있다면 우리는 하나님의 말씀을 전하는 사역자가 되기를 소망해도 좋을 것입니다. 그러나 우리 자신의 능력을 생각해 볼 때, 우리에게 그것이 매우 힘든 일이라는 것을 알게 되면 물론 우리는 가능한 한 그것에 멀리 도망칠 것이며, 거기에서 벗어나게 된 것을 심히 다행으로 여길 것입니다.

또 우리가 이 책임을 맡게 된 상황에서 하나님께서 우리보다 유능한 사람을 부르셔서 교회를 더 훌륭하게 섬기게 하시더라도 우리는 그것을 감수하겠다는 조건이 있어야 합니다. 여기서 우리는 화를 내서도 안되고 어떠한 방해를 해서도 안됩니다. 그러나 물론 이 직분을 요망할 때에 이러한 생각을 하지 않는 사람은 바람으로 가득 찬 허풍선이에 불과하며, 만약 그에게 뜨거운 열정이 있다고 생각한다면 그는 헛된 감정에 혼을 빼앗긴 것에 불과합니다. 비록 그가 이 세상을 손 안에 쥐고 있고, 하나님과 교회를 섬기기만을 구한다고 칩시다. 또 비록 그가 구름을 타고 거리를 왔다갔다 할지라도 만약 그에게 자신을 자제할 수 있는 두려움이 없고 교회가 자신이 아닌 다른 사람에 의해서 섬겨지는 것을 바라지 않는다면 그 사람에

게는 야망과 허영심밖에 없다는 것을 알게 됩니다. **"사람이 감독의 직분을 얻으려
면"** 사도 바울의 주장과 관련해서는 이에 대한 이야기를 일단 접겠지만 범위를 넓
혀 그 말은 우리에게 좋은 교훈을 줍니다. 우리는 그 말에서 일반적인 교훈을 배우
게 될 것입니다. 즉 우리가 어떠한 신분에 속해 있을지라도 우리가 일을 맡기를 요
망하는 것은 합당합니다. 비록 그 책임이 무겁고 우리의 능력이 미치지 못하는 곳
에 있을지라도 말입니다. 더욱이 그러한 열망이 없으면 하나님을 성실하게 섬기고
그의 직분을 제대로 수행하는 것이 불가능합니다. 왜 그렇습니까? 우리가 우리의
뜻에 어긋나는 일을 하게 되면 그것은 반쪽밖에 이루어지지 않습니다. 만약 내가
내 두 다리를 뒤에서 끌어당기고 있기 때문에 두 팔을 움직이지 못한다면 그것이
무슨 쓸모가 있겠습니까? 나는 하루에 많은 일을 할 것입니다. 그러므로 우리가
어떠한 직분을 맡고 있든지 우리가 직무를 수행할 때에는 의욕적이고 마음의 준비
가 되어 있어야 합니다. 그리고 우리에게는 늘 업무가 주어지기를 바라는 욕망이
있어야 합니다.

　비록 결혼생활이 무거운 짐이 될지라도 사람이 결혼을 하고 싶어하면 그로 하
여금 모든 것을 하나님에게 맡기게 하십시오. 하나님께서 그의 가정을 다스려 주
길 바라고 하나님의 주장을 강하게 내세우기를 바라게 하십시오. 만약 어떤 사람
이 대가족을 거느리고 있다면 그 가족들이 필요한 것들을 모두 마련해 줄 수 있기
를 바랄 것입니다. 그는 하나님의 손길을 갈망하는 욕구가 있어야 합니다. 하나님
께서는 그에게 그렇게 할 수 있는 능력과 힘을 주시기를 기뻐하실 것입니다. 만약
우리가 승진을 해서 공직을 맡게 되면 어려움이 훨씬 더할 것입니다. 만약 우리가
재판관의 직분을 맡게 되면 물론 그것을 바르게 치리하는 데는 한 사람의 가정을
치리하는 것보다 훨씬 더 많은 덕이 필요합니다. 더욱이 총독의 직분을 말하자면
마음의 준비가 되어 있지 않고 의욕적인 마음이 없으면 그 직분을 감당할 수 없습
니다.

　그러나 우리가 이 직분을 열망할 때에 두려움 가운데서 조심해서 행할 것과 하
나님께 우리를 인도해 달라고 간구하여야 할 것입니다. 한편으로 하나님께서 항상
우리보다 더 유능한 사람을 그 자리에 마련해 주실 것을 기도해야 할 것입니다. 자
신의 연약함을 모르는 자는 거만하게 될 것이며, 하나님께서는 그가 불행에 곤두
박질 하는 것을 막지 않으실 것입니다. 이것이 하나님에게 기도하는 것을 중요하
게 여기지 않은 우리의 자만심에 대한 보상이며 우리가 주의하고 조심했어야 할

때에 태만히 한 것에 대한 보답입니다. 이 둘은 갈라놓아서도 안되고 갈라놓을 수도 없다는 것을 알아둡시다. 즉 우리가 어떠한 지위로 부름을 받건 하나님을 섬기겠다는 선한 욕망과 우리의 업무를 조심해서 수행해야 하는 두려움은 서로 떼어놓을 수가 없습니다. 우리가 비록 연약할지라도 하나님의 교회를 섬길 수 있으며 하나님께서는 우리를 다스리시고 인도하시기를 기뻐하신다는 것을 기억하십시오. 따라서 사도 바울은 여기에서 감독(Bishops)과 목자(Shepheards)에 대해서 명확하게 말한 것은 전 기독교인들에게 주는 일반적인 교훈, 즉 하나님께서 우리를 어디로 부르시던 상관없이 우리에게는 하나님을 섬길 욕망과 각오가 있어야 한다는 교훈을 줍니다. 우리에게 이것이 없다면 우리는 아무것도 받지 못합니다.

더욱이 우리 각 사람은 자신을 살펴보고 자신의 연약함에 대해서 생각해 보고 하나님께 우리를 기쁘게 받아주시기를 기도합시다. 또 하나님께 우리에게 있다고 생각하는 약점을 고쳐달라고 기도드립시다. 다윗이 갖고 있던 그 정절을 우리에게도 달라고 기도합시다. 다윗은 **"주님 나는 큰 일을 행하지 못했사오니 그 일은 나에게 너무 과합니다"** 라고 말했는데 그말은 **"나는 나의 눈을 들 수가 없습니다"** 라고 말한 것과 같습니다. 우리는 욥기에서 해와 달을 숭상하는 사람들을 자주 접하게 됩니다. 그들은 이 세상에서 위대한 사람이 되기만을 구하고 있습니다. 그러나 우리는 그들처럼 어리석은 자가 되지 말고 스스로를 낮추는 자가 됩시다. 그러나 만약 하나님께서 우리를 들어 쓰시기를 기뻐하신다면 우리의 목을 부러뜨리지 않도록 조심하여 너무 높이 올라가지는 맙시다. 왜냐하면 자신의 능력을 믿는 건방진 자들에게는 이런 일이 일어나지 않을 수 없기 때문입니다.

우리는 계급에 관계없이 모두 이러한 정절을 가지고 있어야 합니다. 특히 높은 직분을 맡은 사람들은 훨씬 더 정절해야 합니다. 고상하고 위대하며 귀한 덕이 요구되는 직분을 맡은 사람들은 경건한 마음과 경외하는 마음을 갖추어서 하나님께 우리를 높이 올리셨다가 파멸로 떨어뜨리지 말아 달라고 기도드려야 합니다. 그러나 만약 우리를 높이 세우시더라도 항상 하나님 밑에 있게 해주시고 만약 어느 때라도 우리가 비틀거린다면 하나님께서 우리를 붙잡아 주시고 힘을 더하여 주시기를 기도합시다. 그리고 우리가 아무리 높은 지위에 있을 지라도 우리의 마음은 여전히 낮게 해달라고 기도드립시다.

가장 높은 지위에 있는 자도 다른 사람을 겸손하게 대하지 않으면 그는 자신을 매일 파멸과 혼돈 속으로 떨어뜨리는 자가 확실합니다. 예를 들면 어떤 사람이 진리를 외친다고 할 때, 그것을 듣는 회중에게 그 설교자의 목소리는 멀리서도 들릴 뿐만 아니라 사람의 입을 통해서 전해지는 교훈이지만 매우 경건하게 받아들여지고 그 교훈에 복종하는 우월성이 있습니다. 그러나 반대로 하나님의 말씀을 전하는 직분을 맡은 자가 자신을 잘 살피지 않고 자기의 결점과 불완전한 점에 대해서 깊이 생각해 보지 않으며, 하나님에게 도움을 요청하지도 않는다면 확실히 그는 그가 맡은 이 귀한 직분에 대해서 비싼 대가를 지불하게 될 것입니다. 그는 그것이 주는 아픔을 몸으로 느낄 뿐만 아니라 매우 위태롭게 되어서 그는 결코 그 위험에서 벗어날 수 없게 될 것입니다. 그러므로 우리는 우리 자신을 잘 살펴야 할 것입니다. 그리고 사도 바울이 여기에서 하나님의 말씀을 전하는 사역자들에게 주는 교훈의 의미를 생각해 봅시다. 우리가 앞에서 다루었던 것과 같이 사도 바울은 이 직분에 부름을 받은 자들에게 교훈할 뿐만 아니라, 디모데와 목자를 선택하는 책임을 맡은 사람들에게도 경고하고 있습니다. 그렇게 해서 하나님의 교회가 모든 것을 제대로 갖추게 하고, 존귀한 직위가 더럽혀지지 않도록 하며 복음이나 교회의 전 질서를 욕되게 만드는 것을 들여오지 못하게 했습니다.

그러므로 우선 하나님의 말씀을 전하는 사역자로 택함을 받은 자들은 사도 바울이 여기서 그들에게 준 가르침에 따를 것을 확약해야 합니다. 다음으로 부름을 받은 자들과 사도 바울의 통고를 받는 자들도 그러한 직책과 직분에 대비해서 그들의 의무를 다해야 합니다. 성령께서는 하나님의 교회를 섬기는 사람들을 든든한 띠로 묶으셨는데 그것은 목자를 선택하는 일뿐만 아니라, 그들이 그 직분을 수행함에 있어서도 지켜져야 한다는 것을 명심합시다. 왜냐하면 뇌물을 받거나 사악한 방법으로 어떤 사람을 이 직분에 세우려고 하는 자와, 하나님을 경멸하고 교회의 질서를 뒤집어 놓는 자가 목자의 직분을 맡고 있다고 생각해 보십시오. 그는 교회에 아무런 도움도 주지 못하고 그의 직분을 남용하여 교회를 부끄럽게 하며 책망받게 만들기 때문입니다.

그 직분을 계속해서 그에게 맡기고 그를 지지하는 자들은 그것을 통해서 자신이 하나님의 불구대천의 원수이며 자신의 힘을 다해서 하나님에게 발길질을 하고 있다는 것을 보여주는 것입니다. 우리는 이런 광경을 자주 보게 됩니다. 왜냐하면 하나님의 교회에서 부정한 것들을 깨끗이 몰아내야 할 자들이 오히려 그러한 설교자를 모시게 된 것에 매우 만족해 하기 때문입니다. 그 이유가 무엇입니까? 죄짓기를 지속해 나가기 위해서입니다.

만약 설교자가 자신의 직분에 합당하게 행한다면 그는 그만큼 훨씬 더 대담하게 잘못을 책망하고 죄에 대항할 것입니다. 왜냐하면 목자에게 하나님을 섬길 열정이 있다면 확실히 그는 그의 임무 또한 성실하게 완수할 것이기 때문입니다. 그러나 그렇게 하지 않고 사람들을 반 벙어리로 만들려고 하는 설교자가 많은 것이 문제입니다. 그들의 말은 남에게 보여주려는 목적에서 한 것에 불과하며, 사람들로 하여금 그들이 주는 훈계를 조롱하게 해서 권위를 떨어뜨리기 위해서입니다. 그리고 이러한 이유로 사람들은 악한 자들로 하여금 하나님의 교회를 다스리는 직분을 유지해 나가게 하기 위해서 많은 노력을 합니다. 그러나 그들이 앞에서 말한 것처럼 그렇게 행함으로써 하나님의 불구대천의 원수가 되는 것입니다.

사도 바울은 여기에서 새로 이 직분을 맡게 될 사람들을 선택하는 일에 대해서 말했을 뿐만 아니라 이 직위에 어떤 사람이 용납되고 환영받는가를 보여주었습니다. 그들에게는 책망받을 요인이 없어야 하며 우리가 앞에서 말한 모든 덕을 갖추고 있어야 합니다. 또 사도 바울이 여기서 하나님의 말씀을 전하는 사역자에게는 용납되지 않는 것이라고 정죄한 흠에서 자신들이 깔끔하며 깨끗하다는 것을 보여주어야 합니다.

이제 사도 바울이 하나님의 말씀을 전하는 사역자에서 요구하는 덕목이 어떤 것인지 알아봅시다. 그가 말하기를 만약 이 직분을 감당할 사람에게 결점이 발견되지 않아야 된다고 한다면 우리는 한 사람도 선택할 수 없을지도 모릅니다. 사실 모든 사람들 가운데 가장 훌륭한 자들도 취약점과 흠이 있기 때문에 만약 우리가 그에게 완전하기를 요구하고 결점이 없기를 바란다면 단 한명의 사역자도 발견할 수 없을 것입니다. 그러나 사도 바울은 여기서 디도서에서 말한 것처럼 그에게 뚜렷한 잘못이 없어야 한다는 뜻으로 말했다는 것을 아주 분명히 보여주고 있습니다.

그러므로 하나님의 말씀을 전하는 사역자가 된 사람이라 할지라도 피조물인 인간이기 때문에 몇 가지 결점을 가지고 있는 것이 당연합니다. 그러나 그 결점들은 참아줄 수 있는 것이라야 합니다. 더욱이 우리가 율법에서 보는 바와 같이 제사장은 예수 그리스도의 역을 대신하여 하나님 앞에서는 중개인의 역할을 하며 속죄제를 드렸습니다. 그렇지만 사도 바울이 히브리서에서 말한 것처럼 그는 자신의 죄에 대한 제사를 제일 먼저 드렸습니다. 왜냐하면 제사장은 사람들 가운데서 선택을 받았기 때문에 자신이 죄인임을 고백해야 하며 다른 방법으로는 죄사함을 받을 수 없었기 때문입니다.

그러므로 하나님의 말씀을 설교하라는 소명을 받은 사람들도 역시 죄인입니다. 사실 구주이신 예수 그리스도께서는 당신의 교회에게 **"우리의 죄를 사하여 주옵소서"**(Forgive us our trespasses)라는 기도를 가르쳐 주셨을 뿐만 아니라 당신의 제자들에도 이 가르침을 제일 먼저 주셨습니다. 우리는 하나님의 도움만을 간청하는 위선자가 되지 말고 **"우리의 죄를 사하여 주옵소서"**라고 먼저 기도드립시다. 그러나 우리는 이것을 통해서 세상 사람들에게 우리에게는 한탄해야 할 죄가 많다는 것을 이해시켜야 합니다. 우리가 이 세상을 떠날 때까지 우리는 죄에서 완전히 벗어날 수 없습니다. 그러나 우리가 불완전하기 마련이라고 해서 현저하게 드러나는 어떠한 죄가 용납되어야 한다는 뜻은 아닙니다.

음행하는 자나 주정뱅이나 도둑이나 위증자나 죽을 죄를 지은 자가 이와 같이 존귀한 직분을 맡아 예수 그리스도의 역할을 대신하고 죄사함을 우리에게 증거하고 우리 영혼의 구원을 증거할 자격이 있습니까? 사도 바울의 말은 우리가 하나님의 말씀을 전하는 사역자를 임명해야 할 때에는 자신의 명예로운 이름을 더럽혀서 악명 높게 된 자를 택해서는 안된다는 뜻이라는 것을 알게 되었습니다.

그러므로 하나님의 말씀을 전하는 모든 사역자는 다음과 같은 요건을 갖추어야 합니다. 그들은 죄투성이어서는 안됩니다. 그리고 아무에게라도 그는 "당신은 교수형을 받아 마땅합니다." 또는 "당신은 올바르게 처신하지 않았기 때문에 이 존귀한 직분에 합당하지 않습니다"라는 말을 들어서도 안됩니다. 그리고 모든 시책에서 이것이 준수되어야 한다면 하나님의 교회에서 이 직분에 부름을 받으려는 사람은 비난받을 만한 일에서 자유로워야 합니다.

사도 바울은 하나님의 말씀을 전하는 사역자가 갖추어야 할 요건에 대해서 말하면서 **"그들은 한 아내만의 남편이 되어야 한다"**는 말을 첨가했습니다. 이 말은 일반적으로 두 번 결혼해서는 안된다는 뜻으로 받아들여지고 있습니다. 그러나 그렇게 해석하는 것은 웃음거리에 불과합니다. 조금 있으면 우리는 그 뜻을 쉽게 이해할 수 있게 될 것입니다. 그러나 그것을 한 아내의 남편, 즉 그는 한 교회만을 섬겨야 한다는 뜻으로 해석한다면 그것은 더 어리석고 서투른 해석이 될 것입니다. 그것은 어린애들이 만든 풍유에 불과합니다. 유대인들에게는 이러한 부조리가 오랫동안 자행되어 왔고, 사도 바울은 그것과는 다른 뜻으로 이 말을 했습니다. 유대인들은 두세 명의 아내를 동시에 거느리고 있었기 때문에 사도 바울은 이 비행을 정죄했습니다. 그것을 심하게 정죄했기 때문에 그는 어떠한 방법으로도 그것이 하나님의 말씀을 전하는 사역자 안에서는 용납되지 않기를 원했습니다.

끝으로 사도 바울이 한 말의 중요한 뜻을 한 가지 더 알아봅시다. 왜 사도 바울은 여기서 하나님의 말씀을 전하는 사역자는 한 여자만의 남편이 되어야 한다고 말했습니까? 그것은 후에 그가 첨가할 내용을 시사합니다. 그는 만약 한 사람이 자기 가정을 다스리지 못하면서 어떻게 하나님의 교회 전체를 치리할 수 있을지 문제를 제기하였습니다. 간단하게 말하자면 사도 바울은 직분에 택함을 받은 사람은 자신의 가정에서도 정직하게 처신해야 한다고 말했습니다. 그리고 이것은 다른 모든 공적인 일에서 지켜져야 할 당연한 규율입니다. 만약 한 사람이 자신의 가정을 다스리는 법을 모른다면 그가 국가를 다스릴 수 있을 것으로 간주됩니까? 낭비자로 간주되는 사람을 한 도시와 한 나라의 통치자로 만들어야 합니까? 자신의 모든 재산을 낭비하는 미친 바보며 매우 잔인한 악한인 그로 하여금 다른 사람을 다스리고 국가를 통치하게 하는 것이 합당한 일입니까? 그렇다면 얼마나 비참한 일이겠습니까? 우리가 알고 있는 바와 같이 그것은 자연에 역행하는 짓입니다.

사도 바울은 여기서 사람이 개인적으로 정직하게 처신을 해서 칭찬을 받고 정직한 사람으로 인정을 받지 못하면 그는 결코 하나님의 교회를 섬기고 복음의 교훈을 설교하기에 합당하지 않다는 것을 보여주었습니다. 그것을 명심해야 합니다. 그가 한 말은 말씀을 전하는 사역자들만을 위한 것이 아닙니다. 우리 모두가 거기에서 일반적인 교훈을 배워야 합니다. 즉 우리가 어떤 사람을 불러서 그에게 공직을 맡기려고 한다면 우리는 제일 먼저 그들이 사람들과 사이좋게 지냈는지 그리고 처신을 잘해서 항의를 받은 일이 없는지를 알아보아야 합니다. 그들이 자신의 가정을 잘 다스렸다면 온 백성도 잘 다스릴 것이라는 희망을 가질 수 있습니다.

그러나 사람들은 이런 일에 별로 주의를 하지 않기 때문에 우리가 하는 일이 혼란스럽게 되고 모든 것을 망치게 되는 것입니다. 그런데 방해물이 많고 일이 혼란스럽게 되며 사람들이 모든 것을 헛되다고 외치게 된 원인이 무엇입니까? 그 잘못은 하나님께서 우리에게 맡기신 이 존귀한 직분을 수행하는 데 따르는 어려움을 생각하지 못하고, 하나님의 이름을 망령되게 하는 그 명예를 손상시킨 우리 자신에게서 비롯되었습니다. 우리가 이것과 관련된 질서를 지키지 않으면 반드시 그와 같은 보상을 받게 될 것입니다. 또 우리가 그것에 개의치 않고 부정직한 생활을 한 그 사람을 국가의 통치자로 삼았다면, 하나님의 반대를 무릅쓰고 그와 같은 권위있는 자리에 그를 앉혔다면 하나님께서는 틀림없이 당신이 당하셨던 불명예에 대한 보복을 하실 것입니다. 그러므로 만일 모든 일이 몹시 난잡하게 되었다고 해서 이를 이상하게 여길 필요는 없습니다.

그러므로 우리는 사도 바울이 한 말의 뜻을 잘 명심해 두어야 합니다. 그의 말의 뜻은 우리가 사람을 불러서 하나님 말씀의 설교자로 삼으려고 한다면 그는 사전에 검증을 받아야 한다는 것이었습니다. 어떻게 검증을 받아야 합니까? 먼저 자신에 대한 개인적인 검증과 다음으로 그의 가정에 대한 검증을 통해서 그가 그의 가정을 제대로 다스려왔으니 하나님의 교회나 전 백성을 다스리는 일에 바르게 처신할 것이라는 희망을 우리로 하여금 갖게 하여야 합니다. 이것이 우리가 여기서 배워야 할 가르침입니다.

그리고 국가의 통치와 관련이 있는 사람들 모두를 제재하기 위해서 다음과 같은 말을 했습니다. 그들은 자신들에게 맡겨진 일들을 진지하고 겸손하게 처리하고, 경외하는 마음을 가지고 겸손하게 처신하여야 할 것입니다. 어리석고 건방지고 거만하게 자신을 내세우지도 말아야 합니다. 그리고 직분을 맡은 사람은 어떠한 직분을 맡더라도 그에 상관없이 항상 업무를 조심해서 처리해야 합니다. 특별히 하나님의 교회를 다시리는 책임이 우리에게 맡겨졌을 때에는 우리의 임무를 성실하게 완수하도록 조심을 해야 하며 하나님의 뜻을 따라야 할 것입니다. 그리고 하나님께서 우리의 구원에 대해서 많은 염려를 하고 계시다는 것도 알아두십시오. 사도 바울은 자신을 머리라고 말하지 않고 성령님의 도구에 불과하다고 말했습니다. 하나님께서는 우리가 먹이가 되어 험악한 세상에 방치되는 것을 허락하지 않으시고 적합하고 합당한 사람을 보내시어 우리를 도와주게 하십니다. 이와 같은 방법을 통해서 하나님께서는 우리에게 많은 신경을 쓰고 계시다는 것을 직접 보여 주십니다. 우리는 이것을 통해서 우리를 향하신 하나님 아버지 사랑을 알게 됩니다. 우리의 구원이 철저히 확인받는 것이 하나님께서 우리에 대해서 관심을 갖고 계시다는 확실한 증거입니다. 이것이 우리가 주목해야 할 점입니다.

21

"미쁘다 이 말이여, 사람이 감독의 직분을 얻으려면 선한 일을 사모한다 함이로다. 그러므로 감독은 책망할 것이 없으며 한 아내의 남편이 되며 절제하며 근신하며 아담하며 나그네를 대접하며 가르치기를 잘하며 술을 즐기지 아니하며 구타하지 아니하며 오직 관용하며 다투지 아니하며 돈을 사랑치 아니하며 자기 집을 잘 다스려 자녀들로 모든 단정함으로 복종케 하는 자라야 할지며"(딤전 3:1-4).

오늘 아침에 우리는 사역자란 한 아내의 남편이 되어야 한다는 말의 의미를 알아보았습니다. 우리는 먼저 사도 바울이 하나님의 말씀을 전할 사람들에게는 이러한 미덕이 있어야 한다고 요구한 이유를 알아야 합니다. 모든 믿는 자들에게는 이것이 규례가 되어야 합니다. 우리가 알기로는 하나님께서는 둘이 한 몸이 되어야 한다는 조건으로 이 규례를 만드셨습니다. 그는 셋(three) 또는 넷(four)이라고 말하지 않고 여자가 남자를 위해서 지음을 받은 것과 같이 한편으로는 남자가 여자를 위해서 지음을 받았다고 말했습니다. 그러므로 한 남자가 두 부인을 거느린다는 것은 부정한 일이며, 하나님의 뜻과 섭리를 완전히 거스리는 짓입니다. 그런데 사도 바울이 사역자들에게 이러한 덕이 있어야 한다고 말한 것이 마치 모든 사람들은 그렇게 하지 않아도 된다고 말한 것처럼 보일 수도 있습니다. 그러나 하나님께서는 결혼생활과 관련해서 이와 같이 확실하고 의심할 여지가 없는 법을 제정하셨고 지키기를 바라셨습니다. 하지만 사람들이 이 법을 지키는 일에 너무 많은 재량권을 행사하여 이것이 제대로 지켜지지 않게 되었습니다. 동방 나라에서는 이러한 경향이 빈번하게 있었습니다. 하나님을 믿는 족장들에게 여러 명의 아내가 있었다는 것은 그들이 잘못 인도되었으며 사악한 관례가 그들을 망쳐 놓았기 때문이라는 것을 의심할 여지가 없습니다. 모든 악이 자행되고 있는 나라에 살고 있는 사람이 그 악에 물들지 않게 하는 것은 매우 어려운 일입니다. 만약 술에 취하는 것이 흔히 있는 일이라면 사람들은 결코 그것을 죄로 여기지 않을 것이며 더욱이 그 짓을 기꺼이 하려고 할 것입니다. 음행도 그와 같습니다. 그러므로 우리가 자포자기하여 스스로를 허탕치게 하고 사단에게 악으로 데려가도록 맡겨 놓지 않으려면 우리 자신을 죄 가운데서 키우는 것과 같은 경솔한 짓을 해서는 안된다는 것을 알고 자신을 살펴야 합니다.

동방 나라에서는 한 남자가 두세 명의 아내를 거느리는 것이 매우 평범한 일이었기 때문에 하나님의 족장들도 다른 사람들과 마찬가지로 이러한 관례에 젖어 버렸습니다. 그러나 그들이 그렇게 된 것은 매우 부끄러운 일입니다. 물론 아브라함도 하갈을 취한 것에 대해서 비난을 받아야 합니다. 야곱이 레아와 혼인을 한 후에 라헬을 취한 것도 부정하고 부끄러운 일이었습니다. 그는 두 자매를 취함으로써 근친상간이라는 죄를 범했을 뿐만 아니라 거룩하고 거스림이 없어야 될 하나님의 규례를 어기는 또 다른 죄를 지었습니다. 물론 그가 속임을 당하기는 했지만 그렇다고 해서 그것이 용납될 수는 없습니다. 만약 야곱이 레아를 그의 아내로 여기려고 했다면 그는 레아 하나로 만족했어야 했습니다.

족장들이 외설적인 관행을 통해서 자신을 흠가게 만든 것처럼 그들의 후손들도 이것을 빌미로 해서 여러 명의 아내를 거느리는 것을 허용했습니다. 아브라함과 야곱 다음에도 다윗과 그밖의 다른 사람들이 이러한 잘못을 저질렀으며 이러한 까닭으로 한 남자가 여러 아내를 취하는 이 관행은 바울 시대에도 유대인 사이에 널리 퍼져 있었습니다. 그러나 그렇다고 해서 그것이 합당한 일은 아니었으며 그러한 나쁜 짓이 단번에 고쳐질 수도 없었습니다. 못된 짓을 한번 하게 되면 사람들이 바라는 만큼 그렇게 쉽게 그것을 물리칠 수 없습니다. 여러 아내를 취하는 것을 정죄하는 사도 바울은 이러한 일이 일어나는 것을 용인할 수 없었습니다. 때문에 그것이 죄라는 것을 알지 못하고 여러 아내를 취한 자들에게 그들의 아내를 내쫓아 버리기를 원하였습니다. 그는 평민들이 여러 아내를 거느리는 것은 죄이며 악한 짓으로 여겼습니다. 그는 또한 백성들에게 근신의 표본이 되어야 할 사람들이 그런 짓을 하는 것을 용납하려 하지 않았습니다. 하나님의 말씀을 전하는 사역자들은 다른 사람들에게 살아가는 방법의 본을 보여주어야 하기 때문입니다. 그러므로 비록 개인의 잘못은 용서받고 용납되더라도 공직을 맡은 사람의 잘못은 그만큼 더 중한 벌을 받아야 합니다. 그러므로 사도 바울은 목자에게는 이와 같은 덕이 있어야 한다고 했습니다.

이렇게 해서 이 말이 담고 있는 중요한 뜻을 알아보았습니다. 그러나 우리에게는 거기에서 우리의 교화에 유익한 교훈을 추출해 내는 일이 남아있습니다. 무엇보다도 우리는 여기서 죄를 일격에 때려 잡지 않고 그것이 널리 퍼지는 것을 용납하면 어떠한 결과가 생기는지를 알게 되었습니다. 사악한 관습이 자라서 곧바로 규율이 되고 사람들은 그들이 습관적으로 하는 것은 온당한 것으로 생각합니다. 우리는 어떤 죄가 뿌리를 내리기 전 처음 퍼지기 시작할 때에 그것을 터놓고 정죄해야 합니다. 그러므로 우리는 죄가 발을 붙이기 전에 그것을 책망하는 일에 그만큼 더 힘을 쓰고 그것이 개화하기 전에 그것에 대한 조치를 취하지 않으면 안됩니다. 어떤 병균이 일단 사람의 몸에 침입해 들어와서 퍼지게 되면 그것의 뿌리를 뽑아내기가 쉽지 않습니다. 그러나 그것이 일찍 발견되면 쉽게 그것을 멸절시킬 수 있습니다. 악한 행실과 죄도 그와 같아서 그것이 일단 만연되기 시작한 후에는 고쳐지지 않을 것입니다. 사람들은 그것을 정상적인 일로 생각할 것입니다.

나는 이 가르침을 명심하게 해달라고 하나님에게 기도드리겠습니다. 우리는 죄를 아무리 일찍 공개해도 지나치지 않다고 생각합니다. 그것을 한 개의 덕목으로 삼으십시오. 오늘날에는 사람들로 하여금 그들의 잘못을 고쳐 나가게 하는 일에 별 어려움이 없습니다. 왜냐하면 그렇게 하는데는 그렇게 큰 고통이 따르지 않기 때문입니다. 그렇기는 하지만 죄를 엄하게 벌하는 것이 하나님의 진노를 쌓아놓는 것보다 훨씬 낳습니다. 악인이 비록 사람의 손을 피했을지라도 하나님은 그들에게 똑같은 벌을 내리실 것입니다. 설상가상으로 우리가 참기 어려운 자들이 우리를 파멸시키라는 명을 받고 우리에게 보내질 것입니다. 오늘날 우리가 음행하는 자들을 처벌해 달라고 요구하면 사람들은 그렇게 해달라는 말 이외에 감히 다른 말을 하려고 하지 않는 것이 사실입니다. 그런데 다시 말씀드립니다만 그들에게는 어떠한 처벌을 내려야 합니까? 우리가 한 행음자를 처벌하는 것처럼 보이게 하기 위해서 우리는 그를 감옥으로, 다시 말하면 한 동굴로 보내기도 하고 더욱이 무허가 술집으로 보내기도 합니다. 그렇게 하는 것이 처벌이기 때문에 하나님과 하나님의 재판관들은 웃음거리가 됩니다. 그런데 처벌을 받은 음행자가 하나라도 있습니까? 많은 자들이 그것에서 도망쳤습니다. 우리는 그것을 우리의 눈으로 똑똑히 보았습니다. 이것으로 인해서 책망을 받아야 할 사람은 재판관들 밖에 없습니다. 어린 아이들이 그렇게 해달라고 외칠 수 있습니다.

우리는 복음을 믿는다고 선서를 합니다. 그러나 하나님의 이름이 망령되이 여김을 받아도 아무런 처벌을 하지 않으며 사람들은 그것을 웃음거리로 만들 뿐입니다. 그와 비슷한 죄에도 아무런 처벌을 내리지 않습니다. 우리 가운데에는 만취된 자가 하나 있는데 그는 하루나 일 년에 한 번만 술취한 것이 아닙니다. 그에게는 그것이 일상적인 일이며 술취하지 않은 때가 한 시간도 안됩니다. 그러한 자들이 술을 많이 마시게 되면 확실히 그 취기는 3일 간 계속될 것이며 그들은 바로 짐승이 될 것입니다. 그런데 이 일이 용납됩니다. 죄를 용납해주는 관용을 통해서 우리가 얻는 것이 무엇입니까? 무엇보다도 우리는 장작을 높이 쌓아 올릴 뿐이며 하나님의 진노가 일거에 그것을 폭발시키십니다. 우리가 우리의 비행을 오랫동안 키우고 나면 하나님께서는 갑자기 그것을 들추어내시어 우리를 부끄럽게 만드십니다. 그렇게 되면 우리는 우리에게 자화자찬하는 경향이 많다는 것을 알게 되고 밀린 대가를 하루에 다 갚지 않으면 안됩니다.

그러나 우리는 죄를 제때에 처벌하기 않으면 어떠한 결과가 되는지 알게됩니다. 예를 들면 한 술주정뱅이의 무절제한 행위를 시초에 처벌하지 않으면 그는 먹고 마시는 데 그의 재산을 탕진하게 되고 불쌍하고 비참한 시체가 되어 산산조각이 나지 않을 수 없게 됩니다. 그리고 그는 필요한 돈이 떨어지면 어쩔 수 없이 소매치기와 도둑질을 하게 됩니다. 사람이 흥청망청 먹고 마시는 일에 빠지게 되면 그짓에서 벗어나는 것이 불가능합니다. 그런데 누가 그를 그렇게 만들었습니까? 그것은 물론 그의 잘못을 많이 참아주었기 때문에 생긴 일입니다. 음행도 그와 같습니다. 사람이 악을 행하기 시작했을 때에 처벌하지 않으면 그는 그짓을 여섯 번이고 일곱 번이고 되풀이하게 되어 그만큼 대담하게 됩니다. 마귀가 그의 눈을 가려서 그는 점점 더 사악하게 되어 마침내는 살인자가 되어 그의 죄값으로 교수형을 당하게 됩니다. 하나님을 해치는 자를 처벌하지 않는 것을 하나님께서 보시게 되면 하나님은 어쩔 수 없이 그들에게 많은 불편을 주셔서 당신의 이름을 경멸한 데 대한 대가를 직접 지불하십니다. 우리가 우리의 죄를 참아줄 때에 이러한 보상을 받게 됩니다.

그러므로 만약 우리가 죄가 더 크기 전에 그것을 잘라버리지 않으면 그 죄가 점점 자라서 우리가 적절한 조치를 취하려고 하나 그렇게 할 수 없게 될 것이라고 한 사도 바울의 말을 통해서 가르침을 받아야 합니다. 사도 바울은 에베소서를 통해서 무익한 독초를 뽑아버려서 그들이 우리 가운데서 싹을 틔우지 못하도록 조심하라고 우리에게 권고하였습니다. 그러므로 우리는 이러한 일에 주의를 하고 전보다도 더 열심을 내어서 우리 안에 발을 붙인 죄를 소탕할 적절한 대책을 세우도록 합시다. 사람들이 일단 사단에게 문을 열어주어서 죄가 그들 한가운데로 들어와 통치하게 한다면 하나님께서는 그들이 몹시 난잡한 악당이 되는 것을 묵인하시게 됩니다. 그래서 그들은 분별력을 완전히 잃게 됩니다. 누군가가 우리에게 죄에 대해서 어떻게 생각하느냐고 말을 걸어올 때에 우리에게 죄를 좋아하는 기미가 조금이라도 있다면 모든 사람들은 그것을 알 수 있습니다. 그때에 우리는 그것은 부끄러운 일이며 용납되어서는 안된다고 말할 수 있습니다.

그러나 우리가 일단 어떤 못된 짓을 용납해 주어서 우리 모두가 그것에 빠지게 되면 우리는 그것을 처벌할 생각을 더 이상하지 않게 되고 아무렇지도 않게 여기게 됩니다. 그러면 하나님께서는 그것에 대한 벌로 우리의 눈을 가리게 되고 우리는 우리의 눈이 가리워졌기 때문에 우리의 더러운 죄를 더 이상 보지 못하게 됩니다. 악취가 나는 곳에서 오랫동안 생활한 사람들은 냄새를 맡지 못하게 되고 소음을 오랫동안 들은 사람들은 귀머거리가 되어 더 이상 소리를 구별할 수 없게 되는 것처럼 자신의 그릇된 행실과 죄를 과장하는 자들도 그렇게 됩니다. 그래서 하나님께서는 어쩔 수 없이 그들에게서 모든 이성과 지식을 가져가시기 때문에 그들은 더 이상 선과 악을 구별할 수 없게 됩니다. 그러므로 우리는 그러한 징벌을 받지 않도록 합시다. 하나님께서 우리에게 그것을 피하는 방법을 일러주실 정도로 친절하시고 관대하실 때에 그것을 피합시다.

다시 말하면 우리가 이 사람 저 사람의 예를 들추어내게 되면 하나님께서 우리를 용서해 주실 것이라고 생각해서 우리 자신을 옛 선조들이 사용했던 어리석은 가면으로 가리지 않도록 주의해야 합니다. "하나님이시여 그 사람이 그렇게 했으니 우리가 그렇게 하는 것도 온당하지 않습니까?" 그렇게 말하는 것은 마치 사람이 율법이나 하나님의 진리를 해쳐도 좋다는 말과 같습니다. 하나님은 무엇을 허락하시며 무엇을 정죄하시는지를 우리에게 보여주십니다. 그런데 사람이 하나님께서 이룩해 놓으신 것을 폐할 수 있습니까? 그렇게 한다는 것은 이치에 맞지 않다는 것을 알고 있지 않습니까? 우리는 뛰어난 인물이나 하나님에게 크게 쓰임 받는 종이 저지른 잘못은 죄가 아니라고 생각합니다. 그러한 일이 아브라함에게 일어났습니다.

경건함과 완성의 모형이었던 아브라함을 보십시오. 이러한 이유로 사람들은 그가 여러 아내를 거느렸던 것을 죄로 여기지 않았습니다. 그가 자신을 억제하지 못하고 악한들이 했던 것처럼 자신을 즐겁게 하는 일에 빠지게 된 것은 육신의 욕망 때문이 아니었습니다. 그는 한 아내를 거느리는 것에 매우 만족해 했습니다. 그런데 그에게 그러한 잘못을 저지르도록 충동한 사람은 누구였습니까? 그의 아내 사라였습니다. 사라가 아브라함에게 그렇게 하라고 한 이유는 무엇입니까? 믿음이 부족했기 때문입니다. 사라는 자신이 늙고 병들었기 때문에 아브라함이 자신을 통해서 아이를 얻는 것이 불가능하다고 생각했습니다. 사라는 아브라함의 씨를 통해서 이 세상을 구원받게 하시겠다는 언약이 그에게 주어졌다는 것을 알고 있었지만 어리석은 생각에 붙잡혀서 자기의 남편으로 하여금 어떠한 방법으로도 정당화할 수 없는 엄청난 일을 하도록 시켰습니다.

하나님께서는 이 잘못을 그의 종 아브라함의 책임으로 돌리지 않으신 것이 사실입니다. 그러나 우리는 그것을 잘한 짓으로 여겨서는 안되며 그것을 철저히 정죄해야 합니다. 왜냐하면 하나님께서는 당신의 진리가 한 사람의 권위를 위한다는 구실로 가리워지는 것을 원치 않으시기 때문입니다. 더욱이 우리는 이러한 잘못을 저지른 자를 용서해 주기 위해서 하나님의 영광을 가려서는 안됩니다. 우리는 아브라함이 하나님의 규율을 어긴 데 대한 응징을 받은 것을 성경을 통해서 알 수 있습니다. 야곱도 마찬가지입니다. 우리는 또한 다윗에게 어떠한 일이 일어났는지도 알고 있습니다.

큰 자가 잘못을 했다고 해서 그 죄를 경감해 주는 일이 없도록 조심하십시오. 그러므로 "이 사람이 그렇게 했습니다." "저 사람이 그렇게 하라고 시켰습니다"라는 핑계를 대려고 하는 것은 어리석은 일에 불과하다는 것을 잘 알아둡시다. 자신의 삶을 온전히 하나님의 말씀이 전해 주신 규율에 따라 영위하도록 하며 우리를 그렇게 하도록 인도해 주는 사람들이 있다면 우리는 모든 노력을 기울여서 그들을 따르도록 합시다. 그러나 만약 그들이 옳은 길에서 벗어나게 되면 우리는 그들을 따라 방종한 짓을 하지 않도록 조심합시다. 왜냐하면 그것이 우리의 잘못을 용서해 주지 않기 때문입니다. 이것이 우리에게는 매우 유익한 가르침입니다. 우리의 모든 행실을 하나님의 말씀이 정해놓은 한계에 따라 단정하게 하는 것보다 더 필요한 것이 없기 때문에 그것이 우리에게 매우 유익합니다.

만약 하나님이 우리를 다스리시는 주인이 아니고 우리가 하나님의 명령에 복종하지 않는다면 우리는 어떻게 되겠습니까? 더욱이 만약 우리가 분별력이 없는 자들을 따른다면 그것은 마치 하나님으로부터 하나님의 권위를 약탈하고 하나님의 말씀을 듣지 않는 것과 같습니다. 이것이 하나님의 말씀을 해치는 짓이 아닙니까? 이것은 너무나 부끄럽고 난잡한 짓이 아닙니까? 그러므로 우리는 하나님이 내리시는 명령을 잘 듣고 그것에 전적으로 따르기 위해서 그만큼 더 많은 노력을 해야 하며 세상 사람들이 하는 짓을 따라서는 안됩니다.

천주교 신자들에 대해서 말하자면 그들이 계획을 세울 때에는 그들의 기호와 생각에 따르기 때문에 그들은 성인들을 따른다고 자랑을 하지만, 그것과는 거리가 먼 생활을 하기 때문에 하나님의 성도들이 지향했던 목표와 푯대가 무엇인지도 모릅니다. 만약 그들이 그 성도가 그렇게 했다고 말해서 한 성도의 예를 구실로 삼아 변명을 한다면 그들의 주장이 매우 타당하게 여겨질 것으로 생각합니다. 그러나 우리는 불쌍하고 무식한 인간들이 두루미처럼 걸어가다가 한 덩어리가 되어 새처럼 높이 날아갔다고 해도 놀라서는 안됩니다. 하나님이 금하시는 것은 비록 온 세상 사람들이 정반대로 행할지라도 그것을 악하게 여기며, 하나님이 명하시는 것은 비록 온 세상 사람들이 중하게 여기지 않을 지라도 선하게 여기는 것을 항상 규율로 삼아서 지킵시다. 나는 천주교 신자들이 믿음의 조상을 구실로 삼아서 자신을 변명한다고 해서 그들의 직권을 남용했다고 말하지는 않겠습니다. 그들은 성경이 우리에게 제시하는 본을 닮으려고 하지 않고 수도사나 노망들린 탁발 수도사를 닮으려고 합니다. 그러나 이러한 어리석음이 그들에게 없었다고 해도 하나님에게는 마땅히 우리를 능가하는 탁월하심이 있어야 합니다.

유대인들도 옛날에는 하나님을 섬기는 일에서 그들의 직위를 남용했습니다. 그들은 그들의 조상들이 했던 일은 무엇이나 선하다고 여겼습니다. 그들은 우리 주 하나님께서 그들에 주신 법과 규율을 경멸하고 그들의 선조들이 세운 본을 따랐습니다. 그들은 야곱이 벧엘에서 제사를 드렸기 때문에 그곳에서 제사를 드렸습니다. 그러나 하나님께서는 이것을 정죄하시고 그것을 참지 못하셨습니다. 사실 야곱에게는 벧엘이 좋은 곳이었습니다. 그러나 하나님께서 그들에게 예루살렘에서 제사를 드리라고 시키신 후에 그는 전에 사용했던 것들이 모두 잘못되었다는 것을 알게 되었습니다. 그리고 하나님께서는 그들이 하나님에게 제사를 드리기 위해서 그곳에 지은 그 집은 사악하고 온당치 않다는 것을 보여주셨습니다. 왜냐하면 하나님께서는 사무엘상에서 우리에게 보여주신 것처럼 순종을 제사보다 중히 여기시기 때문입니다(삼상 15:22).

우리는 그것을 **"우리 조상들은 이 산에서 예배하였는데"**(요 4:20)라고 말한 사마리아 여인에게서도 볼 수 있습니다. 그러나 예루살렘 성전을 세우라고 명령하신 하나님은 그들이 다른 사람들이 그렇게 했다는 것을 구실로 삼아서 하나님의 말씀에서 벗어나는 짓을 원치 않으셨기 때문에 그 여인이 한 말은 아무런 의미가 없습니다.

사도 바울이 이 본문말씀을 통해서 우리에게 알려주려고 한 내용과 관련해서 우리는 아내를 여럿 두는 것이 사악한 풍습을 통해서 습관화 되었다는 것과 특히 사람들이 믿음의 조상들을 너무 많이 따랐다는 사실을 명심해야 합니다. 사실 성경은 우리로 하여금 겸손해지는 법을 배우게 할 목적으로 믿음의 조상들에게는 덕이 있지만 약점도 있다는 것을 분명하게 보여줍니다. 말라기 선지는 비록 남자들이 선조들이 그렇게 했다는 것을 구실로 삼아서 자신을 합리화시키려 했지만 여자들이 그렇게 하도록 시켰기 때문에 일어난 일이라고 그의 불만을 피력했습니다(말 2:16). 남자가 결혼을 한 후에 자기의 아내를 버리고 멍에를 같이했던 동료와 헤어진다면 그는 서약을 어긴 자이며 표리가 있는 사람이며 인간 사회에서 추방을 당해 마땅한 자입니다. 그러나 그러한 죄를 참아주기까지 한다면 여러 아내를 거느린 자들도 용서해 주어야 한다고 선지는 말했습니다.

여러분은 여러분의 부인을 괴롭히고 슬프게 하고 곤경에 빠트렸기 때문에 그들이 하나님이 섬기는 것이 불가능합니다. 우리가 잘 알고 있는 대로 여자들은 질투심으로 인해서 어떠한 방법으로도 서로 서로를 참아주지 못합니다. 그럼에도 불구하고 그들은 하나님의 제단으로 나와서 울부짖습니다. 주님이 말씀하시기를 "나는 마지못해서 그 불평을 듣고 있다"고 하셨습니다. "너희들이 그러한 말다툼을 하고 있을 때에 나는 너희들에게 호의를 베풀 수 있을 것이라고 생각하느냐?" 말라기 선지가 남자들이 그렇게 했기 때문에 그들도 용서받게 될 것이라고 생각하는 것은 잘못이라고 말한 이유를 우리는 알게 되었습니다. 그들에게서 그러한 도피처를 빼앗기 위해서 하나님은 그들을 설복시키십니까?

하나님이 내리신 첫 번째 법령을 살펴봅시다. 우리를 지으셨으며 우리의 아버지이신 하나님은 한 남자만 만들지 않으시고 한 여자를 만들어서 그와 짝을 이루게 하시지 않았습니까? 하나님은 한 남자에게 두세 명의 여자를 주실 수도 있었습니다. 하나님에게는 풍성한 능력이 있기 때문입니다. 그럼에도 불구하고 하나님은 한 명의 아담에게 세 명의 이와를 주지 않으시고 한 명의 돕는 배필을 지으리라고 말씀하셨습니다. 거기에는 한명의 배필에 대한 말밖에 없습니다. 다시 말하면 한 명의 남자와 짝지워 주신 한 명의 여자에 대한 말밖에 없습니다. 말라기 선지는 그들은 하나님이 우리에게 주신 규율을 어떠한 방법으로도 손상시켜서는 안된다는 것과 우리는 거기에서 조금도 벗어나서는 안된다는 것을 보여줌으로써 사람들이 주장할 수 있는 모든 예를 잠재워 버렸습니다.

이어서 사도 바울은 **"하나님의 말씀을 전하는 사역자는 한 아내의 남편이 되어야 한다"**고 말했습니다. 그는 사사로운 사람에게는 용납될 수 있는 것이 공직을 맡은 사람에게는 정죄를 받을 수 있다는 것을 보여줍니다. 죄가 누구에 의해서 저질러 졌건 모든 죄가 언제나 정죄를 받아야 한다는 것이 아니고 노동자, 이름이 없는 사람은 뚜렷한 잘못을 했어도 세상이 어떻게 돌아가든 그를 엄하게 다루어야 한다는 강력한 반대가 없는 한 용서를 받아서 조금씩 고침을 받아 온전하게 해도 좋다는 뜻입니다. 그러나 다른 사람에게 길을 밝혀주는 등불이 되어야 할 사람과 갈길을 인도해 주어야 할 사람과 표본이 되어야 할 사람이 문란한 행실을 한다면 그는 마땅히 벌을 두 배로 받아야 합니다. 왜 그렇게 해야 합니까? 왜냐하면 말씀을 전하는 사역자는 깨달음을 주어야 하기 때문에 다른 사람에게는 용납될 수 있는 것이 그들에게는 혹독한 처벌을 받게 되고 용납되지 않을 수도 있습니다. 이것이 이 본문말씀을 통해서 우리가 알아 두어야 할 내용입니다.

이와 같은 이유가 권세를 가진 사람들과 모든 공직에 있는 사람들에게 적용됩니다. 변변치 못한 사람도 이와 같은 잘못을 할 수 있습니다. 그러나 그가 죄를 지어도 그 결과는 자기 자신에게 국한되며, 따라서 그것이 엄청난 걸림돌이 되지는 않을 것입니다. 그러나 하나님의 은혜를 많이 입고 높이 쓰임을 받아 멀리 떨어진 곳까지 그 명성을 떨쳤던 자가 실족하게 되면 그는 그의 능을 다해서 그의 모든 이웃을 파멸로 끌고 들어가지 않겠습니까? 만약 작은 집 한 채가 무너지더라도 그것은 아무것에도 해를 주지 않습니다. 그러나 큰 집이 무너지게 되면 그 주변에 있던 여러 집들이 부서질지도 모릅니다. 하나님이 세우셨던 사람도 그와 같습니다. 그러므로 하나님의 말씀을 전하는 자에게는 다른 사람들보다 더 엄격해지는 방법을 가르쳐 주십시오. 그리고 죄를 질책할 때에는 그들 자신이 잘못을 저질러서는 안된다는 것을 깨닫게 하십시오. 사람이 정숙하고 순진하려면 그는 이웃에게 보다도 자기 자신에게 더 엄격해야 합니다. 하나님은 다른 사람에게는 아무것도 아닌 잘못을 우리가 저질렀을 때에 우리를 책망하시니 우리 각자는 자신의 마음 속 깊은 곳을 조사해 보고 자신을 살펴보아서 **"의원들이여, 자신의 병을 먼저 고치고 나서 병든 자들에 대한 생각을 하라"**는 책망이 우리 코 앞에 닥치지 않도록 합시다. 우리가 명심해야 할 것이 바로 이것입니다.

그러나 만일 그 잘못을 고칠 수 없기 때문에 그들이 용납된다고 해도 그것이 우리가 그들에 대한 대책을 세우는 일에 최선을 다하지 않아도 되는 이유가 되지 못합니다. 그러나 우리는 유효 적절한 방안을 사용하지 않으면 안됩니다. 사도 바울은 여러 아내를 거느리는 제도를 애초에 차단해 버리지 못했는데 그것은 그 일이 선하기 때문이 아니고 그것은 그 제도가 오랫동안 지속되어온 폐단이었으며 만약 남자가 그가 속인 두 번째 아내를 버린다는 것은 너무 가혹했기 때문이었습니다. 그러므로 그 남자가 그것을 시정할 방안을 찾게 되고 남자들 스스로도 자신들에 너무 많은 재량권을 주었다는 것을 알게 되고, 두 번째 아내도 그러한 혼돈 속에 거한다는 것은 하나님이 제정하신 명령과 규율을 거스리는 짓이기 때문에 그렇게 하는 것이 어려운 일이라는 것을 알게 될 때까지 얼마 동안 그것을 용납해 주어야 합니다. 그러므로 남자와 여자가 스스로 정신을 차리게 될 때까지 아무런 조치도 취하지 않을 수 있습니다.

그러므로 만약 어떤 죄가 깊이 뿌리를 내려서 그것을 쉽게 뽑아버릴 수 없게 되면 우리가 제때에 적절한 조치를 취하지 않았기 때문에 우리 모두는 하나님께서 우리를 이렇게 벌주시는 것이 당연하다는 것을 깨닫고 슬퍼해야 합니다. 사람에게 자신을 살펴보아야겠다는 생각이 들었지만 그의 죄가 점점 더 커지면 그는 그의 잘못을 마음먹은 대로 고칠 수 없게 됩니다. 내가 여기에 누워서 번민하고 있다면 이는 내가 당연히 받을 보답입니다. 만약 내가 선한 충고를 받아들였다면 이런 불편을 피할 수 있었을 것입니다. 그러나 나는 그것을 받아들이지 않았으며 내 자신에 대해서 너무나도 몰랐기 때문에 아무 조치도 취하지 않았습니다. 그래서 지금 나는 치유가 불가능하게 되어 의원도 어떻게 해야 할지 모릅니다. 사람이 극단으로 치우치게 되면 그는 어떠한 방법으로 용서받을 수 없습니다. 그러므로 만약 우리 안에 죄가 깊숙이 뿌리내린 것을 알게 되면 그에 대한 조치를 취하도록 노력합시다. 또 우리 주님께서는 그러한 방법을 통해서 우리를 부끄럽게 하시고 혼란스럽게 하신다는 것을 알아둡시다. 그러나 사태가 어떻게 진전되더라도 우리는 하나님이 정죄하시는 것들을 고쳐나가기를 중단하지 맙시다. 그렇게 해서 죄가 너무 오랫동안 기승을 부리지 못하게 합시다. 만약 우리가 시초에 그렇게 하지 못했을 지라도 늦은 것이 하지 않는 것보다 낫다는 것을 알아두십시오.

한편 우리는 여기서 천주교인들의 경건함이 어느 정도인지 알게 됩니다. 교황은 하나님의 말씀을 전하는 사역자는 결혼을 하면 경건하게 될 수 없다고 생각했습니다. 천주교인들은 이렇게 주장합니다. 옛 율법에서는 제사장이 지성소에 들어갈 때에는 부인과 떨어져 있어야 했으며 또 그들이 하나님에게 산 제사를 드릴 때에도 그렇게 하는 것이 관례였으며 그러한 직임을 맡은 자는 결혼생활을 전적으로 거절해야 하며 여자와는 아무런 관계가 없어야 한다고 했습니다.

천주교 신자들은 그리스도 교회의 목자들은 예수 그리스도를 희생시키라는 부름을 받았다고 말해서 하나님을 모독하는 말을 하고 있습니다. 내가 알기로 미사는 가증스럽고 매우 흉악스럽습니다. 하나님께서는 우리에게 복음을 통해서 영혼의 산 제사를 드리리라고 하시는 것이 사실입니다. 우리는 그것을 통해서 하나님에게 접근할 수 있습니다. 사도 바울은 로마서에서 옛 율법에서는 제사장이 우리 주 예수 그리스도의 형상이었으며 예수 그리스도를 대신했다고 했으나 지금은 없어졌다고 했습니다(롬 13:1).

그러므로 천주교 신자들이 그들의 성직자가 결혼하는 것을 허락하지 아니하고 결혼생활을 신성모독이라고 해서 일반 백성들을 속였으니 그들의 주장은 추잡하고 불경스럽습니다. 그들은 하나님의 훈령을 그렇게도 경멸했으니 또 한번 하나님을 모독했습니다. 왜냐하면 성령께서는 **"모든 사람은 혼인을 귀히 여기고 침소를 더럽히지 않게 하라"**(히 13:4)고 말씀하셨기 때문입니다. 그러면 천주교 신자들이 혼인은 어리석고 추하고 말하게 된 이유를 알아보십시오. 그들은 이보다 더 공개적으로 하나님에게 맞설 수는 없습니다. 우리의 주 예수 그리스도의 도구였던 사도 바울은 사역자들과 하나님의 말씀을 전하는 자들이 혼인하는 것을 이상하게 생각하지 않았으며 오히려 그것을 그들이 갖추어야 할 덕목 중의 하나로 여겼습니다.

사실은 우리가 알고 있는 바와 같이 사도 바울은 혼인을 하지 않았으며 부인이 없는 생활을 했습니다. 이렇게 해서 그는 어떠한 여자도 그의 동반자로 삼지 않았다는 것을 보여주었으며 모든 남자들이 자신과 같이 되기를 소원했습니다. 그러나 만약 그가 혼인이 복음을 전하는 자들에게 필요하다는 것을 알고 있었다면 그 자신도 혼인을 해서 표본이 되었을 것입니다. 그는 여기서 혼인을 꼭 해야 한다고 요구하지 않았습니다. 그럼에도 불구하고 혼인을 귀하게 여겼으며 하나의 덕목으로 여겼습니다. 그러므로 하나님의 복음을 전하는 사역자가 혼인을 해서 가정을 이룬다면 이것은 하나님께서 허락하시는 제도이며, 비록 사람들이 그것을 정죄하더라도 하나님께서는 직접 당신의 입으로 그것을 축복해 주십니다.

더구나 모든 남자들은 스스로를 살펴보아야 합니다. 그리고 모든 남자들이 금욕할 수 있는 은사를 가지고 있는 것이 아니기 때문에 혼인을 하는 것이 유리하고 합당하다고 생각하는 남자들에게는 혼인을 하나님께서 허락하시는 대로 선하고 경건하게 활용하게 하십시오. 나는 어느 누구도 내가 혼인을 하지 않은 것을 덕으로 여기기를 바라지 않습니다. 오히려 그것은 나에게 흠이 되어야 할 것입니다. 만약 내가 혼인을 하게 되면 혼인을 하지 않은 지금보다 하나님을 더 잘 섬길 수 있게 된다면 나는 하나님과 사람들 앞에서 나는 혼인을 하고 싶다고 주장하기를 두려워하지 않습니다. 그러나 나는 나의 결점을 알고 있습니다. 아마도 아내는 나에게서 만족함을 얻지 못할 것입니다. 내가 결혼을 하지 않은 이유는 누가 무어라고 해도 하나님을 보다 더 마음껏 섬기려는 이유 이외에 다른 이유는 없습니다. 내가 나의 형제들보다 잘났다고 생각했기 때문은 아닙니다. 만약 내가 내 자신을 그릇되게 평가해서 아무 가치도 없는 것을 자랑한다면 언어도단입니다.

그러므로 모든 남자들로 하여금 우리에게 허용된 이 자유를 행사하게 하고 우리로 하여금 항상 하나님께서 교회를 부흥시키라고 우리에게 주신 그 방안을 따르도록 항상 유의합시다. 이것이 우리가 주목해야 할 대목입니다. 내가 이 대목을 자세하게 다루는 이유는 천주교에서는 신부나 주교들은 혼인하지 않는 것을 대단한 덕으로 여겨 자신들을 혼인하는 의무에서 제외시키려고 하기 때문입니다. 그러나 그들이 결혼생활을 경멸하고 혼인하지 않는 것을 덕으로 여겨서 하나님의 규례를 완전히 거슬리는 가증스러운 짓을 했기 때문에 그들에게 하나님의 무서운 보복이 임하는 것을 보았습니다. 우리가 이것을 알아야 합니다. 사도 바울은 그렇게 말한 후에 **감독은 책망할 것이 없어야 한다**고 했습니다. 그리고나서 근신하며 잘 다스리는 자가 되어야 한다고 말해서 감독은 정직해야 하며 특히 그의 행함이 세상 사람들에게 빛이 되어야 한다고 했습니다.

사도 바울은 여기서 남자가 갖추어야 할 덕목에 대해서는 전혀 언급하지 않고 하나님의 말씀을 전하는 목사의 직분을 맡은 사람은 정직한 생활을 해서 다른 사람들에게 본이 되어 그들을 깨우쳐 주어야 한다고 말했습니다. 사도 바울은 이러한 의도에서 이 직분을 맡은 사람에게 가장 필요한 것은 방심하지 않으며 절제하며 근신하며 아담해지는 것이라고 했습니다. 이것이 하나님의 백성들을 가르치는 책임을 맡은 사람이 갖추어야 할 덕목입니다. 사도 바울이 한 이 말에는 이 직분에 택함을 받을 자는 도둑질을 해서도 안되며, 살인을 해도 안되며 전체적으로 모든 죄에서 자유로워야 한다는 것을 명심하라는 뜻이 담겨있습니다. 그는 모든 나쁜 소문과 중상에서 자유롭지 못한 자가 이 직분에 피택되는 것을 방지하기 위해서 **"그는 나그네에게서도 칭찬을 받아야 한다"**는 말을 첨가했습니다.

그러나 사도 바울은 여기서 이 직분을 맡은 사람에게 하나님을 섬기는 방법을 보여주려고 마음먹었습니다. 만약 그가 절제하지 않고 근신하지 않고 아담하지 않으면 어떻게 되겠습니까? 그러므로 이 직분이 제정된 것은 태만한 자와 아무것도 하지 않는 자를 위함이라고 생각하지 맙시다.

천주교에서 주교를 세우는 과정은 이렇습니다. 먼저 신부로 만든 다음에 그의 손가락에 기름칠을 하고, 그에게 큰 면류관을 만들어 주고, 그의 머리에 뿔이 두 개 달린 주교관을 씌워주고, 손에는 구부러진 단장을 들려주고, 손가락에는 그럴 듯한 반지를 끼워줍니다. 천주교 주교의 역할을 수행하기 위해서 광대 복장을 차려입은 이 엉뚱한 친구를 보십시오.

그런데 주교는 무슨 일을 합니까? 사실 천주교의 주교는 아무 책임이 없는 자리가 아닙니다. 교회를 헌당하고 제단을 성결하게 하고 성유를 만들고 명령을 내리고 그 밖에 자질구레하고 어리석은 일을 하는 것이 그들의 임무입니다. 천주교의 주교들은 이러한 일에 몰두합니다. 그러나 물론 감독은 할 일이 많기 때문에 한가한 직분이 아니며 사도 바울이 말한 대로 선한 직분입니다. 우리 주 하나님께서 우리에게 매우 귀중하고 힘든 임무를 맡기셨으니 우리는 이 직무를 태만히 해서는 안됩니다.

그러므로 사도 바울이 여기서 신중하라고 요구한 데에는 일리가 있다고 생각합니다. 그와 같은 이유로 지혜와 진실과 정직한 생활을 요구했습니다. 사람이 그러한 생활을 하려고 조심을 하고 노력을 하게 되면 다른 사람들에게 좋은 본보기가 될 것입니다. 그에게는 지혜와 분별력이 있어서 책망하는 법과 사단이 쳐놓은 그물을 피하는 방법을 알고 있어야 합니다. 그러므로 사도 바울은 사람은 진실하며 지혜로워야 한다는 것과 그의 행실이 선해서 그의 모든 생활을 통해서 좋은 본을 보여주어서 세상 사람들에게 그가 하나님을 경외하는 생활을 했으며 그는 진실만을 말한다는 것을 알려주어야 한다고 강조했습니다. 우리는 사도 바울이 여기에서 우리의 직분에 합당한 덕목을 요구하고 있다는 것을 알게 되었으며 우리로 하여금 우리가 하나님의 말씀을 전하는 목사나 교회의 교사를 선발해야 할 때는 특별히 부르심을 받은 자들을 살펴보아야 한다는 사실 전체를 일깨워 줍니다. 그리고 무엇보다도 그들의 생활이 거기에서 주는 교훈과 일치해야 합니다. 사도 바울은 이 점을 강조했습니다. 간단히 말하면 우리가 명심해야 할 것은 바로 이것입니다.

한편 우리 한 사람 한 사람은 하나님의 말씀을 전하는 사역자에게 요구되는 덕목은 양떼들에게 본이 되어야 한다는 사실에 대해서 깊이 생각해 보아야 합니다. 목사들은 현명하며 지혜로우며 겸손하며 정직해야 한다고 말한 것은 모든 사람들로 하여금 목사들이 보여주는 본을 따르게 하기 위함이라는 것을 모든 사람들이 알고 있어야 합니다. 왜냐하면 이 말은 두세 사람만을 위해서 한 것이 아니고 모든 사람을 위해서 전체적으로 한 말이기 때문입니다. 그들은 우리를 하나님의 뜻에 따라서 올바르게 인도하기 때문에 그들의 본이 우리에게 유익이 되어야 합니다. 만약 그들이 정도에서 조금이라도 벗어나게 되면 우리는 그들의 권위를 인정해 주어서는 안되며 그들을 따라서도 안됩니다. 반면에 우리는 사도 바울이 한 말을 굳게 붙잡아 우리를 옳은 길로 인도하기 위해서 하나님의 순수한 말씀에 온전히 순종해야 하며 예수 그리스도의 제자가 된 자들을 전심으로 따라야 합니다.

22

"미쁘다 이 말이여 사람이 감독의 직분을 얻으려면 선한 일을 사모한다 함이로다. 그러므로 감독은 책망할 것이 없으며 한 아내의 남편이 되며 절제하며 근신하며 아담하며 나그네를 대접하며 가르치기를 잘하며 술을 즐기지 아니하며 구타하지 아니하며 오직 관용하며 다투지 아니하며 돈을 사랑치 아니하며 자기집을 잘 다스려 자녀들로 모든 단정함으로 복종케 하는 자라야 할지며"(딤전 3:1-4).

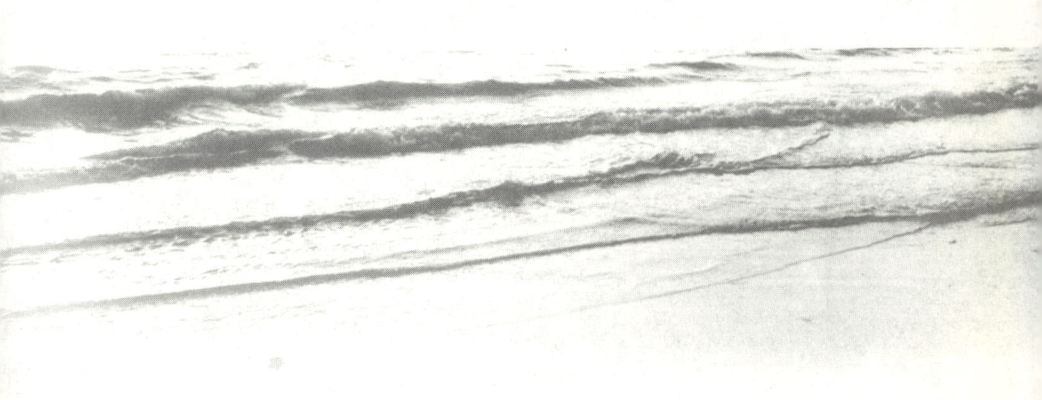

우리는 여기서 하나님의 교회의 목자로 세움을 받을 사람들에게 사도 바울이 요구하는 덕목을 구현해 달라고 간청해야할 뿐만 아니라 하나님이 지향하시는 목표도 잘 알아두어야 합니다. 왜냐하면 우리 모두는 이 말씀에 담겨있는 평범한 교훈과 가르침을 받아야 하기 때문입니다. 사도 바울은 그의 이야기의 초점을 목자를 택하는 책임을 맡은 사람에게 맞춘 것이 사실이지만 택함을 받았거나 이 직임에 부름을 받은 자들은 하나님께서 그들을 자유롭게 활동시키신 사실과 당신을 섬기라고 부르신 조건을 그들에게 보여주신 사실에 대해서 생각해 보아야 합니다.

더욱이 한 사람의 예외도 없이 모든 믿는 자 전체는 하나님께서 말씀을 전해야 되는 사람에게서 정직한 생활과 좋은 본을 요구하시는 것은 다른 사람들로 하여금 그들의 본을 따르게 하기 위해서라는 사실에 대해서 생각해 보아야 합니다. 그렇게 되면 교훈이 훨씬 더 많은 권위를 갖게 될 것이며 우리는 말씀을 전하는 자가 하나님을 경외하는 생활을 하고 있으며 그가 입으로 말한 내용을 자기의 가슴에 새겨놓았다는 것을 알게 됩니다. 사도 바울은 여기서 하나님의 말씀을 전하는 사역자가 되어야 하는 자와 택함을 받아야 되는 자들에게 하나님의 가르침을 주려고 했을 뿐만 아니라 모든 믿는 자들은 그가 여기서 제시한 규율을 따라야 한다는 것을 상기시켜 주려고 했습니다. 사실 하나님께서는 말씀을 전하는 사역자들에게 오로지 착실하고 겸손하며 직무를 조심해서 수행하라고 명령하셨으니 이것은 모든 기독교 신자들에게 똑같이 적용됩니다. 그러나 내가 앞에서 언급했던 것처럼 함께 모인 양떼들은 사람의 입에서 나오는 하나님의 말씀을 들어야 하기 때문에 말씀을 전하는 자는 자신이 진정을 토로하고 있다는 것을 정말로 보여주어야 합니다. 그리고 그가 전하는 말씀에는 위엄이 있기 때문에 그 자신이 자신의 생활을 그 말씀에 맞추는 첫 번째 사람이 될 것이며, 그는 다른 사람들이 지킬 법률을 만들 뿐만 아니라 자신도 그들과 똑같은 종이라는 것을 보여줄 것입니다. 다시 강조하지만 이것이 우리가 본문 말씀에서 주목해야 할 점입니다.

우리를 하나님에게로 인도하는 것이 어려워 보이면 보일수록 더 열심히 그렇게 할 생각을 해야 합니다. 왜냐하면 비록 이 교훈이 우리에게 주어지고 우리의 임무가 우리의 목전에 분명하게 제시되고 우리를 탈선하게 만들 장애물이 없을지라도 우리는 여전히 하나님에게 접근할 수 없기 때문입니다. 그러므로 우리는 하나님께서 우리의 부족한 점과 약점을 보완해 주시기 위해서 베풀어 주시는 온갖 도움을 주목할 필요가 있습니다. 뿐만 아니라 이 모든 것보다 더 나쁜 것은 우리가 알고 있는 대로 헛된 구실을 구하기 위해서 전심을 다하나 헛수고만을 하는 자가 많이 있습니다. 그들의 생활이 악하고 고약하면 그들의 목사가 자신들처럼 불량하다고 말할 수 있다면 그들은 더 이상 불량해 질 수가 없습니다. 그들은 자신들은 매우 정직하다고 생각하고 있습니다. 오늘날 자신의 직분에 합당하지 않은 악하고 비열한 목회자들이 많이 생기는 이유가 무엇입니까? 그것은 백성들이 그러한 자들을 목회자로 모셔서 어느 정도의 자유를 누리고 싶어했기 때문입니다.

그러므로 우리는 사도 바울이 한 말을 그만큼 더 철저히 명심해서 우리 모두가 모든 노력을 기울여서 하나님의 교회가 복음을 전하는 목회자의 정직성으로 인하여 든든하게 세워지게 해야 합니다. 그러나 그들이 나쁜 소문의 진원지가 되어서 걸림돌의 역할밖에 하지 못한다면 그들을 용납해서는 안됩니다. 그러한 목회자는 퇴출시켜야 합니다. 하나님의 교회나 하나님의 집에는 그러한 부정이 있어서는 안됩니다. 왜냐하면 정직함만이 빛을 발해야 하며 하나님께서 세우신 그 자리가 그 직분을 맡은 자들의 문란한 생활로 인해서 더럽혀져서는 안되기 때문입니다. 이것이 우리가 지향해야 할 목표입니다. 만약 일이 다른 방향으로 흐르고 있다면 그들은 그것이 하나님의 진로를 예시하는 것임을 알아야 할 필요가 있습니다. 그러므로 우리는 이 지혜가 어디에서부터 시작되었는지 알아 보아야 하며 많은 사람들은 악을 키울 뿐만 아니라 자기자신을 악으로 유혹하고 있다는 것을 알아두어야 합니다.

다시 말하지만 하나님을 성실하게 섬기는 자에게는 더 많은 특권이 있기 때문에 합당치 않은 목자들은 그들의 입을 다물고 있게 되기만을 구합니다. 만약 그들 중의 어느 누구라도 죄를 짓게 되면 그들은 그에게 박수를 보내서 그를 격려해 주어서 그로 하여금 죄를 계속해서 짓게 합니다. 그러나 만약 그가 더 이상 죄를 짓지 않게 되면 그는 그만큼 더 많은 구속을 받습니다. 그리고 우리가 이러한 비행이 우리 안에 자리잡은 것을 알게 되면 우리 주님께서 우리를 위해서 모든 완전함의 거울이 될 만한 사람을 세우시거나 파종하지 않으셨다고 해서 이상하게 생각하지 맙시다. 우리 모두는 용기를 내어서 자신에게 주어진 역할을 다합시다. 하나님께서는 당신의 말씀을 전하는 직분에 어떠한 사람을 앉히고 싶어하시는지를 이미 보여 주셨기 때문에 목회자인 그들의 생활을 이 규례에 맞추려고 노력하지 않으면 그들은 결국 무서운 응징을 당하게 될 것입니다. 그리고 모든 믿는 자들로 하여금 그들을 가르쳐 주는 사람들의 선한 생활을 통해서 그들이 가르쳐주는 교훈이 확고하게 되는 것을 보고 그 만큼 더 많은 격려를 받게 해 주십시오.

사도 바울도 히브리서에서 선한 목자가 있는 믿는 자들은 목자들이 하는 말을 잘 들어야 한다고 조언했습니다. 그렇게 함으로써 그들이 목자의 입을 통해서 들은 그 교훈을 더 철저히 따르기로 마음먹게 될 것입니다. 왜냐하면 우리가 하나님을 경외하는 생활을 통해서 우리가 사람들에게 교육한 내용을 실천하는 모습을 보여주면 그들은 우리가 다른 사람을 위해서 뿐만 아니라 우리 자신을 위해서도 그러한 교육을 한다는 것을 인식하게 될 것이기 때문입니다. 그리고 사역자들이 이러한 태도를 끝까지 유지해 나가고 그들의 대화 내용이 훌륭하고 칭찬할 만하면 그들이 주는 교훈이 더 믿음직스럽게 됩니다. 그러니 우리는 하나님께서 우리에게 많은 특전을 주실 때에 그것에서 유익을 얻도록 하고 그들의 목사가 보여주는 선한 생활을 본받지 못하는 자들은 더 중한 벌을 받게 될 것이며 하나님 앞에서 변명할 수 있는 구실이 그만큼 줄어들 것입니다.

만약 장애물이 생겨서 하나님의 말씀을 전하는 사역자가 그의 임무를 다하지 못하게 되면 우리는 일단 그것은 하나님의 진노하심을 보여주는 증거라는 것을 알고 그 잘못은 우리의 탓이라고 생각합시다. 그러니 우리는 그것을 시정하기 위해서 힘을 기울입시다. 그러나 세상이 어떻게 돌아가든 우리가 "하나님! 우리를 다스려야 할 사람들이 우리보다 나을 것이 없습니다"라고 말할 수 있으면 우리가 용서받게 될 것이라고 생각하지는 맙시다. 왜냐하면 우리 주 예수 그리스도께서 말씀하신 대로 **만일 소경을 인도하면 둘이 다 구덩이에 빠질 것**(마 15:14)이기 때문입니다. 그러므로 만일 하나님의 말씀을 전하라는 직임을 맡은 자들에 대해서 나쁜 소문이 들리고 그들이 무례한 삶을 살고 있다면 그들을 본받지도 말고 그것을 대수롭지 않게 여기지도 맙시다. 그렇지만 하나님의 교훈을 덜 숭상하지 맙시다. 하나님의 권위가 사람의 생활에 달려 있는 것이 아니기 때문에 이것이 우리가 하나님이 주시는 교훈을 경멸하는 이유가 될 수 없습니다. 사람이 하나님의 교훈을 고치거나 바꾸어서 그것을 본래대로 유지하지 않아도 됩니까? 만일 그 권위가 그들로 인해서 손상되지 않는다면 우리는 일러 무엇하겠습니까? 그러나 반대로 우리는 하나님에게 온전히 순종합시다. 비록 우리에게 어떠한 장애물이 닥쳐와도 우리는 계속해서 우리의 갈길을 가고 하나님의 말씀은 영원토록 안전하고 완전하다는 것을 알아둡시다. 우리가 우리를 가르쳐주고 우리에게 하나님을 경외하는 법을 보여주는 사람들의 본을 통해서 든든하게 되지 않으면 우리를 변명할 구실이 그 만큼 줄어들 것입니다. 왜냐하면 우리의 비열함이 훨씬 크며 우리를 도와주는 사람이 우리로 올바르게 행하게 하기 위해서 만반의 준비를 하고 있기 때문입니다.

이제 사도 바울이 모든 목자에게 가지라고 요구했던 덕목과 관련해서 간구했던 내용에 대해서 생각해 봅시다. **그들은 절제하며 근신하며 겸손해야 한다**고 사도 바울이 말했습니다. 그들은 정직해서 그들의 생활을 빛나게 해야 한다고 말했습니다. 우리가 앞에서 다루었던 것처럼 이 덕목들은 하나님의 말씀을 전하는 사역자에게만 필요할 뿐만 아니라 그들은 하나님의 이름과 하나님의 권위로 말하기 때문에 그들의 생활이 그들의 행실을 지켜보고 있는 우리를 격려해 주는 자극이 되어야 합니다.

그러한 까닭으로 하나님의 말씀을 전하는 사역자들은 덕과 선함에 있어서 다른 사람을 능가해야 합니다. 정직과 사랑과 겸손에 대해서 설교하는 자들이 그와 반대로 악하고 무절제하며 겸손이 무엇인지도 모른다면 그들은 하나님과 하나님의 말씀을 공개적으로 비웃는 것이 아닙니까? 사실은 목회자들이 그들의 직분을 제대로 감당하지 못할 지라도 하나님은 높이심을 받아야 하며, 하나님으로부터 나오는 교훈은 아무런 조건없이 받아들여져야 합니다. 다른 사람에게는 겸손하고 진실하며 절제하라고 권유하면서 자신은 그와 정반대되는 생활을 하여 하나님을 조롱하고 경멸하는 자들이 용납되어서는 안됩니다. 그러므로 사도 바울이 하나님의 말씀을 전하는 사역자들에게 이 모든 것을 구현하기를 요구한 데에는 이유가 있다는 것을 잘 알아둡시다. 우리는 이러한 취지로 그들이 우리를 어떠한 길로 인도해야 하는지를 알고 그것을 우리의 마음 속에 잘 새겨두어야 합니다. 그런데 사도 바울은 왜 목회자들의 생활에 대해서 말했습니까? 하나님이 목자를 임명해서 당신의 말씀을 전하는 직임을 맡기신 목적을 우리에게 보여주기 위해서입니다. 우리의 갈 길과 우리가 지향해야 할 푯대를 보여주기 위해서입니다.

그러므로 하나님께서 사역자들에게 현명하고 겸손하며 정직하고 진실되게 처신하라고 하신 명령에는 "나의 교회 안에서는 모든 것이 질서를 유지하게 하고, 내가 다른 사람을 인도하고, 다스리는 책임을 맡긴 자들이 앞서 가고 다른 양떼들이 그들의 뒤를 따르도록 하며, 너희는 더 말할 수 없이 진실하며 너희는 더 말할 수 없이 겸손하며 너희는 더 말할 수 없이 정직하라"는 뜻이 담겨있습니다. 우리는 이것을 통해서 하나님께서는 당신의 말씀을 강단에 올라가서 가르치는 사람들에게 국한시키지 않으시고 당신의 교회가 어떻게 다스려지기를 바라시는지를 보여주신다는 사실을 더 잘 알게 되었습니다.

특히 사도 바울은 무엇보다도 사역자들은 가르치기를 잘 하기를 요구했으니 이 덕이 그들에게만 속하기를 바랬습니다. 왜냐하면 이러한 이유로 그들이 택함을 받았기 때문입니다. 하나님의 교훈을 전하고 다루는 책임이 모든 사람에게 주어진 것은 아닙니다. 비록 어떤 사람의 믿음이 좋고 매우 경건한 생활을 하고 있을 지라도 그에게는 하나님의 말씀이 잘 받아들여지게 하는 능력이 없을지도 모릅니다. 사도 바울은 여기서 사람은 학식이 많아야 한다고 말하지 않았습니다. 학식만으로는 충분하지 않습니다. 그는 가르치기를 잘해야 한다고 말했습니다. 그는 그것에 적응해서 그것이 몸에 배어야 합니다. 학식이 많으나 이 교훈을 활용해서 다른 사람을 교화시키는 은사를 갖지 못한 사람들이 있습니다. 그래서 사도 바울은 여기서 복음을 전하는 자는 가르치기를 잘해야 한다는 합당하고 독특한 기준을 제시해 주었습니다.

우리가 다른 주제로 들어가기 전에 천주교의 신부들은 그들에게는 소위 위계제

(Hierarchy)가 있다고 주장하는 매우 뻔뻔스러운 자들이라는 것을 알아 둡시다. 그들은 우리가 교회를 분파시킨 자들(schismatics)이기 때문에 우리는 하나님의 교회에서 차단되었지만 그들에게는 거룩한 교황이 있으며 예수 그리스도께서 제정하시고 세상 끝날까지 지속될 규례가 있다고 합니다. 천주교의 주교들은 어떠한 사람들인지 알아봅시다. 그들이 강단으로 올라가는 것은 그들의 직분을 손상시키는 일로 생각하고 있습니다. 주교의 직분은 제복을 입고 반지를 끼고 그밖에 다른 잡동사니들을 달고 교회 안으로 들어오는 것으로 끝납니다. 더욱이 그들은 대낮에도 **주교의 제복**(Pontificalibus)을 입고 어린아이들에게 무섭게 보이려고 머리에는 뿔을 달고 다닙니다. 그들은 마치 그들이 성유같은 더러운 것들을 만드는 신비한 일로 고심하고 있는 것처럼 보이려고 할 것입니다. 왜냐하면 이러한 일은 고위 성직자의 몫이기 때문입니다. 그럼에도 불구하고 만일 그들이 하나님이 허락하시는 주교가 되어서 그들이 말하는 **성직정치**(Hierarchy), 다시 말하면 교회의 규례와 제도를 잘 지키려면 그들은 가르치기를 잘해야 합니다. 사람들로 하여금 천주교의 모든 주교들에 대해서 검사를 해보게 한다면 그들에게서 어떠한 지식을 찾을 수 있겠습니까? 그들은 성경말씀에 대해서 송아지가 알고 있는 것만큼은 알고 있을 것입니다.

그러나 그들은 가르치는 것 이외에 사냥을 하며 도박을 하고 음행을 해도 좋다는 허락을 받았습니다. 그러므로 그들이 교회와 국가에서 명령을 받았다고 자랑하는 것은 웃기는 일이며 심히 부끄러운 일입니다. 그들이 가지고 있는 것은 성령께서 명령하신 것에 완전히 위배됩니다. 우리로서는 그들을 정죄할 뿐만 아니라 그들의 그릇되고 헛된 자랑을 조롱해야 합니다. 만약 하나님의 교회가 천주교 신자들 가운데 있다면 우리는 어떻게 되겠습니까? 우리가 죄사함을 받을 소망이 있는 곳은 교회뿐이며 우리는 죄사함을 받은 후에야 구원의 소망을 가질 수 있으니 우리는 정죄함을 받게 될 것입니다.

그러므로 우리는 교황에게는 사악한 회당밖에 없으며 그의 신부들은 모두 추악하며 하나님의 교회를 버린 이 악한들은 모두 배설물에 불과하다는 것을 확실히 알고 있어야 하며 그것을 의심해서는 안됩니다. 비록 그리스도의 적인 교황이 하나님의 지성소에 세움을 받았을지라도 그에게는 교회의 사역자로 여겨지고 존경을 받을 자격이 없으며 그의 모든 추종자들도 그와 같습니다. 그러므로 우리는 그들이 자랑하는 것 모두를 무시하기로 결심을 해야 하며, 우리의 머리되시는 예수 그리스도와 연합되었으며 또 복음과 복음에 담겨있는 진리에 따라 믿음 안에서 하나가 되었기 때문에 하나님과 그분의 천사들 앞에서 우리는 하나님의 양떼며 하나님께서는 우리를 당신의 자녀와 가족으로 여기신다고 자랑해도 된다는 것을 알고 있어야 합니다. 또한 하나님께서는 당신의 복음을 통해서 우리들 가운데에 거하시며 임재하고 계시다는 것을 자랑할 수 있습니다. 이것이 우리가 제일 먼저 알아두어야 할 점입니다. 왜냐하면 정말로 이것이 하나님께서 우리를 참아주시고 우리를 당신의 성전으로 삼으신 확실한 근거가 되기 때문입니다. 그러니 하나님의 말씀을 전하는 사역자는 잘해야 합니다.

사도 바울은 디도서에서 자신의 뜻을 다음과 같이 더 자세하게 보여줍니다. **"목자는 미쁜 말씀의 가르침을 그대로 지켜야 하리니 이는 능히 바른 교훈으로 권면하고 거스려 말하는 자들을 책망하게 하려 함이라. 복종치 아니하고 헛된 말을 하며 속이는 자가 많은 중 특별히 할례당 가운데 심하니 저희의 입을 막을 것이라. 이런 자들이 더러운 이를 취하려고 마땅치 아니한 것을 가르쳐 집들을 온통 엎드러치는도다"** (딛 1:9-11). 하나님으로부터 감독이나 목자나 장로나 하나님의 사역자로 임명을 받을 자는 믿음에 걸맞는 교훈을 갖추고 있어야 합니다. 사도 바울은 여기서 모든 세속적인 학식을 버려야 하며 사람들은 그들의 머리로 고안해 낸 것을 실행에 옮겨서는 안된다고 했습니다. 그러나 교훈은 순수하며 믿음과 일치해야 합니다. 하나님의 교회에서 가르칠 사람은 학자여야 하며, 모든 사람보다 뛰어난 학자이신 하나님의 학교에서 배움을 받고 성장했어야 합니다. 그리고 그가 가르치는 교훈은 믿음과 일치해야 합니다. 이것이 지켜져야 합니다. 더욱이 부름을 받은 사람들에게는 이러한 은사가 있어야 합니다. 그러므로 사도 바울은 하나님에게 즐거운 마음으로 복종하고 순종하며 모든 부정적인 자들과 순수한 교훈을 가리우는 일만 하는 진리의 원수들을 거역하라고 권고합니다.

사도 바울은 여기서 참 목자와 사이비 목자를 식별하는 기준을 제시했습니다. 하나님의 말씀이 순수하게 전달되고 전해지며 우리 가운데서 범죄행위가 근절되고 정죄를 받아서 순수한 복음이 순조롭게 퍼져나가게 되면 하나님의 교회가 우리 안에 존재하고 있다는 증거입니다. 이것은 우리가 속임을 당할 수 없으며 하나님께서 우리를 당신의 양떼로 삼으셨다는 표시입니다. 사람이 아무리 우리를 비난하고 또 천주교 신자들이 아무리 거드름을 피우고 그들에게는 모든 천사단이 있다고 자랑할지라도 이것은 모두가 배설물에 불과합니다. 그들이 하나님으로부터 이러한 징표를 받지 못하는 한 그들이 가지고 있는 것은 거짓된 것에 불과합니다. 그러나 하나님의 말씀이 우리에게 순수하게 전해짐으로 인하여 우리에게는 믿음에 일치하는 교훈이 있다고 말할 수 있습니다. 우리가 죄악된 행위와 미신과 하나님의 말씀에 거슬리는 것들 모두를 몹시 싫어한다는 것은 하나님께서 우리를 당신의 교회의 권속으로 택하시고 그 징표를 우리 안에 새겨놓으신 것과 같습니다.

하나님의 말씀이 순수하게 가르쳐지고 또 사람들이 성경의 말씀을 따르고 또 순수한 교훈이 위장되거나 방해받지 않는 모든 곳에는 하나님의 교회가 존재하고 있다고 결론을 내려도 좋을 것입니다. 그러나 인간은 이것을 판단할 능력을 충분히 갖추고 있지 못하기 때문에 하나님의 교회를 판별하는 권한은 하나님께서 장악하고 계십니다. 하나님은 그것을 사도 바울의 입을 통해서 알려 주십니다. 이 선언은 취소될 수 없습니다. 하나님의 말씀이 우리에게 성실하게 전해질 때에 하나님이 우리 가운데 앉아서 우리를 다스리고 계시다는 것과 우리 예수 그리스도께서 임재하고 계시며 우리는 우리의 머리되시는 그분께 굳게 결합되어 있다는 것을 알게 됩니다. 그러니 우리에게 이러한 확신이 있다면 우리가 기뻐하는 것이 당연합니다. 하나님의 말씀이 우리에게 전해지고 우리를 깨우쳐 줄 지식과 방법을 겸비하고 있는 사람이 우리에게 있다는 것은 하나님의 측량할 수 없는 큰 은혜라는 것을 잘 알아둡시다. 그것은 하나님께서 자신의 모습을 가시적인 형상을 통해서 우리에게 보여주시는 것과 똑같기 때문에 우리가 하나님과 연합되어 있으며 하나님이 우리를 다스린다는 우리의 확신이 하나님께서 자신을 우리에게 마주 대하여 보여주실 때 보다 덜하지 않습니다.

사도 바울도 **우리의 하나님의 영광스러운 형상을 닮기 위해서 복음이라는 거울을 통해서 하나님을 바라본다**(고전 13:12)고 말했습니다. 우리는 순수한 가르침에서 이탈해 나간 자들을 모두 무시해 버려도 좋습니다. 왜냐하면 그들이 그렇게 하는 것은 마치 하나님의 교회에서 그들 자신을 제명한 것과 같기 때문입니다. 천주교 신자들은 그들이 예수 그리스도의 몸된 교회에서 이탈해 나왔기 때문에 지금은 불순분자로 여김을 받으며 주 예수 그리스도와는 아무런 관계가 없다는 것 말고는 많은 것을 자랑하려고 할 것입니다. 그들은 하나님이 주시는 표시인 하나님의 말씀을 훼손하고 왜곡했으며 거짓말을 밥먹듯 하며 우상숭배와 미신에 현혹되었으며 미신이 그들 사이에 널리 퍼져 있습니다. 따라서 우리로서는 만약 어떤 사람이 하나님의 말씀으로 교육을 받고 또 믿음의 기반 위에 굳게 서 있어서 다른 사람을 가르칠 수 있고 원수의 입을 다물게 할 수 있는 두 가지 요건을 갖추고 있지 않다면 그는 하나님의 말씀을 전하는 직분에는 합당하지 않다는 것을 알아둡시다. 만약 경험이 조금밖에 없는 사람이 그의 참모들도 믿지 못한다면 어떻게 되겠습니까? 그는 시시때때로 불안해할 것입니다. 배움이 많지 않은 자는 자신의 고집을 꺾지 않아서 모든 것을 다 알고 있는 것처럼 보이게 할 것입니다. 그에게 많은 질문을 해보십시오. 그의 입이 곧바로 열릴 것이며 그는 모든 모험을 무릅쓰고 말을 할 것입니다. 배움이 많지 않은 사람들은 그러한 생활을 합니다.

반면에 철저한 훈련을 받고 많은 지식을 소유한 사람들은 스스로를 자제하며 보다 경외하는 생활을 합니다. 하나님을 대신하여 말하는 것이 매우 어렵다는 것을 알고 성경에 대해서 알고 있는 것이 거의 없는 사람이 한 손가락 끝을 그 속에 집어넣었다가 그것을 핥아 먹는 것으로 그친다면 얼마나 어리석은 일이며 그가 할 수 있는 것은 하나님의 말씀을 모독하는 것 밖에 없지 않습니까? 그러므로 우리가 어떤 일에 대해서 이 말 저 말을 하는 것만으로는 충분하지 않으며 그것을 진실하게 다루어야 합니다. 그렇게 해서 우리의 가르침을 받는 사람들로 하여금 의심을 떨쳐버리게 하고 그것이 믿음의 신조라는 것을 깨달았다고 말하게 하십시오, 그러므로 사도 바울이 사람은 가르치기를 잘해야 한다고 말한 데에는 일리가 있습니다. 우리는 스스로 조용히 순종하며 인도받기를 용납하는 자들을 교화시키는 것에 그치지 않고 하나님의 진리에 맞서고 순수한 가르침을 해치는 모든 거짓말을 일삼는 원수들의 입을 다물게 하는 법을 알고 있어야 합니다.

이것을 목자의 비유를 통해서 보여줄 수도 있습니다. 양떼를 돌보라는 위임을 받은 사람에게는 양떼를 인도하는 것만으로는 충분하지 않으며 소리질러서 이리떼나 도둑을 쫓아 버려야 합니다. 만약 목자가 고작 그의 양떼를 한데 모으기 위해서 휘파람을 부는 일만 하고 이리떼가 다가오면 무서워서 아무말도 못하고 서 있을 때에 도둑들이 양떼를 끌고 가서 그들을 죽여도 목자는 꼼짝 안하고 있다면 참으로 딱한 일이 아니겠습니까? 그렇지만 만약 선정을 베풀어 주기를 바라는 사람을 가르쳐 주고, 그릇된 가르침을 배격하고, 이단자의 입을 다물게 하며, 굶주린 이리떼를 쫓아 버리고, 양떼를 오염시키고, 남을 중상하기를 좋아하는 사악한 생활을 하는 자들에게 항의할 능력이 없는 사람들에게 하나님의 덕을 보여줄 책임을 맡은 우리가 그들을 대신하여 항의하지 않는다면 우리는 우리의 직분을 배반하는 것이 됩니다.

그러므로 우리에게 두 가지 목소리가 있어야 합니다. 가르침을 쉽게 받아들이는 자들을 위해 간구하고 그들을 옳은 길로 인도하는 상냥한 목소리와 이리떼와 도둑들이 양떼에 접근하지 못하게 하고 생명의 양식인 하나님의 교훈을 보호하기 위한 또 다른 목소리가 있어야 합니다. 우리는 사도 바울이 감독과 목자는 가르치기를 잘해야 한다고 한 말을 주목해야 합니다. 우리 모두는 여기서 우리에게 가르쳐지는 교훈을 받아들여야 한다는 것을 잘 알아두어야 합니다. 왜 사역자들은 가르치기를 잘해야 합니까? 우리 모두로 하여금 가르침을 다 잘 받아들이게 하기 위해서입니다. 하나님의 말씀은 우리의 영혼을 살찌게 하는 중요한 양식이기 때문에 교훈이 우리에게 전해질 때에 우리는 그것을 듣는 일에 정성을 다해야 합니다.

사도 바울은 여기서 우리가 위장을 해서는 안된다고 합니다. 아첨을 하기 위해서 박수를 치고 "참 좋은 말씀입니다. 당신의 지혜는 놀랍습니다"라고 말하지 말라고 했습니다. 그러한 짓거리가 행해져서는 안되며 하나님의 말씀을 전하는 자는 자신의 비롯한 모든 양떼들을 하나님에게 순종하도록 유도하는 일에 힘써야 합니다. 그들로 하여금 하나님을 경외하며 겸손하고 조심스러운 생활을 하도록 해야 합니다. 그리고 무엇보다도 그들 모두에게 하나님께서 그들을 위해서 그러한 규례를 제정하셨다는 것을 알려 주십시오. 사람이 강단에 서는 것은 자신을 먼 곳까지 보이기 위해서나 다른 사람들보다 높은 자리를 차지하기 위함이 아닙니까? 그렇지가 않습니다. 그것은 하나님께서 인간의 입을 통해서 우리에게 말씀을 하시고 하나님은 우리에게 관대하시다는 것과 하나님이 우리 가운데에 거하신다는 것과 인간을 당신의 말씀의 전달자로 세우고 싶어하신다는 것을 보여주시기 위해서입니다. 그리고 하나님께서는 이것을 통해서 우리의 순종하는 믿음을 입증하실 것입니다.

그러니 사역자는 가르치기를 잘해야 한다고 한 것은 우리 한 사람 한 사람으로 하여금 편안한 마음으로 듣고 놀라고 황홀하게 되어서 "정말로 하나님이 황송하게도 인간의 속성을 입은 우리의 선생이 되셨습니까?"라고 물을 수 있게 하기 위해서입니다. 우리 주님이 자신의 모습을 우리에게 그렇게도 다정하게 보여주실 때에 우리의 귀를 들리지 않게 한다는 것은 우리에게 아무 쓸모가 없습니다. 그러나 하나님께서는 우리가 학교에 가서 유익을 얻고 우리가 하나님의 진리로 온전히 다져지기를 바라십니다. 하나님께서는 우리가 하나님의 말씀이 주시는 규율을 따르고 있으며, 우리가 가지고 있는 믿음은 하나님에게서 온 것이며, 우리는 사람의 쾌락에 따라 이리 저리로 흔들리지 않으며, 우리는 하늘에서 우리에게 보내주신 변함없는 믿음 위에 서 있으며, 또 그 위에 온전히 안주하고 있다는 확신을 갖게 되기를 바라십니다.

하나님께서는 우리로 하여금 당신의 선하신 뜻으로 가르침을 받게 하기 위해서 황송하게도 우리의 선생이 되셨습니다. 그리고 우리에게 다정하게 말씀하실 정도로 당신의 지체를 낮추셨으므로 사도 바울은 교사를 선택하고 임명하는 사람들 뿐만 아니라 우리 모두에게 하나님의 어진 학생이 되라고 권고했습니다. 더욱이 우리는 그가 우리에게 제시하는 이 가르침을 통해서 두 가지 방법으로 유익을 얻어야 합니다. 먼저 우리는 우리의 무지로 인해서 방황하지 말고 우리 자신이 안주할 곳을 알고 있어서 "나는 이 세상에 오래 살지는 않았지만 나는 내 자신을 다스리는 방법을 잘 알고 있다"고 말하는 바보가 되지 말아야 합니다. 만약 사람들이 그들의 어리석은 생각에 따라서 어떤 것을 선하다고 여긴다면 하나님께서는 그것을 어리석은 짓으로 여기실 것입니다. 우리에게는 그와 같은 자만심이 있다는 것을 알아두고 우리 자신을 다스리는 방법은 하나님의 말씀만을 따르고 우리의 모든 지각을 성경에 담겨 있는 내용을 구현하는 데 사용하며 하나님이 하시는 말씀을 아무런 반박이나 대꾸를 하지 않고 받아들이며 하나님에게 온전히 순종하는 데 있다는 것을 알아둡시다.

우리가 바르게 가르침을 받게 될 때에 하나님의 말씀으로부터 이러한 첫 열매를 거두게 되며 말로는 선한 의도가 있다고 하지만 행함에는 전혀 진실성이 없는 어리석은 천주교 신자들처럼 무모한 짓을 행하지 않게 됩니다. 그러나 하나님께서는 우리가 그들처럼 행하는 것을 원치 않으시고 우리의 행함이 당신의 말씀과 일치하기 때문에 하나님께서는 그것을 허락하신다는 것을 우리에게 알려주려고 하십니다. 우리가 하는 일이 선한 것인지 아닌지를 의심하지 않고, 또 하나님께서 우리의 섬김을 기뻐하신다는 것을 우리에게 확신시켜 주시게 되면 우리는 더욱 분발해서 하나님을 더 열심히 섬기게 될 것입니다. 하나님은 왜 우리의 섬김을 기뻐 받으십니까? 우리는 우리의 생각에 따라 행하지 아니하고 또 우리가 우리의 정욕에 따르는 생활을 하지 아니하고 하나님께서 당신의 말씀을 통해서 지시하시고 명령하시는 대로 살아가기 때문입니다. 이것이 중요합니다.

우리는 하나님의 말씀을 통해서 우리의 믿음을 굳게 하고 갈대처럼 바람에 흔들려서는 안되며 하나님의 말씀으로 전신갑주를 입어야 합니다. 사도 바울도 복음으로 교육을 받은 자가 쉽게 흔들려서 갈팡질팡하는 것은 부끄러운 일이라고 했습니다. 우리가 이단의 교리를 쉽게 받아들인다는 것은 성적이 부진한 학생이었다는 증거입니다. 우리가 하나님의 말씀을 듣는 목적은 어떤 것이 선한지를 알기 위해서 뿐만 아니라 그릇된 가르침에 속거나 현혹되지 않게 하기 위해서입니다. 이것이 목자들에게 적용되어야 하는 것은 당연합니다.

그럼에도 불구하고 우리 모두는 조심을 해야 하며 큰 자나 작은 자나 굳건한 믿음 위에 서서 흔들리지 말아야 합니다. 비록 사단이 우리의 믿음을 파괴하기 위해서 그물을 치고 유혹을 할지라도 우리에게는 그의 유혹을 물리칠 방도가 있어야 합니다. 만약 우리가 심히 연약해서 우리가 쉽게 흔들리지도 모른다는 느낌이 들게 되면 하나님에게 우리를 강하게 해달라고 기도드립시다. 그렇게 하면 우리의 열망이 더 뜨거워지며, 더 부지런해지며, 전보다도 자신을 더 잘 보살피게 될 것입니다. 하나님께서는 당신의 말씀을 우리 앞에 제시하심으로 당신의 진리의 원수인 사단에 대적할 방법을 우리에게 알려주셨습니다. 우리는 하나님의 말씀에서 조금도 벗어나지 않도록 조심하고 하나님의 말씀을 통해서 더욱더 많은 가르침을 받고 그것에 일치하는 생활을 하도록 합시다. 하나님의 말씀이 우리의 영적인 검이라고 불리우는 데에는 그럴 만한 이유가 있습니다.

그러니 우리에게 하나님의 말씀이 있을 때에 우리는 좋은 검을 갖게 됩니다. 소망은 투구며 믿음은 흉패와 방패라고 불리우는 데에는 그만한 이유가 있습니다. 우리가 이 모든 것을 소유하고 있을 때에 우리는 모든 것을 갖추었다고 합니다. 왜냐하면 하나님은 우리를 속이지 않으시며 만약 우리가 하나님의 말씀을 제대로 사용하는 방법을 알고 있으면 그것이 그 이름에 걸맞는 유익을 우리에게 준다는 것을 보여주실 것입니다.

사도 바울은 이어서 **그들은 나그네를 대접해야 한다**고 말했습니다. 사도 바울이 모든 사역자들은 나그네를 정중하게 대접해야 한다고 강조한 데에는 그 만한 이유가 있습니다. 그가 살았던 시대를 고려해 보면 그렇게 하는 것이 매우 필요했습니다. 그때에도 지금과 같이 하나님의 불쌍한 자녀들은 추방을 당했으며 둥지를 빼앗겨서 갈 곳이 없는 불쌍한 새와 같은 신세였습니다. 만약 하나님의 자녀들이 대접을 받지 못하면 그들은 멸망할 위험에 처해 있었으며 그것이 그들을 완전히 실망시키기에 충분했습니다. 그러므로 사도 바울이 하나님의 말씀을 전하는 사역자에게 나그네를 정중하게 대접하고 그들을 친절하게 위로해주라고 권고한 데에는 상당한 이유가 있습니다.

사실 이것은 모든 믿는 자들이 두루 갖추어야 할 덕목입니다. 만약 이 세상에 자연의 질서밖에 없다고 하여도 도움을 받지 못하는 사람들을 정중하게 대접하라고 우리에게 가르쳐 줄 것입니다. 그러므로 만약 그들이 다른 사람의 도움을 받지 못한다면 그것은 매우 안타까운 일일 것입니다. 대자연이 우리에게 그것을 가르쳐 줍니다. 그러나 하나님의 자녀에게는 특별한 의미가 주어집니다. 만약 우리가 하나님께서 우리를 당신의 후사로 받아들이시기를 바라신다면 우리는 이 세상에서는 나그네 신세가 된다고 합니다. 우리는 우선 우리가 이 세상에서는 나그네며 이 점에 있어서는 흔들림이 없다고 고백해야 합니다. 자신이 이 세상에서는 나그네라는 것을 모르고 낮은 이 땅에 안주하려는 자는 사도 바울이 히브리서에서 말한 것처럼 하늘 나라에서 추방당해야 합니다. 그러므로 하나님께서는 오늘날 우리가 사도 바울이 말한 것처럼 이 세상을 나그네와 순례자로 지나가기를 바라십니다.

그러므로 하나님의 자녀들은 이 점을 고려해서 나그네에게 친절해야 하며 특별히 믿는 자들이 핍박을 받아 이곳 저곳으로 쫓겨다니는 것을 보게 되면 그만큼 더 많은 찔림을 받아야 합니다. 자신을 구원해 줄 교훈을 찾아다니는 하나님의 자녀들이 점점 곤경으로 내몰리는 것을 보고서도 아무런 동정심이 일어나지 않는 사람이 있다면 확실히 그들은 무정하고 뻔뻔스러운 사람일 것이며, 짐승보다도 더 잔인할 것입니다. 그러므로 이 미덕은 모든 사람에게 다 같이 있어야 합니다. 그러나 사도 바울은 하나님의 말씀을 전하는 사역자들은 그 방법을 보여주고 본을 보여줌으로써 다른 사람들을 자극하고 감동시켜서 그들로 하여금 나그네를 대접하게 되기를 소원했습니다. 이렇게 해서 사도 바울이 그렇게 말한 의도를 알게 되었습니다.

우리가 이 말씀을 통해서 유익을 얻어야 할 점을 말씀드리겠습니다. 하나님의 말씀을 전하라는 부르심을 받은 자들은 그들 자신이 공인이라는 것과 그들이 그 직임을 맡은 것은 자신을 위해서가 아니고 훈계를 받고 위로를 받고 조언을 받고 경고를 받고 도움을 받아야 할 필요가 있는 사람들과 가능한 한 많은 교제를 갖게 하기 위해서라는 것을 알아야 합니다. 이것이 제일 먼저 해야 할 일입니다. 그리고 양떼로서 모든 양들은 자기 이웃을 위해서 헌신해야 합니다. 더욱이 나그네인 이웃에게는 그렇게 해야 합니다. 우리로 말하자면 우리에게는 안정된 거처가 없으며 하나님의 선하신 뜻에 따라서 이곳 저곳으로 옮겨다닐 만반의 준비를 하고 있어야 합니다. 우리는 이것을 실천해야 합니다. 이것이 새로운 도전입니다.

오늘날 이단과 복음을 반대하는 자들의 분노가 뜨겁게 불붙고 있으니 우리로서는 적어도 그들의 고향에서 쫓겨나서 이리 저리로 떠돌아다니는 그들을 불쌍히 여기고 동정하며 우리의 최선을 다해서 그들을 도와주어야 하지 않겠습니까? 만약 우리가 그렇게 하지 않는다면 우리는 하나님의 자녀로 여김을 받을 자격이 없으며 당신의 자녀의 역할을 박탈당해야 마땅하다는 것을 보여주는 것이 아니겠습니까? 자신이 나그네라는 것을 모르는 자들은 자신을 천국에서 몰아내는 우를 범합니다. 특히 그들이 나그네에 대해서 고함을 쳐서 책망함으로써 그들이 하나님의 자녀로 여김을 받을 자격이 없다는 것과 개나 돼지가 하나님의 교회의 권속이 될 수 없는 것과 같이 그들도 하나님의 교회의 권속이 될 수 없다는 것을 가장 분명하게 보여줍니다. 그리고 비록 사람이 그들을 정죄하지 않아도 그들은 추방당한 자며 버림받은 자라는 것을 보여줍니다. 그러면 그들이 나그네라는 것과 하나님을 섬기기 위해서 자신의 고향을 버렸거나 악한 자의 잔인한 폭력에 의해서 쫓겨났다는 것을 자신의 입을 통해서 증거할 필요가 더 이상 없습니다.

나그네를 큰 소리로 꾸짖는다는 것은 자신은 하늘나라와 아무 상관이 없으며 하나님의 교회에 속하지 않으며 믿는 자가 아니며 교회에서 추방을 당한 자며 버림을 받은 자며 마귀의 자녀라는 것과 기독교 신자들과의 교제를 끊었다고 고백하는 것과 같습니다. 간단히 말해서 그는 믿는 자라고 칭함을 받을 자격이 없습니다. 우리는 이것을 잘 알아두어야 합니다. 하나님께서는 나그네에게 나그네라는 이름과 특전을 남용하지 말라고 경고하시는 것이 사실입니다. 만약 어떤 사람이 특혜를 입어 군주가 되고나서 군주의 직위와 명예를 남용하여 죄악된 행위를 했다면 그는 두 배의 벌을 받아야 하지 않겠습니까? 물론 그렇게 하는 것이 마땅합니다. 그러니 하나님의 칭찬을 받는 자들로 하여금 조심하게 하십시오.

하나님께서는 그들에게 많은 관심을 가지고 계시기 때문에 그들은 신중해야 하며 하나님이 영광을 받으시도록 하나님의 선하심을 활용해야 합니다. 이것은 주목할 만한 가치가 있으며 특히 오늘날에는 더욱 그렇습니다. 많은 사람들이 하나님의 말씀을 믿었기 때문에 고향에서 추방을 당했다고 주장하지만 그들의 행실은 그들이 하는 말이 거짓이라는 것을 입증해 줍니다. 내가 말하는 거짓말쟁이 이외에도 폭군과 종교를 반대하는 자들에 의해서 추방당한 사람들도 상당히 많이 있습니다. 그들은 하나님의 교회에 출석했었습니까? 그들은 교회에서 어떻게 처신했습니까? 그들에게는 믿는 자들을 핍박하는 것이 하나님의 말씀으로 인하여 비난을 받거나 고통을 당하는 것보다 나았을 것입니다. 왜냐하면 그들이 교회에 나온다면 그들의 악하고 방종한 생활로 인해서 교회를 더럽히고 오염시킬 것이기 때문입니다. 그들이 암울한 천주교에 빠져 들어가는 것이 교회에 나옴으로 인해서 모든 세상 사람들에게 우리를 욕하게 만드는 것보다 나았습니다. 확실히 말하지만 그러한 자들이 대단히 많습니다. 나는 그러한 예가 지금처럼 흔치 않기를 소망했습니다.

그러나 우리가 보는 것처럼 죄악된 생활을 하고 하나님의 말씀을 경홀히 여겨서 이단자들에게 그들의 입을 열어 순수한 가르침을 모독하게 하는 구실을 제공해 주는 사치하고 허황된 무리들이 있습니다. 어찌되었거나 그것은 하나님의 말씀을 위한 것입니다. 그것은 절도나 살인이나 그밖에 다른 악한 짓을 위한 것이 아닙니다. 그러나 모든 것이 잘되었기 때문에 하나님 말씀에 걸맞는 이와 같이 신성한 이름을 갖게 됩니다. 행실이 경솔하고 사치한 자들은 처형을 받아 마땅합니다. 모든 것이 이러한 가면으로 덮여 있기 때문에 하나님의 이름이 망령되이 여김을 받습니다. 그러므로 그러한 주장을 하는 자들은 하나님께서 그들에게 주시는 이익을 남용해서는 안됩니다. 이것이 중요합니다.

그러나 성경말씀을 듣는 자들의 선행을 막지 맙시다. 이 시대의 사악함이 우리로 하여금 이러한 경우에 엄청난 지혜를 사용하도록 강제로 시킵니다. 만약 우리가 내가 이곳에 오게 된 것은 하나님의 말씀 때문이라고 말하는 자들을 믿는다면 어떻게 되겠습니까? 얼마나 우스운 일입니까? 우리의 처지는 어떻습니까? 그러나 세상이 어떻게 돌아가든 우리는 존경을 받아 마땅한 사람들을 외면하지 않도록 하며 어떠한 장애물이 보이면 즉시 가던 길에서 돌이키는 자가 되지 맙시다. 자신이 기독교 신자라고 고백을 한 사람들 가운데에도 나쁜 본을 보여주는 사람이 있다는 것을 알아두십시오. 비록 추방을 당해 마땅한 악한들이 많이 있기는 하지만 우리는 하나님의 참된 나그네라는 이유로 그들의 집에서 쫓겨난 자들은 거절해서는 안됩니다. 우리는 우리 자신이 도움이 간구하는 것처럼 그들에게 도움의 손길을 펼치고 그들을 받아들입시다. 하나님께서는 당신의 무한하신 선하심으로 인하여 마지막 날에 우리를 당신의 하늘 나라에 모으시겠다고 약속하셨습니다.

23

"술을 즐기지 아니하며 구타하지 아니하며 오
직 관용하며 다투지 아니하며 돈을 사랑치 아
니하며 자기 집을 잘 다스려 자녀들로 모든 단
정함으로 복종케 하는 자라야 할지며 사람이
자기 집을 다스릴 줄 알지 못하면 어찌 하나님
의 교회를 돌아보리요" (딤전 3:3-5)

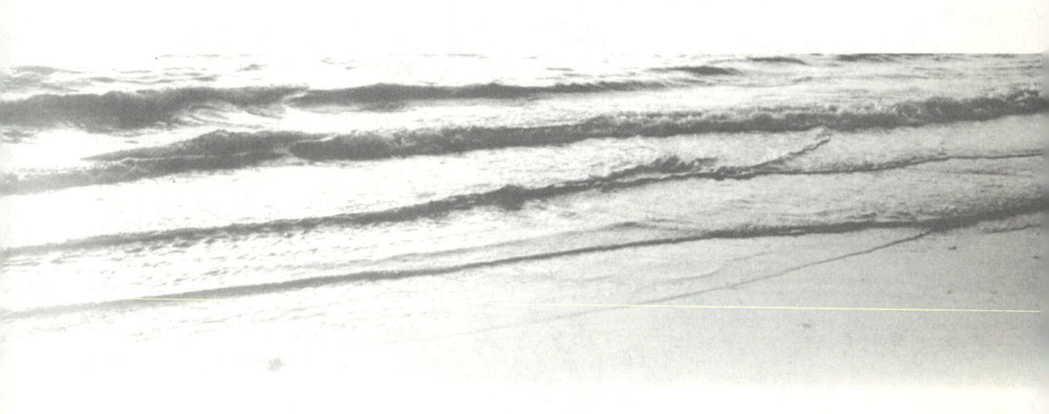

사도 바울은 하나님의 교회의 목자로 택함을 받을 사람들에게 가르치기를 잘하고 하나님의 이름을 위해서 핍박을 받은 사람들에게 친절하고 말하는 것이 솔직하며 가정을 잘 다스리라고 명령한 후에 그가 열거한 죄 중에서 어느 하나도 범해서는 안되고 추잡해서도 안되고 욕심이 많아서도 안된다고 했습니다. 왜냐하면 다른 사람을 가르쳐야 할 사람들에게는 이것들이 용납되지 않기 때문입니다. 만약 하나님의 말씀을 전하는 자가 외설적인 짓을 하고 목사이기보다는 군인에 가깝다면 그가 가르치는 교훈이 무엇이 되고 그것이 어떻게 받아들여지겠습니까? 한편 그는 아무런 유익도 주지 못하고 자신의 가치를 높이지도 못하며 편견과 아첨으로 하나님의 교훈을 더럽힐 뿐입니다. 사도 바울이 이러한 잘못이 목사에게는 어떠한 방법으로도 용납되어서는 안된다고 한 데에는 일리가 있습니다. 그는 목자로 택함을 받을 사람은 남을 사랑할 줄 알며 다투지 아니하며 자만하지 아니하며 이 세상의 재물을 탐내서는 안된다고 했습니다. 이렇게 해서 우리는 사도 바울이 하는 말의 뜻을 알게 되었습니다.

이제 처음으로 돌아가서 사도 바울이 우리에게 주는 교훈, 즉 모든 사람이 활용해서 자신의 유익으로 삼을 수 있는 그 교훈에 대해서 잘 알아봅시다. 왜 하나님의 말씀을 전하는 사람은 욕심이 많아서는 안됩니까? 욕심이 많은 사람은 우상을 숭배하기 마련이며 자신과 자신의 마음을 이 세상의 재물에 바치는 자는 하나님을 잊어버리고 그의 재물만을 의지하게 되어서 그것을 우상으로 삼고 그것만을 믿게 되고 그것이 그의 유일한 안식처가 되기 때문입니다. 그러므로 탐욕은 하나님의 말씀을 전하는 사역자에게 뿐만 아니라 모든 믿는 자에게서도 예외없이 정죄를 받아야 합니다. 그런데 왜 사도 바울은 여기서는 말씀을 전하는 사역자에게 대해서만 이야기 합니까? 그들은 다른 사람들에게 그 길을 안내해 주어야 하고, 또 하나님의 말씀이 모든 사람의 탐욕을 정죄하는 것처럼 그들은 그들의 선한 본을 통해서 탐욕에 빠진 자들을 구출해 내야 하기 때문입니다.

우리가 강단에 올라가서는 각자는 자신의 하나님의 손에 맡기고 그분을 자신을 키워주시는 아버지로 인정하라는 말 이외에 달리 무슨 말을 하겠습니까? 만약 하나님이 우리의 생명을 유지시켜 주실 것이라고 믿지 않는다면 우리가 영생을 위해서 할 수 있는 것이 무엇입니까? 하나님이 현재나 미래에도 우리를 돌보아 주실 것이라는 소망이 우리에게 없을 때에 어떻게 해야 하나님이 틀림없이 우리를 당신의 천국으로 불러모아 주실 것이라는 확신을 갖게 됩니까? 하나님을 진정으로 섬기려고 하는 자 모두는 모든 믿는 자들에게 그들이 일용할 양식을 달라고 하나님에게 기도한다는 것은 우리의 목숨을 하나님의 손에 맡겼으며 하나님이 우리를 먹여주실 것을 기대하며 당신의 섭리가 우리의 유일한 안식처가 된다는 것을 입증해 보이는 것입니다. 하나님은 자신의 자녀들을 돌보아 주는 선한 아버지처럼 항상 우리를 돌보고 계시다는 것을 확실히 믿읍시다.

우리는 또한 부자들에게 자만하지 말며 재물에 마음을 빼앗기지 말고 하나님이 원하실 때에는 언제나 그들의 재물을 버릴 준비를 하고 있으며 비록 하나님께서 그들에게 풍성하게 주시지만 항상 가난해야 합니다. 한편 우리는 가난한 사람들에게 하나님께서는 그들이 필요한 것을 채워주시고 그들에게 합당한 것이 무엇이며, 그들의 인내력의 한도를 알고 계시기 때문에 지금의 처지를 참고 견디어 내라고 권고해야 합니다. 간단히 말해서 우리는 탐욕을 정죄해야 하며 큰 자나 작은 자를 탐욕에서 끌어내기 위해서 최선을 다해야 합니다. 그렇게 한 후에 그들이 갈길을 보여주어야 합니다. 만약 어떤 사람이 사역자가 그의 직분을 다하지 않았다는 것을 구실로 삼으려 할지라도 그것은 어느 누구에게도 그가 용서받을 수 있는 구실이 되지 못하며, 우리는 모두 하나님 앞에서 정죄를 받는 것이 당연합니다. 우리는 그럴듯한 충고를 해주고 나서는 그것을 비웃고 그들의 생활을 통해서는 그들의 말과 행함이 일치하지 않다는 것을 보여주는 무모하고 부끄러운 사람이 되지 말고 우리가 받은 교훈으로 굳게 서 있다는 확증을 보여주어야 합니다. 이러한 까닭으로 사도 바울은 복음을 전하는 자의 탐심을 정죄했습니다. 그렇게 했지만 모든 사람들은 자신을 살펴보아야 하며 그 교훈이 모든 사람에게 해당되는 것과 같이 큰 자나 작은 자는 다같이 비록 그들이 사사로운 사람이라 할지라도 이 교훈을 실천해야 합니다. 더욱이 우리는 탐심을 정죄하고 그것을 죽음의 병처럼 피해야 한다는 것을 배웠으니 하나님의 말씀을 전하는 사역자들로 하여금 자신에 대해서 더 엄밀하게 살펴보게 하십시오. 왜냐하면 자신의 이익을 추구하는 자들은 하나님의 말씀을 위장해서 그 영광을 가리우는 일만 하고 그들이 하는 말은 진실이 아니기 때문입니다.

사람이 탐욕을 품게 되면 하나님의 교훈을 왜곡하기 마련이니 만약 우리가 사역자가 되려면 우리는 그만큼 신중해야 하며 하나님의 교회 전체가 암이나 그밖에 다른 치명적인 질병처럼 큰 해를 주는 죄로 얼룩지게 해서는 안됩니다. 우리가 듣는 교훈은 어떤 역할을 합니까? 그것은 우리의 영혼에 영양분을 공급해 줍니다. 그러니 만약 우리가 탐욕과 하나님의 교훈을 혼합할 수 없다면 그 가르침에 독을 뿌리는 것이 되며, 우리가 먹고 마시는 음식물에 독을 집어 넣는 것과 똑같습니다. 그리고 우리는 하나님의 교훈을 왜곡하고 그들은 선한 목자로 양육하지 않고 그들의 영혼에 독극물이 되었기 때문에 우리는 하나님 앞에서 살인자가 되었습니다.

그러니 하나님의 말씀을 전하는 소명을 받은 자들은 자신을 살펴보고 돈을 사랑하지 말라는 이 가르침을 잘 알아두어야 합니다. 우리가 거기에 이르지 못하면 우리는 하나님을 섬길 수 없으며 우리 자신을 의롭게 할 수 없으며, 우리의 순수성을 유지할 수 없으며 다만 모든 것을 망쳐놓고 모든 것을 숨길 뿐입니다. 이것을 명심합시다. 그리고 사도 바울은 이것을 통해서 탐심이 무엇인가를 우리에게 알려주려고   했다는 사실을 알아둡시다. 그는 하나님의 말씀을 전하는 사역자들에게 욕심을 내지 말고 부정한 이익을 얻으려고 하지 말라고 한 후에 돈을 중하게 여기지 말라고 경고했습니다. 왜냐하면 사실은 사도 바울이 하는 말에는 부에 대한 욕망이 많이 담겨있기 때문입니다. 그것은 말로만 설명할 가르침이 아니고 실질적인 선한 가르침이라는 것을 더 말할 필요가 없습니다. 탐심을 내는 것은 매우 해로우며 매우 큰 죄라는 것을 우리가 알지 못하면 우리에게 탐심을 품지 말라고 설교하는 사람의 수고가 헛될 것입니다. 만약 내가 알지 못하는 죄가 있다면 내가 그것에 대해서 생각을 해보기도 전에 나는 그 죄에 빠지게 되고 마귀가 와서 나를 덮칠 것입니다. 그러므로 우리는 죄를 식별하는 법을 알고 있어야 합니다.

모든 사람들은 탐욕은 악하고 가증스러운 것이라고 쉽게 말하지만 모든 사람들은 불쌍한 짐승들처럼 그것에 홀려서 스스로 그 유혹에 빠집니다. 우리는 내가 앞에서 한 말을 잊어버리기 때문에 유혹에 빠지게 됩니다. 그러므로 만약 우리가 돈을 경멸하는 법, 다시 말해 그것을 혐오하고 가증스럽게 여기지 않으면 그것이 우리를 멍청이로 만들기 때문에 우리는 결코 탐심에서 벗어날 수 없을 것입니다. 이것이 철칙입니다. 어떻게 해야만 사람이 돈을 싫어하게 됩니까? 하나님께서 우리에게 일용할 양식을 주시기를 우리가 바란다는 것은 이미 하나님께서 우리를 먹여 주시는 것에 만족하고 있다는 것을 입증하는 것입니다.

그러므로 이러한 기도를 드릴 때에 우리는 이미 금과 은에 대한 욕심을 버렸다는 것을 나타내지 않을 수 없습니다. 다시 말하면 거기에는 "나는 하나님의 손에 양육되기를 바라며 또 하나님께서는 이미 나로 하여금 당신의 선하심을 느끼게 만드셨으니 나는 당신께서 위로해 주시기를 기다리고 있습니다"라는 뜻이 담겨있습니다. 그러므로 금과 은을 연모하여 하나님을 잊어서는 안됩니다. 만약 우리가 이를 실천하면 우리 안에 뜨겁게 불타는 용광로와 같은 탐심을 버리는 것이 이상한 일도 아닐 것입니다. 왜냐하면 우리가 알고 있는 바와 같이 부자가 되기를 소망하는 자는 스스로 멸망하게 되며 이것이 그들이 받을 첫 번째 대가이기 때문입니다.

그러므로 부자가 되려는 욕망을 가진 자는 틀림없이 눈이 멀게 되고 헛되고 사악한 생각에 잠기고 중한 죄를 짓게 된다는 것을 보여 주기 위해서 사도 바울은 여기서 부정하고 부끄러운 방법으로 재산을 늘리는 행위를 강하게 비난했습니다. 왜냐하면 부자가 되기로 마음을 굳힌다는 것은 그에게 아무런 유익을 주지 못하며 미친 사람처럼 되어 완전히 앞을 내다보지 못하며 모든 이성과 공정성을 잃게 되기 때문입니다. 그는 '내가 이런 짓을 하는 것은 옳지 않다. 나는 이렇게 해서는 안돼' 라는 생각을 하지 못하며 맹수처럼 날뛸 것입니다. 우리는 하나님의 피조물들이 탐욕으로 인해서 크게 파멸하는 것을 보았으니 우리 한 사람 한 사람은 많은 조심을 하고 우리의 욕심을 억제하는 방법을 배웁시다. 만약 우리의 욕망이 탐욕으로 기우는 기미가 보이면 그것들을 잘라버리고 자족하는 마음을 가집시다. 그것이 격언에 있는 말처럼 부자로 만드는 유일한 방법입니다. 그러나 이러한 자족하는 마음은 자신을 온전히 하나님에 의지하는 사람에게서만 찾아 볼 수 있습니다. 사도 바울은 히브리서에서 모든 믿는 자들은 탐욕에서 물러서야 하며 모든 탐심을 버려야 한다고 말한 후에 그들의 풍족함이 하나님에게 있으며 하나님께서는 그들을 버리지 않으실 것이라는 말을 첨가했습니다. 그는 이 말을 통해 우리의 믿음이 부족하면 스스로 탐욕으로 불타게 된다고 알려주고 있습니다. 사람들이 높이 되기를 바라는 이유는 그들의 소원을 이루어 주시는 분은 하나님이라는 것을 모르기 때문이 아닙니까? 하나님께서 우리를 보살펴 주시고 우리가 무엇에서나 궁핍하게 되는 것을 용납하지 않으신다는 것을 일단 알고 확신하게 되면 확실히 이 불은 꺼지거나 위력을 잃게 되어 우리는 더 이상 전처럼 달아오르지 않을 것입니다. 우리 주님께서 우리를 먹여 주시고 우리가 필요한 것들을 마련해 주신다는 것을 우리가 일단 알게 되면 우리 안에 있던 사나운 욕정이 변하여 자족하는 마음이 됩니다. 더욱이 이것은 우리가 얼마나 탐욕을 증오해야 하는지를 보여줍니다. 왜냐하면 사람이 부자가 되기를 바란다면 하나님을 거역해야 하기 때문입니다.

만약 우리가 하나님에게 우리를 다스리실 통치권을 드리면 우리는 확실히 하나님 안에서 안식을 취할 수 있습니다. 만약 우리가 불안정된 상태에서 방황하고 있거나 완전히 망했다는 생각을 하게 되면 그것이 우리가 하나님을 신뢰하지 못하고 하나님의 권위를 인정해 주지 않는다는 증거입니다. 그러한 까닭으로 사도 바울은 탐욕에게 우상이라는 이름을 붙여주었습니다. 왜냐하면 우리가 알고 있는 바와 같이 그것은 전혀 도움을 주지 못하기 때문입니다. 사람들이 이 세상의 재물에 그들의 소망을 걸게 되면, 재물을 그들의 우상으로 삼고 그것에 몹시 현혹되기 때문에 하나님을 더 이상 존귀하게 여기지 않습니다. 그래서 이것을 통해서 그들의 믿음이 부족하다는 것을 드러내 보입니다. 하나님이 하신 언약이 그들에게 확신을 심어주지 못하는 한 사단이 그들을 끌고 다니도록 용납할 것입니다. 왜냐하면 그들은 일시적인 것에 그들의 모든 것을 맡김으로써 그들을 맞아들일 준비를 하고 계시는 하나님으로부터 멀리 떨어지게 되기 때문입니다.

사도 바울이 책망하는 죄가운데는 우리가 알아두어야 할 것들이 있습니다. 그는 목자는 **술고래**(A drunkard)가 되어서는 안된다고 했습니다. 사도 바울이 사용한 말은 술을 도가 넘게 마시는 자를 의미하는 것이 사실이지만, 거기에는 술고래가 저지르는 잘못도 내포하고 있습니다. 왜냐하면 술고래는 성품이 거칠고 뿔난 짐승처럼 사납고 그들에게는 인간성이 전혀 없기 때문입니다. 그래서 그는 그것에 반하는 **관용**(gentle)이라는 말을 사용했습니다. 그는 이러한 잘못을 수정하는 방법을 추가할 때에 감독(Bishop)은 관용하며 논쟁하기를 좋아하거나 다투기를 좋아해서는 안된다고 했습니다. 그리고 목자는 구타를 해서는 안되며 화평하기를 좋아하며 모든 토론과 논쟁을 피해야 한다는 말을 첨가해서 그가 말하고자 하는 뜻을 더 분명하게 하였습니다.

그가 전에 절제에 대해서 말한 적이 있다는 것을 알아두어야 합니다. 그는 하나님의 말씀을 전하는 자는 술 취하지 않도록 조심해야 한다는 것만으로 만족하지 않고 절제해야 한다는 말을 첨가했습니다. 만약 어떤 사람이 술취한 것을 피하다가 걷지도 못하고 말도 하지 못하게 되면 어떻게 되겠습니까? 그것은 큰 일이 아닙니까? 술고래들은 어떻게 해서든지 이렇게 되는 것을 알 수 있습니다. 그러나 사도 바울은 하나님의 말씀을 전하는 사역자들은 그것보다 더 절제하기를 바라였으며, 그들이 자제하기를 바라였으며, 과음하지 않고 모든 것을 삼가며 분수를 지키기를 바라였습니다. 그런데 그는 여기서 다른 종류의 술취함에 대해서 언급하고 있습니다. 저녁 식사 후에나 조반 전에 더러운 돼지처럼 술을 마시는 야비하고 천한 사람들이 굉장히 많다는 것을 우리는 알고 있습니다. 이러한 일이 술고래에게 흔히 있는 일이기 때문에 사람들은 때때로 경솔하고 바람으로 부푼 허풍쟁이와 아무런 선한 속성이나 우정이 없는 자들을 술고래에 비유합니다.

우리는 사도 바울이 하나님의 말씀을 전하는 사역자들에게 온전해지도록 노력하고 모든 논쟁과 다툼을 피하라고 명령하기 위해서 이 말을 했다는 것을 알게 되었습니다. 그들을 선택하는 책임을 맡은 사람들에게도 하나님의 말씀을 전할 책임을 맡을 사람들이 어떠한 사람들인가를 잘 살펴보고, 무모하지 않고 경솔하지 않으며, 추적을 당하지 않으며, 이유없이 화를 내지 않으며, 상냥하고 온건하며, 약한 자들에게 친절한 자를 선택하도록 하라고 했습니다. 더욱이 그들은 생활이 몹시 문란한 자와 지나치게 격렬한 자들을 진정시킬 줄 알아야 합니다. 교회의 목자를 세우는 것이 그들의 책임입니다.

먼저 자기 자신을 그러한 질병에서 보호하지 못하고서 어떻게 다른 사람들을 도와줄 수 있겠습니까? 사도 바울이 여기서 양떼들에게 본을 보여주어야 할 사람들에게 요구하는 것들을 모든 하나님의 자녀들이 갖추고 있었습니다. 만약 하나님이 주시는 평화가 우리를 지배하고 다스리기를 원한다면 우리가 화평해야 하지 않겠습니까? 만약 우리가 하나님의 자녀로 인정받기를 원한다면 우리는 모든 말다툼과 모든 논쟁에서 자유로와야 하지 않습니까? 모든 다툼은 마귀에서 비롯되지 않습니까? 그러므로 만약 우리 사이가 개와 고양이처럼 나쁘고 우리 사이에는 분쟁과 다툼밖에 없다면 마귀가 우리를 지배하고 있으며 하나님이 완전히 추방당하셨다는 것이 확실합니다. 그러므로 사도 바울은 여기서 몇 사람에게만 필요한 덕목을 제시하지 않고, 모든 하나님의 자녀들은 화평하기를 좋아하며, 겸손해야 하며, 화평을 구하는 일에 최선을 다해야 하며, 신자들을 형제의 사랑으로 서로 도와주어야 한다는 것을 알려주려고 했습니다.

우리는 본을 보여주어야 하기 때문에 그만큼 말다툼과 논쟁을 피해야 하며, 우리 사이에는 그런 것들이 없도록 해야 합니다. 그래서 하나님을 섬기는 자로는 군인 같고, 다투기를 잘하고, 이유없이 논쟁 벌이기를 좋아하는 자가 어울리지 않으며, 반대로 친절하고 많은 것을 참을 수 있는 자라야 한다고 했습니다. 그렇게 하지 않으면 우리는 틀림없이 무서운 폭풍우가 될 것입니다. 만약 마귀가 모든 곳에서 분쟁과 다툼을 일으키려고 한다면 틀림없이 하나님의 말씀을 전하는 사역자에게서 시작할 것이며 그의 최선을 다할 것입니다.

다시 말하지만 거기에는 틀림없이 그들의 능력이 미치지 못하는 것들이 많이 있을 것입니다. 그것이 그들을 괴롭게 할지도 모릅니다. 그들은 그것을 부담스럽게 여길 뿐만 아니라 하나님이 그들을 붙잡아 주지 않으시면 어찌할 바를 모를 것입니다. 왜냐하면 그들은 어떤 사람에게서는 몰인정함을 보게 될 것이며, 또 다른 사람에게서는 반항하는 것을 보게 될 것이며, 도처에서 원한과 사기와 음해와 위선이 자행되고 있는 것을 보게 될 것이기 때문입니다. 그러므로 사도 바울이 이러한 잘못을 저지른 믿는 자들 모두를 타이른 데에는 상당한 이유가 있다고 할 수 있습니다. 그리고 이러한 현상은 하나님의 말씀을 전하는 사역자들에게서 가장 두드러지게 나타났습니다. 그들은 상냥하고 사람들을 참아주어야 하기 때문입니다.

분을 내는 것이 도가 지나칠 뿐만 아니라 군인처럼 처신하려는 자들도 더러 있습니다. 그들에게 있는 것은 충돌밖에 없으며 그들에게서는 분쟁과 다툼의 소식밖에 듣지 못하니 이것은 비난을 받아 마땅한 과격한 행동이며 우리가 그것을 볼 때마다 그것을 정죄해야 합니다. 그러나 사람이 도를 넘을 정도로 지나치게 얌전해서 사사로운 언쟁을 하려고 하지 않는 것을 미덕인 것처럼 여기는 또 다른 극단적인 시각도 있습니다. 이러한 극단적인 시각이 나쁘기는 하지만 그것은 선한 뿌리에서 비롯되었습니다. 사람이 선한 열정으로 감동을 받지 못하면 분수를 잃게 되는 것이 사실이며 거기에 합당한 절제와 중용을 지키지 못합니다. 그러므로 그러한 행위는 정죄를 받아야 합니다.

또 다른 극단적인 현상은 많은 사람들이 이러한 열정을 저주하지만 모든 것을 방임하는 것입니다. 그들은 사람들이 잘못을 꾸짖건 말건 하나님을 경멸하는 자들을 타이르건 말건 상관하지 않습니다. 간단히 말해서 그들에게는 냉정함밖에 없으며 하나님의 종은 오래 참아야 한다고 기록되어 있지 않느냐고 반문해서 자신을 정당화하려고 합니다. 우리는 많은 잘못을 참아내야 하며 정정당당해야 하며 모든 문제를 가혹하게 들추어내서는 안되지만 우리는 태만하거나 무관심해서는 안되며 하나님의 명예를 귀하게 여겨야 합니다. 만약 하나님이 모욕을 당하시고 교회 안에서 불법 행위가 자행되고 죄가 만연되기 시작해서 양떼들이 죄에 감염된다면 우리는 우리의 혀를 들어 모든 것을 삼가고 조심하며 잠깐 멈추라고 외쳐야 합니다. 만약 그렇게 하기를 태만히 한다면 그 동안 마귀가 홍수를 일으켜서 모든 것을 파괴해 버리지 않겠습니까? 많은 사람들이 선한 열정에 이끌임을 받고 있지만 도를 넘어도 좋다는 허락을 받지 못했기 때문에 그들은 정죄를 받아 마땅합니다.

더 사악한 자들도 있습니다. 얌전이라는 가면을 쓰고 하나님을 조롱하고 하나님의 진리가 우롱당하게 하고 죄가 횡행하게 하며 사단이 지배하게 하고 하나님이 멸시를 당하게 하는 자들입니다. 그러한 자들이 많이 있으니 우리는 하나님에게 가르치는 직분을 맡은 자들에게 지혜를 주시고, 그들이 온건하게 처신하게 해주시고, 그들이 좌로나 우로나 치우치지 않게 해주시고, 그들이 직무를 수행함에 있어서 분수를 지키게 해달라고 기도드립시다. 더욱이 그들로 하여금 온갖 아첨에 넘어가지 않게 해달라고 기도 드립시다. 왜냐하면 죄를 범해서 자신을 파멸로 몰고 가는 자들에게는 엄한 말로 타이르는 것이 아첨하는 것보다 바르기 때문입니다.

비록 얌전하고 정중한 성격을 천부적으로 타고났을지라도 부득이 할 경우에는 엄한 말과 폭력을 사용하기를 주저해서는 안됩니다. 아버지에게는 자기가 나은 자식을 매질을 한다는 것이 매우 괴로운 일이기는 하지만 아버지는 자식을 타이르기를 주저하기 않을 것입니다. 아버지가 하는 꾸중은 자기 자식을 울릴 것이며, 자식은 아버지가 그를 사랑하지 않으며 그를 아버지의 집에서 쫓아낼 것처럼 보이게 만들 것입니다. 그리고 아버지는 아이를 매질하기를 자주 자제할 것입니다. 그가 매질을 하게 되면 그 매는 아이를 아프게 하는 것만큼 자신을 아프게 합니다. 아버지가 아이를 때렸다고 해서 그는 난폭하고 사랑이 없는 사람이라고 말할 수 있습니까? 그러므로 정중하고 얌전하며 약한 자를 잘 참아주는 사람일 지라도 죄를 날카롭고 즉각적으로 꾸짖기를 주저해서는 안됩니다. 우리가 날카롭고 엄하게 꾸짖을 때에는 마치 우리가 약한 자들을 참아줄 수 있는 모든 사랑을 버린 독한 마음을 가진 사람처럼 여겨지지 않도록 항상 조심해야 합니다.

사도 바울은 사역자들에게는 이러한 덕이 있어야 한다고 강조한 후에 **그들은 자기 집을 잘 다스려 자녀들로 모든 단정함으로 복종케 하는 자라야 한다**는 말을 첨가했습니다. 우리는 앞에서 계속해서 자신의 인격에 걸맞게 처신하지 못하는 자는 결코 하나님의 양떼를 다스릴 자격이 없다는 말을 다루었기 때문에 그 문제를 놓고 오래 끌지 않고 간단하게 다루겠습니다. 사실은 사도 바울은 이것만으로는 충분하지 않다고 생각했기 때문에 **"그의 가족"**(his family)이라는 말을 첨가했습니다. 왜 그렇게 했습니까? 믿는 자의 가정은 작은 교회와 같아야 하기 때문입니다. 이 교회가 무엇을 의미하는지도 모르는 이방인들은 어떤 공공기관을 상징하거나 예시하지 않는 집은 없다고 말합니다. 제왕이 다스리는 나라는 굉장히 큽니다. 왕국도 그 밖에 다른 나라들도 그렇습니다. 부인과 아들, 그리고 종들과 함께 살고 있는 초라한 사람도 그의 집에서는 공공기관의 장과 같아야 합니다. 그러나 기독교 신자들은 하나님께서 그들에게 아내와 아이들과 하인들을 다루는 법을 가르쳐 주시기 위해서 그들을 한 집안의 가장으로 앉히셨다는 사실을 알고 있어야 합니다. 그러므로 하나님이 그들에게서 영광을 받으셔야 하며 그들 모두는 하나님에게 경배를 드려야 합니다.

자기 가정을 잘 다스릴 줄 아는 사람은 좋은 평가를 받을 것입니다. 그러나 그것으로 충분하다는 말은 아닙니다. 자신의 가정을 잘 다스려서 모든 것을 질서 정연하게 해 놓는 사람일지라도 온 백성을 다스리는 중한 책임을 맡기기에 합당하지 않을 수도 있습니다. 그러나 사람들이 자신의 가정에서 조용히 처신하고 가정을 잘 다스릴 줄 안다는 것은 그들의 생활이 정직하며 그들이 칭찬을 받고 있다는 증거입니다. 사도 바울은 이것을 알려주려고 이 말을 했습니다. 그리고 다시 그는 아이들에 대해서 이야기했으며 그 다음에는 부인들에 대해서 말했지만 여기서는 아이들에 대해서만 다루기로 하겠습니다. 왜냐하면 자기에게 주어진 임무를 잘 이행해서 회중의 목자가 되고자 하는 사람은 말하자면 모든 믿는 자들의 아버지가 되어야 하기 때문입니다. 만약 자기 집안에 있는 두세 명의 자녀들 특히 자신이 낳은 자식을 복종시키지 못하고 그가 하는 말에 귀를 기울이게 하지 못하는 사람이 어떻게 멀리 떨어져 있으며 전혀 알리지도 못하며 더욱이 자신보다도 훨씬 현명하다고 생각하고 있으며 가르침을 받을 필요가 없다고 생각하고 있는 자들을 다스릴 수 있겠습니까? 자신의 아내를 순종하게 하지 못하는 자가 어떻게 사람들에게 하나님을 경외하는 마음을 품게 해줄 수 있겠습니까? 그러므로 모든 목자들은 집안을 잘 다스릴 줄 알아야 하며 자녀들을 잘 다스린다는 것이 무엇인지를 알아야 한다고 한 것은 이상한 말이 아니라는 것을 알아둡시다.

그는 특히 **단정함**(Gravity)을 강조했습니다. 즉 그는 사역자의 자녀들을 방종해서는 안된다고 했습니다. 그는 사역자의 자녀들은 조용히 순종해야 한다는 것을 강조했습니다. 만약 사람들이 목사의 자녀들이 술집을 드나드는 것과 시끄럽게 떠들면서 거리를 배회하는 것과 음행을 하기 위해서 안달을 하는 것을 보게 되면 그들로 목사의 자녀들처럼 나쁜짓을 하지 않겠습니까? 목사가 강단에 올라가서 부정한 생활을 규탄하여 젊은이는 염치도 없고 그들에게는 정중함이 없다고 외치지만 자기 자신의 자녀의 행실이 다른 아이들보다 더 나쁘다면 사람들은 하나님과 그 분의 교훈을 비웃지 않겠습니까? 목사들이 자신의 자녀들에게 다른 아이들보다 사악하게 행하는 것을 용납한다면 자녀들을 정죄하는 것만으로는 충분하지 않으며 아버지도 정죄해야 합니다.

그러니 목사가 강단에 서야할 때나 자신의 집안에서 편안히 쉴 때나 늘 이러한 생각을 해야 합니다. 즉 하나님은 나에게 매우 관대하시어 다른 사람을 인도할 영광을 나에게 주셨으니 우리 모두가 복종해야 할 당신의 말씀을 들고 가고자 하오니 그 사역을 내 자신에게서부터 시작하게 해주십시오. 왜냐하면 내가 다른 사람들을 구원으로 인도하려고 하면서 내 자신이 구원에서 벗어난 길을 가고 있다면 나는 어떻게 되겠습니까? 더욱이 내가 남자와 여자들에게 자신을 다스리는 법을 보여주려고 하고 그들의 잘못을 깨우쳐 주려고 하면서 나의 가정이 심히 무질서해서 사람들의 조롱거리가 되었다면 나의 체면이 어떻게 되겠습니까?

다시 말하지만 나에게도 다스려야 할 아이들이 있습니다. 큰 자나 작은 자나 모두가 하나같이 내가 들고가는 교훈으로 가르침을 받아야 합니다. 만약 나의 아이들이 방탕하다면 세상 사람들이 무어라고 말하겠습니까? 우리는 이것을 제일 먼저 명심해야 합니다. 이제 우리는 모두는 이 교훈을 활용해서 유익을 삼읍시다. 사도 바울이 사역자들에게 훌륭한 훈련과 정직한 생활을 통해서 그들의 자녀들을 잘 다스리라고 명령한 것은 오로지 그들은 그것을 통해서 자신의 자녀들뿐만 아니라 다른 사람들도 가르칠 수 있기 때문이 아닙니까? 그러므로 믿는 자로 여김을 받고 하나님의 자녀로 대우받기를 바라는 자가 설교를 들으러 와서 목사가 하는 설교를 듣게 되면 그것이 목사의 집에서 한 것이거나 강단에서 한 것이거나 상관없이 이러한 생각을 해야 합니다. 즉 우리 주님은 우리가 이 사람이 하는 말을 나의 하나님 아버지께서 하시는 말씀으로 듣고 그가 주는 교훈과 충고와 경고를 받아들이기를 바라신다고 생각해야 합니다. 만약 우리가 하나님의 자녀로 여겨지기를 바란다면 우리는 그렇게 생각해야 합니다. 이 사람에게 "당신이 나를 다스리는 왕입니까?"라고 말하는 자들은 그들이 이교도들보다도 더 사악하다는 것을 분명하게 보여줍니다. 그들은 종교가 무엇이며 믿음이 무엇을 의미하는지도 전혀 모릅니다. 우리 주님께서는 당신이 지시하신 방법 이외에 다른 방법으로는 우리를 다스리지 않으실 것입니다. 다시 말하면 우리에게 당신의 말씀을 전하는 분은 우리에게는 하나님의 지시를 받는 제2의 아버지가 되어야 합니다.

그러므로 목자에게서 가르침을 받는 것과 그를 자신의 아버지로 받아들이기를 용납하지 못하는 자는 전심을 다해서 하나님을 부인하고 자신에게는 기독교 신자의 기미가 전혀 없다는 것을 보여주는 것과 같습니다.

사도 바울은 여기서 이것을 우리에게 알려주려고 했습니다. 사도 바울은 자신의 가정을 다스리지 못하는 자는 하나님의 교회에 합당하지 않다고 말해서 우리 자신을 다스리는 법을 알지 못하면 다른 사람을 다시 태어나게 하는 것이 거의 불가능하다는 것을 보여주었습니다. 우리는 이 교훈도 우리의 유익이 되도록 활용해야 합니다. 그리고 이 가르침은 오늘날 우리에게 많은 유익을 줍니다. 우리 주님께서는 우리로 하여금 올바르게 행하고 모든 사람들로 하여금 자신의 행실을 통해서 이웃을 교화시킬 뿐만 아니라 우리로 하여금 먼 곳까지 밝게 비치는 빛이 되게 하기 위해서 우리를 불러서 당신의 말씀을 알려주셨습니다. 오늘날 우리가 살고 있는 이 세상은 천주교의 흑암에 빠져서 심히 비참한 지경에 처해 있습니다. 우리에게는 복음이 있습니다. 우리는 우리를 구원해 주는 교훈으로 교육을 받았다고 주장하지만 우리가 우리 자신을 다스리지 못하니 어떻게 다른 사람을 교화시킬 수 있겠습니까? 우리와 천주교 신자들의 사이가 고양이와 개 사이와 같으니 우리는 그들에게 형제의 사랑을 가르쳐 주어야 하겠습니까? 우리가 사기와 악의로 가득하니 사람은 행함이 진실되고 올발라야 한다고 어떻게 말할 수 있습니까?

아무 의로움도 없고 공평함도 없는 우리가 어떻게 다른 사람은 공정해야 하며 잔인하지 말아야 하며 강탈하지 말아야 한다고 말할 수 있겠습니까? 사람들이 우리를 통해서 순결을 배우기를 바라지만 음행이 우리를 사로잡고 있으니 우리에게는 추한 것과 악취밖에 없습니다.

그래서 사도 바울은 하나님께서 우리가 해야 할 것들을 우리 모두에게 전체적으로 가르쳐 주셨다고 하나님의 교회에서 사역할 자를 선발하고 임명하는 책임을 맡은 사람들과 사역자로 부름을 받은 사람들에게 직접 말했습니다. 그러므로 자신이 맡은 책임에 충실하려고 하는 사람들로 하여금 하나님이 모든 사람들로부터 한 목소리로 영광을 받으시고 섬김을 받으시도록 그들의 가정에서 그들 자신을 다스리는 방법을 배우게 하십시오. 그러나 하나님으로부터 당신의 전을 다스릴 책임을 위임받은 우리는 하나님께서 우리에게 맡기신 모든 사람들을 향하여 아버지와 같은 사랑과 관심을 갖도록 합시다. 아이들이 있는 사람에게는 자신이 모든 하나님의 교회를 어떻게 대해야 하는가를 하나님께서 그의 가정을 통해서 가르쳐 주신다는 생각을 갖게 해주십시오. 그리고 아이들이 없는 사람들에게는 한 아버지가 그의 자녀들을 사랑하기 마련인 것처럼 그들도 하나님께서 그들에게 맡기신 자들을 다스리고 구원의 길로 인도하기 위해서 사랑하고 관심을 갖는 것이 순리라는 것을 알게 해 주십시오 이 점을 우리가 잘 알아두어야 합니다. 더욱이 우리는 다른 사람의 마음을 사로잡아서 우리의 편으로 만들 수 있는 본을 보여줄 수 있도록 처신해야 합니다. 무식하고 지금은 하나님의 말씀을 거역하는 자들에게도 본을 보여주어야 합니다. 만약 우리가 거듭났다는 것을 무식한 사람도 알 수 있을 정도의 통치력과 수양이 우리에게 없는데도 우리가 다른 사람의 잘못을 훈계하려고 한다면 확실히 그들에게 우리를 조롱할 수 있는 좋은 계기를 마련해 주는 것이 될 것입니다.

따라서 모든 사람들은 자신을 위해서 배워야 하고 다음에는 자신의 가정을 보살펴야 하며 마지막으로 하나님을 다함께 한 목소리로 섬기는 방법을 배워야 합니다. 우리에게는 불만이나 반역하는 마음이 있어서는 안되며 우리는 한 몸에 속하는 지체가 되어야 합니다. 우리 모두가 하나님을 섬기는 일에 모든 힘을 기울이고 멀리 이탈해 나간 자들을 끌어와서 하나님에게 우리와 똑같이 순종하게 만들 때에 하나님은 우리를 당신의 자녀로 인정해 주시고 당신의 자녀로 삼아 주십니다. 그러므로 우리 모두는 우리 하나님 주변에 모여서 하나님이 우리에게 맡기신 소명을 우리가 완수할 때까지 그것에서 점점 더 많은 유익을 얻도록 합시다.

24

"새로 입교한 자도 말지니 교만하여져서 마귀를 정죄하는 그 정죄에 빠질까 함이요 또한 외인에게도 선한 증거를 얻은 자라야 할지니 비방과 마귀의 올무에 빠질까 염려하라"(딤전 3:6-7).

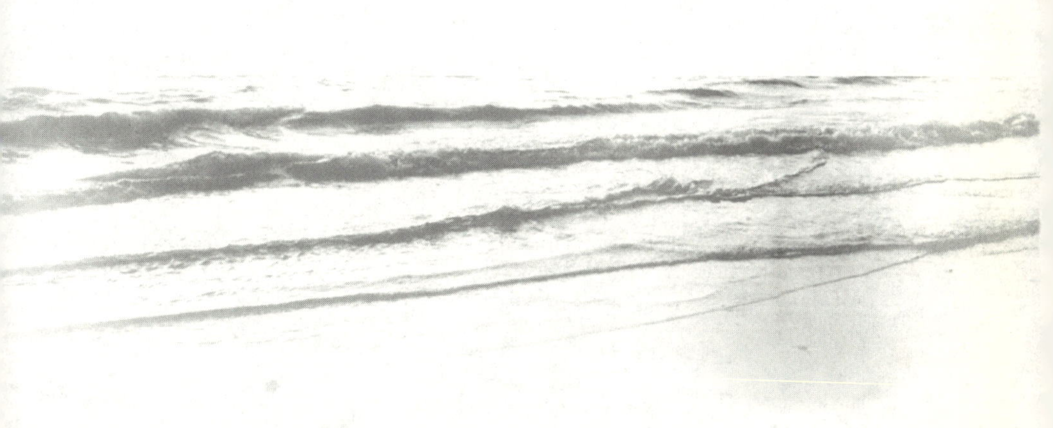

사도 바울은 사역자는 어떠한 사람이어야 하는가를 알려준 후에 새로 입교한 자가 아니어야 한다고 했습니다. 왜냐하면 대개의 경우 그들에게 교만한 기미가 있기 때문입니다. 사람이 어떤 것을 경험하기 시작하게 되면 마치 자신이 대가가 된 것처럼 착각합니다. 그리고 야망은 사람을 마귀를 정죄하는 그 정죄에 빠지게 합니다. 그래서 사도 바울은 교회의 목자로 피택을 받을 사람은 신앙생활을 오래했으며 오랫동안 하나님을 섬기는 법을 배워온 자라야 하며 정신적으로 안정되어 있어서 초심자에게 자주 나타나는 교만과 오만을 피하도록 했습니다. 간단히 말해서 목회자로 피택을 받을 사람은 믿지 않는 사람에게서도 칭찬을 받아야 합니다. 다시 말해서 종교를 반대하는 사람들도 그들에게서 아무런 잘못을 발견하지 못해서 우리 주 예수 그리스도의 이름이 모욕을 당하지 않게 해야 하며, 세상 사람들이 기독교인들의 모임을 매우 어리석은 집단이라고 말하지 못하게 해야 합니다. 왜냐하면 세상 사람들을 다스린다고 하는 자들은 파렴치하고 책망을 받아 마땅한 잘못과 죄를 저지르기 쉽기 때문입니다. 그러므로 기독교 신자들이 믿는 종교가 조롱을 당하지 않게 하기 위해서 사도 바울은 이방인들도 욕하지 못하고 비난할 수 없는 그러한 사람들을 목회자로 선출하기를 바랐습니다. 그리고 그는 그들이 죄에 빠지게 되면 부지중에 마귀의 올무에 걸리게 되고 또 다른 불편을 즉시 당하게 될 것이라는 말도 했습니다. 사람이 그의 명성을 잃게 되면 어떻게 되겠습니까? 그는 완악하고 뻔뻔스럽게 되며 창피한 것을 모르고 아무것도 부끄러워하지 않게 됩니다. 그러면 마귀가 침입해서 그를 장악하게 됩니다.

마귀라는 말이 사람에게도 사용되는 것이 사실입니다. 왜냐하면 마귀라는 말은 중상하는 자와 이유없이 아무나 비방하는 자를 나타내기 때문입니다. 그러나 사도 바울은 여기서 마귀에 대해서 말하고 있다는 것을 우리는 쉽게 알 수 있습니다. 그리고 비난을 받고 나쁜 평을 받아 마땅한 자들은 뻔뻔스럽고 염치를 모르기 때문에 사단의 지배를 받지 않을 수 없으며 사단이 그들의 주인이 된다는 것을 보여주었습니다. 그래서 하나님께서는 여기서 우리에게 선하고 유익이 되는 두 가지 가르침을 주십니다.

첫째로 하나님의 교회를 다스릴 사람은 초신자여서는 안되며, 새로 입교한 자도 안되며, 상당히 오랜 경험을 가지고 있어서 하나님을 섬기는 일에 적응이 되어 있어야 한다고 했습니다. 사도 바울이 말하는 이 법칙이 지켜져야 하는 데는 다른 이유가 있는 것이 사실입니다. 그러나 우리에게는 여기에 제시되어 있는 이유, 즉 하나님의 교회를 성실하게 섬기려고 하는 자는 거기에 대한 만반의 준비를 갖추고 있어야 한다는 것을 아는 것으로 충분합니다. 나는 하나님은 사람을 3일 안에 변화시키셔서 그를 하나님의 말씀을 실천하기에 매우 적합하고 합당한 자로 만드실 수 있다는 것을 부인하지 않겠습니다. 그러나 우리가 우리의 직무를 수행하는 동안에 하나님께서 우리에게 기적을 행하시기를 기다리고 기대해서는 안됩니다. 우리는 하나님께서 당신의 말씀을 통해서 우리에게 명령하신 것들을 실천하는 데 최선을 다해야 합니다.

만약 우리가 하나님이 무엇을 하실 수 있겠느냐를 놓고 논쟁을 버리고 나서 하나님은 아무것도 하실 수 없다는 결론을 내리게 된다면 그것은 우리가 무모하고 완고하다는 것 이외에 무엇을 보여주겠습니까? 그리고 하나님은 우리가 그러한 자들이 되지 않기를 바라신다는 것을 우리에게 잘 보여주실 것입니다. 그러므로 우리는 하나님이 우리에게 명령하시는 내용을 잘 살펴보고 하나님이 우리에게 제시하시는 규율을 잘 지키고 우리가 하나님에게 순종하면 만사형통하게 된다는 것을 알아둡시다. 우리 앞에 무엇이 나타나더라도 우리는 그것을 쳐다보지 말아야 합니다. 비록 사람들에게는 무엇이 하나님을 거역하는 것인가를 식별할 수 있는 훌륭하고 민첩한 재치가 있다 하더라도 우리는 그렇게 해서는 안됩니다. 우리가 하나님의 지시를 따르면 하나님께서는 우리에게 좋은 일만 일어나게 하신다는 것을 확실히 믿읍시다. 그러므로 우리는 여기서 우리에게 가르쳐 주는 교훈 즉 사역자를 선택할 때에는 충분한 경험을 쌓지 않은 자와 믿음 생활을 시작한 지가 얼마 되지 않은 자를 택해서는 안된다는 교훈을 명심해야 합니다. 왜냐하면 그러한 사람들은 멍에를 멘다는 것이 무엇인지 아직 모르기 때문입니다.

그러므로 사역자가 될 사람은 훈련을 잘 받고 오랫동안 신앙생활을 잘해서 쉽게 탈선하지 말아야 합니다. 만약 어떤 사람이 차분하고 얌전한 척해서 사역자로 선발되었는데 그가 탈선을 해서 그를 사역자로 선발했던 사람들에게 상당한 확증을 보여주기도 전에 그들을 부끄럽게 만든다면 얼마나 황당한 일이 되겠습니까? 그리고 사도 바울이 사역자가 갖추어야 한다고 말했던 요건들은 모든 공직을 맡을 사람들도 갖추어야 하며 실천해야 합니다. 왜냐하면 그가 한 말에는 사람들의 지위가 높아졌을 때에 하나님께서 그들을 잘 길들이지 않으시고 그들이 하나님에게 온전히 순종하지 않으면 그들은 금방 어리석고 거만하게 되며 자기 자신을 망각하고 온갖 사악한 짓에 빠진다는 뜻이 담겨있기 때문입니다.

사도 바울은 하나님에게 순종하는 일에 아직 충분히 적응되지 못한 사람이 높은 지위에 오르게 되면 그는 자신을 더 이상 알지 못하고 술취한 사람처럼 되어서 아주 작은 것도 쉽게 그를 일천 가지의 어리석은 망상에 젖게 할 수 있다고 말했는데 우리는 그러한 예를 직접 목격하게 됩니다. 결국 사도 바울이 말하는 이러한 과장과 교만은 무서운 파멸을 초래할 것입니다. 왜냐하면 하나님께서는 사람들이 허세부리는 것을 참아주지 않으시기 때문입니다. 우리가 알고 있는 바와 같이 교만한 자를 싫어하시며 건방진 자들의 코를 납짝하게 해주는 것이 하나님의 임무입니다. 우리가 건방지게도 분에 넘게 덕성스러운 척하면 하나님이 우리를 저지하실 것이며 우리에게 달려들어서 우리를 찌르실 것입니다. 그렇게 되면 우리는 하나님에게는 우리가 감당할 수 없는 엄격하심이 있다는 것을 알게 될 것입니다. 우리는 이 교훈을 모든 공직자에게 적용시켜야 합니다. 그래서 성경에는 이것에 대해서 여러 곳에서 언급되어 있습니다.

그러므로 귀한 직분을 맡은 사람은 겸손해야 합니다. 오랫동안 하나님을 섬겨왔으며 자기 자신을 완전히 죽이고 안정되고 신중한 마음과 정신을 가진 자라야 합니다. 사실은 하나님께서는 자신을 살펴보려고 하는 자들을 칭찬하시기를 기뻐하시기 때문에 그들에게는 자신을 자랑할 기회가 주어지지 않습니다. 우리는 사람의 속성이 어떤지를 알고 있으며, 또 하나님께서 그들 안에서 강력하게 역사하셔서 그들을 겸손하게 해주시지 않으시면 자기 자신을 통제할 수 있는 자가 매우 적다는 것을 알고 있습니다. 사람이 지위가 높아질수록 하나님을 더 가까이 모시게 되므로 그는 자신을 겸손히 하는 교육을 받는 것이 당연합니다. 우리가 교만하지 않고 우리 자신을 자랑하지 않기 위해서 우리의 눈을 하나님께로 향하게 하는 것보다 더 효과적이고 더 중요한 교육은 없지 않습니까? 그것은 우리에게는 불행밖에 없다는 것을 보여주는 거울이기 때문입니다. 사람이 천국으로 올라가면 하나님의 위대하심으로 인해서 그들은 아무것도 아니며 그들에게 자랑할 것이 아무것도 없다는 것을 알게 될 것이기 때문에 겸손해야 합니다. 그럼에도 우리는 그와 정반대입니다. 그러므로 우리의 눈이 가리워지고 우리 안에 감사할 줄 모르는 마음이 있는 한 우리가 용서받기가 더욱 어려워질 것입니다.

그러므로 더 말할 수 없이 겸손하게 행할 줄 알고 교만하지 않은 자가 아니면 어떠한 공직에도 합당하지 않으며 다른 사람을 다스리기에 적합하지 않다는 것을 잘 알아둡시다. 왜냐하면 사람이 지위가 높아지기가 무섭게 우상이 되고 자신을 숭상하게 되어 자신이 사람인지 사람이 아닌지 분간할 수 없게 되기 때문입니다. 하나님께서 그들을 세워주신 것을 영광스럽게 여겼던 자들이 아주 높은 자리에 오르게 되면 그렇게 됩니다. 그러한 현상이 구원의 가르침을 전하는 책임을 맡은 교역자들에게 두드러지게 나타납니다. 우리는 사람의 영광은 모두 폐해져야 하며 하나님 한 분만을 높여 드려야 한다는 것 이외에 무엇을 설교하겠습니까? 사람들이 그들을 단 한번 만이라도 칭찬해 달라고 요구해도 그것은 하나님의 영광이 가리우고 하나님을 발로 짓밟아 버리는 것이 됩니다.

복음의 가장 중요한 요점은 사람들에게 그들이 격노할 이유가 없다는 것을 가르쳐 주는 것입니다. 그렇게 해서 모든 입을 다물게 하고 우리로 하여금 우리의 모든 축복과 기쁨을 하나님 안에서 구하도록 하는 것입니다. 우리는 이것을 주장해야 할 것이니 우리가 온화함과 겸손함의 모범을 보여주는 것이 적절하고 당연하지 않습니까? 만약 어떤 사람이 우리에게 와서 우리는 하나님을 경외하는 생활을 해야 하며, 우리가 처해 있는 불행에 대해서 생각해 보고 우리가 가지고 있는 것은 아무것도 아니라고 생각하라고 하면서 한편으로 그는 우리가 보기에 자신을 뽐내고 자랑하는 공작새처럼 행한다면 어떻게 되겠습니까? 그러므로 교회를 다스리고 하나님의 말씀을 전하는 직분을 맡은 사람들에게는 교만하지 않으며 어리석은 오만에 휘말리지 않는 것이 가장 큰 미덕이라는 이 가르침을 잘 기억해 둡시다. 그리고 사도 바울이 마귀를 정죄하면서 한 말도 중하게 여깁시다. 사도 바울은 마귀가 타락하게 된 것은 마귀가 하나님께서 그에게 주신 영예를 깨닫지 못하고 자신을 너무 높이려고 했기 때문이라고 했습니다. 이 교만이 인간을 멸망시키는 원인이 되기도 했습니다. 우리 모두는 이 죄로 인해서 유죄판결을 받았습니다. 그러므로 우리는 사도 바울이 여기서 제시하는 내용을 그 만큼 더 철저하게 명심해야 합니다. 우리가 마귀의 유혹에 빠진다는 것은 전혀 가볍게 다룰 문제가 아니며 결코 거기에서 빠져 나올 수 없는 극히 위험천만한 일입니다. 만약 교만이 우리를 지배하게 되면 우리는 마귀의 친구가 되기 때문에 우리가 교만하지 않도록 합시다.

우리가 겸손하지 않으면 하나님에게 가까이 할 수 없으며 구원의 동참자도 될 수 없습니다. 우리가 어떻게 해야 하나님으로부터 당신의 자녀와 후계자로 인정을 받는 특전을 얻게 됩니까? 그 방법은 우리에게는 부정한 것과 죄밖에 없으며 우리는 완전히 버림을 받았으며 우리에게는 아무런 소망도 없다는 것을 알고 예수 그리스도를 통해서 긍휼을 얻기 위해서 우리를 그분에게 맡기는 것이 아닙니까? 우리를 하나님께로 인도해 주고 우리 주 예수 그리스도께서 우리를 영접해 주시고 우리를 그분의 아버지이신 하나님께 소개해 주시는 은총을 우리로 입게 한 것이 겸손이라는 것을 알았습니다. 그 반면에 교만은 마귀와 동행하는 것이니 우리가 교만에 빠져있을 때에는 우리는 하나님의 나라에 들어갈 수 없다는 결론을 내립시다. 그러므로 모든 고귀한 지위에 있는 사람과 하나님으로부터 그들을 권위있는 자리에 앉힐 수 있는 권한을 위임받은 사람들로 하여금 자신들을 잘 살펴보게 하고 이와 같은 마귀의 유혹이 부지중에 그들에게 임하지 못하도록 조심을 시키십시오. 그리고 지체가 낮아서 세상 사람들로부터 멸시를 당하는 사람들에는 교만해질 계기가 그만큼 적다는 것을 알려 주십시오.

그러므로 큰 자와 작은 자로 하여금 겸손하도록 하며 그런 식으로 자신을 자제하도록 해서 하나님이 모든 것 위에 뛰어나게 하시고 아무도 자신의 분에 넘치게 높이되려고 하지 못하게 하고, 우리는 하나님께서 우리를 불러주신 것에서 만족을 얻게 해서 하나님 안에서만 우리가 자랑할 것을 찾게 합시다. 한편 우리는 우리 자

신에 대해서는 자랑할 이유가 없기 때문에 아무것도 자랑하지 맙시다. 하나님이
우리에게 주신 것이 우리를 교만하게 해서는 안되고 오히려 우리로 하여금 우리가
하나님에게 많은 신세를 지고 있다는 것을 느끼게 해주어서 우리 자신을 아무것도
아니라고 간주해야 한다는 것을 알려주십시오.

우리가 하나님에게 하나님이 받아 마땅하신 영광을 돌려드릴 때에 하나님이 직
접 말씀하신 것처럼 하나님은 우리를 영화롭게 해주시며 우리를 신성하게 해주십
니다. 그런데 사도 바울이 사역자는 믿지 않은 사람에게도 칭찬을 받아야 한다고
한 말은 악한 자들의 존경을 받고 싶어하는 자들이 있는 것처럼 우리는 악한 자들
의 칭찬을 받을 필요가 있다는 뜻이 아닙니다. 왜냐하면 우리가 그들의 악한 행위
를 승인해 주지 않으면 그들이 우리를 칭찬해 주지 않기 때문입니다. 다시 강조하
지만 우리가 하나님을 멸시하고 우리 주 예수 그리스도를 발로 짓밟는 자들의 사
랑을 받고 싶어하는 것이 얼마나 부질없는 욕심입니까? 우리가 악한 자들을 설득
시켜서 하나님에게 하나님이 받아 마땅하신 영광을 돌리게 하고 하나님의 말씀에
경건하게 복종시키지 못하기 때문에 차라리 그들이 우리를 버리고 우리를 웃음거
리로 만들기로 바라야 합니다.

그러나 설사 우리가 악한 자들로 하여금 우리를 사랑하게 만들려고 해서는 안
될지라도 그들의 입을 다물게 해야 합니다. 만약 그들이 우리를 비난하려고 든다
면 우리는 그들 자신의 부끄러워할 줄 모르는 행위로 인해서 부끄러움을 당하게
될 것입니다. 사도 바울이 여기서 한 말의 뜻은 불신자들은 하나님의 종으로 알고
있는 사람들을 칭찬해 주어야 하며 그들의 선행을 스스로 천거해야 한다는 것이
아니고 그들에게 하나님의 종을 비난할 빌미를 주어서는 안된다는 것입니다. 우리
는 하나님의 원수들이 우리를 비난하고 우리에 대해서 험담하는 것을 막을 수 없
는 것이 사실입니다. 그러나 우리는 악한 자들로부터 하나님의 교회를 다스리고
인도할 직분을 맡은 자가 부도덕하고 사악해서 사람들로부터 사악하고 행실이 나
쁜 사람이라는 지목을 받아 하나님의 교회를 더럽히지 않도록 해야 합니다. 이것
이 사도 바울이 말하고자 하는 요점입니다. 그러므로 우리는 전심을 다해서 하나
님이 모독을 당하시지 않게 해야 하며 악한 자들에게 복음과 교회의 규례를 조롱
할 빌미를 주지 않도록 해야 합니다.

만약 우리가 용의주도하지 못하여 하나님이 비난을 받으시게 된다면 우리가 어
떻게 용서를 받을 수 있겠습니까? 사도 바울은 이것을 우리에게 가르쳐 주려고 했

습니다. 정죄에 빠진 자들은 사단에게 사로잡히게 되어서 온갖 죄악된 짓에 물들게 되고 마귀가 그들을 지배하게 됩니다. 그렇게 되면 그들을 도와줄 길이 없으며 그들을 옳은 길로 끌어낼 방법이 없습니다. 우리는 이와 같은 현상을 너무 많이 봅니다. 그러나 그가 선한 양심을 가지고 있다는 인정을 받고 있으며, 그에게는 하나님을 경외하고 있다는 증거가 있으며, 그가 정직하다고 칭찬을 받고 있다면 그의 행동이 저지될 수도 있을 것입니다. 하나님께서 그를 축복해 주시고 은혜를 베풀어 주실 것입니다. 그러나 반대로 사악함의 도가 완전히 지나쳐서 구제불능한 지경에 이르게 되어서 모든 사람의 미움을 받고 세상 사람들이 그를 완전히 몹쓸 사람으로 인정을 하고 자기 자신도 강퍅하게 되어서 염치가 전혀 없는 자가 되면 아무것도 그를 억제하지 못하고 마귀가 그를 완전히 장악하게 될 것입니다. 비록 사도 바울이 여기서 하나님의 말씀을 전하는 사역자들에 대해서 말하고 있지만 모든 사람들은 하나도 빠짐없이 선하고 유익한 교훈을 받아야 합니다. 즉 우리가 나쁜 평을 듣지 않고 우리의 생활이 장애물이 되지 않도록 우리의 행함에 주의를 하고 사람들의 손가락질을 받지 말고 음행하는 자가 되지 말아야 합니다. 그렇지 않으면 우리는 결국 여기서 말하는 벌을 받게 될 것입니다.

그리고 나는 하나님에게 우리에게는 그러한 일이 일어나지 않게 해달라고 특히 하나님의 말씀을 전할 책임과 직분을 맡은 사람에게는 그러한 일이 일어나지 않게 해달라고 기도드려야만 합니다. 그러나 만약 우리가 우리의 처지에 합당하게 행하지 않으면 우리는 하나님이 내리시는 천벌을 보여주는 본보기가 될 것입니다. 사역자는 자신의 생활을 통해서 모든 사람들은 교화시켜야 함에도 불구하고 문란한 생활을 하고 건방지고 술주정뱅이가 되고 방탕하며 음행을 하며 그밖에 이런저런 나쁜 짓을 한다면 그는 어떻게 되겠습니까? 사람들이 멀리 떨어진 곳에서도 우리를 볼 수 있도록 우리를 높이 세우셨으니 그의 행실이 뚜렷하게 나타날 것이며 놀림감이 될 것이며 모든 사람의 입에 오르내리는 이야기거리가 될 것이며 아주 어린아이들도 그를 조롱할 것입니다.

사역자의 사악한 생활이 그를 더럽혔으며 그를 석탄처럼 검게 만들었다는 것을 알게 되면 그는 강퍅하게 되고 마귀가 그를 완전히 장악하게 되어서 그는 다른 어떤 사람보다도 악하게 됩니다. 우리 모두는 자신의 분수를 알고 그처럼 위험천만한 곳에 빠지지 않도록 조심해야 합니다. 사역자나 목자가 아닌 자들도 사치스러운 생활을 하게 되면 아무도 그들을 참아주지 않기 때문에 그들은 더 이상 아무리

적은 것도 용납받지 못하며 더 이상 창피한 줄을 모르게 됩니다. 만약 어떤 사람이 다른 사람들로부터 정직하고 하나님을 경외하는 자로 여김을 받는다면 이것이 그의 행동을 제어하는 역할을 해서 낭비하는 생활을 하지 못하게 할 것입니다. 그러나 그는 쉽게 돌이키게 될 것입니다. 만약 그가 잘못하는 것이 우리에게 보이면 우리는 그에게 접근해서 주의를 주게 됩니다. 그러면 개선의 점이 그에게서 보일 것입니다. 그러나 자신이 완전히 버림받은 자라는 것을 알게 되면 반항을 하게 되고 혼란스럽게 되어서 그에게서는 더 이상 정직성을 찾아볼 수 없게 됩니다. 그러므로 우리는 하나님의 그러한 벌이 우리에게 임하지 않도록 조심하고 하나님께서 우리를 당신의 곁으로 부르시고 우리의 목에 당신의 멍에를 씌어주시는 은총을 베풀어 주실 때에 항상 겸손해지고 멋대로 행하지 않도록 합시다. 사도 바울은 하나님의 말씀을 전하는 사역자들에게 가르침을 줌으로써 모든 기독교 신자들 전체에게 고루 해당되는 평범하고 일반적인 가르침을 주었습니다.

그리고 그는 사역자들에 대한 말을 한 후에 집사들도 행함이 차분하고 겸손하며 매우 겸손해야 하며 실없는 소리를 해서는 안된다는 말을 첨가했습니다. 그리고 그들은 술을 좋아해서는 안되고 부정한 방법으로 재산을 늘려서도 안된다고 했습니다. 특히 그들은 당연히 믿음에 대한 신비를 가지고 있어야 하며, 그들이 직분을 받기 전에 이것을 입증해야 합니다. 사도 바울은 여기서 하나님의 말씀을 전하는 사람들의 하인에 대해서 말하고 있지 않습니다. 그러나 사도 바울은 하나님께서 당신의 자녀들 가운데 세우신 영적인 조직체에 대한 문제를 다루고 있기 때문에 가난한 자들은 돌보라고 임명된 자들도 복음을 전하라고 임명된 자들과 마찬가지로 책망받을 것이 없는 생활을 하고 좋은 본을 보여 주기를 바랬습니다. 그렇게 해서 선한 자들이 힘을 얻게 되고 악한 자들이 부끄러움을 당하게 되고 그리스도교와 그리스도의 교훈을 정죄할 구실이 없게 되기를 바랬습니다.

집사(Deacon)라는 말은 우리가 말하는 사역자(Minister)를 나타내기도 합니다. 그러나 사도 바울이 여기서 이 말을 사도행전 6장과 그 밖에 다른 성경 말씀에 나오는 것과 같은 뜻으로 사용한 것이 확실합니다. 일반적으로 교회의 모든 직분, 즉 사역하는 직분이나 봉사하는 직분은 모두 집사직이라고 불리우는 것이 사실입니다. 왜냐하면 목회자는 다스리라고 임명되거나 선택된 자가 아니기 때문입니다. 믿는 자를 섬기는 것이 그들의 임무입니다. 사람이 마땅히 우리를 그리스도의 일꾼이요(고전 4:1) 하나님의 백성과 하나님의 양떼들을 섬기는 자로 여겨야 할 것입니다. 그러므로 목자로 여겨지기를 바라는 사람은 누구나 거만해서는 안되며 그와 반대로 자신에게 맡겨진 그들을 섬기는 일에 온 정성을 다해야 합니다. 왜냐하면 사실 우리가 하나님의 백성을 섬기지 않고서는 하나님을 섬길 수 없기 때문입니다. 그러므로 우리는 명목상의 집사가 되어서는 안되고 가난한 사람들을 돌보고 자선을 베푸는 집사가 되어야 합니다. 그리고 사도 바울도 집사라는 말을 이러한 뜻으로 사용한 것이 당연합니다.

사역자들은 하나님으로부터 당신의 백성을 인도하라고 임명되었기 때문에 그들을 맨 앞자리에 내세웠습니다. 그리고 그들 뒤에 그들보다 지체가 낮은 집사를 세웠습니다. 그러나 비록 우리가 복음의 규례에 따라서 거듭난 착실한 기독교 신자로 여겨지기를 바라지만 우리는 집사가 무엇을 의미하는지를 거의 모르고 있습니다. 우리가 천주교 신자들에 대해서 말할 때에 그들이 가짜 기독교 신자라고 말했으니 그들은 그것을 부끄럽게 여겨야 합니다. 사실 그들에게는 혼란밖에 없으며 타락한 자며 하나님께서 그의 백성들 가운데 세우신 것들을 뒤집어 놓았으니 가짜 기독교 신자라는 말이 맞습니다. 그러므로 우리가 이러한 이유로 천주교 신자들을 책망하는 것이 당연합니다. 그러나 우리는 우리 자신을 잘 다스려야 합니다. 만일 우리에게 그들이 정죄받는 것과 똑같은 잘못이 있다면 우리가 하나님이 정죄하시려고 하시는 그들을 책망한들 우리에게 어떠한 이익을 주겠습니까? 그렇게 해서 우리가 거듭났다는 것을 보여주겠습니까? 다시 말하지만 순전히 구원의 교훈을 전하는 사역자가 있어야 하며 가난한 사람들을 돌보아주는 집사가 있어야 합니다.

집사의 직분을 맡고있는 사람들이 상당히 많이 있는 것이 사실입니다. 그러나 집사직은 세속적인 직분이라고 여겨집니다. 우리는 양육원의 원장이나 병원의 원장을 성직자라고 생각합니까? 그들은 그렇다고 알고 있습니까? 만약 그들이 그렇게 생각하고 있다면 하나님께서 우리를 불러서 직분을 맡기시거나 성직에 앉히실 때에는 사역자와 목자와 하나님의 교회를 다스리는 책임도 함께 맡기신다는 것을 그들에게 알려주십시오. 그들은 가난한 사람들의 재산을 관리하고 가난한 사람들을 돕기 위해서 갹출한 의연품을 배분하기에 합당한 자를 선발했습니다. 그리고 가난한 사람들을 돕기 위해서 낸 의연품은 하나님에게 드리는 제물이기 때문에 그것들은 하나님이 합당하다고 여기는 자들에 의해서 배분되어야 한다는 생각을 했으며 집사는 하나님을 대신하는 성직자라고 생각했습니다. 사람들도 이 사실을 알고 있습니까? 모르고 있습니다. 그것은 대단히 묘한 일입니다.

사람들이 장로나 사역자에 대해서 거의 관심이 없는 것처럼 집사에 대해서도 거의 관심이 없다고 해도 우리는 놀라지 않을 것입니다. 우리가 교회를 다스리고 감독할 책임자, 다시 말하면 종교 재판소의 재판관을 선발하는 문제를 놓고 의논을 하려고 하면 매우 경건한 태도로 임해야 하지 않겠습니까? 그는 정직해야 하며 하나님의 규례를 지켜야 한다는 논의가 있었습니까? 우리는 그 직위에 임명받은 사람이 하나님의 이름으로 임명받았다고 말할 수 있겠습니까? 우리는 그와는 정반대되는 짓을 합니다. 우리는 아무 능력도 없는 자들은 성직에 앉혀놓고 그들을 하나님을 영화롭게 해드리고 하나님의 교회를 교화시킬 책임을 감당할 수 있는 자라고 말하므로써 하나님을 면전에서 조롱할 때가 있습니다.

그러므로 우리 가운데에는 혼란이 있고 우리 중의 많은 사람들은 매우 세속적이어서 하나님은 물론 하나님의 말씀이나 그분의 교회의 규례를 숭상하지 않으며 그들이 하는 짓이 어떤 것인지도 모르는 자가 있으므로 인하여 천주교 신자들이 우리 보다 훨씬 더 정직하다고 말할 수 있다는 것은 매우 개탄할 일입니다. 천주교 신자들에게는 그들이 지향하려고 하는 전체적인 푯대, 즉 하나님이 모든 것에 우선해야 한다는 원칙이 있습니다. 그러나 사실은 그들은 그것을 지속시키지 못합니다. 그래서 그들은 하나님이 교회를 다스려야 한다고 자신에게 불리한 증언을 스스로 하게 됩니다. 그러나 우리는 하나님이나 하나님의 교회에 대해서 아무런 논의도 하지 않고 지나왔습니다. 사람들은 그 매를 얼마 동안은 참을 수 있을 것입니다. 그러나 언젠가는 하나님이 진노하셔서 그들의 머리를 강타하실 것입니다. 우리는 우리의 선한 뜻으로는 하나님이 우리에게 강력하게 요구하시는 이 순종이 무엇을 의미하는지 모르기 때문에 우리는 하나님이 주신 멍에를 벗어버리고 얼마동안 하나님의 이름을 모독하고 나면 하나님은 우리에게 강권적인 회개를 시키실 것입니다.

그러나 지금 우리는 이 본문 말씀을 통해서 하나님께서는 당신의 교회에 어떠한 규례를 세우셨는지 잘 살펴보고 우리 자신을 그것에 일치시키는 일에 최선을 다해야 합니다. 비록 우리가 그것을 온전히 이루지 못했을지라도 적어도 우리는 그 길을 가고 있다는 것을 보여주어야 하며, 우리에게는 우리가 지향하는 푯대가 있어야 하며, 우리는 그것을 통해서 점점 더 많은 유익을 얻어야 합니다. 우리가 그렇게 함으로써 가난한 사람들을 돌보는 집사들은 세상적인 직분뿐만 아니라 하나님의 교회를 섬기는 영적인 책임도 맡고 있다는 것을 알게 됩니다. 그러므로 우리는 그들은 거의 하나님의 말씀을 전하는 사역자와 같으며, 또 꾸지람을 통해서 하나님의 백성을 인도하는 책임을 맡은 사람들도 교훈을 통해서 그들을 인도하라는 책임을 맡은 사람들처럼 경건하고 정직한 생활을 해야 한다는 것을 알았습니다. 이것은 잘 지켜야 합니다. 그리고 정말로 가난한 사람들을 돕기 위해서 바친 의연품이 하나님에게 경의를 표하기 위해서 드린 제물이 될 수 있습니까? 그리고 의연품을 나누어 줄 책임을 맡은 사람들은 그들이 하나님을 섬기고 있다는 생각을 해야 하지 않습니까? 공직을 맡고 있는 자들도 하나님을 섬기고 있는 것이 사실입니다. 하나님께서는 그들에게 당신의 징표를 새겨 주셨으며 그들에게 당신의 귀한 이름을 주셨으며 그들을 당신의 자녀라고 당신의 부관이라고 당신의 직원이라고 부르십니다.

그러나 여기서 말하는 집사들은 하나님이 세우신 영적인 조직체에 속합니다. 회계 담당자가 직무를 태만히 한다면 물론 그는 사람들 앞에서뿐만 아니라 하나님 앞에서 죄인이 됩니다. 그러나 집사는 교회의 재산, 즉 온전히 하나님에 바쳐졌으며 어떠한 이유로도 세속적인 용도에 사용되어서는 안될 재산을 관리하는 책임을 맡고 있습니다. 우리가 천주교 신자들에 대해서 말할 때에 우리는 교회의 도둑이라고 했는데 우리가 그렇게 말한 데에는 상당한 이유가 있습니다. 왜냐하면 교회의 재산은 교회를 위해서만 사용되어야 하기 때문입니다. 교회의 재산은 사역자에게 필요한 물건을 조달해 주고 교회의 씨를 보존하기 위해서 봉사하는 교사들의 필요한 물건을 조달해주고 특히 가난한 사람들을 도와주는 일에 사용되어야 합니다. 그러나 만약 우리가 천주교 신자들을 정죄하면서 우리도 그들과 똑같이 교회의 재산을 소진시키며 낭비하고 이런 저런 방법으로 소비해서 우리 자신도 그 재산이 하나님에게 봉헌된 것이라는 사실을 잊고 있다면 우리는 이중으로 교회의 재산을 도둑질하는 자가 되지 않습니까?

세상 사람들은 우리가 천주교 신자들보다 천배나 나쁘다고 할지도 모릅니다. 그들에게 하나님에게 바쳐진 모든 물건을 삼켜 버리는 소용돌이와 같은 신부와 수도사가 있는 것이 사실입니다. 그럼에도 불구하고 로마 카톨릭교에서는 교회의 재물은 신성하므로 그들은 그렇게 사용되어야 하며 의연금은 가난한 사람들에게 주어져야 한다고 말합니다. 사실은 그들에게 가난한 사람들을 돕기 위해서 수집된 물건은 모두 모 교회를 섬기는 자들의 것이라는 오래된 규범이 있는데 그들은 그것을 부인하지 못할 것입니다. 그러므로 모든 천주교 신자들이 나쁘다는 것이 아니고 이러한 물건을 관리하는 사람들만이 나쁘다는 말입니다.

그러나 물건이 낭비되는 것을 보면 사람들은 자선 시설의 물건과 가난한 사람의 물건과 교회의 물건이 낭비되는 것을 보라고 합니다. 한편 우리가 교회의 돈을 낭비하고 우리가 그 돈을 우리의 멋대로 투자하게 되면 확실히 우리는 교회의 재물을 이중으로 훔친 자가 됩니다. 그렇게 되면 성경의 기록을 세밀하게 살펴보지 않고서도 우리가 사악하다는 것을 깨닫게 됩니다. 그러나 이것은 자신이 기독교 신자로 여겨지기를 바라면서도 하나님께서 당신의 양떼에게 어떠한 규율을 공포하셨는지를 모르는 자를 부끄럽게 하기에 충분합니다. 따라서 우리가 지금 할 일은 가난한 자를 위해서 모여진 의연금품을 분배해 주고 가난한 사람들의 재산을 관리하도록 피택된 사람들은 모두 공직을 맡게 되었을 뿐만 아니라 교회라는 영적인 조직체에 속하게 되었으며, 교회에서도 하나님의 직원으로서 하나님에게 바쳐지고 봉헌된 제물들을 분배해 주어야 합니다.

하나님께서는 의연금품이 매우 귀중하게 사용되기를 바라시기 때문에 의연금품을 관리하는 자들도 최고 책임자에게 결산보고를 해야 하는 사람들처럼 하나님을 두려워하는 마음으로 행하도록 조심하는 것이 당연합니다. 이러한 직분에 부름을 받은 자들이 사도 바울이 그에게 준 가르침을 통해서 그들의 책임을 충실하게 이해하라는 지시를 받아야 하는 것처럼 사람들이 그들을 선택할 때에도 훗날에 교회의 규례를 곡해한 것이 그들의 책임이라는 말을 듣지 않으려면 그가 여기서 명령하는 것처럼 경외하는 마음을 가지고 추진해 나가야 합니다. 만약 우리가 우리 가운데 교회를 세우기를 바란다면 우리는 하나님이 세우신 이 정부가 어떠한 방법으로도 붕괴되게 해서는 안됩니다. 적어도 우리는 그것에 따르기 위해서 노력을 해야 합니다. 우리가 비록 그것을 완전히 이루지 못했을 지라도 우리는 끊임없이 그것을 동경해야 하며 사도 바울이 우리 앞에 세워 놓은 그 푯대를 향하여 항상 달려가야 합니다.

25

"이와 같이 집사들도 단정하고 일구이언을 하지 아니하고 술에 인박이지 아니하고 더러운 이를 탐하지 아니하고 깨끗한 양심에 믿음의 비밀을 가진 자라야 할지니 이에 이 사람들을 먼저 시험하여 보고 그 후에 책망할 것이 없으면 집사의 직분을 하게 할 것이요"(딤전 3:8-10).

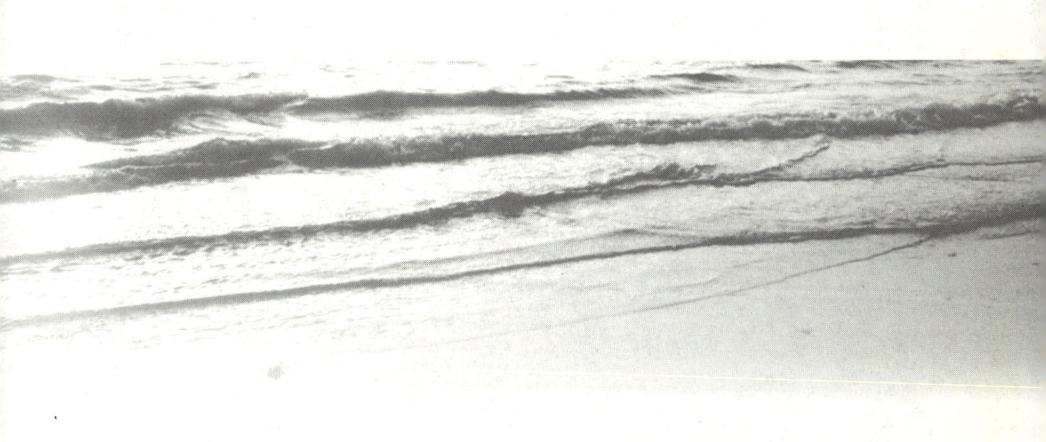

사도 바울은 초대 교회에서 누구를 의연금품을 나누어주는 일에 임명했는지를 알려주었습니다. 하나님께서는 가난한 자들이 보살핌을 받아야 한다는 이 규율이 당신의 교회에서 지켜 행해지기를 바라시는 것이 확실합니다. 하나님께서는 가난한 사람들을 개인적으로 도와줄 뿐만 아니라 궁핍한 자를 돌보아 주는 공공기관과 공직자가 있어야 한다고 말씀하셨습니다. 만약 그렇게 하지 않으면 우리는 복음의 교훈에 따라서 교회를 잘 운영하고 있다고 자랑할 수 없으며 우리에게는 혼란과 혼돈 밖에 없는 것이 확실합니다. 그러므로 우리는 우리 주변을 살펴보아야 합니다. 왜냐하면 만약 우리가 천주교 신자들은 우리 주 예수 그리스도께서 제정하신 규율을 지키지 않는다고 그들을 맞대놓고 책망을 하게 되면 그들은 마치 우리가 하나님에게 봉헌된 물건들이 적절하고 올바르게 배분되지 않고 이 직분에 합당한 사람이 선발되고 임명되지 않기를 바라는 것처럼 말할지도 모릅니다. 이러한 까닭으로 우리는 여기에 담겨 있는 내용을 잘 알아둡시다.

먼저 사도 바울은 집사들이 근엄하고 착실한 사람이기를 바랐으며 다음에는 수다장이가 아니고 일구이언을 하지 않는 자이기를 바랐으며, 더욱이 술에 인박이지 않기를 바랐습니다. 사도 바울은 근엄(Gravity)이나 단정(Honesty)이라는 말이 품행이 단정한 사람에게 속하는 것으로 여겼습니다. 간단히 말해서 사도 바울은 집사들이 경솔하지 않으며 방탕하지 않다는 좋은 본을 보여주기를 바랐습니다.

특별히 그들에게는 세 가지 미덕이 있어야 하는데 그중의 하나는 그들이 표리가 있어서는 안된다는 것입니다. 만약 그들이 도움이 필요한 사람들을 불쌍히 여기는 척했다가 나중에 그들을 굶겨 죽이려고 해서 그들에게는 긍휼히 여기는 마음도 없고 인정도 없다면, 다시 말하면 그들이 하는 말과 성수를 뿌리는 것과 그럴듯한 약속을 하는 것이 다 가식이라면 그들은 집사의 본분과 직분에 위배되는 행위만 한다는 것이 알려질 것입니다.

그리고 집사들은 술에 인박이지 말아야 합니다. 만약 이 사람이 먹고 마시는 것에 인이 박이게 되면 다른 사람에게 무엇이 필요한지 전혀 관심을 갖지 않게 됩니다. 만약 술에 인이 박인 사람에게 의연금품을 나누어주는 재량권이 주어진다면 그는 전 재산을 먹고 마시는 일에 탕진해 버린 그의 친구를 제일 먼저 도와주려고 할 것입니다. 간단히 말해서 자신의 유익을 사랑하고 돈만을 구하는 자들에게는 그렇게 하는 일이 있을 수 있습니다. 더욱이 욕심이 많은 사람은 자신은 일전 한푼도 쓰지 않으면서 사람들이 돈을 쓰지 않는 것을 가슴 아파합니다. 그는 자기 자신이 먹고 마실 것이 있으면 모든 것이 잘 되어지는 것으로 생각합니다. 가난한 사람을 도와주고 그들을 위해서 필요한 물건을 마련해서 그들에게 나누어주는 것이 그에게는 마치 그의 뱃속에서 창자를 끄집어내는 것처럼 굉장히 괴로운 일이 되기 때문입니다. 사도 바울이 집사들은 단정하고 정숙한 생활을 해야 한다고 말한 후에 이 세 가지 덕목을 제시한 데에는 이유가 있다고 생각합니다. 그들은 정정 당당해야 하며 말하는 것이 순진하고, 정직해야 하며, 먹고 마시는 것이 검소해야 합니다.

마지막으로 그들은 인색하거나 욕심이 많아서는 안되며 돈을 혐오해서 그들의 재량에 맡겨진 물건들을 올바르게 나누어 줄 수 있어야 합니다. 만약 집사들, 즉 가난한 사람들을 돌보아 주는 집사들이 검소하고 겸손하며 단정하며 탐욕스럽지 않다면 이 말을 길게 설명하지 않아도 쉽게 이해할 수 있을 것입니다. 그러나 우리는 사도 바울이 말하는 이 직분이 무엇을 의미하는지를 모르고 또 오늘날 사람들은 악한 것을 덕으로 여기기 때문에 여기에 있는 이 내용이 우리에게는 매우 이상하게 보입니다. 우리 안에는 어떠한 기독교인다운 모습이 있는지 보여줄 수 있습니까? 만약 우리에게 교만하고 자만하는 것밖에 보여줄 것이 없다면 우리가 복음을 변조했다는 말밖에 할 수 없습니다. 그럼에도 불구하고 이것이 우리를 시험해 줄 시금석이 됩니다. 그러나 무엇보다도 집사들에 대한 이야기는 전에 들어본 적이 없는 이상한 이야기처럼 느껴집니다. 그런데 가난한 사람들을 돌보라고 선택을 받은 자들이 그들의 직분을 어떻게 수행하고 있습니까? 그들은 더 말할 수 없이 세속적이고 그들이 어떠한 직분에 부름을 받았는지도 모르는 사람과 같습니다. 나는 모든 사람 전체에 대해서 말하는 것이 아니고 우리에게 흔히 일어나는 보편적인 잘못에 대해서 말하고 있습니다. 그럼에도 불구하고 우리가 알고 있는 바에 따르면 사람들은 하나님을 무시하고 하나님께서 당신의 교회 안에 세우신 그 직분을 폐하기로 작당을 했으니 이것은 개탄할 일이 아닙니까?

만약 우리가 이 교훈에 귀를 기울이지 않고, 그것을 받아들이지 않고, 그것을 실천하지 않는다면 그것이 우리를 정죄하는 도구가 될 것입니다. 우리에게는 질서가 없으며 혼란이 있는 것을 보여줄 것입니다. 하나님께서 그러한 고약한 짓을 벌하시기를 지체하지 않으시기 때문에 우리는 조심을 해야 합니다. 우리가 그러한 죄악된 행위와 건방진 행동을 보게 되면 우리는 무엇을 바랄 수 있겠습니까? 우리는 하나님의 무서운 징벌을 두려워해야 할 것입니다. 만약 오늘날 자신을 집사라고 자칭하는 자들과 사도 바울이 여기에서 제시하는 그 직분에 부름을 받은 자들을 포박한다면 그들은 우리가 큰 잘못을 했다고 생각할 것입니다. 왜 그렇게 생각합니까? 그들은 하나님을 섬기는 것이 무엇인지 모르기 때문입니다. 또한 그들은 이 직분이 교회의 영적인 관리에 속한다는 것을 모르기 때문입니다. 그럼에도 불구하고 하나님께서는 당신의 이름이 모욕을 당하는 것을 참아주지 않으십니다. 만약 우리가 집사를 선발하는 사람들과 이야기를 해보면 그들조차도 하나님의 집을 관리하는 것이 무엇을 의미하며 의연품을 나누어주는 것이 어떠한 것인지를 다른 사람들 만큼도 모르고 있다는 것을 알게 됩니다.

그러므로 우리는 여기에서 우리에게 보여준 내용을 잘 알아 둡시다. 다시 말하면 교회에서 직분을 맡고자 하는 자는 이웃에게 좋은 본을 보여주어야 합니다. 하나님께서는 집사들을 영광스러운 일에 사용하려고 하시므로 그들로 하여금 정숙하고 단정한 생활을 하게 하십시오. 무엇보다도 그들이 폭음, 폭식하지 않도록 하며, 검소하고 절제하는 생활이 어떤 것이지를 알려 주십시오. 그리고 집사들은 술주정뱅이가 되지 않도록 주의하는 것이 필요합니다. 그들은 그들에게 맡겨진 물건

을 나누어 주는 일 뿐만 아니라 도움이 필요한 사람을 찾아내고 물건을 어디에 배
정할 것인가에 대해서도 관심을 가져야 합니다. 만약 그들이 술주정뱅이가면 그들
은 바보, 멍청이에 불과할 것입니다. 보살핌이 필요한 사람들은 찾아내서 그들에
게 도움을 주고 보살펴 주어야 함에도 불구하고 자기의 배를 불리는 일을 최고의
덕으로 알고 있는 주정뱅이에게서 그러한 보살핌을 기대할 수 있겠습니까? 그들
이 술에 취해서 짐승처럼 되었으며 취기가 그들을 완전히 장악해서 그들을 이성을
지닌 사람이라기보다도 돼지처럼 만들었다면 그들에게서 지혜를 찾아볼 수 있겠
습니까? 그러므로 하나님으로부터 존귀히 여김을 받아 가난한 사람들을 돌보라는
부름을 받은 자들은 검소해야 합니다. 폭음, 폭식을 하지 않아서 그들이 맡은 직분
이 요구하는 덕을 갖추지 못했다는 비난을 받지 말아야 합니다.

더욱이 그들이 여기서 말하고 있는 성실성에 대해서 잘 알고 있다면 이 미덕이
얼마나 필요한지도 알게 될 것입니다. 왜냐하면 사람이 당당하고 성실하지 않으면
틀림없이 그는 아무 도움도 줄 수 없기 때문입니다. 그러한 까닭으로 사도 바울은
이러한 미덕이 사역하는 사람에게도 있어야 한다고 했습니다. 사도 바울은 가난한
사람들을 도와주는 사람들에게는 즐거운 마음으로 주는 기쁨도 있어야 한다고 말
한 것이 사실입니다. 그들은 그 물건들이 제대로 사용되고 쓰이는 것을 보고 기뻐
할 것입니다. 왜냐하면 하나님께서는 당신께서 기뻐하시는 그들의 손을 통해서 제
물을 나누어 주시기 때문입니다. 그러나 그 보다는 성실한 마음이 앞서야 하지 않
습니까? 그러므로 그들은 일구이언을 하지 말아야 합니다.

우선 가난한 사람들을 섬기라고 세움을 받은 사람들은 자신의 유익이나 이익을
구해서는 안되며 하나님께서 그들로 하여금 하나님을 섬기도록 허락하신 것에서
만족을 얻어야 합니다. 비록 그들이 사람들을, 특히 멸시받는 사람들을 섬길지라
도 그들은 그보다 더 많은 은혜를 받을 수는 없습니다. 그러므로 하나님께서 그들
의 섬김을 받아들이신 것만으로도 그들을 만족해 주고도 남음이 있어야 합니다.
더욱이 그들은 그들에게 맡겨진 돈을 성실하게 사용하는 것이 그 돈을 보관하는
것보다 더 중요하다는 것을 깨달아야 하며 그것을 나쁜 목적에 사용해서는 안됩니
다. 이렇게 해서 우리는 집사들은 자신의 유익을 구하지 말아야 한다는 것을 알았
습니다.

만약 그들에게 이러한 관대함과 솔직한 마음이 없다면 가난한 사람들이 도움을
받는 것을 기뻐하고 도움이 필요한 곳을 찾아 즉각적인 조치를 취하기를 기뻐하는

것만으로는 충분하지 않습니다. 우리는 이것을 통해서 우리가 사도 바울이 말하는 기준에서 멀리 벗어나 있다는 것을 알게 됩니다. 우리는 가난한 사람들에 대해서 생각해 본 적이 있습니까? 사람들에게 빈궁한 사람이 어디 있느냐고 물어본 적이 있습니까? 없습니다. 우리는 물건을 아껴써야 합니다. 그것이 사실입니다. 그리고 우리가 앞에서 말한 것과 같이 집사들은 현명할 필요가 있습니다. 왜냐하면 만약 그들이 도움을 청하는 사람들의 말을 다 믿어버리면 가난한 사람들을 위해서 수집된 물건들이 금방 동이날 것이기 때문입니다.

귀찮게 졸라대며 다른 사람의 입장을 전혀 고려해 주지 않는 사람들이 많이 있습니다. 태만하고 힘써 노력을 하지 않은 자들은 그들이 진수 성찬의 저녁상을 받아야 할 때에 간단한 저녁상을 받는 것으로 만족할 수 있습니다. 다른 사람들은 더 호화스러운 생활을 하기 위해서 도움을 받아야 한다고 생각합니다. 다시 말하지만 사람들이 어떤 직분을 그에게 맡기고 그에게 그 대가를 지불하지 않으면 그는 많은 피해를 당했다고 생각합니다. 그리고 모든 사람들은 자신이 가장 가난하다고 생각할 때에 다른 사람의 도움을 받고 싶어합니다. 그리고 사람이 다른 사람으로부터 물질적이 도움을 받고 싶어하는 지경에 이르게 되면 그는 항상 그에게 우선권이 주어지기를 기대합니다.

그러므로 집사들은 현명하고 겸손할 것이 요구되며 그들은 이유없이 손을 벌려서는 안됩니다. 만약 나누어줄 물건이 조금밖에 없고 모든 것을 하루에 분배해 주어야 한다면 그것은 매우 어려운 일이 아니겠습니까? 그들은 알뜰해야 하기는 하지만 구두쇠가 되어서는 안됩니다. 만약 하나님께서 필요한 것을 나누어주신다면 환자들과 어린아이들이 있는 곳을 우선적으로 고려해 주실 것입니다. 오늘날 불쌍한 불신자들이 수집한 의연품이 대단히 부정하게 나누어진다는 것은 대단히 부끄러워할 일입니다. 만약 땅도 없고 소유물도 없고 우리가 말하는 교회의 재산도 없어서 모든 사람에게 강제로 헌금을 시켜서 가난한 사람들을 도우려고 할 때에 우리가 기독교 신자로 인정을 받고 사람들로 하여금 우리 가운데에는 교회가 있다고 생각하게 하고 싶으면 이러한 규례가 제정되고 지켜져야 합니다. 우리는 성경에서 허용한 규례를 폐해서는 안됩니다. 즉 교회의 재산은 먼저 사역자들이 필요한 것들을 공급해 주고 교회 학교를 유지하고 가난한 사람들을 도와주는 일에 사용되어야 합니다. 그래서 의연금이 하나님의 자녀에게 투자되고 도움이 필요한 사람들이 최대한의 도움을 받도록 해야 합니다. 이제 우리는 교회에 헌납되고 배정된 재물을 어떻게 사용하는 것이 참된 방법인가를 알게 되었습니다.

만약 교회의 재산이 먹고 마시는 데 쓰이거나 우리의 마음대로 사용하거나 전적으로 세속적인 곳에 사용했다면 우리는 하나님과 하나님의 천사들 앞에 나가서 결산보고를 해야할 뿐만 아니라 천주교 신자들이 우리를 심판할 것입니다. 오늘날 교회의 재산이 거의 하나님의 뜻에 어긋나는 곳에서만 사용된다는 것은 심히 부끄러운 일입니다. 천주교 신자들은 이것을 기회로 해서 복음을 헐뜯고 있습니다. 솔직히 말해서 우리는 우리의 최선을 다해서 그들에게 구실을 제공해준 것이 됩니다.

그런데 규모있는 사람이 나타나서 우리는 가능한 한 많은 경비를 줄여야 한다고 말할 것입니다. 그런데 우리는 어떻게 줄여야 합니까? 만약 우리가 막대한 돈이 들어갈 큰 일을 시작했다면 우리는 그 일을 중단하지 않을 수 없습니다. 그러는 동안에 예수 그리스도의 지체들은 기갈로 죽어갈 것입니다. 그러므로 우리는 그들을 도와주어야 합니다. 만약 우리가 제대로 된 자라면 교회의 재산이 잘 관리되었을 것입니다. 내가 모든 사람들에게 지갑을 열어서 헌금을 하라고 독려하기 위해서 이 말을 하는 것은 아닙니다. 교회의 재산을 유용하는 자는 다 교회를 도둑질하는 자입니다. 그것이 분명합니다. 그리고 우리가 이 사실을 강단에서 말하면 바로 천주교 신자들이 우리를 비난할 것을 알고 있지만 그렇게 해야 합니까? 곡간에 있는 곡물은 가난한 사람의 것입니다. 그것에 이의를 제기할 사람은 아무도 없습니다. 하나님께서는 당신에게 제물로 바쳐진 재물이 세속적인 용도로 쓰이는 것을 용납하지 않으십니다. 이러한 의연금이 올바르게 나누어져야 함에도 불구하고 우리는 가난한 사람들이 합당한 도움을 받을 수 있도록 모든 사람들은 의연금을 사적으로나 공적으로 내야 한다고 말하기를 중단하지 않습니다.

그러나 모든 사정이 지금처럼 그렇게 혼돈되어 있지 않기를 바랄 뿐입니다. 성벽이 외쳤지만 사람들은 귀를 막았기 때문에 죄에 빠지지 않은 사람이 없었습니다. 모든 것이 잘못되고 있는 것을 보고 선민들과 하나님의 자녀들이 탄식하고 하나님에게 손을 써달라고 기도드리지 않으면 안되었습니다. 그리고 그러한 부정이 우리 가운데서 자라서 하나님을 욕되게 하고 교회의 규율을 문란케 하는 것보다는 엄하게 징벌하는 것이 나을 것입니다. 이것이 우리가 사도 바울이 집사들에게 있어야 한다고 한 미덕과 관련해서 알아두어야 할 내용입니다. 그 다음에 **그들이 깨끗한 양심에 믿음의 비밀을 가지고 있어야 한다**고 말했습니다. 그는 이 말을 통해서 집사의 직분을 맡은 사람들은 교회의 공직자이기 때문에 구원의 교훈으로 일반인들보다 더 철저한 교육을 받아야 한다고 했습니다.

만약 우리가 기독교 신자와 하나님의 자녀가 되고 싶으면 우리는 예수 그리스도의 학교에서 교육을 받아야 하는 것이 사실입니다. 믿음은 큰 자에게나 작은 자에게나 심지어 바보천치에게까지도 똑같습니다. 천주교 신자들은 영세를 받기만 하면 하나님이나 종교에 대해서 더 이상 알 필요가 없다고 믿고 있는데, 우리는 그와 같은 신앙을 갖지 말아야 합니다. 이 가르침은 가장 미개한 사람에게까지 스스로 퍼져 나가야 합니다. 그러나 다른 사람들보다 높은 지위에 있는 사람들은 가난하다는 이유 때문에 밖으로 나오지 못하고 집에 머물러 있어야 하는 사람들보다 복음에 대해서 더 많은 것을 알고 있어야 하며, 복음을 더 굳게 믿고 있어야 합니다. 이렇게 해서 우리는 사도 바울이 무슨 말을 하려고 했는지 알게 되었습니다. 그는 믿음의 비밀을 선한 양심과 결부시켰습니다. 왜냐하면 많은 사람들은 복음에 대해서 이야기를 잘할 줄 알지만 그것을 실천하지 않기 때문입니다. 사도 바울은 집사들이 그들의 단정한 생활을 통해서 그들의 믿음을 사람들 앞에 입증해 주기를 바랐을 뿐만 아니라 선한 양심의 당당함도 가지고 있기를 바랐습니다.

그러나 여기서 우리는 왜 사도 바울이 **믿음의 비밀**(The mystery of faith)이라는 말을 사용했는지 그 이유를 명심해야 합니다. 그것은 복음의 교훈을 찬양하기 위해서입니다. 왜냐하면 'Mystery'라는 말에는 '비밀'(Secret)이라는 뜻이 있기 때문입니다. 그런데 왜 사도 바울은 믿음이라는 말에 비밀이라는 말을 첨가했습니까? 하나님께서 사람들에게 당신의 복음에 대해서 알려주시는 것은 그들에게는 대단히 영광스럽고 복된 일이라는 것을 알려주기 위해서입니다. 그러한 것을 안다는 것이 하찮은 일이 아닙니다. 그것은 우리의 명철로 얻을 수 있는 지식이 아니고 하나님께서 우리에게 밝혀주시는 비밀입니다.

간단히 말해서 사도 바울은 우리가 하나님께로 가까이 하면 하나님께서는 우리에게 당신의 복음에 대해서 알려주시고 우리를 동업자로 삼아 주시며 우리에게 당신의 신비한 비밀을 보여주신다는 것을 알려주려고 했습니다. 사실은 하나님께서 구원의 말씀으로 우리를 가르치시기를 기뻐하실 때에 하나님은 우리에게 연민의 정을 느끼십니다. 세상에 속한 사람들은 복음을 중요하게 여기지 않으며 그것을 부도덕한 것으로 여깁니다. 그러나 복음의 내용과 복음의 실체를 올바르게 맛본 적이 있는 사람들은 이것은 우리의 모든 명철을 능가한다는 것을 알고 있습니다.

사도 바울이 믿음은 비밀한 곳에 있다고 말한 것은 사람의 교만과 감사할 줄 모르는 마음을 경멸하기 위해서라는 것을 의심할 필요가 없습니다. 하나님께서 은총을 베푸셔서 사람들의 갈길을 밝혀주실 때까지 그들은 그들의 구원과 관련된 것들을 알고 있는 특별한 자인 것처럼 생각해서는 안된다고 했습니다.

그리고 설교를 들을 때나 성경을 읽을 때나 우리는 우리가 듣고 읽은 모든 내용을 우리의 머리로 다 이해하고 있는 것처럼 생각하는 어리석고 교만한 자가 되지 말고 성령으로 가르침을 받을 필요가 있습니다. 그렇게 하지 않으면 하나님의 말씀을 통해서 우리에게 가르쳐 주신 내용을 전혀 이해할 수 없다는 것을 잘 알고서 온전히 하나님이 역사하시기를 기다리며 경건한 마음으로 그것에 임해야 합니다. 이렇게 해서 우리는 사도 바울이 말하고자 하는 내용을 알게 되었습니다. 사도 바울은 여기서 우리를 구원해 주는 교훈을 전체적으로 찬양한 것이 분명합니다. 왜냐하면 하나님은 그 교훈 속에서 우리의 모든 능력을 초월하는 당신의 놀라운 비밀을 우리에게 밝히 보여주시기 때문입니다. 그러나 그는 집사들이 평신도보다 더 철저한 교육을 받아야 한다고 했습니다. 비록 믿음은 큰 자에게나 작은 자에게나 일반이지만 그들은 믿음 안에서 더 굳게 서 있어야 한다고 했습니다.

우리는 이 본문말씀을 통해서 하나님의 교회 안에서는 모든 사람이 동등할 수 없다는 것을 배우게 될 것입니다. 무식한 자들이 고생을 하지 않고 매일매일 더 많은 유익을 얻을 수 있다면 무식하다는 것을 그들이 용서받을 구실로 내세우려고 하지 않을 것입니다. 그러나 이사야 선지자가 말한 것처럼(사 54:15) 하나님의 가르침을 받지 않아도 될 사람은 하나도 없습니다. 그리고 우리 주님께서는 당신이 낮고 천한 자들의 주인이라는 것을 보여주신 것처럼 우리는 착한 학생이 되어야 합니다. 우리 주님께서는 당신의 임무를 다하심에 소홀함이 없을 것입니다. 그러므로 우리는 겸손해야 하며 주님의 이름으로 우리에게 전하는 내용을 열심히 들어야 하며, 우리의 모든 사고력을 그러한 방향으로 성실하게 사용해야 합니다. 그러나 모든 사람들이 하나님의 말씀으로 교육받는 것을 괴로워 할 때에는 사도 바울이 로마서 15장에서 **"우리 강한 자가 마땅히 연약한 자의 약점을 담당하고"**(롬 15:1)라고 말한 것처럼 다른 사람들보다 높은 지위에 있는 사람들은 그들이 굳게 설 때에 다른 사람들을 옳은 길로 인도하게 된다는 것을 확실히 알아야 합니다.

보다 많은 교육을 받은 사람들은 그들의 이웃을 인도해 주고 그들을 참아주며 최선을 다해서 교화시켜야 하기 때문에 하나님께서는 당신의 재산을 동등하게 배분해 주지 않으십니다. 우리가 집사를 세울 때에 깨끗한 양심에 믿음의 비밀을 가진 사람들을 선별하는 분별력을 사용하지 않는다면 우리는 하나님을 드러내놓고 경멸하는 것이 아닙니까? 우리가 구빈원의 원장(Beadmaster), 또는 병원의 원장이나 하나님의 재산을 나누어주어야 할 사람들을 선발하려고 하면 하나님께서는 그들에게 어떠한 믿음이 있으며, 하나님에 대해서 얼마나 알고 있으며, 교회에서는 어떠한 활동을 하고 있는지 잘 알아보는 것을 잊지 말라고 말씀하셨습니다. 그런데 우리는 이것을 못 들은 척합니다. 우리가 그렇게 한다는 것은 우리가 하나님의 말씀을 경멸한다는 것을 드러내는 것이 아닙니까? 그런데 우리 가운데에는 이러한 부조리에 대해서 한 마디의 말도 못하게 하는 용감한 친구들이 있습니다. 지옥에 있는 마귀들도 그들보다 더 나쁠 수 없지만 우리는 그 말을 해서는 안됩니다.

우리가 하나님의 말씀에 조금도 개의치 않는다는 것을 공개적으로 보여 주고 하나님의 교회 안에서 하나님이 지금처럼 모욕을 당한 적이 없을 정도로 하나님이 멸시를 당하시니 우리는 화평할 수 있겠습니까? 앞에서도 말한 것처럼 만약 이 교훈이 받아들여지지 않으면 틀림없이 우리에게는 무서운 혼란이 임할 것입니다. 만약 우리가 지금 하나님의 손이 임한 것을 느끼지 못할지라도 얼마 후에는 하나님이 재판관이라는 것을 스스로 드러내실 것입니다.

우리는 바울이 **"이 사람들을 먼저 시험하여 보고 그 후에 책망할 것이 없으면 집사의 직분을 하게 할 것이요"**라고 한 말도 중요하게 여겨야 합니다. 여기서 그는 집사를 선발하는 책임을 맡은 사람들에게 직접 명령합니다. **그들을 먼저 시험해 보아야 한다**고 했습니다. 그렇게 해서 그들에게 책망할 것이 없다는 것을 알았을 때에, 즉 그들이 비행을 저지른 흔적이 없을 때에 그들에게 직분을 맡겨서 우리가 하나님을 무시하지 않는다는 것을 보여줍시다. 성령께서 우리에게 우리의 의무를 상기시켜 주셨습니다. 우리가 하나님의 영광이나 가난한 사람들의 필수품이나 하나님께서 우리 가운데 세우려고 하시는 정부에 대해서 관심을 가지고 있지 않다면 우리는 교회의 관리가 무엇을 의미하는지 모르고 있다는 것을 보여주는 것이 됩니다. 내가 앞에서 말한 대로 하나님은 천국에 있는 천사들을 파송하지 않으시고도 우리의 죄를 찾아낼 수 있으실 것입니다. 왜냐하면 무식한 천주교 신자들도 심한 악취가 나고 공기를 오염시킨 죄를 우리에게서 발견할 수 있을 것이기 때문입니다. 오늘날에는 복음을 전혀 모르고 복음을 들어본 적이 없으면서도 복음을 자랑하는 자들이 많이 있는 것을 보게 됩니다. 회교도 신자들은 여전히 어느 정도 경건한 신앙심을 가지고 있습니다. 그러나 우리로 말하자면 몹시 타락했기 때문에 오늘날 우리는 복음을 중요하게 여기지 않습니다.

천주교 신자들은 어떻게 해서든지 하나님의 말씀에 담겨 있는 내용에 순종하지 않으려고 합니다. 그러나 어찌되었거나 그들은 성경말씀이 예정되로 이루어진다는 원칙을 부인할 수 없습니다. 그들은 성경을 위장하고 남용하기 때문에 그들에게는 혼란만이 일어날 뿐입니다. 그럼에도 불구하고 하나님이 주신 멍에를 벗어버리고 하나님의 명령에 순종하지 않는 것을 부끄럽게 여기지 않습니다. 그러한 자들은 사람으로 여김을 받을 만한 가치가 없으며 어떠한 매춘부보다도 더 방탕하고 염치를 모르는 쌍놈에 불과합니다. 그러나 우리는 이것이 우리를 교육시키기 위해서 쓰였다는 것을 알아야 하며 만일 우리가 하나님에게 굴복하지 않고 하나님에게 순종하지 않으면 하나님께서 우리로 하여금 그 아픔을 뼈저리게 느끼게 하실 것입니다.

그리고 사도 바울은 자기의 직분을 충실하게 수행한 자는 좋은 평가를 받을 것이며 예수 그리스도 안에서 참 자유를 얻게 될 것이라는 말을 첨가했습니다. 그리고 집사들에 대한 심사는 그들의 아내와 가정에게까지 확대되어야 한다고 했습니다. 만약 집사의 아내가 검소한 생활을 해야 하고, 행실이 침착하고 수다스럽지 아니하며, 말이 많지 않아야 한다면 공직을 맡은 사람들은 어떻게 해야 할까요? 아내는 남편과 같은 공직을 맡지 않았지만 아내도 그 직분에 합당해야 하며 하나님께서 남편을 그러한 귀한 지위에 앉히셨으니 아내도 남편과 함께 좋은 본을 보여주어야 한다는 것을 알고 있어야 합니다. 집사들에 대한 심사범위가 아내에게까지 확대되었으니 남편 자신은 어떠한 사람이 되어야 하겠습니까? 아내와 남편이 다같이 선해야 합니다. 그리고 우리는 집사들이 자기의 직분을 충실하게 완수하면 좋은 등급을 받게 될 것이며 예수 그리스도 안에서 참 자유를 얻게 될 것이라고 한 바울의 말을 명심해 둡시다.

무엇보다도 천주교 신자들은 집사의 직분을 성실하게 완수한 자는 성직자의 귀한 지위를 얻게 될 것이라는 말을 해서 이 직분을 더럽혔다는 사실을 잘 알아둡시다. 다시 말하면 성직자가 되려고 하면 먼저 보조 집사와 집사의 경력이 있어야 한다고 했습니다. 천주교에서는 무슨 목적으로 집사를 임명합니까? 그들을 무대 배우로 만들어서 연극에 참여시키기 위해서입니다. 천주교 신자들은 보조 집사와 집사들로 하여금 가난한 자들을 돌보게 하고 의연금을 나누어 주게 합니까? 아닙니다. 미사 시간이 되면 그들은 그들의 제복을 입고 사제와 함께 그들이 맡은 역할을 수행합니다. 그리고 그들이 맡았던 역할을 다하고 나면 그들은 사제가 됩니다. 이 것은 하나님을 모욕하는 부끄러운 일이 아닙니까? 사도 바울은 집사들이 교회의 목회자가 되어야 한다는 뜻으로 말한 것이 아니며 천주교인들이 집사를 사제로 세 우는 것은 사도 바울의 생각에서 비롯된 것이 아닙니다. 사역자의 직분에 합당한 사람이 집사가 될 수 없고 의연금을 나누어 주는 데 적합하지 않을 수도 있습니다.

반면에 가난한 사람에게 관심이 있는 사람들 가운데서도 가르치기를 잘 못하는 사람도 많습니다. 그러므로 하나님께서 각 사람들에게 어떠한 은사를 주셨는지 생 각해 보아야 합니다. 사실은 사도 바울이 신분(Degree), 성직자(Priesthood), 교 사직(the office of teaching)이라는 말을 사용한 것은 오로지 바르게 처신하는 자 들이 존경을 받고 큰 권한을 갖게 된다는 말을 하기 위해서였습니다. 만약 사람들 이 자기의 직분을 충실하게 수행하고 하나님을 섬기는 일은 가장 중요하게 여긴다 는 것을 분명하게 보여주고 선한 양심으로 자기의 임무를 다한다면 틀림없이 가장 악한 자들도 그러한 사람을 보고 겸언쩍어 할 것이며 그를 존경하게 될 것입니다.

그리고 나서 그는 예수 그리스도 안에서 자유를 누리게 된다는 말을 덧붙였습 니다. 그 말에는 자기의 직분을 제대로 하지 못하는 자는 항상 노예처럼 구속을 받 게 될 것이라는 뜻이 내포되어 있습니다. 사람들은 항상 당신이 무엇이냐고 맞대 놓고 그들을 책망할 것입니다. 만약 사람이 체통을 잃고 악명을 얻게 되거나 지독 한 잘못을 저지르게 되면 책망을 받을 것이라는 두려움 때문에 결코 자기의 직분 을 온전하게 이행할 수 없습니다. 그러므로 사도 바울이 자기의 책임을 성실하게 완수한 집사에게 더 많은 자유를 준다 해도 놀랄 일은 아닙니다. 지금 이 문제를 자세하게 다룰 수 없지만 사도 바울이 사역자와 집사의 아내에 대한 이야기를 통 해서 하나님께서는 교회의 단정함을 매우 중요하게 여기시고 교회에는 부조리가 없기를 바라신다는 것을 보여 주었기 때문에 우리에게는 그것을 경험으로 간주하 기에 충분합니다.

거기에다 우리는 구원의 교훈을 잘 전할 줄 알고 가난한 사람들을 잘 도와줄 줄 알고 또한 아내도 주어진 역할을 잘 감당할 수 있을 뿐만 아니라 품행이 방정한 사 람들을 선발하도록 용의주도해야 한다고 했습니다. 사도 바울은 우리가 목회자와 집사를 지혜롭고 용의주도하게 선발하기를 바랐던 것처럼 그 직분에 피택되고 임 명된 자들에게 한 가지 가르침을 주었습니다. 그는 그들에게 언동을 조심하며 삼가서 그들의 좋은 본을 통해서 교회를 교화하도록 하라고 했습니다. 그리고 아내들도 목회자와 집사에 걸맞는 아내가 되고 남편을 닮도록 하라고 했습니다. 그러면 세상 사람들이 목회자와 집사를 욕할 수 없는 것과 같이 감히 그들의 아내들도 욕하지 못할 것이며, 그렇게 되면 하나님의 말씀이 멸시를 당하지 않을 것입니다. 그러므로 목회자나 집사의 아내는 다 근엄하고 침착하며 경솔하지 않고 방종하지 말아야 합니다. 비록 이것이 기독교를 신봉하는 모든 여자들에게 다 같이 적용되어야 하지만, 목회자와 집사의 아내는 말하자면 거울과 같아서 그들의 선한 행실을 통해서 다른 사람들을 다 교화시켜야 합니다. 만약 그렇게 하지 않으면 그들은 용서받기가 심히 어려울 것입니다.

26

"내가 속히 네게 가기를 바라나 이것을 네게 쓰
는 것은 만일 내가 지체하면 너로 하나님의 집
에서 어떻게 행하여야 할 것을 알게 하려 함이
니 이 집은 살아계신 하나님의 교회요 진리의
기둥과 터이니라"(딤전 3:14-15)

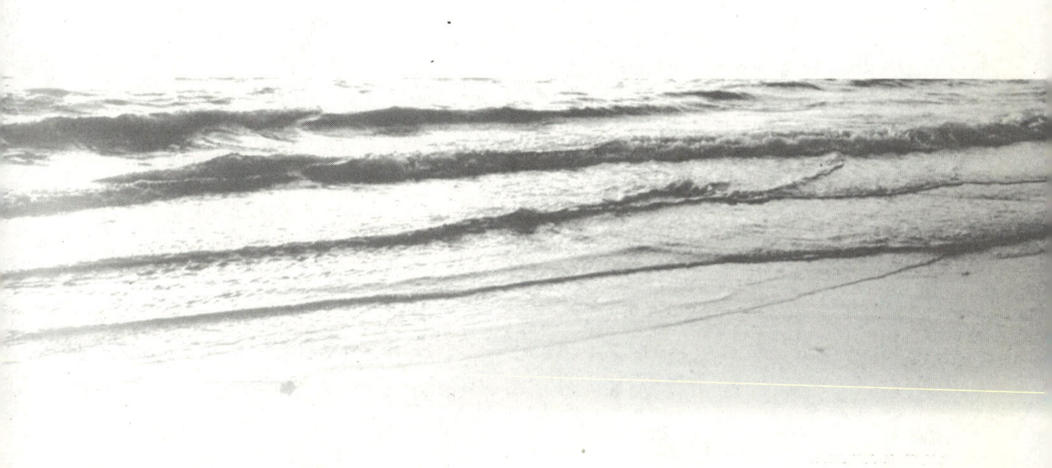

우리는 사도 바울이 하나님의 교회에서 직분을 맡은 자는 참으로 거룩하고 완전해야 한다고 얼마나 강력히 요구했는지 알고 있습니다. 우리는 또한 그가 직무를 바르고 충실하게 수행한 자를 어떻게 평가했는지도 알고 있습니다.

"그들에게 좋은 점수가 주어졌고, 그들은 예수 그리스도 안에 있는 믿음 안에서의 담대함을 획득했다."

교회 안에 좋은 질서가 있고 하나님의 자녀들이 그들의 직무를 충성스럽게 수행할 때 이는 그들에게 명예스러운 일이며 사람들은 그들을 존경할 만한 가치가 있는 사람이라고 생각할 것입니다. 이는 그들을 우쭐대게 하고 거만하게 하고자 하는 것이 아니라, 하나님을 더욱더 잘 섬기게 하고 사람들로 하여금 그들이 하는 말을 더 자발적으로 듣게 하며, 그들에게 더 많은 조언과 충고를 받게 하려 함이었습니다. 이것이 사도 바울이 한 말의 뜻입니다.

자기의 책무를 다하지 않은 자의 입은 닫혀졌습니다. 그들은 사람들과 아무일도 할 수 없었습니다. 오히려 그들에게 합당한 조롱을 받았습니다. 그들이 용감할지라도 그들에게는 끌어당기는 힘이 없었습니다. 그래서 그들의 주장이 받아들여질 수 없었습니다.

하나님의 교회에 있는 직책을 맡아달라는 부름을 받은 자는 직무를 잘 감당하기 위해서 더 많은 것을 해야 하며 하나님과 하나님의 백성들을 충성스럽게 모시기 위해 더욱 노력해야 합니다. 그러나 요즈음에는 악한 자가 영향력을 더 끼치는 것 같습니다. 사실 그들 앞에서 세계가 떱니다. 우리들 가운데서도 매우 잘못된 것들이 있습니다. 오늘날 우리의 자유는 어디에 있습니까? 믿음에 있지 않고 모든 부정 속에 있습니다. 무정하고 수치를 모르는 사람 가운데 있습니다. 자기 자신의 방어를 위하여 감히 말하려고 하지 않는 탄압 받는 선한 사람을 봅니다.

만약 어떤 사람이 죄를 꾸짖고 일을 바로 잡으려고 노력하고 정돈하면 악인이 사방을 둘러쌀 것입니다. 선한 동기를 계속 유지하면 모든 사람이 진리를 배반하기 때문입니다. 우리는 일이 최대한으로 악하게 되는 것을 허용하고 맙니다. 이것이 이사야 선지자가 말한 그날입니다. 의와 공의를 우리들 가운데서 빼앗아 가고 악에 대항할 만한 열정을 갖고 있는 사람이 한 사람도 없습니다. 우리 스스로가 악을 길러서 완숙될 때까지 이르게 하기 위하여 음모를 꾸민 것처럼 보인다 해도 과언이 아닙니다.

우리에게로 향한 하나님의 분노가 불타오르고 있으며 모든 것이 잘못되어 가고 있습니다. 신실한 기독교인으로 살아가며 하나님을 순수하게 섬기려고 노력하는 사람들은 원수로 주목을 받으며 사람들은 그들을 발로 밟아버리려고 합니다. 반면에 악한 자는 하고 싶은 것을 마음대로 하고 있음을 우리는 알고 있습니다. 그들은 야수와 같이 행동합니다. 그러나 사람들은 그들이 무서워서 가만히 있습니다. 그들에게 주어진 자유가 그들을 더욱 강퍅하게 만듭니다.

우리가 그런 비리를 볼 때 하나님께서 우리 가운데서 전혀 역사하지 않으시고 마귀가 전권을 장악하고 있다는 것을 알고서는 탄식하고 자신을 부끄럽게 여기고 있지 않습니까? 우리에게 복음이 있다고 자랑할까요? 하나님의 말씀이 우리들 가운데서 전파되고 있는 것이 사실입니다. 그러나 하나님의 말씀이 비난을 받고 사람에게 놀림을 받고 있는 것이 우리에게 보이지 않습니까?

그들로 하여금 하나님께 대항하여 그들의 마음을 강퍅하게 하는 것을 과장하지 마십시오. 그러나 그럼에도 불구하고 주님께서 속히 오셔서 우리를 개혁시키지 않으신다면 이 교리는 지속될 것이며 훗날 우리를 거스르기 위한 증거들은 계속 가르쳐질 것입니다.

사도 바울은 디모데에게 "만일 내가 지체하면 너로 하나님의 집에서 어떻게 행하여야 할 것을 알게 하려 함이니"라고 편지했습니다.

여기서 사도 바울은 디모데와 또 모든 믿는 자를 직접 만나서 교회의 바람직한 영적 관리에 부합되도록 방심하지 말고 조심하여 처신하라고 권고합니다. 왜냐하면 하나님이 거하시는 집은 진리의 기둥이기 때문입니다. 그러므로 주님의 부름을 받아 사도 바울이 말한 그 직책을 맡아 하나님을 섬기는 것은 결코 시시한 일이 아닙니다.

우리는 하나님이 하나님의 집을 다스리는 영예를 우리에게 주신 것을 알고, 하나님이 그 안에 거하시고 하나님의 위엄을 알리시는 그 집은 실은 하나님의 진리가 이 세상에 유지되고 보존되게 하기 위하여 보관되는 작은 방이라는 것을 명심하고 소임을 태만이 해서는 안됩니다.

사정이 그렇다면 하나님께서 그렇게 영화롭게 한 그들에게 방심하지 않고 그들에게 주어진 책무를 완수하기 위하여 노력할 좋은 기회가 있지 않습니까? 이렇게 해서 사도 바울이 한 말의 뜻을 알게 되었습니다.

그러나 먼저 알아 두어야 할 것이 있습니다. 자신들의 전제 체제를 더욱 공고히 하기 위하여 설교의 본문을 오용하는 천주교도들(Papists)의 뻔뻔스러움을 제거하는 것이 필요합니다. 왜냐하면 만약 그들이 하나님의 교회를 한번 세울 수 있으면 그들이 승리했다고 생각하기 때문입니다.

그들은 먼저 그들이 세운 교회가 하나님의 교회라는 것을 증명해야 합니다. 그러나 사실은 정반대이기 때문에 그들이 그것을 증명하기가 곤란합니다. 왜 그렇습니까?사도 바울의 말과 같이 교회는 하나님의 집이기 때문입니다. 그들은 우리 주 예수 그리스도를 문 밖으로 내쫓았으므로 이제는 더 이상 하나님 아버지께서 그들 가운데서 임명하신 통치자로서 다스리지 않습니다. 하나님은 우리에게 예수님의 교회에 전적으로 복종하여 예수님을 공경하라고 요청하셨습니다.

천주교 신자들은 예수 그리스도께서 그들을 순수하고 온전하게 다스리는 것을 허락합니까? 아닙니다. 그렇지 않다고 확신합니다. 그들은 적당하다고 생각하는 것은 무엇이나 주화로 만들고 도장으로 팝니다. 그들이 정하는 것은 무엇이나 신앙의 신조로 받아들입니다. 그들은 복음의 원리를 그들 자신이 계획한 개념과 섞고 혼합시킵니다. 그래서 우리는 그 곳이 하나님의 집이 아니라는 것을 쉽게 알 수 있습니다. 그렇지 않으면 예수 그리스도는 거기에서 추방당하지 않았을 것입니다. 더욱이 사도 바울은 교회가 진리를 받쳐 주어야 한다고 말했습니다.

그러나 교회는 교황(pope)의 횡포와 탄압을 받고 있었습니다. 그 교회에는 거짓말과 과오와 부패와 우상숭배 외에는 아무것도 없었습니다. 사정이 이 지경에 이른 것으로 보아 그들의 교회는 하나님의 참 교회가 아니라고 결론지어도 좋을 것입니다. 그런데 천주교도들의 상상과 같이 교회는 성령이 다스리기 때문에 잘못을 저지를 수 없고 그들이 선하다고 생각하는 것은 무엇이나 받아들여져야 한다는 것이 사도 바울의 의도는 아니었습니다.

그러나 반대로 사도 바울은 교회는 진리의 기둥이라고 했습니다. 하나님은 진리가 사람의 입을 통해서 전파되기를 바라셨기 때문에 우리가 하나님의 뜻을 알 수 있도록 말씀을 전하는 목사를 임명했습니다. 왜냐하면 하나님께서는 사람들이 당신의 진리를 알고 영원히 숭상하도록 하셨기 때문입니다. 이것이 교회가 기둥이라고 불리는 이유입니다.

천주교도들이 교회는 실수를 할 수 없다고 말할 때 그들은 복음의 교리를 묻어 버리려고 애쓰는 것입니다. 그들은 "하나님이 우리에게 영감을 주실 것이라고 생각합니다"라고 말했습니다. 그러나 그 동안에 그들은 아무 죄를 짓지 않고 여기저기 방황해도 된다고 생각하여 오히려 하나님의 말씀을 버립니다. 왜 그럴까요? 아! 교회는 실수를 하지 않기 때문이라고 그들은 말합니다. 그러나 한편으로 주님께서 어떤 조건으로 당신의 교회를 영화롭게 하는지 알아봅시다.

사도 바울은 우리에게 이렇게 말해 줍니다. 이사야 51장 16절 말씀과 같이 하나님은 우리로 하여금 우리가 선하다고 생각하는 일을 고안하라고 강요하지 않으시고 당신의 말씀에 메이고 묶여 있도록 우리를 붙들어 주십니다.

"내가 내 말을 네 입에 두고 내 손 그늘로 너를 덮었나니 이는 내가 하늘을 펴며 땅의 기초를 정하며 시온에게 이르기를 너는 내 백성이라 하려 하였음이니라" (사 51:16).

하나님이 자신의 백성들 가운데서 그들을 다스리겠다고 약속하신 것은 무엇 때문입니까? 하나님이 그들에게 영감을 주었기 때문에 그들에게 새로운 신앙의 신조를 주조할 권리가 있다고 하나님은 말씀하지 않으셨습니다! 결코 그렇게 말씀하지 않았습니다. 그러나 하나님께서는 우리 주 예수 그리스도의 이름을 전해야 하는 그런 사람의 입 속에 그리스도의 말씀을 집어넣겠다고 말씀하셨습니다. 왜냐하면 그 약속은 율법시대만을 위한 것이 아니라 그리스도의 교회에 알맞아 이 세상의 끝날까지 지속될 것이기 때문입니다. 이렇게 해서 우리는 왜 교회는 하나님의 진리를 떠받드는 기둥이 되어야 하는지 이유를 알게 되었습니다.

하나님은 하늘에서 내려오시지도 않으시고 위로부터의 계시를 우리에게 주시려고 천사를 보내시지도 않을 것입니다. 그러나 말씀을 통해서 당신을 우리에게 알리실 것입니다. 그러므로 교회의 목사로 하여금 하나님의 진리를 전하고 그 진리 안에서 우리를 가르치라고 시키실 것입니다.

만약 우리가 이것들을 유의하지 않으면 우리는 하나님의 교회가 되지 못하고 우리의 힘이 미친 그만큼 진리를 폐하는 죄를 짓게 되고 반역자와 살인자가 됩니다. 그런데 왜 그렇습니까? 하나님은 원하시기만 하면 다른 방법으로도 진리를 유지할 수 있었기 때문입니다. 하나님은 이 방법에 매어 있지 않으셨고 사람의 도움이 전혀 필요치도 않으십니다. 그러나 당신의 진리가 전에 명령하셨던 것과 같은 그런 방법으로 전도됨으로 알려지게 하실 것입니다.

만약 우리가 이 전도를 그만둔다면 우리는 어떻게 될까요? 그렇게 함으로 우리는 이 진리를 아무 쓸모없는 것으로 만들지 않습니까? **복음은 (전파되는 바와 같이) 모든 믿는 자에게 구원을 주시는 하나님의 능력이 됨이라**" 라고 로마서 1장 16절에 쓰여 있습니다.

왜 그렇습니까? 하나님에게는 사람의 목소리 이외에는 다른 방법이 없기 때문입니까? 공중에서 없어지는 소리 이외에는 다른 방법이 없습니까? 아닙니다. 그러나 하나님은 우리가 하나님의 은혜로 복위될 때 모든 정성을 다하여 하나님의 말씀을 듣게 하기 위하여 이 방법을 채택하셨습니다. 그렇게 하면 우리는 하나님의 교리는 헛되거나 무익하지 않으며 효과가 있고 우리를 영생으로 인도할 만한 그런 효능이 있다는 것을 느끼게 될 것입니다. 왜냐하면 사도 바울이 로마서 10장 17절에서 **"믿음은 들음에서 나며"** 라고 말하였기 때문입니다. 우리는 우리의 영혼을 소생시키는 것이 믿음이라는 것을 알고 있습니다. 만약 믿음이 아니었다면 우리 영혼은 무력하고 헛된 것이 되었을 것입니다.

사도 바울이 한 말의 뜻을 잘 기억해 둡시다. 그것은 우리는 천주교도들이 자기들의 전제체제를 수립하기 위하여 이 설교의 본문을 자기들에게 준 것이라고 주장하는 매우 뻔뻔스럽고 짐승같은 사람이라는 것을 알게 됩니다. 그런데 그것은 사도가 한 말의 뜻과는 정반대입니다. 그러나 천주교도들을 책망하는 것만으로는 충분치 않습니다. 우리는 본문에 내포되어 있는 교리에 의하여 교화되어야 합니다. 그러므로 우선 복음의 교리를 전도하라는 책임을 맡은 사람은 자기 행실에 신경을 써야 합니다. 왜 그렇습니까? 그들은 하나님의 집을 관리하라고 거기에 배치되었기 때문입니다.

한 사람이 그의 가정과 그의 물건의 관리를 어떤 사람에게 맡긴다면 그것을 맡은 사람은 그에게 위탁한 사람을 기쁘게 해줄 수 있도록 처신하는 것이 당연하지 않습니까? 만약 왕자가 한 사람을 자기 가정의 관리자로 삼았다면 그 관리자는 자기의 책임을 충실히 해야 하지 않습니까? 살아계신 하나님께서도 당신의 집과 성전에서 말씀을 전해야 할 사람을 그렇게 임명하십니다. 하나님께서는 그들로 하여금 당신의 이름으로 당신의 백성을 다스리고 구원의 소식을 들고가라고 하실 것입니다. 그들이 이 귀한 직분에 부름을 받은 것을 진정으로 깨달았다면 매우 조심스럽고 겸손해야 할 것입니다.

그러므로 하나님의 말씀의 전달자로 임명받은 자들에게 그들은 인간을 다루어야 할 뿐만 아니라 그들을 이 높은 자리로 불러주신 하나님에게도 귀한 존재라는 것을 알려 주십시오. 그들로 하여금 그들의 명예와 위엄 때문에 우쭐대지 않게 하시고 만약 그들이 올바르게 살지 않으면 변명도 할 수 없게 될 것이라는 것을 알려 주십시오. 또한 그들이 만약 하나님을 충성스럽게 섬기려고 노력하지 않으면 그들은 무서운 신성모독죄를 범하는 것이 되어 그들을 위하여 예비된 하나님의 무서운 형벌을 받게 될 것이라는 점을 알려 주어야 합니다.

무엇보다도 먼저 우리는 책무를 다하라는 권고를 받습니다. 하나님께서 이렇게 미천한 우리를 들어 쓰셨으므로 우리 쪽에서는 부름받은 그 책무를 완수하도록 노력해야 합니다. 교회가 살아계신 하나님의 집이라고 불리울 때면 교회는 우리의 생활을 개선하기 위해서 우리를 각성시켜 주어야 합니다.

왜 우리는 죄 속에서 잠을 잡니까? 왜 우리는 죄악 속으로 달려들어갑니까? 하나님이 우리를 보고 계시지 않는다고 생각합니까? 우리는 하나님의 시야에서 멀리 떨어져 있어 하나님이 우리를 보시지 못하고 우리 주 예수 그리스도의 임재에서 멀리 떨어져 있다고 생각합니까?

우리 주 예수 그리스도께서 마태복음 18장 20절에서 말씀하신 바와 같이 하나님의 말씀이 우리에게 전파되며 하나님은 우리 중에 거하시고 우리와 함께 계시다는 사실을 기억해 둡시다.

"두세 사람이 내 이름으로 모인 곳에 나도 그들 중에 있느니라."

골로새서 2장 9절에 다음과 같이 기록되어 있는 것을 알고 있습니다.

"그 안에는 신성의 모든 충만이 육체로 거하시고."

그러므로 악마가 아무리 자주 우리를 잠들게 하여 이 세상의 허영심에 동여매거나 악한 색욕으로 유혹하려고 시도할지라도 우리는 이 구절을 외워 두 눈 앞에 고정시켜야 합니다.

"하나님은 우리 가운데 거하시고 우리는 그의 집이니(that God dwelleth in the midst of us, and that we are his house)."

이제 우리는 하나님께서 더러운 곳에 계실 수 없다는 것을 알아야 합니다. 하나님에게는 거룩한 집과 성전이 있습니다. 온 세상 사람들이 시선을 끌 만큼 우리 자신을 아름답게 장식하기는 어렵지 않습니다. 그러나 하나님은 이 세상의 모든 허영심에서 아무런 기쁨을 느끼시지 않습니다.

우리의 대화는 영적이어야 합니다. 우리는 성령의 은총으로 옷입어야 합니다. 이것이 바로 금과 은이요, 이런 것들이야말로 이사야 선지자가 하나님의 성전을 설명할 때 말한 보석입니다.

"허다한 약대, 미디안과 에바의 젊은 약대가 네 가운데 편만할 것이며 스바의 사람들은 다 금과 유향을 가지고 와서 여호와의 찬송을 전파할 것이며"(사 60:6).

하나님은 당신의 말씀을 우리 가운데에 전파시키실 만큼 은혜가 많으신 것을 보고, 하나님이 우리와 같이 거하시고 우리가 하나님의 성전이 되게 하기 위하여 하나님의 거룩한 명령에 복종하면서 삽시다.

이러한 이유로 우리가 하나님의 거룩하심이 거하시기에 알맞은 장소가 되기 위하여 우리 자신을 모두 부정한 것에서 씻어버렸는지 확입합시다. 만약 우리가 이런 것에 유의하면 우리 주님께서 자신을 우리와 합쳐서 하나가 되게 하시어 우리의 영혼과 몸에 주님의 거처를 마련하신 것을 깨달아 우리는 굉장히 기뻐하게 될 것입니다. 우리는 무엇입니까? 우리 속에는 썩은 것밖에 없습니다. 육체뿐만 아니라 더욱더 오염된 영혼에 대해서 특히 이야기하는 것입니다. 하지만 주님은 우리가 주님께서 거하시기에 적당한 성전이 되게 하기 위해서 우리를 고치실 것이라는 것을 알고 있습니다.

우리는 이 본문 때문에 크게 기뻐하게 되었습니다. 그러하기에 우리는 복음이 요구하는 대로 깨끗해지도록 노력해야 합니다. 왜냐하면 하나님은 우리가 하나님과 합쳐서 하나가 되게 하시고 성령으로 성화시키실 것이기 때문입니다.

"하나님의 교회는 진리의 기둥과 터이니라"(The church of God is the pillar and ground of the truth).

우리가 앞에서 본 바와 같이 하나님은 사람에게서 아무것도 빌릴 필요가 없습니다. 따라서 당신의 진리가 우리의 도움을 받지 않고서도 다스리게 하실 수 있습니다. 하지만 하나님은 우리에게 이 영광스러운 일을 하라고 하십니다. 또한 이 값지고 귀중한 소명에 우리를 쓰실 만큼 은혜로우십니다. 하나님은 우리가 사람의 소리를 듣지 않은 상태에서 우리를 교육시키실 수도 있습니다. 또한 옛날에 당신의 사자에게 한 것처럼 천사를 보낼 수도 있습니다. 그러나 하나님은 우리를 불러서 교회 안에 모으십니다. 거기에는 당신의 양떼 가운데 걸어 놓을 깃발이 있습니다. 이것이 하나님이 우리를 지배하실 왕홀입니다.

그러므로 하나님은 당신의 진리를 성경말씀 속에 가두어 놓으시고 매일같이 우리에게 전달되고 설명되게 하실 것입니다. 왜냐하면 사도 바울이 진리에 대해서 말할 때 사도는 하나님이 말씀 속에서 우리에게 계시해 주신 구원의 교리를 의미했기 때문입니다.

사도는 하나님의 교리(썩지 않는 씨앗이며 그것으로 인하여 우리가 새롭게 태어나서 영생에 이르기 때문에)가 진리라고 했습니다. 그것은 골로새서 1장 5절, 요한복음 16장 13절과 요한복음 17장 17절에 제시되어 있습니다.

"너희를 위하여 하늘에 쌓아 둔 소망을 인함이니 곧 너희가 전에 복음 진리의 말씀을 들은 것이라"(골 1:5).

"그러하나 진리의 성령이 오시면 그가 너희를 모든 진리 가운데로 인도하시리니 그가 자의(自意)로 말하지 않고 오직 듣는 것을 말하시며 장래 일을 너희에게 알리시리라"(요 16:13).

"저희를 진리로 거룩하게 하옵소서. 아버지의 말씀은 진리이니다"(요 17:17).

사도 요한은 복음에 대해서 자주 이야기했는데 그것을 진리라고 불렀습니다. 그는 복음이 없으면 우리는 아무것도 모르는 것과 같고 우리가 무엇을 알고 있다 해도 그것은 아무것도 아니라고 했습니다. 그러므로 이것이야말로 우리가 안식할 수 있는 단 하나의 확실한 터전입니다.

그리고 우리가 다른 것을 알고 있으면서도 우리 하나님에 대한 지식이 결여되어 있다면 우리에게 어떤 유익이 되겠습니까? 만약 우리가 하나님을 모른다면 우리는 처참함보다 더 나쁜 상태가 아닙니까? 그러나 하나님은 자신의 형상을 당신의 말씀 속에 새겨 놓으셨기 때문에 자신을 우리에게 나타내시고 우리에게 직접 얼굴과 얼굴을 맞대어 당신을 보라고 시키시는 장소가 거기입니다(고린도후서 3, 4장). 그러므로 사도 바울이 하나님의 말씀을 가르치는 가운데 이와 같은 타이틀, 즉 "이것이야말로 진리다"를 교훈한 것은 결코 헛된 것이 아니었습니다.

이 방법을 사용하여 그는 그가 한 말의 뜻을 우리에게 알려 주었습니다. 그것은 또한 우리를 구원시키는 방법이기도 합니다. 그것은 우리의 생명이며 재산이며 그것으로 인하여 하나님의 자녀가 되는 씨앗이 됩니다. 간단히 말하면 그것은 우리 영혼의 영양소이며 그것으로 인하여 우리는 거듭나는 것입니다.

그러므로 진리는 복음을 전파함으로써 우리 가운데 유지되며 그렇게 하기 위하여 사람들이 임명되었다고 한 사도 바울의 말을 명심합시다. 우선 우리가 하나님을 모르면 (앞에서 본 바와 같이) 이는 너무도 비참한 일이 될 것입니다. 우리가 말씀을 배우려고 노력하지 않고서 어찌 하나님을 알게 되겠습니까?

우리는 이 귀중한 보물을 찾기 위하여 배우고 이를 위해 모든 노력을 다해야 합니다. 또한 자비로우신 하나님이 그것을 우리에게 주실 때 굶어 죽어가는 불쌍한 거지가 먹을 것을 받을 때처럼 받읍시다. 하나님께서 그런 특혜를 우리에게 내려 주실 때 우리는 하나님의 측량할 수 없는 축복을 소홀히 여기지 않도록 세상적인 일에서 물러섭시다.

복음이 전파되지 않으면 하나님의 진리가 우리 가운데서 역사하실 수 없다는 것과 하나님께서는 멀리 떨어져 계시다는 것을 알았으므로 우리는 그것을 매우 귀중히 여겨야 합니다. 만약 이것들이 제대로 지켜지면 우리는 하나님의 말씀을 더 경배해야 합니다.

요즘에는 '교회(church)'라는 말이 무엇을 의미하는지를 거의 알지 못합니다. 사람들은 복음이 전파되고 하나님의 말씀에 따른 개혁이 이루어지고 있다고 자랑합니다. 그러나 그들이 교회(church)라는 이 말을 사용하면서도 그것이 의미하는 바를 알지 못하고 있습니다. 몇몇 사람들은 만민의 교회가 하나 있다고 합니다. 그런데도 그들은 그들이 이해하지 못하는 언어로 말합니다. 그런 사람이 바로 천주교 신자들입니다. 그들은 인간의 전통에 매혹되고 그들의 전제체제에 묶여 있어 교회(church)라는 말에 대해 무식하여 그것을 이해하지 못하고 하나님의 교회가 무엇인가에 대해 감히 알아보려고 하지도 않습니다. 그들은 어리석은 방법으로 헌신하고 있습니다. 그들은 그 헌신에 너무나 많은 것을 드렸기 때문에 그들을 바른 구원의 길로 끌어낼 수 없습니다.

우리들은 어떻습니까? 우리에게는 하나님의 말씀이 있지만 그것을 유지하는 법을 거의 모르고 있습니다. 우리는 하나님의 말씀이 우리 가운데 전파될 때 어떤 모욕이 내려지는지, 그리고 모든 사람이 하나님의 말씀을 자기 멋대로 해석하면 말씀이 정말로 아무 쓸모 없는 것이 된다는 것을 잘 알고 있습니다.

사실은 대다수의 사람들이 복음에 대해 많이 들어서 복음에 관한 한 필요 이상으로 알고 있다고 생각하고 있습니다. 그들은 많이 알고 있기 때문에 그들 자신의 죄에 대해서 민감하게 됩니다. 그렇게 해서 그들은 두 번 죄를 범하게 됩니다. 왜냐하면 그들이 하늘에서 내리는 은혜를 받고서도 지금은 하나님의 말씀을 비난하는 사람이 되었기 때문입니다.

우리는 그들이 모든 정직한 마음과 존경심과 종교를 버리고 하나님이 그들 가운데 알려지지 않은 것에 만족하는 것을 분명히 알 수 있습니다. 하나님이 우리를 그렇게 깨우쳐 주신 것을 알면서도 우리가 그런 죄악에 굴복하여 복음이 무식한 자와 불신자 가운데서 악평을 받게 만든 것을 몹시 부끄러워해야 합니다.

만약 우리가 이 직책에 포함된 것을 이용하여 유익을 얻은 방법을 안다면 하나님은 전도를 통해서 하나님의 진리를 유지시키려 하실 것을 알고 있기 때문에 우리에게는 기뻐할 당당한 이유가 있을 것입니다.

사람 속에는 죄악 이외에 아무것도 없습니다. 하지만 하나님은 사람들을 진리의 증인으로 세우실 것입니다. 왜냐하면 하나님은 그것을 사람들에게 수호하라고 맡기셨기 때문입니다. 비록 하나님의 말씀을 전파하는 사람의 수가 적을지라도 이 보물은 전 교회에 평등합니다. 그러므로 우리는 하나님의 진리의 파수꾼입니다. 즉 귀중한 하나님의 형상의 파수꾼이며, 우리 구원의 교리의 주권과 관련이 있는 파수꾼이며 이 세상의 생명의 파수꾼입니다.

하나님께서 우리에게 이렇게 귀중한 책무를 주실 때 우리는 기뻐하고 하나님의 거룩한 이름을 찬양할 두드러진 이유가 있지 않습니까? 이 보물을 안전하게 수호하여 이것이 우리 가운데서 그 신성이 더럽혀지지 않도록 유의합시다. 사도 바울이 말한 목적은 복음을 전하라고 부름을 받은 사람을 위해서 뿐만 아니라, 하나님의 말씀이 그대로 순수하게 전파될 때 하나님이 우리에게 내리시는 그 축복이 얼마나 큰가를 알려주기 위해서입니다.

우리의 구원은 굉장히 중요하며 우리는 복음을 통해서 구원에 이르러야 합니다. 왜냐하면 믿음은 우리 영혼의 생명이기 때문입니다. 육체가 영혼에 의하여 자극을 받는 것과 같이 영혼은 믿음에 의해서 자극을 받습니다. 그래서 하나님이 우리를 불러 하나님의 진리를 알게 하실 때까지는 죽은 것과 마찬가지입니다. 그러므로 우리는 두려워할 필요가 없습니다. 우리가 복음의 교리를 받아들이기만 한다면 하나님께서는 우리를 당신의 자녀로 삼으시기 때문입니다.

하나님은 이 교리를 거기에 부착된 표시를 통해서 증명하십니다. 교회는 하나님이 기거하시는 하나님의 집이며 하나님의 진리가 그것에 의하여 유지되고 있다는 것을 우리에게 알려주기 위해서 성례가 집전됩니다.

우리가 우리 주 예수 그리스도의 이름으로 세례를 받을 때 우리는 하나님의 식구가 되는 것입니다. 그것이 우리가 양자가 된 표시입니다. 그러나 우리가 하나님의 신성한 보호를 받고 있으며, 우리가 세례를 받을 때 하는 분명한 고백과, 성찬식에서 더 확고한 증언을 하는 것, 예를 들면 우리가 하나님과 결합되어 하나가 되었다는 선언을 하는 것과 같이 성령의 지배를 받고 있지 않고서는 하나님이 우리 아버지가 될 수 없습니다. 왜냐하면 우리 주 예수 그리스도께서 우리는 그의 몸이며 모든 사람이 그의 지체요, 예수님은 머리가 되시며 우리는 예수님의 신성과 덕으로 영양을 공급받고 있다는 것을 우리에게 알려 주셨기 때문입니다. 몸이 머리에서 분리될 수 없는 것처럼 예수님의 생명도 우리의 생명과 하나가 되고 우리는 예수님이 누리시는 모든 특권을 누리는 동참자라는 것을 예수 그리스도께서 우리에게 가르쳐 주십니다.

이와 같은 사실을 볼 때 하나님의 진리가 우리에게 귀중하게 되기에 충분하고도 남지 않습니까? 그것은 하나님께서 우리 가운데 거하실 뿐만 아니라, 또한 우리 한 사람 한 사람 안에 거하신다는 것을 입증하는 증거가 거울이 아닙니까? 하나님은 우리를 우리 주 예수 그리스도와 하나가 되게 창조하셨기 때문에 어떤 일이 있어도 우리를 예수님에게서 분리시키지 않을 것입니다.

그러므로 측량할 수 없는 은혜가 우리에게 내려질 때 우리는 이 세상의 부정과 부패를 물리치는 법을 점점 더 많이 배우고 성자께서 우리를 하나님께 소속시키심이 헛되지 않다는 것을 정말로 보여 주어야 하지 않겠습니까?

우리가 어떻게 우리 주 예수 그리스도와 하나가 됩니까? 하늘 나라의 참 백성으로 이 세상을 지나가는 순례자가 됨으로써 그렇게 됩니다.

사도 바울은 에베소서에서 다음과 같이 말했습니다. **"이제부터 너희가 외인도 아니요, 손도 아니요, 오직 성도들과 동일한 시민이요, 하나님의 권속이라"** (엡 2:19).

하나님이 우리에게 모든 악한 마음에서 물러서라고 권고하시고 우리를 우리의 생명이시며 하늘에 계시는 구주 예수 그리스도께로 오라고 부르실 때 우리는 예수님께로 나가도록 힘써야 하지 않겠습니까?

자, 다음 주일에 성찬식이 있을 예정인 것을 알고 있으니 이 주제에 대해서 엄숙히 명상합시다. 우리가 어떻게 처신해야 하는지 살펴봅시다. 왜냐하면 하나님께서는 우리가 거짓말쟁이와 사기꾼으로서 나오는 것을 원치 아니하시기 때문입니다. 그러므로 우리는 하나님을 그저 지나가는 객이 아니라 우리를 하나님의 영원한 거처로 선택한 분으로 받아들이는 심령이 되었는지 살펴봅시다.

우리를 반석 위에 세워진 집과 같이 되도록 하고 우리를 자신의 성전으로 삼으신 분으로 받아들였는지 잘 성찰해 봅시다. 우리는 하나님을 믿음으로 받아들여야 하며 앞에서 이미 말한 바와 같이 우리 구주 예수 그리스도와 진실로 하나가 되어야 합니다. 그러나 이런 일들이 우리 가운데서 실천되고 있습니까? 아닙니다. 그 반대입니다. 사실은 우리 하나님을 무시하고 예수 그리스도께서 우리와 더 이상 친근해지지 못하도록 예수님을 힘껏 내쫓는 것처럼 보입니다.

우리 가운데 있는 비리를 주의해 보십시오! 모든 난제들을 열거해야 합니까? 어디서 중단할까요? 두 눈을 똑바로 뜨고 봅시다. 만약 우리가 우리 앞에 계시는 하나님을 조금이라도 두려워한다면 지금 우리 가운데 번지는 혼란을 보고 놀라지 않을 수 없습니다. 사람들은 그들이 지은 죄 가운데서 자신을 과장하고 즐거워하고 벽돌이나 돌같이 강퍅해집니다. 즉 우리에게 술취하는 영과 잠자는 영이 있어 아무것도 분별하지 못한다는 것입니다.

제가 이미 말한 바와 같이 우리 앞에 계시는 하나님을 조금이라도 두려워한다면 우리는 낙담하게 되고 부끄러워할 뿐만 아니라 우리들 가운데서 공공연히 또는 은밀히 보이는 그런 혼란을 싫어하게 될 것입니다. 우리가 탈선을 많이 한 사람을 보게 되면 그들이 하나님께 반항하여 자기들의 신분을 높여서 결과적으로 하나님의 뜻에 역행하게 되었다고 생각할 것입니다.

그래서 하나님의 말씀은 악한 자들을 무자비하게 만드는 데 이바지하는 것처럼 보입니다. 왜냐하면 그들은 제가 이미 말한 바와 같이 공공연하게, 또는 은밀하게 하나님을 멸시하는 것처럼 보이기 때문입니다. 우리는 하나님의 이름을 모독하고 위증하고 경멸하는 말을 매일같이 듣습니다.

우리는 우리 가운데에 사악함이 있다는 사실과, 우리가 하나님을 거의 존귀히 여기지 않는다는 사실과, 많은 사람들이 위선자처럼 행동하는 것을 봅니다. 반면에 그밖의 다른 사람들은 교회의 모든 직분에서 사퇴하기도 하는데 그들은 회교도나 이방인보다도 못한 사람입니다.

제가 맡은 역할에 대해서 말한다면 저는 많은 혼돈과 비리가 드러난 것을 보고서 여러분에게 하나님의 말씀을 전파하는 것을 부끄럽게 여긴다고 말해야겠습니다. 만약 할 수만 있다면 하나님께 저를 이 세상 밖으로 끌어내 달라고 간절히 청할 것입니다.

우리는 우리 가운데 개혁이 있고 복음이 우리에게 전파되는 것을 자랑할지도 모릅니다. 그러나 하나님이 우리에게 부과하신 직무에 충실하지 않으면 이것은 다 우리에게 불이익을 줍니다. 하나님이 우리에게 경고를 하신 것은 오래 전이며 하나님은 더 이상 자비롭게 말씀하지 않으시고 심판의 날에 능력의 손을 우리에게 불리하게 드신다는 것을 걱정해야 할 것입니다.

그러므로 스스로 주의합시다. 왜냐하면 이것들은 하나님에 대항하기 위해서 대신 말한 것이 아니고 우리가 잘못을 깨닫고 하나님에 대항하여 강퍅하게 되지 않도록 또한 우리 멋대로 행동하지 않는 법을 점점 더 많이 배우게 하기 위하여 말한 것이기 때문입니다. 만약 우리가 하나님께 돌아가서 복음 안에 담겨 있는 언약을 기꺼이 받아들인다면 하나님은 우리에게 회개하라고 하시고 우리를 자비롭게 받아 주실 준비가 되어 있음을 보여 주십니다.

공직에 종사하는 자는 공의가 침해되지 않도록 그들이 맡은 직무에 부지런해야 합니다. 말씀의 전달자로 임명된 자는 사람들에게서 모든 부정과 부패를 깨끗이 씻어줄 열의를 갖고 있어야 합니다.

우리는 자신을 조사해 보고 깨끗이 해서 우리가 우리 주 예수 그리스도의 성찬을 받을 때 주님의 은혜 안에서 더욱더 견고히 되고 주님의 몸에 접목되어 주님과 정말로 하나가 되고 우리가 복음 안에서 인식한 모든 언약들이 우리 안에서 더욱 확고하게 되도록 해야 합니다. 우리는 주님께서 우리의 생명이시며 주님이 우리 안에 거하시는 것과 같이 우리도 주님 안에서 살고 있음을 알아야 합니다.

그렇게 해서 우리는 하나님이 우리를 당신의 자녀로 소유하시고 택하셨음을 알게 됩니다. 그러므로 하나님께서 우리를 성령으로 다스리셔서 불쌍하고 무지한 자들이 우리의 본을 보고 옳은 길로 들어오도록 하나님을 더 열심히 찾고 하나님의 선하심을 더 열심히 믿어야 합니다.

　　오늘날 많은 사람들이 멸망의 길을 걷고 있습니다. 우리는 하나님이 우리에게 무엇을 결합시키셨는지, 또 하나님은 어느 한 도시나 적은 수의 사람에게만 당신의 은총을 베풀지 않으시고 모든 사람이 신령과 진정으로 하나님을 섬기고 받들도록 온 세상을 다스리기를 바라신다는 사실에 유의합시다.

27

"크도다 경건의 비밀이여, 그렇지 않다 하는 이 없도다. 그는 육신으로 나타난 바 되시고, 영으로 의롭다 하심을 입으시고, 천사들에게 보이시고, 만국에서 전파되시고, 세상에서 믿은 바 되시고, '영광 가운데서 올리우셨음이니라"(딤전 3:16).

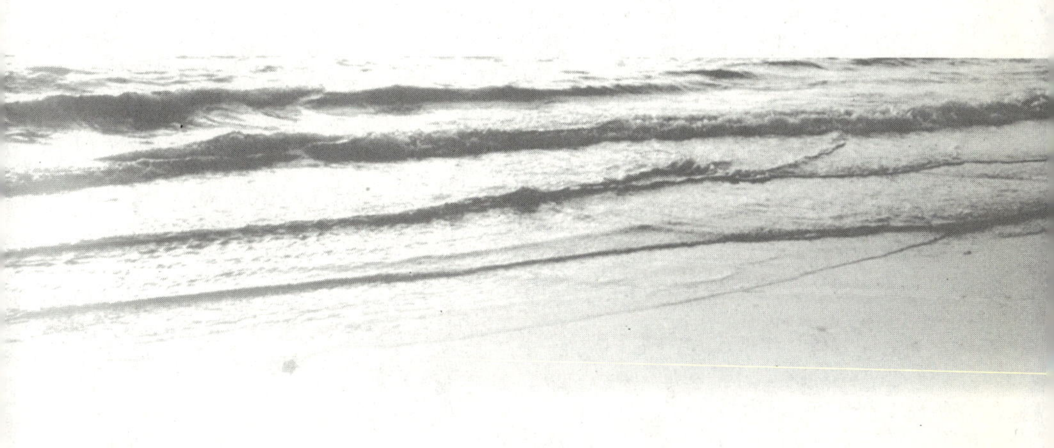

하나님이 디모데에게, 하나님의 집을 다스리라는 직분을 주신 것이 디모데에게는 얼마나 영광스러운 일인가를 보여 주고서 사도 바울은 디모데에게 맡은 직분을 잘 감당하도록 권면하였음을 앞에서 보았습니다. 사도 바울은 교회란 이 세상에서 하나님의 진리를 떠받들고 있기 때문에 그 직분 자체가 영광스럽다는 것을 알려 주었습니다.

하나님을 알고 하나님을 경배하고 하나님을 섬기고 하나님의 진리를 확신하여 우리가 구원을 받는 것보다 더 중요하고 더 열심으로 추구해야 할 것이 없습니다. 사도 바울의 말에 따르면 교회를 통해서 이것들이 우리를 위해서 안전하게 보관되었으며 그렇게 해서 많은 보물들이 우리에게 맡겨집니다. 이 진리는 사실보다도 더 높은 평가를 받을 충분한 가치가 있습니다.

하나님께서 육신을 입어 사람이 되었다는 사실은 참으로 얼마나 신비한 일이며 얼마나 놀라운 일입니까! 이와 같은 말씀을 듣고도 놀라지 않을 사람이 과연 어디 있겠습니까? 그럼에도 불구하고 사람이 되시어 죽음을 당하신 예수 그리스도는 세상을 창조하시고 영원히 살아계시는 하나님 아버지와 동등하시다는 충분한 증거가 있습니다. 하나님의 거룩하신 권능이 이것을 우리에게 증거해 주십니다. 우리에게는 다른 증거들도 있습니다.

즉 전에 하나님의 왕국에서 추방당했던 이방인들에게 하나님이 전파되었다는 사실과 그 때는 유대인에게만 제한된 그 믿음이 전세계로 확산되었다는 사실, 또한 예수 그리스도께서 높이 들려 올리셔서 영광 중으로 들어가 하나님 아버지의 오른 편에 앉아 계시다는 사실입니다.

만약 사람들이 이것들을 무시한다면 그들의 감사할 줄 모르는 행동은 정죄를 받을 것입니다. 왜냐하면 천사들조차도 전에 알지 못했던 이 진리를 이것으로 말미암아 알게 되었기 때문입니다. 즉 하나님의 선하심이 모든 피조물에게 더욱더 놀라운 것이 되게 하기 위해서 우리들의 구속 방법을 천사들에게까지도 숨기는 것이 하나님을 기쁘게 해 주었기 때문입니다.

이렇게 해서 사도 바울이 한 말의 뜻을 알게 됩니다. 그는 하나님의 교회를 진리를 지키는 파수꾼이라고 했습니다. 그리고 사도 바울은 이 진리가 우리들이 높이 평가해야 할 그런 귀한 보배라는 것을 알려 줍니다. 왜 그렇습니까? 복음의 내용을 주의해 봅시다. 하나님은 자신의 신분을 낮추셔서 우리의 육신을 입으셨으며 그래서 우리는 하나님의 형제가 되었습니다. 우리와 하나가 될 수 있을 정도로 자신을 낮추시고 우리가 받아 마땅한 벌을 받기까지 종의 형태를 입으신 그 영광의 주님은 과연 누구십니까?

사도 바울의 말에는 예수 그리스도께서 사람의 모습으로 직접 겪으셨던 모든 것들을 함축하고 있습니다. 즉 예수님은 죄짓는 것 이외의(sin only excepted) 인간의 모든 약점을 경험해야 했습니다. 예수님에게는 아무런 결점도 없으며 정결함과 온전함이 있을 뿐입니다. 히브리서의 말씀과 같이 예수님은 동정심으로 우리의 연약함을 도와주기 위하여 우리 인간과 같이 연약하게 되셨습니다.

"우리에게 있는 대제사장은 우리 연약함을 체휼하지 아니하는 자가 아니요, 모든 일에 우리와 한결같이 시험을 받은 자로되 죄는 없으시니라" (히 4:15).

죄가 없는 분이 우리가 받아야 할 벌을 대신 받으셨습니다. 실은 예수님이 자신을 제물로 드려 우리로 축복을 받고 우리에게 감추어두었던 은혜가 우리 위에 쏟아지게 하려고 했을 때 하나님 아버지의 저주를 받았습니다.

우리가 이런 상황들을 고려해 볼 때 우리에게는 놀랄 만한 이유가 있지 않겠습니까? 하나님이 과연 어떠한 분이신지 알고나 있습니까? 우리가 아무리 현명하더라도 하나님의 권능에 도저히 이를 수 없으며 권능 그 자체 안에 모든 것이 들어 있어 천사들까지도 이를 경배합니다.

우리 안에는 무엇이 들어 있습니까? 만약 우리가 우리 눈을 하나님께 돌리고 비교를 해 본다면, 아아 가엽도다! 우리는 하늘보다 더 높은 그 높으심에 조금이라도 가까이 나아갈 수 있을까요? 그것은 고사하고라도 그 높이에 대한 약간의 지식조차 우리는 가질 수 있습니까? 왜냐하면 우리 속에는 부패 이외에는 아무것도 없기 때문입니다. 우리에게는 죄와 죽음 이외에는 아무것도 없습니다. 그렇다면 생명의 샘이시며, 영원한 영광이시며 무한한 권능이신 하나님께서 임하게 하십시오. 하나님이 우리의 비참함과 우리의 약함뿐만 아니라 인간 속에 있는 모든 부정이 쌓인 나락까지 임하게 하십시오. 하나님의 권능으로 여기에 접근하게 할 뿐만 아니라 우리 주 예수 그리스도의 육신을 통해서 하나님의 권능이 그것에 연결되어 그것과 하나 되게 하십시오!

예수 그리스도는 어떤 분입니까? 하나님과 사람이라! 어떻게 하나님이며 동시에 사람이 될 수 있습니까? 하나님과 사람과는 무엇이 다릅니까? 우리는 우리의 속성 가운데 비참함과 불운 이외에는 아무것도 없다는 사실을 알고 있습니다. 악취가 나고 전염병이 들끓는 나락 이외에는 아무것도 없습니다. 그러나 성육신 하신 우리 주 예수 그리스도를 통해서 우리는 천사들조차 경배하는 하나님의 영광을 봄과 동시에 인간의 약점도 알게 됩니다. 따라서 예수님은 하나님이시며 사람이시라는 사실을 보게 됩니다.

이것이야말로 설명할 가치가 충분한 동시에 우리 마음을 기쁘게 해 주기에 충분한 신비롭고 비밀스러운 일이 아닙니까? 여기에서 사도 바울이 보았던 것과 같이 천사들도 감히 생각하지 못했던 일이 발견됩니다.

하나님의 선하심을 제시하고 우리에게 그것은 우리가 매우 귀중히 여겨야 할 보석이라는 것을 보여 주는 것이 성령님을 기쁘게 해드린다는 것을 알았으므로 우리로서는 배은망덕하지 말아야 합니다. 또 만일 우리가 하나님의 선하심을 철저하고 완전하게 이해하지 못한다 해도 우리의 마음 문을 닫아 버려서 하나님의 선하심을 체념하지 않도록 유념합시다.

우리가 이 문제에 대해서 적은 지식을 갖는 것만으로 충분합니까? 대부분의 사람들은 우리의 판단력이 취약하다는 것을 전제하고 지금 우리에게 부분적으로 보이는 것이 전체로, 또 완전하게 우리에게 드러날 그 날을 간절히 기다리면서 각자는 자기에게 주어진 그 빛에 만족합니다. 그러나 우리는 이 방면에 우리의 관심과 연구를 기울여야 합니다.

사도 바울은 왜 양생하시는 하나님이신 예수 그리스도께서 육신으로 나타나신 것을 믿음의 신비라고 불렀을까요? 우리가 하나님께 나아가 주 예수 그리스도와 한 몸을 이루면 하나님이 우리를 창조한 목표를 보게 될 것이라고, 즉 우리는 성육신하신 성자를 통해서 하나님이 우리와 연결되고 또 우리와 하나가 되었다고 말하는 것과 같습니다.

따라서 누구나 사도 바울이 말한 이 비밀을 알지 못하고서는 기독교인이 될 수 없다고 결론을 내려야겠습니다. 이제 만약 우리가 사람들에게 "하나님이 육신으로 나타나셨다는 말이 무슨 뜻인지 알고 있느냐?"고 물으면 열 사람 중에서 겨우 한 사람만이 어린아이에게서나 기대할 만한 정도의 답을 할 수 있을 것입니다. 왜냐하면 인류의 대부분이 소홀히 하는 성질과 멸시하는 성질을 갖고 있기 때문입니다.

우리는 매일 설교를 통해서 하나님께서 우리의 본성을 책임지셨다고 알려 주고 또 가르쳐 주지만 사람들은 설교를 어떠한 태도로 듣습니까? 성경을 읽으려고 애쓰는 사람이 과연 몇 사람입니까? 이런 일에 신경을 쓰는 사람이 거의 없습니다. 모두 자기 사업에 대한 생각만 하고 있습니다. 사람들이 자기들의 사업에 6일을 쓸 때에 1주일에 하루를 종교교육에 배정한다면 그들은 예배를 위한 날로 정해진 그 날을 놀이나 오락으로 보내기 쉬울 것입니다. 몇 사람은 들판을 헤매고 또 다른 사람은 마시려고 주막에 갈 것입니다. 지금 이시간에도 밖에는 이러한 사람들이 틀림없이 여기 하나님의 이름으로 모인 만큼 있을 것입니다.

우리가 그렇게 많은 사람들이 이 교훈을 피하고 도망치는 것을 보게 되는데, 어찌 그런 무모한 일이 있습니까? 우리는 기독교의 기본 상식도 모르지 않습니까? 사람들이 우리에게 하나님이 육신으로 나타난 바 되셨다고 말할 때에 우리는 그것을 이상한 소리로 취급하는 경향이 있습니다.

그러나 이 말씀은 하나님의 기록에서 지워질 수 없는 중요한 것입니다. 우리 주 예수 그리스도가 우리와 결합한 목적은 예수님의 지체가 되게 하기 위함이었다는 사실을 모르면 우리는 믿음이 없다고 볼 수 있습니다. 하나님은 우리가 활기가 없고 몽롱한 상태에 있는 것을 보시고 이 신비에 대해서 생각해 보도록 자극을 주신 것처럼 보였습니다.

마귀는 그 옛날 싸움꾼들을 충동시켜서 예수 그리스도의 인성과 신성을 부인하도록 했습니다. 때로는 물을 혼합시키듯 우리가 예수님 안에 있는 확연한 두 개의 성질을 인식하지 못하게 했습니다. 그밖에도 우리들로 하여금 예수님은 율법에 있는 언약을 완성한 분이 아니시기 때문에 아브라함과 다윗의 후손이 아니라고 믿게 만들었습니다.

초대교회에 있었던 그런 잘못과 이단이 요즈음에 재현되고 있지 않습니까? 사도 바울이 한 말, 하나님이 육신으로 나타난 바 되셨다는 말의 뜻을 음미해 봅시다. 사도가 예수 그리스도의 이름을 불렀을 때에 사도는 예수 그리스도께서 이 세상이 창조되기 전에 가지고 계셨던 이 본질을 인정했습니다. 하나님은 한 분만이 계시다는 것이 진리입니다. 그러나 우리는 이 한 가지 본질 안에서 성부와 그분과 떼어놓을 수 없는 지혜와 그분 안에 언제나 있어 왔고 앞으로도 영원히 있을 영원하신 능력을 이해해야 합니다.

따라서 예수 그리스도께서는 이 세상이 창조되기 전과 영원 전에 하나님의 지혜였던 것과 같이 참 하나님이셨습니다. 예수님은 육신으로 나타내도록 지어졌다고 합니다.

사도 바울은 '육신'(flesh)이라는 말을 사용하여 예수님은 참 사람이셨는데 그 위에 우리의 사람의 성질을 입으셨다는 사실을 우리에게 이해시키려고 했습니다. 또 그는 '나타난'(manifest)이라는 말을 써서 예수님 안에는 두 가지 성질이 있음을 보여 줍니다. 그러나 하나님이신 예수 그리스도와 사람이신 또 다른 예수 그리스도가 있다고 생각해서는 안됩니다. 우리는 예수님을 하나님과 사람으로 알아야 합니다. 하나님의 아들은 우리의 형제라는 사실을 우리가 알도록 예수님 안에 있는 두 성품을 구별합시다.

하나님은 오늘날에도 우리를 부지런하게 만들기 위해서 옛날에 교회를 괴롭혔던 그 이단을 그대로 두셨습니다. 마귀가 우리 신앙의 신조를 파괴하기 위해서 돌아다니는 것은 이 신조가 우리의 구원을 받들어 주는 버팀목이며 지주라는 것을 마귀는 알고 있기 때문입니다.

만약 우리가 사도 바울이 한 말을 모르면 어떻게 됩니까? 우리는 모두 아담의 후손이므로 저주를 받아 죽음의 깊은 함정에 빠져 있을 것입니다. 하나님께서 우리를 찾아서 구원해 주시려고 이 세상으로 내려오실 때까지 우리 안에는 죽음과 정죄 이외에는 아무것도 없었습니다. 우리가 그것을 알게 될 때까지 우리는 약하고 불쌍한 존재였습니다. 그러므로 마귀는 이 지식을 파괴하고 망쳐버리고 거짓말과 뒤섞여서 우리를 현혹시키기 위해서 그가 할 수 있는 모든 힘을 다하며 돌아다닙니다.

하나님 안에 그렇게 위대한 권능이 있는 것을 볼 때, 우리가 비천하기 이를 데 없는 것을 알고서는 어떻게 감히 하나님께 접근할 엄두를 내겠습니까? 우리는 하나님의 권능과 사람의 본성을 연결시키는 이 고리(link)에 의뢰하지 않으면 안됩니다. 우리가 예수 그리스도 안에 있는 하나님의 권능과 인간성의 연약함을 알게 될 때까지는 우리가 할 수 있는 것을 다해도 우리에게는 아무런 희망도 없고, 하나님의 은혜나 선하심을 붙잡을 수도 없으며 하나님께 돌아갈 수도 없고 하나님을 찾아갈 수도 없을 것입니다. 우리는 완전히 하늘나라에서 버림받았으며 대문이 굳게 잠겨 있어 그 안에 들어갈 수 없게 되었습니다. 마귀는 우리의 구원이 이 교리에 기초를 두고 있다는 것을 알고서 이 교리를 왜곡하려고 모든 수단을 다 쏟고 있습니다.

그러므로 우리는 이 교리 안에서 그만큼 더 확고하게 되고 더 강하게 되어야 합니다. 그래서 우리는 흔들리지 말고 복음에 내포되어 있는 그 믿음 안에서 꿋꿋하게 서 있어야 합니다. 우선 우리가 예수 그리스도는 영원 전부터 하나님이셨다는 사실을 알지 못하고서는 예수 그리스도가 우리의 구세주라는 사실을 알지 못하게 된다는 점에 유의해야 합니다. 선지자 예레미야가 하나님에 대해서 이야기한 것이 이루어져야 합니다.

"자랑하는 자는 이것을 자랑할지니, 곧 명철하여 나를 아는 것과 내가 여호와임을 아는 것이라" (렘 9:24).

사도 바울은 이것이 우리 주 예수 그리스도의 인격에 적용되어야 한다고 했으며 예수 그리스도를 아는 것 이외에 어떤 가르침이나 지식도 중요치 않다고 강조했습니다.

다시 말하거니와 만약 그리스도가 하나님이 아니며 우리가 그분의 힘에 의해서 유지되고 보존되지 아니한다면 우리가 그리스도 안에서 우리의 생명을 유지하는 것이 가능하겠습니까? 또 어떻게 우리가 예수 그리스도를 믿을 수 있겠습니까?

왜냐하면 예레미야 17장 5절에 사람을 신뢰하고 육신을 자기의 무기로 삼는 자는 저주를 받을 것이라고 적혀 있기 때문입니다. 다시 말하거니와 하나님의 무한하신 능력이 없이 우리가 어떻게 죽음에서 구원받을 수 있겠습니까?

설령 성경에는 예수 그리스도의 신성에 대한 기록은 없을지라도 우리가 예수님은 하나님의 전 권능을 소유하고 계시다는 것을 인정하지 않고, 또 예수님은 참 하나님이라고 인정하지 않는 한 우리는 예수님이 우리의 구세주라고 인정할 수 없습니다. 왜냐하면 예수 그리스도는 바로 이 세상을 창조하고 보존하고 생존을 유지하는 생부 하나님의 지혜이시기 때문입니다.

그러니 이 점에서 우리가 예수 그리스도에 대해서 이야기할 때마다 우리의 생각을 저 높은 곳에 두고 예수님이 영원 전부터 소유하고 계시는 이 권능과 인성을 옷입기 전에 누리셨던 이 무한한 본질을 경배하기로 굳게 결심합시다.

"그리스도는 육신으로 나타난 바 되셨다"는 말은 사람이 되셨다는 뜻입니다. 죄를 제외하고 모든 것이 우리와 똑같았습니다. **"죄를 제외하고"**라는 말은 우리 주 예수 그리스도에게는 아무 흠도 아무 잘못도 없었다는 뜻입니다. 그러나 그럼에도 불구하고 예수님은 우리의 죄를 짊어지는 것을 거절하지 않으시고 그 짐을 직접 지셨습니다. 그래서 우리는 예수님의 은혜로 짐을 벗게 되었습니다.

우리가 예수님을 사람으로 인정하지 않으면 우리는 예수 그리스도가 하나님과 사람 사이의 중보자라는 것을 잘 알 수 없습니다. 사도 바울이 우리 주 예수 그리스도의 이름으로 하나님을 부르라고 용기를 줄 때 그리스도를 일부러 사람이라고 불렀습니다. 사도 바울은 디모데전서에서 이렇게 말했습니다.

"하나님은 한 분이시오, 또 하나님과 사람 사이에 중보도 한 분이시니 곧 사람이신 그리스도 예수라" (딤전 2:5).

이것을 고려할 때 우리가 예수님의 형제며 예수님은 하나님의 아들이라는 것을 알게 됩니다. 우리는 예수님의 이름과 예수님의 중보를 통해서 마음놓고 하나님에게 접근할 수 있습니다. 그러므로 만약 그리스도께서 정말로 우리의 형제가 되지 않고 또한 우리와 같은 사람이 되지 않았다면 우리는 어떤 상태에 있겠습니까?

그러면 예수님의 생애와 고난을 생각해 봅시다. 히브리서 9장에 이런 말씀이 있습니다(그리스도에 관한 말).

"이제 자기를 단번에 제사로 드려 죄를 없게 하시려고 세상 끝에 나타나셨느니라" (히 9:26).

왜 그렇게 하셨습니까? 사도 바울은 그 이유를 로마서 5장에서 알려줍니다.

"그런즉 한 범죄로 많은 사람이 정죄에 이른 것같이 의의 한 행동으로 말미암아 많은 사람이 의롭다 하심을 받아 생명에 이르렀느니라" (롬 5:18).

　만약 우리의 본성으로 저지른 죄가 같은 본성으로 교정된다는 사실을 우리가 모르고 있다면 우리는 어떠한 상황에 있겠습니까? 우리가 머무를 수 있는 기반이 무엇입니까? 예수님이 우리와 같은 인간이 되지 않으셨다면 우리 주 예수 그리스도의 죽음은 우리에게 아무런 유익이 될 수 없었습니다.

　다시 말하거니와 만약 예수 그리스도가 단지 하나님으로만 계셨다면 우리는 예수님의 부활에 대하여 확실성과 보증이 있습니까? 우리도 언젠가는 다시 살아날 것이 확실합니까? 하나님의 아들께서 부활하심은 틀림없는 사실입니다. 하나님의 아들이 우리와 같은 몸을 입고 다윗의 후손으로 오셨다는 사실과 다시 사셔서(우리의 본질 자체는 부패하게끔 된 것을 볼 때) 우리 주 예수 그리스도의 육신의 모습 그대로 영광 중에 높이 들려 올리셨다는 사실을 들을 때면 우리는 그리스도 예수 안에서 함께 하늘에 앉게 된다는 것을 확신하게 됩니다.

　"또 함께 일으키사 그리스도 예수 안에서 함께 하늘에 앉히시니" (엡 2:6).

　그러므로 성육신 하신 하나님의 아들이 입고 있는 인성을 무효화하기 위하여 돌아다니는 자들은 그만큼 더 지탄을 받아야 합니다. 왜냐하면 마귀는 전부터 몇몇 사람들을 길러, 예수 그리스도는 사람의 모양을 하고 나타났지만 사람의 참 모습이 없었다고 선포하게 하여 우리를 향한 하나님의 자비를 차단하고 우리의 믿음을 완전히 파괴하려고 애쓰고 있기 때문입니다.

　또 다른 사람들은 예수님은 하늘에서 육체를 가지고 오셨다고 생각하기도 합니다. 마치 우리의 본성은 지니고 있지 않으신 것처럼 말입니다. 가증스러운 이단자(여기서 죽음을 받아 마땅한 자)는 예수 그리스도는 네 가지 요소로 구성된 몸을 전부터 지니고 있었다고 떠들어댔습니다.

　즉 그 때에 신격은 눈에 보이는 형태를 하고 있었으며 천사가 나타날 때마다 그 천사는 예수 그리스도의 육체였다는 것입니다. 하나님의 아들의 몸을 만들어 낸다는 것은 참으로 연금술 같은 미치광이 짓입니다! 그렇다면 다음과 같은 히브리서의 말씀은 어떻게 됩니까?

　"이는 실로 천사들을 붙들어 주려 하심이 아니요 오직 아브라함의 자손을 붙들어 주려 하심이라. 그러므로 저가 범사에 형제들과 같이 되심이 마땅하도다. 이는 하나님의 일에 자비하고 충성된 대제사장이 되어 백성의 죄를 구속하려 하심이라" (히 2:16,17).

　그 말씀에 따르면 예수님은 우리의 육신을 취하셔서 우리의 형제가 되었습니다. 네 그렇습니다. 예수님이 우리와 같이 된 것은 우리를 불쌍히 여기시고 우리의 언약을 도와주시기 위함입니다. 예수님은 조상들이 오랫동안 기다렸던 약속된 바로 그 구세주라는 것을 알리기 위해서 다윗의 후손으로 태어났습니다. 주 예수님은 바로 사람이 되시어 우리와 하나가 되셨습니다.

그래서 이제 우리는 하나님을 우리의 아버지라고 부를 수 있게 되었습니다. 왜 그렇게 할 수 있습니까? 우리가 하나님의 독생자의 몸이기 때문입니다. 그런데 어떻게 우리가 독생자의 몸이 되었습니까? 우리로 독생자의 본체의 지체가 되도록 기꺼이 자신의 몸을 우리의 몸과 결합시켰기 때문입니다.

사람들이 우리에게 예수 그리그도는 우리의 육신을 입었다고 말할 때 그것이 헛된 공론이 아니라는 것을 알게 되었습니다. 왜냐하면 우리가 만약 믿음에 대한 참된 지식을 갖고 싶으면 이런 견해를 갖게 되기 때문입니다.

우리가 예수님의 인성(manhood)을 이해하지 못하고서는 예수님을 옳게 믿을 수 없습니다. 우리가 예수님께 구원이 있다는 것을 믿을 수 있기 전에 우리는 먼저 그분의 권능을 알아야 합니다. 더욱이 우리는 예수 그리스도가 하나님과 사람이라는 사실을 알아야 하며, 또한 예수님은 한 분이시라는 사실을 알아야 합니다.

여기서 다시 마귀는 사도 바울이 우리에게 가르쳐 준 교훈을 왜곡하거나 위장하여 논쟁의 불씨를 지피려고 노력합니다. 왜냐하면 예수 그리스도의 권능과 신성과 천상적(heavenly) 본질이 당장(forthwith) 육과 인성으로 변했다고 주장하는 이단자들이 있어 왔기 때문입니다.

어떤 사람들은 많은 신성모독적인 말을 하면서 예수 그리스도는 인간으로 창조되었다고도 합니다. 그외에 또 무슨 말을 했습니까? 하나님은 예수님의 본성을 버리셔야만 했으며 예수님의 영적인 본질은 육으로 바뀌어야 했다고도 합니다. 거기에다 예수 그리스도는 이제는 더 이상 사람이 아니고 그의 육신이 하나님이 되었다고 말하기도 합니다. 이들이야말로 예수 그리스도의 본성을 새로 많이 만들어내는 기이한 연금술자들입니다. 이렇게 해서 마귀는 옛날부터 그런 몽상자를 세워서 교회의 신앙을 괴롭혔으며, 지금도 새로운 모습으로 위장하여 그리스도의 본성을 왜곡시키고 있습니다.

그러므로 우리는 사도 바울이 여기에서 우리에게 가르쳐 주는 바를 잘 눈여겨 봅시다. 왜냐하면 그는 우리가 그런 오류에 대항하여 우리를 지킬 수 있는 좋은 무기를 주기 때문입니다.

만약 우리가 예수 그리스도의 참모습을 보려면 영원부터 있던 하늘의 영광 중에 계시는 예수님의 모습을 봅시다. 그리고 나서 여기서 자세히 설명했던 그 분의 인성을 알아봅시다. 그러면 우리는 예수님이 가지고 계시는 두 가지 성품을 식별할 수 있게 될 것입니다. 우리의 믿음을 성장시키기 위해서는 이것이 필요합니다.

우리에게는 두 개의 눈이 있는데 그 눈은 따로따로 역할을 감당하고 있습니다. 우리가 어떤 물건을 똑바로 바라볼 때 서로 분리되어 있는 우리의 초점이 결합되어 하나가 됩니다. 그리고는 우리 앞에 놓여 있는 것을 보는데 전체가 사용됩니다. 그와 똑같이 예수 그리스도 안에는 두 개의 상이한 본성이 있습니다. 이 세상에서 사람의 육체와 혼이 다른 것만큼 그렇게 판이한 것이 있습니까? 사람의 혼은 보이지도 않고 만져지지도 않는 영이지만 여기서 말한 이 육적인 욕정은 하나도 없습니다.

몸은 부패되기 쉬운 썩어질 한 개의 덩어리이며 만져 볼 수 있고 눈에 보이는 한 개의 물체입니다. 몸에는 혼의 특성과는 완전히 다른 특성이 있습니다. 그래서 "인간은 무엇입니까?"라고 묻게 됩니다. 인간은 몸(body)과 혼(soul)으로 구성된 한 피조물입니다. 하나님이 두 개의 상이한 성질로 우리를 만드실 때 그렇게 놀라운 솜씨를 사용하셨다면 왜 우리는 하나님이 예수 그리스도께 훨씬 더 놀라운 솜씨를 사용하신 것을 이상하게 생각해야 합니까?

사도 바울이 "나타난 바 되시다"(was manifest)라는 말을 사용한 것은 우리로 하여금 예수님의 신성과 예수님의 인성을 구별하게 하고 예수님을 육신으로 나타나신 하나님으로 받아들이도록 하기 위함입니다. 다시 말하면 예수님을 정말로 하나님이시고 자신을 우리와 하나되게 하신 분으로 받아들이도록 말입니다. 그러므로 우리는 하나님의 자녀가 된 것입니다. 예수님이 우리의 변호인이 되시기 때문에 우리는 죄의 짐을 벗게 되었습니다.

예수님께서 우리를 우리의 모든 곤경에서 깨끗이 씻어 주신 것을 앎으로 우리는 예수님 안에서 엄청난 부를 누리게 되었습니다. 간단히 말하면 예수님이 자신을 죽음에까지 복종시키셨으므로 우리는 이제 생명을 보장받게 되었습니다.

사도 바울은 **"그는 영으로 의롭다 하심을 입으셨다"**(He was justified in the spirit)라는 말을 첨가했습니다. '의롭다 하심'(justified)이라는 단어는 성경에서 자주 '입증된'(approved)이라는 뜻으로 사용됩니다.

그가 의롭다 함을 받았다는 말의 뜻은 예수님이 정당하게 되었다는 뜻이 아닙니다. 사람들에 의하여 무죄 판결을 받았다는 뜻이 아닙니다. 마치 사람들이 재판관이 되고 예수님은 물음에 대답하는 그런 판결이 아닙니다.

그가 의롭다 함을 받았다는 말의 뜻은 예수님이 받아 마땅한 영광을 받으시는 것을 의미합니다. 또한 우리가 예수님은 정말로 실제 그대로의 분이라고 고백하는 것을 의미합니다. 사람들이 복음을 순종하는 마음으로 받아들이고 하나님이 가르치시는 교훈에 믿음으로 굴복할 때 복음이 의롭게 되었다고 합니다. 그래서 이렇게 되면 예수 그리스도가 영으로 의롭게 되었다고 말합니다.

우리는 눈에 보이는 예수 그리스도의 육신적인 임재를 바라보는 것만으로 만족하지 말고 더 높은 곳을 바라보아야 합니다. 사도 요한은 요한복음 1장에서 이렇게 말하고 있습니다. 하나님이 육신이 되었다, 또는 같은 뜻인 하나님의 말씀이 육신이 되었다고 합니다. 창세 전에 하나님이셨던 말씀이 육신이 되어서 즉 우리 인간의 본성과 결합되었습니다. 그러므로 동정녀 마리아의 아들은 하나님이십니다.

그렇습니다. 영생하시는 하나님이십니다. 하나님의 무한하신 능력이 거기에 나타나셨으니 이것이 예수님은 참 하나님이시라는 확실한 증거입니다. 사도 바울은 로마서 1장에서 이렇게 말했습니다. **"예수 그리스도 우리 주님은 다윗의 후손으로 태어나셨다"**라고 말했습니다. 그리고 이렇게 덧붙였습니다. "예수님은 하나님의 아들로 인정되셨다"라고 말입니다.

우리들이 예수님을 본래의 눈으로 바라보는 것만으로는 충분치 않습니다. 그렇게 한다면 우리는 그를 인간 이상으로 볼 수 없기 때문입니다. 그러나 우리가 기적과 이적으로 예수님이 하나님의 아들이라는 것을 증명하는 것을 직접 보았으니 이것이야말로 예수님은 자기 신분을 낮추고서도 위대한 권능을 버리지 않으셨다는 확실한 증거입니다!

그러므로 우리는 예수님을 우리의 형제로 접근할 수 있고 동시에 우리를 만드시고 보존해 주시는 영원하신 하나님으로 섬길 수 있게 되었습니다. 만약 이것이 없다면 교회가 존재할 수 없고 종교도 있을 수 없으며, 만약 이것이 없다면 구원도 있을 수 없을 것입니다. 우리가 이 사실, 즉 예수님이 오셔서 예수님의 신성을 그렇게 보잘것없고 가엾은 우리의 본성에 결합시키셨다는 사실을 모르는 것보다는 차라리 이성과 이해력이 없는 야수가 되는 것이 우리에게 나을 것입니다.

사도 바울은 이것을 신비스러운 일이라고 부르므로 현명하고도 생각되기를 바라는 사람들처럼 우리가 그것에 교만하고 거만하게 되지 않도록 했습니다. 이것이 많은 이단을 낳게 했습니다. 정말이지 교만은 늘 이단의 어머니가 되어 왔습니다.

우리는 신비(mystery)라는 말을 듣게 될 때 두 가지 일을 명심해 둡시다. 첫째, 우리는 우리의 감각을 억제하고 그 광대한 일을 이해할 수 있는 충분한 지식과 능력이 있다고 자랑하지 않는 법을 배웁시다. 둘째, 우리 자신의 능력을 초월하여 높은 곳까지 오르는 법을 배워서 우리가 도저히 이해할 수 없는 그 권능을 존중합시다. 우리는 꾸물거리거나 졸아서는 안됩니다. 그러나 이 교훈을 곰곰이 생각해 보고 그 교훈에 의해 가르침을 받도록 노력해야 합니다. 우리가 거기에서 아주 작은 지식을 얻을 때에는 일생 동안 그것으로 유익을 얻도록 노력해야 합니다.

우리가 하나님의 아들이 우리와 결합되었다는 것을 알게 되면 우리는 예수님 안에 그렇게 높은 곳에 놓여 있는 그것, 즉 성령의 선하심과 능력을 바라보아야 합니다. 그렇게 해서 예수 그리스도는 사람으로만 오신 것이 아니고 예수님 안에 거하시는 신성이 충만하신 모습 그대로 전능하신 하나님이라는 사실을 정말로 보여 주셨습니다.

만약 우리가 한번 이 사실을 알게 되면 사도 바울이 지식의 모든 보물이 우리 주 예수 그리스도 안에 숨겨져 있다고 말한 데에는 상당한 이유가 있음을 알게 될 것입니다.

일단 우리가 이 중보자의 약속을 꽉 붙잡는다면 우리는 높이와 깊이, 그리고 길이와 넓이, 그밖에 우리의 구원에 필요한 것은 무엇이든지 알게 될 것입니다. 그래서 우리는 그분을 유일하신 참 하나님으로 믿게 될 것입니다. 또한 그분을 우리의 형제로, 즉 우리에게 가까이 오셨을 뿐만 아니라 우리와 똑같은 모습을 취하사 우리와 결합하고 연합하신 형제로 바라보게 될 것입니다.

이것을 알게 되면 우리의 지혜가 완성되었음을 알아둡시다. 그것에 대해서 사도 바울이 다른 곳에서 말한 바와 같이 우리는 하나님의 선하심 안에서 마음껏 즐기게 됩니다. 왜냐하면 예수님께서는 우리를 복음의 밝은 빛으로 밝혀 주시고, 하나님의 나라로 인도하시를 기뻐하셨기 때문입니다.

칼빈의 디모데전서(上)

초판 1쇄 —2002년 1월 20일

✱

옮긴이—김동현
펴낸이—이규종
펴낸곳—엘맨출판사

✱

서울시 마포구 합정동 433-62
출판등록—제13-1562호(1985. 10. 29)

✱

TEL—(02) 323-4060, 322-4477
FAX—(02) 323-6416
E-mail—elman1985@hanmail.net

✱

잘못된 책은 바꾸어 드립니다.

✱

값 15,000원